1 MONTH OF
FREE
READING

at

www.ForgottenBooks.com

By purchasing this book you are eligible for one month membership to ForgottenBooks.com, giving you unlimited access to our entire collection of over 700,000 titles via our web site and mobile apps.

To claim your free month visit:
www.forgottenbooks.com/free1211130

ISBN 978-0-428-67853-1
PIBN 11211130

ÉTUDES

SUR

L'HISTOIRE, LES LOIS

ET

LES INSTITUTIONS

DE L'ÉPOQUE MÉROVINGIENNE

PAR

M. J. DE PÉTIGNY

MEMBRE DE L'INSTITUT (INSCRIPTIONS ET BELLES-LETTRES)

Ouvrage couronné par l'Académie des Inscriptions

TOME II

PARIS

AUGUSTE DURAND, LIBRAIRE

RUE DES GRÈS, 5

—

1851

CHAPITRE VI.

Progrès des monarchies barbares dans la Gaule, depuis la mort d'Honorius jusqu'à celle de Valentinien.

———————

Honorius mourut d'hydropisie et de langueur à Ravenne, en 423, sans laisser de postérité. Par sa mort comme par sa vie, il fut la digne personnification de cet empire vermoulu qui était tombé en dissolution pendant son long et triste règne[1]. Cédant à regret aux instances de sa sœur Placidie, il avait, en 420, fait proclamer Auguste le commandant des milices, Constantius, et l'avait associé à son pouvoir. Mais l'empereur d'Orient, Théodose, fils d'Arcadius, avait refusé de reconnaître le nouveau César auquel il manqua ainsi

[1] Prosper, Chron. — Olympiodore.

T. II.

une des conditions de la légitimité romaine, l'*unanimité*. Ce refus aurait sans doute occasionné une collision entre les deux empires, si Constantius n'était mort fort à propos, en 421, huit mois après son élévation au rang suprême [1]. Devenue veuve une seconde fois, Placidie n'avait point perdu ses instincts de domination ; elle chercha à gagner l'affection de son frère par des caresses qui dépassaient peut-être les bornes de la tendresse d'une sœur ; mais en même temps elle ne ménagea pas assez les susceptibilités de cet esprit défiant. Sa cour était plus brillante que celle de l'empereur lui-même ; toujours attachée à la mémoire de son premier époux, elle aimait à s'entourer des anciens compagnons d'armes d'Ataulphe, et une troupe nombreuse de Wisigoths qui l'avait suivie à Ravenne, lui formait un cortége redoutable. Les jalousies de subalternes aigrirent les soupçons d'Honorius qui craignait l'ascendant de cette femme ambitieuse dont il sentait malgré lui la supériorité. Peu de temps avant sa mort, il rompit brusquement avec elle, et l'exila à Constantinople avec son fils Valentinien, âgé seulement de quatre ans [2]. Ainsi lorsque le trône d'Occident devint vacant, il ne se trouva en Italie aucun membre de la famille

[1] Prosper, Chron. — Idacius.
[2] Prosper, Chron., *ad ann.* 423. — Olympiodore.

impériale pour recueillir cette grande succession.

Nous avons démontré plus haut que le partage de l'autorité souveraine entre deux ou plusieurs princes ne détruisait point en principe l'unité du monde romain dont tous les habitants ne cessaient point de se considérer comme compatriotes et sujets d'une même puissance. Quoique la délimitation des provinces soumises au pouvoir de chaque empereur fût exactement déterminée, cependant les lois, dans l'un et l'autre empire se faisaient en commun et portaient à la fois les noms des deux empereurs régnants [1]; c'est pour

---

[1] Ces lois étaient exécutoires dans les deux empires ; car Théodose ayant réuni en un code tous les décrets des empereurs depuis Constantin, y inséra sans aucune distinction ceux qui avaient été faits pour l'empire d'Occident, comme ceux qui émanaient des empereurs d'Orient. Ce n'est que par le lieu d'où le décret est daté, et les circonstances auxquelles il s'applique, qu'on peut reconnaître de quel empereur il émanait originairement. C'est ainsi, pour citer un exemple, que le décret adressé, en 418, au préfet Agricola, pour la convocation de l'assemblée d'Arles, est daté de Ravenne et porte pour intitulé : *Imperatores Honorius et Theodosius Augusti viro illustri Agricolæ, præfecto Galliarum*. L'objet du décret, et la date de Ravenne font seuls connaître qu'il émanait de la cour d'Occident. Mais il résulte de l'intitulé que l'autorité de Théodose était reconnue conjointement avec celle d'Honorius dans la Gaule, et Honorius participait de même aux lois que Théodose faisait à Constantinople. Par conséquent, Honorius mourant, Théodose continuait d'exercer de plein droit l'autorité dont il était déjà virtuellement investi en Occident, et il l'exerçait seul jusqu'à ce qu'il se fût reconnu un nouveau collègue. Ce principe de droit public est très important à établir ; car c'est pour l'avoir méconnu qu'on a supposé qu'après la chute d'Augustule, il n'y eut plus d'empire en Occident, par cela seul qu'il n'y eut plus d'empereur à Rome ; supposition démentie par les faits et qui a faussé toute l'histoire de cette époque.

cela qu'un nouvel empereur, s'il ne pouvait se faire reconnaître par ses collègues, était mis au nombre des tyrans ou usurpateurs, lors même qu'il avait obtenu la première condition de la légitimité impériale, l'adhésion du sénat de Rome pour l'Occident, ou du sénat de Constantinople pour l'Orient. Pendant la vie d'Honorius, Théodose avait régné avec lui; par la mort de son collègue qui ne laissait point d'héritiers directs, il se trouvait investi de plein droit de la souveraineté dans les deux empires, et il s'empressa de faire valoir ses prétentions en envoyant une armée en Illyrie. Car il était peu disposé à appeler au partage du pouvoir le jeune Valentinien, fils d'un soldat parvenu que lui-même avait refusé de reconnaître comme empereur.

Mais les factions, ennemies de la famille de Théodose, n'étaient point anéanties quoique depuis dix ans leurs défaites multipliées les eussent réduites à l'inaction. Ces factions si vivaces qui s'appuyaient à la fois sur les restes du paganisme, sur les sectes des chrétiens dissidents, sur l'influence barbare et sur les jalousies provinciales, trouvaient là une occasion trop favorable à leurs desseins pour ne pas essayer de relever encore une fois la tête. Le sénat de Rome, cédant à leur influence, proclama empereur un secrétaire d'Honorius, nommé Jean, qui avait exercé les fonctions éminentes de maître des offices pendant le règne éphémère d'Attale, ce qui prouve bien que son élévation n'était que la résurrection du parti des anciens usurpateurs [1].

Le commandement des milices était alors entre les mains de Castinus, officier romain, qui, après avoir été comte des domestiques, avait succédé à Constantius dans l'éminente dignité de général en chef. Il fallait qu'il eût bien peu d'influence personnelle pour ne pas songer à profiter lui-même de sa haute position. Mais il ne s'était fait connaître que par des défaites. Grégoire de Tours, citant Renatus Frigeridus, que peut-être il avait mal compris, attribue à Castinus une expédition contre les Francs dans les dernières années du règne d'Honorius [2]. Si cette guerre a eu lieu, les

---

[1] Prosper, Chron., *ad ann.* 423. — Procope, *de Bello Vandal.*, lib. 1, c. 3. A l'époque de la mort d'Honorius, Jean était chef des notaires ou secrétaires impériaux, *primicerius notariorum;* ce haut dignitaire recevait tous les mémoires, lettres, requêtes, consultations, adressés à l'empereur, et y répondait au nom du souverain.

[2] *Eodem tempore, Castinus, domesticorum comes, expeditione in Francos susceptâ, ad Gallias mittitur.* Greg. Tur. *Hist.*, lib. 11, c. 9. Je puis donner ici un exemple curieux de la manière dont les chroniqueurs de l'époque mérovingienne copiaient les écrivains antérieurs. Orose, dans le vii° livre de son Histoire, chap. 40, attribue aux intrigues de Stilicon l'invasion des Vandales, et dit que ces nations, soulevées par lui, ravagèrent la Gaule depuis le Rhin jusqu'aux Pyrénées : *excitatæ per Stiliconem gentes Francos proterunt, Rhenum transeunt, directoque impetu Pyrenæum usquè penetrant.* Grégoire de Tours, empruntant ce passage, l'arrange à sa manière, et fait de Stilicon lui-même

résultats en furent au moins très insignifiants puisqu'aucun écrivain contemporain n'en a parlé. Ce qu'il y a de certain, c'est qu'en 422, Castinus fut chargé d'une expédition en Espagne où tout était tombé dans le désordre depuis la retraite des Wisigoths. Les Vandales, réfugiés dans la Galice, s'étaient séparés des Suèves, et rentrant dans les provinces rendues à l'Empire par les victoires de Vallia, ils avaient repris possession de la Lusitanie et de la Bétique. Castinus, malgré les troupes auxiliaires que lui fournit Théodoric, chef des Wisigoths cantonnés dans l'Aquitaine, fut complétement battu et forcé de repasser les Pyrénées, en laissant tout le sud et l'ouest de la Péninsule hispanique entre les mains des Barbares [1]. Sans ascendant sur l'armée, sans réputation militaire, il favorisa l'usurpateur au moins par sa neutralité et lui livra les légions.

La Gaule, toujours prête à appuyer les usurpations, se souleva à la première nouvelle des événements de Rome. Les soldats se mutinèrent à

---

le chef de l'invasion : *Stilico, congregatis gentibus, Francos proterit, Rhenum transit, Gallias pervagatur*, etc. Enfin Frédégaire, copiant Grégoire de Tours, confond cette phrase avec celle qui la précède dans le texte de son auteur, et substitue Castinus à Stilicon : *Castinus, domesticorum comes, expeditionem accepit contra Francos eosque proterit, Rhenum transit, Gallias pervagatur, usque ad Pyrenœos montes pervenit.* (Fredeg., lib. 1, c. 8.)

[1] *Idacii Chron.* — Prosper, Chron., *ad ann.* 422.

Arles, et massacrèrent le préfet Exuperantius, qui, peu de temps auparavant, avait ramené les provinces de l'ouest sous l'autorité d'Honorius [1]. En même temps les Wisigoths de l'Aquitaine sortirent de leurs cantonnements, envahirent la Narbonnaise, et passant même le Rhône, vinrent mettre le siége devant Arles, livrée aux discordes civiles [2].

D'un autre côté, le comte Bonifacius, qui commandait en Afrique, ami dévoué de Placidie, avait repoussé les émissaires de Jean et fait proclamer le jeune Valentinien dans sa province [3]. Au milieu de tous ces conflits, Théodose, le seul prétendant pour lequel personne ne se fût prononcé, sentit qu'il ne réussirait pas à faire pré-

---

[1] Prosper, Chron., *ad ann.* 424.

[2] Prosper, Chron., *ad ann.* 425.

[3] Bonifacius était un guerrier renommé pour sa valeur, un homme héroïque, ἀνὴρ ἡροῖχὸς, dit Olympiodore. Nous avons vu qu'en 413 il avait défendu Marseille contre les Wisigoths. Il prit part à l'expédition d'Espagne en 422, sous les ordres de Castinus; mais les dissentiments les plus violents éclatèrent pendant cette campagne entre lui et ce général, dont il avait sans doute reconnu l'incapacité. Cette inimitié personnelle dut contribuer à lui faire embrasser la cause de Placidie et de Valentinien, lorsqu'il vit que Castinus se prononçait pour celle de Jean. Il semble même résulter d'un passage de la Chronique d'Idace, qu'aussitôt après la mort d'Honorius, il s'était emparé par force du gouvernement d'Afrique, d'accord avec Placidie, proscrite par son frère : *Bonifacius Palatium deserens, Africam invadit.* Idac., Chron., *ad ann.* 423.

valoir son autorité. Il se décida donc à reconnaître lui-même le jeune Valentinien pour son collègue et à l'envoyer en Italie avec une armée [1]. Déjà les troupes d'Orient s'étaient emparées de la portion de l'Illyrie que Stilicon avec l'aide d'Alaric avait enlevée à l'empire de Constantinople ; Théodose pour prix de son intervèntion se borna à reprendre cette province détachée de ses états.

Menacé d'une attaque aussi redoutable, le parti de l'usurpation sentit qu'il ne pourrait se soutenir sans l'appui des auxiliaires barbares, d'autant plus que le nouveau gouvernement avait contre lui le clergé chrétien et l'aristocratie romaine qu'il s'était aliénés en violant leurs priviléges [2]. Jean avait affaibli les garnisons de l'Italie pour envoyer en Afrique une expédition qui ne réussit pas et qui le priva de ses meilleures troupes, mais qui était demandée à grands cris par le peuple de Rome dont la subsistance dépendait des moissons africaines. Pour remplir les cadres des légions, on fit sur les terres des grands propriétaires ces levées de paysans serfs dont nous

---

[1] Prosper, Chron., *ad ann.* 424. — Procope, *de Bell. Vandal.*, lib. 1, c. 3.

[2] L'esprit anti-ecclésiastique du parti qui avait porté Jean au pouvoir se manifesta par la suppression des juridictions épiscopales, qu'une loi d'Honorius avait fondées lors de la réaction qui suivit le meurtre de Stilicon.

avons déjà parlé dans une autre occasion, mais qui n'étaient alors qu'une ressource insuffisante et qui excitèrent un mécontentement général [1]. Enfin comme on s'était habitué, pendant les guerres d'Alaric à appeler les Huns du Danube au secours de l'Italie, on résolut d'envoyer chez ces peuples un émissaire de confiance pour y lever à prix d'argent un corps considérable de cavalerie tartare.

Il y avait à la cour du nouvel empereur un jeune officier déjà renommé pour sa bravoure et son intelligence, et qui devait être plus tard le premier homme de son siècle. Il se nommait Aëtius, et tirait son origine des colonies sarmates établies dans la petite Scythie, à l'embouchure du Danube [2]. Son père, Gaudentius, un des officiers les plus distingués du grand Théodose, avait été gouverneur d'Afrique et commandait dans les Gaules à l'époque de la révolte de Constantin; il y fut assassiné par les soldats mutinés. Aëtius,

[1] Honorius, en 406, avait déjà appelé aux armes les esclaves de l'Italie, en promettant la liberté à tous ceux qui s'enrôleraient dans les légions. (Cod. Théod., lib. VII, t. XIII, l. 16.)

[2] *Greg. Tur.*, *Hist.*, lib. II, c. 8. Tout ce que Grégoire de Tours rapporte au sujet d'Aëtius est extrait de Renatus Frigeridus, auteur du Ve siècle. Notre historien a emprunté à cet écrivain contemporain un brillant portrait d'Aëtius, qu'on trouve reproduit jusque dans Frédégaire, chroniqueur du VIIIe siècle, tant était grande l'impression que la Gaule avait conservée des exploits de cet homme célèbre.

placé dès son enfance dans les gardes du prince [1], fut envoyé en ôtage d'abord par Stilicon auprès d'Alaric, lors du traité conclu avec ce roi barbare pour l'occupation de l'Illyrie, et ensuite par Honorius, auprès des chefs des Huns, quand la cour de Ravenne prit des troupes de cette nation à sa solde pour résister aux Wisigoths. Il avait épousé la fille de Carpilion, officier barbare, comte des domestiques de Jean, et lui-même avait obtenu de l'usurpateur la charge de comte du palais, démembrement des anciennes attributions des préfets du prétoire [2].

Pendant son séjour chez les Huns, le jeune Aëtius avait lié des relations avec les principaux chefs de ce peuple ; son origine sarmate dut con-

---

[1] *A puero prætorianus*, dit Grégoire de Tours. Il n'y avait plus de gardes prétoriennes depuis Constantin ; elles étaient remplacées par le corps des domestiques, où fut sans doute placé le jeune Aëtius. Son père avait commencé de même, *à domesticatu exorsus militiam*. Ce corps était divisé en plusieurs compagnies qui portaient le nom d'écoles, *scholæ domesticorum* (C. Théod., l. VI, t. 24). Le même nom était donné aux différents corps que formaient les officiers tant civils que militaires du palais, tous compris sous la dénomination de *palatini*. Celles de ces compagnies ou *écoles* qui n'étaient pas exclusivement militaires étaient placées sous la direction du maitre des offices.

[2] Grégoire de Tours dit qu'Aëtius avait le gouvernement intérieur du palais : *Johannis curam palatii gerere cœpit*. D'après la Notice de l'Empire, le dignitaire chargé de cette fonction avait le titre de *comes castrensis : sub dispositione viri spectabilis comitis castrensis cura palatiorum*. C'est la même charge qu'on désignait à Constantinople par le titre de *curopalate*.

tribuer à lui concilier leur bienveillance; car c'était par la défection des tribus slaves que les Huns avaient triomphé des Goths, et depuis ce temps une alliance intime existait entre les deux nations. Personne ne pouvait donc réussir mieux que lui à attirer les Huns sous les drapeaux de Jean. Chargé de cette mission, il s'en acquitta avec succès, et revint bientôt en Italie à la tête de 60,000 Tartares. Mais lorsqu'il entra dans les plaines du Milanais, le gouvernement qu'il venait défendre était déjà renversé. Les légions romaines, entraînées par Castinus, ne servaient qu'à regret une cause qui n'était pas la leur; cédant facilement aux suggestions des généraux de Théodose, elles leur avaient livré la ville de Ravenne et l'usurpateur lui-même, qui fut exécuté publiquement dans le cirque. Aëtius sentit qu'il n'avait d'autre parti à prendre que de se ranger du côté des vainqueurs, et les forces dont il disposait lui donnèrent les moyens de négocier un accommodement avantageux. Moyennant une grosse somme d'argent, il consentit à renvoyer au-delà du Danube une partie de son armée barbare; mais un corps nombreux de Huns entra avec lui au service de l'Empire, et ce fut par la suite le principal fondement de sa puissance et de sa haute fortune.

Après la soumission d'Aëtius, le jeune Valentinien n'avait plus d'ennemis à combattre. Il fut proclamé solennellement à Rome, le 23 octobre 425, à l'âge de sept ans, et sa mère Placidie gouverna en son nom [1].

L'esprit de la nouvelle administration se révèla aussitôt par ses actes. Elle rendit aux sénateurs et aux évêques leurs priviléges, fit rentrer au pouvoir de leurs maîtres les esclaves que Jean avait affranchis pour recruter les légions [2], et promulgua plusieurs lois contre les hérétiques, les Juifs et les apostats [3]. L'influence barbare cessa de dominer à la cour. Un général romain, Félix, remplaça Castinus dans le commandement des milices, et pour éloigner Aëtius et ses Huns on les chargea de rétablir l'ordre dans la Gaule livrée à l'anarchie depuis la mort d'Honorius.

Les Wisigoths, comme nous l'avons dit plus haut, avaient mis le siége devant Arles, et l'on pouvait craindre qu'ils ne songeassent à se porter sur l'Italie. Aëtius, aussitôt après avoir fait sa soumission, passa les Alpes, battit les Wisigoths, les força de lever le siége de la capitale des Gau-

---

[1] Olympiodore. *Idacii et Prosperi Chron.* Valentinien n'avait reçu de Théodose que le titre de césar; il prit à Rome celui d'auguste.

[2] *Cod. Théod.*, lib. x, t. 10, l. 33; lib. xvi, t. 2, l. 47.

[3] *Manichæos, hæreticos, schismaticos, omnemque sectam catholicis inimicam ab ipso aspectu urbis Romæ exterminari præcipimus.* Cod. Théod., lib. xvi, t. 5, l. 62; *ibid.*, l. 65.

les et les repoussa jusque dans l'Aquitaine, où un nouveau traité confirma leurs anciens engagements avec l'Empire. Il conduisit cette guerre avec une telle vigueur qu'elle était terminée avant la fin de l'année 425[1]. Son origine sarmate qui lui assurait les sympathies des Huns, le rendait en même temps l'ennemi naturel de la race gothique qui avait chassé les Slaves, ses ancêtres, de leur patrie. Nous verrons cette double influence dominer constamment sa carrière politique.

La Gaule était pacifiée, car la soumission des Wisigoths avait ôté toute espérance aux ennemis du gouvernement; mais depuis la défaite de Castinus l'Espagne était retombée au pouvoir des Barbares. Les Vandales occupaient la Bétique entière, et le comte Bonifacius, ce gouverneur d'Afrique qui était resté constamment fidèle à Placidie, au lieu de les combattre, s'était servi d'eux pour contenir le parti qui appuyait en Espagne la cause de l'usurpateur Jean. Ces relations, formées d'abord dans l'intérêt de sa souveraine finirent par lui devenir funestes. Beaucoup de nobles espagnols, fatigués du régime oppresseur de l'administration romaine, s'étaient soumis volontiers aux rois vandales et s'étaient faits leurs courtisans. Les princes barbares avaient surtout

---

[1] Prosper, *Chron.*

des alliés et des partisans assurés dans les membres des sectes dissidentes opprimées par les lois qui établissaient dans tout l'Empire l'unité de l'église catholique [1]. Les Ariens accouraient en foule à Séville où Genseric, chef des Vandales avait fixé sa résidence. Bonifacius, étant venu dans cette ville pour négocier avec le roi barbare, y vit une noble espagnole arienne, nommée Pélagie, dont il devint passionnément amoureux. Il était catholique zélé, car peu d'années auparavant, ayant perdu sa première femme, il avait voulu se renfermer dans un couvent, et n'avait été détourné de cette résolution que par les conseils de saint Augustin. Mais ce caractère de feu passait d'un sentiment à l'autre avec le même emportement. Il oublia bientôt son enthousiasme religieux pour épouser une hérétique, et ce mariage le rendit suspect à la cour de Placidie, où dominait, comme nous l'avons vu, l'influence exclusive du catholicisme.

Bonifacius avait dans cette cour deux ennemis puissants, Felix et Aëtius, qui craignaient également l'ascendant que ses services passés pou-

---

[1] On peut juger du zèle persécuteur du gouvernement de Placidie, par les termes du décret suivant, adressé dès 425 au procurateur d'Afrique : *Omnes hæreses, omnesque perfidias, omnia schismata superstitionesque gentilium, omnes catholicæ legis inimicos insectamur errores, ut ab errore perfidiæ, si ratione retrahi nequeunt, saltem terrore revocentur.* Cod. Théod., lib. xvi, t. 5, l. 63.

vaient lui faire prendre sur la régente. Par des rapports mensongers, ils aigrirent les méfiances réciproques qu'une fausse situation avait fait naître, et firent tant par leurs intrigues qu'ils poussèrent Bonifacius à une révolte ouverte [1]. On le destitua de son commandement; il résista avec hauteur. On envoya une armée pour le forcer d'obéir, et ne se sentant pas en état de se défendre seul, il appela à son secours les Vandales, et leur fournit des vaisseaux pour passer en Afrique, où il leur céda la province de Mauritanie [2].

Ce fut là le plus grand événement de l'époque et la véritable cause de la désorganisation complète de l'empire d'Occident. Une misérable intrigue de femme, un lâche complot de cour avaient réalisé cet immense danger qui, depuis le commencement du siècle, pesait comme un cauchemar sur le peuple de Rome et avait été l'objet constant des préoccupations de la politique

---

[1] Procope, de Bell. Vandal., lib. 1, c. 3.

[2] Prosper, Chron., ad ann. 427. La Mauritanie se divisait en deux parties, savoir : la Mauritanie tingitane, dont les limites étaient à peu près les mêmes que celles du royaume actuel de Maroc, et la Mauritanie Césarienne qui comprenait toute l'Algérie, à l'exception des districts de Bone et de Constantine qui formaient la province de Numidie. On voit par la Notice de l'Empire que la Mauritanie tingitane dépendait du vicariat d'Espagne. Ce fut probablement dans cette province que Boniface engagea les Vandales à s'établir. Par là il s'assurait leur secours sans rien retrancher du territoire de son propre gouvernement.

impériale. Les Barbares avaient un pied en Afrique, dans cette province, l'ame de l'Empire, suivant la belle expression de Salvien[1]; ils occupaient les greniers de l'Italie, ils tenaient dans
leurs mains le pain du peuple-roi! Bonifacius et
ses alliés pouvaient affamer à leur gré la capitale
du monde et la résidence des Césars.

Lorsque cette terrible catastrophe jeta la consternation dans l'Italie, Aëtius était dans la Gaule
où il travaillait à achever la restauration de l'autorité impériale. Malgré la défaite de Jovinus et
des autres usurpateurs, Honorius n'avait pu parvenir à faire reconnaître son gouvernement par
les Francs de la Belgique. Les Ripuaires étaient
toujours maîtres des villes de la Germanie inférieure, et occupaient la cité de Trèves, la Rome
du nord, l'ancienne capitale de la préfecture des
Gaules, Aëtius entreprit de les soumettre, et il y
réussit. Vaincu par ses armes, les Ripuaires con-
sentirent à reconnaître comme fédérés de l'Empire la suzeraineté de Valentinien. Ils évacuèrent
même Trèves, ce qui ne fut guère qu'une vaine
satisfaction pour l'honneur national; car cette

---

[1] *Africam ipsam, id est quasi animam cepére reipublicæ.* (Salv., *de Judic. Dei.*) L'importance de l'Afrique était si bien sentie par les Romains, qu'il courait à Rome un oracle de la Sibylle, portant que si
l'Afrique était prise le monde périrait: *Africâ captâ, mundus peribit.*
(Procope, *de Bell. Goth.*, lib. 1, c. 7.)

malheureuse ville, saccagée quatre fois, ne put se relever de ses ruines. Mais ils restèrent en possession du reste de la province ainsi que de Cologne et des autres places des bords du Rhin [1].

Aëtius venait de terminer avec gloire cette expédition, en 428, quand il apprit la disgrâce et la révolte de Bonifacius. Aussitôt il s'empressa de

---

[1] *Pars Galliarum propinqua Rheno quam Franci possidendam occupaverant Aëtii comitis armis recepta.* (Prosper, *Chron.*, ad ann. 428.) En disant que la partie de la Gaule voisine du Rhin fut recouvrée par les armes d'Aëtius Prosper entendait seulement qu'elle était rentrée sous l'autorité de l'empereur ; mais il ne dit pas que les Francs en fussent sortis ; et en effet Salvien, qui écrivait douze ans plus tard, nous les montre en possession de Cologne, sans que rien indique dans cet intervalle une invasion ou une guerre quelconque dans ces contrées. Quant à l'évacuation de Trèves, elle est constatée par Salvien, qui nous apprend que le premier usage que les habitants firent de leur liberté fut d'écrire aux empereurs, *imperatoribus,* pour demander le rétablissement des spectacles. Le mot *imperatoribus* ne peut s'appliquer qu'au temps où Valentinien régnait conjointement avec sa mère, c'est-à-dire de 425 à 440, époque où écrivait Salvien. Or, pendant ces quinze ans, les chroniques n'indiquent qu'une seule expédition dans la Belgique Rhénane, celle d'Aëtius en 428. Ce fut donc alors que Trèves fut évacuée, ce qui justifie le mot *recepta* de Prosper. Il est très probable que dans cette guerre, Trèves, reconquise sur les Barbares, fut pillée au moins une fois et peut-être deux ; de cette manière, Grégoire de Tours, qui dit que Trèves fut saccagée pour la seconde fois lorsque les Ripuaires s'en emparèrent en 413, peut être accordé avec Salvien, qui signale quatre pillages de cette ville. Comme d'ailleurs les Romains ne rétablirent point la ligne défensive du Rhin, il faut en conclure que les Ripuaires restèrent maîtres des bords de ce fleuve et du reste de la province, ce qui ne permit pas de replacer à Trèves le siége de l'administration.

revenir à la cour pour tirer le meilleur parti possible de cet événement préparé par ses insinuations et ses menées secrètes. Jusqu'alors il avait agi d'accord avec le commandant des milices, Félix, pour perdre le gouverneur d'Afrique, dont ils redoutaient tous deux l'influence. Mais croyant avoir écarté pour toujours ce dangereux rival, il ne vit plus dans son complice que le seul obstacle qui arrêtait encore ses vues ambitieuses, et il s'attacha à le ruiner à son tour. Dans ce but, il rejeta habilement sur lui la responsabilité de la catastrophe qui frappait Rome de terreur, et il sut persuader à Placidie qu'il fallait donner satisfaction à l'opinion publique, en éloignant Félix de la direction active des affaires. Félix lui-même, effrayé des clameurs qui s'élevaient contre lui, consentit à céder à Aëtius le commandement général des milices, et reçut en compensation le titre de patrice, dignité éminente, mais sans pouvoir réel [1].

---

[1] Prosper, *Chron.*, *ad ann.* 429. Félix était le représentant de l'influence romaine et catholique, à laquelle Placidie avait obéi jusque-là dans tous les actes de son gouvernement. En 426, dans la ville d'Arles, où déjà l'on avait massacré le préfet Exupérantius, un tribun assassina l'évêque Patrocle, qui, au grand scandale de tout le clergé gaulois, avait été violemment installé sur ce siége en 412, par Constantius, à la place du saint prélat Héros, disciple de saint Martin, accusé d'avoir favorisé l'usurpation de Constantin. Félix laissa impunie cette sanglante manifestation des rancunes d'un parti avec lequel il sympathisait ; mais l'odieux de tous ces actes retomba sur lui et amena sa chute.

Le rusé sarmate avait ainsi atteint le plus haut objet de l'ambition des chefs barbares. Il tenait dans ses mains toutes les forces de l'Empire, et son élévation à ce poste pouvait être regardée comme une espèce de révolution ; car c'était l'abandon de la politique que la cour impériale avait suivie depuis la mort de Stilicon avec une inébranlable constance. Plutôt que de confier à un Barbare le commandement des milices romaines, Honorius avait bravé les menaces d'Alaric, exposé son trône et sa vie, et vu de sang-froid la prise et le pillage de Rome par les Wisigoths. Attale lui-même, l'usurpateur Attale avait mieux aimé se dépouiller de la pourpre que d'attacher son nom aux deux mesures les plus redoutées des Romains, l'introduction des Barbares en Afrique et la présence d'un chef barbare à la tête des armées. Qu'on juge de l'indignation et des inquiétudes de l'aristocratie de Rome lorsqu'elle vit s'accomplir par la faiblesse d'une femme ce qu'on avait évité depuis vingt-cinq ans au prix de tant de sang et de ruines !

Aëtius n'ignorait pas ces inimitiés soulevées contre lui, et sentait que d'importants services rendus à l'Empire pouvaient seuls légitimer sa haute fortune. Les Juthunges, peuple slave déplacé par les Huns, avaient envahi le Norique, et menaçaient le nord de l'Italie : il les défit et les

rejeta au-delà du Danube [1]. Mais pendant cette
courte expédition, il s'aperçut combien il était
dangereux pour lui de s'éloigner de la cour, en
y laissant dans une position éminente le patrice
Félix, qui regrettait le commandement qu'on lui
avait enlevé, et qui, secondé par les intrigues de
sa femme, Padusie, et d'un ecclésiastique en crédit, le diacre Grunnitus, ne désespérait pas de
prendre sa revanche. Obligé de se rendre dans
les Gaules, où la paix était de nouveau troublée,
Aëtius voulut, avant de partir, ôter aux mécontents le seul chef dont le nom pût les rallier. Une
émeute militaire, excitée par lui, éclata à Ravenne,
et Félix, avec sa famille entière, et le diacre Grunnitus son ami, fut massacré par les soldats [2].
Après cette scène tragique, croyant avoir inspiré
assez de terreur à ses ennemis pour n'avoir rien
à craindre de leurs brigues, le commandant des
milices se mit en marche avec ses Huns et franchit les Alpes au printemps de l'année 431.

Un double danger menaçait alors la Gaule.
Les Armoricains à l'ouest, les Francs-Saliens au

---

[1] La Chronique d'Idacius place cette expédition contre les Juthunges immédiatement avant le meurtre de Félix, dont la date est fixée par
la Chronique de Prosper à l'année 430. Ces Juthunges ou Gruthunges
étaient sans doute les mêmes que les Gothons, placés par Tacite après
les Lyges et les Gépides, c'est-à-dire à l'est de la Vistule.

[2] *Idacii et Prosperi Chron.*, *ad. ann.* 430.

nord avaient commis des hostilités. Avant d'entrer dans le récit de ces guerres, je dois faire connaître les changements survenus dans la position des peuples qui les provoquèrent par leurs aggressions.

Conan, le premier chef des Bretons de l'Armorique, était mort, à ce qu'on croit, vers l'année 421, après avoir reconnu la suzeraineté de l'Empire par un traité conclu avec le préfet Exuperantius. Son fils Salomon ou Salaun lui succéda et se montra, tant qu'il vécut, l'allié fidèle des Romains; il avait même épousé, dit-on, une Romaine d'une naissance illustre, dont le père était patrice et portait le nom de Flavius, qui indiquait toujours une alliance avec la famille impériale. Salomon, selon les traditions bretonnes, était pieux et humain; on lui attribue l'honneur d'avoir effacé une des dernières traces de la barbarie païenne, en défendant aux agents du fisc de vendre comme esclaves les enfants des débiteurs insolvables [1]. Néanmoins les Bretons en général durent voir avec répugnance la soumission de leur chef à la famille de Théodose si détestée des anciens partisans de Maxime et de Constantin.

Pendant les troubles qui suivirent la mort

[1] *Histoire de Bretagne*, par dom Morice, liv. 1er, et *Mémoires sur l'origine des Bretons Armoricains*, par le même, chap. 1 et 2.

d'Honorius, Grallon qui gouvernait la Cornouaille avec le titre de comte, et qu'on croit avoir été beau-frère de Conan, se mit à la tête des mécontents de l'Armorique. Pour réussir dans ses desseins, il ne recula pas devant un crime, et le roi son neveu périt assassiné. On montre encore à Ploudiri, près de Saint-Pol-de-Léon, le lieu où fut commis cet attentat et qui a conservé le nom de meurtre de Salomon, *Merzer Salaun*[1]. Le nom de Grallon joue un grand rôle dans les traditions populaires de la Bretagne; il commença, dit-on, par régner en tyran; mais il défendit avec succès les côtes de l'Armorique contre les invasions des pirates du nord, et il fut le fondateur de l'évêché de Quimper et des célèbres abbayes de Landevenech et de Saint-Jagu [2]. Son contemporain, saint Guignolé, *sanctus Wingaloëus*, premier abbé de Landevenech, est avec lui le héros d'une foule de légendes qui se transmettent encore de bouche en bouche dans les veillées des chaumières bretonnes.

Les circonstances dans lesquelles cette usur-

---

[1] Mém. sur l'orig. des Bretons, chap. 2, par. 15. Dom Morice place cet événement vers 434; je crois devoir le rapporter à l'année 430, par les raisons que je développerai plus bas, et qui m'ont déterminé à avancer de quelques années les dates assignées par la plupart des auteurs modernes aux faits historiques de cette époque.

[2] Mém. sur l'orig. des Bretons, chap. 2, par. 20. Hist. de Bretagne, note 18 du liv. 1er.

pation eut lieu durent faire regarder l'avénement
du comte de Cornouaille comme le signal d'une
guerre entre l'Armorique et la Gaule romaine.
La Touraine s'attendait à une invasion ; cependant il ne paraît pas que ces craintes se soient réalisées. La lutte que Grallon eut à soutenir contre
les partisans du roi assassiné, et la nécessité de
défendre son pays contre les pirateries des Saxons,
l'empêchèrent sans doute de porter ses armes au
dehors. D'ailleurs, pendant l'hiver de 431, les
bords de la Loire avaient été mis en état de défense par un jeune Romain d'une naissance dis-
tinguée, Julius Valerius Majorianus, qui n'était
encore que simple tribun, mais que son courage
et ses talents élevèrent plus tard jusqu'au trône
impérial [1]. Aëtius ne voyant pas de ce côté de dan-

---

[1] Dans le panégyrique de Majorien devenu empereur, Sidonius Apollinaris fait parler la femme d'Aëtius, qui engage son mari à se défier
de la gloire naissante de ce jeune homme, en qui elle voit pour lui
dans l'avenir un dangereux rival : Tu n'étais pas là, lui dit-elle, lorsque
le jeune Majorien défendait la Touraine menacée des ravages de la guerre, et buvait l'eau des glaçons de la Loire fendus à coups de hache :

> Ligerimque bipenni
> Excisum per frusta bibit ; cùm bella timentes
> Defendit Turones, aberas! Post tempore parvo
> Pugnastis pariter Francus quâ Cloio patentes.....

Il y a sans doute là beaucoup d'exagération poétique, et il est plus
que douteux qu'on ait jamais été obligé de fendre les glaçons de la
Loire à coups de hache, pour se procurer de l'eau sous le ciel de la
Touraine. Mais enfin ces vers prouvent que Majorien défendit cette province pendant l'hiver, et que ce fut au printemps suivant, *post tempore*

ger imminent, dirigea toutes ses forces contre
les Francs-Saliens.

Le chef le plus influent des tribus saliennes à
cette époque portait le nom de Clodion, qui est
le même que celui de Clovis ou Clodovic, avec
la terminaison abréviative que les Romains de ce
temps ajoutaient à presque tous les noms germaniques. Comme il n'y avait point de villes dans le
pays des Nerviens que sa nation occupait, il résidait dans une forteresse, que les auteurs latins
nomment *Dispargum*, et qu'on croit être Duys-
bourg, entre Bruxelles et Louvain. Grégoire de
Tours ajoute que cette forteresse était située sur
les limites du pays des Thuringiens, *in finibus
Thoringorum* [1]. De quels Thuringiens a-t-il voulu
parler? Procope nous l'explique clairement, en
disant que les Francs-Saliens avaient pour voisins,
à l'est les Thuringiens, établis dans la Gaule par Auguste [2], c'est-à-dire ceux que les Romains appelaient *Tungri*, et qui avaient formé, dans l'ancien
territoire des Atuatiques, une colonie dont nous

---

parvo, qu'eut lieu l'expédition contre les Francs. On y voit encore
qu'il y eut des craintes de guerre, *bella timentes*, mais point d'hostilités réelles.

[1] *Ferunt etiam tunc Chlogionem utilem ac nobilissimum in gente suâ
regem Francorum fuisse, qui apud Dispargum castrum habitabat, quod
est in finibus Thoringorum.* Greg. Tur., hist., lib. II, c. 9.

(2) Μετὰ δὲ αὐτοὺς, ἐς τὰ πρὸς ἀνίσχοντα ἥλιον, Θόρυγγοι βάρβαροι,
ἐόντος Αὐγούςου πρώτου βασιλέως, ἱδρύσαντο. Procop., de Bell. Goth.,
lib. I, c. 12.

avons retracé l'histoire [1]. Le château de *Dispargum* était donc sur les confins du pays de Tongres, et non dans la Thuringe germanique, comme on l'a soutenu long-temps. Lors même que nous n'aurions pas en faveur de notre opinion l'assertion si positive de Procope, nous pourrions encore l'appuyer sur un autre passage de Grégoire de Tours, où, parlant de l'entrée des Francs dans la Gaule, il dit qu'après avoir habité quelque temps sur les bords du Rhin, ils franchirent ce fleuve et traversèrent le pays des Thuringiens pour s'établir dans la Belgique, où les rois chevelus commencèrent à régner sur eux [2]. Ce récit est parfaitement conforme à la vérité historique et géographique; car le pays de Tongres est effectivement situé entre le Rhin et la partie de la Belgique où les Francs-Saliens s'étaient fixés.

Croirait-on qu'au lieu d'adopter une interpré-

---

[1] Voir ci-dessus, tom. Ier, pages 142 et 143.

[2] *Tradunt multi eosdem de Pannonid fuisse digressos, et primùm quidem littora Rheni amnis incoluisse, dehinc transacto Rheno Thoringiam transmeasse, ibique juxtà pagos vel civitates reges crinitos super se creavisse.* Greg. Tur., *Hist.*, *lib.* II, c. 9. Il n'y a ici d'inexact que l'origine Pannonienne attribuée à tous les peuples barbares par les Gallo-Romains, tant était profonde l'impression qu'avaient laissée dans la Gaule les deux plus grandes invasions que ce pays ait eu à subir, celle des Vandales en 407, et celle des Huns en 451, toutes deux parties des confins de la Pannonie.

tation si claire et si simple, on a mieux aimé proposer de refaire le texte de Grégoire de Tours, et de mettre dans sa phrase le Mein à la place du Rhin, ce qui ne détruirait pas même l'erreur géographique; car la Thuringe germanique est tout aussi bien au-delà du Mein qu'au-delà du Rhin par rapport à la Gaule.

Cette erreur est un exemple remarquable de la confusion causée par l'identité des noms qui désignaient à la fois les Barbares colonisés dans l'empire et ceux qui étaient restés dans leur patrie primitive. Il y avait des Thuringiens au centre de la Germanie; il y en avait aussi dans la Gaule depuis le siècle d'Auguste. Lors donc que leur nom se présente dans l'histoire, notre premier soin doit être de rechercher quelle est celle de ces deux fractions de peuple dont les auteurs contemporains ont voulu parler, et ici cette question ne peut être douteuse en présence des textes que nous venons de citer et des événements historiques qui seraient tout-à-fait inconciliables avec le système que nous combattons.

En effet, d'après le témoignage de Grégoire de Tours, Clodion, ayant traversé à l'improviste la forêt des Ardennes, était entré par surprise dans la ville de Cambrai, et s'était avancé jusqu'à la Somme en dévastant les campagnes des Atréba-

tes [1]. Cette surprise aurait été évidemment impossible si Clodion, partant des montagnes du
Hartz, avait eu à franchir les plaines de la Westphalie, le Rhin, la Meuse, la Belgique entière,
enfin près de la moitié de l'Europe avant d'arriver à son but. Rien n'était plus aisé, au contraire,
que d'envahir l'Artois en partant des environs de
Louvain, et ce fut cette invasion qui appela Aëtius dans la Belgique.

Cambray, *Camaracum*, n'est point du nombre
des villes citées par saint Jérôme, comme étant
tombées au pouvoir des Barbares, en 407. Il est
donc probable que cette place était alors restée
aux Romains, ou du moins avait été promptement
évacuée par les Barbares. Mais les Francs étaient
maîtres de Tournay où résidait sans doute un
chef autre que Clodion, la suite de l'histoire nous
montrant que du temps de Clovis la nation Salienne était encore partagée en plusieurs fractions
indépendantes [2].

Il est facile de reconnaître les limites du territoire occupé par les Francs, à l'époque où nous

---

[1] *Chlogio autem missis exploratoribus ad urbem Camaracum perlus-
treta omnia, ipse secutus, Romanos proterit, civitatem adprehendit in
quâ paucum tempus residens usque Suminam fluvium occupavit.* Greg.
Tur., *Hist.*, lib. II, c. 9.

[2] C'est ce que Grégoire de Tours semble indiquer en disant que les
Francs se donnèrent autant de rois qu'ils avaient de villes ou de cantons, *reges creavisse juxtà pagos vel civitates.*

sommes arrivés, d'après ce que les témoignages contemporains nous apprennent des lieux qui furent le théâtre de la guerre entre Aëtius et Clodion. Ces combats se livrèrent dans les plaines de l'Artois et particulièrement dans la vallée de la Scarpe, entre Arras, Douai et Cambray. Ainsi les Francs établis depuis long-temps dans la partie de la Belgique comprise entre le Wahal, la Meuse et l'Escaut, possédaient en outre presque tout le territoire de notre département du Nord, et comme ils avaient aussi envahi depuis 407 le pays des Morins, ou l'ancien diocèse de Terrouenne, qui forme actuellement l'arrondissement de Saint-Omer, on voit qu'une ligne tirée depuis les côtes de la mer, au-dessus de Wissant, jusqu'à la Meuse, auprès de Rocroy, représenterait assez exactement les frontières des colonies saliennes vers le sud.

Sidonius, dans son panégyrique de Majorien, nous a laissé le tableau poétique d'un engagement qui eut lieu près du bourg d'*Helena*, qu'on croit être la ville de Lens [1]. Il nous peint Aëtius, passant sur une longue et étroite chaussée de bois, la petite rivière qui coule en avant de cette ville,

[1] Quelques auteurs ont placé le théâtre de cet engagement à Vieil-Hesdin, sur les bords de la Canche. Mais, quoique la ville d'Hesdin ait fait partie du comté d'Artois au moyen-âge, elle est située dans les anciennes limites du pays des Morins, et Sidonius dit positivement que ces combats eurent lieu sur le territoire des Atrébates, ce qui est d'autant plus probable qu'il s'agissait de reprendre Cambray qui est près d'Arras et de Lens, et beaucoup plus éloigné d'Hesdin.

tandis que le jeune Majorien, poussant son cheval à travers les eaux marécageuses, se précipitait sur l'ennemi, surprenait un chef franc au milieu des fêtes d'une noce, et s'emparait du bagage des nouveaux époux et du festin préparé pour eux[1]. Les détails de cette escarmouche caractérisent parfaitement la nature de cette guerre et de toutes celles qu'Aëtius fit dans la Gaule, guerres de surprises et de stratagèmes, de courses et de pillages, de marches rapides et d'attaques imprévues, guerres enfin telles que ce chef habile et énergique pouvait les faire avec une armée composée presqu'entièrement de Huns et d'Alains, c'est-à-dire de cavalerie cosaque ou tartare.

Aëtius battit les Francs dans toutes les rencontres et leur fit éprouver des pertes considérables qui les déterminèrent à se soumettre à l'Empire et à reconnaître la suzeraineté de Valentinien[2]. Mais

---

[1] La description de ce combat se trouve à la suite des vers que nous avons cités plus haut dans le discours que Sidonius prête à la femme d'Aëtius :

> Pugnastis pariter Francus quà Cloio patentes
> Atrebatum terras pervaserat. Hic coeuntes
> Claudebant angusta vias arcuque subactum
> Vicum Helenam flumenque simul sub tramite longo
> Arctus suppositis trabibus transmiserat agger.
> Illic te posito, pugnabat ponte sub ipso
> Majorianus eques. . . . .

[2] *Aëtius Francorum barbariem immensis cædibus servire imperio romano coëgit* (Jornandès) *superatis per Aëtium in certamine Francis et in pace susceptis.* (Idatii Chron. , *ad ann.* 431.)

il les laissa en possession de tous les territoires qu'ils occupaient et même de celui que Clodion avait gagné en s'étendant jusqu'à Cambray. Pour garantie du traité qui fut conclu avec ce chef, un de ses fils ou du moins de ses proches parents, qu'on croit être le même prince qui régna plus tard sous le nom de Mérovée, fut livré en ôtage au commandant des troupes impériales. Le rhéteur Priscus, ayant été envoyé en ambassade à Rome, par la cour d'Orient, vit dans la capitale de l'empire ce jeune Franc, encore imberbe et remarquable par les longs cheveux blonds qui flottaient en boucles sur ses épaules. Aëtius l'avait adopté comme son fils, et le renvoya chez ses compatriotes après l'avoir comblé de présents et lui avoir décerné les titres d'ami et d'allié du peuple romain [1].

Ici je dois m'arrêter encore pour justifier la date assignée par moi aux événements que je viens de rapporter. Ces interruptions sont fâcheuses; elles coupent la série des faits et fatiguent le lecteur. Mais j'ai promis des études et non une narration suivie : je ne raconte pas, je discute. Je me suis proposé de travailler autant qu'il était en moi à rétablir la vérité et la clarté

---

[1] Ὃν κατὰ τὴν Ῥώμην εἴδομεν μήπω ἰούλου ἀρχόμενον, ξανθὸν τὴν κόμην τοῖς αὐτοῦ περιχεχυμένην διὰ μέγεθος ὤμοῖς. Θητὸν δὲ αὐτόν Ἀέτιος ποιησάμενος παῖδα καὶ πλεῖστα δῶρα δοὺς ἅμα τῳ βασιλεύοντι ἐπὶ φιλίᾳ τε καὶ ὁμαιχμίᾳ ἀπήπεμψε. *Prisci rhetoris Hist.*

dans une partie de notre histoire où presque tout est encore livré à l'obscurité et au doute. J'ai contre moi les autorités les plus imposantes, l'opinion des hommes que nous respectons tous comme nos maîtres. Je dois n'avancer qu'avec défiance de moi-même et préciser partout les motifs de mes convictions.

La campagne d'Aëtius contre Clodion, à laquelle se rapportent les vers de Sidonius cités plus haut, me paraît avoir été incontestablement terminée en 431. Mais elle a été reportée beaucoup plus avant dans le V⁰ siècle par la plupart des historiens modernes. Lebeau, d'après Tillemont et Valois, assigne pour date à cette guerre l'année 438, et place dans la même année la prise de Trèves, de Cologne et des autres villes du Rhin par les Francs. Dubos, d'après Sirmond et le père Petau, retarde encore plus cette date, qu'il fixe en 445. Il m'a été impossible de découvrir dans les monuments contemporains aucune donnée qui puisse confirmer l'une ou l'autre de ces suppositions.

Saint Jérôme, dans sa lettre à Geruntia, écrite au plus tard en 409, parle de l'occupation des villes du Rhin par les Germains comme d'un événement tout récent, et qui avait été la conséquence immédiate de l'invasion vandale. Le saccagement de Trèves par les Francs, en 413, après la chute de Jovinus, est également un fait constaté par des témoignages irrécusables, et c'est à dater de la même époque que la préfecture des Gaules et tous les établissements publics qui existaient à Trèves se trouvèrent transportés à Arles : l'ancienne capitale des Gaules était donc dès-lors au pouvoir des Barbares. Depuis ce temps jusqu'à l'invasion d'Attila, les chroniques et les historiens du Ve siècle ne mentionnent aucune irruption nouvelle dans la Belgique-Rhénane, et il n'est pas croyable qu'un événement aussi important eût pu passer inaperçu. Les choses sont donc restées depuis 413 jusqu'en 451 dans l'état où elles étaient à la chute des usurpateurs, c'est-à-dire que les Barbares sont demeurés en possession des villes et des territoires qu'ils occupaient dans la Belgique et les deux Germanies, sauf la reconnaissance de la suzeraineté de l'empire et l'évacuation de Trèves, qu'Aëtius obtint par ses victoires [1].

---

[1] Retrouvant d'époque en époque les Francs toujours établis aux mêmes lieux, nos historiens modernes n'ont trouvé le moyen d'expliquer ce fait, qui contrariait leur système, qu'en supposant que ces peuples passaient et repassaient sans cesse le Rhin. Ainsi les Francs auraient envahi la Belgique en 413 ; ils en auraient été chassés et y seraient revenus avec Pharamond ; puis ils en auraient été chassés de nouveau par Aëtius vers 428, et y seraient revenus encore avec Clodion. Toutes ces allées et venues n'ont nulle vraisemblance, et il serait impossible de leur trouver le moindre fondement dans les témoignages contemporains.

Quant aux campagnes d'Aëtius contre les Francs, les chroniques contemporaines en signalent deux, l'une en 428 où il soumit à l'Empire les provinces des bords du Rhin, et qui par conséquent fut dirigée contre les Ripuaires, l'autre en 431, selon le témoignage d'Idacius qui fixe cette date de la manière la plus exacte en disant qu'à cette époque il fit lui-même partie d'une députation envoyée auprès d'Aëtius, pour lui demander de secourir les populations romaines de l'Espagne contre les attaques des Suèves, et qu'il le trouva occupé à faire la guerre aux Francs [1]. On ne saurait désirer une déclaration plus précise

[1] Voici l'ordre des évènements dans la chronique d'Idacius. Cet auteur commence par rapporter le meurtre de Félix, événement incontestablement attribué à l'année 430, sous le 13ᵉ consulat de Théodose et le 3ᵉ de Valentinien, d'après le témoignage de Prosper. Ensuite il dit : *Aëtius dux utriusque militiæ Noros edomat rebellantes. Rursùm Suevi initam cum Gallæcis pacem libitâ sibi occasione conturbant. Ob quorum depredationem Idatius episcopus ad Aetium ducem qui expeditionem agebat in Galliis suscepit legationem. Superatis in certamine Francis et in pace susceptis, Censorius comes legatus mittitur ad Suevos, supradicto secum Idatio redeunte.* Ainsi Aëtius, immédiatement après le meurtre de Félix, en 430, retourne dans le Norique pour achever de pacifier ce pays. De là il passe dans la Gaule, où Idacius, envoyé en députation près de lui, le trouve occupé à faire la guerre aux Francs, et, cette guerre l'empêchant de se rendre lui-même en Espagne, il y envoie le comte Censorius pour négocier la paix avec les Suèves. Comme nous avons vu plus haut que la guerre contre Clodion commença au printemps, il est clair qu'Aëtius passa dans le Norique les derniers mois de l'année 430, et fit son expédition contre les Francs pendant l'année suivante 431.

que celle de ce témoin oculaire. Cette guerre de
431 dut être dirigée contre les Saliens, puisque
celle de 428 avait eu pour résultat la soumission
des Ripuaires, et comme les chroniques n'en
mentionnent positivement aucune autre, c'est la
seule à laquelle on puisse rapporter les détails
donnés par Sidonius sur le combat livré aux
troupes de Clodion dans les plaines de l'Artois.

Il est difficile de concevoir pourquoi les savants que je viens de nommer, au lieu de s'attacher aux données fournies par les documents
contemporains, ont placé arbitrairement des
guerres et des invasions dans des années où ces
documents n'en indiquent aucune. La date de
438 serait encore jusqu'à un certain point admissible, parce qu'au moins il est certain qu'Aëtius était alors dans les Gaules à la tête d'une
armée. Mais celle de 445 est tout-à-fait en désaccord avec le témoignage des chroniques, qui
nous apprennent qu'Aëtius quitta la Gaule en 440
après l'avoir pacifiée, et ne disent nulle part qu'il
soit revenu pour y faire la guerre jusqu'à l'invasion d'Attila en 451.

La seule objection spécieuse qu'on puisse opposer à la date de 431 repose sur l'âge de Majorien, qui fut élevé au trône impérial en 457, et
que Sidonius appelle encore à cette époque un

jeune homme, *juvenis* [1]. Mais le mot *juvenis* chez les Romains indiquait un homme dans la force de l'âge, *qui juvare potest;* les hommes de 20 à 30 ans sont souvent désignés dans les auteurs anciens par l'épithète *d'adolescens.* A l'époque de l'expédition contre les Saliens, Majorien était très jeune puisque Sidonius l'appelle *puer* [2], nom qui ne s'appliquait qu'aux jeunes gens au-dessous de vingt ans, et qu'Aëtius, à la fin de la campagne, lui conseilla d'aller achever ses études à Rome. Si l'on suppose qu'il eût dix-huit ou vingt ans à cette époque, vingt-cinq ans plus tard, en 457, il aurait eu à peine quarante-cinq ans, et l'épithète de *juvenis* lui aurait encore été applicable. On me pardonnera la longueur de cette discussion à cause de son importance; car la confusion des dates, malheureusement appuyée sur les autorités les plus respectables, a contribué plus que toute autre chose à embrouiller l'histoire du Ve siècle.

Dans la campagne de 431, Aëtius avait complété la soumission des Francs. Mais ses succès militaires ne pouvaient amortir la haine de ses ennemis ni faire oublier à la cour de Ravenne les perfidies et les violences auxquelles il avait eu

---

[1] Sidonius, *in paneg. Majoriani, vers.* 523.

[2] ..... *puerilibus annis*

Est belli maturus amor. (Sidon., *ibid., vers.* 244.

recours pour se défaire de ses rivaux. Pendant
son absence, des Romains de distinction, amis de
Bonifacius, représentèrent à Placidie combien il
était invraisemblable qu'un homme qui lui avait.
donné des preuves si éclatantes de dévouement
lorsqu'elle était proscrite par son frère et abandonnée par l'empereur d'Orient, eut attendu
pour la trahir qu'elle fût en possession du pouvoir, dont elle était redevable à sa courageuse
fidélité. Ils demandèrent la permission de se rendre en Afrique pour apprendre de la bouche
même du gouverneur rebelle les motifs d'une
conduite qui leur semblait inexplicable. La princesse consentit à cette démarche pourvu qu'elle
fût tenue secrète, et Bonifacius, touché du dévouement de ses amis, s'ouvrit à eux avec confiance en leur montrant des lettres d'Aëtius qui,
sous les apparences de l'amitié, le prévenait que
la cour, irritée contre lui, avait juré sa perte,
tandis que d'un autre côté il le dénonçait secrètement à Placidie comme cherchant à soulever
l'Afrique pour s'y créer une domination indépendante [1].

La révélation de cette odieuse fourberie excita
au plus haut degré l'indignation de la régente
qui, depuis le meurtre de Félix, ne supportait

---

[1] Procope, *de Bell. Vandal.*, *lib.* 1, *c.* 3.

qu'avec peine le joug du chef barbare dont l'audace l'avait fait trembler jusque dans son palais. Dès qu'une explication franche eut dissipé les nuages que de mensongères délations avait élevés entre elle et le plus ancien champion de sa cause, il fut facile d'arriver à une réconciliation complète. Victimes d'une même perfidie, ils se pardonnèrent sans peine leurs torts réciproques. Bonifacius, pour réparer les siens, essaya de déterminer les Vandales à se retirer de l'Afrique. Mais ses anciens alliés, devenus ses ennemis, lui répondirent par une guerre acharnée, et la faiblesse de ses ressources ne lui permit pas même de tenir la campagne. Renfermé dans Hippone, il y fut assiégé pendant près d'un an et vaincu ensuite dans une bataille rangée qu'il avait essayé de livrer avec l'aide d'un corps nombreux de troupes auxiliaires envoyées par l'empereur d'Orient. Ces échecs achevaient de détruire la puissance romaine dans une province d'où dépendait la subsistance du peuple de Rome; mais Placidie était moins préoccupée du danger de l'Empire que de ses craintes personnelles, et ce fut précisément alors qu'elle rappela Bonifacius d'Afrique pour l'opposer à Aëtius qui, désigné consul pour l'année 432, revenait triomphant de son expédition dans les Gaules.

A la fin de la campagne de 431, le vainqueur
des Francs avait licencié son armée et renvoyé
dans ses foyers la noblesse gauloise dont il se défiait [1]. Il s'était mis en route pour passer l'hiver
en Italie et célébrer à Rome l'inauguration de son
consulat lorsqu'il apprit que la cour dont il venait
de recevoir une si haute marque de faveur, cessant enfin de dissimuler, lui avait retiré le commandement général des milices et en avait investi Bonifacius, appelé à Ravenne pour prendre possession de cette éminente dignité [2].

Furieux à cette nouvelle, le chef sarmate
rassemble tout ce qu'il peut trouver de Barbares
auxiliaires, passe les Alpes et vient livrer bataille
à Bonifacius qui marche au devant de lui avec les
légions d'Italie. Dans cette lutte terrible où les
deux plus grands capitaines du siècle se disputaient l'autorité suprême, l'armée d'Aëtius
fut vaincue; mais son rival, emporté par l'ardeur du combat, trouva la mort sur le champ
de bataille au sein même de la victoire. Placidie,
inconsolable de la perte du général entre les
mains duquel elle venait de remettre ses destinées, s'empressa d'appeler au commandement
des milices, Sébastien, gendre du héros qui

---

[1] Ce fut alors qu'il conseilla au jeune Majorien d'aller achever ses
études à Rome, et depuis ce moment, il ne lui donna aucun emploi,
tant qu'il fut lui-même au pouvoir.

[2] *Idatii et Prosperi Chron.*, ad ann. 432.

manquait à l'Empire au moment où il commençait à réparer tout le mal qu'il lui avait fait [1].

Cependant les troupes d'Aëtius avaient été tellement dispersées dans la déroute, que lui-même
fut réduit à fuir seul et sans défenseurs. Il se réfugia d'abord dans une de ses terres en Dalmatie, puis, ne s'y croyant pas encore en sûreté,
il passa chez les Huns, ses fidèles amis, et fut
accueilli avec bienveillance par leur roi Rugila.
Avec l'aide de ce chef puissant, il lui fut facile de
reformer une armée toute composée de Huns,
d'Hérules et d'autres peuples slaves ou germaniques. A la tête de ces nouvelles troupes il rentra
en Italie avec une incroyable promptitude, et fut
presque sous les murs de Ravenne avant que la
cour, troublée par la mort de Bonifacius, eût eu
le temps de se mettre en défense. Placidie, ef-
frayée, s'empressa de conjurer la colère du guerrier qu'elle venait de proscrire et qui reparaissait
plus fort qu'avant sa défaite. Sébastien chercha
un asile à Constantinople. Aëtius, reçu en triom-
phateur, reprit solennellement possession de la
charge de maître des milices et de la dignité de
consul; on rétablit même son nom dans les fastes
pour la durée des mois qu'il avait passés en
exil. Enfin, pour mettre le comble à sa haute for-

---

[1] *Idatii et Prosperi Chron.*, ad ann. 432.

tune, on lui décerna le titre de patrice, le plus éminent des honneurs auxquels un sujet de l'empire pût prétendre [1].

Ainsi les tentatives de l'aristocratie romaine, pour secouer le joug de l'influence barbare avaient encore échoué, et cette influence continuait de dominer l'empire d'Occident avec un ascendant irrésistible. Néanmoins l'expérience avait instruit Aëtius des dangers qu'il courait en s'éloignant de la cour. Pendant deux ans il ne quitta pas l'Italie et ne s'occupa que d'affermir son autorité tandis que les provinces étaient livrées à l'anarchie et au pillage. Les Suèves dévastaient l'Espagne. Genséric, délivré du seul adversaire qu'il pût craindre, faisait toujours des progrès en Afrique, et les Gaules, à peine pacifiées, étaient de nouveau embrasées par la guerre.

Pendant la courte, mais sanglante lutte que l'année 432 avait vu commencer et finir en Italie, les adversaires d'Aëtius, pour mieux assurer sa ruine, avaient envoyé dans la Gaule des émissaires chargés de soulever contre lui les populations qu'il venait de ramener avec peine sous le joug du pouvoir impérial. Les Bourguignons, les Bretons de l'Armorique et surtout les Goths; animés d'une haine personnelle contre le chef sarmate, répondirent avec joie à cet appel. Mais

---

[1] *Idatii et Prosperi Chron., ad ann.*

la marche des événements fut si rapide que leurs mouvements ne purent éclater qu'après le triomphe définitif de l'ennemi contre lequel ils étaient dirigés. En 433 et 434, les Bourguignons, établis depuis le commencement du siècle dans l'Helvétie et le pays des Séquanes [1], envahirent la partie méridionale de la première Belgique, c'est-à-dire le territoire des cités de Toul èt de Metz [2]; les Bretons se rapprochèrent de la Loire; les Goths, qui jusqu'alors, selon l'usage des Barbares colonisés, avaient occupé seulement les campagnes de l'Aquitaine [3] à l'exception de la ville de Toulouse assignée pour résidence à leurs chefs, attaquèrent toutes les cités de leur voisinage

[1] Les contrées occupées par les Bourguignons composaient la division frontière désignée dans la Notice de l'Empire sous le nom de *tractus sequanicus*. Cette division est représentée par la Franche-Comté et la Suisse; elle confinait au nord avec la Lorraine, qui faisait partie de la 1re Belgique.

[2]
Belgam Burgondio quem tunc
Presserat, absolvit.

(*Sidon., in paneg. Aviti.*)

[3] En parlant du premier établissement des Wisigoths dans l'Aquitaine, nous avons omis une explication nécessaire sur ce qu'on doit entendre par ce mot. En effet, dans la Gaule comme dans tous les pays qui ont subi de longues transformations politiques, il y avait deux sortes de divisions territoriales, les divisions naturelles qui sont déterminées par la configuration du sol, que rien ne peut détruire, et qui subsistent toujours dans le langage du peuple, et les divisions administratives, dont les noms et les limites changent selon le caprice des gouvernements. La véritable Aquitaine était l'Aquitaine de César, c'est-à-dire l'espace triangulaire habitée par la race Valconne, entre la Garon-

et sortant même des limites de leur province vinrent mettre le siége devant Narbonne [1].

Aëtius, placé entre deux périls n'osait se rendre en personne dans la Gaule, pour ne pas abandonner entièrement l'Afrique. Cependant, du côté des Alpes, était pour lui le danger le plus pressant et celui qui menaçait le plus ses intérêts particuliers. Pour être plus libre dans ses mouvements, il se décida à négocier avec Genséric auquel il céda les deux Mauritanies, c'est-à-dire toutes les contrées comprises aujourd'hui dans l'empire

ne, l'Océan et les Pyrénées. (*César, de Bell. Gall., l.* xvii.) Ce même pays est la Gascogne du moyen-âge.

Lorsque les auteurs gallo-romains nomment l'Aquitaine sans autre désignation, c'est toujours de l'Aquitaine de César qu'ils entendent parler. Cependant l'administration romaine avait ôté à ce pays son ancien nom, pour lui donner celui de Novempopulanie, et s'était fait une Aquitaine à elle, divisée en deux sections, qui comprenaient le Rouergue, le Quercy, le Bordelais et toutes les contrées à l'ouest des montagnes d'Auvergne jusqu'à la Loire. Les Wisigoths finirent par s'emparer de l'Aquitaine administrative; mais leurs premiers établissements avaient été renfermés dans l'Aquitaine de César, et à l'époque où nous sommes arrivés, ils n'en étaient pas encore sortis.

[1] *Gothi placita pacis perturbant et pleraque municipia vicinasedibus suis occupant Narbonensi oppido maximè infesti.* (Prosper, *Chron.*) *Narbone obsideri cœpta per Gothos.* (*Idatii Chron.*) La mention de ce fait précède immédiatement, dans Idace, celle de la guerre d'Aëtius contre les Bourguignons, qui eut lieu en 435, suivant la Chronique de Prosper. Ainsi, le siége de Narbonne commença avant cette guerre, et par conséquent en 434. Prosper ne parle des mouvements des Gaules qu'à l'année 435, parce que ce fut seulement alors qu'Aëtius se trouva en état de leur opposer une résistance sérieuse.

du Maroc et la régence d'Alger. Il ne resta aux
Romains que la ville de Carthage avec la province proconsulaire la Byzacène et la Numidie
qui représentaient à peu près le territoire actuel
de la régence de Tunis, plus une partie des
districts de Bone et de Constantine. Pour dégui-
ser l'immensité du sacrifice, cette cession fut
faite aux conditions ordinaires de vassalité envers l'Empire : Genséric donna son fils en ôtage,
et promit, comme les autres chefs des colonies
barbares, de payer un tribut et de fournir des
contingents de troupes aux armées impériales [1].

Ce traité fut conclu le 11 février 435, et immédiatement après Aëtius se mit en marche pour la
Gaule avec son armée de Huns et d'Hérules. Il
savait que la province entière lui était hostile à
l'exception des Alains qui lui étaient toujours
restés attachés, et des Francs qui, fidèles à leurs
traités, l'aidèrent de leurs contingents.

Ses premiers coups tombèrent sur les Bourguignons qui étaient les plus rapprochés des frontières italiennes. Il les battit complettement, leur
tua beaucoup de monde, et les força de demander
la paix et de renouveler leurs conventions avec
l'Empire [2], en rentrant dans leurs anciens canton-

---

[1] Procope. *De Bello Vandal., lib.* 1, c. 4.

[2] *Burgundiones qui rebellaverant à Romanis duce Aetio debellantur.*
(Idat. Chron.) *Gundicarium Burgundionum regem intrà Gallias habi-*

nements. Mais ce malheureux peuple avait à peine fait sa soumission, qu'il fut attaqué du côté du lac de Constance par les Huns qui, en remontant le Danube, étaient arrivés jusqu'à la source de ce fleuve. Il est probable que cette invasion des Huns du Danube avait été concertée avec Aëtius, qui voulait ainsi prendre les Bourguignons par derrière tandis qu'il les attaquerait de front et qu'après avoir conclu la paix il n'eut pas le temps d'en prévenir ses alliés, ou ne fut pas fâché de les laisser agir contre une nation dont il se défiait. Quoiqu'il en soit, cette attaque fut fatale aux Bourguignons qui perdirent dans le combat 20,000 hommes et leur roi Gundicaire [1]. Mais leur résistance fut du moins assez forte pour contraindre leurs ennemis à sortir de l'Helvétie, à moins qu'on ne suppose, ce qui serait assez vraisemblable, que les Huns en se retirant aient cédé aux représentations d'Aëtius.

C'est au milieu de ces événements que la plupart des historiens placent la conversion des Bourguignons au christianisme. Cette opinion est

---

tantem *Aetius bello obtinuit pacemque ei supplicanti dedit.* (Prosper. Chron., *ad ann.* 435.) Prosper fixe de la manière la plus précise la date de ces événements, en disant qu'ils suivirent immédiatement le traité conclu avec Genséric, *eodem tempore.*

[1] *Burgundionum cæsa viginti millia.* (Idat. Chron.) *Gundicarius pace non diù potitus est, si quidem illum Chunni cum populo suo ac stirpe deleverunt.* (Prosper Chron., *ad ann.* 435.)

fondée sur un passage de l'écrivain ecclésiastique Socrate, qui raconte que les Bourguignons, pressés par les Huns, songèrent, dans l'extrémité où ils étaient réduits, à implorer le secours du dieu des chrétiens, et se rendirent dans une ville des Gaules, où ils furent baptisés par un saint évêque, après un jeûne de sept jours; que dans la nuit même le roi des Huns, Uptar, mourut subitement, et que le lendemain 3,000 Bourguignons ayant attaqué 10,000 Huns les mirent en déroute[1]. Nous remarquerons d'abord que cette espèce de miracle, rapporté par un historien byzantin, qui écrivait un siècle plus tard, n'est mentionné dans aucun des auteurs gaulois contemporains. Il n'en est question ni dans la chronique de Prosper, ni dans celle d'Idace, ni dans le livre de Salvien qui, écrivant tout exprès pour justifier les voies de la Providence, n'aurait pas négligé un fait si favorable à son système. Grégoire de Tours a composé une histoire spéciale des miracles arrivés de son temps, c'est-à-dire dans les V° et VI° siècles. Il est facile de voir qu'il a recueilli avec soin toutes les traditions de ce genre qui pouvaient exister dans la Gaule, et qu'il n'a rien

---

[1] Socrate, Hist. Ecclésiastique, l. vii. Cet auteur ajoute que depuis ce temps, les Bourguignons furent chrétiens orthodoxes και, ἐξ ἐκείνου, το ἔθνος διαπύρως ἐχριστιάνισεν. C'est une erreur évidente, comme nous le verrons tout à l'heure.

omis de ce qui lui a paru avoir quelque fondement de vérité. Cependant il ne dit pas un mot
de la conversion et de la victoire miraculeuse
des Bourguignons. C'est une raison pour douter
du fait rapporté par Socrate; mais ce n'est peut-
être pas un motif suffisant pour le rejeter entièrement. En effet, nous savons, par l'auteur de la
vie de saint Germain, que saint Sévère, évêque
de Trèves, avait été vers ce temps prêcher le christianisme dans la première Germanie ou l'Alsace
habitée par les Allemands [1]. Ce saint missionnaire
a donc pu se trouver dans le voisinage du théâtre de la guerre entre les Huns et les Bourguignons; il a pu convertir au catholicisme un petit corps de Bourguignons ariens, en les re-
baptisant, comme on faisait alors pour tous
les hérétiques convertis, et ces nouveaux ca-
théchumènes ont pu remporter quelque avantage sur un détachement ennemi. Mais, dans tous
les cas, il n'y a eu là évidemment qu'une escarmouche, un accident de guerre, un trait particulier de la mission de saint Sévère recueilli par
les moines d'Orient; il n'y a pas eu une victoire
décisive, une conversion générale de la nation des

---

[1] Saint Germain se rendit en Bretagne vers 440, comme nous le
verrons plus bas, pour combattre l'hérésie pélagienne, et on lui ad-
joignit l'évêque de Trèves, saint Séver : *adjuncto Severo, qui tunc Tre-
viris ordinatus episcopus gentibus primæ Germaniæ verbum vitæ prædi-
cabat.* (Vita sancti Germ., l. II, c. I.)

Bourguignons ; car un événement de cette importance n'aurait pas échappé aux écrivains gaulois
contemporains.

D'ailleurs la meilleure preuve que la nation des
Bourguignons n'est pas devenue catholique à
cette époque, c'est que les événements postérieurs nous la montrent toujours fidèlement attachée à l'arianisme [1]. J'ai dit plus haut que toutes
les nations de race gothique ou suève qui bordaient la ligne du Danube depuis l'embouchure
de ce fleuve jusqu'à sa source, avaient été con-

---

[1] Gundioch, qui était fils de Gondicaire, et qui lui succéda dans le
commandement des Bourguignons, immédiatement après la guerre contre les Huns, à l'époque même où Socrate place leur conversion, était
arien, ainsi que ses quatre fils. Grégoire de Tours dit même qu'il était
de la race du roi persécuteur Athanaric : *Fuit Gundiuchus rex Burgundionum ex genere Athanarici regis persecutoris.* (Greg. Tur., Hist., l. ii,
c. 28.) Cet Athanaric est le célèbre chef des Goths, qui vers 370 régnait sur toute l'Europe orientale, depuis le Danube jusqu'à la Baltique,
et qui, s'étant converti à la secte arienne avec sa nation, fut bientôt
après chassé de ses états par les Huns. Grégoire de Tours, dans le chapitre 4 du même livre, parle, d'après Orose (Hist., l. vii, c. 32), des
persécutions exercées par ce prince contre ceux de ses sujets qui avaient
embrassé le catholicisme. Quelques commentateurs lui ont reproché
d'avoir supposé à tort que Gondioch était de la famille d'Athanaric ;
je crois ce reproche mal fondé : lorsque Grégoire de Tours veut indiquer la parenté de Mérovée avec Clodion, il dit que ce prince était *de
stirpe Chlogionis ;* mais ici il dit que Gondioch était *de genere Athanarici,* c'est-à dire de la même race, de la même espèce, de la même
secte, et non pas de la même famille. Souvent les auteurs ecclésiastiques ont dit que tel homme était de la race de Caïn, de la race de Judas ; ce qui n'impliquait aucune parenté avec ces grands coupables.

verties au christianisme par les missionnaires
ariens que leur avaient envoyé les premiers successeurs de Constantin. Le fait n'est pas contesté
pour les Goths. Tout le monde reconnaît qu'ils
sont entrés dans l'Empire déjà chrétiens, mais in-
fectés de l'hérésie arienne, et qu'ils avaient avec
eux des évêques, des prêtres de leur nation dont
le zèle pour cette hérésie fut la principale cause
de leurs collisions avec les populations catholiques.

Il en fut de même des Vandales, des Bourguignons et des autres peuples de race suève, lorsqu'ils envahirent la Gaule en 407. Ils étaient aussi chrétiens, mais Ariens. Procope nous le fait
connaître en disant qu'ils avaient la même constitution physique, la même langue, les mêmes
mœurs que les Goths, et qu'ils professaient la
même religion, c'est-à-dire l'arianisme [1]. Leur
attachement fanatique aux doctrines d'Arius
avait été exalté par les persécutions dont cette hérésie avait été l'objet sous le règne de Théodose et
dont la rigueur dut être exagérée dans les récits
des chrétiens dissidents, qui cherchaient hors des
frontières de l'Empire un asile contre la pro-
scription. Aussi, dès leur entrée dans la Gaule,

---

[1] Procope, *de Bello Vandal.*, l. 1, c. 2. Καὶ νόμοις μὲν τοῖς αὐτοῖς
χρῶνται, ὁμοίως δὲ τὰ ἐς τὸν θεὸν αὐτοῖς ἤσκηται · τῆς γὰρ ἀρείου δόξης
εἰσὶν ἅπαντες.

on les vit excités par les évêques et les prêtres de race barbare qui les accompagnaient, se baigner avec une joie féroce dans le sang du clergé catholique, incendier les églises, et renverser les autels du culte orthodoxe. Si l'on rejette cette opinion fondée sur le témoignage si positif de Procope; si l'on veut que les Vandales, les Bourguignons et les Suèves aient été purement idolâtres à l'époque où ils entrèrent sur le territoire romain, comment expliquera-t-on qu'ils soient devenus ariens dans la Gaule où l'arianisme avait toujours eu peu de partisans, et où cette hérésie était entièrement éteinte plus de trente ans avant l'invasion de 407? Quelle date assignera-t-on d'ailleurs à leur conversion au christianisme? Pendant le séjour des Vandales et des Suèves dans la Gaule, on les voit poursuivre avec acharnement le clergé gaulois, et dès qu'ils sont établis en Espagne, on les y trouve ariens au milieu d'une population catholique. Supposera-t-on qu'après s'être convertis d'abord au catholicisme, ils se seraient ensuite laissé entraîner à l'hérésie? Outre l'invraisemblance qui résulte pour cette hypothèse du peu d'influence que l'arianisme avait conservé dans l'occident, une pareille mobilité n'est guère dans le caractère des Barbares nouvellement convertis. On a toujours remarqué au contraire que les néophytes de cette espèce s'attachent avec une ardeur d'autant plus vive qu'elle est moins éclairée aux doctrines religieuses qui leur ont été prêchées par leurs premiers missionnaires. Enfin notre dernier argument et le plus fort de tous, c'est qu'aucun auteur contemporain n'a parlé de la conversion des peuples suèves et vandales, ni des circonstances qui les auraient amenés à embrasser plus tard l'hérésie d'Arius [1]. Or, il est impossible d'admet-

---

[1] Les Bourguignons sont les seuls de ces peuples qu'on ait supposés convertis à diverses époques. Orose les croyait catholiques dès leur premier établissement dans la Gaule : *Galliæ hodiè testes sunt in quibus Burgundiones præsumptâ possessione consistunt, quamvis providentiâ Dei omnes christiani modò facti, catholicâ fide nostrisque clericis quibus obedirent receptis, blandè, mansuetè innocenterque vivant non quasi cum subjectis Gallis, sed verè cum fratribus christianis.* (Hist., l. VII, c. 32.) Les Bourguignons, en effet, ne furent jamais persécuteurs comme les Goths et les Vandales, et tout ce qu'Orose dit ici de leurs relations amicales avec les populations romaines est confirmé par les témoignages contemporains. Mais il n'en est pas de même de leur adhésion au catholicisme; Orose était originaire d'Espagne, et il écrivait en Afrique; il a pu être induit en erreur à cet égard par quelque prêtre de la Gaule, qui prenait ses espérances pour des réalités, et l'accueil bienveillant fait à un missionnaire ou quelques conversions individuelles pour un retour général à la vraie foi. Les auteurs gaulois, tels que Salvien et Prosper, ne s'y sont pas trompés. Salvien dit formellement que tous les Barbares sans exception étaient hérétiques ou païens : *Omnes Barbari sunt pagani aut hæretici.* Si l'on en croyait Orose, les Bourguignons auraient été convertis dès leur entrée dans la Gaule, vers 410. Si l'on en croyait Socrate, ils auraient été convertis pendant la guerre des Huns, en 435; et après toutes ces conversions, on les retrouve toujours ariens; cela seul décide la question.

tre qu'un événement aussi grave ait été passé
sous silence par des auteurs ecclésiastiques témoins oculaires de l'invasion, et auxquels un fait
de cette nature devait inspirer plus d'intérêt que
toutes les révolutions politiques. Ne craignons
donc point d'affirmer avec Procope que les Vandales, les Suèves et les Bourguignons aussi bien
que les Goths, étaient ariens avant d'entrer dans
l'Empire, et qu'après leur établissement dans les
provinces, ils restèrent attachés à cette hérésie
qui fut la source de souffrances infinies pour les
populations romaines dont l'immense majorité
était restée fidèle à la foi catholique. Ces dissi-
dences religieuses ont exercé une telle influence
sur les rapports des Barbares colonisés avec les
anciens sujets de l'Empire que j'ai cru devoir
traiter cette question avec quelques développements pour combattre une opinion généralement
accréditée, mais qui ne m'en paraît pas moins
fausse. Je me hâte de revenir à l'exposition des
faits.

L'année 435 suffit à Aëtius pour terminer la
guerre contre les Bourguignons, et aussitôt après,
il envoya contre les Bretons de l'Armorique son
lieutenant Litorius Celsus, qui les repoussa facilement dans leurs anciennes limites. Litorius
était maître de la cavalerie des Gaules, et à ce titre il avait, sous l'autorité supérieure du maître

général des milices, le commandement des troupes de cette province [1]. Quoique son nom semble indiquer une origine romaine, il se faisait remarquer par cette valeur impétueuse, ce courage aveugle qu'on regardait comme l'attribut des Barbares. Intrépide chef de partisans, il passait comme l'éclair d'une extrémité de la Gaule à l'autre avec ses sauvages escadrons d'Alains et de Huns qui ravageaient tout sur leur passage. Au printemps de 436, ayant reçu la soumission des Armoricains, il partit des bords de la Loire, traversa au galop avec sa cavalerie tartare les plaines du Berry et les montagnes de l'Auvergne, et parut inopinément sous les murs de Narbonne que les Wisigoths assiégeaient depuis près de deux ans [2]. La ville manquait de vivres et était sur le

---

[1] On voit par la Notice de l'Empire que toutes les troupes actives de la Gaule, *milites præsentiales*, cavalerie et infanterie, étaient sous le commandement du maître de la cavalerie des Gaules, à qui la Notice donne le titre de *vir inluster magister equitum Galliarum*. Les troupes sédentaires, *milites limitanei*, étaient sous les ordres des ducs et comtes commandant les provinces frontières. La ligne défensive des frontières ayant été désorganisée depuis le règne d'Honorius, il ne se trouva plus d'autre commandant supérieur dans la Gaule que le maître de la cavalerie. Ce commandant général des milices gauloises ne doit pas être confondu, comme on l'a fait souvent, avec le maître général des milices de l'Empire, *magister peditum et equitum Imperii*.

[2] Litorius, scythicos equites tunc forte subacto
Celsus Aremorico, Geticum rapiebat in agmen
Per terras, Arverne, tuas, qui proxima quæque
Discursu, Sammis, ferro, ferocitate, rapinis
Delebant pacis fallentes nomen inane.

(Sidonius, *Panegyr. Aviti.*)

point de se rendre par famine. Litorius fait prendre un sac de blé en croupe à chacun de ses cavaliers, puis, passant avec la rapidité de la foudre à travers le camp des assiégeants, il entre dans la place qui se trouve ravitaillée par ce singulier moyen. Le succès de cette audacieuse tentative anime la garnison d'une nouvelle ardeur, et, secondée par ses braves auxiliaires, elle force bientôt les Wisigoths à lever le siége [1].

En même temps Aëtius arrive en personne pour se joindre à son lieutenant et réunir toutes ses forces contre les tribus gothiques. C'étaient les seuls ennemis qu'il eût encore à combattre dans la Gaule [2], et il existait entre cette nation et lui une sorte de haine personnelle qui donna à cette lutte un caractère remarquable de persistance et d'acharnement. Aëtius s'était empressé d'accueillir les premières offres de soumission des autres colons barbares et s'était contenté de leur faire re-

---

[1] *Narbona obsidione liberatur Aëtio duce.* (Idat. Chron.) *Cùm Narbonense oppidum diù obsidione et fame laborasset, per Litorium comitem ab utroque periculo liberatum est, si quidem per singulos equites, binis tritici modiis advectis, strenuissimè hostes in fugam verterit et civitatem annond impleverit* (Prosper. Chron., *ad ann.* 436.)

[2] *Cùm Aëtius superbiam Suevorum Francorumque barbariem immensis cædibus imperio romano servire coëgisset, Hunnis quoque auxiliariis, Litorio ductante, contrà Gothos romanus exercitus movit procinctum.* (Jornandés.) Par le mot de *Suèves*, Jornandés désigne les Bourguignons qui appartenaient, comme nous l'avons dit souvent, à la race suévique.

connaître la suzeraineté de l'Empire en les laissant en possession des territoires qu'ils occupaient; mais de la part des Goths il ne voulut entendre aucune proposition de paix, et pendant
trois ans il leur fit une guerre d'extermination.
Son but n'était point de les soumettre, mais de
les détruire; il voulait faire disparaître ce peuple
du sol gaulois. De leur côté les Wisigoths ne né-
gligèrent aucun moyen pour nuire à leur redoutable adversaire. Sébastien, gendre de Bonifacius, qui avait osé un moment se présenter
comme rival d'Aëtius et lui disputer le commandement suprême, s'échappa de Constantinople
où il s'était réfugié, et parvint à passer dans l'A-
quitaine. Les Wisigoths lui donnèrent des troupes
avec lesquelles il entra en Espagne et s'empara
de Barcelonne; mais les défaites réitérées de ses
alliés ne lui permirent pas de se maintenir dans
cette ville, et il fut réduit à chercher un nouvel
asile en Afrique auprès du roi des Vandales [1].

Les campagnes de la Gaule souffrirent horrible-
ment de ces guerres d'Aëtius. Les bandes d'Alains
et de Huns, c'est-à-dire de Cosaques et de Tartares qui composaient ses armées exerçaient, partout où elles passaient, d'affreux ravages. Ces peuples étaient païens; ils n'avaient point contre le

[1] *Idatii Chron.*

catholicisme la haine fanatique des Goths et des Vandales Ariens; mais ils ne respectaient rien de ce qui était l'objet de la vénération des chrétiens. A Tours, les Huns de Litorius ne craignirent point de pénétrer dans la basilique de Saint-Martin, et d'enlever la couronne d'or déposée sur le tombeau du saint évêque [1]. A la vérité les auteurs ecclésiastiques racontent que l'auteur de ce vol fut frappé de cécité. Mais qu'on juge de ce que le pays eut à souffrir de la rapacité de ces Barbares qui n'épargnaient pas même le sanctuaire le plus vénéré de la Gaule. Un épisode de leur passage ou plutôt de leur course à travers l'Auvergne, mérite d'être rapporté, car il peint bien les mœurs de cette époque et leur remarquable analogie avec celles des temps chevaleresques du moyen-âge. Avitus, noble gaulois, après avoir combattu avec gloire sous les drapeaux d'Aëtius, contre les Bourguignons [2], était venu se

[1] Paulinus, *in vitâ sancti Martini*, l. vi. Le vol et le miracle sont aussi rapportés par Grégoire de Tours.

[2] Sidonius, en célébrant les divers mérites d'Avitus et sa supériorité sur tous ses compagnons d'armes, nous fait connaître les peuples barbares qui avaient fourni des contingents auxiliaires aux armées d'Aëtius. C'étaient les Huns, les Hérules, les Francs Ripuaires et Saliens, les Sarmates, les Gélons :

. . . . Vincitur illîc

Cursu Herulus, Chunnus jaculis Francusque natatu,

Sauromata clypeo, Salius pede, falce Gelonus.

Remarquons, en passant, que les Gélons, peuples slaves, combat-

reposer dans ses terres, lorsqu'il apprit que les Huns, en traversant ses domaines, avaient dépouillé et tué un de ses fermiers. Aussitôt il revêt ses armes, il s'élance sur son cheval et, piquant des deux il atteint les escadrons tartares. On lui désigne le meurtrier de son vassal; il lui crie de sortir des rangs et de se mettre en défense; il court sur lui, et d'un coup de lance il le renverse mort dans la poussière; puis, aux applaudissements de ces bandes féroces, il se joint à Litorius pour prendre part à l'expédition de Narbonne.

Les cinq années qui s'écoulèrent de 435 à 440 furent plus funestes peut-être encore à la Gaule que les six années de dévastations et de troubles qui suivirent l'invasion vandale jusqu'à la pacification de 413. Aussi les écrivains contemporains ne parlent qu'avec des cris de douleur de ces temps malheureux où, suivant l'expression de Paulin, auteur d'une vie de saint Martin, en vers, écrite vers 470[1], la Gaule, glacée de terreur, subissait le joug des Huns auxiliaires, ces alliés pires que des ennemis, et dont la férocité ne reconnaissait

---

taient avec des faux, qui sont encore l'arme favorite des paysans polonais.

[1] Cùm subito patefacta metu, graviore periclo,
Auxiliatores peterentur Gallia Chunnos ;
Nam socium vix ferre queas qui durior hoste
Extat et adnexum fœdus feritate repellit.

(*Paulinus, de vitâ sancti Martini, lib.* VI.)

aucune loi. « Auvergne, ô ma patrie, s'écrie Sidonius Apollinaris, tu as vu Litorius Celsus lancer à travers tes campagnes ses escadrons de Scythes qui, se présentant comme amis, sous le voile d'une alliance mensongère, détruisaient par le fer, la flamme, le meurtre et le pillage, tout ce qui se rencontrait sous leurs pas [1]. »

En même temps le fisc redoublait ses rigueurs pour solder et nourrir ces farouches auxiliaires, et entretenir le luxe de la cour de Ravenne, tandisque cette cour corrompue accordait aux riches et aux hommes en crédit des exemptions d'impôts qui rejetaient tout le fardeau des charges publiques sur les citoyens pauvres et sans protecteurs. C'est à cette époque que se rapportent les éloquentes déclamations de Salvien; écrites vers 440, au milieu même de ces scènes de désolation, elles furent le fidèle écho de la douleur publique, la satire sanglante, mais juste, des épouvantables abus de l'administration impériale.

Réduits au désespoir, les habitants des campagnes se réfugièrent dans les bois et se formèrent en *bagaudes* ou rassemblements armés. Les pauvres serfs cultivateurs se soulevèrent dans toute la Gaule ultérieure, c'est-à-dire dans la *Cel-*

---

[1] Voir plus haut, page 52, la citation du passage de Sidonius.

tique de César [1], qui fut toujours le foyer le plus actif de ces insurrections populaires. La sympa-

---

[1] Les érudits ne sont pas d'accord sur ce qu'il faut entendre par la Gaule *ultérieure*. Les uns la placent au nord du Rhône, les autres au nord de la Loire. Le savant dom Vaissette, auteur de l'Histoire du Languedoc, pour concilier toutes les opinions, avait supposé que chacun dans la Gaule donnait le nom d'*ultérieure* aux provinces dans lesquelles il n'était pas; en sorte que le midi était *ultérieur* pour les gens du nord, et le nord *ultérieur* pour les gens du midi (Hist. de Languedoc, t. Ier, p. 642). Je cite ceci seulement comme un exemple des aberrations auxquelles l'érudition, même la plus consciencieuse, peut se laisser entraîner. Avant de faire cette singulière concession, dom Vaissette avait reconnu que les sept provinces convoquées par le décret d'Honorius à l'assemblée d'Arles composaient la Gaule *Citérieure*, et le reste du pays la Gaule *Ultérieure* (Hist. du Languedoc, t. Ier, p. 164). Cela était vrai dans le langage officiel et administratif. Mais dans le langage ordinaire, l'ensemble des témoignages établit que l'on entendait par Gaule *Ultérieure* toutes les provinces situées au nord du Rhône et de cette masse de montagnes qui, occupant le centre de la France, s'abaissent graduellement vers l'Océan par les collines du Périgord, entre le 45e et le 46e degré de latitude. Ainsi, une ligne tirée de l'embouchure de la Garonne au lac de Genève représenterait assez exactement les limites des deux Gaules, et l'on voit que les sept provinces se trouvaient toutes au sud de cette ligne, à l'exception de la partie des deux Aquitaines qui s'étendait entre les montagnes d'Auvergne et l'Océan jusqu'à la Loire. La Gaule *Ultérieure* comprenait donc la Celtique et la Belgique de César, la Gaule *Citérieure*, l'ancienne Province Romaine et l'Aquitaine, d'après les divisions de territoire établies au 1er livre des Commentaires (voir tom. 1er, page 31). Mais comme au Ve siècle la Belgique était soustraite presque entièrement à l'administration impériale, lorsque les auteurs de ce temps parlent de la Gaule Ultérieure, ils n'entendent généralement désigner par là que la Celtique de César, c'est-à-dire les provinces comprises entre les montagnes d'Auvergne, le Rhône, le Jura, la Marne, la Seine et l'Océan, moins l'Armorique ou Bretagne devenue indépendante. Ce fut dans ces limites qu'éclata l'in-

thie qu'ils inspiraient, même aux classes élevées dut être grande, puisque l'évêque Salvien osa prendre leur défense et les justifier en rejetant sur leurs oppresseurs toute la responsabilité des malheurs publics [1]. Ils avaient élu pour commandant suprême un paysan comme eux, nommé Tibaton, et bientôt leurs bandes prirent assez de consistance pour forcer Aëtius d'envoyer contre eux une partie de ses troupes. Mais ils ne purent résister à sa redoutable cavalerie; tous leurs chefs furent pris et périrent dans les supplices, et à la fin de l'année 438 les grands rassemblements, dispersés, ne laissèrent après eux que des débris de bandes errantes qui ne pouvaient plus donner d'inquiétudes sérieuses [2].

surrection des Bagaudes, dont le principal foyer paraît avoir toujours été dans les provinces de l'ouest au sud de la Loire. La division des deux Gaules est indiquée par la nature elle-même : lorsqu'on traverse la France du nord au midi, et qu'on franchit la ligne tracée ci-dessus, il est impossible de ne pas être frappé du changement qui s'opère dans l'aspect et les productions du pays, dans les mœurs, le langage et les caractères physiques des habitants. En adoptant cette division, on conçoit facilement pourquoi Renatus Frigeridus, cité par Grégoire de Tours (*Hist.*, *lib.* II, c. 9) plaçait Trèves dans la Gaule Ultérieure, et pourquoi l'auteur de la Vie de saint Éloy y plaçait aussi Limoges, patrie de ce saint.

[1] Voir les citations de Salvien, tom. 1er, pages 202 et 203.

[2] *Gallia Ulterior Tibatonem principem rebellionis secuta à romanâ societate discessit, à quo tracto initio, omnia penè Galliarum servitia in Bagaudiam conspiravére..... Capto Tibatone et ceteris seditionis partim principibus vinctis, partim necatis Bagaudarum commotio con-*

Cependant ces diversions, en contraignant le commandant des milices impériales à diviser ses forces, permirent aux Wisigoths de prolonger leur résistance. Il était d'ailleurs gêné dans ses opérations par la malveillance du préfet Albinus qui lui disputait le produit des impôts et tâchait sans doute de défendre les intérêts de la province contre les extorsions des chefs militaires et les déprédations des Huns. Les conflits d'autorité entre ces deux grands dignitaires devinrent si graves qu'on jugea nécessaire d'envoyer tout exprès de Rome pour négocier entre eux une réconciliation, le diacre Léon qui jouissait de l'estime générale et qui, élu pape pendant ce voyage même, fut décoré par ses contemporains du titre de grand [1].

Enfin, dégagé de toutes ces entraves, Aëtius, en 439, voulut essayer de porter les derniers coups à la puissance des Goths. Dans les campagnes des années précédentes, il les avait successivement chassés de toutes les positions qu'ils occupaient dans l'Aquitaine, et il était parvenu à les renfermer dans Toulouse, où il les tenait assiégés [2]. En vain ils demandaient la paix et

---

quiescit (Prosper, Chron., édit. Pith.) La Chronique place ces faits dans la même année que la publication du Code Théodosien, qui fut promulgué en 438.

[1] Prosper, Chron., *ad ann.* 440.

[2] *Bellum adversùs Gothos, Chunnis auxiliantibus, geritur.* (Prosper,

offraient de se soumettre à toutes les conditions qu'on voudrait leur imposer, Aëtius n'écoutait aucune proposition [1]. Il avait juré leur perte et

Chron., *ad ann.* 437.) *Adversùm Gothos in Gallia quædam prosperè gesta.* (*Idem, ad ann.* 438.) *Gothorum cæsa octo millia sub Aëtio duce.* (Idat. Chron.) Ce fut pendant ces campagnes que les Huns auxiliaires assiégèrent Bazas, sous la conduite d'un officier barbare appelé Genséric et d'origine tudesque, comme son nom l'indique. Grégoire de Tours raconte que la ville fut sauvée miraculeusement par les prières de son évêque ; mais il fait un tableau hideux des dégâts commis par les Huns dans la contrée environnante : *Hostis verò in circuitu depo. pulabatur villas, domos tradebat incendio, agros vineasque pecoribus intromissis vastabat.* (Greg. Tur., *Glor. Mart.*, l. 1, c. 13.)

[1] Théodoric eut recours à tous les moyens pour obtenir la paix ; il engagea même les évêques catholiques de l'Aquitaine à intercéder pour lui ; ils furent durement repoussés. (Vie de saint Orientius, évêque d'Auch.) Ce prince, quoique arien, était très pieux, comme presque tous les rois wisigoths. Les ariens s'écartaient de la foi catholique sur un point capital du dogme, la divinité de Jésus-Christ. Mais à l'extérieur leurs églises ne se distinguaient en rien des églises orthodoxes ; les cérémonies du culte étaient presque les mêmes, les prières semblables, sauf les points relatifs au dogme contesté, ils avaient des évêques, des prêtres, des diacres, des couvents de moines et de religieuses. Théodoric jeunait, priait, faisait des aumônes aux pauvres et des offrandes aux autels. Le général romain Litorius, au contraire, affectait l'athéisme des Huns et le mépris de toute religion. Aussi était-il détesté du clergé gaulois qui applaudit à ses malheurs comme à une justice du ciel. « Les Goths, dit Salvien, mettent leur confiance en Dieu, et nous dans nos propres forces ; ils nous envoient des évêques, et nous les repoussons ; ils honorent Dieu jusque dans les prêtres étrangers à leur secte, et nous le méprisons dans les nôtres : *Cùm Gothi metuerent, præsumpsimus nos in viribus spem ponere, illi in Deo. Cùm pax ab illis postularetur, à nobis negaretur ; illi episcopos mitterent, nos repelleremus ; illi etiam in alienis sacerdotibus Deum ho-*

elle semblait inévitable. Un événement imprévu les sauva.

Litorius, qui commandait les troupes assiégeantes, emporté par sa témérité ordinaire, se fit prendre sous les murs de la place, au moment même où il venait de repousser avec succès une sortie des assiégés [1]. Une fois maîtres de ce précieux ôtage, ils se hâtèrent de renouer des négociations qu'on n'osa plus repousser avec la même hauteur, et ils en profitèrent pour gagner du temps. Sans doute ils étaient instruits des grands événements qui se préparaient à l'autre extrémité de l'Empire, car tandis qu'Aëtius avait recours à ses ruses habituelles pour obtenir la liberté de son lieutenant, tout-à-coup on apprend que Genséric, rompant le traité conclu depuis quatre ans avec la cour impériale, avait subitement repris les armes et s'était emparé par surprise de la ville de Carthage. Ce fut le 14 des calendes de novembre, en plein jour, qu'il entra, sans aucune résistance, dans cette grande cité, dont tous les habitants, en pleine sécurité,

---

norarent, nos in nostris contemneremus. » (Salv., *de Judic. Dei*, l. VII.)

[1] *Litorius qui secundâ ab Aëtio potestate Chunnis auxiliaribus praerat, pugnam cum Gothis imprudenter conseruit, et tantam ipse hostibus cladem intulit, ut nisi inconsideranter praelians in captivitatem cecidisset, dubitandum foret cui potius parti victoria adscriberetur.* (Prosper, *Chron., ad ann.* 439.)

étaient alors réunis au spectacle[1]. Il est donc probable que son entreprise était concertée avec les ariens et les autres dissidents très nombreux à Carthage[2], et l'on doit penser que les Wisigoths l'avaient secrétement poussé à cette rupture qui seule pouvait les sauver

La prise de Carthage, suivie de l'entière destruction de la puissance romaine en Afrique, répandit la terreur à Rome et dans toute l'Italie. Déjà l'on annonçait que Genséric préparait une flotte pour attaquer la Sicile[3]. La cour de Ravenne tremblait pour elle-même, et envoyait à Aëtius les ordres les plus pressants pour qu'il conclût la paix à tout prix dans la Gaule, et qu'il se hâtât de venir défendre le siége du gouvernement impérial. Le chef sarmate sentit avec rage que sa proie lui échappait. Mais il fallut céder à la nécessité, et écouter enfin sérieusement les propositions des Wisigoths. Litorius était mort dans sa prison[4]; c'était un obstacle de moins à la conclu-

[1] Prosper, Chron., *ad ann.* 439. Salvien, *de Judicio Dei.*

[2] On ne saurait trop répéter que les Barbares avaient partout pour alliés les esclaves, les contribuables ruinés, les païens, les hérétiques, enfin toutes les classes opprimées et souffrantes. L'Afrique était la province où il y avait le plus d'hérétiques; les ariens, les manichéens, les donatistes y surpassaient en nombre les chrétiens orthodoxes.

[3] Genséric fit une première expédition en Sicile dès l'année 440. (Prosper, Chron. Cassiodore.)

[4] *Bello Gothico, sub Theodoro rege, apud Tolosam Litorius romanus*

sion du traité qui ne fut pas aussi désavantageux
qu'on aurait pu le craindre dans la fâcheuse situation des affaires. Ils se contentèrent de rester
en possession de l'Aquitaine aux conditions ordinaires de vassalité envers l'Empire; mais ils demeurèrent maîtres des villes qu'ils avaient occupées au commencement de la guerre, en sorte
que cette province fut tout-à-fait soustraite à
l'administration impériale [1].

Aëtius, ayant ainsi achevé de pacifier la Gaule,
voulut avant de quitter ce pays prendre quelques
mesures pour y prévenir le retour des rebellions
et des troubles. Il emmenait avec lui ses fidèles
bandes de Huns, le plus ferme appui de son
pouvoir; mais il laissait dans la Gaule les Alains,

---

dux vulneratus capitur et post dies paucos occiditur. (Idatii Chron.) Il
semblerait, d'après ces mots, que Litorius eût été assassiné. Mais Salvien, témoin oculaire, et qui habitait le pays même où ces événements
se sont passés, dit qu'il mourut de maladie dans sa prison : *Longo tempore et diuturnâ in ergastulo Barbarorum tabe consumptus.*

[1] Avitus contribua beaucoup à la conclusion de ce traité; pendant
les négociations il était entré dans Toulouse, sous prétexte de voir un
de ses parents prisonnier, et avait gagné la confiance de Théodoric,
qui lui conserva toujours une amitié sincère. Sidonius, pour relever le
mérite de son héros, exagère beaucoup la puissance des Wisigoths et
les difficultés de la pacification. La vérité est que les Wisigoths, acca-
blés par leurs défaites précédentes, désiraient la paix au moins autant
que les Romains : *Pax cum Gothis facta,* dit Prosper, *cùm eam post
ancipitis pugnæ lacrymabile experimentum humiliùs quam unquàm anteà
poposcissent.*

qui ne l'avaient pas moins bien servi. Depuis qu'en 406, ces vaillantes tribus s'étaient séparées des Vandales et s'étaient unies aux Francs, pour se ranger avec eux comme fédérés sous les drapeaux de l'Empire, elles n'avaient point quitté la province, et avaient pris part à tous les combats qui s'y étaient livrés, sans y former aucun établissement. Il était temps de récompenser leurs services et de leur assurer des demeures fixes. Les campagnes des environs de Valence, entre la Durance et l'Isère, avaient été, de 410 à 413, le principal théâtre des guerres acharnées qui avaient décidé du sort des usurpateurs de la Gaule. C'était là que Constantius avait vaincu les Francs d'Ediobinc, et qu'Ataulphe, avec ses Wisigoths, avait exterminé les hordes germaniques qui soutenaient Jovinus. Arrosées par tant de sang, dévastées par tant de peuples divers, ces malheureuses contrées ne s'étaient point relevées de leurs ruines; elles étaient restées désertes. Aëtius y établit les Alains, sous la conduite de leur roi Sambida, qui avait succédé à leur premier chef Goar [1]. Cette position était admirablement choisie pour contenir à la fois les Bourgui-

---

[1] *Pacatis motibus Galliarum, Aëtius ad Italiam regreditur. Deserta Valentina urbis rura Alanis quibus Sambida præerat partienda traduntur.* (Prosper, *Chron.*, édit. Pith.) Cet événement est mentionné dans la Chronique après l'intronisation du pape Léon-le-Grand, qui eut lieu en 440.

gnons qui menaçaient la rive gauche du Rhône, et les Wisigoths qui aspiraient à s'étendre jusqu'à la rive droite. Aussi les Alains finirent-ils par succomber sous la haine des deux nations puissantes entre lesquelles on les avait placés. Mais à l'époque dont nous parlons, les Bourguignons, écrasés par les Huns, ne pouvaient inspirer de crainte. Aëtius, qui voulait les relever pour les opposer aux Wisigoths, ajouta à leur territoire la Savoie, qui formait la partie orientale de la province Viennoise, et depuis ce temps les chefs des Bourguignons fixèrent leur résidence à Genève [1].

A l'autre extrémité de la Gaule, les dispositions malveillantes des Bretons de l'Armorique et leurs liaisons avec les rebelles de l'ouest donnaient encore des inquiétudes. Pour s'assurer de leur soumission, Aëtius résolut d'établir une seconde colonie d'Alains sur les frontières de l'Anjou, entre la Loire et les limites du territoire où commandaient les chefs bretons. Mais ces contrées n'étaient point désertes comme les environs de Valence; l'annonce de l'occupation d'une partie de la province par une colonie barbare répandit l'effroi sur les bords de la Loire et dans toute l'Armorique. Les Alains s'étaient rendus

---

[1] *Sapaudia Burgundionum reliquiis datur cum indigenis dividenda.* (Prosper, *Chron.*, édit. Pith.)

particulièrement odieux dans ces contrées, où pendant les guerres précédentes, ils avaient donné tant de preuves de leur rapacité et de leur mépris pour les choses saintes. Dans leur détresse, les Armoricains implorèrent la clémence d'Aëtius, et lui adressèrent les plus humbles supplications en offrant toutes les garanties qu'on pouvait désirer de leur fidélité à l'Empire. Mais le maître des milices, depuis long-temps irrité contre eux, ne répondit à leurs prières qu'en pressant par de nouveaux ordres l'exécution des mesures qu'il avait arrêtées. Alors ils cherchèrent un intercesseur assez puissant pour porter leurs doléances jusqu'au pied du trône impérial, et ils crurent l'avoir trouvé dans un des prélats les plus vénérés de la Gaule, saint Germain, évêque d'Auxerre [1].

Les vertus de saint Germain, sa haute piété, son éloquence inspirée avaient dû lui attirer le respect du clergé et des fidèles. Mais d'autres causes encore contribuaient à lui concilier les sympathies des populations celtiques. Il appartenait par sa naissance à cette vieille aristocratie gauloise dont l'influence avait survécu à la conquête romaine, et conservait après quatre siècles

[1] *Vita S. Germ.*, lib. II, c. I. Cette vie écrite vers 470, par le prêtre Constantius, est un document contemporain qui mérite toute confiance.

d'occupation étrangère de profondes racines dans le sol. Sa famille était la plus noble et la plus riche parmi les familles sénatoriales de la cité d'Auxerre [1]. Le vieux sang des Celtes bouillonnait dans ses veines; dans sa jeunesse, il passait sa vie à la chasse, et fidèle aux superstitions païennes de ses ancêtres, il suspendait à l'arbre sacré des druides les dépouilles des animaux qu'il avait tués. Les grandes écoles de la Gaule n'existaient plus depuis la ruine de Trèves, et toute la jeunesse noble était forcée de compléter ses études à Rome. Germain y alla passer quelques années, et en revint avec une réputation d'éloquence et de savoir qui, jointe à sa haute naissance, lui fit obtenir les titres de duc et de gouverneur de sa province natale [2].

Un saint évêque d'Auxerre, Amator, sentit quelle force pouvait donner au christianisme l'adhésion de ce jeune patricien, déjà si influent sur ses compatriotes; il réussit à le convertir, et le voyant aussi ardent dans son zèle pieux qu'il l'avait été dans ses goûts sauvages, il le désigna

---

[1] *Splendidissimis parentibus procreatus.* (Vita Sancti Germani, lib. 1, c. 1.)

[2] *Ducatûs culmen et regimen per provincias conferendo. Territorium Autissiodorensis urbis visitatione propriâ gubernabat.* (Vita Sancti Germani, l. 1, c. 1.) Les bollandistes ont pensé avec assez de vraisemblance que ce gouvernement était celui du *Tractus Armoricanus*, dans lequel la province Sénonaise était comprise, et qui était placée sous les ordres d'un duc, suivant la Notice de l'Empire.

pour son successeur. En 429, les évêques des
Gaules, réunis en concile, résolurent d'envoyer
saint Germain dans la Grande-Bretagne avec
saint Loup, évêque de Troyes, pour y combattre
les erreurs de Pélage, très accréditées dans cette
île où elles avaient pris naissance. Le saint prélat accepta cette mission, et attaqua avec succès
l'hérésie par les armes spirituelles; mais il ne
s'en tint pas là. Abandonnée par les troupes romaines depuis le départ de Constantin, en 407,
la partie civilisée de l'île était sans cesse désolée
par les incursions des montagnards du Nord et
des pirates saxons. A la vue de ces désastres,
saint Germain se souvint de son ancien métier;
il rassembla les guerriers bretons, les plaça en
embuscade avec l'instinct du chasseur, et leur
fit remporter une victoire complète sur les Scots,
dont quelques-uns à peine échappèrent à la
destruction de leurs bandes. Depuis ce temps, les
Bretons regardèrent saint Germain comme leur
patron et leur protecteur naturel, et il y eut entre eux et lui un échange de dévouement et d'affection. Il revenait de la Grande-Bretagne, où il
avait fait un second voyage avec saint Sévère,
évêque de Trèves, lorsque les Armoricains le
supplièrent de prendre leur défense et d'appuyer
leurs réclamations [1].

---

[1] *Vita Sancti Germani*, l. 2, c, 1.

La demande était tardive, car déjà les Alains s'étaient mis en marche pour prendre possession du territoire qui leur avait été assigné. Cependant saint Germain ne se découragea point. Partant des bords du Rhône pour se rendre aux bords de la Loire, cette troupe barbare devait suivre la route qui conduisait d'Autun à Orléans, par Decize, Nevers et Montargis [1], et longer par conséquent les limites du diocèse d'Auxerre. Le saint prélat ne craignit pas d'aller seul au-devant de ces farouches escadrons; il passa hardiment au milieu d'eux, et, abordant leur chef Eochar, il le pria de suspendre sa marche, jusqu'à ce qu'on eût reçu la réponse de l'empereur aux suppliques qui lui avaient été adressées. Le chef barbare ne voulut rien entendre et poussa son coursier en avant pour se soustraire à des plaintes importunes. Mais saint Germain saisit la bride du cheval et osa l'arrêter, en criant à Eochar qu'il n'irait pas plus loin sans l'avoir écouté. L'intrépidité de ce vieillard sans armes frappa d'étonnement le chef des Alains. Le féroce païen obéit malgré lui à l'ascendant moral du prêtre chrétien; et subjugué par sa vive éloquence, il consentit à rebrousser chemin et à retourner à Valence pour y attendre la décision de l'empereur [2].

---

[1] Cette ancienne voie romaine est tracée sur l'Itinéraire d'Antonin.

[2] *Vita Sancti Germani*, l. II, c. 1. *Ad stationis quietem rex exerci-*

Le respect qu'inspiraient partout les vertus de saint Germain était tel que ses réclamations furent d'abord favorablement accueillies et l'ordre d'Aëtius révoqué [1]. Mais quelques années après, vers 446, de nouveaux soulèvements ayant éclaté dans la Gaule ultérieure, et les Bretons ayant encore appuyé les révoltés, la cour irritée prescrivit l'exécution immédiate des mesures qu'elle avait consenti à suspendre [2] et les Alains se rendirent sur les bords de la Loire. Alors les habitants désespérés essayèrent de les repousser par la force et leur opposèrent une résistance opiniâtre; ce ne fut qu'après avoir exterminé une partie de la population qu'ils purent enfin prendre possession du territoire qu'on leur avait assigné [3]. Saint Germain, qui s'était rendu en personne à Ravenne pour plaider encore la cause de ses chers Bretons, mourut dans cette ville, où il avait été retenu par les instances de la ré-

---

tusque se recipit, ed conditione ut venia quam ipse præstiterat ab impe*-*ratore vel ab Aëtio peteretur.

[1] *Intereà per intercessionem et meritum sacerdotis rex compressus est, exercitus revocatur, provincia à vastationibus absoluta* (Ibid).

[2] *Causam sanè Armoricanæ regionis sanctus Germanus ad proprium obtinuisset arbitrium, nisi titubationis perfidia mobilem et indisciplinatum populum ad rebellionem pristinam revocasset.* (Vita Sancti Germani , *l.* II, *c.* 2.)

[3] *Alani quibus terræ Galliæ Ulterioris cum incolis dividendæ à patricio Aëtio traditæ fuerant, resistentes armis subigunt, et expulsis dominis terræ possessiones vi adipiscuntur.* (Prosper, *Chron,* édit. Pith.)

gente ; Placidie le comblait d'égards et implorait
sans cesse le secours de ses prières et de ses conseils. J'ai cru devoir insister sur cet épisode, parce
qu'il peint très bien l'état social de cette époque
et la manière dont les colonies barbares s'établissaient par l'autorité impériale, malgré la résistance des peuples qui donnait souvent à l'exécution
de ces mesures prescrites par le gouvernement
lui-même l'apparence d'une guerre d'invasion [1],

[1] Je dois encore discuter ici la chronologie des bollandistes, avec
laquelle je ne puis être d'accord. Ces savants écrivains placent le second voyage de saint Germain avec saint Sévère dans la Grande-Bretagne en 446, sa rencontre avec Eochar en 447, et immédiatement
après, son voyage à Ravenne, où il mourut le 31 juillet 448. Voici
sur quoi cette chronologie repose. Après avoir établi par des raisons
très plausibles que saint Germain dut succéder à saint Amator comme
évêque d'Auxerre en 418, ils fixent la date de sa mort à l'année 448,
parce que son biographe Constantius donne trente ans de durée à son
épiscopat ; puis, comme il mourut dans son voyage d'Italie, et que ce
voyage, selon eux, suivit immédiatement sa rencontre avec Eochar, qui
eut lieu au retour de sa seconde mission dans la Grande-Bretagne, ils
en déduisent la série des dates indiquées ci-dessus. Mais une grave
difficulté peut être opposée à la dernière de ces dates, celle du voyage
dans la Grande-Bretagne. Car ce fut précisément en 446 que les Bretons adressèrent à Aetius cette lettre touchante où ils peignent la situation désespérée à laquelle les avait réduits l'invasion anglo-saxonne.
Est-il donc croyable que les deux évêques les plus vénérés de la Gaule
aient choisi ce temps d'affreux bouleversements pour aller discuter des
questions théologiques avec des malheureux qui n'échappaient au fer
de l'ennemi qu'en se cachant dans les bois et les rochers ? La mission
de saint Germain et de saint Sévère aurait été matériellement impossible en 446, et cela seul me semble une objection péremptoire. D'ail-

Lorsqu'Aëtius quitta la Gaule à la fin de l'année 440, il la laissa entièrement pacifiée, mais dévastée par les guerres des dix années précédentes, écrasée par les impôts, dépeuplée par la misère et la famine. Malgré les victoires de ce grand capitaine, son énergie et son infatigable activité, l'autorité impériale, après cette lutte de dix ans;

leurs, le récit de Constantius n'indique nullement que le voyage en Italie ait suivi immédiatement la rencontre avec Eochar; j'y trouve même la preuve du contraire. En effet, il y est dit que le saint prélat, par ses instances, décida le roi des Alains à retourner sur ses pas, et que bientôt après il obtint la révocation de l'ordre donné par Aëtius. *Intereà per intercessionem sacerdotis exercitus revocatur, provincia à vastationibus absoluta.* Saint Germain avait donc obtenu tout ce qu'il demandait; il n'avait aucun besoin d'aller en Italie pour plaider une cause déjà gagnée. L'envoi des Alains sur les frontières de l'Armorique dut faire partie de l'ensemble des mesures prises par Aëtius en 440, avant de quitter la Gaule. Ce fut donc probablement au printemps de l'année 441 qu'ils se mirent en route pour se rendre dans leurs nouveaux cantonnements, et que saint Germain rencontra Eochar. Par conséquent son voyage dans la Grande-Bretagne, dont il revenait alors, doit être reporté à l'année 440, temps auquel l'île était tranquille sous le gouvernement de ses chefs nationaux. Il ne quitta pas la Gaule pendant les années suivantes; on en a la preuve par la part qu'il prit en 444 à la déposition de l'évêque de Besançon, Chelidonius. Mais en 446, de nouveaux troubles ayant éclaté dans les provinces de l'Ouest, la cour impériale réitéra l'ordre d'envoyer les Alains sur les bords de la Loire, et ce fut alors, conformément à la date fixée par les bollandistes, que saint Germain entreprit son voyage en Italie, pour essayer de défendre encore la cause des Armoricains; mais cette fois son intercession resta sans effet. Cette chronologie me semble concilier toutes les difficultés, et présenter les faits dans l'ordre le plus naturel et le plus vraisemblable.

se trouva encore plus affaiblie dans la province qu'à l'époque de la mort d'Honorius. A la vérité tous les Barbares établis sur le sol gaulois, à l'exception des Allemands qui occupaient la Germanie ou l'Alsace, avaient reconnu la suzeraineté de l'Empire. On avait même obtenu l'évacuation de Trèves par les Ripuaires, et l'ancienne capitale des Gaules semblait avoir recouvré sa liberté; mais cette grande ville, ruinée et déserte, n'était plus qu'un amas de décombres, et l'on n'avait reconquis que son cadavre; comme elle était trop éloignée du centre des possessions romaines pour qu'on pût espérer de la défendre, on ne lui avait rendu aucun des établissements qui faisaient sa richesse et sa gloire.

Au midi, la province Viennoise avait été partagée entre les Alains et les Bourguignons. Au nord les Francs-Saliens s'étaient étendus jusqu'à la Somme. Les Wisigoths étaient devenus maîtres absolus dans l'Aquitaine et dominaient dans toutes les villes de cette belle contrée où la civilisation romaine s'était développée avec tant d'éclat. Toutes ces colonies barbares s'étaient consolidées, agrandies, fortifiées. En échange d'une vaine apparence de soumission et de vassalité, elles avaient obtenu la reconnaissance légale de l'occupation des provinces qu'elles avaient envahies, et l'œuvre de la violence, légitimée aux

yeux des peuples, avait acquis tous les caractères
de la stabilité. Ce fut alors seulement que les chefs
des colons fédérés furent vraiment rois, et qu'il
y eut des monarchies barbares dans la Gaule,
monarchies vassales, il est vrai, du grand Empire, mais pleines de sève et de vigueur au sein d'une
civilisation défaillante, et prêtes à secouer le joug
d'une dépendance plus apparente que réelle.
« Malheureux temps, s'écrie Prosper, où nulle
» province n'était exempte de l'occupation bar-
» bare, où l'odieuse hérésie d'Arius, favorisée
» par ces nations impies, semblait devoir usurper
» le caractère d'universalité que l'Église catholi-
» que réclame comme le signe impérissable de sa
» mission divine! [1] »

Après le départ d'Aëtius la Gaule demeura
long-temps immobile, comme si elle eût encore
senti la pression de cette main puissante, et depuis la pacification de 440 jusqu'à l'invasion des
Huns, en 451, la paix n'y fut point troublée.
Les seuls événements de quelque importance que
les chroniques contemporaines y signalent dans
cet espace de dix ans, sont l'établissement à main
armée des Alains sur les bords de la Loire, et un

---

[1] *Hâc tempestate valdè miserabilis reipublicæ status apparuit, cùm
ne una quidem sit absque barbaro cultore provincia et infanda Arianorum heresis quæ se nationibus barbaris miscuit, catholicæ nomen fidei
toto orbe diffusa præsumat.* (Prosper, *Chron.*, éd. Pith.)

commencement d'insurrection dans la population
des campagnes, vers 445 ou 46. Mais les tentatives
qui furent faites à cette époque pour ranimer les
soulèvements des bagaudes n'eurent qu'un faible
retentissement. Ce n'était plus, comme en 436,
l'élan spontané d'un peuple entier courant aux
armes sous la conduite de chefs pris dans son sein
pour se venger de ses oppresseurs; c'était une
conspiration tramée dans les villes par quelques
hommes appartenant à la classe éclairée, et qui
échoua au milieu de la lassitude générale. Le
principal moteur de l'insurrection paraît avoir
été un médecin nommé Eudoxius, homme d'un
mérite distingué et d'un esprit turbulent, qui,
après l'avortement de ses complots, fut forcé de
se réfugier chez les Huns[1].

La position de l'Espagne, cette ancienne dépendance de la préfecture des Gaules, était alors
bien différente. Depuis le commencement du siècle, ce malheureux pays n'avait jamais cessé
d'être en proie aux ravages de la guerre. Les armées romaines, les contingents gothiques, les

---

[1] Nous avons déjà cité tome Ier, p. 204, le passage de la Chronique de Prosper où ce fait est rapporté. Ce passage ne se trouve que
dans le texte de Pithou; il suit immédiatement la mention de l'assassinat de Bleda, roi des Huns, par son frère Attila, événement que le
texte de Sirmond place à la date de 444, sous le 18e consulat de Théodose.

Suèves, les Vandales, l'avaient dévasté tour-à-tour. Après le départ des Vandales pour l'Afrique, en 427, les Romains avaient repris possession de la Bétique et de la partie méridionale de la Lusitanie où s'étaient d'abord fixés les Alains qui furent exterminés, en 416, par les Wisigoths. Des trois peuples qui avaient pénétré en Espagne à la suite de la grande invasion de 407, il n'y restait plus que les Suèves répandus dans la Galice et dans le nord de la Lusitanie, c'est-à-dire dans toutes les contrées situées entre le Tage et l'Ebre. Dans ces contrées mêmes l'occupation était loin d'être complète. En général les Barbares ne dominaient que dans les campagnes et dans les villes ouvertes. Renfermés dans les châteaux et les places fortifiées, les habitants du pays s'y défendaient avec succès et conservaient autour de leurs remparts un certain rayon de territoire qui fournissait à leur subsistance [1]. Dans quelques villes où les Suèves étaient entrés par capitulation, ils habitaient en commun avec la population romaine qui conservait ses magis-

---

[1] *Suevi sub Hermerico rege medias partes Gallæciæ depredantes, per plebem quæ castella tutiora retinebat partim cæde, partim captivitate suorum, pacem quam ruperant, familiarum quæ tenebantur redhibitione restaurant.* (Idatii Chron., *ad ann.* 428.) La partie centrale de la Galice, dont il est ici question, est la province de Castille, et l'on voit qu'elle était déjà remarquable par le grand nombre de châteaux dont elle a tiré son nom.

trats et ses lois. Tel était l'état de choses que les hasards de la guerre avaient créé, et qu'on s'était efforcé de régulariser par des traités sans cesse renouvelés et sans cesse rompus au milieu des collisions continuelles qui résultaient du contact et du mélange de deux races naturellement ennemies.

Aëtius, pendant les dix ans qu'il employa à pacifier la Gaule, ne put accorder à l'Espagne les secours qu'elle implorait. Il se contenta d'y envoyer le comte Censorius, avec la mission spéciale de maintenir la paix dans les provinces envahies soit en négociant avec les Suèves, soit en armant au besoin les habitants pour leur résister. Censorius s'acquitta de cette mission avec habileté, et réussit à arrêter le cours des hostilités, à cette époque critique, où l'Espagne, livrée à elle-même, ne devait compter pour sa défense que sur ses propres ressources. A la vérité une circonstance heureuse seconda ses efforts : le roi des Suèves, Herménéric, l'un des premiers chefs de l'invasion de 407, était accablé par les infirmités de la vieillesse, et l'état de maladie dans lequel il languit pendant sept ans, retint sa nation entière dans l'inaction [1]. Il mourut après avoir

---

[1] *Res Suevorum diuturno per annos septem morbo afflictus moritur.* (Idatii Chron.) D'après cette chronique, le vieux roi avait remis, dès l'année 438, entre les mains de son fils un pouvoir qu'il n'était plus en

renouvelé une dernière fois avec les Romains de la Galicé les conventions qui garantissaient leur indépendance, et eut pour successeur son fils Rechila, qui, jeune, actif, ambitieux, n'hérita point de ses dispositions pacifiques.

La guerre contre les Wisigoths de l'Aquitaine se poursuivait alors avec acharnement, et la conflagration s'était étendue jusqu'en Espagne. Le comte Sébastien, le gendre de Boniface, l'ennemi personnel d'Aëtius, avait franchi les Pyrénées avec une armée de Goths, et s'était emparé de Barcelonne. L'administration romaine avait été désorganisée par cette irruption et le commandant des milices, Andevotus, s'était retiré dans la province de Carthagène avec un petit nombre de troupes. Rechila sentit combien les circonstances étaient favorables à l'accroissement de sa puissance, et résolut d'en profiter. Il était d'ailleurs poussé à la guerre par les Wisigoths qui cherchaient partout des ennemis à l'Empire, et par le roi des Vandales, Genséric, qui, dans cette même année, 439, rompit brusquement ses traités avec le gouvernement impérial en prenant Carthage par surprise. Le jeune chef des Suèves appela toute sa nation aux armes, battit la faible

état d'exercer; il mourut vers 440, époque de l'intronisation du pape Léon-le-Grand.

armée d'Andevotus, sur les bords du Xénil, et s'empara de la Bétique. De là il passa dans la Lusitanie, prit Mérida, qui était la principale place de cette province, et força le comte Censorius de capituler dans Mertola, où il s'était renfermé [1]. Mais pendant qu'il étendait ainsi ses conquêtes, les armées romaines triomphaient dans la Gaule où les Wisigoths, forcés de renouveler leurs conventions avec l'Empire, rentraient dans la condition des fédérés. N'ayant plus d'ennemis au nord des Pyrénées le gouvernement impérial tourna son attention vers la péninsule. La fuite de Sébastien lui avait rendu la libre possession de la Tarragonaise. Le général romain, Vitus, y fut envoyé avec quelques légions auxquelles se joignirent de nombreux contingents auxiliaires que fournirent les Wisigoths fidèles à leurs nouveaux engagements [2]. On se flattait avec cette armée de rétablir la puissance ro-

[1] Ces faits sont rapportés dans la Chronique d'Idace, témoin oculaire et digne de toute confiance. Mais la rédaction de cette chronique est très confuse, et pour rétablir l'ordre chronologique des événements, il est nécessaire de la comparer avec celle de Prosper, qui indique les dates d'une manière précise par la désignation des consulats. Ainsi, dans la Chronique d'Idace, la mention de la prise de Carthage par Genséric suit immédiatement celle de l'expédition de Rechila contre Andevotus, ce qui fixe la date de cette expédition à l'année 439 sous le consulat de Théodose et Festus.

[2] *Vitus magister utriusque militiæ factus ad Hispanias missus est non exiguæ manûs fultus auxilio.* (Idatii Chron.)

maine en Espagne comme elle l'avait été dans la Gaule; mais la lâcheté du général et l'indiscipline des soldats trompèrent ces espérances. Battu dans toutes les rencontres, poursuivi même par les habitants auxquels ses exactions l'avaient rendu odieux, Vitus fut réduit à prendre la fuite, laissant la province exposée sans défense aux incursions des Barbares [1].

Le gouvernement impérial se trouva heureux de conclure avec les Suèves un traité par lequel on leur abandonna la Galice, la Bétique et la Lusitanie [2]. Il ne resta à l'Empire que la province de Carthagène et la Tarragonaise, c'est-à-dire les royaumes de Murcie et de Valence, la Catalogne et l'Aragon. Les populations du nord retranchées à l'abri de leurs montagnes se maintinrent indépendantes dans la Navarre, la Biscaye et es Asturies.

[1] *Vitus, cùm Carthaginienses vexaret et Bœticos, supcratis etiam in congressione qui ei in adjutorium venerant Gothis, territus miserabili timore diffugit.* (Idatii Chron.)

[2] La Galice romaine comprenait, outre la Galice proprement dite, le royaume de Léon, les deux Castilles et les provinces portugaises au nord du Duero; la Lusitanie embrassait le reste du Portugal et l'Estramadure; les limites de la Bétique étaient les mêmes que celles de l'Andalousie moderne; ces trois provinces composèrent le royaume des Suèves. Deux autres dépendances du vicariat des Espagnes, la Mauritanie-Tingitane, ou le Maroc moderne, et les îles Baléares, appartenaient aux Vandales.

En traitant avec les Barbares on avait rendu à la péninsule ibérique une apparence de calme ; mais les désastres de la guerre avaient fait peser ·sur les habitants des campagnes des souffrances intolérables. Poussés au désespoir par les dépré- dations des soldats et les exactions du fisc, ils se formèrent en *bagaudes* ou confédérations armées, et s'insurgèrent en masse dans les contrées en- core soumises à l'administration impériale. Les armées de l'Empire, dont les contingents gothi- ques formaient la principale force, avaient fait autant de mal à l'Espagne, que les Huns et les Alains, auxiliaires de Litorius, en avaient fait à la Gaule ; le fisc, épuisant toutes ses ressources pour fournir à la solde et à la subsistance des troupes y avait exercé les mêmes rigueurs ; enfin les insurgés espagnols trouvaient, dans les po- pulations indépendantes de la Navarre, le même appui que les insurgés gaulois avaient reçu des Bretons de l'Armorique. Cette seconde insurrec- tion eut même un caractère plus grave que la première. Les *bagaudes* ou, si l'on veut, les guérillas de la Catalogne et de l'Aragon ne purent jamais être entièrement soumis. Cepen- dant après la paix conclue avec Rechila, Astu- rius, qui avait remplacé Vitus, dans le com- mandement des milices, put réunir toutes ses forces contre les paysans insurgés ; il les cerna dans les plaines de Tarragone et en fit un affreux carnage. L'année suivante son gendre Mérobaude, dont le nom semble indiquer une origine franque, poursuivit les débris des bandes jusque dans la Navarre, et acheva de les détruire près d'Araceli, aujourd'hui Araquil. Les tentatives de soulèvement qui eurent lieu dans la Gaule, à la même époque, ne furent que le contre-coup de ces grands mouvements populaires qui se renouvelèrent en Espagne, à diverses reprises, jusqu'à la fin du siècle. Les services d'Asturius furent récompensés, en 449, par la dignité de consul [1].

[1] J'ai déjà dit que la Chonique d'Idace est très confuse. En voici un exemple. Dans cette chronique, le récit des combats d'Asturius et de Mérobaude contre les bagaudes espagnols se trouve placé entre la défaite d'Andevotus en Andalousie, et celle de Vitus à Carthagène. Or, Vitus fit la guerre en Espagne à l'époque où Léon-le-Grand fut élevé au trône pontifical, c'est-à dire en 440, et Andevotus avait été battu par Réchila dans l'année où Genséric prit Carthage, c'est à-dire en 439. Ces deux généraux se succédèrent donc dans le commandement, et il est impossible de placer entre eux deux autres gouverneurs militaires, Asturius et Mérobaude; il est également impossible que les armées impériales aient été employées à combattre les bagaudes dans le moment où toutes les forces de la province ne suffisaient pas à contenir les Suèves. Il est donc probable qu'Asturius remplaça Vitus dans le commandement après la conclusion de la paix avec les Barbares, et que les événements de la guerre des bagaudes eurent lieu dans les années suivantes, c'est-à-dire de 442 à 447 ou 448. Ces dates s'accordent bien avec celle du consulat d'Asturius, qui prit possession de sa nouvelle dignité le 1er janvier 449, à Arles, où il était venu sans doute en quittant le gouvernement de l'Espagne.

Une autre dépendance de la préfecture des Gaules, la Grande-Bretagne [1], échappa vers le même temps, non-seulement à l'autorité des empereurs, mais encore à l'influence de la civilisation romaine. J'ai déjà dit que depuis le départ de l'usurpateur Constantin, en 407, les Bretons, abandonnés à eux - mêmes, avaient chassé les fonctionnaires impériaux et s'étaient créé un gouvernement national à la tête duquel se mirent les principaux membres de l'aristocratie locale, décorés par les écrivains latins du titre de roi, qu'on attribuait alors à tous les chefs des nations indépendantes. Ils se trouvèrent ainsi soustraits par le fait à l'administration romaine; ils ne payèrent plus d'impôts; ils n'envoyèrent plus de recrues aux armées; car la partie de la population en état de porter les armes suffisait à peine à repousser les attaques continuelles des Scots et des Saxons.

Cependant ils ne se regardèrent jamais comme entièrement séparés du corps de l'Empire. Vers la fin du règne d'Honorius, ils demandèrent du

[1] Il ne sera pas inutile de rappeler ici que la préfecture des Gaules était divisée en trois vicariats : celui des dix-sept provinces ou de la Gaule proprement dite ; celui des Espagnes, et celui de la Grande-Bretagne. Les événements qui se sont passés dans ces trois grandes sections d'une même division administrative ont une telle connexité, que nous n'avons pu nous dispenser d'en réunir les traits principaux.

secours à l'empereur comme à leur souverain légitime. On leur envoya quelques troupes qui les aidèrent à relever les murailles construites par Sévère pour protéger le nord de l'île contre les incursions des montagnards [1]. Mais bientôt ces soldats furent rappelés, et il n'en revint point d'autres. Les Bretons n'en conservèrent pas moins des relations très intimes et très fréquentes avec la Gaule, et surtout avec leurs compatriotes établis dans l'Armorique. Beaucoup d'entre eux allaient même à Rome pour y compléter leurs études ou pour s'y établir et y exercer des professions libérales. Lorsque le moine Pélage s'y fixa et s'y rendit célèbre par la hardiesse de ses enseignements théologiques, personne ne lui contesta la qualité de Romain. Ce peuple, essentiellement religieux, entretenait une correspondance active avec l'Église de Rome et le clergé gaulois. Nous avons parlé plus haut des voyages de saint Germain dans la Grande-Bretagne, et des services qu'il rendit à ce pays. Ainsi, malgré sa position indépendante vis-à-vis du gouvernement impérial, la Grande-Bretagne n'avait point cessé de faire partie du monde romain; elle y tenait par les mœurs, par le langage, par la religion, par tout ce qui constitue la nationalité d'un peuple.

---

[1] Beda, *Hist. Eccles.*, l. 1, c. 12.

Vers 445, la discorde se mit entre les chefs
bretons. Les Saxons, appelés comme auxiliaires
par les partis qui se disputaient le pouvoir,
profitèrent de ces divisions intestines pour pénétrer jusqu'au cœur de l'île, et dès-lors ils n'en
sortirent plus. Le pays entier devint le théâtre d'une lutte sanglante qui se prolongea pendant plus d'un demi-siècle et finit par l'assujétissement de toute la contrée au joug des Saxons,
et par l'extermination de la population indigène,
dont une faible partie seulement se réfugia sous
la conduite du fameux roi Arthur, dans le district
montagneux connu sous le nom de pays de Gal-
les, où elle maintint son indépendance pendant
près de huit cents ans. Mais dans cette vie de
combats et de misères, les dernières traces de la
civilisation romaine ne tardèrent pas à s'effacer;
la langue latine fut oubliée et remplacée par l'i-
diôme celtique, que la masse du peuple n'avait
jamais cessé de parler; le catholicisme lui-même
s'altéra, et les Gallois redevinrent ce qu'avaient
été les Bretons avant César [1]. L'historien Beda
nous a conservé, d'après Gildas le Sage, le chroniqueur du VIe siècle, la lettre touchante que

---

[1] Dès le milieu du Ve siècle, selon Béda, le pays était déjà réduit à
l'état sauvage; on n'y cultivait plus la terre; les habitants vivaient de
la chasse, *Omnis regio totius cibi substentaculo, excepto venandi solatio,
vacuabatur.* (Beda, *Hist. Eccl.*, l. 1, c. 12.)

ces infortunés adressèrent à Aëtius, à l'époque de son troisième consulat, c'est-à-dire en 446, pour implorer les secours de l'Empire : « Les » Barbares, disaient-ils, nous repoussent vers la » mer ; la mer nous repousse vers les Barbares ; » partout nous rencontrons la mort [1]. » Ces cris de détresse d'un peuple à l'agonie n'émurent point le commandant des milices impériales, et il ne paraît pas même que dans toute cette période de 440 à 450, il ait passé une seule fois les Alpes. Toute son attention était absorbée par les dangers de l'Italie et de la Sicile, qu'il défendait avec peine à l'aide des secours fournis par l'empire d'Orient contre les entreprises continuelles de Genséric [2].

En 442, un traité, dont le roi vandale put dicter les conditions, suspendit momentanément cette lutte où s'épuisaient sans résultat les ressources des deux empires. Genséric conserva toutes ses conquêtes ; il resta maître de Carthage, la noble rivale de Rome, et des riches provinces de la Proconsulaire, de la Byzacène et

---

[1] *Ad hanc paupercula Brittonum reliquiæ mittunt epistolam cujus hoc principium est : Aëtio ter consuli gemitus Britannorum.* (Beda, l. 1, c. 13.)

[2] *Gaisericus Siciliam depredatus Panormum diù obsedit.* (Idat. Chron.) — *Theodosius imperator bellum contrà Vandalos movet Ariobindo, Anexillá et Germano ducibus cum magna classe directis, qui Siciliæ magis oneri quàm Africæ præsidio fuére* (Prosperi Chron., ad ann. 441).

et de la Numidie. Mais comme l'Italie ne pouvait se passer entièrement des moissons africaines, il consentit à rendre à l'Empire les deux Mauritanies, malheureuses contrées, qui avaient été pendant quinze ans le théâtre de la guerre, et où il ne laissait que des ruines [1]. Ce désastreux échange fut le seul fruit des efforts immenses que Rome et Constantinople avaient faits de concert pour recouvrer l'Afrique.

A cette époque, Aëtius gouvernait l'empire d'Occident avec une autorité presque absolue. Placidie, comprenant enfin que la puissance suprême qu'elle avait si ardemment désirée était un poids trop lourd pour la main d'une femme, s'était résignée à abandonner au maître des milices l'exercice réel du pouvoir. Quant à Valentinien, dont elle avait à dessein prolongé l'enfance, quoi qu'il eût déjà plus de vingt ans, et qu'il eût épousé, dès 437, Eudoxie, fille de l'empereur d'Orient Théodose, il ne paraissait pas songer à secouer les liens de la tutelle sous laquelle il avait toujours vécu. Aëtius était donc empereur de fait; il n'avait plus de rival à crain-

---

[1] *Cum Geinsirico ab Augusto Valentiniano pax confirmata et certis spatiis Africa inter utrumque divisa.* (Prosperi Chron., ad ann. 442.) *Ipsam urbem maximam Carthaginem Geisericus tenuit et antiquam illam ingenuam ac nobilem libertatem in servitutem redegit.* (Victor Vitensis, *de Persec. Vandal.*, l. 1, c. 4.)

dre, et sa puissance semblait reposer sur des bases inébranlables, lorsqu'il se vit privé d'une alliance qui en avait été jusqu'alors le principal fondement.

Nous avons vu tout ce qu'avait fait pour lui le roi des Huns, Rugila, son ami dans tous les temps, son protecteur dans l'adversité, et le plus ferme appui de sa grandeur. Ce prince tartare avait commencé la fortune d'Aëtius, en lui accordant les secours qu'il sollicitait au nom de l'usurpateur Jean; il l'avait relevé dans sa disgrâce, et lui avait donné l'armée avec laquelle il triompha des intrigues de la cour de Ravenne et des soulèvements de la Gaule. Tant que Rugila vécut, ces relations intimes n'éprouvèrent aucune altération, et les Huns demeurèrent les plus fidèles alliés de l'Empire, qui se servit contre tous ses ennemis de leurs contingents auxiliaires. Mais après sa mort, arrivée en 441, ses deux neveux Attila et Bléda, prirent le commandement suprême des tribus tartares, et sentirent aussitôt la nécessité de se signaler par quelque entreprise qui pût leur donner sur leurs compatriotes l'ascendant que ces hordes belliqueuses n'accordaient qu'à la valeur. Les Huns, comme les autres Barbares, avaient sans cesse les regards tournés vers l'Empire, où la civilisation étalait toutes ses richesses sous les plus beaux climats du monde. Il fallait donc que leurs jeunes chefs montrassent ce but à leur cupidité pour gagner leur affection, et d'ailleurs ils étaient excités à la guerre par les menées secrètes de Genséric, qui cherchait tous les moyens d'opérer une diversion sur les frontières, afin de pousser plus librement ses conquêtes au cœur même de la domination romaine.

Depuis la dispersion des peuples suèves, au commencement du Ve siècle, le principal siége de la puissance des Huns avait été établi sur les confins de la Pannonie, dans la partie nord de la Hongrie moderne, entre le Danube et les monts Krapacks. Placés ainsi au point de jonction des limites des deux empires, ils pouvaient à leur choix attaquer l'un ou l'autre. Mais leur alliance avec l'empire d'Occident avait été pendant vingt ans si intime qu'il était difficile de la rompre subitement. Des corps nombreux de leurs compatriotes étaient encore sous les drapeaux d'Aëtius, et ce fut sans doute par ce motif qu'ils se jetèrent de préférence sur les provinces qui dépendaient de la cour de Constantinople.

En 442, ils passèrent le Danube et ravagèrent la Mésie et la Thrace. L'occasion était favorable; les frontières étaient dégarnies de troupes, car toutes les forces de l'empire d'Orient avaient été absorbées dans la grande expédition maritime qui fut envoyée en 441 sur les côtes de la Sicile pour aider Valentinien à repousser les attaques des Vandales. Théodose s'empressa de rappeler ses soldats et sa flotte[1]; mais avant leur retour, effrayé des progrès des Huns et tremblant de les voir arriver jusque sous les murs de sa capitale, il se décida à acheter leur retraite au poids de l'or, en se soumettant pour l'avenir à la condition avilissante d'un tribut annuel. En même temps Valentinien, privé du secours de l'armée d'Orient, se vit forcé de conclure avec Genséric le honteux traité dont nous avons parlé plus haut. Ainsi, l'invasion des Huns fit peser à la fois sur les deux empires une double humiliation.

Les succès des hordes tartares, enrichies des trésors de Byzance, consolidèrent le pouvoir de leurs jeunes chefs; mais l'union ne pouvait subsister long-temps entre deux princes également féroces, hardis et ambitieux. En 444, Attila assassina son frère et resta seul maître de la vaste domination des Huns[2]. Cette puissance était alors aussi formidable par ses éléments que gigantesque dans son étendue. Après un siècle de

---

[1] *Chunnis Thracias et Illyricum sævâ populatione vastantibus, exercitus qui in Siciliâ morabatur ad defensionem orientalium provinciarum revertitur.* (Prosperi Chron., *ad ann.* 442.)

[2] *Attila rex Hunnorum Bledam fratrem et consortem in regno suum perimit ejusque populos sibi parere compellit.* (Prosperi Chron., *ad ann.* 444.)

combats, les Huns s'étaient avancés depuis la mer Caspienne jusqu'aux sources du Danube. Ils avaient assujéti toutes les hordes nomades qui habitaient les steppes comprises entre l'Iaïk, le Don, le Volga et les autres grands fleuves de la Russie Méridionale ; toutes les nations slaves, depuis le Niémen jusqu'à la Vistule, et depuis le Danube jusqu'à la Baltique, reconnaissaient leur suzeraineté ; ils comptaient même parmi leurs sujets une branche de la race gothique, la puissante tribu des Ostrogoths, qui, dans les grandes luttes du IVᵉ siècle, avait déserté la cause commune pour se ranger sous les drapeaux des chefs tartares ; enfin, ils occupaient entre le Danube et la forêt Hercynienne l'ancien territoire des Suèves dont ils avaient chassé ou détruit les habitants. Les auteurs contemporains exprimaient en deux mots l'immensité de cet empire : « Toute la Scythie et toute la Germanie, disaient-ils, obéissent à Attila [1]. » On ne sera point étonné de l'effroi qu'inspirait cette puissance colossale, si l'on songe que c'était la concentration dans la main d'un seul homme des forces de toutes les races barbares contre lesquelles l'Europe civilisée luttait avec peine depuis cinq cents ans [2].

---

[1] *Attila Hunnorum omnium dominus et penè totius Scythiæ gentium solus in mundo regnator.* (Jornandès.)

[2] *Hæ sedes erant Attilæ regis Barbariam totam tenentis.* (Prisci legationes.)

Attila ne s'occupa d'abord que d'affermir son autorité en la faisant reconnaître par toutes les tribus des Huns disséminées dans le vaste espace qu'embrassaient leurs conquêtes, et pour s'assurer de leur soumission, il porta ses armes jusqu'aux bords de la mer Caspienne et jusqu'aux steppes de l'Asie centrale. Mais lorsqu'il ne vit plus dans cet immense territoire que des sujets obéissants, et prêts à se lever à sa voix pour envahir le reste du monde, l'enivrement de l'orgueil s'empara de lui; tous ses actes, toutes ses paroles prirent ce caractère d'exaltation surhumaine qu'on retrouve dans le langage des autres grands chefs de la race tartare, tels que les Timur ou les Gengis, et dont l'empreinte affaiblie se reconnaissait encore naguères dans les insolents protocoles de la diplomatie turque. Nulle part la sauvage grandeur d'Attila n'est mieux peinte que dans les récits du rhéteur Priscus, envoyé près de ce prince en ambassade par l'empereur d'Orient. On y voit le roi des Huns, toujours la menace et l'insulte à la bouche, traitant les Romains en esclaves révoltés et refusant de reconnaître même pour égaux les augustes successeurs des Césars dont tous les autres rois barbares ambitionnaient de devenir les vassaux.

Satisfait de compter l'empereur de Constantinople au nombre de ses tributaires, c'était sur

l'empire d'Occident qu'il portait maintenant ses
projets de conquêtes. Son langage devenait de jour
en jour plus impérieux, ses exigences plus hautaines. Il cherchait des occasions de guerre dans les
prétextes les plus futiles, et il y a peut-être quelque vérité dans ce que les historiens byzantins
rapportent des prétentions qu'il aurait élevées à la
main d'Honoria, sœur de Valentinien, et au partage de l'Empire, en se fondant sur une promesse
de mariage que cette jeune princesse, à peine
âgée de quinze ans, lui aurait secrètement adressée dans un moment d'enthousiasme romanesque [1].

Néanmoins il ne paraît pas qu'il ait allégué
ces prétendus droits, lorsqu'en 450 il envoya une
ambassade à Valentinien pour expliquer les motifs de l'invasion qu'il méditait contre la Gaule.
Les raisons par lesquelles il essayait alors de
voiler ses desseins hostiles étaient plus sérieuses
et plus conformes au caractère des nations barbares et aux mobiles ordinaires de leur politique.

Il annonçait l'intention de poursuivre les Wisigoths, ces anciens ennemis des Huns, jusqu'au
fond de l'Aquitaine, où ils s'étaient réfugiés pour
échapper au joug qu'une portion de leur race

---

[1] *Prisci Rhetoris Legationes.* C'est un trait de mœurs des écrivains
byzantins que leur propension à expliquer tous les grands événements
par des intrigues de femmes.

avait accepté sans résistance, et il proposait à l'empereur de s'unir à lui pour exterminer un peuple également odieux aux Tartares et aux Romains [1]. En même temps, avec l'esprit de ruse familier aux Barbares, il avait essayé d'endormir les Wisigoths dans une fausse sécurité, en se présentant à eux comme le vengeur de toutes les nations courbées sous le joug de Rome.

La cour de Ravenne sentit la première le piége qui lui était tendu; elle comprit que les Huns, une fois introduits dans l'Empire, lui seraient encore plus funestes que les Goths ne l'avaient été, et elle profita adroitement des ouvertures d'Attila pour raffermir la fidélité chancelante de Théodoric, en l'éclairant sur les perfides projets de leur ennemi commun. Jornandès nous a conservé la

---

[1] *Legatos in Italiam ad Valentinianum principem mittit, adserens se reipublicæ ejus amicitias in nullo modo violare, sed contrà Theodoricum Wisigothorum regem sibi esse certamen.* (Jornandès.) Le motif allégué par Attila pouvait être plus sincère que les historiens ne l'ont pensé. Il existait depuis deux siècles entre la race gothique et la race tartare une de ces haines nationales dont l'influence est toute-puissante sur les peuples barbares, et dont nous avons déjà eu plus d'une fois l'occasion de signaler la force et la durée. Ces antipathies héréditaires sont presque l'unique ressort de la politique internationale dans les temps primitifs. On n'en a pas tenu assez de compte dans l'histoire des grandes collisions qui ont amené, au Ve siècle, la chute de l'empire romain. Cette histoire ne peut être éclaircie que par une bonne classification des peuples barbares, et une connaissance approfondie des rapports qui existaient entre eux.

substance de la lettre écrite à ce prince au nom
de Valentinien. On y trouve une phrase qui
prouve la vérité de ce que nous avons dit plus
haut de la condition des peuples fédérés, que
le gouvernement romain considéra toujours,
comme faisant partie intégrante de l'Empire :
« Secourez, dit Valentinien à Théodoric, l'État
dont vous êtes membre : *auxiliamini rei publicæ
cujus membum-tenetis.* » Le salut de l'Empire dépendait de cette négociation importante, et Avitus, qui en fut chargé, contribua beaucoup à en
assurer le succès par l'ascendant qu'il avait su
prendre sur le roi des Wisigoths [1].

Jamais l'Empire n'avait été exposé à d'aussi
grands dangers avec d'aussi faibles ressources. On
ne pouvait dégarnir de troupes l'Italie toujours
menacée par Genséric, et les armées impériales

---

[1] Sidonius, *in Paneg. Aviti.* Un autre motif concourut à déterminer
Théodoric à remplir fidèlement, dans cette circonstance, les obligations
que des traités récents lui imposaient envers l'Empire. Jornandés prétend avec vraisemblance que l'expédition d'Attila était concertée avec
Genséric, cet implacable ennemi des Romains. Or, pendant la lutte
désespérée que Théodoric eut à soutenir contre Aëtius, il avait recher-
ché l'alliance des Vandales, et donné sa fille en mariage à l'un des fils
de leur roi. Mais bientôt après, réduit à capituler dans Toulouse, il
s'était vu forcé de traiter avec Valentinien ; et Genséric, irrité de cette
défection, lui avait renvoyé sa fille indignement mutilée. Ce sanglant
outrage alluma entre les deux rois une inimitié qui dut rattacher les
Wisigoths à la cause romaine, et les mettre en garde contre les ruses
d'Attila, l'allié des Vandales.

avaient perdu les corps auxiliaires des Huns qui pendant vingt ans en avaient fait la principale force.

Aëtius passa les Alpes presque seul. Il ne pouvait compter pour la défense de la Gaule que sur les contingents des Barbares fédérés, et il y avait lieu de craindre que ces peuples ne profitassent au contraire d'une occasion aussi favorable pour se venger des défaites sanglantes qu'il leur avait fait subir dix ans auparavant. Mais l'exemple des Wisigoths prévint toutes les défections. Parmi les nations diverses qui, depuis un demi-siècle, s'étaient fixées sur le sol gaulois, il n'y en eut pas une seule qui hésitât à venir se ranger sous l'étendard du maître des milices [1]. Jamais les faits

---

[1] Jornandès (*Hist. Goth.*, c. 36.) donne la liste suivante des nations qui composaient l'armée d'Aëtius : *His adfuére enim auxiliares Franci, Sarmatæ, Armoritiani, Litiani, Burgundiones, Saxones, Riparioli, Briones.* On voit qu'outre les Wisigoths, l'armée impériale comptait dans le rang de ses auxiliaires les Francs-Saliens, *Franci;* les Ripuaires, *Riparioli;* les Bourguignons, les Saxons établis, comme nous l'avons dit plus haut, sur les rivages de la Manche; les lètes sarmates, dont la Notice de l'Empire signale les nombreuses stations dans la Gaule, et les habitants de l'Armorique indépendante, qui sont indiqués par les noms d'*Armoritiani*, de *Litiani* et de *Briones.* Nous avons vu que, depuis l'établissement des lètes de Maxime, la partie nord de ce pays avait pris le nom de *Litavia.* La distinction que Jornandès fait ici entre les anciens habitants ou Armoricains, et les émigrés bretons, *Briones*, a subsisté jusqu'au VI° siècle, où on la retrouve dans les actes des conciles. Cette liste des barbares fédérés de la Gaule est aussi exacte que complète. Jornandès dit qu'il y avait encore quelques peuplades germaniques ou

ne donnèrent une confirmation plus éclatante
au droit de suzeraineté de l'Empire sur tous les
Barbares établis dans ses provinces.

De son côté Attila avait rassemblé pour cette
expédition tous les peuples qui, en Europe et en
Asie, le reconnaissaient pour maître. Toutes les
tribus tartares, toutes les hordes nomades des
steppes du Don et du Volga lui avaient envoyé
leurs cavaliers. Les débris des nations slaves, les
Ostrogoths, les Gépides, composaient son infanterie. Partant avec ces forces, des bords du Danube aux confins de la Pannonie, il traversa la
Germanie centrale, entraînant dans sa marche
les Érules, les Varnes, les Ruges et une partie
des tribus franques qui habitaient encore au
nord de la forêt Hercynienne [1]. La route qu'il
suivit fut la même que celle qui avait été parcou-
rue cinquante ans auparavant par les Vandales,

celtiques qu'il ne nomme pas. Et en effet, la Notice de l'Empire, dont
nous avons donné l'extrait, t. I, p. 230, indique plusieurs autres colonies létiques qui durent envoyer leurs contingents à l'armée d'Aëtius.

[1] Selon Jornandès (*Hist. Goth.*, c. 35.), l'armée d'Attila était de
500,000 hommes à son entrée dans la Gaule, chiffre qui ne paraît
point exagéré. La liste des peuples qui la composaient a été donnée
par Sidonius en style poétique, dans les vers suivants de son Panégyrique d'Avitus :

> Barbaries totas in te transfuderat Arctos,
> Gallia ! Pugnacem Rugum, comitante Gelono.
> Gepida trux sequitur; Scyrum Burgundio cogit;
> Chunnus, Bellonotus, Neurus, Basterna, Toringus,
> Bructerus, ulvosa quem vix Nicer abluit undâ.

et comme eux il passa le Rhin près de Mayence. Les Allemands qui occupaient la première Germanie n'avaient ni la volonté ni le pouvoir de lui résister ; il est même probable qu'ils se joignirent à lui pour avoir part au pillage. De Mayence il marcha directement sur Trèves, cette capitale déchue que les victoires d'Aëtius avaient rendue momentanément à l'Empire, mais dont on n'avait point essayé de relever la splendeur. Les Huns la saccagèrent pour la cinquième fois et n'y laissèrent que des ruines : après leur départ les Ripuaires y rentrèrent pour ne la plus quitter.

Le torrent de l'invasion tartare se porta ensuite sur Metz qui avait échappé naguère aux attaques des Vandales. Attila rencontra sous les murs de cette cité une résistance à laquelle il ne s'attendait pas. Il fut obligé d'en faire le siége, et pendant ce temps ses cavaliers s'étant répandus dans toute la partie méridionale de la première Belgique, brûlèrent Toul, Dieuse, Scarponne et les autres villes de cette contrée qui forme aujourd'hui la Lorraine. Enfin il prit Metz d'assaut le 7 avril 451, veille de Pâques ; il massacra les habitants et détruisit entièrement la ville, où il ne resta debout qu'une chapelle dédiée à saint Étienne [1]. De là il traversa rapidement les

1 Grég. de Tours, *Hist.*, l. ii, c. 6.

plaines de la Champagne pour arriver sur les
bords de la Loire avant Aëtius qui s'en approchait
avec toutes les forces des Wisigoths, des Alains,
des Bourguignons et les levées en masse des provinces encore romaines. Dans cette marche, le roi
des Huns passa non loin de Paris dont les habitants effrayés voulaient prendre la fuite et abandonner leur ville. Une jeune fille inspirée, sainte
Geneviève, ranima leur courage; ils fermèrent
leurs portes, se préparèrent à défendre leurs remparts, et Attila, pressé d'atteindre son but, ne
songea pas même à les attaquer.

Il avait de puissants motifs pour se hâter, car
tout le succès de la guerre dépendait de sa
promptitude. S'il devançait Aëtius à Orléans, il se
rendait maître des passages de la Loire ; il empêchait la jonction des forces du midi de la Gaule
avec celles du nord et de l'ouest; et il écrasait
facilement, par la supériorité du nombre, les
Romains et les Wisigoths. D'ailleurs pour s'emparer de la ville sans coup férir, il comptait sur
la trahison des Alains, colonisés depuis quelques
années sur les bords de la Loire, et auxquels
on avait confié la garde de ce poste important [1].
Nous avons vu que c'était avec des corps d'Alains

[1] *Sangibanus rex Alanorum metu futurorum perterritus Attilæ se tradere pollicetur, et Aurelianam civitatem Galliæ ubi tunc consistebat in
ejus jura transducere.* (Jornandès, *Hist. Goth.*, c. 37.)

et de Huns, à la solde de l'Empire, qu'Aëtius
avait vaincu, l'une après l'autre, toutes les na
tions barbares établies dans la Gaule, et les avait
forcées de reconnaître la suzeraineté de Valentinien. Nous avons vu aussi par quels excès, par
quels affreux ravages, ces féroces auxiliaires s'é-
taient attiré la haine de toutes les populations
gauloises. Il n'y a pas de doute que les souvenirs
de ces guerres et de la part sanglante que les
Huns y avaient prise, contribuèrent beaucoup·à
faire oublier à ces populations les griefs·qui les
divisaient et à les unir dans un même élan de
résistance contre l'invasion d'Attila. Les Alains
n'étaient pas moins détestés que les Huns, car les
mêmes causes avaient rendu leur nom odieux.
La répugnance qu'ils inspiraient était telle
qu'ils n'avaient pu s'établir sur les bords de la
Loire qu'après avoir versé des torrents de sang,
pour contraindre les habitants à se soumettre aux
ordres de l'empereur. Ils ne voyaient donc autour
d'eux, dans leur nouvelle patrie, que des ennemis déclarés; seuls païens au milieu de nations
toutes chrétiennes, ils savaient qu'ils étaient
pour elles un objet de scandale et d'horreur. De
nombreux liens de sympathie, au contraire,
existaient entre eux et ces Huns qui avaient long-
temps combattu à leurs côtés; quoiqu'ils n'ap-
partinssent pas à la même race, ils avaient les

mêmes mœurs, le même caractère, le même mépris pour tout culte religieux. Les deux peuples
étaient entrés ensemble en Europe; ils avaient fait
l'un et l'autre une guerre acharnée à toutes les
nations de race tudesque; tout concourait à les
rapprocher jusqu'à la haine commune qu'on
leur portait. Ainsi il n'est pas étonnant qu'Attila
ait réussi à se ménager des intelligences avec
les Alains colonisés dans la Gaule, et cette défection paraissait si vraisemblable que lors même
qu'ils n'en auraient pas été coupables, on les en
aurait soupçonnés.

Attila s'avançait vers Orléans par la chaussée
romaine, qui conduisait de cette ville à Paris,
tandis qu'Aëtius traversait à marches forcées les
plaines du Berry, en se dirigeant vers le même
point. Dès que l'avant-garde des Huns fut en
vue de la ville, et que les béliers eurent commencé à en ébranler les murs, les Alains ouvrirent une des portes confiées à leur garde,
et quelques escadrons ennemis y pénétrèrent.
La cité se crut au pouvoir des Tartares. Mais
à ce moment même, l'armée impériale arrivait
non loin du pont qui unit en cet endroit les
deux rives de la Loire. L'évêque saint Aignan
montra du haut des remparts, aux habitants
consternés, leurs défenseurs qui approchaient, et
les encouragea à une-résistance désespérée. Un

combat acharné s'engagea sur les murs et aux
portes de la ville; les Alains, voyant leur complot
déjoué par l'arrivée des troupes romaines, se joignirent eux-mêmes aux habitants. Aëtius entra
avec toutes ses forces par la porte qui commu-
niquait avec le pont de la Loire, et la cité fut
sauvée [1].

Ce succès décida du sort de la guerre. L'entreprise d'Attila était manquée. Il ne pouvait songer
à continuer le siége d'Orléans, en présence de
l'armée entière d'Aëtius, à laquelle vinrent se
joindre tous les contingents de la Gaule occidentale; les Bretons de l'Armorique, les Saxons même
établis sur les côtes de la Manche, envoyèrent à
l'appel du maître des milices leurs plus braves
guerriers. Les passages de la Loire étaient fermés

[1] La trahison des Alains, qui auraient ouvert une des portes de la
ville à un parti de Huns, et l'expulsion presque immédiate de ce corps
d'ennemis par les habitants ranimés à l'approche de l'armée d'Aëtius,
sont les deux seuls faits qui puissent expliquer les événements de ce
siége, tels qu'ils sont présentés par Sidoine, Jornandès et Grégoire de
Tours. Sidoine dit que la ville fut attaquée, envahie et non pillée :
Aurelianensis urbis obsidio, oppugnatio, irruptio nec direptio. (Sidoine, *Epist.* 15, *lib.* 8.) Jornandès nous apprend qu'on découvrit à
temps la trahison des Alains. Grégoire de Tours raconte que les murs
s'écroulaient sous les béliers des assiégeants, et que les habitants déses-
péraient de leur salut, lorsque l'évêque saint Aignan releva leur courage en leur annonçant, par une inspiration divine, l'approche d'Aëtius. (*Greg. Tur.*, l. 11, c. 7.) Il faut réunir toutes ces circonstances
pour se faire une idée juste de ce qui s'est passé.

au roi des Huns, et il devait craindre de voir sa
ligne de retraite coupée par les Francs et les Ripuaires de la Belgique qui accouraient du nord
pour prendre part à cette guerre nationale. Fré-
missant de rage et contraint d'abandonner une
proie dont il s'était cru assuré, il se retira précipitamment par la chaussée qui conduisait d'Orléans à Sens et à Troye [1].

Aëtius se mit aussitôt en marche pour le suivre
et fit en route sa jonction avec les contingents
des tribus franques. Accrue par ces nouveaux
renforts son armée était alors presqu'égale à celle
d'Attila qui avait déjà perdu beaucoup de soldats
par les siéges, les combats et les fatigues de la
marche. Il l'atteignit enfin dans les vastes plaines
de la Champagne à un lieu nommé Mauriac, et
là s'engagea la plus effroyable mêlée dont l'histoire ait conservé le souvenir. Je ne reproduirai
point ici la description de cette célèbre bataille;
j'en ai déjà parlé dans mon premier chapitre, et
tous les historiens modernes se sont plus à en retracer le lugubre tableau. Trois cent mille hommes se trouvaient en présence de part et d'autre,
et toutes les nations de l'Europe étaient représentées dans cette lutte, soutenue pendant deux

---

[1] *Attila tali perculsus eventu, diffidens suis copiis, metuit inire con-
flictum intùsque fugam revolvit.* (Jornandès, *Hist. Goth.*, c. 37.)

jours avec un incroyable acharnement [1]. Le succès demeura incertain, car le camp des Tartares ne put être forcé. Mais plus de cent mille Huns étaient tombés, dit-on, sur le champ de bataille. Attila sentit qu'il ne pouvait continuer la guerre avec une armée ainsi réduite. Après être resté deux jours en présence de l'ennemi pour le braver encore, il se retira pendant la nuit et marcha sans s'arrêter jusqu'au Rhin, à travers la deuxième Belgique et la première Germanie, c'est-à-dire la Lorraine et l'Alsace. Il passa le fleuve entre Bâle et Strasbourg, et regagna par la Souabe les rives du Danube, ayant perdu dans cette courte mais funeste expédition tout le prestige d'une puissance qui jusque-là semblait invincible.

Aëtius n'essaya point de le poursuivre dans sa retraite. Son armée avait éprouvé des pertes presqu'aussi fortes que celles de l'ennemi, et les deux camps étaient restés comme immobiles et frappés de stupeur en présence de ces immenses funérailles. Lui-même d'ailleurs ne voyait pas sans in-

---

[1] Le récit détaillé de la bataille nous a été transmis seulement par Jornandès qui l'avait sans doute puisé dans quelque chant militaire des Goths. (*Hist. Goth.*, c. 401.) Sidonius, Idace, Prosper, Grégoire de Tours n'en parlent que très brièvement, suivant l'usage des chroniqueurs de cette époque. Jornandès évalue le nombre des morts dans les deux journées à 252,000, Idace, à 300,000. La différence n'est pas très grande entre ces deux chiffres; le premier est plus précis et plus vraisemblable : on doit croire que plus de la moitié de ces morts appartenaient à l'armée des Huns.

quiétude son isolement avec un petit nombre de troupes romaines, au milieu de tous ces fédérés barbares qu'il avait combattu naguère avec tant d'acharnement et qui avaient contre lui tant de motifs de ressentiments personnels. Son premier soin fut donc de séparer et de renvoyer dans leurs foyers tous ces peuples de races diverses dont l'union avait sauvé l'Empire, mais qui par la même force pouvaient le dominer. Parmi ces alliés dangereux les Wisigoths étaient les plus hostiles et les plus redoutables. Mais heureusement pour le maître des milices impériales, Théodoric, leur roi, avait été tué dans le combat. Il laissait six fils; les deux aînés, Thorismond et Théodoric, l'avaient seuls accompagné dans cette guerre; les autres étaient restés en Aquitaine[1]. Aëtius fit prévenir adroitement Thorismond, que ses frères voulaient lui disputer le commandement suprême, auquel il était appelé comme l'aîné de sa race, et qu'il n'avait pas de temps à perdre pour aller faire reconnaître ses droits à Toulouse par les anciens de la nation. Cet expédient réussit. Le jeune chef des Wisigoths partit précitamment avec ses meilleurs soldats et laissa le champ libre à l'habile général qui employa, dit-on, une ruse semblable pour hâter le

---

[1] Jornandès, *Hist. Goth.*, c. 36.

départ des Francs [1]. Cependant il n'avait point de raisons pour se défier de ce peuple qui, depuis la pacification de 431, était toujours resté fidèle à ses traités et avait servi l'Empire contre tous les rebelles de la Gaule.

Aucun historien ne nomme le roi ou chef qui commandait les Francs à la bataille de Mauriac. Mais il y a tout lieu de croire, d'après le rapprochement des dates, que c'était Mérovée, père de Childéric. C'était probablement aussi le même prince qui avait été vu par Priscus à Rome, où Aëtius l'avait adopté pour son fils [2], c'est-à-dire était devenu son parrain d'armes suivant un ancien usage des Germains conservé par la chevavalerie du moyen-âge. Il devait donc avoir toute la confiance du maître des milices. Si l'on en croit Priscus, un frère de ce jeune chef, aurait essayé de lui disputer le commandement des Francs, et se serait retiré auprès des Huns pour y chercher un appui contre l'influence

---

[1] Grég. de Tours, *Hist.*, l. II, c. 7. Jornandès, *Hist. Goth.*, c. 41.

[2] On a prétendu que ce jeune prince ne pouvait être Mérovée, père de Childéric, parce que Priscus le représente comme étant encore imberbe lorsqu'il le vit à la cour de l'empereur, et que Childéric, élevé au trône en 457, devait être né au plus tard vers 440. Mais comme Priscus ne précise pas l'époque à laquelle il vit le jeune chef des Francs, rien n'empêche de croire que ce fut avant 440, dans le temps où les Francs étaient nouvellement rattachés à l'Empire par les victoires d'Aëtius, ce qui expliquerait la présence de Mérovée à Rome comme député ou comme ôtage. (Voir plus haut, page 30.)

romaine favorable à son rival [1]. Il est possible
que ce prétendant se soit joint à l'armée d'Attila avec quelques guerriers de sa nation; mais
la défaite des Tartares dut anéantir ses espérances. La mort du vieux roi des Francs, c'est-
à-dire, selon toute apparence, de Clodion, et les
prétentions rivales de ses fils étant présentées par
Priscus comme une des circonstances qui devaient
favoriser les desseins d'Attila sur la Gaule, ce fait
concourt à fixer l'avénement de Mérovée à l'époque où il se trouve indiqué dans les interpolations de la chronique de Prosper, vers l'année 446.

Il n'y a nulle vraisemblance dans les récits de
Frédégaire, qui suppose qu'à leur entrée dans la
Gaule, les Huns se seraient avancés jusque dans
la partie de la Belgique occupée par les Francs-
Saliens, et auraient emmené captive la reine,
épouse de Mérovée, avec son fils Childéric, encore enfant, qui n'aurait été délivré que par la
courageuse fidélité de Viomade [2]. Rien dans les

---

[1] Τῷ Ἀττήλα ἦν τοῦ πρὸς Φράγγους πολέμου πρόφασις ἡ τοῦ σφῶν
βασιλέως τελευτή καὶ ἡ τῆς ἀρχῆς τῶν ἐκείνου παίδων διαφορὰ · τοῦ
πρεσβυτέρου μὲν Ἀττήλαν, τοῦ δὲ νεωτέρου Αἴτιον ἐπὶ συμμαχίᾳ ἐπάγε-
σθαι ἐγνωκότος. (*Prisci Legationes.*)

[2] *Wiomadus Francus fidelissimus ceteris Childerico qui eum, cùm à
Chunis cum matre captivus duceretur, fugaciter liberaverat.* (Frédégaire,
l. 1, *c.* 11.)

faits constatés par les témoignages authentiques et contemporains n'indique que l'invasion tartare ait pris cette direction. Tout démontre au contraire, qu'après la prise de Metz, Attila dut marcher sur Orléans par la voie la plus courte, à travers les plaines de la Champagne; car nous avons vu combien il était important pour lui de se rendre maître des passages de la Loire avant l'arrivée d'Aëtius. Est-il donc croyable qu'il eût compromis le succès de son expédition pour aller parcourir, loin de sa ligne d'opérations, un pays encore sauvage, couvert de bois et de marais impraticables, et où rien n'attirait les Barbares, que l'amour du pillage poussait toujours vers les grandes villes et vers les contrées riches et civilisées. Les traditions qui ont servi de base aux récits des chroniqueurs carlovingiens sont souvent, j'en conviens, plus poétiques que les faits réels. On peut les regarder comme une des sources primitives des chansons de gestes ou des romans de chevalerie; mais on doit chercher ailleurs les véritables fondements de notre histoire.

Aëtius avait hâte de repasser les Alpes pour se préparer à défendre l'Italie, menacée à son tour par Attila, qui paraissait vouloir se venger sur Rome elle-même du mauvais succès de sa première invasion. Comme il était de la plus haute

importance de ne laisser derrière lui dans la
Gaule aucun germe de rebellion ou de mécontentement, il est probable qu'en partant il abandonna aux vengeances des populations gauloises les Alains dont il s'était servi long-temps
pour courber ces mêmes nations sous le joug de
la puissance romaine. Depuis qu'on les avait soupçonnés de connivence avec les Huns, ils étaient
devenus plus odieux que jamais. Cependant la
trahison de Sangiba, à Orléans, n'avait pas été assez avérée pour qu'Aëtius, porté à l'indulgence
envers ses anciens auxiliaires, fût forcé de les
traiter sur-le-champ en ennemis. Il avait pris
seulement la précaution de les placer au centre de
son armée pour rendre leur désertion impossible, et ce fut ainsi qu'ils combattirent à la journée de Mauriac [1]. Aussitôt après son départ les
haines long-temps comprimées éclatèrent de tous
côtés contre cette malheureuse nation. Dès l'année 452 les Bretons de l'Armorique [2], secondés

---

[1] *Collocantes in medio Sangibanum qui præerat Alanis, providentes
cautione militari ut eum de cujus animo minùs præsumebant, fidelium
turbâ concluderent.* (Jornandès, *Hist. Goth.*, c. 38.)

[2] Le chef ou roi des Bretons-Armoricains était alors Audren, qui
avait succédé à Grallon vers 445. Cet Audren était fils de Salomon,
assassiné, comme nous l'avons vu, quinze ans auparavant. Ainsi il y
avait eu dans l'Armorique, à la mort de l'usurpateur Grallon, une réaction qui avait rappelé à la tête de la nation la descendance directe de
Conan. Il est probable que l'influence romaine ne fut pas étrangère à

par les habitants du pays, détruisirent la colonie
établie sur les bords de la Loire et s'emparèrent
du territoire qu'elle occupait. En même temps
le jeune roi des Wisigoths, Thorismond, s'unit
aux Bourguignons pour attaquer les Alains colonisés dans les plaines de Valence, et les extermi-
na entièrement [1]. Les Bourguignons s'approprie-
rent ces champs dépeuplés pour la seconde fois,
et devinrent ainsi maîtres de toute la province
Viennoise dont ils n'avaient eu jusqu'alors que la
partie orientale qui portait déjà le nom de Savoie.

En revenant de cette expédition, Thorismond

cette restauration ; car, à dater de cette époque, les chefs bretons se
montrèrent constamment les fidèles alliés de l'Empire. Les anciens ca-
talogues des comtes de Cornouailles donnent à Daniel Dremrus, le
même qu'Audren, le titre de roi des Allemands ou Alains, parce qu'il
s'était rendu maître du territoire de cette colonie barbare. (Dom
Morice, *Hist. de Bretagne*, t. Ier, p. 663)

[1] *Thorismondus de quo suprà meminimus Alamanos bello edomuit.*
(Greg. Tur., *l.* II, *c.* 7.) Dans les auteurs de cette époque, les Alains
sont souvent confondus avec les Allemands ; on en voit un exemple dans
la Vie de Saint Germain, que nous avons citée plus haut. Jornandès
(*Hist. Goth.*, c. 43.) dénature le récit de cette expédition de Thorismond, en supposant que ce prince ait porté ses armes dans le pays
occupé par les Alains pour repousser une seconde invasion des Huns
qui auraient essayé de rentrer encore une fois dans la Gaule. Comme
aucun autre auteur ne parle de cette tentative d'Attila, qui d'ailleurs ne
peut se concilier avec la grande irruption des Huns en Italie, à la même
époque, on doit la regarder comme entièrement controuvée. Quant
à la destruction des Alains de la Gaule, elle est constatée par cela
seul que leur nom ne reparait plus dans l'histoire à dater de ce temps.

passa sous les murs d'Arles et fut tenté de profiter
de l'occasion pour s'emparer de cette grande cité
qui n'avait aucun moyen de défense. Mais le préfet Tonnantius Ferreolus eut l'adresse de calmer
son ambition en flattant son orgueil ; il alla à sa
rencontre, lui rendit les plus grands honneurs et
le décida à entrer seul dans la ville, où il fut accueilli avec pompe comme un prince ami de l'Empire [1]. Néanmoins les craintes que le caractère
turbulent du jeune roi avait fait naître ne furent
pas oubliées. Par les intrigues du gouvernement
romain, dont Avitus paraît avoir toujours été
l'habile instrument, une trame secrète s'ourdit
à Toulouse, et, à peine de retour dans sa capitale, Thorismond fut assassiné par ses frères,
dont Aëtius lui avait révélé d'avance les complots
criminels : le rusé lieutenant de Valentinien avait
sans doute de bonnes raisons pour les connaître [2]. Thorismond eut pour successeur son second
frère, Théodoric, qui se montra constamment

---

[1] *Sidonius Apollin.*, lib. 7, epist. 1. Sidoine dit que Ferreol vainquit par un dîner ce roi qu'Aëtius n'aurait pu repousser par les armes :
*ab Arelatensium portis quem Aëtius prælio non potuisset, te prandio re-
movisse.*

[2] Prosper signale les dispositions hostiles de Thorismond envers
l'Empire, comme la véritable cause de sa mort : *Cùm res ea moliretur
quæ et romanæ paci et gothicæ adversarentur quieti, à germanis suis,
quia noxiis dispositionibus irrevocabiliter instaret, occisus est.* (Prosperi
Chron., *ad ann.* 453.) Idace tient le même langage : *Thorismo rex
Gothorum, spirans hostilia, à Theudorico et Frederico fratribus ejus ju-
gulatur.*

l'ami des Romains et surtout d'Avitus. Depuis la pacification de 440, ce noble gaulois n'avait jamais cessé d'exercer sur les chefs des Wisigoths une utile influence; à sa demande, Théodoric envoya en Espagne son jeune frère, Frédéric, pour soumettre à l'autorité impériale les paysans révoltés de la province Tarragonaise. [1]

Pendant que ces événements se passaient dans les Gaules, Rome échappait au danger le plus grand qui eût encore menacé l'existence de la ville éternelle. A peine revenu sur les bords du Danube, Attila, moins abattu qu'exaspéré par le mauvais succès de son expédition dans les provinces gauloises, s'était occupé activement de rassembler les débris de son immense armée et de rappeler sous ses drapeaux les contingents de tous les peuples soumis à la suzeraineté des Huns. Au printemps de l'année 452, il se vit encore à la tête d'une masse formidable de combattants; néanmoins il est douteux que cette seconde armée ait jamais atteint le chiffre de la première; les éléments en étaient les mêmes, et les tribus épuisées durent fournir avec peine de nouvelles recrues.

Cette fois, ce fut au centre de la domination romaine que l'orgueilleux chef des Tartares vou-

[1] *Per Fredericum, Theudorici regis fratrem, bacaudæ Tarraconenses eduntur ex auctoritate romand.* (Idat. Chron.)

lut porter les coups de sa vengeance. Par la position qu'il occupait sur la ligne du haut Danube, il pouvait envahir à son choix l'Italie ou la Gaule. C'était cette même position qui, pendant plus de 600 ans, avait rendu si dangereuses aux Romains les irruptions des Cimbres-Boiens et ensuite celles des Suèves. Si Attila, en 451, avait suivi la première direction; il est probable qu'il aurait porté à l'empire d'Occident un coup mortel. Pendant les premières années du règne de Valentinien, la sécurité de l'Italie reposait sur l'alliance qu'Aëtius s'était ménagée avec les Huns. Les frontières du nord se trouvaient ainsi à l'abri de toute attaque, et les contingents slaves et tartares faisaient la force des armées impériales. Attila, en rompant brusquement avec l'Empire, lui enleva ces braves auxiliaires, et l'Italie, sans cesse inquiétée par les entreprises des Vandales d'Afrique, n'eut plus pour sa défense que de faibles corps de troupes romaines. Si le roi des Huns eût porté d'abord ses armes de ce côté, les Barbares fédérés de la Gaule, n'ayant rien à craindre pour eux-mêmes, auraient vu avec joie les Romains aux prises avec ces nouveaux ennemis, et auraient applaudi à la destruction de Rome suivie de la dissolution totale de l'empire d'Occident

Quels furent donc les motifs qui empêchèrent

Attila d'adopter ce plan de campagne ? Les témoignages contemporains nous en laissent soupçonner deux. D'abord le grand nom de Rome produisait encore sur tous les Barbares une singulière impression de crainte et de respect. Des habitudes de terreur et de soumission qui remontaient à plusieurs siècles ne pouvaient être subitement déracinées. La ville des Césars, dans sa décadence, était comme le cadavre d'un géant dont on n'ose approcher tant qu'on lui croit un souffle de vie. La prise de Rome par Alaric avait affaibli mais non détruit cette crainte superstitieuse, et la mort presque subite du chef des Wisigoths, après sa téméraire entreprise, avait été regardée comme une punition du ciel, dont le souvenir frappait tous les esprits[1]. La Gaule, au contraire, sillonnée par tant d'invasions, semblait une proie offerte au premier venu, et la réputation de richesse qu'elle avait conservée malgré ses désastres y attirait toujours des peuples avides de pillage. D'un autre côté, lorsqu'Attila, écrivant en 450 à Valentinien pour expliquer ses préparatifs guerriers, annonçait l'intention d'aller chercher les Wisigoths jusqu'au pied des Pyrénées pour achever la de-

---

[1] *Cùm ad Romam animus ejus fuisset attentus accedere, sui eum, ut Priscus refert, removere, non urbi cui inimici erant consulentes, sed Alarici quondam Wisigothorum regis objicientes exemplum, quia ille post fractam Romam diù non supervixerat.* (Jornandès, *Hist. Goth.*, c. 42.)

struction d'une race ennemie de la sienne, ce motif, comme nous l'avons dit ailleurs, pouvait
être plus sincère que ne l'ont supposé les écrivains du Bas-Empire. Nous avons déjà plusieurs
fois insisté sur le grand rôle que jouent chez
les Barbares les haines et les sympathies nationales; nous avons fait remarquer avec quelle puissance ces sentiments agissent sur leurs résolutions
et combien on doit en tenir compte dans l'appréciation de leurs actes. Soit qu'Attila ait obéi
à l'impulsion de cette haine aveugle, soit qu'hé-
sitant en présence du grand fantôme de Rome
déchue, il n'ait pas oser l'attaquer de face et ait
voulu d'abord abattre ses appuis extérieurs, il est
certain qu'il commit une faute capitale en choisissant la Gaule pour théâtre de la guerre.
Cette invasion réunit contre lui tous les Barbares fédérés par la crainte d'un danger commun,
et sa puissance succomba devant cette ligue redoutable.

En 452, lorsqu'il franchit les Alpes Rhétiennes pour pénétrer en Italie, la situation matérielle des choses était encore la même. La péninsule n'avait pas plus de moyens de défense que
l'année précédente; car si les Barbares de la Gaule avaient défendu avec courage, sous les drapeaux de l'Empire, le sol où ils étaient fixés, ils
n'avaient envoyé aucun secours pour protéger le

siége du gouvernement impérial. Mais d'un autre côté Attila avait perdu le prestige de sa terrible grandeur; on avait appris qu'il n'était pas invincible, et au lieu de cette armée de 5oo,ooo hommes qui, un an auparavant, semblait marcher à la conquête du monde, il est probable qu'il en réunit à peine 3oo,ooo pour une entreprise devant laquelle il avait reculé lorsque ses forces étaient entières. '

Néanmoins Aëtius n'était point en mesure de fermer les passages des Alpes. Les Huns avaient été si long-temps les fidèles alliés de la cour de Ravenne qu'on avait dû négliger cette ligne de frontières. Attila envahit sans résistance la Pannonie, la Vindélicie, la Rhétie, le Norique ; de là il descendit dans les plaines de l'Italie septentrionale, il pilla Milan et Pavie, détruisit Aquilée, Padoue, Vicence, Vérone, Brescia, Bergame, et ravagea les campagnes jusqu'aux rives du Pô ; mais il ne put franchir la barrière de ce fleuve [1]. Aëtius n'ayant que peu de troupes à lui opposer avait eu l'habileté de sentir qu'il ne devait pas risquer une bataille générale où le sort de l'Empire pouvait être perdu d'un seul coup. Le traité récemment conclu avec Genséric, lui ôtait au moins la crainte d'une invasion maritime ; il concentra toutes ses forces sur la ligne du Pô et les

---

[1] Jornandès, *Hist. Goth.*, c. 42.

dispersa en petits détachements qui gardaient tous les passages du fleuve et le franchissaient souvent pour harceler l'ennemi et lui enlever ses vivres. La nombreuse cavalerie d'Attila manqua bientôt de fourrages dans ces plaines desséchées par les chaleurs de l'été; les maladies se mirent dans son armée, le pays qu'il avait dévasté ne pouvait plus le nourrir, et le nombre de ses soldats diminuait chaque jour. Le gouvernement impérial témoin de ses embarras sut en profiter avec adresse. On lui envoya une députation composée des plus grands personnages de Rome et à la tête de laquelle était le pape saint Léon [1]. Cette ambassade flatta l'orgueil d'Attila; on lui adressa des paroles de soumission, on promit de lui payer un tribut pareil à celui qu'il avait imposé à l'Empire d'Orient, et, cédant aux éloquentes représentations du saint pontife, il se détermina enfin à se retirer volontairement et à emmener au-delà du Danube les restes de sa grande armée, bien réduite par les pertes subies dans deux expéditions malheureuses [2].

---

[1] *Suscepit hoc negotium cum viro consulari Abieno et viro præfectorio Trigetio beatissimus papa Leo auxilio Dei fretus.* (Prosper, Chron., ad ann. 452.)

[2] Ces événements sont très bien résumés dans la Chronique d'Idace : *Hunni qui Italiam prædabantur, aliquantis etiam civitatibus irruptis, divinitùs partim fame, partim morbo quodam, plagis cælestibus feriuntur; missis etiam per Marcianum principem, Aëtio duce, cæduntur auxiliis,*

Quoique Attila n'eût rien perdu de sa fierté et qu'en se retirant il lançât encore contre les Romains de vaines bravades, ce double échec lui avait fait connaître les bornes d'une puissance qu'il croyait invincible. Il ne survécut pas long-temps à son dépit, et presqu'aussitôt après son retour dans ses anciens cantonnements, il fut étouffé par une apoplexie foudroyante au milieu d'une nuit de débauches [1].

Sa mort fut le signal de la dissolution de son vaste empire. Cette puissance des Huns qui avait épouvanté le monde s'écroula d'elle-même. Attila laissait plusieurs fils qui se disputèrent le rang suprême avec acharnement. Ces guerres intestines rompirent le lien qui, sous la direction de quelques chefs énergiques avait rassemblé les tribus tartares en un seul corps. Elles s'isolèrent et ne se rencontrèrent plus que pour se combattre. Les peuples qu'elles avaient assujétis profitèrent de ces discordes pour secouer le joug. Les Gépides, les Sarmates et toutes les nations slaves recouvrèrent leur indépendance ; depuis la mer Caspienne jusqu'au Rhin, depuis la Baltique jusqu'au Danube, il n'y eut plus, comme avant la domination des Goths et celle des

et ità subacti, pace factá cum Romanis, proprias universi repetunt sedes, ad quas res eorum Attila mox reversus interiit.

[1] Jornandès, *Hist. Goth.*, c. 42, 49.

Huns, que des peuplades errantes et désunies [1].

Au milieu de cette confusion, les Ostrogoths
en butte à la haine de tous les peuples slaves ou
de race suévique, cherchèrent, comme l'avaient
fait dans le siècle précédent leurs compatriotes
les Wisigoths, un asile sur le territoire romain.
L'empereur Marcien, qui avait succédé à Théodose, en épousant sa sœur Pulchérie, leur permit
de s'établir dans la Mésie et l'Illyrie orientale [2].
Ceci justifie encore ce que nous avons dit ailleurs,
que les plus grands empereurs furent toujours
ceux qui introduisirent les Barbares dans le cœur
de l'Empire. Marcien est le seul homme de
guerre qui ait occupé le trône de Constantinople pendant le Ve siècle. Plein de fermeté et de
bravoure, il avait commencé son règne, en 451,
par signifier à Attila qu'il ne lui paierait plus le
tribut auquel le faible Théodose s'était soumis.
En 452, il avait envoyé des secours à Valentinien
pour la defense de l'Italie et le ressentiment de
ces offenses avait été un des motifs qui décidèrent Attila à faire la paix avec Rome pour reporter sa fureur contre l'empire d'Orient. Cependant
ce fut Marcien qui introduisit dans cet empire la
nation entière des Ostrogoths ainsi que des corps
nombreux d'Érules, de Ruges, de Varnes, de

---

[1] Jornandès, *Hist. Goth.*, c. 52.
[2] Jornandès, *Hist. Goth.*, c. 50, 53, 54, 55.

Sarmates et d'autres peuples, anciens vassaux des Huns. Ne voyant que l'avantage de fortifier ses armées par les contingents de ces tribus guerrières, il oublia combien il en avait coûté à ses prédécesseurs pour se délivrer des Wisigoths établis dans les mêmes contrées par le grand Théodose et pour les rejetter sur l'Occident où ils causèrent tant de désastres. Nous verrons par la suite que les Ostrogoths ne furent pas moins funestes aux deux empires dont ils précipitèrent la ruine.

Les deux retraites successives d'Attila avaient mis le comble à la gloire d'Aëtius. Deux fois sauveur de l'Empire, il avait arraché l'Europe au fer des Tartares et arrêté ce torrent qu'aucune digue ne semblait pouvoir contenir. Mais l'éclat même de cette gloire exalta la haine et l'envie de ses ennemis [1]. Le vieux parti romain, dont il n'avait triomphé qu'avec tant de peine, le parti

---

[1] Pour obscurcir le mérite d'Aëtius, on affecta d'attribuer uniquement les deux retraites d'Attila à l'ascendant miraculeux de saint Loup, évêque de Troye, et du pape saint Léon; les beaux esprits de Rome prétendirent même que les Huns avaient reproché à leur chef de s'être laissé vaincre par un loup et par un lion. Certes ce mauvais jeu de mots latins n'a point été inventé dans le camp des Tartares; et si l'on doit reconnaître l'heureuse influence que les deux saints pontifes surent prendre sur l'esprit du farouche conquérant, il est permis de croire que sans les victoires d'Aëtius, cette influence n'aurait pas même eu occasion de s'exercer.

d'Olympius et de Félix, vivait encore ; il avait de
nombreux appuis à la cour, dans le clergé et
dans l'aristocratie de Rome. Ces ennemis secrets
profitèrent de l'absence d'Aëtius pendant ses glorieuses campagnes pour réveiller dans l'ame de
Valentinien des idées de domination et d'indépendance auxquelles ce prince avait paru jusqu'alors étranger. Agé de vingt-cinq ans, il n'était
sorti de la tutelle de sa mère, morte en 450, que
pour tomber sous celle du maître des milices. Ses
courtisans lui répétaient sans cesse qu'il était
temps de régner par lui-même, qu'il ne serait
empereur que de nom tant qu'Aëtius vivrait, et
que cet ambitieux déjà souverain de fait, n'avait
plus qu'un pas à faire pour mettre la couronne
sur sa propre tête. En outre, le plan stratégique
adopté par Aëtius dans la dernière campagne
était peut-être le seul qui pût sauver l'Italie; mais
il avait livré sans défense aux ravages des Tartares tout le nord de la péninsule; tant de
villes florissantes réduites en cendres, tant de
plaines fertiles changées en déserts accusaient le
général victorieux, et les cris des victimes de
ces immenses désastres étouffaient les chants de
triomphe de ses partisans[1]. Lui-même, enivré de

---

[1] Prosper, dans sa Chronique, s'est rendu l'organe de ces plaintes;
il accuse Aëtius de n'avoir pas arrêté Attila au passage des Alpes, d'a-
voir conçu le lâche dessein de quitter l'Italie avec l'empereur, et d'être

sa haute fortune, servit les projets de ses ennemis en commettant la même faute que Stilicon.

Valentinien n'avait point de fils; la race de
Théodose semblait épuisée; tous les rameaux de
ce tronc illustre demeuraient stériles. Aëtius con-
çut l'idée de rendre héritier du trône d'Occident
son fils Gaudentius. Ce fut là l'ambition de tous
les chefs d'origine barbare, celle de Stilicon,
celle d'Ataulphe; ils ne pouvaient aspirer à l'Empire pour eux-mêmes; mais cette exclusion ne
s'appliquait pas à leurs fils, nés d'illustres romaines, et l'objet de leurs plus ardents désirs
était d'assurer au moins le sceptre à leurs descendants. Pour préparer les voies à cette élévation, Aëtius demanda, exigea même avec hauteur que son fils fût fiancé à l'aînée des filles de
Valentinien, nommée Eudoxie comme sa mère.
Le faible prince céda; mais il fut profondément
blessé des prétentions d'un sujet hautain. L'impératrice ressentit encore plus vivement cet ou-

---

resté seulement parce que la honte étouffa ses craintes. Certes ce n'est
point là le caractère d'Aëtius, et Prosper rendait plus de justice aux
exploits de ce grand général dans la Gaule; mais là il parlait d'après ce
qu'il avait vu lui-même; ici, d'après les bruits populaires de Rome :
*Nihil duce nostro Aëtio secundum prioris belli opera prospiciente, ità ut
ne clausuris quidem Alpium quibus hostes prohiberi poterant uteretur, hoc
solùm suis superesse existimans si ab omni Italiâ cum imperatore disce-
deret, sed continuit verecundia metum et tot nobilium provinciarum la-
tissimâ eversione credita est sævitia et cupiditas hostilis explenda.*

trage; épouse et fille d'empereurs, elle ne put supporter l'idée d'avoir pour gendre un soldat parvenu, et poursuivant sans relâche son mari de ses plaintes amères, elle réussit enfin à ébranler cette ame engourdie dans la mollesse. Valentinien sortit un moment de sa torpeur et ce fut pour ordonner un assassinat.

En décembre 454, Aëtius ayant été mandé un jour chez l'empereur, se plaignit des retards apportés au mariage de son fils, et réclama vivement l'exécution des promesses qui lui avaient été faites. Plein de confiance dans son ascendant, il croyait encore être obéi, et déjà un complot secret avait tout préparé pour sa perte. Valentinien, las de dissimuler, répondit à ces plaintes par de violents reproches, et tirant son épée, en porta lui-même un premier coup au héros désarmé. Ses gardes et ses eunuques achevèrent le meurtre [1].

La mort tragique d'Aëtius produisit dans tout l'Empire un profond découragement. Chacun sentait que Rome avait perdu son dernier soutien, qu'on lui retirait la seule main assez puis-

---

[1] *Inter Valentinianum Augustum et Aëtium patricium, post promissa invicem fidei sacramenta, post pactum de conjunctione filiorum, dira inimicitiæ convaluerunt, et undè fuit gratia caritatis augenda, indè exarsit fomes odiorum. Undè Aëtius, dùm placita instantiùs repetit et causam filii commotiùs agit, imperatoris manu, et circumstantium gladiis crudeliter confectus est.* (Prosper, Chron., ad ann. 454.)

sante pour réunir les éléments dispersés de la
domination romaine et en écarter les Barbares.
Ce sentiment était si général que peu de jours
après l'attentat, un officier de Valentinien, in-
terrogé par lui-même sur ce qu'il pensait de cet
acte, osa lui répondre: « Vous vous êtes servi du
bras gauche pour vous couper le bras droit. »
Mais la colère et l'indignation furent surtout
violentes chez les officiers barbares qui avaient
suivi la fortune du chef sarmate devenu maître
des milices, et qui voyaient, avec raison, dans
ce coup d'état une attaque dirigée contre leur
influence et leur position dans l'armée. La
situation était la même qu'à la mort de Stilicon;
mais le parti romain était encore plus faible
qu'alors; aussi n'osa-t-il pas tenter une réaction
ou du moins il n'en eut pas le temps. Quatre
mois à peine s'étaient écoulés depuis l'attentat, lorsque, le 16 mars 455, Valentinien, se rendant au Champ-de-Mars pour passer une revue
des troupes, fut assassiné par deux officiers barbares qui vengèrent dans son sang le meurtre de
leur général. Dès le lendemain un noble sénateur, Petronius Maximus, fut proclamé empereur
par le sénat et par l'armée [1].

_____

[1] Procope, _de Bell. Vandal._, lib. 1, c. 4. Prosperi et Idat. _Chron._

CHAPITRE VII.

Progrès des monarchies barbares depuis la mort de Valentinien jusqu'à l'avénement de Clovis.

La race du grand Théodose était éteinte avec Valentinien, qui n'y appartenait lui-même que par sa mère[1]; Théodose-le-Jeune, empereur d'Orient n'avait point non plus laissé de fils, et Marcien, soldat parvenu, était son successeur. Le nouvel empereur d'Occident, Petronius Maximus, pouvait au moins se vanter d'une haute naissance; il descendait par les femmes de l'usurpateur Maxime, qui avait régné dans les Gaules à la fin du IV° siècle. Lui-même avait été préfet d'Italie, deux fois consul et enfin patrice. Il était depuis long-temps ami d'Aëtius; car lorsque ce dernier triompha de ses ennemis en 432, et rentra vainqueur dans Rome après la mort de Bonifacius et la fuite de Sébastien, il fit décerner à Petronius Maximus le consulat pour l'année suivante. D'ailleurs le nom seul de Maxime désignait ce prétendant aux sympathies de l'ancien parti des

[1] Id. Ch. *Usque ad Valentinianum generatio Theodosii tenuit principatum.*

usurpateurs, du parti d'Attale et de Jean. Les hautes dignités dont il avait été revêtu, les honneurs extraordinaires qu'on lui avait accordés, sa statue élevée à Rome après sa préfecture [1], son nom inscrit sur les monnaies dans son second consulat le rendaient le troisième personnage de l'Empire. Ainsi l'on peut dire que ce choix était commandé par les circonstances, et que Maxime se trouvait naturellement appelé à être le chef de la conspiration tramée par les vengeurs d'Aëtius.

Cependant à des motifs politiques si évidents et si plausibles, les écrivains byzantins ont substitué comme causes de ces grands événements des anecdotes de boudoir, puisées dans les frivoles entretiens de la cour de Constantinople, cette cour de femmes et d'eunuques. Selon leur récit, l'épouse de Maxime, attirée dans l'intérieur du palais par une ruse de Valentinien, serait devenue la victime de la brutale convoitise de ce prince, et Maxime n'aurait pris part au complot qui lui donna un trône que pour venger son honneur

---

[1] L'inscription de cette statue a été conservée ; elle peint bien la haute position de Maxime dès le règne d'Honorius : *Domini invictissimi principes Honorius, Theodosius et Constantius censores, remuneratoresque virtutum, Petronio Maximo, viro clarissimo, præfecto urbis, ob petitionem senatûs amplissimi populique romani statuam meritorum perenne monumentum in foro Ulpio constitui jusserunt.*

conjugal outragé [1]. Les historiens occidentaux,
toujours plus sensés et plus sérieux, n'ont point
rapporté ce roman. Maxime avait assez d'autres
motifs pour se mettre à la tête des conjurés ou
pour accepter leurs offres, et ce qui rend le fait
encore moins vraisemblable, c'est que le premier
usage qu'il fit de sa puissance fut de forcer l'impératrice Eudoxie à lui donner sa main ; en même
temps il fiança son propre fils à la fille aînée de
Valentinien déjà promise au fils d'Aëtius [2].

[1] Procope, *de Bell. Vandal.*, l. 1, c. 4. Evagr., *lib.* 11, *c.* 7, Procope ajoute même que Maxime avait poussé Valentinien au meurtre
d'Aëtius afin d'attirer sur ce prince la haine publique et de le renverser
ensuite plus facilement. Ainsi il aurait fait assassiner son protecteur et
son ami dans le seul but de rendre son souverain odieux. Ce sont
là de ces raffinements de perfidie auxquels se complaît l'imagination
des Grecs du Bas-Empire, mais qui ne doivent pas être admis sans
preuves. Prosper dit que Valentinien fut entraîné par les conseils de
l'eunuque Héraclius, *incentore Heraclio spadone.* Mais Grégoire de
Tours, d'accord avec tous les écrivains occidentaux, assigne pour unique
motif à cette résolution violente les craintes qu'inspiraient la puissance
et l'ambition d'Aëtius. Prosper et Idace n'attribuent également l'élévation de Maxime qu'à des raisons politiques : *Maximus vir gemini con-
sulatus et patriciæ dignitatis sumpsit imperium.* (Prosper.) *Post Valentinianum Maximus ex consulibus Romæ Augustus appellatur.* (Idace.)
Sidonius qui, dans son panégyrique d'Avitus, se montre si hostile à
Valentinien, ne lui reproche que le meurtre d'Aëtius, et ne dit pas un
mot qui puisse le faire soupçonner du honteux attentat que Procope
lui impute. Il n'en parle pas davantage dans l'éloquente lettre qu'il
écrivit à Serranus, sur les malheurs de Maxime. (*Sidon., lib.* 11, *ep.* 13.)

[2] Idatii Chron. *Imperator factus, relictam Valentiniani sibi duxit
uxorem ex filio suo ex priore conjuge Palladio, quem cæsarem fecerat,
Valentiniani filiam in conjugium tradidit.*

La raison politique de ce double mariage est facile à comprendre : Eudoxie fille de l'empereur d'Orient, Théodose II, était alors la seule héritière des deux branches de la famille impériale qui s'était partagé le monde romain ; l'Orient appartenait à son père, l'Occident à son mari, et quoique alors les femmes ne succédassent pas à la couronne, il est clair que les mœurs du temps ne leur refusaient pas le droit de la transmettre à l'époux de leur choix. Placidie avait donné le trône avec sa main à Constantius, et Pulchérie à Marcien. Maxime avait donc le plus grand intérêt à légitimer son pouvoir par une alliance avec les restes du sang de l'ancienne dynastie. Mais il aurait été assez singulier qu'ayant fait une révolution tout exprès pour venger l'honneur de sa femme, il eût débuté par en épouser une autre. Les historiens s'en tirent en disant que la femme outragée était morte de désespoir [1]. Il est plus probable que Maxime, âgé de soixante ans, et père d'un fils en âge d'être marié était veuf depuis long-temps. En général il y a quelque chose de suspect dans toutes ces histoires de femmes violées que depuis Lucrèce on a mêlées à la plupart des grandes conspirations comme une justification ou un prétexte.

[1] Procope, *de Bell. Vandal.*, l. 1, c. 4.

Le mauvais succès de la tentative de Valentinien avait démontré encore une fois qu'il était désormais impossible à aucun pouvoir de se soutenir sans l'appui des Barbares fédérés. L'importante place de maître des milices, d'où dépendait le sort de l'état, était vacante, et il s'agissait de trouver un successeur à Aëtius. Valentinien, aussitôt après la mort de ce grand général, s'était empressé de mander à Rome Majorien, que de brillantes campagnes dans la Gaule avaient illustré dans sa jeunesse, mais que la défiance d'Aëtius avait toujours tenu depuis éloigné des fonctions publiques [1]. Maxime, porté au pouvoir par les partisans du chef assassiné, ne pouvait adopter ce choix. A peine proclamé empereur, il tourna ses regards vers la Gaule, où depuis un siècle se décidaient les destinées de l'Occident. Il sentait combien il était indispensable au maintien de son pouvoir de se concilier à la fois la population romaine de cette province et les Bar-

---

Principis intereà gladio lacrymabile fatum
Clauserat Aëtius, cujus quò tutiùs illa
Magna palatinis conjungeret agmina turmis,
Evocat hunc [*Majorianum*] precibus.

(Sidon. *in Paneg. Majoriani.*)

Sidonius indique très bien ici ce qui rendait difficile la position de Valentinien : c'était de faire marcher ensemble les grands corps de Barbares fédérés formés par Aëtius, *magna agmina*, et les troupes romaines qui composaient la garde du palais, *turmæ palatinæ*. La lutte de ces éléments discordants est la vraie cause de la chute de l'Empire.

bares fédérés qui s'y étaient établis. Dans ce double but, il fit offrir le commandement général des milices à Ecdicius Avitus, ce noble gaulois que nous avons vu figurer dans les guerres d'Aëtius, et qui s'était fait surtout une position politique influente par ses liaisons intimes avec les chefs des Wisigoths [1]. Par cette nomination, Maxime rattachait à sa cause l'aristocratie gauloise, toujours disposée à soutenir le parti dont il était le représentant, et s'assurait en même temps l'appui des Goths, qui passaient pour les plus puissants de tous les Barbares fédérés.

La Gaule entière avait applaudi à la chute de Valentinien. Il est facile de voir dans les écrivains gaulois de ce temps combien son gouvernement y était détesté [2]. Avitus accepta la dignité qui

. . . . . princeps jam Màximus, unum
Quod fuit in rebus, peditumque equitumque magistrum
Te sibi, Avite, legit.

   (Sidon. Apoll. *in Paneg. Aviti.*)

[2] Sidonius appelle Valentinien un insensé, un lâche, à moitié homme :

Aëtium Placidus mactavit semivir, amens.

   (*In Paneg. Aviti*, v. 360.)

Has nobis inter clades et funera mundi
Mors vixisse fuit; sed dùm per verba parentum
Ignavas colimus leges sanctumque putamus
Rem veterem per damna sequi, portavimus umbram
Imperii, generis contenti ferre vetusti
Et vitia ac solitam vestiri murice gentem.

   (*Ibid.*, v. 538.)

On ne saurait mieux peindre la répugnance et le mépris des Gaulois pour la race de Théodose.

lui était conférée aux applaudissements de ses
compatriotes, et s'occupa d'abord de faire reconnaître son autorité par les chefs de tous les
peuples colonisés dans les provinces. En apprenant la mort d'Aëtius, ces peuples s'étaient agi-
tés ; les Francs Ripuaires et Saliens, et les Allemands de la première Germanie avaient fait des incursions dans les parties de la Belgique qui étaient
encore romaines [1]. Une tournée d'un mois qu'Avitus fit dans les provinces du nord suffit pour rétablir l'ordre. Les Francs rentrèrent dans leurs limites et envoyèrent des députations pour rendre
hommage au nouvel empereur ; les Allemands
eux-mêmes firent acte de soumission [2]. Mais le
principal objet que devait se proposer Avitus, la
mission secrète qu'il avait sans doute reçue avec
sa nomination était de concilier au nouveau pou-

Francus Germanum primum Belgamque secundum
Sternebat, Rhenumque, ferox Alamanne, bibebas
Romanis ripis, et utroque superbus in agro
Vel civis, vel victor eras.

(Sidon. Apoll., *in paneg. Aviti, v.* 373.)

Legas qui veniam poscant, Alamanne, furoris,
Saxonis incursus cesset, Chattumque palustri
Alligat Albis aquâ.

(Sidon., *ibid., v.* 390.)

Il ne faut pas prendre à la lettre les exagérations poétiques de Sidonius ; mais il y aurait eu une licence par trop forte à prétendre qu'Avitus avait repoussé les Francs au-delà de l'Elbe. D'après la durée d'un
mois, que Sidonius lui-même assigne à la tournée de son héros, il est
évident qu'il n'y eut pas de combat, et qu'il suffit au maître des milices de se montrer pour faire rentrer dans le devoir toutes ces tribus,

voir l'amitié des Wisigoths. Il se rendit donc à
Toulouse, où il fut reçu avec les plus grands honneurs. Le roi Théodoric, accompagné d'un de ses
frères, alla hors de la ville au-devant du général
romain, qui y fit une entrée pompeuse ; les deux
princes marchaient à ses côtés, reconnaissant ainsi
publiquement la suprématie officielle de la dignité dont il était revêtu sur toutes les royautés barbares [1]. Avitus trouva les princes wisigoths parfaitement disposés à entrer dans ses intentions, et
il se préparait à se rendre à Rome, pour rendre
compte à Maxime de ces heureux commence-
ments, lorsqu'il apprit que de nouvelles catastrophes se succédant en Italie avec une effrayante
rapidité avaient encore changé la face des affaires.

L'impératrice Eudoxie, veuve de Valentinien,
avait été profondément blessée dans tout ce que
les sentiments de la femme, de l'épouse et de la
mère ont de plus intime et de plus poignant. Of-

qui s'étaient remuées, comme à l'ordinaire, aux premières nouvelles
d'une révolution à Rome. Aussi la plupart des commentateurs s'accordent à penser qu'il s'agit ici de l'Alve, petite rivière des Ardennes,
qui a pu servir de frontière aux colonies des Francs dans la Belgique.
(Voir au Iᵉʳ volume, p. 85, les preuves de l'identité des Cattes et des
Francs.)

[1]   Hinc germano regis, hinc rege retento,
Palladiam impliciti manibus subière Tolosam.

(Sidon. Apoll., *in Paneg. Aviti*, v. 436.)

fensée de l'insistance hautaine avec laquelle Aëtius réclamait la main de sa fille, elle avait poussé son faible époux à la vengeance, et cette vengeance avait coûté à Valentinien le trône et la vie. Elle-même, la petite-fille du grand Théodose, jetée dans les bras encore sanglants du meurtrier de son mari, s'était vue contrainte de livrer au fils de Maxime cette fille que sa fierté avait refusée au vainqueur des Huns [1]. Dans son désespoir, elle n'eut plus qu'une pensée unique, celle de trouver à tout prix un vengeur : elle ne pouvait en espérer en Orient, où la race de Théodose était éteinte, où régnait Marcien, étranger à sa famille [2]. Une idée infernale la saisit. Rendant Rome tout entière responsable de ses douleurs, elle ne recula pas devant la pensée d'attirer sur cette malheureuse ville le pire de tous les fléaux, l'invasion vandale. Elle écrivit secrètement à Genséric, lui peignit son affreuse position et le somma,

---

[1] *Maximus uxorem Valentiniani Augustam, amissionem viri lugere prohibitam, intrà paucissimas dies in conjugium suum transtulit.* (Prosper, Chron.) Comme si un pareil traitement ne suffisait pas pour exciter l'indignation d'une femme, Procope attribue toute la colère d'Eudoxie aux termes inconvenants d'une déclaration d'amour que Maxime se serait permis de lui faire. Pour mieux comprendre le ridicule de toutes ces histoires galantes, il faut se rappeler que Maxime avait soixante ans, et qu'Eudoxie était mère de deux filles en âge d'être mariées.

[2] Procope, *de Bell. Vandal.*, l. 1, c. 4.

comme fédéré de l'Empire, de venger la mort du prince auquel, par le traité de 442, il avait promis de vouer ses services [1].

Genséric n'était que trop disposé à répondre à cet appel; depuis qu'il avait achevé la conquête de l'Afrique, ses yeux étaient tournés sans cesse vers l'Italie, et il avait déjà fait plusieurs tentatives pour y pénétrer. Il saisit avec empressement une occasion aussi favorable qu'inespérée, et mettant sa flotte en mer, il parut inopinément à l'embouchure du Tibre.

Cette nouvelle foudroyante fut accueillie à Rome, d'un côté avec stupeur, de l'autre, comme tout semble l'indiquer, avec une secrète joie. Le parti de la dynastie déchue était encore puissant; outre les liens de fidélité que crée toujours un long exercice du pouvoir, les catholiques et le clergé orthodoxe étaient en général très attachés aux princes de la famille de Théodose qui, depuis Honorius, s'étaient montrés si pieux, si dévoués à la religion, si ennemis des païens et des hérétiques [2]. Nous avons signalé au contraire l'espèce d'athéisme affiché par Aëtius et par les chefs barbares qui l'entouraient. Ainsi les catholiques durent voir avec horreur le complot qui

[1] Procope, *de Bell. Vandal.*, l. 1, c. 4. Ἐπέσκηπτε δὲ ὡς φίλῳ τε καὶ συμμάχῳ ὄντι Γιζερίχῳ.

[2] Le disciple de saint Augustin, Orose, leur rend ce témoignage :

éleva Maxime sur le trône. Au milieu d'une population divisée et surprise à l'improviste, aucune résistance n'était possible. Les partisans de Maxime ne songèrent qu'à fuir, poursuivis par les malédictions de leurs adversaires ; lui-même, voulant s'échapper de la ville, fut massacré avec son fils, après trois mois de règne, dans la confusion de cette déroute tumultueuse [1].

Cependant Genséric s'avançait rapidement sans rencontrer d'obstacles. Arrivé le 12 juin aux portes de Rome, il y trouva le pape saint Léon qui venait au-devant de lui avec son clergé. L'impératrice Eudoxie l'attendait au palais où elle le reçut comme un libérateur. Mais le Vandale n'était pas homme à se payer de témoignages de reconnaissance et de respect. Tout ce que le saint pontife put obtenir de lui fut de ne pas incendier la ville et d'épargner la vie des habitants et les principales églises . Rome fut livrée

Principes nostri qui vel religiosissimi sunt. Nous avons cité les décrets d'Honorius et de Valentinien contre toutes les sectes dissidentes.

[1] *Multis nobilibus ac popularibus ex urbe fugientibus, cùm ipse quoque, datâ cunctis abeundi licentiâ, vellet abscedere, septuagesimo septimo adepti imperii die, à famulis regiis dilaniatus est et membratim dejectus in Tiberim.* (Prosper Chron.) Par *famuli regii*, il faut entendre les anciens serviteurs de Valentinien, instruments de la vengeance d'Eudoxie.

[2] *Urbem omni præsidio vacuam Gensericus obtinuit, occurrente sibi extrà portas sancto Leone episcopo cujus supplicatio ità eum Deo agente*

au pillage pendant quatorze jours. Genséric se réserva les dépouilles du palais impérial respecté par Alaric, de cette auguste demeure, qui, suivant l'expression d'un auteur contemporain, avait donné son nom à tous les palais du monde [1], et où s'étaient accumulés depuis cinq siècles les trésors des peuples vaincus par les Romains. Tous ces objets précieux parmi lesquels se trouvaient, dit-on, les vases sacrés enlevés par Titus au temple de Jérusalem, furent transportés à Carthage. L'impératrice y fut emmenée captive avec ses deux filles, Eudoxie et Placidie, et un grand nombre de nobles patriciens dont Genséric espérait tirer de riches rançons. Bientôt après; par l'ambition des nobles alliances commune à tous les chefs barbares, il fit épouser à son fils Hunéric, cette jeune Eudoxie que la violence avait déjà fiancée deux fois, victime et cause innocente de tous les malheurs de sa famille [2].

Il peut sembler étonnant qu'apres être resté seulement quinze jours à Rome, il en soit sorti volontairement, satisfait d'enlever son butin, et n'ait pas cherché à s'y maintenir. Mais il est

---

lenivit ut ab igni et cæds ac suppliciis abstineretur. (Prosper. Chron.)

[1] On sait que la maison d'Auguste, située sur le mont Palatin, devint la demeure des empereurs. De là le mot *palatium* appliqué dans la suite à tous les édifices royaux.

[2] Procope, *de Bell. Vandal.*, l. 1, c. 5.

probable que pour cette expédition, il n'avait pu rassembler que peu de troupes. C'était plutôt un coup de piraterie qu'une conquête, et il put craindre sa faiblesse numérique au milieu d'une ville populeuse, en face des garnisons romaines de l'Italie et dans le voisinage des Barbares fédérés de la Gaule [1].

En effet, cette seconde prise de Rome produisit dans toutes les parties de l'Empire un soulèvement général. L'impression ne fut pas moins vive que lors de l'invasion d'Alaric, et les auteurs du temps en parlent avec le même sentiment de stupéfaction et de terreur. Dans la Gaule surtout l'indignation fut extrême. Le parti de Valentinien s'était relevé et son premier acte avait été de livrer Rome aux Vandales. La mort de Maxime laissait l'état sans chef. Il était temps pour la Gaule de sauver l'Empire à son tour et d'avoir aussi son empereur à elle, objet constant de ses vœux depuis la fin du IIIe siècle. Tous les regards se tournèrent sur Avitus; toutes les bouches le proclamèrent seul capable d'arracher la ville éternelle des mains rapaces de Genséric.

---

[1] La retraite de Genséric fut attribuée, comme celle d'Attila, à une influence miraculeuse, et le pape saint Léon institua une fête en commémoration de ce grand événement. (*Hist. Persec. Vandal. comm. Histor.*, c. 6.)

Avitus se trouvait encore alors à Toulouse auprès des princes wisigoths qui furent les premiers à le presser de saisir la couronne en lui promettant l'appui de. toutes les forces de leur nation [1]. Cédant à leurs conseils, il se rendit avec eux à Arles où s'empressèrent d'accourir les députations des sept provinces et les personnages les plus distingués de la Gaule [2]. Sa marche à travers la Narbonnaise n'avait été qu'un triomphe ; partout sur la route la noblesse en armes venait grossir son cortége et l'assemblée le proclama empereur avec l'expression du plus vif enthousiasme [3]. Aussitôt, pour ne pas laisser refroidir l'ardeur de ce premier élan, il partit pour l'Italie emmenant avec lui l'élite de l'aristocratie gauloise, et laissant la province à la garde des Wisigoths dont la présence aurait pu effrayer les populations italiennes.

L'invasion des Vandales avait jeté dans Rome une telle confusion que personne n'était en état de disputer le pouvoir au nouveau prétendant. Le sénat et l'armée d'Italie confirmèrent, sans difficulté, l'élection d'Arles [4], et Avitus prit

---

[1] Sidon., *in Paneg. Aviti*, vers. 490.

[2] *Levatus est Avitus imperator in Gallias, et ingressus est Theodoricus rex Gothorum Arelato cum fratribus suis in pace.* (Chron. Marii episcopi Aventicensis, *ad ann.* 455.)

[3] Sidon., *in Paneg. Aviti*, vers. 525 à 575.

[4] *Avitus gallus civis ab exercitu gallicano et ab honoratis, primùm*

paisiblement possession du palais impérial dévasté
par Genséric, et de la grande cité veuve de ses
habitants que la terreur avait dispersés. Pour
achever de rendre son autorité légitime, il ne lui
manquait plus que l'*unanimité* ou l'adhésion de
l'empereur d'Orient. Aussi son premier soin fut
d'écrire à Marcien pour se faire reconnaître par
lui en qualité de collègue. Maxime n'avait pas eu
le temps d'entamer une négociation de ce genre,
et d'ailleurs élevé par un complot sur le trône encore sanglant de Valentinien, il ne pouvait espérer de faire approuver son usurpation par la
cour de Constantinople. Avitus, au contraire,
n'avait pris personnellement aucune part aux
événements qui avaient renversé la dynastie de
Théodose; son élection était parfaitement légale,
et la nécessité de s'unir pour résister aux invasions des Vandales, était également sentie dans
les deux Empires. La réponse de Marcien fut
donc favorable [1]; mais comme il avait déjà désigné seul les deux consuls de l'année suivante, il
ne voulut pas revenir sur ce qu'il avait décidé.
En conséquence le nom d'Avitus ne fut pas in-

Tolosæ, dehinc apud Arelatum Augustus appellatus, Romam pergit et
suscipitur. (Idat. Chron)

  [1] *Per Avitum qui à Romanis evocatus et susceptus fuerat imperator,
legati ad Marcianum mittuntur pro unanimitate imperii.... Marcianus e
Avitus concordes principatu Romani utuntur imperii.* (Idatii Chron.)

scrit à Constantinople sur les fastes consulaires, en 455, quoiqu'il ait pris le consulat à Rome, suivant l'usage, pour cette année, qui était la première après son élévation.

Toutes les classes de citoyens s'étaient en apparence ralliées au nouveau pouvoir ; nulle part il ne s'était manifesté contre lui d'opposition ouverte ; mais il n'en existait pas moins des germes de mécontentement qui n'attendaient qu'une occasion pour éclater. L'élu de la Gaule, le protégé des Wisigoths ne pouvait être agréable à l'Italie, et le parti de l'ancienne dynastie qui avait si promptement renversé Maxime était encore assez puissant pour se faire craindre. Avitus se crut obligé de donner une garantie de ses intentions conciliantes, en choisissant pour maître des milices Majorien, que les derniers ordres de Valentinien avaient appelé à cette éminente dignité [1] ; il

---

[1] Julius Valerius Majorianus était d'une illustre famille ; son aïeul avait été maître des milices d'Illyrie sous le grand Théodose. Son père n'ayant point voulu s'attacher à la fortune d'Aëtius, s'était contenté d'un emploi obscur où il s'était fait estimer ; lui-même, après de brillants débuts dans la carrière militaire, avait vu cette carrière se fermer devant lui par la malveillance de son général. Il appartenait donc par tous ses antécédents au parti de l'ancienne dynastie. Nous savons positivement qu'il était maître des milices lorsqu'il fut élu empereur ; mais il n'est pas aussi bien prouvé qu'il ait été nommé par Avitus. Cependant, l'affectation avec laquelle Sidonius le compare à Germanicus et à Trajan donne lieu de penser que, comme ces deux grands hommes, il occu- pait sous son prédécesseur la seconde place de l'Empire. D'ailleurs on

est même probable que ce choix, contraire à ses véritables intérêts, lui fut imposé comme une condition de l'acquiescement du sénat romain. D'un autre côté il ne négligea rien pour s'entourer de ses parents et de ses amis les plus dévoués. Son gendre Sidonius Apollinaris, l'un des personnages les plus influents de la puissante cité des Arvernes, l'avait suivi à Rome, et composa pour l'inauguration de son premier consulat le panégyrique en vers, dont nous avons déjà cité tant de fragments.

Après avoir ainsi consolidé son pouvoir, Avitus s'occupa de remédier aux maux de l'Empire dont la situation devenait de plus en plus critique. Son premier soin dut être de pourvoir à la sûreté de l'Italie en rétablissant l'ordre sur les frontières du nord, troublées par les grands mouvements que la mort d'Attila avait occasionnés parmi les Barbares, et de réorganiser les armées impériales très affaiblies depuis que l'hostilité des Huns avait fermé les sources de leur recrutement extérieur. Dans ce double but, il se rendit à la fin de l'année 455, en Pannonie[1], tandis que

conçoit que Majorien étant maître des milices lors de la déposition d'A-
vitus, Ricimer n'ait pas osé le dépouiller de cette charge ; mais on ne
comprendrait pas que ce chef ambitieux ne l'eût point prise pour lui-
même si elle avait été vacante.

[1] Sidon., *in Paneg. Aviti.*, *vers.* 590.

Majorien repoussait dans les Alpes Rhétiennes une invasion des Allemands qui, délivrés du voisinage des Huns, recommençaient leurs incursions favorisées par la nature du pays [1]. Tous les Barbares qui voulurent entrer comme fédérés au service de l'Empire furent colonisés dans les provinces voisines du Danube et leurs contingents vinrent suppléer à la faiblesse des légions.

Avec ces nouveaux auxiliaires, Avitus se trouvait en état de défendre les côtes de l'Italie contre les pirateries des Vandales; mais il ne pouvait empêcher Genséric d'étendre ses conquêtes au-delà des mers. Profitant des désordres causés par son audacieuse tentative sur Rome, le roi vandale, de retour à Carthage, avait sur-le-champ repris possession des deux Mauritanies, rendues à l'Empire par le traité de 442, puis mettant sa flotte en mer, il envahit la Sicile, la Sardaigne, la Corse et toutes les îles de la Méditerrannée [2].

---

[1] Sidon., *in Paneg. Major.*, v. 375. Le corps de troupes qui combattit les Allemands était commandé, sous les ordres de Majorien, par un officier barbare nommé Burcon. Sidonius indique que cette expédition suivit de très près la nomination de Majorien à la dignité de maître des milices : *Jàmque magister eras.*

[2] *Post mortem Valentiniani, Gensericus totius Africæ ambitum obtinuit necnon et insulas maximas Sardiniam, Siciliam, Corsicam, Ebusam, Majoricam, Minoricam et alias multas.* (Victor Vitensis, *de Persec. Vandal.*, l. 1, c. 4.)

Chaque année au printemps ses flottes sortaient
des ports et allaient promener la dévastation sur
tous les rivages de cette mer, pénétrant jusqu'au
fond de l'Adriatique et menaçant à la fois les pos
sessions des deux Empires; dont elles interceptaient la navigation et le commerce [1]. Ainsi commença cette guerre de piraterie que l'Afrique devenue barbare a faite pendant près de mille ans à
l'Europe civilisée, et dont notre glorieuse conquête d'Alger a pu seule fixer le terme.

Réprimer ces ravages, attaquer les Vandales
dans les lieux mêmes où ils avaient établi le siége
de leur puissance, reconquérir les provinces qui
jadis nourrissaient l'Italie en proie à la famine,
depuis qu'elle les avait perdues, tel était le premier besoin de l'Empire et le plus puissant objet
des préoccupations d'Avitus. L'Espagne était le
point par lequel on pouvait faire passer le plus facilement une armée en Afrique; mais cette contrée elle-même avait échappé à la domination romaine. Les Suèves en occupaient plus des deux
tiers. Avitus chargea Théodoric de combattre ces
Barbares, et le roi des Wisigoths accepta avec joie

. . . . . . Hinc Vandalus hostis
Urget, et in nostrum numerosâ classe quotannis
Militat excidium. . . . . .

(Sidon., *in Paneg. Anthem.*, v. 328. — Procope, *de Bell.
Vandal.*, l. i, c. 5.)

une mission si bien en harmonie avec les sentiments de son peuple [1].

Pendant l'année 456, il fit au roi suève Rechiaire une guerre acharnée, lui reprit presque
toutes les villes de la Galice et de la Lusitanie,
le chassa de Braga, sa capitale, et se rendit enfin maître de sa personne [2]. Le fanatisme religieux
contribua à augmenter les horreurs de cette
guerre. Nous avons déjà dit que tous les Barbares convertis au christianisme étaient ariens, et
que les Wisigoths se distinguaient par leur attachement aux doctrines de cette secte. Partout
où ils portèrent leurs armes en Espagne, ils si-
gnalèrent leur zèle impie en massacrant les prêtres orthodoxes, en dépouillant et brûlant les
églises, en faisant manger leurs chevaux sur la

[1] *Hispanias rex Gothorum Theudoricus cum ingenti exercitu suo et
cum voluntate et ordinatione Aviti imperatoris ingreditur.* (Idatii Chron.)
D'après le récit d'Idace, Avitus et Théodoric commencèrent par envoyer
des députés au roi des Suèves pour l'engager à rester fidèle au traité
qu'il avait conclu quelques années auparavant avec Valentinien. Mais
Rechiaire, se croyant, selon l'usage général des Barbares, dégagé de ce
traité par la mort du prince qui l'avait signé, ne répondit à ces avances de paix qu'en envahissant la Tarragonnaise.

[2] *Idatii Chron.* Si l'on en croit Jornandès, les fédérés bourguignons
de la Gaule prirent part à cette guerre sous les ordres de Théodoric :
Burgundionum reges auxiliares habens sibique devotos (Hist. Goth.,
c. 44.) Idace, témoin oculaire, ne parle point de ce fait qui ne me
paraît nullement vraisemblable.

table sainte des autels [1]. Aussi, quoiqu'auxiliaires de l'Empire, ils étaient vus avec horreur par les populations romaines du pays qui, se formant en bagaudes, prirent les armes pour défendre leur religion et leurs foyers [2], tandis que les restes des Suèves, réfugiés dans les montagnes au nord du Douro, sous la conduite d'un chef, nommé Maldra, bravaient encore leurs vainqueurs, et recommençaient une lutte qu'on avait pu croire terminée par la captivité de leur roi [3].

Afin d'être plus à portée de surveiller et de seconder les opérations de son allié, Avitus s'était transporté à Arles, et avait équipé dans les ports de la Gaule une flotte dont il confia le commandement à un de ces officiers barbares, qu'Aëtius avait élevés aux honneurs, et qui s'étaient for-

---

[1] *Sanctorum basilicæ effractæ, altaria sublata atque confracta, virgines Dei abductæ, jumentorum pecorumque horrore locus sacer impletus* (Idatii Chron.)

[2] Cette haine des Espagnols contre les Wisigoths était déjà ancienne. On s'était toujours servi des contingents gothiques pour combattre les insurgés de l'Espagne romaine. La rage des populations contre ces fédérés barbares était telle que, vers 449, Basilius, chef des bagaudes espagnols ayant surpris un corps de Wisigoths dans une ville de la Tarragonaise, les massacra tous dans l'église même où ils s'étaient réfugiés. L'évêque de la ville, ayant voulu défendre l'asile sacré du sanctuaire, fut tué dans le tumulte. Dès-lors aussi on voit ce même Basilius s'unir à Rechiaire, roi des Suèves, contre les Goths et les troupes impériales.

[3] *Suevi qui remanserant in extremâ parte Galleciæ, Massiliæ filium nomine Maldram sibi regem constituunt.* (Idatii Chron.)

més à son école. Le nouveau commandant s'appelait Ricimer, et avait le titre de comte, qui répondait, comme nous l'avons déjà dit, à celui d'officier général dans nos armées modernes. Il était d'origine suève, fils d'un chef de cette nation et d'une fille de Vallia, premier roi des Wisigoths d'Aquitaine [1]. L'estime de l'armée l'avait désigné au choix de l'empereur, et dès le premier abord il justifia la haute idée qu'on avait conçue de ses talents et de son courage. Ayant rencontré la flotte vandale dans les parages de la Corse, il l'attaqua et la détruisit complètement [2]; puis, sans perdre de temps, il se porta sur la Sicile, débarqua près d'Agrigente, battit encore les Vandales sur terre et les chassa de cette partie de l'île [3].

Ces victoires eurent un grand retentissement dans toute l'Italie. C'était la première revanche que les Romains eussent prise sur Genséric depuis l'humiliation que ce farouche conquérant avait imposée à la capitale même de l'Empire. Ricimer vint jouir de sa gloire à Rome et à Ra-

---

[1] Sidon., in Paneg. Anthemii, vers. 360.

[2] Iisdem diebus, Rechimeris comitis circumventione magna multitudo Vandalorum quæ se de Carthagine cum LX navibus ad Gallias vel ad Italiam moverat, regi Theudorico nunciatur excisa per Avitum. (Idatii Chron.)

[3] Sidon., in Paneg. Anthem., vers. 367.

venne, où il fut accueilli avec un enthousiasme d'autant plus vif que les divers partis virent aussitôt en lui un instrument qui pouvait servir leurs desseins.

Nous avons déjà signalé l'opposition secrète qui existait dans le sénat contre le pouvoir d'Avitus, et qui l'avait forcé à choisir Majorien pour commandant général des milices. Ce choix, qui faisait voir en même temps à la tête des armées le maître des milices nommé par Maxime et celui que Valentinien avait choisi avant de mourir, était une tentative de conciliation entre les partis. Mais il est rare que ces sortes de coalitions puissent créer un accord durable; l'élu de la Gaule et celui de l'Italie, l'élu de Maxime et celui de Valentinien ne pouvaient long-temps commander ensemble; il fallait que tôt ou tard l'un des deux disparût devant l'autre.

Avitus avait d'ailleurs contre lui une autre cause d'impopularité. La protection des Wisigoths avait commencé sa fortune politique et était encore son plus ferme appui. Ses liaisons intimes avec Théodoric ne déplaisaient pas seulement aux Romains, opposés à toute influence barbare; elles blessaient aussi tous les fédérés de race slave ou suévique, naturellement ennemis des Goths. C'était ce dernier motif qui donnait surtout aux amis de Majorien l'espérance fondée d'attirer Ricimer dans leur parti. Quoique tenant par sa mère à la race gothique, ce général était Suève de naissance. Comme tous les autres chefs barbares, il était choqué de la prééminence des Wisigoths qui se vantaient d'avoir fait un empereur, et il ne pouvait voir sans douleur ses compatriotes d'Espagne écrasés par Théodoric. Toutes ces raisons le décidèrent à mettre sa gloire récente au service de l'opposition.

Avitus, en se chargeant de diriger lui-même les opérations les plus importantes de la guerre contre les Vandales, avait cru sans doute affaiblir l'influence de Majorien qui restait oisif en Italie. Mais en même temps, par son absence, il laissait le champ libre aux complots de ses ennemis et aux intrigues de son rival. Dès que Ricimer et Majorien se furent entendus, il devint inutile de dissimuler. La conspiration éclata par une émeute militaire à Ravenne, dans laquelle périt le patrice Ramire, fidèle à la cause d'Avitus. Le sénat, qui n'attendait qu'une occasion pour se prononcer, décréta aussitôt la déchéance de l'empereur gaulois; Majorien et Ricimer se chargèrent de l'exécution.

A la première nouvelle de ces événements, Avitus s'empressa de mander à Théodoric de quitter l'Espagne pour venir à son secours. Mais, prévoyant que les Wisigoths ne pourraient sortir

facilement d'un pays couvert de bandes ennemies, il pensa qu'une prompte répression suffirait peut-être pour étouffer le complot à sa naissance, et il se hâta de repasser les Alpes avec
quelques troupes dévouées.

Arrivé au-delà des monts, il trouva l'Italie entière soulevée contre lui; la lutte n'était plus
égale. Dans un combat livré près de Plaisance,
le 16 octobre 456, il fut vaincu et pris par Ricimer qui lui imposa pour conserver sa vie l'obli-
gation d'abdiquer sur-le-champ et d'entrer dans
les ordres sacrés, en acceptant l'évêché de Plaisance, de cette ville témoin de sa défaite [1]. C'est

---

[1] *Dejectus est Avitus imperator à Majoriano et Ricimere, Placentiâ;
et factus est episcopus in civitate.* (Marii Epist. Avent., Chron., *ad ann.*
456.) *Avitus unus ex senatoribus, et, ut valdè manifestum est, civis ar-
vernus, cùm romanum ambisset imperium, luxuriosè agere volens, à senatoribus ejectus, apud Placentiam urbem episcopus ordinatur.* (Greg.
Tur., *Hist. Franc.*, l. 11, c. 2.) On voit que le témoignage de Marius
et celui de Grégoire de Tours confirment la part prise par Majorien et
le sénat de Rome à la déposition d'Avitus. Quant aux mots *luxuriosè
agere volens*, il est difficile d'en comprendre le sens, Avitus n'ayant
jamais été accusé de luxe ni de luxure. Ces mots, au reste, sont probablement la cause d'une singulière erreur de Frédégaire, qui, d'après
cette phrase de Grégoire de Tours, a cru devoir attribuer à Avitus l'a-
necdote, déjà très suspecte, de la violence faite par Valentinien à
l'épouse de Maxime. Dans le récit de Frédégaire, la scène se passe à
Trèves, et l'époux outragé est un sénateur de cette cité, nommé Lucius,
qui, pour se venger, livre la ville aux Francs. Les commentateurs modernes, à leur tour, sachant qu'Avitus, depuis son élection à l'empire,
n'avait jamais été à Trèves, ont reporté l'anecdote sur l'usurpateur Jo-

le premier exemple que l'on trouve en Occident
de cet abus des choses saintes qui infligeait la plus
haute dignité du christianisme comme une sorte
de dégradation aux hommes politiques, dont on
voulait annihiler l'influence. Cet usage, pratiqué
en Orient depuis le commencement du V° siècle
et condamné en tout temps par l'Église, prouve
que la pureté des sentiments chrétiens commençait à se corrompre au souffle des intérêts matériels.

Avitus feignit d'accéder à toutes les conditions
qu'on lui dicta. Mais quelques jours après, ayant
trouvé moyen de s'échapper, il s'empressa de fuir
vers la Gaule avec ses trésors. Son intention était
d'attendre dans l'Auvergne sa patrie, au milieu
de ses parents et de ses amis, et dans l'asile révéré du sanctuaire de Saint-Julien, à Brioude, le
retour des Wisigoths qui pouvaient encore relever sa cause et la faire triompher. Mais il périt
dans le voyage, avant d'avoir pu toucher le sol
gaulois, et le lieu saint où il avait cru trouver un
refuge ne lui servit que de tombeau [1].

vinus, le seul empereur qui ait résidé dans cette ville au V° siècle.
Nous avons déjà montré plus haut l'invraisemblance de ce fait, qui n'a
pas d'autre fondement historique.

[1] *Comperto autem quod adhùc indignans senatus vitá eum privare
vellet, basilicam Sancti Juliani arverni martyris cum multis muneribus
expetivit; sed impleto in itinere vitæ cursu obiit, delatusque ad Briva-*

La mort d'Avitus, en délivrant les chefs du parti vainqueur de leurs plus pressantes inquiétudes, laissait en présence des prétentions rivales et difficiles à concilier. Ricimer, barbare de naissance, arien de religion, ne pouvait aspirer au trône impérial. Cependant il ne voulait pas non plus se donner un maître dans son complice. Il convint avec Majorien de laisser les choses dans l'état où elles étaient. Par les principes du droit public que nous avons exposés plus haut, la vacance du trône d'Occident rendait de plein droit l'empereur d'Orient seul maître de tout l'Empire. Majorien et Ricimer lui écrivirent pour déclarer qu'ils ne voulaient plus reconnaître d'autre autorité que la sienne, et qu'ils le priaient de confirmer le premier dans la dignité de maître des milices, et d'accorder celle de patrice au second. Cette lettre était adressée à Marcien, qui ne put y répondre, étant alors déjà atteint de la maladie dont il mourut le 26 janvier 457. Léon, son suc-

---

tensem vicum, antè pedes dicti martyris sepultus est. (Greg. Tur., *Hist. Franc.*, l. II, c. 11.) Ce récit n'indique pas précisément qu'Avitus ait été assassiné; mais il est peu probable qu'il soit mort naturellement dans ce voyage et si à propos pour ses ennemis. Evagre (l. II, c. 7) dit qu'il mourut de faim : τούτου δὲ τὸν βίον λιμῷ μεταλλάξαντος. Les commentateurs ont proposé de substituer à λιμῷ, faim, le mot λοιμῷ, peste ou maladie. Evagre a pu vouloir dire qu'Avitus, ayant été pris dans sa fuite, avait été jeté dans un cachot où on l'aurait laissé mourir de faim; cela n'aurait rien que de très vraisemblable.

cesseur, accueillit favorablement les ouvertures des chefs de l'armée d'Occident, et leur conféra dès le mois suivant les grades qu'ils sollicitaient.

Cet accord aurait suffi pour consolider leur pouvoir, si le parti d'Avitus était mort avec lui. Mais la Gaule, pour avoir perdu le souverain de son choix, n'était pas soumise, et Théodoric qui avait reçu au fond de la Galice la nouvelle des événements d'octobre, faisait tous ses efforts pour terminer la guerre dans laquelle il était engagé, afin d'être libre de venger la chute de l'empereur qu'il avait créé. Le soulèvement de la Gaule fut rapide et spontané; partout on refusa d'y reconnaître les ordres de Majorien et de Ricimer. L'opposition se déclara surtout avec violence dans les puissantes cités des Arvernes et des Eduens, dans la province de la Première Lyonnaise, principal siége de la vie politique des Gaules au V⁰ siècle. Lyon devint le quartier-général et le centre de la révolte.

Dans la Narbonnaise, on songea à proclamer empereur Marcellianus, patricien d'un mérite distingué qui avait déjà réuni quelques suffrages au moment où Avitus fut élevé au pouvoir. La jeune noblesse de cette province forma un corps de volontaires, et un certain Pæonius, qui s'était fait le porte-drapeau de ce corps, s'empara de la préfecture à Arles, et s'y installa sans autre droit que celui du plus fort, seul code des temps de factions [1].

Pour comprimer cette anarchie, tout le monde comprit à Rome qu'il fallait une autorité plus imposante, plus active que celle de l'empereur de Constantinople. Le sénat, l'aristocratie, le clergé soutenaient avec ardeur Majorien, qui représentait le parti de l'ordre, de la religion, de la légitimité romaine, l'ancien parti de la dynastie de Théodose. Ricimer, pressé par les instances de tous les grands personnages de l'Empire, ne put s'empêcher de reconnaître qu'il fallait un empereur à l'Occident, et lui-même ne pouvant l'être, il était impossible d'en avoir un autre que Majorien. Il finit donc par donner son assentiment à l'élévation de son collègue, et le fit proclamer empereur par l'armée, près de Ravenne, au mois d'avril 457, en se réservant pour lui-même la dignité de maître des milices que le nouveau souverain laissait vacante [2].

---

[1] *Cùm de capessendo diademate conjuratio Marcelliana coqueretur, nobilium juventuti signiferum sese in factione præbuerat Pæonius. Is, vacante auld turbatâque republicâ, solus inventus est qui ad Gallias administrandas fascibus priùs quàm codicillis ausus accingi, mensibus multis tribunal illustrium potestatum spectabilis præfectus ascenderet.* (Sidon., l. I, ep. 11.). Marcellianus était païen et avait été ami d'Aétius. (Procope, *de Bell. Vandal.*, l. I, c. 6. Damascius.) On voit par là quelles étaient les tendances politiques et religieuses du parti qui le soutenait.

[2] *Levatus ast imperator Majorianus kal. aprilis in campo ad columel-*

A peine élu, Majorien eut à combattre les plus dangereux ennemis de l'Empire. Les Vandales, impatients de venger leurs dernières défaites, avaient mis en mer une nouvelle flotte et menaçaient les côtes de l'Italie. Ils tentèrent un débarquement sur les rivages de la Campanie et envoyèrent des troupes de Maures ravager ces riches campagnes. Mais l'empereur était sur ses gardes ; les pirates surpris et attaqués vigoureusement furent forcés de se rembarquer avec une perte considérable, et la flotte s'éloigna de ces parages qu'elle n'osa plus insulter [1].

Rome qui craignait déjà une seconde invasion de Genséric fut rassurée par ce succès, et la popularité de Majorien s'en accrut. Toutes les classes de citoyens avaient applaudi à son élection. Son règne s'annonçait comme une restauration de l'ancienne liberté romaine. Au mois de janvier 458, il prit le consulat, suivant l'usage, avec l'empereur Léon. Le Code Théodosien nous a conservé une lettre remarquable qu'il écrivit en cette cir-

---

las. Cette élection fut approuvée par l'empereur d'Orient : *Jussu Marciani imperatoris orientalis Majorianus occidentale suscepit imperium gubernandum.* (Jorn., *Hist. Goth.*, c. 45.) Jornandès se trompe en nommant Marcien au lieu de Léon. Idace, plus exact, dit que Léon et Majorien régnèrent ensemble : *Romanorum Majorianus in Italiâ, et Constantinopoli Leo Augusti appellantur.* En effet, le Code Théodosien contient plusieurs lois aux noms de ces deux empereurs.

[2] Sidon., *in Paneg. Major.*, v. 390.

constance. Il y rappelle aux sénateurs qu'il a été
fait empereur par leurs libres suffrages et par
la volonté de l'armée. Il invoque la protection
de la divine Providence, pour l'intérêt de tous,
sur cette élection qu'il dit avoir acceptée non par
ambition, mais par dévouement au bien public.
Il prie les pères conscrits de ne point cesser d'être
favorables au prince qu'ils ont fait eux-mêmes, et
de prendre part avec lui au gouvernement des affaires, afin que l'Empire qu'il tient d'eux pros-
père par leur union. Il promet de veiller avec
son père, le patrice Ricimer, au maintien des
forces militaires de l'état, et à la sécurité du
monde romain, déjà sauvé, dit-il, par leurs
communs efforts, des attaques extérieures et des
calamités domestiques[1]. Il rassure les partis contre la crainte des délateurs et des proscriptions.
Enfin il déclare aux sénateurs qu'ils trouveront
toujours en lui, avec l'autorité d'un prince, la
déférence d'un collègue.

La conduite de Majorien ne démentit pas les
promesses de son avénement; elle fut toujours
digne, juste et modérée. Les lois promulguées
en son nom eurent toutes pour objet de réprimer

---

[1] *Apud nos cum patre patricioque nostro Richemere rei militaris per-
vigili curd romani orbis statum quem communibus excubiis et ab externo
hoste et à domesticd clade liberavimus, proprid divinitate servemus.* (No-
vell. Major., t. 3. Cod. Theod.) L'expression de *père* appliquée à Ricimer, montre que Majorien se croyait obligé de reconnaître publiquement qu'il lui devait son pouvoir.

les abus, de purifier les mœurs, de faire respecter la religion, de soulager la misère des peuples. Il accorda des remises d'impôts, il plaça les agents du fisc sous la surveillance immédiate des gouverneurs de province, il remit en vigueur les nobles et utiles fonctions des défenseurs des cités, et prit des mesures pour relever les corporations municipales de l'abaissement où elles étaient tombées sous un régime oppresseur[1]. Dans ses lois religieuses on reconnaît l'influence du puissant génie et de la piété éclairée de l'illustre pontife saint Léon en qui il mettait toute sa confiance. Parmi ces lois, il en est une remarquable, celle qui défend de contraindre personne à recevoir les ordres sacrés. Majorien expiait ainsi le scandale qui avait été donné lors de la déposition d'Avitus, et peut-être songeait à se préparer à lui-même une garantie pour l'avenir.

Une législation si sage, une administration si douce étaient bien propres à rallier les factions dissidentes et à calmer le feu des discordes civiles. Cependant la Gaule persista long-temps à méconnaître l'autorité de Majorien. Cette vaste province composait alors avec l'Italie tout l'empire d'Occident, et les liens qui unissaient en-

---

[1] *Cod. Theod. Nov. Maj.*, t. 1, 2, 4, 5, 6, 7 et 8. La plupart de ces lois furent promulguées dans le cours de l'année 458, pendant laquelle Majorien ne quitta point l'Italie.

core ces deux grands débris de la domination
romaine tendaient à se relâcher de plus en plus.
Depuis les conquêtes de César, la Gaule avait
toujours été le foyer des plus graves perturba-
tions de l'Empire; elle ne reconnaissait qu'avec
peine la suprématie de l'Italie, et son obéissance
ne cessa jamais d'être douteuse et contrainte. Si
elle échoua d'abord dans ses tentatives pour
déplacer le siége du pouvoir, si elle consentit à
n'être qu'une province romaine, c'est que Rome
avait derrière elle le reste du monde. Mais lorsqu'elle se vit en présence de l'Italie restée seule
et sans autre appui que les prestiges d'une antique gloire, ses prétentions s'accrurent avec la
faiblesse de sa rivale. Elle ne songea point à se
séparer de l'Empire; c'eut été rompre avec la civilisation. Mais elle voulut y être maîtresse, et
cette lutte, entre deux fractions à peu près égales
en force, rendit tout gouvernement impossible.
Toujours le choix de l'Italie était repoussé par
la Gaule, le choix de la Gaule par l'Italie, et de
là ces déchirements intérieurs qui précipitèrent rapidement l'empire d'Occident vers sa
ruine [1].

---

[1] Les vers suivants de Sidonius montrent avec quelle impatience la
Gaule, depuis Théodose, supportait le joug des empereurs de Rome :

Ex quo Theodosius. . . . .
. . . . mea Gallia rerum

A l'avénement de Majorien, le soulèvement de la Gaule avait été prompt. Mais il ne put s'y organiser une résistance sérieuse. L'aristocratie gauloise avait seule pris les armes au milieu des populations indifférentes, et était elle-même divisée sur le choix de ses chefs. Elle obéissait dans la Narbonnaise à Pæonius et à Marcellien; dans la Lyonnaise, elle subissait l'influence de Sidonius Appollinaris, gendre de l'empereur Avitus. Les Wisigoths auraient pu donner de la consistance à ces efforts mal concertés; mais toutes leurs forces étaient engagées au-delà des Pyrénées, sur un sol toujours funeste à l'invasion étrangère. Ils étaient vainqueurs, et les insurrections des bagaudes espagnols, les attaques des Suèves, retranchés dans les montagnes, rendaient leur position plus difficile qu'avant la victoire [1].

Après eux les Bourguignons étaient les plus puissants des Barbares fédérés de la Gaule. Pendant une longue paix, ce peuple avait réparé ses pertes; Aëtius avait agrandi son territoire, et ses

---

Ignoratur adhuc dominis ignaraque servit.
Et illo multùm periit quia principe clauso
Quicquid erat miseri, diversis partibus, orbis
Vastari solemne fuit.
                    (*Sidon., in Paneg. Major.*, v. 355.)

Ces sentiments étaient surtout ceux de l'aristocratie, dont l'éloignement de la cour diminuait le crédit et l'influence : *coutempta tot annos nobilitas jacuit.* (Ibid.)

[1] *Idatii Chron.*, 456 à 460.

chefs, appelés à la cour dans les dernières années
du règne de Valentinien, s'étaient élevés à des
grades importants dans l'armée impériale [1]. La
nation était alors commandée par le roi Gundioch, dévoué à Ricimer, dont il avait épousé la
sœur, et dont il partageait la haine contre les
Goths. A sa voix les Bourguignons s'armèrent
pour la cause de Majorien et la firent promptement triompher. La ville de Lyon essaya seule de
résister; elle fut prise d'assaut, pillée et détruite
en partie[2]. Dès-lors tout tomba aux pieds du vain-

---

[1] Deux vers de Sidonius donnent lieu de penser qu'un officier bourguignon commandait à Rome lors de l'invasion de Genséric, et que ce
fut lui qui ordonna le meurtre de Maxime :

> Intereà incautam furtivis Vandalus armis
> Te [Romam] capit, infidoque tibi Burgundia ductu
> Extorquet trepidas mactandi principis iras.

(Sidon., *in Paneg. Aviti.*, v. 442.)

Jornandès dit que Maxime fut tué par un soldat romain nommé Ursus; mais ce soldat n'était que l'instrument du meurtre; l'ordre venait
de plus haut.

[2] Sidonius parait avoir été lui-même à Lyon pendant ce siége :

> Delectat meminisse mali; populatibus, igni
> Etsi concidimus, veniens tamen omnia tecum
> Restituis; fuimus vestri quia causa triumphi.
> Ipsa ruina placet. . . . .

(*Paneg. Major.*, v. 590.)

L'époque à laquelle eut lieu le siége de Lyon n'est pas bien déterminée. Comme Majorien, dans sa lettre adressée au sénat en janvier 458,
se vante d'avoir apaisé les discordes civiles, on pourrait croire que
Lyon fut pris à la fin de 457; ce qu'il y a de certain, c'est qu'il l'était
en 458, lorsque Majorien arriva dans la Gaule.

queur, et les chefs du mouvement ne songèrent plus qu'à obtenir leur grâce.

Néanmoins les factions étaient plutôt abattues que soumises, et l'arrivée des Wisigoths pouvait suffire pour ranimer la guerre civile. Majorien sentit alors la nécessité de se transporter en personne avec des forces imposantes dans ces provinces encore agitées. Il partit de Ravenne à la fin de novembre 458, et franchit les Alpes dans cette saison rigoureuse[1] à la tête d'une nombreuse armée. Nous avons dit plus haut comment les troupes impériales d'Italie s'étaient recrutées par les colonies militaires formées avec les débris de la puissance d'Attila. Le dénombrement donné par Sidonius, des peuples auxiliaires qui marchaient sous les drapeaux de Majorien confirme ce fait, car la composition de cette armée était exactement semblable à celle des hordes que le conquérant tartare conduisit dans les plaines de la Champagne. On y voyait des Huns, des Ostrogoths, des Bastarnes, des Ruges, et des détachements de

. . . . Jàm tempore brumæ.

(Sidon., *in Paneg. Major.*, v. 516.)

La dernière loi promulguée par Majorien à Ravenne en 458 est datée du viii des ides de novembre. Il ne partit donc pour la Gaule qu'à la fin de ce mois, ce qui concorde bien avec le récit de Sidonius. Cette expédition ne put avoir lieu à la fin de 457, car au 1er janvier 458 Majorien était à Rome, inaugurant son consulat.

toutes les autres nations slaves ou teutoniques
qui avaient suivi la fortune d'Attila [1]. Dans la
marche même éclatèrent les désordres que devait produire l'assemblage de ces éléments discordants. Les Huns toujours farouches et orgueilleux, toujours en butte à la haine de leurs anciens vassaux, provoquèrent une émeute militaire dans laquelle ils furent massacrés [2].

La Gaule trembla à l'approche de ces bandes
barbares qui lui avaient déjà fait tant de mal.
Mais, ne voyant plus d'ennemis à combattre,
Majorien ne songea qu'à rallier les cœurs par sa
clémence. Tous les hommes marquants du parti
vaincu implorèrent leur pardon et l'obtinrent. Il
ne laissa pas la préfecture des Gaules à Pœonius,
mais il l'admit au nombre de ses courtisans [3].
Juste appréciateur des talents militaires de Marcellien, il lui conféra la dignité de patrice et
l'envoya commander les troupes qui défendaient
la Sicile contre les Vandales. Sidonius Appolli-

. . . . Basterna, Suevus,
Pannonius, Neurus, Chunnus, Geta, Dacus, Alanus,
Bellonotbus, Rugus, Burgundio, Vesus, Alites,
Bisalta, Ostrogothus, Procrustes, Sarmata, Moschus,
Post aquilas venère tuas.

                    (Sidon., *Paneg. Major.*, v. 480.)

[2] *Ibid.*, v. 491 et suivants.

[3] *Sidon.*, l. i, ep. 11. Cette lettre très curieuse peint mieux qu'aucun autre document la politique de Majorien et la situation des partis
dans la Gaule.

naris lui-même, le gendre d'Avitus, le défenseur de Lyon, fit sa paix avec le vainqueur,
et vint prononcer dans une assemblée solennelle le panégyrique en vers de Majorien, modèle
de basse flatterie et d'inconstance politique,
mais précieux document pour l'histoire de cette
époque [1].

La ville de Lyon avait seule souffert de la victoire de Majorien; à la prière de Sidonius, il permit d'en relever les ruines [2]. Mais il ajouta aux
possessions des Bourguignons toute la province
Lyonnaise, ancien territoire de la cité éduenne [3].

---

[1] *Sidon.*, carm. 4. Majorien se prit d'un tel enthousiasme pour les
talents poétiques de Sidonius, qu'il lui fit élever une statue à Rome.
L'influence politique du poète fut sans doute pour quelque chose dans
cet hommage rendu au mérite littéraire.

[2]
>   Ut reddas patriam simulque vitam,
>   Lugdunum exonerans suis ruinis.

Ces vers de Sidonius font partie d'une pièce adressée à Majorien, et
dans laquelle il demandait pour lui-même la remise d'une triple impo-
sition qu'on lui avait infligée comme à l'un des chefs de la révolte.

[3] *Eo anno Burgundiones partem Galliæ occupaverunt terrasque cum
gallis senatoribus diviserunt.* (Marii Chron, ad ann. 457.) Nous reviendrons ailleurs sur la manière dont se faisaient les partages des terres
assignées aux barbares fédérés. Il ne paraît pas que la ville de Lyon
elle-même ait été alors livrée aux Bourguignons; car Majorien, après
s'être assuré par des ôtages de la fidélité des habitants de cette grande
cité, en fit sortir les troupes qui l'occupaient.

>   Obside percepto, nostræ de mœnibus urbis
>   Visceribus miseris infestum depulit hostem.
>   (Sidon., *in Paneg. Major.*, v. 578.)

Le mot *hostis* indique suffisamment que la ville était occupée par des
troupes barbares; jamais ce mot n'est appliqué aux soldats romains.

C'était à leur fidèle concours qu'avaient été dus principalement les rapides succès de cette guerre. Il fallait récompenser leurs services et constituer dans la Gaule une puissance capable de contrebalancer celle des Wisigoths. Les Bourguignons occupaient déjà l'Helvétie, le pays des Sequanes, les Alpes Pennines et la Viennoise; la cession de la première Lyonnaise les rendit maîtres de toute la Gaule orientale. Ainsi fut fondée une monarchie qui joua un grand rôle dans les premiers temps de la dynastie mérovingienne, et dont le souvenir s'est propagé à travers le moyen-âge jusqu'à nos jours dans les noms du royaume, du duché et de la province de Bourgogne.

Une politique généreuse est presque toujours une politique habile. On vit bientôt qu'il avait été sage à Majorien de se montrer clément pour diminuer le nombre de ses ennemis. Théodoric, étant enfin parvenu à se dégager des obstacles qui le retenaient en Espagne, reparut en 459 dans l'Aquitaine avec son armée prête à appuyer l'opposition de la Gaule. Mais il arrivait trop tard. Cette opposition n'existait plus. Abandonné par l'aristocratie gauloise qui avait fait sa soumission, il se trouvait seul contre toutes les forces de l'Empire. Majorien marcha à sa rencontre; il y eut entre eux un combat dont l'issue fut défavorable aux Wisigoths et les détermina à entrer en négociation [1]. Sidonius Appollinaris, impatient de se faire pardonner sa rébellion par quelque service important, usa de l'influence que lui donnaient les souvenirs de son beau-père Avitus et ses propres relations avec les Wisigoths pour hâter la conclusion d'un traité par lequel Théodoric reconnut la suzeraineté de Majorien aux mêmes conditions que celle de ses prédécesseurs.

Cet arrangement terminait la guerre civile. La Gaule entière était pacifiée. Mais pour maintenir dans l'obéissance cette grande province et les peuples barbares qui l'habitaient, il fallait y laisser un lieutenant capable de faire respecter son autorité sans la faire haïr. Majorien prouva encore son discernement en confiant le commandement général des milices des Gaules à un des membres les plus distingués de l'aristocratie locale, Afranius Syagrius Égidius [2]. Ce noble per-

---

[1] *Theudoricus adversis sibi nuntiis territus de Emeritâ egreditur et Gallias repetit.... Legati à Nepotiano magistro militiæ et à Sunierico comite missi veniunt ad Gallæcos, nuntiantes Majorianum Augustum et Theudoricum regem firmissima inter se pacis jura sanxisse, Gothis in quodam certamine superatis.* (Idatii Chron.) Nepotianus commandait les troupes impériales en Espagne, et Suniéric, les Wisigoths. Cette ambassade commune témoignait de l'accord des deux nations divisées depuis l'avénement de Majorien.

[2] *In Galliis Egidius ex Romanis magister militum datus est.* (Greg. Tur., *Hist.*, l. II, c. II.) La date de la nomination d'Égidius n'est pas bien connue. Il est probable qu'il fut investi du commandement de la

sonnage descendait de Syagrius qui fut consul sous le grand Théodose, en 382; il était allié
aux plus puissantes familles de la cité des Arvernes, notamment à celle du préfet Tornantius
Ferreolus dont la sage administration, à l'époque de l'invasion des Huns, avait épargné bien
des maux à la Gaule [1]. Brave guerrier, habile
homme d'état, Égidius peut être appelé le dernier des Romains, comme on a appelé Philopœ-
men le dernier des Grecs. En effet après lui l'empire d'Occident tombe pour ne plus se relever,
la civilisation antique s'efface et les noms barbares apparaissent seuls dans l'histoire. Nos historiens classiques n'ont vu dans ce héros qu'un certain comte Gilles ou Gillon, factieux qui osa disputer la couronne au *roi de France* Childéric. Ce
nom ne se serait peut-être pas même rencontré
sous leur plume s'il n'avait pas été mêlé aux chroniques des Francs-Saliens par suite d'un événement qui attira peu l'attention des contemporains, mais qui en revanche a beaucoup occupé
les commentateurs modernes et a été tout-à-fait

Gaule dès la fin de 457 ou dans les premiers mois de 458, avant l'arrivée de Majorien. Ce fut lui que l'empereur chargea d'installer les
Bourguignons dans la Lyonnaise, et de régler leurs rapports avec les
habitants du pays; ce qui a donné lieu à Sidonius de l'appeler le législateur des Bourguignons : *Novus Burgundionum Solon in legibus disse-
rendis.* (Sidon., l. v, ep. 5.)

[1] Sidon., l. vii, ep. 12 ; l. v, ep. 5.

dénaturé par eux dans ses causes et dans ses conséquences.

Nous avons dit plus haut que depuis la pacification de 431, les Francs étaient toujours restés fidèles aux traités conclus par eux avec Aëtius et l'avaient servi de leurs contingents dans toutes les guerres de la Gaule. Des liens particuliers lui assuraient l'affection du chef des Saliens, Mérovée qu'il avait accueilli enfant à Rome et dont il s'était rendu le père d'adoption ou le parrain d'armes. On ne sera donc pas étonné que, dévoués à leur général, les Francs aient appris avec indignation l'assassinat dont il fut victime, et se soient regardés comme déliés par sa mort de leurs engagements envers l'Empire. Aussi avons-nous vu qu'au premier bruit de cet événement, ils coururent aux armes et firent des irruptions dans la Belgique romaine. Cependant, lorsque Avitus qu'ils connaissaient comme un ancien compagnon d'armes, se présenta à eux en qualité de maître des milices au nom du nouvel empereur Maxime élevé au trône par les amis et les vengeurs d'Aëtius, il fut facile de les amener à reconnaître un pouvoir qui s'accordait avec leurs sympathies. L'intronisation d'Avitus ne put que les confirmer dans leur soumission. Mais sa déposition et sa mort changèrent cet état de choses et réveillèrent leurs rancunes et leurs défiances.

La rapidité des succès de Majorien n'avait pas permis à ces dispositions hostiles d'éclater [1]. Pour les neutraliser plus sûrement, Égidius eut l'adresse de répandre parmi les Francs des semences de discorde. Mérovée était mort vers 457, et avait eu pour successeur son fils Childéric, à peine sorti de l'enfance. Une opposition violente ne tarda pas à se prononcer contre le jeune prince. Les chroniqueurs prétendent qu'il y avait donné lieu par le libertinage de sa conduite. J'ai déjà dit ce que je pense de toutes ces atteintes à l'honneur des femmes, présentées comme explications des révolutions politiques. Que ce prétexte ait été ou non mis en avant par les révoltés, qu'il fût réel ou sans fondement, c'est ce qui importe peu à l'histoire. Il nous suffit de savoir que les Francs ôtèrent le commandement à Childéric, et qu'il fut forcé de s'exiler du pays et de se réfugier dans la Thuringe [2].

[1] L'hostilité des Francs-Saliens contre Majorien est constatée par Sidonius, qui, dans des vers adressés à ce prince, souhaite de les voir rejetés au-delà du Wahal :

> Sic ripæ duplicis tumore fracto
> Detonsus Vahalim bibat Sicamber.
> (Sidon., carm. 13.)

[2] *Childericus, cùm esset nimid in luxuriá dissolutus et regnaret super Francorum gentem, cæpit filias eorum stuprosè detrahere, illique ob hoc indignantes de regno eum ejiciunt ; comperto autem quod eum etiam interficere vellent, Thoringiam petiit.* (Greg. Tur., l. II, c. 12.) Nous avons vu plus haut qu'il y avait deux Thuringes, l'une au centre de la

L'influer.ce romaine fut probablement la vraie
cause de cette réaction, car, après avoir chassé
leur chef national, les Francs prirent aussitôt
pour arbitre de leurs destinées Égidius, qui, en
sa qualité de maître des milices des Gaules était
le commandant suprême de tous les Barbares fédérés établis dans la province [1]. Ils s'engagèrent
à ne plus reconnaître d'autre autorité que la

Germanie, l'autre dans la Belgique, entre le Rhin et la Meuse, sur
l'ancien territoire des Atuatiques, exterminés par César, et remplacés
sous Auguste par une colonie de Thuringiens germaniques que les Romains nommèrent *Tungri*. Dans laquelle de ces deux Thuringes se réfugia Childéric ? Ce ne put être évidemment que dans la Thuringe germanique. En effet, la cité de Tongres, à l'époque où nous sommes arrivés, n'avait encore été occupée par aucun peuple barbare ; elle était
restée sous la domination romaine ; et quoiqu'à raison de son éloignement du centre de l'autorité, ses rapports avec les gouverneurs des
Gaules dussent être peu fréquents, l'histoire du voyage de l'évêque Ser-
vatius à Rome, en 450, prouve qu'elle avait conservé des relations avec
la capitale même de l'Empire. (*Greg. Tur.*, l. II, c. 5.) Ce n'était pas là,
dans une province encore romaine et limitrophe du territoire des Francs,
que Childéric aurait pu trouver un asile sûr ; ce n'était pas là non plus
qu'il pouvait rencontrer un roi indépendant prêt à se déclarer son protecteur, comme fit le roi Basin dont parlent toutes les chroniques. Les
Thuringiens de la Germanie, au contraire, étaient ennemis de l'Empire, ou du moins n'avaient avec lui aucun rapport de dépendance, et
cette vieille terre de liberté était encore le refuge le plus assuré pour
tous ceux que menaçait la puissance de Rome. D'ailleurs, lorsque, plus
tard, la reine Basine vint rejoindre Childéric dans ses états, si elle
était venue de Tongres à Tournay, Grégoire de Tours n'aurait pas dit
qu'elle arrivait de si loin, *de tantá regione.*

[1] *Franci hoc ejecto, Egidium sibi, quem superiùs magistrum militum
à republicá missum diximus, unanimiter regem adciscunt.* (Greg. Tur.,
l. II, c. 12.) Tous les auteurs du Ve siècle désignent l'empire romain
par le mot *respublica* ; jamais ils n'ont donné au mot *imperium* le sens
dans lequel nous l'employons.

sienne, ou, si l'on veut, ils le prirent pour roi,
suivant le langage des chroniqueurs. Néanmoins
Égidius ne se chargea point de les diriger par lui-
même; il remit le commandement immédiat de
la nation à un noble franc, nommé Viomade,
qui avait pris part à la révolte, mais qui, selon
les chroniqueurs, n'avait d'autre intention que
de faire servir son influence au rétablissement du
fils de Mérovée [1].

[1] Grégoire de Tours se borne à dire que Childéric avait laissé dans
son pays un ami fidèle qui devait travailler à lui ramener les cœurs de
ses compatriotes, et qu'il avait partagé avec lui une pièce d'or, dont la
moitié devait lui être renvoyée lorsque les circonstances seraient favorables pour son retour. Frédégaire (l. 1, c. 11) ajoute que cet ami s'appelait Viomade, qu'Égidius lui avait confié le gouvernement des Francs,
et qu'il en profita pour semer des germes de haine et de discorde entre
eux et le commandant romain, par une série de ruses qui sont la sagesse
des peuples primitifs. Aucun auteur latin contemporain n'a parlé de
ces événements, qui en réalité avaient peu d'importance politique. Les
Francs, comme l'a très bien dit Procope, n'ont commencé à jouer un
rôle marquant dans la Gaule qu'après l'avénement de Clovis ; jusque-là
es Wisigoths et les Bourguignons occupaient seuls la scène et atti-
raient seuls l'attention des écrivains. Cependant le fait de l'expulsion
de Childéric par ses compatriotes est raconté trop unanimement par les
chroniqueurs, et s'accorde trop bien avec les faits et les dates authentiques du même temps, pour qu'on puisse refuser de l'admettre. Le reste
de l'histoire de ce prince est un tissu d'aventures merveilleuses et romanesques qui offrent une analogie remarquable avec les chansons de
gestes du moyen-âge. Il est probable que le père de Clovis a été le héros
d'un poème national ou *bardit* des Francs, qui s'est modifié en passant
de bouche en bouche sous la dynastie Mérovingienne, et dont les chroniqueurs nous ont donné à diverses époques la sèche et prosaïque analyse.

Ces faits, tels que nous venons de les présenter, n'ont rien que de très simple et de très naturel ; mais ils sont une énigme inexplicable pour nos historiens classiques et pour tous les auteurs fidèles au système de la conquête et des royautés barbares indépendantes. Comment, disent ces écrivains, les Francs, ennemis acharnés des Romains, dévastateurs et conquérants de la Gaule, auraient-ils choisi pour leur roi précisément un Romain, et qui plus est, le général des troupes romaines ? Comment, étant devenu roi des Francs ou *roi de France* (car il l'était tout aussi bien que Clodion ou Mérovée), Égidius est-il resté général au service de l'Empire ? Comment n'a-t-il pas pris le titre de roi ? Et lorsque, peu de temps après, les intrigues de ses ennemis le rendirent suspect à la cour, comment a-t-il présenté humblement sa justification au lieu de répondre à un insolent empereur, en marchant contre lui à la tête de ses sujets ? Toutes ces difficultés sont en effet insolubles dans le système adopté par ces historiens, et quelques-uns d'entre eux désespérant de porter la lumière dans ce cahos, ont pris le parti de nier le fait lui-même pour s'épargner la peine de l'expliquer.

Mon ouvrage tout entier est une réponse à ces

---

[1] Daniel, Préface Historique, art. 2.

objections. Si, devant tout ce que nous avons vu jusqu'ici, elles ne tombent pas d'elles-mêmes, si elles laissent encore des doutes dans l'esprit du lecteur, j'aurai manqué mon but. Ajoutons cependant encore quelques observations propres à faire ressortir la vérité dans tout son jour.

A l'époque où nous sommes arrivés, les Francs n'étaient pas ennemis de l'empire romain, *hostes*. Comme tous les autres Barbares colonisés dans les provinces romaines, ils étaient au nombre des fédérés de cet empire, *fœderati*. A ce titre, ils en étaient membres, et l'empereur pouvait leur écrire comme Valentinien avait écrit au roi des Wisigoths Théodoric : *Auxiliamini reipublicæ cujus membrum tenetis*. Ils reconnaissaient l'autorité de l'empereur, celle de son délégué, le maître général des milices de l'Empire et celle de son lieutenant, le maître des milices des Gaules, commandant immédiat de tous les Barbares fédérés établis dans cette province. Leur chef national Childéric, se trouvant en opposition avec la politique romaine, depuis l'avénement de Majorien, un parti se forme contre lui dans le sein même de la nation, par l'influence et les manœuvres d'Égidius. Le chef national est chassé, et l'autorité du maître des milices est seule reconnue. Égidius ne prit pas pour cela le titre de roi ;

¹ Un fait que Sidonius nous révèle explique l'influence extraordi-

car il était revêtu d'une dignité supérieure à toutes les royautés barbares, d'une dignité à laquelle

naire qu'Égidius sut prendre sur les Francs. Non content d'avoir acquis dans les écoles, comme tous les jeunes gens de familles nobles, une
connaissance approfondie des littératures grecque et latine, cet illustre
Romain avait fait une étude particulière des langues germaniques, et les
parlait avec une facilité remarquable. Dans une lettre adressée à Égidius
lui-même, Sidonius ne sait quels termes employer pour exprimer son
admiration de ce talent alors très rare : *immane narratu est quantùm
stupeam sermonis te Germanici notitiam tantâ facilitate rapuisse*. Il
trouve l'idée très plaisante : *vir facetissime*. « Je ne puis m'empêcher de
» rire, ajoute-t-il, lorsqu'on me dit que les Barbares craignent en ta
» présence de faire un barbarisme dans leur propre langue. » *æstimari
minimè potest quantùm mihi ceterisque sit risui quoties audio quod*, *te
presente, formidet facere linguæ suæ Barbarus barbarismum*. Plus loin
il nous apprend qu'Égidius traduisait lui-même aux Germains, c'est-à-
dire aux Francs, les diplômes impériaux : *adstupet tibi epistolas inter-
pretanti curva Germanorum senectus* ; qu'il était pris par eux pour arbitre de leurs affaires : *negotiis mutuis arbitrum te disceptatoremque desu-
mit* ; qu'ils trouvaient en lui leur idiôme national avec un cœur romain, *sermonem patrium*, *cor latinum* ; enfin qu'il savait se faire aimer
d'eux, s'en faire obéir, et même se faire *élire* par eux : *Amaris, expete-
ris, ELIGERIS, decernis, audiris*. Ces paroles d'un contemporain me paraissent la confirmation la plus certaine des traditions germaniques
rapportées par Grégoire de Tours et par les chroniqueurs carlovingiens.
A la vérité, quelques commentateurs ont voulu que cette lettre fût
écrite à Syagrius, fils d'Égidius, parce que la suscription porte : *Sidonius Syagrio suo*. Ils n'ont point fait attention que Syagrius était le
nom de famille du célèbre maître des milices de la Gaule, Égidius son
surnom. Or, les Romains ne se servaient jamais que du nom de famille
dans la suscription de leurs lettres. Toutes celles qui ont été écrites à
Cicéron par ses contemporains portent pour adresse : *Marco Tullio*, et
non *Ciceroni*. D'ailleurs, la lettre de Sidonius, où Syagrius est appelé
législateur des Bourguignons, ne peut convenir au fils d'Égidius qui

tous les rois barbares aspiraient, en bornant même souvent leur ambition à des grades inférieurs dans la hiérarchie militaire. Nous avons vu un roi des Francs devenir comte des domestiques ; un roi des Allemands changer avec plaisir sa royauté contre le simple grade de tribun ou colonel au service de l'Empire. Nous avons vu le fameux Alaric, roi des Wisigoths, solliciter le commandement des milices d'Illyrie, emploi précisément égal à celui d'Égidius dans la Gaule.

Si tout cela ne suffit pas pour nous faire comprendre, choisissons d'autres exemples dans les temps modernes ; examinons ce qui se passe sous nos yeux. N'existe-t-il pas dans l'Inde des royautés vassales de l'Angleterre ? Les rois de ce pays ne reconnaissent-ils pas la suprématie du lord gouverneur de l'Inde et des officiers généraux qui commandent sous ses ordres ? Si dans un de ces états les sujets, soulevés par quelque cause de mécontentement ou par des intrigues anglaises, viennent à chasser leur souverain national, le royaume ne passe-t-il pas sous le com-

---

n'eut aucun pouvoir sur ce peuple, et qui, loin d'être aimé des Francs, fut toujours en guerre avec eux. Elle doit avoir été écrite en 459 ou 460, après la pacification de la Gaule et l'installation des Bourguignons dans la Lyonnaise. En général la chronologie des lettres de Sidonius est à refaire ; les dates en ont été beaucoup trop avancées, comme celles de presque tous les événements du Ve siècle.

mandement d'un officier anglais, qui ne change
point pour cela contre le titre de roi son grade
de général ou de colonel? A Alger, ne voyons-
nous pas des tribus hostiles, après avoir d'abord
ravagé les villages de nos colons, attaqué nos
cantonnements, tué nos soldats, brûlé nos maisons, comme faisaient les Francs sur les frontières de la Gaule, se soumettre enfin à nos armes
victorieuses, et envoyer leurs contingents combattre sous les ordres de nos généraux? Ne
voyons-nous pas leurs scheicks solliciter des dé-
corations et des grades dans l'armée française? Eh
bien, la position des rois de l'Inde, vis-à-vis du
gouvernement et des généraux anglais, celle des
scheicks arabes vis-à-vis du roi de France et des
généraux français en Afrique, est précisément
celle des rois barbares aux IV° et V° siècles vis-à-
vis des empereurs et des commandants des milices impériales.

Hâtons-nous toutefois d'ajouter qu'il ne faut
pas forcer le parallèle, qu'on doit tenir compte
de la faiblesse du gouvernement impérial et de
la force des peuples barbares au temps dont
nous parlons, que l'équilibre entre le pouvoir de
droit et le pouvoir de fait tendait dès-lors à se
rompre et que, cet équilibre une fois détruit,
l'empire d'Occident est tombé. Mais les principes fondamentaux de droit public que nous ve-

nons d'exposer n'en dominent pas moins tous les évènements de cette époque. Pour vouloir les nier, il faut dénaturer tous les faits, démentir tous les témoignages contemporains, et se jeter à chaque pas dans des difficultés inextricables qui ont fait un cahos de cette période de notre histoire. Je reprends maintenant la série des événements que je regrette d'interrompre par ces discussions critiques auxquelles je ne puis me soustraire, ayant à combattre des préjugés invétérés et soutenus par les autorités les plus respectables.

Nous avons vu Majorien triompher de tous ses ennemis, abattre tous ses rivaux et rester seul maître du pouvoir. Il avait toutes les sympathies de Rome et de l'Italie dont il était l'élu. Dans la Gaule, l'aristocratie s'était franchement ralliée à un vainqueur généreux. Des trois grandes masses de Barbares fédérés établis dans cette province, les Bourguignons lui étaient dévoués par l'influence de Ricimer; Égidius lui avait gagné les Francs; les Wisigoths avaient accepté la paix et pris l'engagement de servir sous ses drapeaux. Ainsi dégagé des embarras intérieurs, il tourna tous ses soins vers le grand objet que les chefs des deux Empires n'avaient jamais perdu de vue depuis l'invasion des Vandales en Afrique. Détruire ce peuple de pirates, reconquérir la

province, qui, depuis plus de 5oo ans, nourrissait Rome; c'était là une nécessité à laquelle nul
empereur ne pouvait se soustraire.

Dès les premiers mois de son règne, avant de
quitter l'Italie, il avait fait construire et équi-
per des vaisseaux dans les ports de l'Adriatique
et de la mer de Toscane [1]. Depuis, il avait continué les mêmes . préparatifs dans la Ligurie,
dans la Narbonnaise et dans la partie de l'Espagne encore romaine. A cet effet, il passa l'année
45g à Arles, et au commencement de 46o, toutes ses forces navales eurent ordre de se réunir
dans le port de Carthagène où il devait se rendre
lui-même par terre avec l'armée qu'il avait rassemblée dans les Gaules, et les contingents des
Wisigoths. Genséric tremblait déjà devant cette
formidable invasion dont le succès semblait assuré, et demandait humblement à traiter avec
l'Empire [2]. Un audacieux coup de main, secondé
par la trahison, le sauva de ce péril. Guidés par
des avis secrets, les Vandales surprirent la flotte
impériale à l'ancre près de Carthagène et en-

[1] Intereà , duplici texis dum littore classem
Inferno superoque mari. . . . . .
(Sidon., *in Paneg. Major.*, v. 447.)
Une taxe extraordinaire fut levée pour subvenir aux dépenses de
l'expédition. (*Ibid.*, v. 452.)

[2] *Gaisericus rex à Majoriano imperatore per legatos postulat pacem.*
Idat. Chron.)

levèrent ou détruisirent tous ces vaisseaux rassemblés à si grands frais.

Ce désastre anéantissait toutes les espérances de Majorien qui avait déjà passé les Pyrénées et était arrivé à Sarragosse avec l'armée de terre [1]. Il fallait refaire une flotte avant de songer à attaquer l'Afrique. Forcé de renoncer à son entreprise, il revint tristement à Arles, et se vit réduit à accepter les propositions de paix que Genséric lui avait faites et qu'il avait d'abord repoussées. A la fin de l'année, il conclut avec les Vandales un traité qui les laissait en possession de toutes leurs conquêtes et qui lui nuisit beaucoup dans l'esprit des Romains.

Lorsqu'il avait quitté l'Italie, en 458, il avait commis la même faute qu'Avitus en ne se faisant pas accompagner de Ricimer qui, pendant deux ans, resta seul à Ravenne et put ainsi se ménager des intelligences dans l'armée et dans le sénat de Rome [2]. Au printemps de l'année 461, les Al-

---

[1] *Mense maio Majorianus Hispanias ingreditur imperator; quo Carthaginensem provinciam pertendente, aliquantas naves quas sibi ad transitum adversùm Vandalos præparabat, de littore carthaginiensi, commoniti Vandali per proditores, abripiunt.* (Idatii Chron.)

[2] La loi de Majorien qui défend les ordinations forcées est datée d'Arles, au mois d'Avril 460, et adressée à Ricimer, qui, en l'absence de l'empereur, dirigeait le gouvernement à Rome : *Ricimero viro illustri, comiti et magistro utriusque militiæ atque patricio.* (Nov. Major., t. 2. Cod. Theod.)

lemands ayant franchi les Alpes Rhétiennes, menacèrent d'une invasion les plaines du Milanais [1]. Majorien s'empressa de repasser les monts, et vers le mois de juillet, il rejoignit à Tortone l'armée d'Italie, commandée par Ricimer. Peu de jours après, il avait cessé de vivre, et la voix publique accusa de sa mort le général barbare qui avait déjà su se défaire d'un empereur [2].

Néanmoins ce meurtre, s'il a été réellement commis, fut tenu très secret, et Procope, en disant que Majorien mourut de maladie [3], s'est

---

[1] *Majorianus non diù regnans, dum contrà Alanos qui Gallias infestabant, movisset procinctum, Dertonæ juxtà fluvium Ira occiditur* (Jornandès, *Hist. Goth.*, c. XLV.) Les écrivains latins du Vᵉ siècle étaient très sujets à confondre le nom des Alains, *Alani*, avec celui des Allemands, *Alamani*. Nous avons déjà vu les Alains appelés *Alamani* dans la Vie de Saint Germain et dans les chroniques armoricaines. Ici ce sont les Allemands que Jornandès, selon toute apparence, a appelés *Alani*. Ce peuple avait déjà fait une irruption dans la Rhétie en 457; la position de l'armée de Ricimer sur la ligne du Pô, l'empressement de Majorien a repasser les Alpes pour rejoindre cette armée, indiquent suffisamment que l'Italie était menacée sur ses frontières du nord, et par conséquent du côté des contrées occupées par les Allemands sur le haut Danube. Si l'ennemi avait ravagé les Gaules, comme le dit Jornandès, Majorien, qui était à Arles, ne serait point passé en Italie pour le combattre. Peut-être cet auteur, d'ailleurs fort inexact, a-t-il voulu parler de la Gaule Cisalpine, qui comprenait le Piémont, le Milanais et tous les pays situés entre le Pô et les Alpes.

[2] *Majorianum de Galliis redeuntem et romano Imperio vel nomini res necessarias ordinantem, Rechimer livore percitus et invidorum concilio fultus, fraude interficit circumventum.* (Idat. Chron.)

[3] Μεταξὺ νόσῳ δυσεντερίας ἁλοὺς ὁ Μαϊορῖνος διαφθείρεται. (Procope, *de Bell. Vandal.*, l. 1, c. 7.)

conformé sans doute aux rapports officiels envoyés par Ricimer à la cour de Constantinople.
Mais si l'accusation n'est pas entièrement prou-
vée, elle est au moins très vraisemblable. En
consentant à l'élévation de Majorien, Ricimer
n'avait cédé qu'à l'entraînement des circonstances et aux vœux de l'opinion publique. Sa jalou-
sie, contre son ancien collègue devenu son souverain, dut s'envenimer encore par le spectacle
des succès de Majorien et des grandes qualités
qui lui gagnaient tous les cœurs. Il se sentit effacé par l'ascendant d'un prince qu'il regardait
comme sa créature, et son orgueil blessé, son
existence politique compromise purent facilement le porter à un attentat devant lequel il n'é-
tait pas homme à reculer par des scrupules de
conscience.

Majorien fut le dernier des empereurs romains
qui méritât ce titre dans l'Occident [1]. Pendant
un règne de trois ans, il développa des talents et
des vertus capables de relever cet empire si le
crime ou la fatalité n'avaient pas interrompu si
tôt sa carrière. Religieux, ami des lettres, des
mœurs douces et des plaisirs délicats [2], plein de

---

[1] Procope dit même qu'il surpassa tous les empereurs romains par
ses vertus : σύμπαντας τοὺς πώποτε Ῥωμαίων βεβασιλευκότας ὑπεραίρων
ἀρετῇ. (Procope. *de Bell. Vandal.*, l., c. 7.)

[2] Sidonius nous a laissé une charmante description en vers d'un fes-

respect pour les anciennes lois et les formes constitutionnelles de Rome, il représentait la civilisation antique dans ses traditions les plus pures, perfectionnées par les croyances chrétiennes. Sa mort fut pleurée sincèrement par tous les Romains éclairés, par tous les vrais catholiques. Le pape saint Léon l'avait précédé de quelques mois dans la tombe ; ainsi l'Occident perdait à la fois ses meilleurs guides et ses plus fermes soutiens. Le modeste tombeau élevé à Majorien sur le lieu même où il périt, inspira au pieux Ennodius, auteur de la vie de saint Épiphane, cette épitaphe, expression touchante des regrets populaires : « Les pyramides recouvrent de leur masse éternelle les ossements d'indignes souverains ; un vil sépulchre suffit aux princes pieux [1]. »

Ricimer n'ignorait pas cette tendance de l'opinion publique. Pour apaiser les mécontentements des populations italiennes et du sénat, il s'empressa de chercher dans ce corps auguste un successeur à Majorien. Son choix tomba sur Vibius-Severus, patricien, originaire de la Lucanie, noble et riche, mais dépourvu de toute il-

tin donné par Majorien à Arles, et où se trouvaient réunis tous les beaux esprits de la Gaule. (Sidon. l. ix, ep. 13.)

[1] Pyramidam indignis nunc prospice mole perenni ;
Vilia principibus jisque sepulchra piis.

lustration personnelle. Il le fit proclamer empereur en novembre 461, trois mois après la mort de Majorien [1]. Sans doute il se flattait de trouver dans ce fantôme de souverain un docile instrument : la suite prouva qu'il ne s'était point trompé. L'Italie et le sénat se soumirent sans peine à ce nouveau maître. Dans le reste de l'Empire, deux hommes seuls étaient à craindre, Marcellien en Sicile, Egidius dans la Gaule.

A l'époque de la mort d'Avitus, nous avons déjà vu Marcellien élever des prétentions à la pourpre impériale. Décoré du titre de patrice, il avait une haute réputation de mérite et de courage ; il aurait pu essayer de se mettre encore à la tête d'un parti ; mais il se trouvait isolé en Sicile où Majorien l'avait envoyé avec un corps d'Ostrogoths pour défendre l'île contre les Vandales. Trop voisin de l'Italie, il sentit qu'il ne pouvait lever l'étendard de la révolte sans être écrasé par l'armée de Ricimer. Cependant il ne voulut point courber la tête sous un joug avilissant. Il s'embarqua avec ses soldats et alla chercher un asile au fond de l'Adriatique, dans la Dalmatie, où il réussit à se créer entre les deux empires une sorte de domination indépendante [2]. Cette défection livra la Sicile entière à

---

[1] *Idatii Chron. Cassiodori Chron.*

[2] Procope, *de Bello Vandal.*, l. 1, c. 6.

Genséric ; mais Marcellien, comme nous le verrons plus tard, répara noblement sa faute involontaire.

Égidius était plus redoutable pour le nouveau pouvoir. Chef suprême des milices de la Gaule, il avait acquis, dans cette grande province, une haute influence personnelle par ses qualités brillantes, l'habileté de son administration et ses alliances de famille avec les principaux membres de l'aristocratie locale. Ses forces militaires étaient imposantes, car il avait sous ses ordres les restes de l'armée rassemblée par Majorien pour combattre les Vandales en Afrique et ramenée par cet empereur dans la Narbonnaise, après la catastrophe qui fit échouer son expédition [1]. On ne pouvait sans danger attaquer de front un pareil adversaire. Ricimer comprit la nécessité de le ménager et n'osa pas lui retirer son commandement. Il tâcha même de désarmer ses soupçons par de faux témoignages de bienveillance; mais en même temps, il s'attacha avec l'esprit de ruse ordinaire aux Barbares à lui susciter des obstacles capables de le réduire à l'inaction.

---

[1] Οἱ ἑσπέριοι Ῥωμαῖοι ἐς δέος ἐλθόντες περὶ Μαρχελλίνου μὴ ποτε αὐξανομένης αὐτῷ τῆς δυνάμεως καὶ ἐπ'αὐτοὺς ἀγάγοι τὸν πόλεμον, διαφόρως ταραττομένων αὐτοῖς τῶν πραγμάτων, τοῦτο μὲν ἐχ Βανδήλων, τοῦτο δὲ ἐχ Αἰγιδίου ἀνδρὸς τῷ Μαιοριανῷ συστρατευσαμένου καὶ πλείστην ἀμφ'αὐτὸν ἔχοντος δύναμιν. (*Prisci rhetoris legat.*)

Égidius de son côté était dans une position difficile qui le forçait de dissimuler sa répugnance pour l'assassin de Majorien. Malgré ses relations intimes avec une partie de la noblesse gauloise, il n'avait pu se concilier entièrement une faction puissante, qui n'avait pas oublié ses rancunes contre le vainqueur de Lyon. Parmi les Barbares fédérés surtout, il ne voyait autour de lui que des alliés équivoques ou des ennemis déclarés. Les Wisigoths lui avaient voué une haine implacable. Les Bourguignons, dont il s'était servi pour faire triompher la cause de Majorien, ne l'avaient alors secondé que par dévouement pour Ricimer, et étaient prêts à tourner leurs armes contre lui au premier ordre du parent de leur roi. Les Francs seuls lui paraissaient dévoués, et depuis l'exil de Childéric, il exerçait sur eux une autorité absolue. Mais le singulier ascendant qu'il avait pris sur ce peuple n'avait aucun fondement durable. On devait croire qu'une nation libre et fière ne tarderait pas à regretter le chef national qu'elle avait sacrifié à des mécontentements passagers aigris par les intrigues romaines. Égidius, placé entre tant d'écueils, contraint de ménager tant d'intérêts divers, n'était pas en mesure d'attaquer et ne pouvait que se tenir sur la défensive. Aussi n'hésita-t-il pas à obéir aux décrets du sénat et à reconnaître l'empereur élu par l'Italie. Mais ce n'était pas assez pour Ricimer qui avait résolu de perdre le seul homme dans lequel il pût craindre un rival.

Dès la fin de l'année 461, le comte Agrippinus, noble gaulois de naissance, fut envoyé par le maître général des milices pour commander dans la Narbonnaise. Placé en apparence sous les ordres d'Égidius, il avait pour mission secrète de soulever les Wisigoths et de faire servir aux desseins de Ricimer les ressentiments de cette nation puissante que Majorien avait humiliée. En cas de succès, la place du général proscrit devait être la récompense du traître. Agrippinus remplit sa mission avec tout le zèle qu'on devait attendre d'une ambition intéressée. Il entra en négociation avec les Wisigoths, et promit de leur livrer Narbonne dès que le signal du soulèvement général contre Égidius aurait été donné. Offrir une acquisition de cette importance à des Barbares qui ne demandaient qu'une occasion pour se venger sur le lieutenant de Majorien de la soumission forcée qu'ils avaient subie, c'était flatter à la fois les deux passions favorites de ces peuples : l'orgueil et la cupidité. Entre l'agent de Ricimer et Théodoric, l'accord fut bientôt conclu ; seulement le prince wisigoth, se souvenant des embarras que l'Espagne lui avait causés, demanda comme première garantie la destitution de Népotien, placé par Majorien à la tête des milices espagnoles. Cette demande fut aussitôt accueillie, et Népotien, sur la désignation de Théodoric lui-même, eut pour successeur un autre général romain nommé Arborius [1].

Le complot marchait ainsi dans l'ombre. Mais Égidius en suivait les traces avec sa vigilance et son adresse ordinaires; il parvint à en saisir des preuves authentiques et les adressa au sénat de Rome en dénonçant Agrippinus comme un traître qui livrait aux Barbares les derniers débris de la domination romaine dans les Gaules. Il y avait encore dans le sénat quelques sentiments de patriotisme; il y avait surtout contre Ricimer dans l'esprit des sénateurs un fond de haine et de défiance que la crainte seule pouvait contenir. La dénonciation d'Égidius fut accueillie avec joie par ce corps aristocratique qui y vit une revanche à prendre contre l'influence toujours odieuse des chefs barbares. L'empereur Sévère, cédant lui-même à l'entraînement de l'opinion nationale, fit sommer Agrippinus de venir se justifier à Rome. Le perfide commandant de la Narbonnaise refusa d'abord d'obéir, à moins

---

[1] *Nepotianus, Theudorico ordinante, Arborium recipit successorem.* (Idatii Chron.). Arborius était le nom de la famille maternelle du célèbre poète bordelais Ausone; il est donc probable que le successeur de Népotien était un Romain de l'Aquitaine, soumis à l'influence de Théodoric.

qu'Égidius ne comparût avec lui; cependant il finit par se décider à paraître seul, se croyant sans doute plus en ¦sûreté que partout ailleurs dans la capitale de l'Empire, auprès de Ricimer son protecteur et son complice, et se flattant que l'accusation portée contre lui n'aurait aucune suite sérieuse [1]. Son attente fut trompée : Égidius avait fait passer dans le cœur de ces patriciens dégénérés quelques étincelles de son courage. Le procès d'Agrippinus fut suivi avec une activité et une rigueur extraordinaires. Les révélations du dénonciateur excitèrent une vive indignation, et la conduite hautaine de l'accusé acheva d'irriter les esprits. Après des débats courts, mais animés, Agrippinus fut condamné à mort, comme traître à la patrie, et jeté dans la prison publique pour y attendre son supplice [2].

[1] *Vita Sancti Lupicini, apud Boll.* L'auteur presque contemporain de cette vie prétend qu'Egidius aurait trompé Agrippinus, en lui affirmant sous serment, devant Lupicinus, solitaire vénéré, qu'il ne serait point donné suite à l'accusation. En général, cet auteur est très favorable à Agrippinus, ce qui prouve que l'agent de Ricimer avait des partisans même parmi les hommes religieux.

[2] La Vie de Saint Lupicinus est le seul document contemporain qui nous fasse connaître les détails du procès d'Agrippinus; et comme l'empereur qui présida à ce procès n'y est pas nommé, Dubos et d'autres historiens ont cru pouvoir placer ces faits sous le règne de Majorien. Dans ce cas il faudrait qu'Agrippinus eût été jugé en 458, puisque c'est la seule année que Majorien ait passée en Italie après son avénement. Mais il ne pouvait être alors question de livrer Narbonne à Théo-

Le triomphe du parti romain était complet en apparence. Mais il manquait à l'arrêt de la justice la sanction de la force, et la force était dans les mains de Ricimer. Par une connivence secrète, Agrippinus s'échappa de sa prison et se réfugia dans l'église de Saint-Pierre [1]. Alors tous les ressorts furent mis en jeu pour faire revenir le sénat sur un acte de courage dont il devait s'étonner lui-même. En prodiguant les menaces et les promesses, il ne fut pas difficile d'ébranler ces timides patriciens habitués, depuis des siècles, à se courber servilement devant tous les pouvoirs. Agrippinus, affectant autant d'humilité qu'il avait d'abord montré d'assurance, protesta du fond de

doric, qui était en Espagne occupé à faire la guerre aux Suèves; et d'ailleurs, à cette époque, Agrippinus ne pouvait commander au nom de l'empereur dans la Narbonnaise, où dominait la faction de Pœonius et de Marcellien. Ajoutons que Sidonius, dans le Panégyrique de Majorien et dans ses Lettres, écrites vers le même temps, ne fait aucune allusion à une affaire qui aurait dû occuper l'attention publique. L'hypothèse de Dubos est donc tout-à-fait inadmissible. D'un autre côté, Agrippinus, acquitté par le sénat, livra Narbonne aux Wisigoths, en 462, selon la Chronique d'Idace. Ainsi le complot reçut son exécution sous le règne de Sévère, et tout concourt à prouver que ce fut dans la première année de ce règne, c'est-à-dire de 461 à 462, que le projet en fut conçu et momentanément entravé par la dénonciation d'Égidius.

[1] Les partisans d'Agrippinus prétendirent qu'il avait été tiré de prison par un miracle semblable à celui qui délivra saint Pierre des cachots d'Hérode. (*Vita Sancti Lupicini.*)

sa retraite contre la précipitation du jugement qui l'avait frappé, et demanda à présenter de nouveaux moyens de justification. On lui permit de reparaître devant ses juges, et cette fois il obtint d'eux un entier acquittement.

Cette faiblesse des sénateurs dissipa les dernières illusions d'Egidius : il comprit qu'il n'y avait plus de Romains à Rome, que l'autorité du sénat n'était qu'un vain mot, et qu'il ne devait compter que sur lui-même pour relever une dernière fois dans l'Occident le drapeau de ce qu'on appelait encore la république romaine. Décidé à soutenir une lutte inégale, il prit un parti désespéré. Par une proclamation publique, il déclara qu'il ne reconnaissait plus pour empereur la créature et l'instrument docile de l'assassin de Majorien ; mais en refusant à Sévère les droits de la souveraineté, il n'osa pas s'en emparer lui-même et se revêtir de la pourpre impériale, comme l'avaient fait tant de généraux rebelles. Soit par défiance de ses forces, soit par attachement sincère aux formes de la liberté antique, il se contenta de prendre le titre de commandant des milices au nom du sénat et du peuple romain.

Cet acte audacieux dispensa Ricimer de dissimuler plus long-temps. Il regarda la proclamation d'Egidius comme une déclaration de guerre et s'empressa de mettre en action tous les ressorts qu'il avait préparés d'avance pour abattre son rival. Agrippinus fut aussitôt renvoyé dans la Gaule et livra Narbonne aux Wisigoths, suivant le traité secret qu'il avait conclu avec eux [1]. Par là ils obtinrent sans combat cette riche proie qu'ils avaient plus d'une fois tenté vainement d'arracher à l'Empire et devinrent maîtres de toute la Gaule méridionale, depuis les côtes de l'Océan jusqu'à l'embouchure du Rhône. D'un autre côté, Ricimer, plein de confiance dans le dévouement des Bourguignons, éleva son beau-frère, le roi Gundioch, à la dignité de maître des milices gauloises en remplacement d'Egidius [2], et ordonna aux deux peuples fédérés d'attaquer simultanément le général romain.

Egidius était alors à Arles avec l'armée de Majorien. Pressé d'un côté par les Wisigoths, de l'autre par les Bourguignons, il fut bientôt forcé de se renfermer dans cette ville où les deux troupes barbares le bloquèrent étroitement. Sa posi-

---

[1] *Agrippinus Gallus et comes et civis, Ægidio comiti viro insigni inimicus, ut Gothorum mereretur auxilia, Narbonam tradit Theodorico.* (Idatii Chron.)

[2] Une lettre du pape Hilaire, adressée à Léontius, évêque d'Arles, en 463, donne au roi Gundioch le titre de maître des milices : *Ex viro illustri magistro militum Gundiocho didicimus.* Cette lettre, relative à un conflit élevé au sujet de l'élection d'un évêque à Die, prouve que le roi des Bourguignons exerçait dès-lors tous les droits de la royauté dans la Viennoise.

tion semblait désespérée, et ses ennemis se flattaient déjà de le voir tomber vivant entre leurs mains. Mais il trouva dans son courage des ressources inattendues [1].

Les Barbares avaient entouré la ville de circonvallations pour intercepter toute communication avec le dehors; mais on doit croire que selon leur usage, ils manquaient de vigilance et se gardaient mal dans leurs retranchements. Egidius, par une sortie impétueuse, les surprit, les mit en déroute et les força de lever le siége et de lui laisser la campagne libre. Les catholiques gaulois apprirent avec joie cette délivrance miraculeuse et l'attribuèrent à l'intercession de saint Martin. Car Egidius leur était cher par ses vertus et sa piété, plus encore que par sa valeur [2].

Cependant il lui fut impossible de se maintenir dans la province d'Arles, voisine de l'Italie, et cernée de tous côtés par les possessions des deux plus puissantes nations barbares de la Gaule; il

---

[1] Gregorius Tur, *de Miraculis sancti Martini*, l. 1, c. 2. — Paulinus, in *Vitâ Martini*, l. 6.

[2]   Illustrem virtute virum, sed moribus almis
      Pius clarum, magnum que fide quâ celsior extat,
      Ægidium......
                          (Paul., in *Vitâ Martini.*)

Ægidium comitem utriusque militiæ, virum, ut fama commendat, Deo bonis operibus complacentem. (Idatii Chron.)

ne profita de sa victoire que pour se retirer vers le Nord, où il pouvait compter sur l'appui des Allemands de la première Germanie, des Francs, de la Belgique et des Bretons-Armoricains, toujours fidèles à la cause romaine. Cette retraite présentait de grandes difficultés; car les Bourguignons s'étaient emparés de Lyon et occupaient tout le cours du Rhône et de la Saône. Il lui fallut donc passer sur la rive droite du Rhône et franchir les montagnes du Gévaudan et de l'Auvergne pour arriver dans le Berry et prendre position à Orléans, où il appela à lui tous les contingents des fédérés du Nord et des provinces romaines qui reconnaissaient encore son autorité.

En même temps il s'occupa de susciter partout des ennemis à Ricimer afin de le retenir en Italie et de l'empêcher d'unir ses forces à celles des Wisigoths et des Bourguignons. Dans ce but, il envoya des députés à Genséric pour l'engager à recommencer ses expéditions maritimes [1], et par d'autres émissaires il excita les Allemands du Danube à faire une de leurs incursions habituelles à travers les Alpes Rhétiennes dans le nord de l'Italie. Ainsi les plus zélés défenseurs de la grandeur romaine ne se faisaient aucun scrupule

---

[1] *Idatii Chron.* Ricimer sollicita l'intervention de l'empereur d'Orient pour arrêter, pendant sa lutte contre Égidius, les hostilités de Marcellien et des Vandales. (*Prisci. rhetoris legat.*)

de provoquer l'invasion étrangère et déchiraient de leurs propres mains l'Empire qu'ils voulaient relever.

Tous ces faits se passèrent dans le cours de l'année 462. Au printemps de 463, les Wisigoths, commandés par Frédéric, frère de leur roi, se mirent en marche pour attaquer Egidius sur la Loire. Agissant au nom et comme alliés de l'empereur Sévère, ils traversèrent sans résistance la seconde Aquitaine, c'est-à-dire la Saintonge et le Poitou, occupèrent toutes les villes de la Touraine et vinrent se présenter devant Orléans où Égidius les attendait avec les Francs, les Bretons et les soldats de Majorien. Une sanglante bataille s'engagea à peu de distance de la ville, entre la Loire et le Loiret. Le général romain remporta une victoire complète : l'armée des Wisigoths fut vaincue, dispersée, presque détruite, et leur chef Frédéric périt dans la mêlée [1].

Profitant aussitôt de cet avantage, Égidius entra dans la Touraine et reprit possession de Tours, cité ouverte que sa position rend incapable de défense et qui a toujours été une proie

---

[1] *In Armoricaná provinciá Fretericus frater Theuderici regis in Ægldium insurgens, cum his cum quibus fuerat, superatus occiditur.* (Idatii Chron.) *Basilico et Bibiano consulibus pugna facta est inter Egidium et Gothos, inter Ligere et Ligerecino, juxtà Aurelianis, ibique interfectus est Fridericus rex Gothorum.* (Marii Avent. Chron., ad ann. 463.)

offerte au premier occupant. Le sanctuaire révéré de Saint-Martin l'avait rendue la ville sainte des Gaulois et la protégeait seul contre les ravages de la guerre. Les Wisigoths s'étaient retranchés dans Chinon, place forte et située sur une hauteur d'un difficile accès. Egidius les y assiégea avec toutes ses forces. Les habitants des campagnes environnantes s'étaient réfugiés dans cette ville et l'on ne tarda pas à y éprouver les horreurs de la faim et de la soif; car le général romain avait fait combler un puits creusé sur le penchant de la montagne et qui fournissait seul de l'eau aux assiégés. Suivant une légende rapportée par Grégoire de Tours, saint Meisme se trouvait alors renfermé dans Chinon où il avait fondé un monastère[1]. Il adressa de ferventes prières à Dieu, et une pluie abondante vint soulager les malheureux habitants qui, sur l'avis du saint abbé, avaient préparé des vases pour recevoir l'eau du ciel. Ce miracle ranima le courage de la garnison, et bien-

[1] *Greg. Tur.*, *de Gloriâ Confessorum*, c. 22. Je ne crois pas avoir besoin de réfuter ici l'opinion de Dubos, qui place ce siége en 446, dix ans avant qu'Egidius fût maître des milices, et suppose que Chinon était une forteresse de sa prétendue république armorique. Ce sont là de ces rêveries qui ont malheureusement discrédité tout ce que l'ouvrage de ce savant historien renferme de vérités utiles. Valois et tous les autres commentateurs ont reconnu que les ennemis assiégés par Egidius ne pouvaient être que les Wisigoths; dès-lors ce siége n'a pu avoir lieu qu'après la bataille d'Orléans, à la fin de l'année 463.

tôt après Égidius fut forcé de renoncer à une entreprise dont le succès paraissait assuré.

En effet, pendant qu'il ne songeait qu'à recueillir les fruits de sa victoire d'Orléans, un incident imprévu changeait la face des affaires, et renversait toutes ses espérances. Ses ennemis avaient réussi à tourner contre lui les alliés qui faisaient sa principale force.

Nous avons vu que le jeune roi des Francs, Childéric, avait conservé jusque dans son exil de nombreux partisans parmi les Saliens, dont la masse était toujours attachée au vieux sang mérovingien; car chaque nation germanique professait un respect religieux pour la race héréditaire de ses chefs. La mort de Majorien et l'avénement d'un nouvel empereur commencèrent à relever les espérances du prince banni. Elles durent se réveiller plus vives encore, lorsqu'il apprit que le commandant des Gaules, auteur de sa ruine, était lui-même poursuivi comme rebelle par le gouvernement impérial. Selon toute apparence, il quitta alors la Thuringe, et vint implorer à Rome le secours de Ricimer, pour reprendre à la tête de sa nation le rang dont on l'avait injustement dépouillé [1]. Le maître des milices

---

[1] *Dixit Childericus ad Mauritium imperatorem : Jube me servum tuum ire in Gallias; ego furorem indignationis tuæ super Egidio ulciscar,* (Fredeg. Hist. Fr., c. 11.) Il y a dans le récit de Frédégaire une

trouvait dans ce roi déchu un instrument trop
utile pour ne pas s'empresser d'en tirer parti. Il
combla Childéric de présents, et le renvoya avec
l'appui du pouvoir impérial dans la Gaule, où le
rappelaient les avis secrets de ses plus fidèles
partisans.

Viomade, lui-même, placé par Égidius à la
tête des Francs, mais voyant la fortune tourner
contre le général romain, avait travaillé à changer les dispositions de ses compatriotes, en leur
faisant craindre qu'on n'eût l'intention de les
soumettre, comme sujets de l'Empire, aux impôts dont tous les Barbares fédérés étaient
exempts. Lorsqu'il crut les esprits suffisamment
préparés, il envoya à Childéric la moitié de la

absurdité évidente; c'est l'intervention dans ces événements de l'empereur d'Orient Maurice, qui ne régna que cent ans plus tard. Mais, ainsi
que nous l'avons dit plus haut, toute cette histoire de Childéric paraît
empruntée à un poëme national qui passa de bouche en bouche, à travers la dynastie mérovingienne, jusqu'au temps des Pépin où Frédégaire écrivait. Il n'est pas étonnant que dans ces récits poétiques un nom
propre se soit substitué à un autre; et celui de Maurice dut être adopté
d'autant plus facilement, que ce fut le dernier empereur avec lequel les
rois mérovingiens entretinrent des relations suivies. En écartant cette
méprise d'un siècle d'ignorance, il reste le fait traditionnel d'un empereur irrité contre Egidius, et dont Childéric implora le secours pour
rentrer dans ses états. Or, cet empereur ne peut être que Sévère, et la
tradition est ici parfaitement d'accord avec l'histoire, qui nous montre
le rétablissement de Childéric coïncidant avec la rébellion et la mort
d'Egidius.

pièce d'or qu'il avait, dit-on, partagée avec lui avant son départ, et l'exilé prit aussitôt le chemin de sa patrie [1]. Il traversa sans peine les provinces occupées par les Bourguignons; mais arrivé sur les frontières des possessions de Gundioch, il était encore séparé des colonies saliennes par la Champagne, qui faisait partie de la Belgique romaine, soumise à l'autorité d'Égidius. Seul et déguisé, il franchit ce pas dangereux, et rejoignit au château de Bar, chef-lieu du petit pays de Barrois, sur les confins de la forêt des Ardennes, son fidèle Viomade qui, prévenu de son approche, était accouru au-devant de lui avec les principaux de la nation [2]. Un élan général d'enthou-

---

[1] *Gesta regum Franc.*, c. VII. *Fredeg. Hist. Franc.*, c. II. Les deux auteurs sont d'accord sur le moyen très vraisemblable employé par Viomade pour indisposer les Francs contre Egidius; mais Frédégaire lui attribue en outre toute une série de ruses ou plutôt de fourberies empreintes de cette sorte d'habileté qui plaît tant aux peuples barbares, et qui caractérise les héros d'Homère comme ceux de nos anciennes chroniques. On ne peut considérer ces ruses, d'ailleurs assez grossières, que comme des broderies ajoutées par l'imagination des romanciers francs aux traditions primitives.

[2] *Quem cùm Viomadus nunciante puero comperisset, castro Barro ad ipsum venit et à Barrensibus receptus est. Deindè ab omnibus Francis resublimatur in regno.* (Fredeg., c. II.) Quelques auteurs ont pensé qu'il s'agissait ici non de Bar-sur-Ornain, mais de Bar-sur-Aube ou de Bar-sur-Seine. La première supposition est cependant la seule probable ; car Frédégaire parle du pays de Barrois, *Barrenses*, et les deux villes de Bar, situées sur les confins de la Bourgogne et de la Champagne, n'ont jamais donné leur nom à la contrée qui les entoure. A la vérité, la ville

siasme s'empara des Francs, lorsqu'ils apprirent
le retour inattendu du fils de Mérovée au milieu
d'eux. A sa voix ils coururent aux armes, et ce
mouvement national s'étant propagé chez les Ripuaires, un vaste soulèvement éclata tout d'un
coup depuis la Somme jusqu'au Rhin.

Lorsqu'Égidius apprit ces désastreuses nouvelles, il était occupé au siége de Chinon, et toutes ses forces se trouvaient concentrées sur la
Loire. Déjà les Francs envahissaient la Belgique
romaine, la seule province où il fût encore obéi.
Le danger était imminent ; il fallut qu'il se rési-
gnât à abandonner ses conquêtes, et qu'il renon-
çât à chasser les Wisigoths de l'Aquitaine. Contraint de laisser en repos ses ennemis pour tourner ses armes contre ceux qui avaient été jusque
là ses plus fidèles alliés, il se porta à marches
forcées vers le Nord, espérant encore que sa présence suffirait pour apaiser l'insurrection. Pendant toute l'année 464, il fit aux Francs une

actuelle de Bar-sur-Ornain n'a été bâtie qu'en 950, par Frédéric, duc
de Lorraine ; mais le pays de Barrois existait avant la ville, et devait
avoir son *oppidum*, son château défensif, comme tous les *pagi* gaulois.
On doit penser d'ailleurs que Viomade alla plutôt attendre Childéric
sur les frontières du territoire des Francs que sur celles de la Bourgogne, dont il était séparé par une province romaine. Remarquons encore que l'arrivée de Childéric à Bar s'accorde bien avec la tradition qui
le fait venir d'Italie ; car s'il était venu de la Thuringe, il serait entré
dans la Belgique par le nord et non par le midi.

guerre acharnée [1]; mais, vaincu par eux en voulant reprendre la ville de Trèves qu'ils avaient occupée, il se retira à Soissons, où il ne tarda pas à mourir d'une maladie contagieuse, du poison, ou du chagrin de sa défaite [2]; car nous n'avons aucun document certain sur les causes de sa mort.

Il vivait encore au mois de septembre 464, selon le témoignage d'Idacius, il fut alors rejoint dans la Belgique par les députés qu'il avait en-

---

[1] *Chidericus multa prælia cum Egidio egit; plures strages ab ipso facta sunt in Romanis.* (Fredeg., c. ii.) *In illis diebus ceperunt Franci Agrippinam civitatem super Rhenum multumque populum Romanorum à parte Egidii occiderunt ibi. Egidius verò indè per fugam lapsus evasit. Venerunt autem Treveris vastantes terras illas... Eo tempore mortuus est Egidius dux Romanorum tyrannus.* (Gesta Regum Francorum, c. viii.) Nous avons développé ailleurs les raisons qui nous ont fait croire que les Francs Ripuaires s'emparèrent de Cologne en 413, et n'en sortirent point depuis cette époque. Quant à la ville de Trèves, ils la prirent aussi en 413; mais Aëtius les força de la rendre à l'Empire en 428. Plus tard, nous avons indiqué deux circonstances dans lesquelles ils purent reprendre cette ancienne capitale des Gaules. Mais il est possible qu'ils n'en soient restés définitivement maîtres qu'après la mort d'Egidius. On ne saurait au moins reculer plus loin cette date, car les lettres de Sidonius et de l'évêque Auspicius au comte Arbogaste prouvent que les rois ripuaires dominaient paisiblement à Trèves de 470 à 480. (*Apud limitem ipsum jura romana ceciderunt.* Sidon., *l.* iv, ep. 17.) L'épithète de *tyran* donnée ici à Egidius est justifiée par le fait historique de sa rébellion contre Sévère.

[2] *Ægidius moritur, alii dicunt insidiis, alii veneno deceptus.* (Idatii Chron.)

voyés au roi des Vandales [1]. Ce fut donc à la fin de 464 ou pendant l'hiver de 465 qu'il termina sa carrière illustrée par tant de grandes actions, et agitée par tant de vicissitudes. Grégoire de Tours dit qu'il régna huit ans sur les Francs; en effet, son élévation à la dignité de maître des milices et l'exil de Childéric peuvent dater des derniers mois de 457, et si l'on place sa mort à la fin de 464, elle se trouvera dans la huitième année à compter de ces événements.

Pendant qu'Égidius succombait dans le nord de la Gaule, les Allemands, soulevés par lui, envahissaient l'Italie. Ricimer marcha contre eux, les défit complètement dans les plaines du Milanais, et tua leur roi Beorgor [2]. La fortune se

---

[1] *Mense maïo Ægidii legati per Oceanum ad Vandalos transeunt qui eodem cursu septembri mense revertuntur ad suos.* (Idatii Chron.) Ces faits sont placés par Idacius dans la 3ᵉ année du règne de Sévère, c'est-à-dire de novembre 463 à novembre 464, Sévère ayant commencé à régner en novembre 461.

[2] Marcellini Chron., ad ann. 464. *Ricimer multitudinem Alanorum et regem eorum Beurgum in primo statim certamine superatos internecioni prostravit.* (Jornandès, *Hist. Goth.*, c. 45.) La Chronique de Marcellin fixe la date de cet événement à l'année 464, ce qui n'a pas empêché Jornandès, avec son inexactitude ordinaire, de faire donner le commandement de l'armée romaine à Ricimer par l'empereur Arthémius, qui ne commença à régner qu'en 467. J'ai dit plus haut les raisons qui me portent à penser que le nom des Alains, *Alanorum*, a été substitué à celui des Allemands, *Alamanorum*, dans le récit de toutes ces invasions, qui correspondent parfaitement à la position des tribus allemaniques sur le Danube.

montrait partout favorable à ce chef ambitieux dont l'ascendant pesait sur l'Empire comme une inévitable fatalité.

La mort d'Égidius fut suivie de l'entier anéantissement de l'influence romaine dans la Gaule. Les monarchies barbares firent alors un pas immense vers la possession souveraine et indépendante de tout le territoire gaulois. Les Wisigoths auxquels la première Narbonnaise avait été livrée par Agrippinus s'emparèrent paisiblement de la deuxième Aquitaine où la colonie militaire des Taïfales, établie près de Poitiers dès la fin du IVe siècle, se soumit à eux sans résistance[1]. Les Bourguignons restèrent maîtres de Lyon, la seconde ville des Gaules, et étendirent leurs limites vers le nord au-delà des concessions de Majorien. Les Ripuaires gardèrent Trèves et son territoire. Les gouverneurs romains ne conservèrent au midi que la ville d'Arles, siége de l'administration impériale et les provinces de la deuxième Narbonnaise et des Alpes maritimes qui représentaient à peu près la Provence moderne ou la région comprise entre le Rhône, la Durance et les Alpes. Au nord il leur resta la partie méridionale des deux Belgiques, composée de la Lorraine, de la Champagne et de

---

[1] *Ægidio desistente mox Gothi regiones invadunt quas Romano nomini tuebatur.* (Idat. Chron.)

la Picardie; dans la Senonaise l'Isle de France et l'Orléanais ; à l'ouest la deuxième Lyonnaise tout entière et la partie de la troisième non occupée par les Bretons, c'est-à-dire la Normandie, le Maine et l'Anjou. En outre, la civilisation gallo-romaine se maintint avec une sorte d'indépendance dans toute cette contrée montagneuse qui forme le centre de la France et qui a toujours été la dernière atteinte par les invasions étrangères. C'était ce qu'on appelait la première Aquitaine. Cette vaste division comprenait le Gevaudan, le Velai, le Rouergue, le Quercy, le Limousin, l'Auvergne et le Berry; Bourges en était la métropole religieuse, Clermont le centre d'action politique. Les Wisigoths, à l'ouest et au midi, les Bourguignons, à l'est, étreignaient comme de deux bras immenses ce refuge de la nationalité gauloise et ne lui laissaient de communication libre avec l'Empire que par un seul point sur la rive gauche du Rhône. Ainsi s'achevait graduellement l'agonie d'une puissance qui, fondée par cinq siècles de gloire, succombait moins aux attaques extérieures qu'aux germes de décomposition qu'elle portait depuis long-temps dans son sein.

Quelques auteurs ont pensé qu'aussitôt après la mort d'Egidius, son fils Syagrius se créa dans la Belgique romaine une domination indépendante, un royaume dont Soissons devint la capitale[1].Cette hypothèse me paraît inconciliable avec l'ensemble des faits contemporains. Il est certain que Ricimer n'aurait pas cédé volontairement au fils de son ennemi une partie aussi considérable du territoire de la Gaule, et si le jeune Syagrius s'y était maintenu par la force des armes, entre les Francs et les Bourguignons, également hostiles à la mémoire de son père, il en serait résulté des combats dont on trouverait quelque trace dans les écrits de cette époque. Les lettres adressées par Sidonius à presque tous les évêques de la Belgique romaine, de 472 à 480, n'indiquent au contraire que des relations pacifiques entre ce pays et les autres provinces soumises à l'Empire. D'ailleurs l'intervention des Francs dans les guerres intérieures de la Gaule, dont nous parlerons tout-à-l'heure, serait inexplicable, si l'on supposait l'existence d'un état indépendant entre eux et la Loire. Ce fut donc beaucoup plus tard et dans d'autres circonstances que le fils d'Egidius parvint à reprendre, dans la Belgique, une partie de l'influence que son père y avait si glorieusement exercée.

L'empereur Sévère ne survécut pas long-temps à la triste victoire remportée en son nom sur le

---

[1] *Siagrius filius Egidii in regnum ejus recedit habitavitque in Suessonis civitate, ubi et sedem regni tenebat.* (Gesta Reg. Franc., c. 8.)

dernier soutien de la grandeur romaine. Il mourut dans l'automne de 465, peu de mois après la
mort d'Egidius [1]. Sidonius n'attribue sa fin qu'à
une cause naturelle; Cassiodore prétend qu'il fut
empoisonné par Ricimer [2]. Ccs soupçons contre
l'ambitieux maître des milices se renouvelaient
toutes les fois qu'un empereur descendait dans
la tombe. Mais dans cette occasion, ils n'ont rien
de vraisemblable. Ricimer n'avait aucun intérêt à
abréger les jours de Sévère. Il fallait un nom
romain pour contresigner les ordres du chef barbare, et où pouvait-il trouver un instrument
plus docile que cet humble sénateur, Lucanien,
qui ne parut avoir de volonté à lui qu'une seule
fois, dans l'affaire d'Agrippinus, et se repentit
si promptement de cette velléïté d'indépendance?
Cette mort au contraire créa pour Ricimer de
nouveaux embarras. Il aurait bien voulu recommencer la tentative qu'il avait faite de concert
avec Majorien, après la chute d'Avitus, en essayant de gouverner seul l'Occident, sous la suzeraineté illusoire de l'empereur de Constanti-

---

[1] On a une loi de Sévère datée du vii des calendes de novembre
465. Elle dut précéder sa mort de peu de jours, puisqu'il avait été proclamé empereur le 20 novembre 461, et qu'il mourut, suivant Idace,
dans la quatrième année de son règne.

[2] *Auxerat Augustus naturæ lege Severus divorum numerum.* (Sidon.,
in.*Paneg. Anthem.*, v. 317.) *Ricimeris fraude Severus Romæ in palatio
veneno peremptus est* (Cassiodori Chron., *ad ann.* 465.)

nople ; mais l'opinion publique était prononcée plus que jamais contre cette forme de gouvernement. Rome voulait un empereur à elle ; le sénat et le peuple le demandaient d'une voix unanime, et cependant personne dans l'Occident n'osait se saisir de ce trône sur lequel la vie était si courte. On pensa qu'un souverain désigné par l'empereur d'Orient trouverait dans les forces de cet empire un appui qui avait manqué aux princes improvisés à Rome par le seul ascendant d'un chef barbare. Ne pouvant arrêter ce mouvement des esprits, Ricimer prit le parti de s'y associer et joignit ses instances à celles du sénat, qui envoya une députation à Constantinople pour supplier l'empereur Léon de donner un maître à l'Occident.

Il y avait alors à la cour de Byzance un personnage consulaire, Lucius Procopius Anthemius, qui réunissait sur sa tête tous les genres d'illustrations [1]. Sa famille paternelle se rattachait par des alliances au sang du grand Constantin. Procopius, son père, avait commandé avec succès les armées de l'empire d'Orient contre les Perses ; son aïeul paternel, Anthemius, dont il avait adopté le nom, suivant un usage assez ordinaire alors, avait pris une part glorieuse au gouvernement de

---

[1] Sidonius, *in Paneg. Anthemii.*

cet empire, comme préfet du prétoire de Constantinople pendant la minorité du jeune Théodose. Lui-même avait été jugé digne de devenir le gendre de l'empereur Marcien, et semblait naturellement désigné pour succéder à son beau-père. Mais le chef barbare, Aspar, maître des milices d'Orient, et qui exerçait dans cet empire la même influence que Ricimer dans l'Occident, avait mieux aimé placer sur le trône un officier obscur que d'y laisser monter un prétendant en qui il pouvait craindre de trouver un maître. Anthemius ne se hasarda pas à soutenir une lutte inégale, et se résigna à servir l'état dans des grades subalternes où il montra de la capacité et du courage. Il commandait la flotte de l'Hellespont, lorsque Léon et Aspar, qui conservaient toujours quelque défiance contre un sujet si digne du rang suprême, saisirent avec empressement l'occasion de lui imposer un exil honorable en l'envoyant régner sur l'Occident [1].

Ces négociations avait occupé toute l'année 466. Au printemps de 467, Anthemius partit de Constantinople avec un cortége si nombreux qu'on aurait pu lui donner le nom d'armée. Plusieurs personnages illustres de l'empire d'Orient l'accompagnaient. Lorsqu'il traversa l'Illy-

[1] Marcellini Chron. Procope, *de Bell. Vandal.*, l. vi.

rie, Marcellien vint lui rendre hommage et mit à sa disposition ses troupes et ses forteresses. Pour redevenir un sujet fidèle, ce brave guerrier ne demandait qu'à voir l'autorité souveraine entre les mains d'un prince qu'on pût servir sans déshonneur.

Cet appareil imposant, cette marche triomphale auraient pu inspirer de l'inquiétude à Ricimer; mais il avait pris d'avance ses sûretés, en stipulant qu'Anthemius lui donnerait sa propre fille en mariage. Fort de cette promesse, il alla au-devant du nouveau souverain et le fit proclamer Auguste le 12 avril 467, dans une plaine voisine de Rome, par le sénat et le peuple qui s'étaient portés à sa rencontre [1].

L'avénement d'Anthemius fut encore pour les populations romaines un jour de joie et d'espérance. Les vertus de ce prince, sa noble origine, les sympathies qu'il avait déjà su se concilier, semblaient devoir lui donner assez de force pour abaisser l'influence barbare et relever l'Empire de sa décadence. La noblesse gauloise ne pouvait rester étrangère à ces sentiments : elle envoya, pour complimenter le nouvel empereur, un de ses plus illustres membres et l'homme le plus influent de la Gaule à cette époque, Sidonius Apollinaris.

---

[1] **Cassiodori Chron.**, *ad ann.* 467.

Sidonius arriva à Rome au moment où l'on célébrait les noces de Ricimer avec la fille du souverain, et fut témoin de ces fêtes somptueuses
dans lesquelles on étala, comme il le dit lui-
même, les richesses de deux Empires [1]. Anthemius connaissait d'avance la réputation littéraire du député des Gaules, et sentit combien il
était important de s'attacher un homme entouré
d'une si juste considération. Il le combla de faveurs et de caresses, et le prenant par l'endroit
le plus sensible, son amour-propre de poète, il
le chargea de composer le panégyrique en vers
qui devait être récité à l'inauguration du consulat que l'empereur prenait suivant l'usage pour
l'année 468, la première après son élection. C'é-
tait la troisième fois que Sidonius s'acquittait de
cette tâche ingrate. Déjà il avait loué Avitus et
Majorien; sa verve féconde trouva facilement
pour Anthemius de nouvelles formules d'enthousiasme. Mais malgré la flexibilité de son esprit,
il ne put s'empêcher d'être embarrassé dans l'expression des éloges qu'il fut forcé d'adresser au
gendre de l'empereur, à ce barbare Ricimer,
assassin d'Avitus et de Majorien, l'un beau-père
de Sidonius, l'autre son bienfaiteur et son ami.
Le panégyrique n'en fut pas moins applaudi,

---

[1] Sidonius, *l.* i, *ep.* 5 *et* 9.

et Anthémius voulut garder auprès de lui le poète, en le faisant préfet de Rome.

Sidonius est un type complet de l'élite des classes aristocratiques au V° siècle et de ce qu'on pourrait appeler les honnêtes gens de cette époque. Éclairée, polie, spirituelle, unissant aux vertus chrétiennes tous les raffinements de la civilisation antique, cette aristocratie attache par ses qualités aimables et intéresse par ses malheurs. Mais il lui manquait l'énergie morale, sans laquelle il n'est point de salut pour les individus comme pour les peuples; la crainte avait flétri les courages, l'égoïsme desséchait les cœurs. On vit alors ce qui arrive toujours dans les temps de dissolution sociale. Lorsque la foi a disparu du monde politique, et que la soumission aux faits accomplis est devenue la seule règle des devoirs, lorsque l'instabilité des fortunes excite les ambitions sordides et étouffe les sentiments généreux, lorsque la lutte des intérêts privés s'est partout substituée aux élans du patriotisme, les hommes honorables se sentent saisis d'un dégoût amer, d'un profond découragement; les uns (et parmi ceux-là sont les ames les plus hautes et les cœurs les plus nobles), les uns se retirent de la vie publique, s'isolent et se renferment dans le sanctuaire des vertus privées. Les autres croient at-

ténuer les vices des mauvais gouvernements en
s'unissant à leur action, et cèdent aux flatteries
des dépositaires du pouvoir, qui ont besoin d'eux
pour se couvrir du voile de leur dignité morale; mais impuissants pour faire le bien, ils s'ô-
tent, par une complicité involontaire, jusqu'au
droit de protester contre le mal.

On reconnaît facilement dans le Ve siècle cette
double tendance : d'un côté une soif insatiable
des honneurs et des richesses, de l'autre un profond mépris pour des dignités avilies et des faveurs prostituées. Sidonius, une fois entré aux
affaires, voyait avec chagrin les jeunes gens de
la plus haute noblesse des Gaules se retirer dans
leurs terres, et uniquement livrés aux travaux
agricoles, renoncer à toute ambition, à toute
participation active à la vie politique. Dans ses
lettres il leur adresse des reproches piquants et
mêlés de quelques menaces indirectes pour les
entraîner dans le cercle où lui-même s'était laissé attirer [1]. Mais ses avances n'eurent guère de
succès que dans sa propre famille : il fit nommer
un de ses parents vicaire des Gaules, et il appela
auprès de lui son beau-frère Ecdicius, fils de

---

[1] Sidonius, *l.* i, *ep.* 6; *l.* viii, *ep.* 8. Dans cette dernière lettre, Sidonius laisse entrevoir au jeune Salonius qu'en renonçant aux honneurs il s'expose à perdre les priviléges pécuniaires de la noblesse : *is
invenire quem non tàm honorare censor debeat quàm census onerare.*

l'empereur Avitus, pour lui ouvrir le chemin des honneurs; lui-même nous apprend que ces promotions n'échappèrent pas aux sarcasmes de ses compatriotes [1].

Au reste, si les sympathies de Sidonius pour le nouveau souverain de Rome étaient plus ou moins partagées par la majorité de l'aristocratie gauloise, des sentiments bien différents animaient les Barbares fédérés qui ne cachaient point leur aversion pour le prince qu'ils affectaient d'appeler l'empereur grec. Cependant les Bourguignons étaient contenus par l'influence de Ricimer. Mais les Wisigoths fiers des progrès de leur puissance bravaient sans ménagement le pouvoir impérial et se préparaient à rompre les liens de vassalité qui les attachaient encore à l'Empire.

Des changements importants s'opérèrent à cette époque dans le personnel des chefs de ces nations : le vieux roi des Bourguignons, Gundioch, mourut, laissant quatre fils, Chilpéric, Godégisile, Gondemar et Gondebaud [2], qui exercèrent en

---

[1] Sidonius, *l. 1, ep.* 3 *et* 4. *Mussitat juvenum nostrorum calcata generositas.*

[2] Greg. Tur., *Hist., l.* 11, *c.* 28. Nous avons vu par une lettre du pape Hilaire, que Gundioch était investi en 463 de la dignité de maître des milices des Gaules, dans laquelle il avait remplacé Egidius. Nous verrons tout à l'heure qu'en 469, un général romain, le comte Paul,

commun l'autorité dont leur père avait joui et
que les Romains pour cette raison appelèrent les
Tetrarques[1]. Néanmoins Chilpéric, qui était l'aîné, établit sa résidence à Lyon et conserva une
sorte de prépondérance sur ses frères. Ricimer
appela auprès de lui Gondebaud, et lui donna
un commandement dans l'armée d'Italie; sans
doute dans ses pensées d'avenir il destinait ce fils
de sa sœur à être un jour l'héritier de ses dignités
et de sa puissance[2].

Chez les Wisigoths ce fut une révolution sanglante qui fit passer le pouvoir dans de nouvelles

---

. fut envoyé dans les Gaules pour commander les armées impériales; il
est probable que Gundioch était mort peu de temps auparavant, et par
conséquent vers 468.

[1] Sidonius, *l.* v, *ep.* 6 *et* 7.

[2] Plusieurs historiens modernes ont supposé qu'il y eut une guerre
civile entre les fils de Gundioch pour la succession de leur père, et que
Gondebaud, chassé et dépouillé par ses frères, se réfugia en Italie. Grégoire de Tours ne parle point de cette guerre, et il est impossible de
trouver rien qui s'y rapporte dans les textes contemporains. Cette supposition est venue, comme bien d'autres, de l'importance exagérée que
les écrivains du XVII° siècle ont donnée aux royautés barbares. On
ne pouvait concevoir que Gondebaud eût abandonné volontairement le
royaume de son père pour servir l'empire en Italie. Cependant la per-
spective de succéder aux dignités de Ricimer était évidemment pour
lui bien plus brillante que celle qu'il aurait pu avoir en se bornant à
être le chef d'une partie de la nation des Bourguignons. Le nom de
tétrarque, donné à ses frères, prouve d'ailleurs qu'aucun d'eux n'avait
renoncé à sa part d'autorité héréditaire.

mains. Vers la fin de l'année 466, Théodoric, roi de cette nation, fut tué par Euric, le plus jeune de ses frères [1]. Lui-même devait le trône à un crime semblable: treize ans auparavant, aidé de son second frère Frédéric, il avait assassiné Thorismond, son aîné, et avait pris sa place. Liés par cette redoutable complicité, Théodoric et Frédéric étaient restés intimement unis. Frédéric était un homme de guerre, un brave capitaine toujours à la tête des armées, tandis que Théodoric dirigeait habilement la marche des affaires. La politique du premier, l'épée du second avaient fait prendre à la domination des Wisigoths un immense accroissement. Mais Frédéric périt, comme nous l'avons vu, à la bataille d'Orléans, où il fut vaincu par Egidius, et cette mort priva Théodoric d'un appui que les circonstances lui rendaient plus que jamais nécessaire.

En effet, nous avons expliqué plus haut comment le meurtre de Thorismond avait été provoqué par des intrigues romaines: on soupçonnait ce prince de vouloir se mettre en état d'hostilité déclarée contre l'Empire, et on avait travaillé à lui substituer Théodoric, comme plus docile et

---

[1] *Eo anno interfectus est Théodoricus rex Gothorum à fratre suo Euthorico, Tholosd.* (Marii Chron., *ad unn.* 467.) *Euricus pari scelere quo frater succedit in regnum.* (Idacii Chron.)

plus ami des Romains. La conduite de ce dernier pendant tout son règne ne démentit point l'origine de son pouvoir. Quoiqu'il agrandît toujours ses domaines aux dépens de l'Empire, il ne s'en sépara jamais. Toutes ses acquisitions furent sanctionnées par des concessions impériales. Il s'attacha à servir, parmi les partis qui se disputaient la couronne, ceux qui pouvaient le mieux favoriser ses intérêts. Mais il agit constamment comme vassal, au nom d'un souverain ou d'un autre, et ne fit jamais la guerre à l'Empire lui-même, à ce qu'on appelait encore la république romaine [1].

Maintenant les Wisigoths étaient devenus trop puissants pour garder long-temps ces ménagements illusoires. Les progrès de cette nation avaient d'abord été fort lents. Pendant cinquante ans, depuis son premier établissement dans la Gaule, sous Honorius, jusqu'à la mort de Majorien, elle ne dépassa point les bornes du territoire qui lui avait été assigné dans la Novempopulanie; mais pendant les quatre années du fu-

[1] Remarquons bien que Théodoric n'en exerçait pas moins en fait toute la plénitude de l'autorité royale dans les provinces qui lui avaient été concédées. Sidonius nous a laissé une description fort curieuse de la cour de ce prince, dans une lettre qui dut être écrite vers 460, à l'époque où le vaincu de Lyon cherchait à faire oublier sa révolte en négociant pour rattacher les Wisigoths à l'empereur Majorien. (*Sidon.*, l. 1, ép. 2.)

neste règne de Sévère, à la faveur de la guerre civile allumée entre Ricimer et Égidius, elle s'était approprié la première Narbonnaise et la deuxième Aquitaine. Maîtresse alors d'un tiers de la Gaule et des parties les plus riches de cette grande province, dominant en Espagne malgré les obstacles qu'elle y rencontrait encore, elle aspirait à se rendre tout-à-fait indépendante et à étendre sa souveraineté sur des contrées ouvertes et sans défense. Son aversion pour un empereur envoyé d'Orient accrut encore ces dispositions à la révolte. Euric se fit le représentant des idées d'agrandissement et de conquêtes qui fermentaient chez ses compatriotes, et par le meurtre de son frère, il se mit en position de les réaliser [1].

Cependant ses vues hostiles n'éclatèrent pas dès le premier abord. L'union apparente d'Anthémius et de Ricimer, l'adhésion des populations romaines au nouveau souverain, l'appui qu'il recevait de l'empire d'Orient en imposaient aux Barbares. La guerre d'Espagne était toujours la plaie des Wisigoths. Euric chercha à traiter avec les Suèves qui, à force de guerroyer dans les montagnes, s'étaient relevés de leurs défaites et

---

[1] *Euricus rex Wisigothorum crebram mutationem Romanorum principum cernens, Gallias suo jure nisus est occupare.* (Jornandès, *Hist. Goth.*, c. 43.)

avaient repris possession d'une partie de la Lusitanie. Théodoric, pour être plus libre dans sa lutte contre Égidius, avait donné sa fille en mariage à leur chef Remismond. Euric essaya de renouer cette alliance; mais il chercha surtout à s'assurer le concours de Genséric, cet éternel fléau du nom romain, dont l'appui était invoqué tour à tour par tous les ennemis de l'Empire [1].

Genséric n'était en tout temps que trop disposé à tourner ses armes contre les Romains; mais, dans cette circonstance, il y était en outre poussé par un ressentiment personnel. Parmi les patriciens qui s'échappèrent de Rome lorsque les Vandales y entrèrent en 455, on remarquait un sénateur, nommé Anicius Olybrius, de cette illustre famille chrétienne des Anice, qui a produit des saints et des martyrs, et qui, selon Sozyme, avait vu seule avec peine en 409 l'usurpation du païen Attale. La piété des Anice, leur attachement au sang de Théodose les avaient mis en grande faveur sous le dernier empereur de cette dynastie, et Valentinien, quelque temps avant sa mort, avait fiancé à Olybrius sa seconde fille Placidie. Après le meurtre de ce malheureux prince, lorsque ses deux filles furent emmenées captives à Carthage avec leur mère, le roi vandale fit épouser l'aînée

[1] *Idacii Chron.*

à son fils Hunéric. Apprenant ensuite que la seconde était fiancée à Olybrius, il fut flatté de cette alliance avec une si noble famille, et renvoya Placidie à son époux qui s'était réfugié à Constantinople. Plus tard, quand il sut que le trône d'Occident était vacant, et qu'une députation du sénat de Rome avait prié l'empereur Léon d'en disposer, il s'empressa de faire valoir les droits qu'Olybrius avait à cette couronne par son mariage avec une fille de Valentinien. Son orgueil et sa politique étaient également intéressés à faire décorer de la pourpre impériale le beaufrère de son fils. Mais les motifs qui lui faisaient désirer ce choix étaient précisément ceux qui devaient en détourner Léon. Anthémius fut préféré, et Genséric furieux résolut de pousser la guerre avec plus de vigueur que jamais [1].

Également menacés par le conquérant barbare, les deux empereurs préparèrent de concert une grande expédition maritime pour agir à la fois contre les Vandales en Sardaigne, en Sicile et en Afrique. Une flotte de 1,100 voiles, montée par 100,000 soldats, sortit des ports de l'Orient, sous le commandement de Basilisque, frère de l'impératrice Vérine, et vint se réunir en 468 aux forces

---

[1] Procope, *de Bello Vandal.*, l. 1, c. 6.

de l'Occident que dirigeait Marcellien [1]. En mettant ce général à la tête d'une entreprise aussi
importante, Anthémius espérait peut-être s'en
faire un jour un appui contre l'ambition de Ricimer, dont le joug commençait à lui sembler pe-
sant. Mais le rusé Barbare avait prévu le coup
qu'on voulait lui porter, et ce fut probablement
par ses trames secrètes que Marcellien, après de
brillants succès en Sicile et en Sardaigne, périt
assassiné par ses propres soldats [2]. La trahison
ou l'impéritie des chefs firent aussi échouer sur
les côtes de l'Afrique la grande flotte d'Orient :
les brûlots de Genséric incendièrent cette masse
de navires réunis dans un étroit espace, et il revint à peine quelques vaisseaux à Constantinople
pour y porter la nouvelle de cette épouvantable
destruction. Telle fut la désastreuse issue de la
dernière tentative faite par les forces combinées
des deux Empires pour abattre la puissance des
Vandales ; la Providence semblait avoir destiné
ce peuple, en dépit de tous les efforts humains, à
consommer la ruine de la grandeur romaine.

---

[1] *Legati qui ad imperatorem missi fuerant redeunt nuntiantes sub præ-
sentiâ sui magnum valdè exercitum cum tribus ducibus lectis adversùm
Vandalos à Leone imperatore descendisse, directo Marcellino pariter
cum manu magnâ eidem per imperatorem Anthemium sociatâ.* (Idacii
Chron.)

[2] Procope, *de Bello Vandal.*, l. 1, c. 6. *Marcellini et Idacii
Chron.*

Malgré le triste résultat de cette expédition, Anthémius avait satisfait, dès son avénement, au devoir sacré que l'opinion nationale imposait à tous les empereurs, et dont tous s'étaient acquittés jusqu'alors, à l'exception de Sévère. Reconquérir l'Afrique était le premier intérêt de Rome; conserver la Gaule était le second; l'attention d'Anthémius se porta tout entière de ce côté.

On ne songeait plus à disputer aux Wisigoths les trois grandes provinces que des concessions impériales leur avaient abandonnées. Mais on savait que, non contents de ce vaste territoire, ils aspiraient à n'avoir d'autres limites que l'Océan, la Loire et le Rhône. Pour atteindre ce but, la première Aquitaine était le seul obstacle qui les arrêtât encore : elle devint le point de mire de toutes leurs aggressions.

Dans la partie montagneuse de cette contrée, les populations gallo-romaines pouvaient se défendre elles-mêmes à l'aide des difficultés naturelles de leur sol; mais les plaines du Berri et de la Touraine offraient un champ ouvert à l'invasion; pour en écarter l'ennemi, il fallait recréer l'armée d'Égidius et la ligne défensive que ce grand homme avait établie sur la Loire. Anthémius, dont toutes les forces étaient engagées dans la guerre contre les Vandales, ne pouvait envoyer de troupes dans la Gaule. Il s'adressa aux fidèles alliés de la cause romaine, aux Bretons de l'Armorique, et les pria de venir défendre les restes du territoire impérial contre les entreprises des Wisigoths.

Érech, que les Latins appellent Riochame ou Riothime, était alors roi des Bretons; on le croit fils et successeur immédiat d'Audren qui commandait à cette nation lorsqu'elle combattit sous les drapeaux d'Aëtius contre l'invasion d'Attila [1]. L'attachement à l'Empire était héréditaire dans la descendance de Conan, et d'ailleurs Érech pouvait craindre pour lui-même l'esprit envahissant des rois goths dans lesquels les Bretons, zélés catholiques, voyaient avec horreur les plus fermes soutiens de l'hérésie d'Arius. Il n'hésita donc pas à répondre en personne à l'appel de l'empereur, et ayant rassemblé sur les côtes de l'Océan une flotte nombreuse de ces bateaux armoricains, dont la forme et l'équipement n'ont presque point changé depuis César, il y fit embarquer 12,000 hommes, puis remontant la Loire, tant que ses barques purent y naviguer, il descendit sur la rive gauche du fleuve, et alla prendre position dans le Berri [2].

---

[1] Dom Morice, Histoire de Bretagne, l. 1.

[2] *Anthemius imperator solatia Britonum postulavit. Quorum rex Riothimus cum duodecim millibus veniens, in Biturigas civitatem, Oceano à navibus egressus, susceptus est.* (Jornandès, *Hist. Goth.*, c. 45.)

Quelques auteurs, qui nient l'existence d'une dynastie bretonne dans l'Armorique au Ve siècle, ont voulu que Riothime fût un chef de la Grande-Bretagne, venu tout exprès à travers l'Océan pour protéger la Gaule romaine. Mais cette supposition ne peut pas se soutenir pour peu qu'on réfléchisse à l'état d'anarchie et de misère dans lequel était alors tombée cette malheureuse île. Nous avons cité plus haut la lettre écrite par les chefs de la Grande-Bretagne, sous le troisième consulat d'Aëtius, en 446. Ce gémissement, comme le dit la lettre elle-même, ce cri de désespoir d'un peuple à l'agonie nous montre les Bretons déjà réduits à la plus extrême détresse. Envahis à la fois par les montagnards écossais et par les pirates saxons, repoussés des montagnes à la mer et de la mer aux montagnes, traqués dans leur île comme des bêtes fauves, ces infortunés s'étaient réfugiés dans les bois et les cavernes, et, suivant le témoignage presque contemporain de Gildas, ils avaient renoncé à cultiver leurs terres pour ne vivre que de chasse et de racines sauvages. Est-ce donc un pays ainsi dévasté qui pouvait fournir à la première demande de l'empereur romain une flotte chargée de 12,000 hommes ? A la vérité on a prétendu que les Bretons de Riothime étaient des émigrés échappés de leur patrie pour chercher un asile dans la Gaule ; mais ce n'est point du tout ainsi que les auteurs latins présentent cette expédition. Jornandès dit positivement qu'Anthémius demanda le secours des Bretons, *solatia Britannorum quærens*. Ce sont des alliés dont il réclame l'appui et non des réfugiés qu'il accueille.

On insiste et l'on fait remarquer que les Bretons de Riothime étaient venus par mer, *ex Oceano*, et qu'il n'est point nécessaire de s'embarquer pour passer de l'Armorique dans le Berri. A cette objection, la seule qui paraisse spécieuse, nous répondrons que le principal siége de la puissance des Bretons-Armoricains avait toujours été dans la partie la plus occidentale de cette province, sur les côtes de l'Océan, dans le territoire actuel des départements du Morbihan et du Finistère. Les rois bretons du V° siècle résidaient à Vannes, et cette ville fut encore dans les siècles suivants la capitale des ducs ou comtes qui leur succédèrent, sous la dynastie mérovingienne. Il n'est donc pas étonnant qu'Érech ait trouvé plus commode et plus prompt de transporter ses 12,000 hommes dans le Berri par l'Océan et la Loire que de les y conduire par terre, route longue, fatiguante et semée de dangers.

Pour nous faire une idée juste des obstacles que l'armée bretonne aurait pu rencontrer dans

cette direction, examinons quel était alors l'é-
tat des contrées limitrophes de l'Armorique; cet
examen est d'ailleurs nécessaire pour l'explication des événements qui vont suivre. Nous avons
vu plus haut que, dès le commencement du Vᵉ siècle, les pirates saxons avaient formé des établissements dans les grandes îles de la Loire, entre
Saumur et Angers, tandis qu'un corps plus nombreux de leurs compatriotes avait occupé le pays
de Bayeux et l'ancien territoire des *Unelli*, au
sud du département de la Manche. Les Saxons,
comme tous les Barbares fixés dans la Gaule,
avaient fini par se faire admettre au nombre des
fédérés de l'Empire, et avaient combattu en cette
qualité sous les drapeaux d'Aëtius, à la bataille de
Mauriac. Dans la suite, pendant l'espèce d'anarchie qui suivit la mort d'Égidius, Odoacre, chef
des Saxons de la Loire, entra dans la ville d'Angers, et s'étant fait donner des ôtages par les habitants, il resta maître de cette cité et de la province d'Anjou [1].

Un peu plus au nord, le Maine était occupé
par d'autres Barbares. Du temps de Clovis, vingt
ans après l'époque à laquelle nous sommes arrivés, il y existait une peuplade de Francs qui avait
à sa tête un roi ou chef indépendant, nommé

---

[1] *Greg. Tur. Hist.*, l. ɪɪ, c. 18.

Rignomer [1]. L'existence d'une colonie franque
dans l'ouest de la Gaule, à une distance si considérable des principaux établissements de cette
nation, a toujours paru aux historiens un problème difficile à résoudre. La seule explication
raisonnable qu'on en puisse donner est celle que
nous fournit la Notice de l'Empire. Cette pièce
officielle indique une colonie de lètes francs,
cantonnés à Rennes dans l'Armorique [2]. Or différents indices tendent à prouver que pendant
les grandes guerres d'Aëtius dans la Gaule, de
430 à 440, le roi breton Grallon s'empara de
Rennes et soumit ou chassa les Francs qui y
étaient établis [3]. Ceux d'entre eux qui ne voulurent point se rendre se replièrent sur le Mans,
où ils formèrent une nouvelle colonie, qui
subsistait encore à la fin du V° siècle. Ainsi les
Francs du Maine, les Saxons du Bessin et ceux
de l'Anjou bordaient dans toute leur longueur
les frontières orientales de la Bretagne armoricaine et ce seul motif aurait pu décider Riochame

---

[1] *Greg. Tur. Hist.*, l. II, c. 42.

[2] *Præfectus lætorum Francorum Redonas Lugdunensis Tertiæ.* (Notitia Imperii, *sect.* 65.)

[3] Dans une charte de donation, faite à l'abbaye de Landevenech,
Grallon prend le titre de roi d'une partie des Francs : *Ego Gradlonus
gratiâ Dei rex Britonum necnon ex parte Francorum.* (Dom. Lobineau,
Hist. de Bretagne, Preuves du liv. 1ᵉʳ.)

à faire passer toutes ses troupes par mer [1].

Ce fut probablement en 469 que les Bretons s'établirent dans le Berry. Ils y restèrent au moins un an, car une lettre, écrite par Sidonius à Riochame, montre que ce patricien influent, zélé protecteur de ses compatriotes, avait entretenu à diverses reprises une correspondance avec le roi breton, pour appuyer auprès de lui les plaintes des habitants contre les vexations et les dégâts commis par ces soldats étrangers dans le pays qu'ils occupaient [2]. Tandis que leur seule présence contenait les Wisigoths, Anthemius songeait à reconstituer une armée romaine derrière cette première ligne de défense. Un général romain, le comte Paul, [3] fut envoyé par lui dans le nord

[1] L'existence d'un royaume franc dans le Maine, au temps de Clovis, est admise par la plupart des historiens modernes et des commentateurs de Grégoire de Tours. Cependant ce fait ne résulte pas clairement du texte cité. Grégoire de Tours dit seulement que Rignomer, frère des rois francs de la Belgique, fut tué par ordre de Clovis dans la cité du Mans. Cela ne prouve pas qu'il y ait régné; il avait pu y être transporté comme prisonnier, et massacré ensuite. Les indices puisés dans la Notice de l'Empire et dans les traditions bretonnes me paraissent seuls donner quelque consistance à l'hypothèse d'une colonie franque dans le Maine. Quant à l'existence des colonies saxonnes de l'Anjou et du Bessin, il n'y a pas de fait historique mieux démontré; on en retrouve les traces jusqu'au Xe siècle.

[2] Sidonius, l. III, ep. 9.

[3] Lorsque Sidonius arriva à Rome en 467, il fut reçu dans la maison de Paulus, ancien préfet du prétoire d'Italie sous Valentinien, en 442,

de la Gaule, avec mission de réorganiser l'armée d'Égidius. Dans ce but, la première chose à faire était de rappeler sous les drapeaux de l'Empire les contingents des Francs de la Belgique, qui avaient fait long-temps la principale force du lieutenant de Majorien, et dont la désertion avait causé sa perte. Rien n'indique que les Francs aient continué la guerre après la mort d'Égidius. Satisfait d'avoir abattu son ennemi personnel, Childéric avait posé les armes et était redevenu le fidèle allié d'un empire aux destinées duquel présidait son protecteur Ricimer. Il obéit donc à l'appel qui lui était fait au nom des traités, tandis que le comte Paul rassemblait à Orléans les débris des troupes romaines, qui, après la défaite de leur général, s'étaient retirées dans les forteresses du nord. Mais avant que ces préparatifs pussent être terminés, la trahison précipita une rupture que des deux côtés on semblait craindre également.

Un noble Narbonnais, Arvandus, était alors préfet des Gaules. Déjà précédemment il avait géré pendant cinq ans cette charge importante, et y avait acquis une honorable popularité ; sa capacité, ses talents rehaussés par des qualités

et non moins distingué par ses vertus que par son mérite. Le nouveau maître des milices de la Gaule pouvait appartenir à cette famille préfectorale.

aimables lui avaient concilié l'affection des hommes les plus estimables de la province. Sidonius était son ami et lui resta toujours fidèlement attaché. Mais à ces dehors séduisants, Arvandus joignait un caractère frivole, un esprit mobile, et surtout le vice capital de son siècle, une absence complète de foi politique et de principes moraux. Lorsqu'il fut élevé pour la seconde fois à la dignité de préfet, il était criblé de dettes; le désordre de sa fortune l'entraîna à commettre des concussions qui lui firent bientôt oublier tous ses devoirs. Déjà nous avons pu reconnaître à l'occasion de l'affaire d'Agrippinus qu'il existait dans la Gaule, et surtout dans la Narbonnaise, une faction ennemie de tous les empereurs italiens et portée à préférer le joug même des Barbares à celui des souverains de Rome. Assuré de la faveur de ce parti puissant, Arvandus entra secrètement en négociation avec le roi des Wisigoths. Pendant sa première préfecture, sous le règne de Sévère, il avait dû nouer avec les chefs de ce peuple, alors allié du gouvernement impérial contre Égidius, des relations que sans doute il ne fit que continuer. Instruit des ordres donnés par Anthemius pour réorganiser la ligne défensive de la Loire, il en avertit Euric et l'engagea à prévenir l'exécution de ces mesures, en attaquant par surprise les Bretons cantonnés dans le Berry avant qu'ils eussent fait leur jonction avec l'armée impériale [1]. Développant ensuite un nouveau plan de politique applicable en cas de succès, il lui conseillait de s'allier aux Bourguignons et de partager avec eux tout le territoire de la Gaule. Ainsi les vues de la faction étaient bien d'anéantir entièrement la domination romaine et de substituer à l'empire les monarchies barbares. On conçoit quel appui ces monarchies durent trouver dans de pareilles dispositions pour passer de l'état de vassalité à celui de souveraineté indépendante.

Mais d'un autre côté il existait un parti national qui avait son principal foyer dans la cité des Arvennes et dans la Ire Lyonnaise, et que représentaient dignement les illustres familles des Sidonius, des Avitus, des Siagrius, des Tonnantius. Depuis la trahison d'Agrippinus, les chefs de ce parti veillaient avec défiance sur toutes les démarches des gouverneurs d'Arles. Ils parvinrent à se procurer une copie de la lettre d'Arvandus, et firent aussitôt porter leur dénonciation à Rome par une députation à la tête de laquelle était Ton-

---

[1] *Interceptas litteras deferebant quas Arvandi scriba corruptus dominum dictasse profitebatur. Hæc ad regem Gothorum carta videbatur emitti, pacem cum græco imperatore dissuadens. Britannos suprà Ligurim sitos impugnari opportere demonstrans, cum Burgundionibus jure gentium Gallias dividi debere confirmans.* (Sidonius, *l.* 1, *ep.* 7.)

nantius Ferreolus, cet ancien préfet qui avait rendu de si grands services à la Gaule lors de l'invasion d'Attila et qu'Égidius s'honorait d'avoir pour ami et pour parent. Toutes les péripéties du procès d'Agrippinus se reproduisirent dans cette affaire avec une singulière conformité. Arvandus, mandé devant le sénat comme son prédécesseur, y parut avec la même assurance, tant la trahison semblait alors chose commune et excusable. Il comptait sur le crédit de ses protecteurs parmi lesquels figurait malheureusement Sidonius alors préfet de Rome et qui, avec sa faiblesse ordinaire, ne vit qu'un ancien ami là où il n'aurait dû voir qu'un traître. Probablement aussi Ricimer soutenait en secret cet homme qui, selon toute apparence, n'était que l'instrument de ses intrigues. Cependant Anthemius qui tenait à faire un exemple, insista sur l'accusation. Les preuves étaient manifestes. Arvandus fut condamné à mort par application de la loi de lèse-majesté; mais on n'osa pas exécuter la sentence qui fut commuée en banissement [1]; car l'impunité des grands coupables, l'affaiblissement de la justice, la tendance des esprits à justifier et à atténuer le crime, sont encore des symptômes communs à toutes les époques de dissolution sociale.

---

[1] Sidonius, *l.* 1, *ep.* 7.

La condamnation d'Arvandus n'empêcha point l'effet de sa trahison. Euric, averti par lui, attaqua les Bretons à l'improviste dans leurs cantonnements près de Déols, et en fit un grand carnage. Cet échec dégoûta Riochame du service de l'Empire : se plaignant de n'avoir pas été secouru, il reprit, avec les débris de son armée, le chemin de l'Armorique, et laissa les frontières de la Ire Aquitaine, sans défense [1]. Le comte Paul ne fut point découragé par cette défection; ses troupes étaient enfin réunies et organisées. Plein de confiance dans a valeur des Francs que Childéric lui avait amenés, il marcha contre les Wisigoths, les repoussa hors des limites du Berry, et leur reprit le butin qu'ils avaient enlevé.

La ligne défensive d'Égidius se trouvait ainsi reformée avec les mêmes éléments, et la fidélité des Francs avait préservé encore une fois le territoire romain de l'invasion gothique. Mais sur

---

[1] *Ad quos rex Wisigothorum Euricus innumerum ductans exercitum advenit, düque pugnans Riothimum Britonum regem antequàm Romani in ejus societate conjungerentur superavit.* (Jornandès, *Hist. Goth.*, c. 45.) *Britanni de Bituricâ à Gothis expulsi sunt, multis apud Dolensem vicum peremptis* (Greg. Tur., *Hist.*, l. II, c. 18.) Jornandès suppose que Riothime se retira sur les terres des Bourguignons. Il n'est nullement vraisemblable que le roi breton ait pris cette direction précisément opposée à celle qu'il avait à suivre pour rentrer dans son pays. La preuve qu'il y revint immédiatement, c'est que son nom ne se retrouve plus à dater de cette époque dans les documents contemporains.

le cours inférieur de la Loire, les communications étaient interceptées par Odoacre et ses Saxons qui persistaient à garder l'Anjou et à méconnaître l'autorité impériale. Le comte Paul sentit la nécessité de reprendre cette position importante pour assurer la liberté de la navigation et la sécurité des contrées voisines du fleuve. Il alla mettre le siége devant Angers, et deux jours après, ayant été rejoint par Childéric, il donna l'assaut à la ville qui fut prise et livrée à toutes les horreurs du pillage et de l'incendie. La principale église devint elle-même la proie des flammes. Mais cette victoire fut chèrement achetée, car le comte Paul périt dans le combat qui paraît s'être continué jusque dans les rues de la vieille cité gauloise. Après sa mort, Childéric prit le commandement de l'armée combinée des Francs et des Romains. Il poursuivit les Saxons avec acharnement, les refoula dans leurs îles, et, pénétrant jusque dans ce dernier refuge, il détruisit leurs établissements et fit un massacre effroyable de cette population de pirates. Tant de désastres forcèrent enfin Odoacre à se soumettre et à demander la paix. Les conditions qu'on lui dicta furent probablement celles que nous avons vu imposer à toutes les nations barbares, lorsqu'après quelques tentatives hostiles, elles étaient vaincues par les troupes impériales.

Il dut s'engager à se renfermer dans les limites du territoire qui lui avait été assigné, et à combattre comme fédéré sous les bannières romaines. Nous en avons la preuve dans l'appel qui fut fait bientôt après à ses services en vertu de cet engagement.

Les Allemands, comme nous l'avons souvent fait remarquer, occupaient, entre le cours supérieur du Rhin et celui du Danube, une position très favorable pour envahir à leur choix l'Italie ou la Gaule. Contenus du côté du Rhin par les Francs et les Bourguignons, ils n'avaient jamais cessé, depuis la dissolution de l'empire des Huns, d'inquiéter le nord de l'Italie où l'on était obligé d'entretenir une armée permanente pour défendre la ligne du Pô. Nous avons déjà signalé leurs incursions sous Avitus, sous Majorien, sous Sévère; toute la vie de Ricimer s'était passée à protéger le nord de la péninsule contre ces Barbares, et les côtes du sud contre les Vandales. Pour retenir les Allemands dans leur pays par une diversion efficace, il leur opposa les Francs, qui, sous la conduite de Childéric, pénétrèrent jusqu'au cœur de la Germanie, en ravageant tout sur leur passage. Odoacre avec ses Saxons accompagna dans cette guerre le roi qui l'avait vaincu, et tous deux ne repassèrent le Rhin qu'après avoir mis pour quelque temps les Allemands hors d'état de nuire à l'Empire.

Telle est la suite des faits qui paraissent résulter clairement du récit de Grégoire de Tours, combiné avec les renseignements que nous pouvons puiser à d'autres sources sur les événements contemporains. Cependant la plupart des historiens modernes ont donné à ce passage une interprétation toute différente. Pénétrés de l'idée que les rois francs n'avaient jamais pu jouer dans la Gaule d'autre rôle que celui de princes indépendants, de conquérants, d'ennemis des Romains, ils ont supposé que Childéric sorti, soit de la Belgique, soit même, selon quelques-uns, de l'intérieur de la Germanie, avait soumis toutes les provinces du nord de la Gaule et s'était formé un royaume qui s'étendait de la Somme à la Loire, qu'il avait même poussé ses conquêtes jusqu'à Orléans, tué le comte Paul, battu les Romains et les Saxons, et pris possession de l'Anjou. Ensuite, croyant que les îles des Saxons ne pouvaient être situées qu'à l'embouchure de l'Elbe, on le fait partir des bords de la Loire pour aller sur les côtes de la Baltique, prendre ces îles et en exterminer les habitants, puis on veut qu'il les ait entraînés à sa suite pour faire la guerre aux Allemands à l'autre extrémité de la Germanie, entre le Rhin et le Danube.

Il suffit d'énoncer ces hypothèses pour en faire sentir l'invraisemblance. Ces victoires rem-
portées par tous les peuples à la fois, ce vaste
royaume fondé sans qu'aucun auteur contemporain paraisse en avoir eu connaissance, ces
courses prodigieuses d'un bout de l'Europe à
l'autre, semblent ne pouvoir trouver place que
dans un roman de chevalerie. Mais c'est qu'en
effet, dans le système adopté par ces historiens,
le texte de Grégoire de Tours ne peut offrir
qu'un tissu d'énigmes et de contradictions [1].
Voici la traduction littérale de ce passage; on
verra que notre récit le reproduit exactement, et
que nous y avons seulement ajouté les développements nécessaires pour le rendre plus intelli-
gible en rétablissant l'ordre chronologique des
faits [2].

---

[1] Dom Bouquet, ne pouvant méconnaître l'insuffisance des inter-
prétations données jusqu'alors, finit par déclarer ce passage tout-à-fait
inexplicable.

[2] *Igitur Childericus Aurelianis pugnas egit. Odoacrius verò cum Saxo-*
nis Andegavum venit. Magna tunc lues populum devastavit. Mortuus est
autem Egidius et reliquit filium Syagrium nomine. Quo defuncto Odoa-
crius de Andegavo et aliis locis obside accepit. Britanni de Bituricâ à
Gothis expulsi sunt, multis apud Dolensem vicum peremptis. Paulus
verò comes cum Romanis ac Francis Gothis bella intulit et prædas egit.
Veniente verò Odoacrio Andegavis, Childericus rex sequenti die advenit,
interemptoque Paulo comite civitatem obtinuit. Magno ed die incendio
domus ecclesiæ concrematum est. His ità gestis inter Saxones et Roma-

« En ce temps là, dit le saint évêque, Childé-
» ric fit la guerre du côté d'Orléans. Odoacre
» avec les Saxons vint à Angers. Une grande peste
» ravagea alors le pays. Égidius mourut, et laissa
» un fils nommé Syagrius. Après sa mort, Odo-
» acre se fit donner des ôtages à Angers et en
» d'autres lieux. Les Bretons furent chassés du
» Berry par les Goths, après qu'il en eut été tué
» un grand nombre, près du bourg de Déols.
» Mais le comte Paul, avec les Romains et les
» Francs, fit la guerre aux Goths, et leur prit
» beaucoup de butin.

» Odoacre étant venu à Angers, le roi Chil-
» déric y arriva le jour suivant, et le comte Paul,
» ayant été tué, il s'empara de la ville. En ce
» jour, l'église fut brûlée par un grand incendie.
» Il y eut une guerre entre les Saxons et les Ro-
» mains. Mais les Saxons prenant la fuite, aban-
» donnèrent un grand nombre des leurs au glai-
» ve des Romains qui les poursuivaient. Leurs
» îles furent prises et dévastées par les Francs,
» et il s'y fit un grand massacre. En cette année,

nos, bellum gestum est. Sed Saxones terga vertentes, multos de suis,
Romanis insequentibus, gladio reliquerunt. Insulæ eorum cum multo
populo interempto à Francis captæ atque subversæ sunt. Eo anno, mense
nono, terra tremuit. Odoacrius cum Childerico fædus iniit, Alamanos-
que qui partem Italiæ pervaserant, subjugarunt. (Greg. Tur., Hist., l. ii,
c. 18 et 19.)

» dans le neuvième mois, il y eut un tremble-
» ment de terre. Odoacre fit un traité avec Chil-
» déric, et tous deux subjuguèrent les Alle-
» mands qui avaient envahi une partie de l'I-
» talie. »

Tel est le récit de Grégoire de Tours dans sa
simplicité primitive, récit naïf, peu logique et
mal ordonné, mais qui pourtant présente un
sens fort clair lorsqu'on l'explique en le rappro-
chant des témoignages et des événements contemporains. Partout Grégoire de Tours fait marcher ensemble les Romains et les Francs. C'est
ensemble qu'ils font la guerre aux Goths, sous
le commandement du comte Paul; c'est ensemble qu'après la mort de ce comte, ils font la guerre aux Saxons, sous le commandement de Childéric. On a voulu conclure de ces mots : *Childericus, interompte comite Paulo, civitatem obtinuit,*
que Childéric se rendit maître d'Angers, après
avoir tué le comte Paul. La traduction littérale
est : « Childéric, le comte Paul ayant été tué,
» prit la ville. » Grégoire de Tours ne dit pas
qui a tué le général romain; mais, par les circonstances qui suivent, il semble évident que le
comte Paul périt dans l'assaut, et que Childéric,
après sa mort, s'empara de la ville et prit le
commandement de l'armée des Francs et des Romains. Quel était l'ennemi qu'on assiégeait ? c'était

Odoacre chef des Saxons, qui avait occupé Angers; et comme dans la phrase suivante on voit, après la prise d'Angers, les Romains, unis aux Francs, poursuivre les Saxons jusque dans leurs îles, on doit croire qu'ils étaient également unis pendant le siége. Childéric traite ensuite avec Odoacre, et tous deux font de concert la guerre aux Allemands. Mais quelle était la cause de cette guerre? c'est, dit Grégoire de Tours, que les Allemands avaient envahi une partie de l'Italie. Childéric et Odoacre combattaient donc pour le service de l'Empire. Je ne crois pas maintenant avoir besoin de prouver que les îles où les Romains et les Francs poursuivirent les Saxons, après les avoir chassés de l'Anjou, étaient situées dans la Loire et non dans la Baltique. Je ne pourrais que répéter ce que j'ai dit à ce sujet dans le premier volume. C'est encore un exemple de la confusion perpétuelle qu'on a faite entre les habitations primitives des peuples barbares, au nord et à l'est de l'Europe, et les établissements formés par eux sur le territoire romain. Il y avait des îles saxonnes dans la Baltique et dans la Loire, comme il y avait une Thuringe belge et une Thuringe germanique, une Bretagne insulaire et une Bretagne armoricaine, une France sur la rive gauche du Rhin et une sur la rive droite.

Je ne puis passer ici sous silence un autre fait sur lequel s'appuient les historiens qui veulent que Childéric ait régné comme conquérant et monarque indépendant sur tout le nord de la Gaule. Ce fait se trouve dans la vie de sainte Geneviève, dont l'auteur peut être regardé comme un contemporain, puisqu'il écrivait, ainsi qu'il le dit lui-même, dix-huit ans après la mort de cette sainte [1]. Suivant cet auteur, Childéric avait pour elle un tel respect qu'il ne pouvait rien lui refuser. Un jour, ayant amené à Paris des prisonniers qu'il voulait mettre à mort, il fit fermer les portes de la ville aussitôt qu'il y fut entré dans la crainte que Geneviève ne vint lui arracher par ses prières la grâce de ces malheureux. Mais la sainte, avertie par un messager fidèle, se présenta devant les portes qui s'ouvrirent d'elles-mêmes dès qu'elle les eut touchées, et étant parvenue jusqu'au roi, obtint de lui qu'il épargnerait la vie de ses captifs [2].

Ce récit n'a rien que de très vraisemblable, mais ne justifie en aucune manière les conséquences

---

[1] *Post ter senos ab obitu ejus annos quo ad describendam ejus vitam animum appuli.* (Vita Sanctæ Genovefæ, *c. 51.*) Sainte Geneviève mourut, selon l'opinion générale, la même année que Clovis, en 511. Ainsi cette vie aurait été écrite en 529.

[2] *Cùm esset insignis Childericus rex Francorum, venerationem quâ eam dilexit effari nequeo, adeò ut vice quâdam, ne potestatem vinctos qui ab eo tenebantur mulctandi Genovefa abriperet, ingrediens urbem*

qu'on a voulu en tirer. Loin de constater l'existence d'un royaume indépendant entre la Somme et la Loire, l'auteur de la vie de sainte Geneviève rapporte plusieurs circonstances incompatibles avec cette supposition. Selon ce que nous venons de dire, Childéric, maître des milices, seul commandant des armées impériales dans le nord de la Gaule, après la mort du comte Paul, a dû passer par Paris en quittant les bords de la Loire pour aller attaquer les Allemands sur le Rhin. Il a pu emmener à sa suite des prisonniers destinés à être immolés à ses vengeances ou aux nécessités de sa politique. On conçoit qu'il ait ordonné de fermer les portes de la place, même sans le motif que lui prête le pieux écrivain et que Geneviève ait pu se les faire ouvrir, même sans miracle, par la vénération que tout le monde lui portait. Cette vénération générale explique aussi l'ascendant qu'elle sut prendre sur le redoutable roi des Francs, car nous avons déjà vu des exemples de l'impression produite sur les chefs des nations barbares et encore païennes par les ver-

---

Parisiorum, portam firmari præcepit. At ubi ad sanctam Genovefam, per fidos internuntios regis deliberatio pervenit, confestim ad liberandas animas properans direxit; non minimum populo admiranti fuit spectaculum quemadmodum porta civitatis inter manus ejus sine clave reserata est, sic que regem consecuta, ne vinctorum capita amputarentur obtinuit. (Vita Sanctæ Genovefæ, c. 21.)

tus sublimes que le christianisme inspire: saint
Germain arrêtant Eochar, saint Loup et saint
Léon se faisant écouter d'Attila, puisèrent leur
force aux mêmes sources que la bergère de Nanterre, enseignant la clémence à Childéric. Que
peut-on donc objecter contre cette interprétation
déjà donnée par Dubos? Pour soutenir le système contraire, les plus savants historiens ont
été forcés de tronquer, d'altérer les textes ou de
les déclarer tout à fait inexplicables. En adoptant le nôtre, il n'y a rien à changer, rien à
rejeter dans les écrits contemporains ; tous
s'accordent, tous se confirment les uns par les
autres, et si quelque chose paraît difficile à expliquer, c'est la persistance des préjugés historiques que l'ignorance du moyen-âge a fondés,
et que la science du XVIIᵉ siècle n'a pas osé
abattre.

Nous avons représenté Childéric comme maître
des milices et seul commandant des armées impériales dans le nord de la Gaule, après la mort du
comte Paul, et en effet, il semble qu'à dater de
cette époque, un changement se soit opéré dans
l'organisation militaire de l'Empire. On ne voit
plus de général romain envoyé d'Italie pour
commander les troupes de la Gaule, soit parce
que les révolutions qui se succédaient sans cesse
à Rome ne permirent plus aux empereurs de

porter leur attention au dehors, soit parce qu'il n'y eut plus, par le fait, de troupes romaines dans la province. L'armée de Majorien est la dernière qui ait passé les Alpes et cette armée était composée de Slaves, d'Ostrogoths, d'Hérules et de Huns. Majorien en ramena une partie en Italie lorsqu'il y retourna lui-même; le reste dut beaucoup souffrir dans les guerres d'Egidius contre les Wisigoths, et surtout dans la défaite que lui firent éprouver les Francs révoltés. Les débris de ces troupes, après la mort du comte Paul, se fondirent dans celles de Childéric. Depuis ce temps la guerre ne se fit plus dans les Gaules au nom de l'Empire que par les deux puissantes nations fédérées des Francs et des Bourguignons ou par des milices du pays que l'aristocratie locale appelait aux armes. Le titre de maître des milices passa héréditairement, dans le midi de la Gaule, aux chefs des Bourguignons, dans le nord, aux chefs des Saliens. Nous en avons la preuve, pour les Bourguignons, dans la lettre du pape Hilaire, qui donne ce titre au roi Gundioch, en 463, et dans celle de Sidonius, qui, vers 474, le donne également à Chilpéric, fils de ce roi. Quant aux Francs, la même conséquence peut être tirée de la lettre que l'évêque saint Rémy adressa à Clovis, fils de Childéric, après la mort de son père, et dans laquelle il le félicite d'avoir été mis à la tête de l'administration de la guerre, comme son père l'avait été [1]. Remarquons que les lettres du pape Hilaire et de Sidonius ne font nullement mention du titre de roi en parlant des chefs bourguignons; elles ne leur en donnent pas d'autre que celui de maître des milices [2]. Dans la lettre de saint Rémi, adressée à Clovis lui-même, le titre de roi ne se trouve que dans la suscription. Nous reviendrons plus tard sur cette lettre qui, d'accord avec tous les documents contemporains, établit de la manière la plus claire la condition des rois barbares et particulièrement des rois francs dans la Gaule.

Il ne nous reste plus maintenant qu'à fixer d'une manière précise l'ordre chronologique des faits que nous avons constatés. Déjà nous avons dit que les Bretons durent prendre position dans le Berry au commencement de 469, et occuper cette province au moins pendant un an. Ainsi l'attaque imprévue de leurs cantonnements par les

---

[1] *Rumor ad nos magnus pervenit, administrationem vos secundùm rei bellicæ suscepisse : non est novum ut cœperis esse sicut parentes tui semper fuerunt.* (Epist. Sancti Remigii.)

[2] *Magistro militum Childerico victoriosissimo viro.* (Sidon., ep. 6, lib. 5.) *Ex viro illustri, magistro militum Gundiuco didicimus.* (Epist. Hilarii papæ.) L'auteur contemporain de la Vie de Saint Lupicinus donne à Childéric le titre de patrice des Gaules, qui a le même sens : *Coràm viro illustri Galliæ quondam patricio Childerico.* (Vita Sancti Lupicini, ap. Boll.)

Wisigoths dut avoir lieu dans les premiers mois de l'année 470, et probablement dans l'hiver, saison favorable pour surprendre un ennemi qui compte sur l'interruption des opérations militaires. Le reste de cette année fut rempli par les expéditions de Childéric et du comte Paul contre les Wisigoths et les Saxons ; la date de ces expéditions est constatée par les chroniques. Grégoire de Tours fait mention d'un tremblement de terre qui eut lieu dans le neuvième mois de l'année, et parle immédiatement après du traité imposé par Childéric à Odoacre. Ce traité fut donc conclu après le neuvième mois, et par conséquent dans l'automne de 470, d'où il résulte que l'expédition de Childéric et d'Odoacre contre les Allemands ne put avoir lieu qu'en 471.

Pendant que ces événements se passaient dans le nord de la Gaule, de nouvelles révolutions se préparaient en Italie. L'alliance de famille que la politique avait formée entre Ricimer et Anthemius, était encore une vaine tentative pour concilier deux éléments incompatibles : l'influence barbare et la vieille aristocratie romaine. Les hommes probes et éclairés, comme Sidonius, qui avaient rêvé dans cette conciliation la possibilité d'arrêter l'Empire sur le penchant de sa ruine, ne tardèrent pas à reconnaître leur erreur. Entre Anthemius et Ricimer les intérêts, les idées, les vues d'avenir, tout était opposé. Chaque circonstance nouvelle amenait un désaccord inévitable. On peut présumer que la condamnation d'Arvandus, l'envoi du comte Paul dans la Gaule, l'appel fait aux Bretons et aux Francs pour combattre la prédominance des Wisigoths et des Bourguignons, et surtout le choix de Marcellien, ennemi personnel de Ricimer, pour commander l'armée contre les Vandales, furent les principales causes de division entre le beau-père et le gendre. Ces dissentiments s'envenimèrent au point de ne pouvoir plus être dissimulés. A la fin de l'année 470, Ricimer saisit le prétexte de quelques mouvements parmi les Barbares, au nord de l'Italie, pour aller s'établir à Milan, au milieu de son armée. Il y fixa sa résidence, et dès-lors il y eut deux cours et deux pouvoirs rivaux [1].

Cette situation équivoque ne pouvait durer long-temps. Bientôt Ricimer annonça hautement l'intention de se porter sur Rome avec ses soldats, pour obtenir par la force le redressement de ses prétendus griefs, et la publicité de cette rupture frappa d'effroi les populations italiennes, qui sous le règne d'Anthemius avaient espéré de voir

[1] Il est à remarquer que le départ de Ricimer pour Milan coïncide avec l'invasion des Allemands mentionnée par Grégoire de Tours et l'expédition de Childéric; ainsi ces deux événements s'expliquent et se justifient l'un par l'autre.

renaître des jours de paix et de sécurité. Tous les hommes éminents de la Ligurie vinrent se jeter aux pieds de Ricimer et le conjurèrent de ne pas déchirer l'unité de l'Empire, de ne pas livrer encore la malheureuse Italie à toutes les horreurs de l'anarchie et de la guerre civile [1]. Toujours hypocrite et astucieux, le commandant des milices fit semblant de se laisser fléchir, et se déclara prêt, pour son compte, à entrer en accommodement ; mais il feignit de redouter la colère et le caractère implacable d'Anthemius. « Qui se chargera, disait-il, d'aborder en mon nom un monarque irrité, d'apaiser un Galate furieux ? » [2] Il connaissait la pusillanimité de l'aristocratie italienne et il exagérait le danger de l'ambassade dans l'espoir que personne ne voudrait l'entreprendre.

Mais il y avait alors à Pavie, un évêque révéré de toute l'Italie, saint Epiphane, un de ces héros du christianisme devant qui tout genou barbare ou romain fléchissait avec respect. Les nobles liguriens demandèrent unanimement que le pieux

---

[1] *Intereà apud Ricimerem patricium Mediolani illâ tempestate residentem fit collectio Ligurum nobilitatis, qui, flexis genibus soloque prostrati pacem orabant principum, et ut ab scandalo utræque partes desinerent, occasiones gratiæ ab unâ precabantur offerri.* (Vie de Saint Epiphane, par *Ennodius.*)

[2] *Quid plura? mulcetur Ricimer : sed quis, ait, potissimùm hujus legationis pondus excipiet? Quis est qui Galatam concitatum revocare possit et principem?* (Ibid)

prélat fut désigné pour porter les paroles de paix, et Ricimer, cédant lui-même à l'ascendant des vertus chrétiennes, consentit à remettre ses intérêts entre les mains de l'homme de Dieu [1].

Malgré la rigueur de la saison, Epiphane, heureux de se dévouer pour le salut de son peuple, partit sur-le-champ pour Rome, et obtint une audience de l'empereur, qu'il trouva très exaspéré contre son gendre. Anthemius avait pris au sérieux son rôle de souverain, et oubliant qu'il ne régnait que par la volonté de Ricimer, il l'accusait d'ingratitude en rappelant avec amertume tous les bienfaits dont il l'avait comblé. Dans son orgueil de patricien, il regardait surtout le don de la main de sa fille à un Barbare comme le plus grand des sacrifices. Ce mariage lui semblait un déshonneur ineffaçable, et il regrettait d'avoir imprimé cette tache à son arbre généalogique. « Vit- » on jamais, s'écriait-il, les anciens empereurs » mettre leurs propres filles au nombre des pré- » sents offerts à des chefs barbares, vêtus de » peaux, pour en acheter la paix ? »[2] Avec de pa-

---

[1] *Tunc Ricimer dixit : Ite ergò et rogate hominem Dei ut ambulet* (Ibid.)

[2] *Quem etiam, quod non sine pudore et regni et sanguinis nostri dicendum est, in familiæ stemmd copulavimus, dùm indulsimus amori (reipublicæ quod videretur ad nostrorum odium pertinere. Quis hoc nam-*

reils sentiments, on conçoit qu'il était difficile de maintenir la bonne intelligence entre lui et son gendre, auquel il reprochait d'ailleurs justement ses relations secrètes avec les Barbares et sa participation à tous les complots des ennemis de l'Empire. Le malheureux prince se sentait enlacé dans un réseau de trames perfides qu'il ne pouvait rompre; il répétait sans cesse qu'un accommodement avec Ricimer ne serait qu'une déception et ne servirait qu'à couvrir l'exécution des coupables desseins de cet ambitieux [1].

que veterum principum fecit unquàm ut inter munera quæ pellito Getæ dare necesse erat, pro quiete communi filia poneretur ? (Vita Sancti Epiph.) La Vie de Saint Epiphane est un document très précieux, car elle a été écrite par le prêtre Ennodius, contemporain de ce saint prélat, attaché à sa personne, et témoin, comme il le dit lui-même, de tous les faits qu'il rapporte. Les paroles qu'il prête à Anthemius sont donc l'expression des idées du temps; et c'est une chose remarquable que ce mépris avec lequel l'aristocratie romaine traitait encore les rois barbares. Ricimer tenait par sa naissance aux familles royales des Suèves et des Wisigoths, et était beau-frère du roi des Bourguignons. Cependant Anthemius rougissait d'avoir contracté avec lui une alliance de famille. Réduisons donc à leur juste valeur ces royautés barbares du Ve siècle, dans lesquelles les historiens modernes ont cru voir des souverainetés à la Louis XIV.

[1] *Quantas externarum gentium per illam vires furor accepit ? Postremò etiam, ubi nocere non potuit, nocendi tamen fomenta suggessit.* (Vita Sancti Epiph.) Ces mots semblent se rapporter à l'affaire d'Arvandus ; et en effet, ce procès qui mit au jour toutes les trames du parti dévoué à l'influence barbare, paraît avoir été la cause déterminante de la rupture d'Anthemius avec son gendre. Remarquons qu'Arvandus fut

Ces craintes, ces reproches n'étaient que trop fondés, et saint Epiphane ne put y répondre que par des considérations chrétiennes en faveur de l'union et du pardon des injures. Néanmoins Anthemius se rendit à ces instances ou plutôt au sentiment de sa propre faiblesse. Il n'avait point de troupes autour de lui; sans forces matérielles, sans moyens de résistance, comment aurait-il pu braver le plus grand capitaine de l'époque, à la tête d'une puissante armée? Il autorisa donc Epiphane à proposer en son nom toutes les voies de conciliation possibles. Le saint évêque, accueilli des deux côtés avec un égal respect, revint à Milan un peu avant les fêtes de Pâques, croyant, dans sa candeur évangélique, avoir rétabli la concorde, et proclamant partout la paix, aux cris de joie des populations qui se pressaient sur son passage [1].

Mais tandis qu'il se flattait de ces vaines espérances, une révolution de palais à Constantinople changeait l'état des affaires et précipitait la marche des événements. A ce sujet il est nécessaire

---

jugé et condamné en 470, et qu'immédiatement après Ricimer se retira à Milan.

[1] *Epiphanes accepto etiam pro concordiæ firmitate ab Anthemio sacramento, discessit festinans ad Liguriam reverti quandò resurrectionis dominicæ tempus instabat. Lætæ urbis tripudia attonito Ricimeri indicantur: pacem factam consono omnes ore clamitabant.* (Vita Sancti Epiph.)

d'entrer dans quelques détails, pour faire mieux comprendre les diverses phases de la lutte entre l'influence romaine et l'influence barbare dans les deux empires.

Nous avons déjà eu occasion de parler du célèbre Aspar, chef barbare, de la nation des Alains, qui depuis plus de quarante ans commandait les milices de l'empire d'orient. Après la mort de Théodose-le-Jeune, auquel il devait sa fortune, il avait joué à Constantinople le même rôle que Ricimer à Rome, élevant à son gré sur le trône des souverains qu'il dominait parce qu'il savait s'en faire craindre. L'empereur Marcien avait été son secrétaire et lui devait le pouvoir [1]. Aspar s'était conduit dans cette circonstance avec beaucoup d'habileté. Connaissant l'immense influence que Pulchérie, sœur de Théodose, avait acquise par ses vertus et son noble caractère, il sentit le danger de lutter ouvertement contre elle, et il la fit entrer dans ses vues en la déterminant à donner sa main à Marcien, qui se trouva ainsi désigné aux suffrages du peuple et du sénat. Au reste sans être ingrat envers son protecteur, Marcien ne s'était pas abaissé devant lui ; fort de son propre mérite et de son alliance avec une princesse universellement respectée, il conserva tant qu'il

---

[1] Procope, *de Bell. Vandal.*, l. 1, c. 4.

vécut la dignité du rang suprême. La position
de son successeur Léon fut bien moins favorable.
Simple tribun, tiré de l'obscurité par la seule volonté d'Aspar, sans appui dans l'opinion publique, sans illustration personnelle, il portait le
poids de la reconnaissance avec d'autant plus de
peine qu'il ne pouvait s'empêcher d'avoir lui-
même la conscience de son indignité. D'ailleurs
les exigences d'Aspar croissaient avec la faiblesse
du souverain; il ne se croyait pas obligé de ménager sa créature, et cette confiance excessive le
perdit.

Comme Stilicon, comme Aëtius, comme tous
les généraux barbares, Aspar, ne pouvant régner
lui-même, aspirait à transmettre la pourpre impériale à ses descendants. Il avait trois fils; l'aîné,
Ardabure, était un vrai Barbare, grossier, farouche et partisan fanatique de l'hérésie d'Arius.
Le second, fils d'une noble Romaine et décoré
du nom latin de Patricius, inclinait à la religion
catholique et pouvait être présenté comme candidat à l'Empire. Léon n'ayant point d'enfants
mâles, Aspar exigea de lui qu'il décernât le titre
de César à ce jeune homme, et le fiançât à une
de ses filles, ce qui était le désigner d'avance pour
son successeur. Léon céda malgré sa répugnance
et attendit avec la dissimulation patiente des Grecs
de cette époque que les circonstances lui per-

missent de résister avec quelques chances de
succès. L'opinion publique ne tarda pas à venir
à son aide. Dans l'Orient les populations romaines étaient plus nombreuses, plus compactes,
plus riches, plus actives que dans l'Occident. Il
n'y avait de grandes colonies barbares qu'à l'extrémité européenne de cet Empire, sur les rives
du Danube. Les villes florissantes de l'Asie-Mineure, les opulentes cités de l'Égypte et de la Sy-
rie voyaient à peine dans leurs murs quelques
faibles corps de troupes, dispersés au milieu de
masses populaires peu aguerries, mais imposantes
par leur nombre et par l'esprit romain qui les
animait.

Ces populations sentaient instinctivement leur
force et l'influence barbare ne pesait pas sur elles
de ce poids écrasant sous lequel l'Europe gémis-
sait. L'élévation du fils d'Aspar blessait à la fois
les Romains d'Orient dans leurs sentiments et
dans leurs principes religieux. Lorsque cette
élection fut proclamée dans le cirque, Constantinople s'émut. Le nouveau César fut accueilli par
des huées et la sédition éclata avec une telle
violence qu'Aspar, surpris par ce soulèvement
inattendu, fut forcé de se réfugier avec ses fils
dans une église de Chalcédoine. Encouragés par
cette manifestation populaire, le sénat et le clergé
vinrent en corps porter leurs plaintes à l'empe-

reur qui affecta de les rassurer et de calmer leur défiance. Dissimulant jusqu'au bout, il alla chercher Aspar dans son asile de Chalcédoine et le conduisit lui-même au palais impérial en le défendant contre la fureur du peuple. Cette perfide générosité achevait la défaite du commandant des milices; de protecteur il était devenu protégé.

Néanmoins Léon ne se prononça pas encore. L'exemple des tentatives malheureuses d'Honorius et de Valentinien l'effrayait; il savait que la mort d'Aspar serait une déclaration de guerre à tous les fédérés barbares; il voulait s'assurer d'avance d'une force militaire suffisante pour les soutenir. L'Orient, sous ce rapport, offrait heureusement des ressources qui manquaient à l'Occident. Nous avons vu que, depuis le commencement du IVe siècle, les populations romaines, c'est-à-dire les nations anciennement soumises et civilisées, ne comptaient presque pour rien dans l'évaluation des forces militaires. Mais la vaste enceinte de l'empire d'Orient renfermait des peuplades restées étrangères à la civilisation, quoique décorées du nom romain par le décret de Caracalla. Telles étaient les tribus nomades de la Chosroène et de la Mésopotamie, qui fournissaient les meilleures troupes légères des armées impériales. Tels étaient aussi les habitants à demi sauvages des cimes du Taurus et des plateaux montagneux de la Cilicie.

Tour-à-tour enclavés dans les états des rois de Perse et des princes grecs successeurs d'Alexandre, et enfin dans les provinces romaines, ces montagnards avaient toujours conservé leurs mœurs grossières et leur farouche indépendance. Tous les gouvernements qui s'étaient succédés dans l'Asie-Mineure leur avaient fait la guerre sans pouvoir les dompter. C'était contre eux que Cicéron, préteur de la Cilicie avait soutenu ces petits combats dont il était si fier. L'empereur Probus était seul parvenu à soumettre ces brigands, qu'on appelait Isaures, à une sorte de discipline. Il avait élevé des forts sur toutes les cimes de leurs montagnes et les avait organisés en colonies militaires en les assujétissant à un service réglé dans les armées de l'Empire. Comme les Barbares fédérés, les Isaures fournissaient à ces armées de braves soldats et des officiers intrépides; comme eux aussi ils pillaient souvent les riches contrées de leur voisinage. Sous le règne d'Arcadius, ils avaient commis beaucoup de ravages dans l'Asie-Mineure. Mais Théodose-le-Jeune en avait appelé auprès de lui un corps considérable pour défendre la Thrace contre les invasions d'Attila, et depuis ce temps les empereurs avaient toujours eu à Constantinople une garde isaurienne.

Léon vit, dans ces soldats barbares de mœurs et romains de nom, le point d'appui qui lui manquait pour contrebalancer l'influence des fédérés de race gothique ou slave, et il chercha tous les moyens de les attacher à sa personne. Dès 468 il avait donné sa fille aînée en mariage à un de leurs chefs nommé Tarascodisée, mais qui en raison de cette illustre alliance prit le nom grec de Zénon, et le surnom de Flavius, affecté à la famille impériale [1]. Léon s'entendit avec son gendre pour appeler secrètement des corps nombreux d'Isaures autour de la capitale, puis, lorsque tout fut prêt, il manda Aspar avec ses fils au palais, et les fit assassiner par les eunuques [2].

Jusque là cette catastrophe reproduisait exactement les scènes de la mort d'Aëtius, provoquée par les mêmes causes et obtenue par les mêmes moyens. Les conséquences seules furent bien différentes. Lorsque les troupes gothiques campées auprès de Constantinople, apprirent le meurtre de leur général, elles accoururent pour le venger et essayèrent de forcer les portes du

---

[1] *Candidi Hist.* Cet historien était contemporain et lui-même de race isaurienne.

[2] *Quo tempore in Constantinopoli, Aspar primus patriciorum cum Ardabure et Patriciolo filiis, illo quidem olim patricio, hoc autem Cæsare generoque Leonis principis appellato, spadonum ensibus in palatio vulneratus interiit.* (Jornandès, *Hist. Goth.*, c. 45. Cassiodori Chron., ad ann. 471.)

palais ; mais la garde isaurienne s'y défendit avec
courage, et secondée par le peuple ameuté, elle
parvint à repousser les Goths et à les chasser
de la ville. Ces Barbares appartenaient aux colonies ostrogothiques que Marcien avait formées
sur le Bas-Danube après la dissolution de l'empire
d'Attila. A la nouvelle des événements de Constantinople, les Ostrogoths du Danube se levèrent,
et, sous la conduite d'un chef puissant, nommé
Théodoric-le-Louche, marchèrent en corps d'armée contre la capitale de l'Orient. Mais les murailles étaient trop fortes et la ville trop bien gar-
dée ; ils n'osèrent pas même donner un assaut et
s'enretournèrent en dévastant les campagnes de
la Thrace.

Ainsi pour la seconde fois l'Orient réussissait
à secouer le joug de l'influence barbare. Constantinople se débarrassait d'Aspar comme jadis
de Gaïnas, tandis que Rome, après avoir vu frapper Stilicon et Aëtius, avait expié par un double
pillage la témérité de ses empereurs.

Nous avons vu qu'au commencement du V⁰ siècle la catastrophe de Gaïnas avait amené la chute
de Stilicon. Le meurtre d'Aspar eut aussi son
contre-coup dans l'Occident. Ricimer avait toujours entretenu des liaisons intimes avec le commandant des milices d'Orient, qui dans toutes
les circonstances avait fait intervenir à l'appui de

ses vues politiques la cour de Constantinople. La mort de ce fidèle allié lui inspira des inquiétudes d'autant mieux fondées que lui-même se sentait dans une position semblable et avait aussi affaire à un empereur qui n'attendait qu'une occasion favorable pour se défaire d'un sujet trop redouté. Craignant qu'Anthemius ne s'entendît avec Léon pour abattre à la fois l'influence barbare dans les deux empires, il résolut de brusquer l'exécution de ses plans secrets et de ne pas tarder davantage à se déclarer en révolte ouverte.

Tout était d'ailleurs préparé d'avance pour le succès de son entreprise. Depuis long-temps il négociait avec la cour de Constantinople, afin d'en obtenir un nouveau souverain qu'il pût faire accepter par le sénat de Rome. L'expérience lui avait appris que l'adhésion de cette cour était pour les empereurs d'Occident une garantie nécessaire de la légitimité du pouvoir.

Aspar et Léon avaient accueilli ces ouvertures sans trop de répugnance. En plaçant le gendre de Marcien sur le trône d'Occident, ils n'avaient eu autre but que d'éloigner d'eux un prétendant qui pouvait leur devenir dangereux. Invités à désigner un nouveau candidat, la même raison leur fit choisir Olybrius qui avait épousé, comme nous l'avons dit plus haut, la seconde fille de l'empereur Valentinien. Ce choix réunissait d'ailleurs toutes les conditions qui pouvaient le rendre agréable à l'Italie, Olybrius était un sénateur romain, réfugié à Constantinople depuis la prise de Rome par les Vandales. Ce n'était pas, comme Anthemius, un étranger, un Asiatique appelé du dehors à gouverner des peuples dont la langue même n'était point la sienne [1] : c'était un exilé rentrant dans sa patrie, un père conscrit revenant parmi ses collègues. Quoiqu'il n'y eût pas encore séparation formelle de communion entre l'église grecque et l'église latine, il existait déjà entre ces deux grands corps une scission profonde. Anthemius avait amené avec lui des prêtres grecs dont les subtilités théologiques choquaient l'orthodoxie latine, et le pieux auteur de la vie de saint Épiphane, semble lui refuser le titre de catholique [2]. Olybrius au con-

[1] Les ennemis d'Anthemius affectaient en toute occasion de rappeler son origine étrangère. Ainsi, Arvandus, écrivant à Théodoric, lui conseillait de ne point faire la paix avec l'*empereur grec*, et Ricimer appliquait à son beau-père l'épithète de *Galate* furieux.

[2] Ennodius, auteur de cette vie, était de la famille de Magnus Félix, qui fut consul sous Majorien ; il représentait donc parfaitement les opinions de l'ancien parti romain, celles de l'aristocratie et du clergé d'Italie. Or, il est facile de voir qu'il n'est point favorable à Anthemius. Lorsqu'il fait parler les nobles liguriens suppliant Ricimer d'envoyer à Rome saint Epiphane, il leur met dans la bouche ces paroles : Nous avons à Pavie un prélat que tout Romain, tout catholique doit vénérer, et qu'un méchant Grec même ne pourra s'empêcher d'aimer après l'avoir vu : *quem venerari possit quicumque, si est catholicus et*

traire se présentait escorté des souvenirs de la
famille des Anice, si célèbre dans les annales de
Rome chrétienne , et son nom seul devait lui
concilier la faveur du clergé romain. Enfin nous
avons vu que , beau-frère du fils de Genseric,
il avait pour lui l'appui du terrible roi des Vandales , et pouvait faire espérer la paix à l'Italie
toujours menacée par ces infatigables ennemis.

La mort d'Aspar n'interrompit point les négociations commencées et ne fit qu'en hâter la
conclusion en rendant les instances de Ricimer
plus pressantes. Léon avait un grand intérêt personnel à éloigner de Constantinople le dernier
représentant de la dynastie théodosienne, et n'é-
tait pas homme à sacrifier cet intérêt à des considérations de politique générale. Néanmoins,
comme il ne pouvait sans déshonneur se prononcer publiquement contre le prince auquel
lui-même avait donné la couronne, il fit partir
Olybrius pour l'Italie avec quelques troupes, sous
prétexte de travailler à rétablir la concorde entre
Ricimer et Anthemius. Personne ne dut se mé-
prendre sur le motif de ce singulier choix qui

Romanus , amare certè si vïdere mereatur et Græculus. Il est clair
qu'Anthemius n'est ici considéré ni comme Romain, ni comme catholique.

envoyait pour consolider un trône le prétendant le plus intéressé à le renverser. Mais les apparences étaient sauvées, et, pour la diplomatie, les apparences sont tout.

Olybrius arriva dans le Milanais au printemps de l'année 472. Dès lors la comédie fut jouée : Ricimer jeta le masque dont il n'avait plus besoin et fit proclamer Olybrius empereur par son armée, dès le mois de mars, puis il marcha sur Rome où il s'attendait à entrer sans résistance [1]. Nous avons dit les raisons qui devaient rendre l'aristocratie même, le clergé et les populations romaines favorables à Olybrius. Anthemius ne pouvait donc compter sur l'appui du peuple et ses forces militaires étaient nulles. Cependant il avait cherché à se ménager des moyens de défense en faisant venir de la Gaule par mer un corps d'Ostrogoths qui avait fait partie des armées d'Egidius et de Majorien, et qui tenait garnison dans la province d'Arles. Pour le malheur de Rome, ce corps, sous le commandement d'un chef nommé Bilimer, y arriva à temps pour occuper le pont et le môle d'Adrien, et disputer à Ricimer l'entrée de la ville. Il fallut em-

---

[1] Olybrius mourut le 23 octobre 472, et selon la Chronique de Cassiodore, dans le septième mois de son règne ; il datait donc son avénement du mois de mars, c'est-à-dire de l'époque de son arrivée en Italie.

porter ces positions d'assaut; Bilimer et tous ses soldats y périrent, et la grande cité, naguère souveraine du monde, fut livrée pour la troisième fois aux horreurs du pillage, du sac et de l'incendie. Dans ce désordre, Anthemius avait cherché un asile au pied des autels; il fut massacré dans l'église même de Saint-Pierre où il s'était réfugié, et son rival eut le courage de ramasser cette couronne sanglante au milieu des ruines, des cendres et des cadavres [1].

La fortune avait souri encore une fois à Ricimer. Quatre empereurs avaient successivement disparu de la scène politique et son influence dominait toujours l'Occident tremblant à ses pieds; son pouvoir était même plus grand que jamais, car Olybrius, effrayé de son propre triomphe, n'avait rien à refuser à un si redoutable protecteur. Mentant aux pieux souvenirs de sa famille, il accorda à Ricimer une église à Rome pour les Ariens, et il décerna le titre de patrice au Bourguignon Gondebaud, neveu du maître des milices, qui se préparait, dans le fils de sa sœur, un héritier de sa puissance. Mais le moment où cet homme extraordinaire atteignait l'apogée de sa fortune fut précisément celui que la providence choisit pour le replonger dans le néant. Le 11

---

[1] Cassiodori Chron., *ad ann.* 472. Jornandès, *Hist. Goth.*, c. 43.

juillet 472, il entrait en triomphe dans Rome, traînant après lui le souverain qu'il lui avait plu de donner à l'Empire. Le 18 août il expirait dans les souffrances d'une maladie aiguë, et après avoir brisé pendant seize ans toutes les résistances humaines, il mourait obscurément dans son lit au milieu de son armée victorieuse.

La main de Dieu ne s'arrêta pas là; rien de ce que la force avait créé ne devait échapper à sa justice. Deux mois à peine après la mort de Ricimer, le 28 octobre, Olybrius succombait à son tour frappé du même mal, et les païens purent croire encore une fois à cette fatalité dont semblaient poursuivis tous ceux qui osaient violer l'enceinte sacrée de la ville éternelle. Ces morts illustres se succédant avec tant de rapidité inspirèrent aux peuples chrétiens des sentiments plus justes; ils y virent l'action de la vengeance divine, et ils ne se trompaient pas, car elles n'étaient que l'accomplissement de la loi de Dieu qui veut que les oppresseurs de l'humanité trouvent leur propre châtiment dans les conséquences des maux qu'ils ont faits.

Depuis le commencement du siècle, aucune partie de l'Empire n'avait plus souffert que l'Italie des troubles provoqués par cette insatiable soif d'honneurs et de richesses, par ces conflits d'ambition et de cupidité qui tourmentent les sociétés corrompues. Pendant douze ans, de 400 à 413, les Wisigoths, instruments des guerres civiles, sous la conduite d'Alaric et d'Ataulphe, avaient promené la dévastation depuis les Alpes jusqu'à l'extrémité de la Calabre. L'Italie centrale, où ces bandes féroces séjournèrent le plus long-temps, éprouva surtout les horreurs de ces guerres dont elle fut le théâtre. Rutilius Numantianus, qui traversa la Toscane immédiatement après la retraite des Barbares, n'y vit de tous côtés que ponts rompus, villages brûlés et détruits, cultures abandonnées [1]. Le pillage de Rome par Alaric, en répandant la terreur dans la classe riche des habitants des villes, détermina une émigration presque générale de l'aristocratie, et Genséric, en saccageant cette grande cité une seconde fois, acheva d'en faire sortir toutes ces familles opulentes dont le luxe alimentait des milliers d'esclaves [2]. Les magnifiques palais, les somptueuses villas furent abandonnés et tombèrent en ruine. La campagne de Rome devint, ce quelle était naguère encore, un désert parcouru par des pâtres et des brigands [3]. La misère pu-

---

[1] *Rutilii Numantiani Itinerarium, lib. 1.*

[2] La loi rendue par Anthemius en 468, sur les biens vacants, prouve que la plupart des propriétés foncières de l'Italie étaient abandonnées par leurs possesseurs. (Code Théod., *Nov. Anthemii*, 3.)

[3] On peut voir dans le Code Théodosien les mesures extraordinaires

blique et le désordre de l'administration arrêtant tous les travaux utiles, les canaux se comblèrent, les digues se rompirent, les eaux stagnantes se répandirent dans les champs incultes et des miasmes pestilentiels s'échappèrent de tous les points de ce sol tourmenté pendant cinq siècles par les caprices d'un luxe effréné [1]. En même temps les moyens de subsistance manquèrent à cette population déjà décimée par tant de causes de destruction. Après la mort de Valentinien les Vandales s'étaient rendus maîtres de toute l'Afrique, de la Sicile et de la Sardaigne. L'Italie perdit, l'une après l'autre, ces fertiles provinces qui la

que les empereurs furent obligés de prendre contre les brigands des environs de Rome. L. 9, t. 30.

[1] La lettre v, l. 1er, de Sidonius, qui contient le récit de son voyage à Rome, au commencement du règne d'Anthémius, en 467, peint bien l'état de l'Italie à cette époque : à peine arrivé à Ravenne, il fut saisi par la fièvre. Dans la lettre viii du même livre, répondant à un Italien qui le félicitait d'avoir quitté les brouillards de la Gaule, il fait un tableau repoussant de la ville de Ravenne et de son territoire. En effet, la Gaule, malgré les ravages de la grande invasion suévique et des guerres d'Aétius, n'était point réduite à un état aussi déplorable. La description que fait Sidonius des campagnes de la Narbonnaise, à l'époque du règne de Majorien, et de sa propre habitation dans l'Auvergne, prouve que la civilisation n'y avait rien perdu de son éclat. Les grands propriétaires gaulois n'avaient point abandonné leurs domaines ; au contraire, depuis les troubles de l'Empire, ils y résidaient plus habituellement et y répandaient l'aisance. La décadence de ces contrées ne commença que plus tard, lorsque les rois barbares en devinrent les maîtres souverains et indépendants.

nourrissaient depuis cinq cents ans, et l'agriculture ne put renaître sur son sol épuisé; car chaque année des flottes de pirates sorties des ports
de Carthage infestaient toutes les côtes de la péninsule, enlevaient les laboureurs et les bestiaux,
pillaient les maisons isolées et ne laissaient aux
campagnes ni sécurité ni repos; tandis que dans
le nord, les plaines fécondes de la Ligurie et de
la Vénétie, après avoir été dévastées par Attila,
restaient sans cesse exposées aux incursions des
Barbares du Danube. La famine devint l'état
habituel de ces malheureuses contrées, et le dé-
croissement de la population en atténua seul les
effets. A Rome même, les magistrats tremblaient
chaque jour de ne pouvoir suffire aux besoins du
lendemain, et c'était de l'Orient qu'ils attendaient
avec anxiété l'aumône de quelques vaisseaux
chargés de grains [1].

Toutes ces influences délétères firent naître
des épidémies périodiques que les contemporains
ont signalées sous le nom de peste, mais qui paraissent n'avoir été que ces dysenteries et ces

---

[1] « Je crains que les cris du peuple affamé ne me poursuivent au
théâtre, écrivait Sidonius, préfet de Rome, en 468. J'envoie sur-le-
champ à Ostie l'administrateur des vivres, *praefectum annonæ*, parce
que j'ai appris qu'il était arrivé de Brindes dans ce port cinq vaisseaux
chargés de blé et de miel. Le peuple attend ces cargaisons qu'il faut ex-
pédier ici promptement. » (*Epist.* 10, l. 1.) Telles étaient les ressources
d'une ville qui renfermait encore 2 ou 300 mille ames.

fièvres pernicieuses si communes encore dans les
mêmes lieux. Les armées envahissantes qui pénétrèrent en Italie, à la fin du V⁰ siècle et au
commencement du VI⁰, en éprouvèrent toutes les
désastreux effets. Les soldats de Majorien portèrent ce fléau dans la Gaule; il se développa avec
une intensité remarquable pendant les guerres
d'Égidius, et, selon toute apparence, ce grand
général lui-même en mourut[1]. Remarquons aussi
que parmi les empereurs qui se succédèrent si
rapidement sur le trône d'Occident, depuis la
mort de Valentinien, Anthemius est le seul dont
la mort violente soit clairement constatée. Quant
aux autres, si l'on a soupçonné Ricimer d'avoir
hâté leur fin par le poison ou l'assassinat, si même
cette accusation est vraisemblable à l'égard d'A-
vitus et de Majorien, il faut avouer cependant
qu'on n'en a aucune preuve positive et que des témoignages d'égale valeur les représentent comme
ayant succombé aux maladies dominantes. On
pourrait alléguer en faveur de cette dernière opinion que tous sont morts dans l'été ou l'automne,
saisons où ces maladies sévissaient avec le plus
de violence. Ce fut aussi à cette époque de l'an-

---

[1] *Magna tunc lues populum devastavit; mortuus est autem Egidius.*
(Greg. Tur., *Hist.*, l. 2, c. 18.) Au rapport des historiens orientaux,
cette même peste régnait en Italie lorsque Anthemius s'y rendit pour
prendre possession du trône.

née que Ricimer et Olybrius furent frappés presqu'en même temps et laissèrent l'empire d'occident sans chef et sans maître.

Dans cette extinction simultanée du pouvoir de droit et du pouvoir de fait, le Bourguignon Gondebaud crut qu'il n'avait qu'à étendre la main pour saisir l'épée de Ricimer et disposer à son tour de cette couronne d'occident que son oncle avait donnée tant de fois. Il est probable qu'avant de mourir, Olybrius lui avait conféré avec la dignité de patrice le commandement général des armées[1]. Il avait donc, comme son prédécesseur, la force matérielle ; mais il lui manquait le génie politique, sans lequel cette force devient inutile et souvent funeste aux mains inhabiles qui ne savent pas la diriger. Nous avons vu avec quelle adresse Ricimer en créant des empereurs avait toujours combiné ses choix de manière à se concilier la faveur du sénat et l'appui de la cour de Constantinople. Gondebaud ne comprit point la nécessité de ces ménagements politiques. Il jeta

---

[1] Les paroles suivantes de saint Epiphane suffiraient pour prouver que Gondebaud commanda les armées d'Italie. Le saint prélat, réclamant de lui la liberté des prisonniers qu'il avait fait dans le Milanais pendant ses guerres avec Théodoric, lui dit : Ecoute la voix de l'Italie, qui te crie : souviens-toi combien de fois tu as exposé pour moi ta poitrine au fer de l'ennemi ! *audi Italiam nunquàm à te divisam quæ dicit : quoties pro me, si reminisceris, ferratum pectus hostibus obtulisti ! quoties consilio pugasti ne me bella subriperent!* (Vita s. Epiph.)

les yeux autour de lui et prit dans l'armée même un officier romain nommé Glycerius qu'il décora de la pourpre impériale. Le nouveau souverain fut proclamé Auguste, à Ravenne, le 5 mars 473, et cette élection fut d'abord acceptée sans résistance, car les Romains n'avaient aucun moyen de combattre la puissance militaire dont elle était l'ouvrage [3]. Mais le sénat mécontent fit parvenir secrètement ses plaintes à l'empereur d'Orient et le trouva très disposé à les accueillir. Piqué lui-même de n'avoir pas été consulté, et ne voulant pas laisser périmer l'usage qui semblait s'être établi de demander à Constantinople des maîtres pour l'Occident, Léon refusa de reconnaître Glycerius et chercha un compétiteur qui pût lui être opposé avec quelques chances de succès.

Au milieu de la désastreuse anarchie qui déchirait l'Occident, depuis l'extinction de la dynastie de Théodose, un seul nom était resté glorieux et pur ; c'était celui de Marcellien, ce noble général qui, seul avec Égidius, avait osé braver ouvertement la tyrannie de Ricimer et qui, pouvant aspirer à devenir maître de l'Empire, s'était résigné à n'en être que le défenseur. Cet homme illustre, en succombant sous les

---

[3] *Gundibaldo hortante, Glycerius Ravennæ sumpsit imperium* (Cassiodor. Chron., ad ann. 473.) *Glycerius apud Ravennam plus præsumptione quàm electione Cæsar effectus est.* (Jornandès, *Hist. Goth.*, c. 45.)

coups de la trahison, avait laissé un neveu,
nommé Julius Nepos, qui après lui était resté
maître de la Dalmatie, et y avait continué cette
espèce de gouvernement indépendant que Marcellien avait su se créer entre les deux Empires.
Léon avait depuis long-temps compris le parti
qu'on pouvait tirer de la position de Nepos et
des souvenirs de gloire qui se rattachaient à son
nom; il lui avait fait épouser une nièce de sa
propre femme, l'impératrice Vérine, et dès qu'il
vit l'occasion favorable, il le déclara empereur
d'Occident, en lui donnant une flotte et des soldats, pour appuyer ses prétentions.

L'expédition fut prête au commencement de
l'année 474. Nepos, pour ne pas perdre de temps
et pour éviter les dangers et les fatigues d'une
longue marche autour du golfe Adriatique, fit
embarquer ses troupes, et se dirigea immédiatement par mer sur Ravenne, où résidait Glycerius.

Cette ville n'était plus la cité imprenable où
pendant dix ans de guerre les armes victorieuses d'Alaric n'avaient pu atteindre Honorius. Ses
murailles étaient en ruines, son port et ses canaux à moitié comblés [1]. La flotte de Nepos y

---

[1] « Dans ce marécage, dit Sidonius, toutes les lois de la nature sont
changées : les murs tombent, et les eaux sont immobiles; les tours s'é-
croulent, et les navires ne remuent pas » : *Muri cadunt, aquæ stant, tur-
res fluunt, naves sedent.* (Ep. 8, l. 1.)

pénétra presque sans obstacle; car l'armée d'I-
talie, méprisant l'inexpérience de Gondebaud,
ne soutenait qu'à regret la créature du chef bourguignon. Glycerius s'enfuit à Rome; mais la
haine du sénat, l'indifférence de la population
ne lui permirent pas de s'y arrêter; fuyant toujours, il arriva jusqu'à l'embouchure du Tibre,
et fut atteint à Ostie par les soldats de son rival
qui le méprisa assez pour lui laisser la vie. Malgré la loi de Majorien, Nepos, suivant l'usage
de l'Orient, força son concurrent vaincu à recevoir les ordres sacrés, et le fit évêque à Salone,
au centre de son gouvernement héréditaire de
Dalmatie, pensant bien que là aucune influence
étrangère n'était à craindre[1]. Ce fut le 4 juin 474
que Nepos fut reconnu empereur par le sénat de
Rome. L'armée adhéra sans peine à la cause qui
venait de triompher, et Gondebaud, déchu de ses
rêves de grandeur, fut contraint de chercher un
asile dans les provinces gauloises que gouvernaient ses frères.

Rentrons avec lui dans la Gaule. Les révolu-

---

[1] *Glycerium, anno vis expleto, Nepos Marcellini quondam patricii so-
roris filius à regno dejiciens, in portu Romano episcopum ordinavit.*
(Jornandès, *Hist. Goth.*, c. 45.) Glycerius avait pourtant des partisans
même dans le clergé; l'auteur de la vie de saint Epiphane fait son
éloge : *Glycerius ad regimen accitus est : quanta pro salute multorum
gesserit studio brevitatis incido, cùm apud illum reverentia præfati sacerdotis esset etiam decessore sublimior.*

tions de Rome et de Constantinople nous en ont long-temps éloigné; mais ces grands événements ont une telle liaison avec ceux qui se sont passés au-delà des Alpes, qu'il est impossible de les en séparer, et c'est pour n'en avoir pas assez tenu compte que cette époque de notre histoire a été souvent si mal comprise.

Pendant les réactions politiques qui se succédèrent avec une effrayante rapidité, de 471 à 474, la Gaule ne prit aucune part aux troubles de l'Empire et resta dans un calme apparent. Il existait pourtant dans les populations gallo-romaines et surtout dans les classes aristocratiques une aversion profonde pour Ricimer et pour les souverains élevés par l'influence barbare. Mais ces dispositions n'étaient ni assez unanimes ni assez énergiques pour se manifester par des actes. Lorsque les premiers symptômes de rupture éclatèrent entre l'empereur Anthemius et son gendre, Sidonius, prévoyant l'issue de ce conflit inégal, avait quitté la préfecture de Rome, vers la fin de l'année 470, et s'était retiré dans l'Auvergne, sa patrie, où sa famille exerçait depuis long-temps une haute influence. Son beau-frère Ecdicius resta dans la capitale de l'Empire; Anthemius lui avait promis la dignité de patrice [1], et

---

[1] Sidon., *ep.* 16, l. 5.

sans doute espérait trouver en lui un nouvel Égidius, un défenseur à opposer au redoutable Ricimer.

Au moment où Sidonius arrivait à Clermont, entouré du prestige qu'ajoutent toujours au mérite personnel d'importantes fonctions dignement remplies, l'évêque de cette cité venait de mourir. Le peuple et le clergé appelèrent d'une voix unanime au siége épiscopal l'ex-préfet de Rome, et Sidonius ne put se refuser aux instances de ses compatriotes [1]. Dans nos mœurs et dans nos idées actuelles, ce choix paraîtrait bizarre. Le nouveau prélat était laïque et marié, et jusquelà rien n'indiquait en lui des dispositions à la vie religieuse. C'était un homme du monde, un littérateur aimable, un grand seigneur d'un caractère honnête, mais faible, aimant les plaisirs délicats, le luxe et tous les plaisirs de la vie. Il serait même difficile de trouver dans ses écrits avant cette époque une seule trace de sentiments chrétiens ; ses poésies sont tout-à-fait païennes, et il semble n'y connaître d'autre dieu qu'Apollon et les muses. Mais alors les évêques n'étaient pas seulement les chefs de la milice sainte, les pères

---

[1] *Eparchio migrante, Sidonius ex præfecto substituitur, vir secundùm seculi nobilitatem nobilissimus et de primis Galliarum senatoribus, ità ut filiam sibi Aviti imperatoris in matrimonio sociaret.* (Greg. Tur., *Hist.*, l. II, c. 21.)

de l'Église, ils étaient les représentants, les défenseurs, les organes des populations catholiques. Lorsqu'un siége était vaquant, le peuple chrétien tout entier désignait par ses suffrages celui qui devait s'y asseoir. Le haut clergé n'intervenait dans ces élections que pour en régler les formes et en réprimer les abus ; il proposait souvent les choix, les dirigeait presque toujours ; mais il ne les imposait point, et à part quelques causes d'indignité prévues par les canons ou admises par l'usage, aucune condition exclusive ne restreignait la liberté des votes. Le laïque élu évêque ne se séparait point de sa femme ; seulement il devait vivre avec elle dans un état de continence parfaite, ce qui dans ces temps de ferveur n'était pas rare même dans la vie privée. Sidonius, après sa consécration, recommandant un candidat aux choix du peuple pour l'archevêché de Bourges, vantait les vertus de la femme de son protégé comme un titre à la confiance des fidèles [1].

---

[1] *Uxor illi de Palladiorum stirpe descendit, qui aut litterarum aut altarium cathedras cum sui ordinis laude tenuerunt. Sanè quia persona matronæ verecundam succinctamque exigit mentionem, constanter astruxerim respondere illam feminam sacerdotiis utriusque familiæ vel ubi educta crevit, vel ubi electa migravit.* (Sidon., *Concio ad Biturig.*, ep. 9, l. 7.) Ce discours est un des documents les plus précieux que nous possédions sur l'état de l'église au Ve siècle.

Émanés du peuple par leur élection, appartenant presque tous à l'aristocratie par leur naissance les évêques réunissaient toutes les conditions qui créent des influences politiques fortes
et durables. Nous avons vu en plusieurs occasions
quelle part active ils prenaient dans le Ve siècle
aux affaires publiques. De là vint que le peuple
considéra la dignité épiscopale comme politique
autant que religieuse, et cherchant avant tout
dans son évêque un protecteur, s'adressa de préférence aux hommes qui par leur mérite et leur
position sociale avaient la puissance et la capacité nécessaires pour défendre la cité qui les
plaçait à sa tête [1].

Il est à remarquer que les plus grands évêques
du IVe et du Ve siècles, les Ambroise, les Germain étaient comme Sidonius de nobles laïques
exerçant dans le gouvernement des fonctions
éminentes ; au moment de leur élection, loin
d'être prêtres, ils étaient à peine chrétiens. Saint
Ambroise, encore cathécumène, n'avait pas même
reçu le baptême ; saint Germain, chasseur et

---

[1] L'opinion publique établissait même une sorte d'incompatibilité
entre la vie religieuse et l'épiscopat : Si je propose un moine, dit Sidonius, fût-il un Hilarion ou un Antoine, on s'écriera que ce saint homme est propre à faire un abbé et non un évêque, à intercéder pour les
ames auprès du juge céleste, et non à défendre les corps devant les juges
de la terre : *Hic qui nominatur non episcopi sed potiùs abbatis complet
officium, et intercedere magis pro animabus apud celestem quàm pro corporibus apud terrenum judicem potest.* (Concio, ep. 9, l. 7.)

guerrier, affectait de braver le culte catholique et pratiquait ouvertement les superstitions païennes. Mais dans ces siècles de foi sincère, l'influence morale du christianisme produisait de véritables miracles. Les illustres pères de l'église dont nous venons de parler, donnèrent l'exemple de toutes les vertus religieuses dès que l'huile sainte eut coulé sur leur front. Comme eux, Sidonius, lorsqu'il eut revêtu la mitre épiscopale, parut subir une transformation complète. Le mondain spirituel et voluptueux devint un prélat pieux, charitable, austère dans ses mœurs. Le courtisan de tous les pouvoirs se montra le défenseur intrépide du peuple qui l'avait choisi pour son chef. Ses lettres à partir de cette époque prennent un ton plus moral et plus grave; on y reconnaît bien encore des traces de faux bel esprit et de vanité littéraire; en théologie on voit qu'il n'avait que des idées superficielles, des opinions peu arrêtées [1]; mais tous ses écrits respirent le dévouement le plus pur, le plus chaleureux à la cause de la patrie et de la religion, et quand

---

[1] On peut voir les éloges qu'il prodigue dans ses lettres à Faustus, évêque de Riez, chef de l'hérésie des sémi-pélagiens; il est vrai que ces éloges sont purement littéraires. (*Ep.* 3 et 9, *l.* 9.) La dernière lettre est surtout remarquable; le livre de Faustus avait été communiqué à Sidonius par un moine breton qui, retournant dans son pays, y portait ce traité favorable aux erreurs pélagiennes, dont la Bretagne avait toujours été le foyer; *tuis Britannis*, dit Sidonius.

les événements l'inspirent il s'élève parfois à la plus mâle éloquence.

Son élection à l'épiscopat eut lieu vers la fin de l'année 472. Les circonstances étaient alors extrêmement critiques. L'Aquitaine, seule partie de la Gaule romaine qui eût conservé un peu de vie politique, aurait voulu soutenir Anthemius, menacé par son gendre ; mais elle était contenue par les Bourguignons qui avaient occupé l'Auvergne sous prétexte de la défendre contre les Wisigoths. Chilpéric, roi de ce peuple, revêtu du titre de patrice et de la dignité de commandant des milices impériales dans les Gaules, était tout dévoué à son oncle Ricimer, et n'aurait pas permis aux partisans de l'empereur de se prononcer ouvertement. Sidonius, dans ses lettres, se plaint souvent de ces hôtes incommodes, de ces défenseurs aussi funestes au pays que les ennemis dont ils prétendaient le préserver [1].

D'ailleurs l'aristocratie gauloise, elle-même, n'était pas unanime dans ses sentiments. Nous avons vu que dès long-temps il existait dans la

---

[1] *Oppidum si quidem nostrum quasi quamdam sui limitis obicem circùmfusarum nobis gentium arma terrificant. Sic æmulorum sibi in medio positi populorum lacrymabilis præda, suspecti Burgundionibus, proximi Gothis, nec impugnantum ird nec propugnantum caremus invidiâ.* (Sidon., *ep.* 4, *l.* 3.) Les soldats bourguignons étaient logés chez les habitants ; Sidonius, dans des vers spirituels et souvent cités, a fait une peinture enjouée des inconvénients de ces logements militaires. (*Carmen* 12.)

Narbonnaise un parti favorable aux Wisigoths;
depuis qu'ils avaient pris possession de cette
province, ce parti était devenu plus fort et avait
étendu son action sur les cités limitrophes de la
première Aquitaine. Seronatus, préfet nommé
par l'influence de Ricimer, reprenait l'œuvre d'A-
grippinus et d'Arvandus, opprimant les populations romaines, persécutant les hommes attachés à
l'Empire, et disposant les esprits à accepter sans
répugnance le joug de la domination barbare.
Sidonius voyait ce complot marcher au grand
jour, et, dans sa douleur, écrivait les lettres les
plus pressantes à son beau-frère Ecdicius pour le
conjurer de venir au secours de sa patrie. Il lui
représentait que la cause d'Anthemius, en Italie,
était désespérée, et que la noblesse gauloise, le
regardant comme son chef naturel, ne voulait
rien faire sans lui[1]. Mais Ecdicius, engagé dans la
lutte politique dont Rome était le théâtre, ne
pouvait se retirer avant la fin du combat.

Les prévisions de Sidonius ne tardèrent pas
à être justifiées. Dans l'automne de 471, Sero-

---

[1] *Duo nunc pariter mala sustinent Arverni tui, præsentiam Seronati
et absentiam tuam. Proindè moras tuas explica et quicquid illud est
quod te retentat incide. Te expectat palpitantium civium extrema liber-
tas. Quicquid sperandum, quicquid desperandum est fieri te medio, te
præsule placet. Si nullæ à republicâ vires, nulla præsidia; si nulla,
quantum rumor est, Anthemii, principis opes, statuit te auctore nobilitas
seu patriam dimittere, seu capillos.* (Sidon., *ep. 1, l. 2.*)

natus, après avoir été se concerter à Toulouse, avec Euric [1], parcourut les cités de l'Albigeois, du Rouergue, du Gévaudan et du Vélai, semant partout les promesses et les menaces, abattant toutes les résistances et préparant les voies à l'invasion des Wisigoths. Cependant la noblesse des Arvernes, toujours fidèle, toujours énergique et vigilante, parvint à se saisir du traître lorsqu'il voulut s'avancer sur le territoire de la cité de Clermont, et le livra à l'empereur Anthemius qui, après quelques hésitations, le fit condamner à mort [2]. Mais le châtiment du coupable n'effraya point ses nombreux complices; ils savaient tous que leur parti était celui du plus fort.

[1] Sidon., *ep.* 13, *l.* 5. Ce voyage de Seronatus n'a pu avoir lieu que dans l'automne, puisque Sidonius dit qu'Evanthius, son agent, le précédait, faisant réparer les chemins sur son passage et nettoyer jusqu'aux feuilles tombées qui auraient pu salir la route : *Si quid fortè dejectu caducæ frondis agger insorduit.* D'un autre côté, nous venons de voir qu'écrivant dans cette occasion à son beau-frère Ecdicius, Sidonius lui mande que, selon les bruits publics, la cause d'Anthémius était perdue sans ressource. Or, ces bruits n'ont pu se répandre qu'à la fin de l'année 471, lorsqu'on apprit la seconde rupture de Ricimer, et la détermination prise par l'empereur d'Orient d'envoyer Olybrius en Italie. La date de ces faits est donc aussi précise qu'incontestable.

[2] *Illi (Arverni) amore reipublicæ Seronatum barbaris' provincias propinantem non timuére legibus tradere, quem convictum deinceps respublica vix præsumpsit occidere.* (Sidon., *ep.* 7, *l.* 7.) Seronatus n'a pu être arrêté et livré au gouvernement impérial qu'à la fin de l'année 471, et pendant le voyage même dont nous venons de parler; car dès le printemps de 472, Olybrius fut proclamé empereur, et l'anarchie qui régna depuis cette époque en Italie n'aurait point permis de songer à juger un pareil coupable.

Peu de mois après, lorsqu'on apprit l'issue définitive de la guerre civile en Italie et la mort
d'Anthemius, Euric n'eut qu'à se présenter pour
devenir maître de toutes les cités situées au midi
et à l'occident de la première Aquitaine. Le Gévaudan, le Vélai, l'Albigeois, le Rouergue, le
Quercy, le Limousin se soumirent sans opposition; il ne resta aux Romains que l'Auvergne et
le Berry, défendus par les Bourguignons, et surtout par le dévouement de la noblesse arverne [1].
Ce fut alors que, fier des progrès de sa puissance
et témoin de la décadence du trône impérial, où
venaient s'asseoir tour-à-tour des souverains
éphémères que le caprice d'un Barbare renversait
après les avoir créés, Euric se décida enfin à
briser les derniers liens qui l'attachaient à l'Empire et à rompre ce que les contemporains appelaient le *vieux traité*, c'est-à-dire l'engagement
de vassalité souscrit par ses prédécesseurs envers
Rome, sous le règne d'Honorius [2]. Sans doute on

---

[1] En 473, Sidonius, appelé par le peuple de Bourges pour présider
à l'élection d'un évêque dans cette cité, priait Agracius, évêque de Sens,
de l'assister, quoiqu'il ne fût pas de la même province, parce que tous
les autres diocèses de l'Aquitaine étaient au pouvoir des Wisigoths : *Iis
accedit quod de urbibus Aquitanicæ primæ solum oppidum Arvernum
Romanis reliquum partibus bella fecerint.* (Sidon., ep. 5, l. 7.)

[2] *Euricus crebram mutationem Romanorum principum cernens Gallias suo jure nisus est occupare.* (Jornandès, *Hist Goth.*, c. 25.) *Evarix
rex Gothorum limitem regni sui rupto dissolutoque fœdere antiquo vel
tutatur armorum furore, vel promovet.* (Sidon., ep. 6, l. 7.)

peut dire que son frère Théodoric avait exercé
surtout dans les dernières années de sa vie tout
le pouvoir effectif de la royauté, mais il est certains droits qui caractérisent plus particulièrement l'autorité suprême et dont les princes wisigoths pas plus que les autres chefs barbares
n'avaient point encore osé s'emparer ouvertement. Deux choses avaient été surtout constamment respectées par eux : les lois de l'Empire et
la religion catholique qui, depuis le règne du
grand Théodose, était la religion de l'état. Ces
lois à la vérité ne s'appliquaient point aux Barbares fédérés, gouvernés par leurs propres chefs,
ils n'obéissaient qu'à leurs coutumes nationales
maintenues par la seule tradition et dont aucune,
à l'époque où nous sommes arrivés, n'avait encore été écrite. En matière de religion ils n'étaient
pas moins indépendants. Tandis que des décrets
sévères interdisaient sous des peines graves à tous
les sujets d'origine romaine la pratique du poly-
théisme et la profession publique des hérésies
condamnées par l'église orthodoxe, les Barbares
fédérés restaient païens ou ariens sans que rien
gênât la liberté de leurs cultes. Mais, dans les
territoires ou ils étaient établis et qu'ils adminis-
traient sous la suzeraineté de l'Empire, les sujets
romains continuaient à être régis par la législation
impériale et l'église catholique conservait à l'é-

gard des populations romaines sa hiérarchie, ses pouvoirs et son autorité exclusive. Pour ces populations les lois promulguées à Rome ou à Constantinople n'étaient pas moins exécutoires à Lyon ou à Toulouse, sous le gouvernement des rois bourguignons ou wisigoths qu'en Italie sous l'administration directe des fonctionnaires impériaux. On doit croire que ces rois se permettaient d'adoucir dans l'exécution les mesures dirigées contre leurs coréligionnaires ariens; mais dans tout le reste, leurs relations avec l'église orthodoxe étaient les mêmes que celles des souverains catholiques. Nous avons vu Théodoric Ier, dans ses guerres avec Aëtius, se concilier la faveur des évêques catholiques de l'Aquitaine au point d'être soutenu par eux contre le gouvernement romain. Plus tard nous avons cité une lettre du pape Hilaire, qui en 463 appelait le roi des Bourguignons, Gundioch, son cher fils, et décidait sur sa demande un conflit de juridiction ecclésiastique entre la métropole de Vienne et celle d'Arles.

Le fameux roi des Vandales, Genséric, donna le premier exemple d'une rupture complète avec cette puissance impériale devant laquelle le monde entier se courbait depuis cinq siècles. Après la mort de Valentinien, il brisa le traité de vassalité qu'il avait conclu avec ce prince pour prix de la cession d'une partie de l'Afrique; re-

jetant la condition de fédéré qu'il avait acceptée
du moins en apparence, il ne fut plus pour les
souverains de Rome et de Constantinople qu'un
ennemi acharné, et la guerre cruelle qu'il leur fit
sans relâche ne finit qu'avec sa vie. La violation
des lois de l'Empire, la persécution de la religion
catholique furent les conséquences immédiates
de sa déclaration d'indépendance. Néanmoins
cette persécution ne fut d'abord en quelque
sorte que négative. Il n'interdit pas aux catholiques l'exercice public de leur culte, mais il l'en-
trava par toutes sortes de mesures gênantes et
oppressives. Dans quelques lieux on démolit leurs
églises, dans d'autres on les livra aux ariens; on
leur retira les terres dont le revenu servait à
l'entretien des autels et du clergé; toutes les pré-
férences, toutes les faveurs furent pour les hérétiques, toutes les vexations, toutes les charges
pour les catholiques qu'on affectait d'appeler
Omousiani, mot qui rappelait le point principal
de division entre eux et les ariens, la consub-
stantialité du père et du fils. On empêcha par
des édits rigoureux, les prêtres orthodoxes de
faire des prosélytes et de séjourner dans les lieux
occupés par les Vandales; la moindre infraction
était punie de l'exil chez les Maures [1]. On ne

---

[1] Victor Vitensis, *de Persec. Vandal.*, lib. 1. Le mot grec ὁμοούσιον
signifiait *même substance*.

chassa point, par mesure générale les évêques
catholiques de leurs siéges ; mais on défendit de
pourvoir aux vacances qui survenaient par une
cause quelconque, et cette extinction graduelle du
corps épiscopal porta le coup le plus funeste à
l'Église, car il fut facile d'égarer les peuples lorsqu'on les eut privés de leurs guides spirituels [1].
Depuis quinze ans Genséric suivait ce système
perfide avec une implacable opiniâtreté, lorsqu'Euric, voulant à son tour se déclarer indépendant, introduisit dans la Gaule le régime oppresseur qui pesait sur l'Afrique. Dans toutes les
provinces soumises aux Wisigoths on défendit de
remplir les vides que la mort ou l'exil opéraient
chaque jour dans les rangs du clergé catholique ;
les églises dépouillées de leurs biens, veuves de
leurs pasteurs furent abandonnées ou tombèrent
en ruines ; les faibles se laissèrent aller à l'apos-
tasie ou à l'indifférence, les hommes de conviction et de courage furent en butte à tous les
genres de vexations. Sidonius, dans une de ses
lettres fait un éloquent tableau de cette désolation de l'église orthodoxe qu'il craignait de voir
succomber à l'excès de ses maux [2].

---

[1] Dans la Proconsulaire et la Zeugitane, il y avait 164 évêques ;
peu d'années après il n'en restait que trois. (*Victor Vitensis, l.* 1, *c.* 9.)

[2] *Burdegala, Petrocorii, Ruteni, Lemovices, Gabalitani, Helusani,
Vasates, Convenæ, Auscenses, multòque jàm major numerus civitatum,*

Cependant la persécution dans les Gaules n'eut jamais la même force et le même caractère de violence qu'en Afrique. Dans cette province ainsi qu'en Sicile, les Vandales trouvaient parmi les populations romaines ou indigènes des hérétiques nombreux et zélés que les lois rigoureuses des empereurs orthodoxes avaient aigris et qui devenaient les instruments actifs et souvent les conseillers et les premiers moteurs de toutes les mesures prises contre les catholiques [1]. Dans la Gaule au contraire l'hérésie était un poison exotique et n'avait point de racines dans le sol ; il n'y avait d'ariens que parmi les Barbares. Tout le reste de la population était catholique à l'exception des habitants des campagnes encore attachés aux superstitions druïdiques, surtout dans l'ouest,

---

sommis sacerdotibus illorum morte truncatis, nec ullis deinceps episcopis in defunctorum officia suffectis, latum spiritualis ruinæ limitem traxit... Videas in ecclesiis aut putres culminum lapsus, aut valvarum cardinibus avulsis, basilicarum aditus hispidorum veprium fruticibus obstructos. Ipsa, proh dolor ! videas armenta semipatentibus jacere vestibulis. (Sidon., ep. 6, l. 7.) Cette lettre dut être écrite en 473, après l'envahissement des provinces méridionales de la première Aquitaine. Sidonius la termine en priant les évêques de la Narbonnaise de réunir leurs instances pour obtenir que dans les traités conclus avec les Wisigoths on stipulât la liberté de conscience pour leurs sujets catholiques. Cette stipulation avait été insérée dans tous les traités de l'Empire avec les Vandales ; mais elle ne fut jamais respectée.

[1] *Crudeliùs Arianorum episcopi, presbyteri et clerici quàm rex et Vandali sæviebant.* (Victor Vitensis, *de persec Vandal.*) Les noms de tous ces évêques ariens cités par Victor indiquent leur origine romaine.

et de quelques aristocrates philosophes, c'est-à-
dire indifférents ou athées. Les rois barbares ne
rencontraient autour d'eux qu'une résistance
ouverte ou passive; la corruption ou la vénalité
leur donnaient seules des complices, et les évêques catholiques, forts de l'attachement du peuple et de l'estime de toutes les classes, finissaient
souvent par contraindre la persécution à reculer
devant cette puissance morale dont ils étaient les
représentants.

Tel était l'état de la Gaule lorsque Nepos, proclamé empereur par la cour de Constantinople,
vint débarquer à Ravenne. Cette nouvelle excita
parmi les populations gallo-romaines une grande
fermentation. Leurs sympathies ne pouvaient
manquer de se prononcer pour le neveu de Marcellien, pour l'héritier de ce général illustre à qui
l'aristocratie narbonnaise avait offert, quelques
années auparavant la pourpre impériale. Elles espéraient en lui un libérateur et l'appelaient de
tous leurs vœux. L'importante cité de Vaison, située au débouché des Alpes, sur les limites de la
province romaine et des états bourguignons,
essaya la première de se déclarer ouvertement
pour celui que les Barbares appelaient comme
Anthemius *l'empereur grec*. Mais Chilpéric, dévoué à la cause de Glycerius qui était celle de son
frère Gondebaud, étouffa sur-le-champ ce mou-

vement, et la noblesse gauloise intimidée ne songea plus qu'à se justifier auprès de ses maîtres. Il faut voir avec quelle humilité Sidonius luimême cherche à excuser ses parents compromis dans l'affaire de Vaison, protestant de leur innocence et accusant de leur malheur les Gaulois vendus à l'influence barbare, qui se faisaient partout les délateurs et les espions de leurs compatriotes [1]. Ainsi les Bourguignons maintenaient la Gaule dans une sorte d'immobilité, arrêtant d'un côté les Wisigoths prêts à envahir ce qui restait encore de l'Aquitaine, et contenant de l'autre les populations romaines qui brûlaient de se prononcer pour Nepos.

La chute rapide de Glycerius et la retraite forcée de Gondebaud détruisirent cet équilibre. Abandonné par l'armée d'Italie sur laquelle il n'avait pas su conserver l'ascendant que lui avait légué son oncle Ricimer, ce chef déchu vint en fugitif demander à ses frères un asyle et une part dans le gouvernement des provinces où do-

---

[1] *Magistro militum Chilperico gloriosissimo viro, relatu venenato quorumpiam sceleratorum fuit secretò insusurratum, tuo præcipuè machinatu oppidum vasionense partibus novi principis applicari.* (Sidon., *ep.* 6 et 7, *l.* 5.) Ces lettres, écrites à la fin de l'année 473, *cùm æstas decessit autumno,* prouvent que les sympathies de la Gaule se prononcèrent en faveur de Nepos, même avant qu'il eût quitté la Dalmatie, et dès qu'il eût été reconnu comme empereur par la cour de Constantinople.

minait sa nation. Jusqu'alors rien n'avait troublé
la bonne intelligence qui régnait entre les quatre
fils de Gundioch. Chilpéric, comme l'aîné et surtout comme patrice et commandant des milices
impériales exerçait sur les deux frères qui partageaient avec lui l'administration des provinces
gauloises une prépondérance incontestée. Gondebaud, lancé en Italie dans les hautes régions
de la politique, était l'intermédiaire et le représentant de sa famille auprès du gouvernement
central et trouvait en elle tout l'appui qu'il pouvait désirer pour ses vues ambitieuses. Mais lorsque, déchu de ses vastes espérances, il vint réclamer sa part de l'héritage paternel, les intérêts se
compliquèrent et firent naître des dissentiments
inévitables. L'élève de Ricimer n'était pas homme à se contenter d'une position subalterne; son
titre de patrice le plaçait sur le même rang que
Chilpéric, et de son côté ce dernier habitué à
occuper dans sa patrie la première place n'avait
nulle envie de descendre à la seconde. Entre les
prétentions également hautaines de ces deux
frères, aucune conciliation n'était possible. Dès
l'arrivée de Gondebaud, au mois de juin 473,
leurs discordes éclatèrent en hostilités ouvertes
et la nation ainsi que la famille se partagea entre
les deux rivaux. Gondebaud réussit à attirer

Godégisile dans ses intérêts; Gundemar resta attaché à la cause de Chilpéric. Une guerre furieuse s'alluma entre les deux partis.

Cette guerre fut un horrible fléau pour les populations romaines dans les contrées qui en devinrent le théâtre; mais elle permit à Nepos de s'affermir sur le trône en absorbant dans leurs querelles intestines les forces des Bourguignons qui auraient pu être ses plus dangereux ennemis. D'ailleurs si la lutte fut vive, elle ne dura pas long-temps. Malgré sa défaite récente, Gondebaud avait pour lui le prestige toujours attaché au nom de ceux qui ont joué un rôle dans les grands événements politiques. Il avait été associé à la puissance de Ricimer, il avait fait lui-même un empereur, et frappés de ces souvenirs qui flattaient leur orgueil national, les guerriers bourguignons accoururent en foule sous ses drapeaux. Une autre cause contribuait en outre à accroître le nombre de ses partisans. Chilpéric avait épousé une femme appartenant à l'aristocratie romaine et à l'église catholique. Par ses vertus et son mérite auxquels les contemporains rendent hommage, elle avait pris sur son époux un ascendant qui n'était que trop connu et dont elle savait profiter pour protéger ses compatriotes et sa religion dans laquelle elle élevait ses propres enfants [1]. Cette influence déplaisait aux Bourguignons de même que l'ascendant de Placidie sur Ataulphe avait autrefois mécontenté les Wisigoths. Gondebaud, au contaire, arien fanatique, accoutumé à braver les empereurs, et le sénat, représentait l'élément barbare dans toute sa pureté ; il devait avoir les sympathies de sa nation, et dès qu'il eut pris les armes, le succès de sa cause fut assuré.

Chilpéric et Gundemar ne purent même tenir la campagne. Renfermés dans les murs de Vienne, ils essayèrent en vain de s'y défendre. La ville fut prise, et ils tombèrent avec leurs familles entre les mains du vainqueur. Gondebaud, dans son triomphe se montra cruel et digne élève de Ricimer. Il fit mettre à mort ses deux frères et tous leurs enfants mâles. L'épouse de Chilpéric, objet particulier de sa haine et de la fureur de ses soldats, fut jetée dans le Rhône par ses ordres, avec une pierre au cou. Il n'épargna que les deux filles de cette malheureuse princesse, Chrona et Clotilde, élevées par elle dans la religion catholique, et dont la dernière était appelée par la

---

[1] *Sanè, quod principaliter medetur afflictis, temperat Lucumonem nostrum Tanaquil sua et aures mariti opportunitate salsi sermonis eruderat ; cujus studio factum scire vos par est, nihil interim quieti fratrum communium nocuisse, neque quicquam Deo propitiante nociturum, si modò, quamdiù præsens potestas Lugdunensem Germaniam regit, nostrum suumque Germanicum præsens Agrippina mderetur.* (Sidon., *ep.* 7, *l.* 5.)

Providence à devenir la compagne de Clovis et à faire entrer une grande nation dans les voies de la civilisation chrétienne [1].

La guerre civile des Bourguignons, quoique promptement terminée, avait brisé le lien qui retenait la Gaule dans l'inaction. Les deux princes rivaux ayant appelé autour d'eux toutes les forces de la nation pour décider leur querelle, les troupes qui gardaient l'Auvergne et surveillaient les cités limitrophes de la Narbonnaise rentrèrent dans l'intérieur. Dès-lors les sentiments des populations romaines éclatèrent ouvertement, et toutes les provinces encore libres dans la deuxième Narbonnaise, dans l'Aquitaine, dans les Lyonnaises, dans la Belgique, proclamèrent Nepos avec enthousiasme. Mais en même temps, Euric, voyant l'Auvergne et le Berri abandonnés par les auxiliaires qui les avaient protégés jusqu'alors, crut le moment arrivé de réunir à ses conquêtes les seules possessions qui lui manquassent encore pour n'avoir d'autres limites que l'Océan, la Loire et le Rhône [2].

---

[1] Frédég., Hist. ep., l. 1, c. 17. *Gundobaldus Hilpericum fratrem suum interfecit gladio uxoremque ejus, ligato ad collum lapide, aquis immersit. Duos filios eorum gladio trucidavit, duas filias exilio condemnavit; quarum senior, mutatâ veste, se Deo devovit, junior Clotildis vocabatur.*

[2] *Rumor est Gothos in romanum solum castra movisse; huic semper irruptioni nos miseri Arverni janua sumus. Namque odiis inimicorum*

Bourges et ses plaines ouvertes étaient une proie facile à saisir. Mais il fallait dompter avant tout cette noble cité de Clermont, ce cœur de la Gaule où semblait avoir reflué tout le sang généreux de la race celtique. Euric entra sur le territoire des Arvernes dès que les Bourguignons l'eurent quitté, dans l'été de 474, et après avoir livré les campagnes au pillage et à l'incendie, il vint mettre le siége devant la ville, dernier refuge de la nationalité gallo-romaine.

Tant de désastres n'avaient point abattu le courage des Arvernes. Guidés par leur illustre évêque Sidonius et par cette glorieuse aristocratie d'où étaient sortis depuis un siècle tous les hommes éminents de la Gaule, ils persistèrent à se défendre, quoique abandonnés à eux-mêmes et réduits à leurs seules ressources [1]. Nepos ne pouvait les secourir ; il n'avait point de troupes à envoyer au-delà des Alpes, et lors même qu'il en aurait eu, il n'aurait pu les faire passer à travers les contrées où les Bourguignons en armes

---

hinc peculiaria fomenta subministramus quia, quod necdùm terminos suos ab Oceano in Rhodanum Ligeris alveo limitaverunt, solam moram de nostrá tantùm obice patiuntur. (Sidon., epist. 1, lib. 7.)

[2] *Si recentia memorabuntur, Arverni ii sunt qui viribus propriis hostium publicorum arma remorati sunt.* (Sidon., ep. 7, lib. 7.) Cette phrase prouve suffisamment que les Bourguignons ne prirent aucune part à la défense de l'Auvergne, et qu'ils en étaient sortis avant l'invasion des Wisigoths.

ne s'accordaient que dans leur haine commune pour *l'empereur grec.*

Ecdicius apprit à Rome par les éloquentes lettres de son beau-frère la détresse de sa patrie. La cause pour laquelle il combattait depuis trois ans en Italie avait enfin triomphé. Nepos accomplissant les promesses d'Anthemius venait de lui conférer la dignité de patrice et lui destinait le commandement général des armées de l'Empire [1]. Tant qu'il s'était agi de soutenir ses souverains dans le malheur, il n'avait point quitté le champ de bataille où s'agitaient les destinées de l'Occident. Maintenant l'Italie pacifiée n'avait plus besoin de ses services; il ne songea plus qu'à partager les souffrances et les dangers de ses compatriotes.

Le siége de Clermont était commencé; les as-

---

[1] Le questeur Licinianus, envoyé par Nepos pour mettre ordre aux affaires de la Gaule, y apporta le décret qui conférait à Ecdicius la dignité de patrice au moment où les Wisigoths assiégeaient Clermont. Sidonius nous fait connaître ces circonstances dans une lettre de félicitations adressée à sa femme Papianilla, sœur d'Ecdicius, et qui avait quitté l'Auvergne pour se soustraire aux chances de la guerre : *Ravennâ veniens quæstor Licinianus, cùm primùm tetigit Galliæ solum, litteras adventùs su prævias misit quibus indicat se esse gerulum codicillorum quorum in adventu fratri tuó Hecdicio honor patricius accedit... Hoc sanctè Julius Nepos, armis pariter summus Augustus ac moribus, quod decessoris Anthemii fidem fratris tui sudoribus obligatam absolvit, si quidem iste complevit quod ille sæpissimè pollicebatur.* (Sidon., *ep.* 16, *l.* 5.)

siégeants entouraient la ville et en interceptaient
tous les abords lorsqu'Ecdicius arriva sous ses
murs, n'ayant avec lui qu'une escorte de vingt-
deux cavaliers, amis dévoués ou serviteurs fidèles. Forcer avec cette poignée d'hommes les lignes d'une armée formidable, c'était une entreprise comme on n'en voit guère que dans les
romans de chevalerie. Cependant Ecdicius n'hésita point à la tenter; suivi de ses braves compagnons, il met l'épée à la main, lance son cheval
au galop, en plein jour, à travers le camp ennemi, et la petite troupe, passant sur le corps des
Wisigoths stupéfaits de tant d'audace, parvient
à se jeter dans la place, sans avoir perdu un seul
homme [1]. Sidonius, dans une lettre adressée à
son illustre beau-frère, fait une peinture admirable de l'enthousiasme avec lequel cette poignée
de braves fut accueillie dans la ville assiégée. Les
cris de joie, les sanglots, les applaudissements
éclataient sur leur passage; on se pressait autour

---

[1] *Non potest unquàm civicis pectoribus elabi quem te quantùmque nuper omnis ætas, ordo, sexus è semirutis murorum aggeribus vidit cùm
vix duodevigenti equitum sodalitate comitatus aliquot millia Gothorum
non minùs die quàm campo medio transisti ; ad nominis tui rumorem
personæque conspectum exercitum exercitatissimum stupor obruit... Intereà tu, cæsis quibusque optimis, nullis tuorum certamine ex tanto desi-
deratis, solus planitie quàm patentissimâ potiebare cùm tibi non daret
tot pugna socios quot solet mensa convivas.* (Sidon, *ep.* 3, *l.* 3, *ad Ecdicium.*)

d'Ecdicius ; chacun voulait toucher son cheval ou quelques parties de ses armes couvertes de sang et de poussière ; il eut plus de peine, dit Sidonius, à fendre cette foule désarmée qu'à traverser les rangs ennemis [1].

Ce trait héroïque exalta le courage des habitants de Clermont. Passant les nuits et les jours en armes sur les remparts, tous à la fois officiers et soldats, ils suppléaient au nombre par leur valeur infatigable, et souvent leurs sorties imprévues portaient la terreur dans le camp même des assiégeants [2]. Bientôt ils manquèrent de vivres,

---

[1] *Hinc jàm in urbem reduci quid tibi obviam processerit officiorum, plausuum, fletuum, gaudiorum magis tentant vota conjicere quàm verba reserare. Alii osculis pulverem tuum rapiunt, alii sanguine ac spumis pinguia fræna suscipiunt, alii sellarum equestrium madefacta sudoribus fulcra resupinant, alii de concavo tibi cassidis exituro flexilium laminarum vincula diffibulant, alii explicandis ocrearum nexibus implicantur, alii hebetatorum cæde gladiorum latera dentata pernumerant, alii cæsim atque punctim foraminatos circulos loricarum digitis metiuntur.* (Sidon., *ibid.*) Je cite ce passage curieux parce qu'il montre combien l'armure des nobles romains, au Ve siècle, ressemblait à celle des chevaliers du moyen-âge, avec lesquels ils ont tant de rapports. Grégoire de Tours a parlé de ce beau fait d'armes d'Ecdicius ; et comme tout s'exagère en passant de bouche en bouche, il réduit le nombre de ses compagnons à dix : *Ecdicius quâdam vice multitudinem Gothorum cum decem viris fugasse perscribitur.* (Greg. Tur., *Hist*, l. 2, c. 24.)

[2] *Arverni ii sunt qui sibi adversus vicinorum aciem tàm duces fuêre quàm milites, cui sæpè populo Gothus non fuit clauso intrà mœnia formidini cum vicissim ille fieret oppugnatoribus positis intrà castra terrori.* (Sidon., *ep.* 7, *l.* 7.) La lettre 3, l. 3, fait une brillante description

ils furent réduits pour se nourrir à arracher les
herbes qui croissaient entre les fentes de leurs
murailles, et personne ne parla de se rendre. Cependant l'automne s'avançait, la neige commençait à couvrir les montagnes; le froid, les maladies, les combats journaliers éclaircissaient les
rangs des Wisigoths; Euric fut contraint de lever
le siége, et se retira avec le dépit d'avoir vu toute
sa puissance échouer devant une ville sans garnison, que protégeait seule l'inébranlable constance d'un peuple abandonné de ses souverains[1].

Après la retraite des Wisigoths, l'Auvergne
respira et remercia le ciel de sa délivrance ; mais
elle ne tarda pas à éprouver toutes les misères que la guerre entraîne après elle. L'invasion

des combats livrés hors de la ville par Ecdicius : les pertes des Wisigoths étaient grandes ; car ne pouvant enterrer tous leurs morts, ils
coupaient les têtes des cadavres afin qu'on ne les reconnût pas à leur
longue chevelure, ou les rassemblaient pour les brûler dans des maisons
auxquelles ils mettaient le feu.

[1] La date du siége de Clermont est facile à établir de la manière la
plus précise. Nous avons vu que Gondebaud dut revenir dans la Gaule
immédiatement après la chute de Glycerius, c'est à-dire à la fin de juin
474. Aussitôt après son arrivée, la guerre civile éclata entre lui et son
frère, et les Bourguignons quittèrent l'Auvergne. Les Wisigoths y entrèrent au temps de la moisson, c'est-à-dire au mois d'août; ils levèrent le siége de Clermont peu de temps après l'arrivée du questeur Licinianus, et d'après une lettre de Sidonius (*ep.* 7, *lib.* 3), les neiges
commençaient alors à tomber dans les montagnes. Le siége dura donc
pendant tout l'automne de 474, et fut levé aux approches de l'hiver.

avait eu lieu dans le temps de la moisson; les Wisigoths avaient détruit ou enlevé toutes les récoltes; une cruelle famine se fit sentir au milieu des maisons en ruines et des champs dévastés [1]. Alors ce fut le tour des prodiges de la charité chrétienne; Sidonius, dont les richesses étaient depuis long-temps épuisées, volait l'argenterie de sa femme Papianille [2], pour en distribuer la valeur aux pauvres. Ecdicius avait d'immenses possessions territoriales, situées en grande partie dans la première Lyonnaise, que la guerre avait épargnée. Les fermages à cette époque se payaient tous en nature, et cet usage de l'ancienne Gaule, encore général dans le siècle dernier, existe même aujourd'hui dans la plupart de nos provinces centrales. Le héros chrétien vida ses greniers et nourrit pendant tout l'hiver quatre mille personnes de tout âge et de tout sexe [3].

---

[1] *Post gothicam depopulationem, post segetes incendio absumptas peculiari sumptu inopiæ communi per desolatas Gallias gratuita frumenta misisti.* (Sidon., ep. 12, lib. 6, ad Patientem Lugd. episc.)

[2] *Plerùmque nesciente conjuge, vasa argentea auferebat à domo et pauperibus erogabat.* (Greg. Tur., *Hist.*, l. 2, c. 23.)

[3] *Tempore Sidonii episcopi magna Burgundiam fames oppressit, cùmque populi per diversas regiones dispergerentur nec esset ullus qui pauperibus alimoniam largiretur, Ecdicius quidam ex senatoribus, hujus propinquus, invalescente fame, misit puéros suos cum equis et plaustris per vicinas civitates ut eos qui hâc inopiâ vexabantur sibi adducerent. Ac illi euntes cunctos pauperes quotquot invenire potue-*

Au spectacle de tant de malheurs et de tant de vertus, tous les cœurs s'émurent dans la Gaule. Saint Patient, évêque de Lyon, rassembla de tous côtés des provisions de grains, qu'il fit transporter en Auvergne. Les évêques de la Narbonnaise firent passer leurs dons par ses mains; les routes des montagnes et les eaux de la Saône se couvrirent de nombreux convois qui portaient au courage malheureux les offrandes d'une charité fraternelle. Le prêtre Constantius, auteur de la Vie de Saint Germain, que nous avons plus d'une fois citée, vint lui-même à Clermont seconder Sidonius dans la pénible tâche de soulager ce peuple affamé et de le maintenir dans l'union et dans la confiance en Dieu qui faisaient toute sa force [1].

Certes ce sont là de glorieuses pages d'histoire et les plus brillantes époques de l'Empire n'en offrent point de semblables; car les vertus chré-

---

runt adduxerunt ad domos ejus; ibique eos per omne tempus sterili-
tatis pascens , ab interitu famis exemit, fueruntque amplius quàm
quatuor millia promiscui sexûs. (Greg. Tur., *Hist.*, lib. 2, c. 24.) Grégoire de Tours s'est trompé en plaçant cette famine dans la Bourgogne ;
les lettres de Sidonius prouvent qu'elle régna dans l'Auvergne à la suite
de la guerre, et que ce fut au contraire des contrées occupées par les
Bourguignons que vinrent les secours. On voit d'ailleurs par le récit
même de l'historien qu'Ecdicius recueillit et nourrit ses compatriotes
dispersés et réfugiés dans les cités voisines.

[1] Sidon., *ep.* 2, *lib.* 3 ; *ep.* 12, *lib.* 6.

tiennnes ne ressemblent point à celles dont se
targuait le paganisme. Où trouver un plus beau
fait d'armes que cette défense de Clermont, dans
laquelle on vit quelques milliers de paysans rassemblés à la hâte par leurs seigneurs, quelques
chrétiens paisibles, inspirés par leur évêque, repousser une armée formidable, conduite par le
chef redouté de la plus belliqueuse des nations
barbares [1] ? Ce n'était donc pas le courage indi-
viduel qui manquait dans ce siècle malheureux.
La bravoure chevaleresque des Bonifacius, des
Litorius, des Avitus, des Ecdicius, prouve assez
que l'aristocratie romaine n'avait point toute dé-
généré de ses ancêtres ; mais le corps social était
gangrené au cœur, et la corruption qui régnait
dans les hautes régions du gouvernement rendait
tous les mérites et tous les dévouements inutiles.

Tandis que les Arvernes se sacrifiaient pour

---

[1] Ecdicius avait armé ses vassaux à ses frais : *Taceo te collegisse
privatis viribus publici exercitûs speciem*. (Sidon., *ad Ecdicium*, ep. 3,
lib. 3.) Sidonius, pour soutenir le courage des Arvernes, écrivit, dès
les premiers moments de l'invasion, à Mamercus, évêque de Vienne,
une lettre touchante par laquelle il le priait de lui envoyer les formules
des prières des *Rogations*, récemment établies par ce saint prélat dans
son diocèse, qui avait aussi beaucoup souffert de la guerre civile des
Bourguignons. (Sidon., ep. 1, *lib.* 7.) Partout les inspirations chrétiennes adoucissaient les maux publics ou donnaient la force de les supporter.

la cause de l'Empire, Nepos négociait dans le seul intérêt de l'affermissement de son pouvoir. Dès son avénement, il avait envoyé dans la Gaule le questeur Licinianus, pour tâcher d'obtenir des rois barbares le renouvellement des traités [1]. La guerre civile des Bourguignons vint fort à propos pour faciliter ces négociations. Gondebaud, vainqueur de ses frères, sentait combien cette lutte intestine avait affaibli sa nation, et quelle stabilité gagnerait son autorité à être confirmée par l'investiture impériale; il ne montra donc que des dispositions pacifiques.

Mais il n'en fut pas de même du farouche Euric; décidé à se maintenir dans une entière indépendance, il repoussa avec dédain les propositions de l'empereur. Aigri par l'échec qu'il avait éprouvé à Clermont, il menaçait de venger l'affront fait à ses armes sur l'ancienne province romaine, sur la deuxième Narbonnaise, seul lien de la Gaule avec l'Empire, dernier asile où s'étaient réfugiés les faibles restes de l'administration impériale [2]. L'annonce de ces projets d'invasion répandit la terreur dans ces con-

---

[1] Sidon., *ep.* 16, *lib.* 5 ; *ep.* 7, *lib.* 3.

[2] Les Goths, dit l'auteur de la Vie de Saint Epiphane, menaçaient les frontières de l'Italie du côté des Alpes : *Dùm illi italici fines imperii quos trans Gallicanas Alpes porrexerat, non desinerent incessere.*

trées encore florissantes, où le voisinage de l'Italie avait introduit depuis long-temps la mollesse et la corruption de Rome dégénérée. Il ne restait plus parmi ces populations aucun vestige de cette vigoureuse nationalité celtique qu'on avait vue avec étonnement se réveiller dans les montagnes d'Auvergne. Les opulentes cités d'Arles et de Marseille tremblaient pour leur commerce et leurs richesses. Tous les évêques de la province, organes naturels des vœux et des craintes de leurs concitoyens, se réunirent pour presser Nepos d'envoyer une seconde ambassade à Euric, et de l'empêcher à tout prix de réaliser ses menaces.

Il est vraisemblable, et les reproches amers de Sidonius donnent lieu de supposer, qu'ils indiquèrent eux-mêmes la cession de l'Auvergne et du Berri comme le seul moyen de détourner l'orage qui allait fondre sur la Narbonnaise [1]. Cette dernière province était la seule qui fût en communication directe avec Rome. Les cités de l'Aquitaine, de la Belgique et des Lyonnaises qui étaient encore romaines, isolées au milieu des dominations barbares, se gouvernaient par elles-

---

[1] *Parùm in commune consulitis non tàm curæ publicis mederi periculis quàm privatis studere fortunis, quod utique sæpè diùque facientes jàm non primi comprovincialium cepistis esse, sed ultimi.* (Sidon., *ad Græcum massiliensem episc,* ep. 7, lib. 7.)

mêmes et se défendaient par leurs propres forces.
Il n'est donc pas étonnant que Nepos ait voulu
garder avant tout le siége de la préfecture des
Gaules, le seul territoire sur lequel l'administration impériale eût conservé une action réelle, et
la dernière barrière qui séparât les Barbares des
frontières de l'Italie.

Afin de donner plus de poids à ses résolutions,
et de justifier en quelque sorte aux yeux des
peuples les honteux sacrifices dont il prévoyait
la nécessité, il mit à la tête de la nouvelle ambassade Epiphane, évêque de Pavie, en lui laissant
toute latitude pour les conditions du traité. Nous
avons vu de quelle vénération universelle ce saint
prélat était l'objet ; Ricimer lui-même l'avait respecté et tous les empereurs lui avaient successivement accordé leur confiance. Il passa par Marseille, et là, témoin des frayeurs de la province
et de l'impossibilité de la résistance, il se laissa
fléchir par les sollicitations des évêques. L'abandon de l'Auvergne fut résolu [1].

Il n'était pas besoin de grands efforts pour décider Euric à accepter une proposition qui flattait si bien son orgueil et ses désirs de vengeance.

---

[1] Sidonius exprime bien que l'influence des évêques de la Narbonnaise fut toute puissante dans ces négociations : *Per vos legationes
meant; vobis primùm pax quanquàm principe absente non solùm
tractata reseratur, verùm etiam tractanda committitur.* (Sid., ep. 7, l. 7.)

Saint Épiphane obtint facilement une paix achetée par le déshonneur de l'Empire et la perte totale de l'influence romaine dans la Gaule. Les Wisigoths atteignirent enfin les limites si longtemps convoitées de la Loire et du Rhône. Mais une conséquence encore plus grave de cette négociation fut la reconnaissance effective de leur indépendance. Chose inouïe jusqu'alors, Euric traita avec l'empereur d'égal à égal; il ne fut plus question de ces engagements de vassalité qui avaient toujours été la base des conventions faites avec les rois barbares, et, maître souverain des provinces qui lui furent cédées, il les posséda de son plein droit, *suo jure* [1].

[1] L'évêque Epiphane, en parlant à Euric, n'osa pas même donner à Nepos le titre d'empereur, pour ne point rappeler une suprématie qui blessait l'orgueil du roi des Wisigoths; il parut borner à l'Italie la puissance du successeur des Césars : *Nepos cui regimen Italiæ ordinatio divina commisit*. Cependant, à la fin de son discours, il osa dire qu'on devait savoir gré à Nepos de se contenter d'être l'ami d'Euric, quand il aurait pu parler en maître : *Sufficiat quod elegit aut certè patitur amicus dici qui meruit dominus appellari*. Ainsi, de suzerain, l'empereur devenait allié. Quant à la question de territoire, Epiphane se borna à demander que les anciennes limites fussent respectées : *Quo sit dominiorum antiquitas limitata confinio*. Mais il ne s'agissait que des limites de la Narbonnaise, seule province dont la conservation fût nécessaire à la sûreté de l'Italie. La réponse d'Euric fut pleine de fierté, même de dédain ; et pourtant elle marque la vénération générale qu'inspiraient alors les évêques : *Facio, venerande papa, quæ poscis quia grandior apud me est legati persona quàm potentia destinantis* (Vita Sancti Epiph., ap. Ennod.) Jusque-là il n'existait en droit aucune mo-

.   On peut imaginer la consternation qui se répandit en Auvergne, lorsque l'on y apprit que
l'empereur abandonnait lâchement ce peuple qui
s'était dévoué pour lui. Je voudrais pouvoir citer
tout entière l'admirable lettre que Sidonius écrivit dans cette occasion à Græcus, évêque de
Marseille [1]. C'est un des plus beaux monuments
de cette littérature chrétienne du Ve siècle qui
s'est souvent élevée à la hauteur des grands événements dont elle s'inspirait et qui a été jusqu'i-
ci trop dédaignée et trop peu connue :

« D'après les bruits qui se confirment, écri-
» vait le courageux prélat, la paix nous prépare
» un sort pire que la guerre. Notre esclavage est
» devenu le prix dont on achète votre sécurité.
» Oh! douleur! l'esclavage de l'Auvergne!.......
» Est-ce donc là ce que méritaient nos souffran-
» ces? Est-ce pour cela que nous avons bravé la
» misère, la flamme, le fer, la contagion? que
» nos guerriers exténués par la faim ont abreuvé
» leurs glaives du sang de l'ennemi? Est-ce dans
» l'attente de cette glorieuse paix que nous

---

narchie barbare indépendante dans la Gaule. *Les traités conclus par
les empereurs avec le chef des Vandales, Genséric, depuis la mort de
Valentinien, furent les premiers par lesquels on reconnut l'indépendance d'un roi barbare sur le territoire de l'Empire.*

[1] Sidon., *ep.* 7, *lib.* 7. Cette lettre fut écrite au printemps de 475;
la négociation de saint Epiphane ne put avoir lieu qu'à cette époque,
car Nepos cessa de régner au mois d'août de la même année.

» avons dévoré jusqu'aux herbes arrachées des
» fentes de nos murailles ?... Pour tant de preu-
» ves de dévouement, quelle récompense on
» nous annonce ! Rougissez de ce traité qui
» n'est ni honorable ni utile..... Rompez par vos
» conseils, puisque vous le pouvez, ce honteux
» accord. S'il le faut, nous serons heureux d'ê-
» tre encore assiégés, de combattre encore, de
» souffrir encore la famine. Mais si la trahison
» nous livre, nous que la force n'a pu vain-
» cre, vous aurez sans doute songé d'avance à
» ce que des lâches pourront conseiller à un
» maître barbare..... Pardonnez à notre douleur
» l'amertume de notre langage. Toute autre pro-
» vince abandonnée craint la servitude : l'Au-
» vergne attend son supplice. Si vous ne pouvez
» remédier à notre agonie, priez au moins pour
» que ce peuple, dont la liberté meurt, con-
» serve quelques gouttes de son généreux sang.
» Préparez un asile aux bannis, une rançon aux
» captifs, des secours aux réfugiés, et si vous
» ouvrez nos murs aux ennemis, ne fermez pas
» les vôtres à des frères malheureux. »

Ces accents d'un sublime désespoir n'émurent
point des cœurs glacés par la crainte, et dans
l'Auvergne même ils trouvèrent peu d'échos.
Épuisés par l'excès de leurs maux et par leurs
héroïques efforts, les Arvernes étaient alors sous

le poids de l'affaissement qui succède toujours aux grandes crises. Dès les premiers instants qui suivirent la retraite des Wisigoths, des semences de division s'étaient manifestées entre les hommes intrépides qui voulaient continuer la lutte, et les faibles qui, las de souffrir, n'aspiraient qu'au repos [1]. L'abandon de Nepos donna gain de cause au parti de la peur, et les agents d'Euric. munis du diplôme impérial, occupèrent sans résistance cette province que ses armes n'avaient pu dompter.

Les nobles chefs de l'insurrection s'empressèrent de quitter leur patrie asservie. Ecdicius se retira dans ses possessions de la première Lyonnaise, sous la protection des rois bourguignons, et, dégoûté de servir des princes lâches et ingrats, acheva sa vie dans l'exercice des humbles vertus

---

[1] Immédiatement après la levée du siége de Clermont, un grand nombre d'habitants, ne voulant plus courir les chances de la guerre, se réfugièrent dans les contrées voisines. Ils reprochaient, comme cela se voit toujours dans les circonstances semblables, aux braves chefs de l'insurrection d'avoir attiré ces maux sur leur patrie. Le prêtre Constantius, envoyé par l'évêque de Lyon, travailla à rappeler les fugitifs et à rétablir l'union entre eux et ceux qui étaient restés fidèles à la cause du pays : *His adjicitur quod cùm inveneris civitatem non minùs civicâ simultate quàm barbaricâ incursione vacuatam, pacem omnibus suadens, charitatem illis, illos patriæ reddidisti ; muri tibi debent plebem reductam, plebs reducta concordiam* (Sidon., *ep.* 2, *l.* 3, *ad Constantium.*) Pendant le siége même, il y avait des nobles Arvernes dans l'armée d'Euric. (*Ep.* 12, *lib.* 5.)

de chrétien [1]. Quant à Sidonius, il ne songea
point à fuir ; il savait qu'un évêque doit mourir
à son poste. Mais telle était la vénération portée
alors aux chefs de l'Église, qu'Euric n'osa point
attenter à ses jours. Il se contenta de l'éloigner
de son diocèse en le confinant dans une petite
ville aux pieds des Pyrénées [2]. Sidonius y resta
trois ans, et obtint enfin son rappel par la protection de Léon, noble romain, qui était premier ministre d'Euric et investi de toute la confiance de ce monarque [3]. Ce fut vers la fin de l'année 478 qu'il revint prendre possession de son
siége. Pendant son absence, deux prêtres apostats avaient été chargés de l'administration du
diocèse, et y avaient fait beaucoup de mal [4]. Mais
une fois de retour, il sut bientôt regagner tout
l'ascendant que lui avaient donné sa haute naissance, ses talents, ses vertus, et que devait en-

---

[1] Après la cession de l'Auvergne, les princes bourguignons commencèrent à s'effrayer de l'ambition des Wisigoths devenus leurs voisins.
Aussi Ecdicius fut accueilli par eux avec la plus grande distinction et
admis dans leur intimité. Trois ans plus tard, Sidonius, revenu d'exil,
lui écrivit en vain pour l'engager à rentrer dans l'Auvergne pacifiée,
en l'exhortant à se méfier de l'amitié des rois : *Assiduitatem tuam pei-
culosæ regum familiaritati celer exime.* (Sidon., *ep.* 3, *lib.* 3.)

[2] A Livia, dans la Cerdagne, comme le prouvent plusieurs passages
des Lettres de Sidonius, et notamment celui-là où il parle des salines de
Catalogne. (Sidon., *ep.* 8, *lib.* 8 ; *ep.* 12, *lib.* 9.)

[3] Sidon., *ep.* 3, *lib.* 8.

[4] Greg. Tur., *Hist.*, lib. 2, c. 23.

core accroître sa noble résignation dans le malheur. Il mourut en 480, révéré de toute la Gaule, et mis au nombre des saints par son Église reconnaissante [1].

Le gouvernement d'Euric ne fut pas aussi oppresseur pour l'Auvergne qu'on aurait pu le craindre ; il sentait la nécessité de ménager ce peuple, dont il connaissait le courage. Le comte Victorius, noble romain, fut mis à la tête des sept cités de l'Aquitaine [2], et les administra pendant neuf ans avec autant de douceur que d'habileté [3].

[1] Grégoire de Tours a fait une description touchante des derniers moments de Sidonius. Lorsqu'il se sentit près de mourir, le saint prélat se fit porter à l'église, et tout le peuple le suivait en criant : O bon père ! ô bon pasteur ! pourquoi nous abandonnes-tu ? pourquoi nous laisses-tu orphelins ? *Cur nos deseris, pastor bone ? cur nos derelinquis orphanos ?* (Greg. Tur., *Hist.*, lib. 2, c. 23.)

[2] Ce nombre de sept cités a fait croire à quelques auteurs que Victorius fut nommé gouverneur de la Septimanie, c'est-à-dire de la 1re Narbonnaise ou du Languedoc. En présence des faits et des textes contemporains, cette opinion n'est pas soutenable. A la vérité, il y avait huit cités dans la 1re Aquitaine, savoir : Clermont, Bourges, Limoges, Velai, Gévaudan, Rhodez, Cahors et Albi. Mais la cité d'Albi en fut détachée et réunie à la 1re Narbonnaise, dont elle avait fait anciennement partie sous l'administration romaine. Ce fut ce qui porta à sept le nombre des cités de la Narbonnaise, qui n'était sans cela que de six, savoir : Toulouse, Narbonne, Béziers, Nimes, Lodève et Usez.

[3] Grégoire de Tours dit que Victorius fut nommé gouverneur des sept cités dans la 14e année du règne d'Euric, c'est-à-dire en 479, Euric ayant commencé à régner après l'assassinat de son frère, en 466 ; il ajoute que Victorius gouverna ces provinces pendant neuf ans, dont

Loin de persécuter les catholiques, il fit construire ou relever plusieurs églises [1] , et mérita les éloges de Sidonius [2]. Nous avons déjà vu qu'un autre Romain, Léon, descendant du fameux rhéteur bordelais Fronton, était le premier ministre d'Euric. Ainsi l'aristocratie romaine conserva sous les rois goths une grande part dans le gouvernement du pays, et il en fut de même sous les rois francs, pendant toute la période mérovingienne, jusqu'à l'époque où cette aristocratie fondue avec les familles des chefs de clans germaniques entra comme élément principal dans la constitution de la noblesse du moyen-âge.

Un acte de lâcheté est toujours un acte de mauvaise politique, et l'expérience de tous les siècles a justifié le mot fameux d'Aristide : « Ce n'est pas honorable; donc ce ne peut être utile. » Nepos ne tarda pas à en faire l'épreuve. En abandonnant l'Auvergne, il s'était aliéné les seuls dévouements sincères sur lesquels il pût compter, et il avait perdu le seul homme de guerre capa-

---

quatre après la mort d'Euric. Son administration cessa donc en 488, Euric étant mort en 484. On voit que sa nomination coïncida avec le rappel de Sidonius, et que ces mesures annonçaient un système de politique conciliante qui acheva la pacification de l'Auvergne.

[1] Greg. Tur., *Hist.*, lib. 2, c. 20.

[2] *Tùm principaliter amplissimi viri Victorii comitis devotione præventus quem jure sæculari patronum, jure ecclesiastico filium excolo ut cliens.* (Sidon., *ep.* 17, *lib.* 7.)

ble de faire respecter son pouvoir. Ce fut en vain
qu'il écrivit à Ecdicius pour le prier de revenir à
Rome et de prendre le commandement général
des armées de l'Empire ; le noble défenseur de
Clermont persista à ne point quitter sa retraite,
content de la protection et de l'amitié des rois
bourguignons [1]. Ce refus livra Nepos à la merci
de cette armée d'Italie qui avait renversé successivement quatre empereurs et abandonné même
Glycerius, sa créature. Il fut forcé de choisir le
commandant qu'elle lui désigna, et celui qui lui
fut imposé n'était pas même un chef militaire:
c'était un intrigant d'origine barbare, mais étranger au métier des armes ; il se nommait Oreste,
et avait été secrétaire d'Attila.

Pour expliquer ce choix bizarre, il faut se rappeler quelle était la composition de l'armée d'I-
talie depuis qu'elle avait été réorganisée par Avitus et Majorien. Nous avons vu que pendant la

---

[1] *Romanorum dux præerat Decius nobilissimus senator et Aviti imperatoris filius, qui diù certans cum Wisigothis nec valens antestare,
relictá patrid maximèque urbe Arvernate hosti, ad tutiora se loca colle-
git. Quod audiens Nepos imperator præcepit Decio relictis Galliis ad se
venire, in locum ejus Oreste magistro militum ordinato.* (Jornandès,
Hist. Goth., c. 45.)

On voit dans Priscus (*de Legationibus*) qu'Oreste fit partie de
l'ambassade envoyée par Attila à Constantinople sous le règne de Théodose II, pour se plaindre des complots de l'eunuque Chrysaphe et en
demander satisfaction.

première moitié du Ve siècle, les Huns furent constamment les plus fidèles alliés de l'Empire, et que les contingents fournis par cette nation et par les peuples slaves et teutoniques qui lui étaient soumis, firent la principale force d'Aëtius dans toutes les guerres qu'il eût à soutenir. En se déclarant l'ennemi des Romains, Attila leur fit encore plus de mal, par les ressources dont il les priva, que par les attaques qu'il dirigea contre eux. La Gaule fut alors défendue par les peuples fédérés qui l'habitaient; mais l'Italie, habituée à recruter ses armées sur le Danube, resta dépourvue de troupes; la chute de Valentinien, la prise de Rome par les Vandales, furent les conséquences de cet état de choses. Sentant la nécessité de reconstituer les forces militaires de l'Empire, Avitus et Majorien profitèrent de la dissolution de la puissance tartare pour attirer sous leurs drapeaux tous ces guerriers que la mort d'Attila laissait sans maître et sans chef. L'armée du roi des Huns passa presque tout entière à la solde des empereurs, et des aventuriers accourus de toutes les contrées du nord de l'Europe, vinrent en compléter les rangs. Ce fut avec cette armée que Ricimer, pendant quinze ans, défendit l'Italie et domina ses souverains.

On conçoit quelle devait être sur des troupes ainsi composées l'influence d'un homme qui avait eu toute la confiance d'Attila, et avait parlé long-temps à tous ces vassaux des Huns au nom du chef devant lequel ils étaient accoutumés à trembler. Oreste était né dans les colonies militaires de la Pannonie, ce qui a fait croire faussement à quelques auteurs qu'il était Romain. Son père, Tatule, dont le nom semble indiquer une origine tartare, passa dans le camp d'Attila et y emmena son fils. Demi-Grec, demi-Barbare, fourbe, insinuant, avide, Oreste sut exploiter le crédit dont il jouissait auprès du puissant monarque des Huns pour amasser d'immenses trésors. Après la mort de son maître, il vint en Italie avec ses richesses, et, jaloux, comme tous les Barbares, de contracter une alliance illustre, il épousa la fille du comte Romulus, noble romain que Valentinien avait envoyé en ambassade auprès d'Attila en 448, lorsque le conquérant tartare commençait à manifester ses projets hostiles. L'opulence d'Oreste, les relations diplomatiques qu'il avait eu occasion d'entretenir avec les principaux personnages de la cour impériale, le crédit de la famille patricienne à laquelle il s'était allié, en firent bientôt un personnage important. Il le devint plus encore par ses liaisons avec les chefs de l'armée qui avaient passé du camp tartare sous les drapeaux de l'Empire. Selon toute apparence, ses intrigues contribuèrent à déterminer la dé-

fection de ces troupes lorsqu'elles abandonnèrent
Glycerius sans combat. Tant que Ricimer avait
vécu, elles avaient obéi à l'ascendant de ce grand
homme de guerre; mais le Bourguignon Gondebaud n'avait point de souvenirs glorieux qui pussent leur en imposer, et il y avait antipathie de race
entre ces guerriers goths ou slaves et la tribu
suévique, à laquelle lui-même appartenait. Il
ne fut donc pas difficile à Oreste de contrebalancer l'influence du neveu de Ricimer, de soulever contre lui ses soldats et de se présenter ensuite à Nepos comme le seul homme qui pût lui
répondre de la fidélité de l'armée. Privé de l'appui
d'Ecdicius, ce prince sentait son impuissance; il se
décida à conférer au secrétaire d'Attila, avec la
dignité de patrice, le commandement général des
milices de l'Empire.

Une circonstance particulière ne permettait
pas à Nepos d'attendre plus long-temps pour
donner à l'armée un chef capable de s'en faire
obéir. Depuis la marche de Ricimer sur Rome,
en 472, cette armée, instrument de toutes les
révolutions, n'avait pas quitté les environs de la
capitale, où sa présence était un danger pour le
pouvoir et un fléau pour les habitants [1]. Il s'a-

---

[1] Au printemps de l'année 474, les Ostrogoths indépendants, qui
habitaient au-delà du Danube, ayant appris la mort de Ricimer, et

gissait de la ramener dans ses anciens cantonnements, au nord de l'Italie, et Oreste avait promis de décider son départ. Mais cette promesse n'était qu'un piége et couvrait l'exécution d'un complot préparé depuis long-temps. Après avoir supplanté Gondebaud et renversé Glycerius au profit de Nepos, Oreste voulait abattre Nepos au profit de sa propre ambition. Dès qu'il se vit investi du commandement, il conduisit ses troupes devant Ravenne, où résidait ce prince, et lui signifia que l'armée ne le reconnaissait plus pour empereur. Nepos ne pouvait compter, pour soutenir sa cause, que sur le petit nombre de soldats qu'il avait amenés d'Orient; il ne tenta pas une résistance impossible. Le 28 août 475, un an à peine après avoir été proclamé Auguste à Rome, il remonta sur ses vaisseaux, et se retira dans la Dalmatie qui était devenue, pour la famille de Marcellien, une sorte de possession patrimoniale et indépendante. Là, il retrouva son

---

voyant le nord de l'Italie dégarni de troupes, firent une irruption dans le Norique et le Milanais. Glycerius, n'osant éloigner l'armée de Rome, traita avec ces bandes, et les détermina, moyennant une forte somme d'argent, à passer dans la Gaule, sans doute pour y remplacer les troupes de la même nation qui y tenaient garnison et qu'Anthemius en avait retirées. Mais ils eurent à peine franchi les Alpes qu'ils se laissèrent gagner par Euric, roi des Wisigoths, et entrèrent à son service. Cet accroissement de forces facilita les conquêtes qu'Euric méditait, et dont nous parlerons tout-à-l'heure. (Jornandès, *Hist. Goth.*, c. 56.)

ancien rival, Glycerius, qu'il avait fait évêque à Salone, et il continua de porter dans les étroites limites de sa province le vain titre d'empereur d'Occident [1].

En forçant Nepos de quitter l'Italie, Oreste ne pouvait prétendre à le remplacer sur le trône; son origine barbare l'en excluait; mais il avait un fils auquel il avait donné, suivant l'usage, le nom de Romulus, qui était celui de l'aïeul maternel de ce jeune homme, et, à l'exemple de tous les chefs barbares qui s'étaient trouvés dans la même position, c'était ce fils qu'il voulait décorer de la pourpre impériale. L'armée qui lui était vendue accepta sans répugnance ce souverain fictif auquel le sénat ne put refuser son adhésion. Le jeune Romulus fut proclamé Auguste à Ravenne vers la fin de septembre; mais son nom n'est arrivé à la postérité qu'avec le dédaigneux sobriquet d'Augustule [2].

---

[1] *Cassiodori Chron.* Jornandès, *Hist. Goth.*, c. 45.

[2] *Augustus* ne pouvait être ni un nom ni un prénom; c'était le titre officiel des empereurs, et un particulier n'aurait pu le prendre sans commettre un crime de lèse-majesté. Le fils d'Oreste ne s'appelait donc pas Auguste; son nom était Romulus; mais lorsqu'il eut été proclamé *Auguste,* c'est à dire empereur, à Ravenne, les Romains lui appliquèrent par mépris le diminutif *Augustule,* et ce sobriquet est resté dans l'histoire. C'est par la même raison que le second fils d'Aspar, auquel son père avait fait donner la dignité de patrice dès l'enfance, était connu sous le nom de *Patriciolus.* Dans un temps où le bel esprit était

Par cette élection l'influence barbare atteignit pour la première fois, le plus haut degré de puissance auquel il lui fût possible d'aspirer. Ce que les Stilicon, les Aëtius, les Aspar, n'avaient pu faire par leurs victoires, un scribe enrichi l'avait obtenu par ses intrigues. Le fils d'un Barbare occupait le trône des Césars. Mais cette élévation imprévue ne reposait sur aucune base solide; elle ne pouvait avoir les sympathies du sénat ni l'assentiment de la cour de Constantinople, et l'armée même dont Oreste avait acheté l'appui ne lui était point personnellement dévouée. Il était pour elle un instrument et non un chef; il ne pouvait la dominer; car il lui manquait le prestige de la gloire militaire, le seul qui agisse sur les masses dans les temps de perturbation sociale.

Les troupes, cependant, parurent d'abord disposées à la soumission. Après l'embarquement de Nepos, elles continuèrent leur marche vers le nord et rentrèrent dans leurs anciens cantonnements, sur la ligne du Pô. Mais dès qu'elles y furent réunies, elles commencèrent à élever des prétentions qui montraient bien qu'en servant l'ambition d'Oreste, elles n'avaient voulu travailler que pour elles-mêmes.

à la mode, on ne manqua pas de remarquer que le fils d'Oreste, dernier empereur proclamé à Rome, portait les noms des deux fondateurs de la ville et de l'empire, Romulus et Auguste.

Depuis long-temps ces soldats barbares jet-
taient un regard d'envie sur les belles campagnes
de l'Italie qu'ils défendaient contre les pirateries
des Vandales et les incursions des Allemands.
Tous les peuples fédérés établis dans la Gaule et
dans l'Espagne, avaient reçu, à titre de bénéfices
militaires, une portion des terres des provinces
qu'ils occupaient. L'armée d'Italie seule qui disposait du trône impérial et donnait des souverains à l'Occident, n'avait encore pour salaire
que sa solde et ses rations; elle demanda hautement qu'on lui assignât un tiers de tous les biens-
fonds de l'Italie [1].

On conçoit qu'une pareille demande dut cau-
ser un effroi général, et nous serions même portés, dans les idées de notre siècle, à lui attribuer
plus de gravité qu'elle n'en avait réellement. Ces
partages de terres, ces envahissements de la propriété foncière, si communs dans l'antiquité,
nous effraient et nous étonnent. Nous y voyons
une odieuse spoliation, une perturbation violente
de tous les intérêts sociaux. Mais la constitution
de la propriété territoriale à cette époque était
si différente de ce qu'elle est aujourd'hui en Europe et surtout en France, que pour bien appré-

---

[1] Procope, *de Bell. Goth.*, lib. 1, c. 1. Καὶ τελευτῶντες σύμπαντας
πρὸς αὐτοὺς νείμασθαι τοὺς ἐπὶ τῆς Ἰταλίας ἀγροὺς ἠξίουν.

cier les conséquences de ces mesures, il faut commencer par chercher à se faire une idée juste de l'état de la société à laquelle elles s'appliquaient.

Déjà nous avons eu occasion de faire remarquer qu'on ne voyait point dans l'empire romain cette masse de petits propriétaires qui dans les états modernes intéressent la majorité du peuple à la possession du sol. En général, les propriétés territoriales étaient alors peu divisées et pouvaient se répartir presque exclusivement en trois grandes classes. D'abord les familles sénatoriales, issues du patriciat romain ou de l'aristocratie indigène des diverses provinces de l'Empire possédaient des terres immenses exploitées par des milliers d'esclaves attachés à la glèbe, ou par des colons partiaires dont les habitations formaient des villages entiers. Tous les témoignages historiques s'accordent à signaler la vaste étendue de ces possessions. Les fortunes colossales de la grandesse d'Espagne, des magnats hongrois, ou de la haute noblesse de quelques parties de l'Italie peuvent à peine dans les temps modernes en donner une idée. Nous avons vu sous Honorius deux grands propriétaires espagnols former une armée de leurs esclaves, et défendre à eux seuls le pays contre les usurpateurs. Plus tard, nous avons montré Ecdicius nourrissant sur le produit de ses fermes quatre mille personnes pendant tout un hiver. Les richesses de l'aristocratie romaine étaient plus considérables encore ; suivant Olympiodore, il y avait à Rome des sénateurs qui tiraient annuellement de leurs terres un revenu de 4,000 livres d'or, sans compter les paiements en nature, les redevances de blé, de vin et d'autres denrées, dont la valeur s'élevait au tiers de cette somme [1]. On comprend que de pareilles fortunes absorbaient la majeure partie du territoire.

Une seconde classe, non moins importante de propriétés foncières, se composait des terres appartenant au fisc, au domaine impérial, aux villes et aux établissements publics. Le fisc, surtout dans les derniers temps de l'Empire, possédait dans toutes les provinces des domaines immenses, administrés, sous la direction supérieure du comte des largesses sacrées et du comte du domaine privé, par des agents qu'on appelait rationaux, *rationales* [2].

Toutes les villes municipales possédaient également des terres dont les produits fournissaient à leurs dépenses, et étaient la principale et presque l'unique source de leurs revenus. Cet état de choses existait dès le temps de la république ; dans tous les pays nouvellement conquis, une

---

[1] *Olympiodorus apud Photium.*
[2] *Notitia Dignitatum imperii*, sect. 42 et 43.

portion des terres était donnée aux anciennes municipalités romaines qui acquéraient ainsi des possessions foncières dans des provinces éloignées. On voit par les lettres de Cicéron, que la petite ville d'Arpinas, dont il était originaire, avait des terres dans la Gaule [1]. Ces terres du fisc et des villes étaient généralement affermées à des citoyens libres, et ce que nous appellerions la classe moyenne n'avait guère d'autres propriétés que ces biens loués à des termes très longs et souvent par des baux emphytéotiques.

Enfin une troisième classe de biens fonds était affectée au clergé et aux besoins du culte. Dès le temps du paganisme, les temples, les collèges de prêtres, les vestales possédaient des propriétés foncières très considérables. Lorsque le christianisme devint la religion de l'Empire, la plupart de ces biens furent donnés aux églises, et les largesses des fidèles y ajoutèrent des dons immenses. Au V⁰ siècle, chaque diocèse avait de grandes possessions territoriales administrées par les évêques et dont les revenus formaient un fonds commun sur lequel on prélevait les frais

---

[1] *Non dubito quin scias quàm diligenter soleam meos municipes Arpinates tueri. Quorum quidem omnia commoda omnesque facultates quibus et sacra conficere, et sarta tecta ædium sacrarum locorumque communium tueri possint, consistunt in his vectigalibus quæ habent in provinciâ Galliâ.* (Cicer., *epist.* 11, *lib.* 13.)

du culte, l'entretien du clergé et des églises, les aumônes distribuées aux pauvres, les dépenses des hôpitaux et des autres établissements charitables. Beaucoup de diocèses possédaient des domaines dans diverses provinces; l'église de Rome en avait dans toutes les parties de l'Empire. La gestion de ces biens appartenait aux évêques seuls et était pour eux un objet d'occupations continuelles et une de leurs plus importantes fonctions. Les prélats pieux se plaignaient de ce que le soin des affaires temporelles leur laissait à peine le temps de vaquer à la direction spirituelle de leur diocèse.

Ces trois grandes classes de propriétés foncières, savoir les biens de l'aristocratie, ceux du fisc, du domaine impérial et des villes, ceux du clergé et des églises, embrassaient presque toute la superficie du sol. Dans les derniers temps de l'Empire surtout, les exactions des agents fiscaux, les impôts toujours croissants avec la misère publique, les calamités qui accompagnaient les révolutions et les guerres, avaient achevé de ruiner tout ce qu'il pouvait rester encore de petits propriétaires indépendants, et les avaient réduits à la condition de colons ou de fermiers [1]. Ainsi, lorsque les

---

[1] *Multos hùc redegit iniquitas judicum exactorumque plectenda venalitas ut patrias deserentes, natalium splendore neglecto, occultas late*

fédérés barbares établis dans les provinces, réclamèrent une portion du territoire à titre de bénéfices militaires, il faut se représenter cette part comme prélevée sur les trois grandes classes de propriétés que nous venons d'indiquer.

En général même, par suite de la vénération qu'inspiraient alors universellement les choses religieuses, il ne fut pas touché aux biens du clergé. Ce patrimoine des églises et des pauvres resta intact sauf les déprédations fortuites qui résultaient des événements de guerre. Les témoignages historiques et les lois des rois barbares s'accordent sur ce point. Dans les contrées où le clergé catholique fut persécuté, on donna ses biens au clergé arien, mais on n'en changea pas la destination. Par conséquent les partages se firent entre les chefs barbares d'une part et les grands propriétaires aristocratiques ou les agents du fisc et des municipalités de l'autre. C'est ce qui est très bien indiqué dans le décret d'Honorius sur les terres létiques [1] et c'est ce qui a fait

---

bras et habitationem elegerint juris alieni, illud quoque sibi dedecoris addentes ut, dùm uti volunt patrociniis potentùm, colonarum se ancillarumque conjunctione polluerint. (Cod. Theod. nov. Majoriani, t. I.)

[1] *Codex Theod.*, *lib.* XIII, *t.* 4, *l.* 9. Ce décret signale les abus commis par les magistrats municipaux, et notamment par les *défenseurs* des cités, dans la distribution des terres assignées aux Barbares. Ces terres devaient être divisées par lots qu'on tirait au sort. De là viennent les mots de *sors* et de *sortes* qui, dans toutes les parties de l'Empire, désignaient les possessions des Barbares.

dire à Marius, évêque d'Avanche, en parlant
de l'installation des Bourguignons dans la Lyonnaise, qu'ils partagèrent les terres avec les sénateurs du pays [1].

Maintenant on comprendra que ces partages
apportaient dans les intérêts sociaux beaucoup
moins de perturbation que ne l'ont supposé la
plupart des historiens. Le déplacement de richesses qu'ils produisirent n'égalait point celui
qui résulta de la vente des biens nationaux, à la
fin du XVIIIe siècle, dans la France révolutionnaire. La masse de la population se composait
de fermiers et d'esclaves ; or, il importait peu
aux colons de payer leur fermage ou tribut à un
nouveau possesseur, et les serfs ne changeaient
point de condition en changeant de maîtres.

Les grands propriétaires eux-mêmes, dont les
revenus surpassaient quelquefois ceux de certains
états modernes, n'étaient point réduits à l'indi-
gence, même lorsqu'ils n'en conservaient que le
tiers, et quant à la réduction opérée sur les biens
du fisc et des municipalités, c'était un mal politique dont les conséquences ne pouvaient se faire
sentir qu'à la longue, et non une spoliation
personnelle. D'ailleurs, ces immenses domaines
renfermaient beaucoup de forêts, de landes, de

---

[1] *Burgundiones partem Galliæ occupaverunt, terrasque cum gallicis
senatoribus diviserunt.* Marii Aventic. Chron.

terrains vagues et incultes, qui ne représentaient aucun revenu réel, et dont la perte diminuait fort peu l'aisance des propriétaires. Nous voyons par la loi des Bourguignons que cette nature de biens fût partagée par moitié entre les anciens possesseurs et les nouveaux [1]. En Italie surtout nous avons déjà fait remarquer que l'émigration des grandes familles aristocratiques avait laissé la plupart des terres incultes et dans l'abandon. Anthemius fut obligé de faire une loi pour disposer de ces biens vacants, et en les assignant en partage à l'armée, on ne touchait à aucune existence [2].

Concluons de tout ce qui vient d'être dit que l'armée d'Italie, en réclamant le tiers des biens-fonds du pays, n'élevait pas une prétention aussi exorbitante qu'elle le paraît au premier abord. Elle ne demandait que ce qui avait été fait pour les fédérés des autres provinces et ce qui s'était

[1] *Lex Burg.*, t. 54, par. 2.

[2] *Cod. Theod. nov. Anthemii*, t. 3. Cette loi d'Anthemius offre une preuve remarquable de l'état d'infériorité et de soumission dans lequel ce prince se tenait vis-à-vis de la cour d'Orient, dont il s'avouait en propres termes la créature. Bien que l'intitulé de la loi soit au nom des deux empereurs, Léon y parle seul et s'exprime ainsi : *Pius ac triumphator et semper augustus filius noster Anthemius, licet divina majestas et nostra creatio pietati ejus plenam imperii commiserit potestatem, tamen prudenti et cautd quâ pollet æquitate per sacros adfatus nos credidit consulendos.*

pratiqué à toutes les époques de l'Empire et même dès le temps de la république romaine. Marius, Sylla, César, les triumvirs, Auguste, avaient fait au moins autant pour leurs soldats. Cependant Oreste n'était pas en position d'accéder immédiatement à ces exigences. Sachant que l'élévation du fils d'un Barbare sur le trône impérial choquait les sentiments nationaux des populations romaines et du sénat, il craignait d'accroître ces antipathies en marquant l'avénement de son fils par des spoliations qui devaient frapper principalement cette auguste assemblée encore respectée dans sa décadence comme la source légitime de tous les pouvoirs de l'Etat. Dans cette situation difficile, il chercha à gagner du temps et à calmer l'impatience de l'armée tandis qu'il conseillait à l'aristocratie de sacrifier quelque chose pour ne pas perdre tout. Mais par ces temporisations et ces incertitudes, il ne fit que prouver sa faiblesse, mécontenter tous les partis à la fois et les réunir contre lui. Au fond, sa seule force était dans l'armée, et quand elle vit qu'elle n'obtenait pas ce qu'elle avait espéré de ce pouvoir créé par elle, elle perdit patience et se souleva.

Il y avait alors dans ses rangs un officier barbare qui paraît n'y avoir occupé qu'un grade subalterne [1], mais dont l'influence sur ses compagnons d'armes était telle qu'ils le choisirent spontanément pour leur chef. Ses antécédents, sa naissance, la nation même à laquelle il appartenait, sont encore un objet de doute [2]. On sait seulement qu'il se nommait Odoacre et qu'il avait les qualités qui donnent de l'ascendant sur les masses, une taille imposante, une force athlétique, du courage et de l'adresse. Si l'on en croit l'auteur presque contemporain de la vie de saint Séverin, il avait passé le Danube peu de temps après la mort d'Attila, avec d'autres aventuriers, pour s'engager sous les drapeaux de l'Empire. Ayant appris qu'un saint personnage, nommé Severinus, habitait une cellule non loin de la frontière, il était allé le voir avec ses compagnons,

---

[1] Selon Procope, il aurait été simple soldat dans les gardes de l'empereur : Ὀδόαχρος ἐς τοὺς βασιλέως δορυφόρους τελῶν. (Procope, *de Bell. Goth*, lib I, c. I.) Ces doryphores étaient probablement les mêmes que les *armigeri propugnatores* de la Notice de l'Empire ; on les appelait aussi *protecteurs*. On peut les comparer aux gardes du corps de nos rois ou aux *guides* des généraux du Directoire. Dans l'histoire des guerres de Bélisaire, il est souvent question des exploits des gardes ou *protecteurs* de ce général.

[2] On doit se rappeler que le chef des Saxons de la Loire, vaincu par Childéric, s'appelait aussi Odoacre ; le nom d'Odon ou Eude a été également porté par plusieurs chefs normands dans les siècles postérieurs, et n'est devenu commun en France qu'au temps où l'influence normande commença à y prédominer. Ce nom semble donc appartenir spécialement aux Teutons de la Baltique ou à la race saxonne, et il est probable qu'Odoacre était saxon d'origine.

poussé par cette vénération qu'inspiraient aux
païens les vertus chrétiennes et dont nous avons
déjà rapporté tant de preuves. On prétend même
que le saint lui annonça les hautes destinées qui
l'attendaient, et il est probable qu'Odoacre, dans
la suite, essaya d'accréditer cette anecdote pour
se concilier la faveur des populations catholiques[1]. Dès que les révoltés lui eurent déféré le
commandement, il marcha à leur tête sur Pavie,
où Oreste avait fixé sa résidence et son quartier
général. Abandonné par ses propres soldats, l'u-
surpateur ne put se défendre; la ville fut livrée
aux flammes et au pillage; lui-même tomba vivant entre les mains des révoltés qui le condui-
sirent à Plaisance où on lui trancha la tête, le
28 août 476; il y avait alors juste un an que sa
trahison avait forcé Nepos de quitter l'Italie[2].

---

[1] *Quidam barbari, cum ad Italiam pergerent, promerendæ benedic-
tionis ad Severinum intuitu diverterunt, inter quos et Odovachar qui
postea regnavit Italiæ, vilissimo tunc habitu, juvenis staturâ procerus
advenerat, qui, dùm se, ne humile tectum cellulæ suo vertice continge-
ret, inclinasset, à viro Dei gloriosum fore se cognovit. Cui etiam vale
dicenti : Vale, inquit, ad Italiam vade, nunc pellibus coopertus, sed
multis citò plurima largiturus.* (Vita Sancti Severini, c. 2, p. 14.)

[2] *Exercitum adversus Orestem patricium erigit inimicus Dei (Diabo-
lus). Spe novarum rerum perditorum animos inquietat, Odovacrem ad
regnandi ambitum extollit, et ut hæc pernicies in Ticinensi urbe contin-
geret, Orestem ad eam fiduciâ munitionis invitat. Fit maximus in urbe
concursus ; prædandi rabies inardescit; ubique luctus, pavor, ubique et*

Après ce succès décisif, Odoacre se hâta d'assiéger Ravenne, qu'un frère d'Oreste, nommé Paul, occupait encore avec quelques troupes. La place se rendit dès le 4 septembre presque sans résistance, et le frère d'Oreste y fut tué. Dès lors la guerre était finie, car le jeune Romulus, quoique décoré du titre d'empereur, ne méritait pas même d'être compté comme un adversaire. Réfugié à Rome, il implora la clémence du vainqueur qui crut pouvoir sans danger le laisser vivre, et lui assigna pour séjour un domaine autrefois embelli par Lucullus, dans la Campanie, avec une pension de six mille pièces d'or[1].

C'était l'armée qui triomphait dans la personne d'Odoacre. La première conséquence de sa victoire dut être la réalisation des vœux qu'elle avait formés et qu'Oreste n'avait pas osé satisfaire. Il fut aussitôt procédé au partage des terres qu'elle réclamait, et le tiers des biens fonds de l'Italie fut assigné, suivant les grades, aux chefs et aux soldats de ces milices barbares [2]. Sur quelques

---

mortis imago plurima discurrebat. Oh dolor! utræque ecclesiæ flammis hostilibus concremantur; tota civitas quasi unus rogus effulgurat... Sublato tamen Oreste et apud Placentinam urbem extincto, deprædationis impetus conquievit. (Vita Sancti Epiph.)

[1] Cassiodori *Chron.* Jornandès, *Hist. Goth,* c, 46. Theophanis *Chronographia.*

[2] Procope, *de Bell. Goth.,* lib. 1, c. 1. Καὶ τοῖς Βαρβάροις τὸ τριτημόριον τῶν ἀγρῶν περαισχόμενος.

points, les populations italiennes essayèrent de résister à cet envahissement des propriétés ; mais partout où elles voulurent tenter les chances d'une lutte inégale, elles furent sur-le-champ réduites à l'impuissance.

Après avoir ainsi brisé toutes les résistances, Odoacre employa son ascendant à rétablir l'ordre et s'occupa de donner au pouvoir, dont les événements l'avaient investi, une sanction légitime. Son origine barbare ne lui permettait pas d'aspirer à l'Empire, et d'un autre côté il se souciait peu de se donner un maître en créant un empereur. L'aristocratie romaine humiliée, appauvrie, n'était plus à craindre. Une instabilité perpétuelle, depuis la mort de Valentinien, avait rendu le trône d'Occident méprisable ; déjà Rome avait demandé trois empereurs à Constantinople, et le peuple s'était habitué à chercher de ce côté la seule autorité qui conservât encore quelque prestige de grandeur. Il fut donc possible à Odoacre de faire ce que Ricimer avait en vain tenté, de gouverner par lui-même sous la suzeraineté illusoire de l'empereur d'Orient.

Léon était mort au mois de janvier 474, et l'Isaurien Zénon, son gendre, commandant général des milices depuis la mort d'Aspar, lui avait succédé sur le trône. Odoacre détermina le sénat de Rome à envoyer une députation à ce prince

pour lui remettre les ornements impériaux et
lui déclarer qu'il n'y avait plus besoin d'un empereur à Rome, qu'il était temps de rétablir l'u-
nité du monde romain, et que Zénon suffirait
seul à gouverner les deux Empires. Le sénat
ajoutait que la brave armée d'Italie ayant abattu la tyrannie d'Oreste, il avait choisi Odoacre
pour commander les milices d'Occident, et qu'il
priait Zénon de confirmer ce choix en accordant
au nouveau général le titre de patrice. Le jeune
Romulus, pour mieux constater sa déchéance volontaire, vint lui-même, à la demande d'Odoacre,
faire, dans le sénat, la motion de cette adresse
qui consacrait le triomphe du meurtrier de son
père [1].

La députation du sénat semblait devoir être

---

[1] Ὁ Αὔγουστος ὁ του Ὀρέστου υἱὸς ἠνάγκασε τὴν βουλὴν ἀποστεῖλαι
πρεσβείαν Ζήνωνι σημαίνουσαν ὡς ἰδίας μὲν αὐτοῖς βασιλείας οὐ δέοι,
κοινὸς δὲ ἀποχρήσει μόνος ὢν αὐτοκράτωρ ἐπ'ἀμφετέροις τοῖς πέρασι, τὸν
μὲν τοι Ὀδόαχον ὑπ'αὐτῶν προβεβλῆσθαι ἱκανὸν ὄντα σώζειν τὰ περ'αὐτοῖς πράγματα, καὶ δεῖσθαι τοῦ Ζήνωνος πατρικίου δὲ αὐτῶ ἀποστεῖλαι
ἑξίαν καὶ τὴν των Ιταλων τούτῳ ἐφεῖναι διοίκησιν (*Malchus de Lega-
onibus*).

Ces mémoires diplomatiques de Malchus, publiés avec ceux de Priscus, de Ménandre et autres, sous le titre d'*Excerpta de legationibus*,
sont un des documents les plus précieux que nous ayons sur l'histoire
du Bas-Empire ; rédigés par des hommes d'état qui racontaient les négociations auxquelles ils avaient eux-mêmes pris part, ou qui écrivaient
sur des pièces officielles, ils donnent les idées les plus justes sur les faits
et la politique de ce temps.

accueillie favorablement par la cour de Byzance.
A l'époque de la mort d'Honorius, nous avons
déjà vu cette cour tenter d'étendre sa domination sur les deux Empires, et lorsque l'extinction
de la dynastie de Théodose eut livré l'Occident
à des révolutions sans cesse renaissantes, la réunion de toutes les parties du monde romain sous
un même sceptre, devint l'objet constant des
préoccupations des empereurs d'Orient. Déjà l'u-
sage qui s'était établi depuis quelque temps de
faire désigner par eux les souverains de Rome,
les rapprochait du but de leur ambition. Maintenant le sénat romain venait de lui-même offrir
à Zénon ce que ses prédécesseurs avaient si long-
temps désiré. Mais au moment de se saisir de ce
vaste accroissement de puissance nominale, un
scrupule diplomatique l'arrêta.

Nepos, réfugié en Dalmatie, conservait toujours le titre d'empereur et ne cessait de protester contre la violence qui l'avait chassé de l'Italie. C'était la cour d'Orient qui l'avait élevé sur le
trône, et l'honneur de cette cour était intéressé à
l'y maintenir. Invoquant la foi et la dignité du
rang suprême, il demandait des secours pour soumettre ses sujets révoltés [1]. Malheureusement
les députés qu'il envoya dès 475 à Constantino-

---

[1] Malchus, *de Legationibus.*

ple y retrouvèrent l'anarchie qu'ils avaient laissée dans l'Occident. Zénon venait alors d'être chassé de sa capitale par une révolution de palais qui livra pendant deux ans cette ville et l'Empire à Basilisque, frère de l'impératrice Vérine, veuve de Léon [1]. Ce ne fut qu'en 477 que Zénon, réfugié chez ses compatriotes, les Isaures, parvint, avec leur secours, à rentrer dans Constantinople et à recouvrer son autorité. Il était à peine raffermi sur son trône lorsque les députés du sénat de Rome vinrent à leur tour lui demander la consécration officielle du pouvoir qu'Odoacre s'était arrogé.

Entre ces prétentions opposées, Zénon se trouva dans un grand embarras. Il voulait ménager les deux partis pour ne se mettre en hostilité déclarée ni avec l'un ni avec l'autre. Car Nepos, maître de toute la côte orientale du golfe Adriatique, et par conséquent des provinces qui formaient de ce côté la frontière de l'Empire d'Orient, n'était pas un voisin à dédaigner; il faut se souvenir d'ailleurs qu'il avait épousé une nièce de l'impératrice Vérine, et le crédit de cette ambitieuse belle-mère de Zénon s'était encore accru par les

---

[1] Dans l'émeute qui eut lieu à cette occasion, le peuple massacra un grand nombre d'Isaures dans les rues de Constantinople. C'était contre la domination de cette milice que les habitants de Byzance se soulevaient. Mais cette tentative n'eut qu'un succès momentané; Zénon revint au pouvoir et donna le commandement général des armées d'Orient au chef isaurien Illus.

derniers événements dans lesquels, après avoir
trahi d'abord son gendre en faveur de son frère,
elle avait ensuite, en trahissant son frère, assuré
le rétablissement de son gendre.

Dans cette perplexité, Zénon ne put faire au
sénat de Rome qu'une réponse ambiguë. Maintenant toujours en principe les droits de Nepos,
comme seuls légitimes, il commença par repro-
cher aux Romains d'avoir successivement sacrifié deux empereurs que la cour d'Orient leur
avait envoyés, et leur déclara qu'il n'y avait pas
d'autre parti à prendre, tant que Nepos vivrait,
que de lui obéir. Quant aux demandes qui étaient
adressées au nom du chef barbare Odoacre, il
répondit qu'il serait plus convenable de solliciter
pour lui la dignité de patrice de son véritable souverain, et feignant de croire à un accord qui ne
pouvait exister, il ajouta qu'il la lui aurait conférée lui-même s'il n'avait craint d'être prévenu par
Nepos. Mais par une contradiction calculée, il
lui donna dans sa lettre ce titre qu'il lui refusait
en apparence, et l'exhorta à s'en montrer digne
par son respect et sa fidélité envers l'Empire, et
par son attachement aux lois et aux mœurs des
Romains [1]. Odoacre, en politique habile, affecta

---

[1] Ζήνων δὲ τοῖς ἥκουσιν, τοῖς μὲν ἀπὸ τῆς βουλῆς ἀπεκρίνατο ταῦτα·
ὡς δύο ἐκ τῆς ἕω βασιλέας λαβόντες, τὸν μὲν ἐξηλάκασιν, Ἀνθέμιον δὲ
ἀπέκτειναν. Καὶ νῦν τὸ ποιητέον αὐτοὺς ἔφη γινώσκειν· οὐ γὰρ ἂν βασι-

de voir dans cette lettre la confirmation de tout
ce qu'il demandait, et probablement il y fut au-
torisé par des instructions secrètes. En conséquence, il prit le titre de patrice et continua de
gouverner l'Italie avec un pouvoir absolu en réalité, mais en conservant les formes de l'administration romaine et en respectant la souveraineté
nominale du sénat et de l'empereur.

Il résulte de tous ces faits que la plupart des
historiens modernes se sont trompés en supposant qu'Odoacre avait soustrait entièrement l'Italie à la domination impériale et l'avait érigée en
royaume indépendant. Il portait, comme tous les
chefs barbares, le titre de roi vis-à-vis de ses
compatriotes; mais ce titre ne lui donnait aucune
autorité sur les populations romaines, qui ne
voyaient en lui que le patrice et le maître des
milices d'Occident. Sous ce rapport, le pouvoir,
qu'il conserva pendant quinze ans, ne différait en
rien de celui que le patrice Ricimer exerça pendant les deux ans d'interrègne qui suivirent la
mort de Sévère, et le patrice Gondebaud, pen-

λίως ἔτι ὄντος ἑτέραν ἡγήσεσθαι γνώμην ἢ κατιόντι προσδίχεσθαι. Τοῖς δὲ
ἐκ τοῦ Βαρβάρου, ὅτι καλῶς πράξοιι παρὰ τοῦ βασιλέως Νέπωτος τὴν
ἀξίαν τοῦ πατρικίου δεξάμενος Οδόαχος, ἐκπεμψειν γὰρ αὐτὸν εἰ μὴ
Νέπως ἀπεφθάκει... Καὶ βασίλειον γράμμα περὶ ὧν ἐβούλετο πέμπων τῷ
Οδοαχῳ, πατρίκιον ἐν τούτῳ τῷ γράμματι ἐπωνόμασε (*Malchus de Legationibus*).

dant six mois, depuis la mort d'Olybrius jusqu'à
l'avénement de Glycerius. Son gouvernement
fut d'ailleurs populaire en Italie; cette malheureuse contrée put enfin respirer sous une administration ferme et intelligente et vit cesser
les calamités qui l'avaient affligée depuis le commencement du siècle. Le plus grand service qu'O-
doacre lui rendit fut le traité qu'il conclut avec
Genseric. Il y avait alors près de cinquante ans
que ce farouche conquérant était la terreur des
deux empires; maître de la mer, il les attaquait sur
tous les rivages, et depuis la mort de Valentinien,
il leur avait à peine laissé quelques moments de
trève; mais le lion, devenu vieux, sentait sa fin approcher et il voulait léguer à son fils Hunéric une
domination paisible. Odoacre, issu comme lui de
la race des Teutons du nord, ne lui inspirait aucune répugnance. Il consentit à lui accorder cette
paix que tous les empereurs avaient implorée sans
pouvoir l'obtenir ni l'imposer, et lui rendit même
la Sicile, sous la condition d'un tribut annuel [1].
Par ce traité l'Italie se trouva délivrée à la fois de
la guerre et de la famine; elle vit affluer de nouveau dans ses ports les grains de la Sicile et de
l'Afrique; l'abondance reparut dans les villes, la
population cessa de décroître, la division des

---

[1] Victor Vitensis, *de Persec. Vandal.*, lib. i, c. 4.

terres favorisa l'agriculture qui n'eut plus à craindre les pirateries des Vandales, et de cette époque data pour la péninsule une ère de réparation qui continua plus tard sous le sage gouvernement du grand Théodoric.

L'aristocratie seule eut beaucoup à se plaindre d'Odoacre; il ne la ménagea point et travailla constamment à l'abaisser. C'était partout le système des chefs barbares. Genséric, si redouté de tout ce qui portait le nom romain était particulièrement ennemi de la noblesse [1]. Sidonius dans la Gaule se plaignait de voir, sous le gouvernement des rois wisigoths, les titres des familles patriciennes méconnus et les jeunes nobles réduits à ne compter que sur eux-mêmes pour se créer un avenir [2]. Les Barbares continuaient ainsi l'œuvre commencée par César et Auguste et poursuivie avec persévérance par tous leurs successeurs; ils achevaient l'anéantissement du vieux patriciat romain. L'arbre aristocratique avait de si profondes racines qu'après cinq siècles d'efforts, il résistait encore aux bras qui voulaient l'abattre; il fallut que le monde s'ébranlât pour l'arracher du sol et même après sa chute on put reconnaître

[1] *Nobilitati et religioni præcipuè infensus.* (Prosperi *Chron.*)

[2] *Nam jàm remotis gradibus dignitatum per quas solebat ultimo à quoque summus quisque discerni, solum erit posthàc nobilitatis indicium litteras nosse.* (Sidon., *ep.* 2, *lib.* 8.)

encore à travers tout le moyen-âge la trace de ses débris jusqu'à une époque voisine de nos jours.

Odoacre était issu d'une nation païenne et l'on ignore s'il devint chrétien. Mais il témoigna toujours la plus grande vénération pour les évêques catholiques et sut se concilier l'affection du clergé. L'auteur de la vie de saint Epiphane dit que ce digne chef de l'église reçut d'Odoacre plus de marques de déférence que d'aucun des souverains qui l'avaient précédé. Au milieu même de l'émeute de Pavie, lorsque la ville était en flammes et les soldats acharnés au pillage, il sut faire respecter le saint prélat et lui rendit sa sœur prisonnière avec un grand nombre des principaux habitants qu'on destinait à l'esclavage [1]. Nous avons expliqué plus haut que la rivalité des Églises de Rome et de Constantinople inspirait au clergé italien beaucoup d'éloignement pour les empereurs envoyés par la cour d'Orient et flétris par les populations d'Occident du nom d'empereurs grecs. Il est facile de voir que saint Epiphane et son biographe Ennodius, n'éprouvaient pour Anthemius et Nepos que des sentiments de défiance et d'aversion. Leurs sympathies étaient pour Ricimer,

---

[1] Vita Sancti Epiph. *Odoacris tanto cultu insignem virum cœpit honorare ut omnium decessorum suorum circà eum officia præcederet.*

pour Glycerius, pour Odoacre, pour Oreste même ; nous en avons rapporté les preuves. Ainsi le
clergé romain se trouva entraîné contre la nature
des choses à favoriser l'influence barbare, et ce
fut une des causes qui hâtèrent la ruine de l'empire d'Occident [1].

Les mêmes sentiments n'existaient point dans
les autres provinces. La querelle de Rome et de
Constantinople intéressait peu le clergé de la Gaule, de l'Espagne et de l'Afrique. En butte aux
persécutions des rois barbares, protecteurs zélés
de l'arianisme, les catholiques de ces contrées se
rattachaient à la puissance impériale comme à
leur seul appui, à leur unique espérance, et la
cause des empereurs grecs était leur propre cause.
L'évêque Victor, dans son histoire de la persécution vandale, admirable cri de douleur jeté à
toute la chrétienté par l'église d'Afrique expirante,
fulmine un éloquent anathème contre les Romains partisans des Barbares [2]. Aussi l'autorité
d'Odoacre, populaire à Rome, ne fut jamais recon-

---

[1] Par suite du dissentiment des deux églises, Rome aima mieux
périr, au Ve siècle, que d'être secourue par Constantinople, et, au XVe,
Constantinople aima mieux subir le joug des Turcs que d'être secourue
par Rome. Quelle preuve frappante de la haute gravité des questions
religieuses !

[2] *Nonnulli qui Barbaros diligitis et eos in condemnationem vestram
aliquandò laudatis, discutite nomen et intelligite mores !* (Vict. Vit., *de
Pers. Vandal.*, lib. 5, c. 18.)

nue au-delà des Alpes. Lui-même eut la sagesse
de comprendre qu'il essaierait en vain de triompher à la fois de l'antipathie des populations
gallo-romaines et de la puissance des Barbares
fédérés qui occupaient la Gaule. Dans sa lettre
à Zénon, il ne demandait que le gouvernement
de la préfecture d'Italie, qui, suivant la Notice
de l'Empire embrassait, outre l'Italie proprement dite, l'Afrique et la Sicile au midi, la
Rhétie, le Norique et la Pannonie au nord, la
Dalmatie sur la rive orientale de la mer Adriatique[1]. L'Afrique et la Sicile avaient été entièrement occupées par les Vandales depuis la mort de
Valentinien, et Nepos était resté en possession
de la Dalmatie. Le pouvoir d'Odoacre ne s'étendait donc que sur l'Italie, la Rhétie, la Pannonie
et le Norique : par son traité avec Genséric, il recouvra la Sicile ; mais du reste il se renferma
scrupuleusement dans les limites de sa préfecture
et ne chercha point à les dépasser.

La Dalmatie, l'Illyrie et toutes les populations
romaines de la Gaule et de l'Espagne persistèrent
à reconnaître Nepos pour empereur jusqu'à sa
mort, arrivée au mois de mai 480. Il périt assassiné, suivant quelques auteurs, par des émissaires
d'Odoacre, et selon l'opinion la plus commune et

---

[1] *Notitia dignitatum imperii,* sect. 35.

la plus vraisemblable, par Glycérius, son ancien
rival, qu'il avait eu l'imprudence de laisser vivre
tranquillement auprès de lui sur le siége épiscopal de Salone [1].

C'est donc à tort qu'on a fixé à l'époque de la
déchéance du jeune Romulus Augustule, en 476,
la fin de l'empire d'Occident. Augustule pas plus
qu'Odoacre ne fut jamais reconnu hors de l'Italie. Son pouvoir usurpé et éphémère resta ignoré
de la Gaule et des autres provinces. Nepos, tant
qu'il vécut, ne cessa pas d'être aux yeux des peuples, comme à ceux de la cour de Constantinople,
le seul véritable et légitime empereur d'Occident.
Par conséquent c'est en 480, à la mort de Nepos,
et non en 476, à la déchéance d'Augustule, que
cet empire s'éteignit pour ne plus renaître, au
moins sous la même forme. Lorsqu'une erreur
est évidente, on ne peut opposer la prescription
à ceux qui l'attaquent au nom du bon sens, et
plus elle est accréditée par la routine classique,
plus il importe de la détruire dans l'esprit des
hommes qui ne jugent point sur la foi d'autrui,
surtout lorsqu'elle a été la source de toute une
suite de faux systèmes historiques [2].

---

[1] Malchus, de Legationibus.

[2] Depuis la mort de Valentinien en 455, il y eut quatre empereurs
proclamés à Rome, qui ne furent pas reconnus par la cour de Constantinople. Ces empereurs, qu'on doit classer au nombre des usurpateurs

Nous avons dit que les populations romaines
de la Gaule reconnurent toujours Nepos. Parmi
les Barbares fédérés de cette province, les Bourguignons lui restèrent aussi fidèles. Gondebaud,
ennemi d'Oreste qui l'avait supplanté dans le
commandement de l'armée d'Italie, jaloux de l'é-
lévation d'Odoacre qui avait été son subordonné,
préféra à ces gouvernements de parvenus la suzeraineté de Nepos, et, après la mort de ce prince,
celle de l'empereur d'Orient.

Euric, qui avait déjà proclamé son indépendance, porta ses prétentions plus haut. Il ne vit dans
l'expulsion de Nepos et dans la proclamation d'un
nouvel empereur à Rome qu'une occasion de violer le traité auquel il devait la possession de l'Auvergne, et rompant tous ses engagements avec
l'Empire, il ne s'occupa plus que d'étendre sa domination par de nouvelles conquêtes. La guerre
d'Espagne avait toujours été la plaie des Wisigoths depuis leur établissement dans l'Aquitaine,
et c'était la véritable cause qui avait retardé si
long-temps le développement de leur puissance.
N'étant plus gêné par les liens de vassalité qui
embarrassaient ses prédécesseurs, Euric songea

ou tyrans, sont : Maxime, Olybrius, Glycérius et Romulus, surnommé
Augustule. A l'exception de Maxime, aucun d'eux ne fut reconnu dans
la Gaule. Les seuls empereurs légitimes et reconnus par tout l'empire
dans cette période, sont: Avitus, Majorien, Sévère, Anthemius et Nepos

d'abord à fermer cet abîme où allaient s'englou-
tir depuis un demi-siècle toutes les forces de sa
nation.

Les Suèves, devenus catholiques depuis le règne
de Rechiaire, avaient pour eux les sympathies des
populations romaines de l'Espagne qui les soutenaient dans leur lutte contre les Wisigoths objets
d'une commune haine [1]. Euric, pendant les années 477 et 478 fit une guerre acharnée à ces
deux nations ennemies, et réussit à les écraser du
même coup. Les Suèves, qui avaient reconquis la
Lusitanie presqu'entière dans les dernières années
du règne de Théodoric, furent chassés de toutes
les positions qu'ils occupaient dans les plaines et
contraints de se réfugier dans les plus hautes
montagnes de la Galice, où ils se maintinrent indépendants jusqu'à la fin du VI° siècle. Satisfait
de les avoir réduits à l'impuissance, Euric les
laissa dans leurs rochers et tourna ses armes contre les provinces romaines. L'Empire possédait
encore alors près de la moitié de l'Espagne. Les
Wisigoths avaient conquis la Galice, la Lusitanie

---

[1] Vers 470, un citoyen de Lisbonne, Lusidius, qui commandait au
nom de l'Empire dans cette ville capitale de la Lusitanie, la livra aux
Suèves, et partit ensuite avec des députés du roi Rémismond, pour aller solliciter des secours de l'empereur Anthemius en faveur de la cause commune des Suèves et des Romains ; nous savons déjà qu'Anthemius n'était point en état d'en donner. (*Idatii Chron.*)

et la Bétique qui portait déjà le nom de Vanda-
lousie, c'est-à-dire qu'à l'exception de quelques
cantons montagneux où les Suèves et les peuplades vasconnes défendaient encore leur liberté, ils
occupaient les provinces Basques, la Galice moderne, le royaume de Léon, les deux Castilles,
l'Estramadoure, l'Andalousie et le Portugal. La
Tarragonnaise et la province de Carthagène, qui
comprenaient l'Aragon, la Catalogne et les royaumes de Valence, de Murcie et de Grenade, obéissaient aux gouverneurs romains. Mais les milices
locales, conduites par la noblesse du pays, défendaient seules ces provinces où les empereurs
n'avaient pas envoyé de troupes depuis Majorien. Euric prit Pampelune et Sarragosse, les plus
fortes places de la contrée, et Tarragonne, chef-
lieu de l'administration impériale. Dès lors tout
lui fut soumis depuis les Pyrénées jusqu'à l'E-
bre [1]. Les Romains conservèrent seulement Carthagène avec une partie de son territoire et quelques villes sur la côte. Ces faibles restes de la domination romaine, qu'Euric dédaigna d'abattre,
se gouvernèrent par eux-mêmes sous la suzeraineté des empereurs d'Orient, et les rois wisigoths

---

[1] *Nec mora, partem Lusitaniæ Euricus magno impetu depredatur.
Indè Pampilonam et Cæsaraugustam cum exercitu capit superioremque
Hispaniam in potestate sud mittit. Tarragonensis etiam provinciæ nobili-
tatem quæ ei repugnaverat exercitûs irruptione evertit.* (Isidorus, *Hisp.*)

n'en achevèrent la conquête que dans le cours du
VIe siècle.

Lorsqu'Euric rentra dans la Gaule en 479, les
révolutions d'Italie étaient consommées. Odoacre
avait affermi son pouvoir, et Nepos, relégué dans
la Dalmatie, n'était pour l'Occident qu'un souverain nominal. Depuis 475, les Wisigoths avaient
la Loire et le Rhône pour limites. A l'est de ces
fleuves tout était occupé par les Bourguignons à
l'exception de la province d'Arles où résidait encore un préfet des Gaules, magistrat impuissant
dont les ordres étaient jadis respectés depuis les
montagnes d'Écosse jusqu'au détroit de Cadix, et
depuis l'Océan jusqu'au Rhin, et qui alors se faisait à peine obéir dans un petit territoire resserré
entre les Alpes, le Rhône et la Durance. Dans ces
contrées, comme dans toutes celles qui n'appartenaient point encore aux Barbares, l'autorité réelle
était entre les mains des évêques, chefs électifs
des cités, et tous les intérêts du pays se traitaient
dans leurs conciles provinciaux dont les réunions
étaient fréquentes. Ils reconnaissaient Nepos pour
empereur, mais ils n'avaient aucun moyen de
communiquer avec lui et la province était entièrement dégarnie de troupes depuis qu'Anthemius
avait appelé à Rome, pour sa propre défense, le
corps d'Ostrogoths que Majorien et Égidius avaient
laissé dans la Narbonnaise. C'était cette absence

complète de forces défensives qui avait déterminé le gouvernement impérial à abandonner l'Auvergne pour sauver la province d'Arles. Euric n'eut qu'à s'y présenter pour s'en rendre maître, après une faible résistance [1].

On vit alors combien étaient justes les prévisions de Sidonius, quand il reprochait aux évêques de la Narbonnaise d'avoir conseillé un sacrifice non moins inutile que honteux; car en livrant aux Wisigoths les seules contrées qui pussent se défendre, on laissait à leur merci les villes désarmées qui cherchaient en vain, sous la foi des traités, un abri précaire et une sécurité trompeuse. Odoacre ne fit aucun mouvement pour disputer à Euric la rive gauche du Rhône. Trop habile pour n'être pas modéré, il n'avait point la folle prétention de régner sur tout l'empire d'Occident. Il traita avec les Wisigoths comme il avait traité avec les Vandales, et assura ainsi à l'Italie du côté des Alpes, la paix qu'il lui avait déjà garantie du côté de la mer.

Malgré le peu d'étendue de son territoire, la deuxième Narbonnaise était pour Euric une conquête d'une haute importance. Elle le rendait maître des deux rives du Rhône, des côtes de la.

---

[1] *In Gallias reversus Euricus, Arelatem et Massiliam urbes pugnando obtinuit.* (Isidorus, Hisp. Hist.)

Méditerranée et des défilés des Alpes; elle le
mettait en position de surveiller à la fois l'Italie,
toujours regardée comme le centre de la puissance romaine, et les possessions des Bourguignons, qu'il cernait au midi comme à l'ouest.
Tout le commerce de la Gaule avec l'Orient se
faisait alors par les villes d'Arles et de Marseille.
Le décret d'Honorius sur les assemblées d'Arles
constate en termes pompeux, au commencement du Vᵉ siècle, l'activité de ce commerce, qui
était pour les possesseurs de ces deux villes une
source inépuisable de richesses et d'influence [1].
Mais ce sont surtout les conséquences morales
de cette conquête qui méritent notre attention.
Devenue la métropole des Gaules, depuis que
Trèves avait été ruinée par les suites de la désastreuse invasion de 407, Arles était le siége de la
préfecture, le centre de l'administration, la rési-

---

[1] *Tanta est loci opportunitas, tanta est copia commerciorum, tanta
illic frequentia commeantium, ut quicquid usquàm nascitur illic com-
modiùs distrahatur. Neque enim ulla provincia fructûs sui facultate læ-
tatur ut non nisi hæc propria Arelatensis soli credatur esse fecunditas.
Quicquid enim dives Oriens, quicquid odoratus Arabs, quicquid delica-
tus Assyrius, quod Africa fertilis, quod speciosa Hispania, quod fe-
cunda Gallia potest habere præclarum, ità illi exhibetur affatim.* (Ho-
norii Decr.) Marseille fut encore long-temps dans le moyen-âge l'entrepôt de tout le commerce de la Gaule avec le Midi et l'Orient. Une
charte de Charles-le-Chauve accorda à l'abbaye de Saint-Denis et à ses
vassaux l'exemption des péages sur toute la route pour aller commer-
cer à Marseille.

dence de tous ces fonctionnaires impériaux qui
n'avaient plus guère que des attributions nomi-
nales, mais dont la réunion constituait encore
une apparence de gouvernement. Lorsque les
Wisigoths s'en furent emparés, ce fantôme d'autorité centrale disparut pour toujours; il n'y eut
plus de préfet des Gaules, plus d'assemblées provinciales, plus de corps administratifs, et c'est de
cette époque que l'historien Procope fait dater
avec raison l'entier anéantissement du gouvernement romain au-delà des Alpes [1].

Les peuples habitués depuis près d'un siècle à
voir résider dans la ville d'Arles l'autorité supérieure qui régissait toute l'Europe occidentale,
continuèrent d'attribuer aux possesseurs de cette
cité une sorte de suprématie sur la Gaule entière.
Ce prestige de pouvoir dominant s'attacha aux
rois wisigoths jusqu'à ce que Clovis eut abattu
leur puissance, et les rois francs eux-mêmes,
successeurs de ce prince, ne se crurent légale-
ment investis des droits de la souveraineté sur
tout le territoire gaulois, que du jour où, devenus à leur tour maîtres d'Arles, ils purent siéger
dans le prétoire du préfet des Gaules et présider

---

[1] Procope, *de Bell. Goth.*, lib. 1, c. 12. Εως μὲν ουν πολιτεία Ρωμαίοις ἡ αὐτὴ ἔμενε, Γαλλίας τὰς ἐντὸς Ροδάνου ποταμου βασιλεὺς εἶχεν.
Ἐπεὶ δὲ αὐτὴν Οδόακρος ἐς τυραννίδα μετέβαλλε, τότε δὴ τοῦ τυράννου
σφίσιν ἐνδιδόντος, σύμπασαν Γαλλίαν Οὐισίγοττοι ἔσχον.

à sa place les jeux célèbres qui rassemblaient dans le cirque de cette ville toutes les populations des cités méridionales [1].

Aussi, dès que les troupes d'Euric eurent occupé Arles, il s'empressa d'y fixer sa résidence [2]. Dès le commencement de son règne, il avait abandonné Toulouse, séjour assigné aux chefs des Wisigoths par leurs traités avec l'Empire, et il avait transporté sa cour à Bordeaux, soit pour surveiller de plus près ses nouvelles possessions de l'Aquitaine, soit plutôt pour mieux constater son indépendance et se jouer en tout des engagements auxquels ses prédécesseurs étaient restés fidèles. Une fois établi à Arles, il n'en sortit plus, et y mourut dans l'hiver de 483 à 484, laissant la monarchie des Wisigoths élevée au plus haut degré de splendeur qu'elle ait jamais atteint [3]. La

---

[1] Procope, *de Bell. Goth.*, lib. 3. c. 33.

[2] Ce fut aussi à cette époque qu'il rappela Sidonius dans l'Auvergne et confia au comte Victorius le gouvernement de l'Aquitaine. Maître de tout le territoire qu'il convoitait, et n'ayant plus d'ennemis à craindre dans la Gaule, il put alléger un peu le joug de fer qu'il faisait peser sur ses nouveaux sujets.

[3] *Obiit Arelate Euricus morte propriá defunctus, æra* 521, *anno decimo imperii Zenonis* (Isid., *Hispal. Hist.*) Zénon avait commencé à régner en 474; l'ère dont Isidore se sert ici est l'ère d'Espagne ou l'ère d'Auguste, antérieure de 38 ans à l'ère chrétienne. Ces deux indications nous portent donc à la fin de l'année 483, ou au commencement de 484. Le texte de Grégoire de Tours porte qu'Euric régna vingt-sept ans; mais c'est évidemment un chiffre altéré; le même texte dit

mort de son frère lui avait livré un petit royaume
vassal de l'Empire et rigoureusement circonscrit
par les Pyrénées et la Garonne. Il légua à son fils
Alaric une domination indépendante qui s'étendait depuis la Loire jusqu'aux extrémités de
l'Espagne, et depuis l'Océan jusqu'au Rhône et
aux Alpes.

Arrêtons-nous ici; car nous sommes arrivés
au terme de la vie politique de l'Empire romain
d'Occident, et il ne nous reste plus qu'à observer
les dernières convulsions de son agonie. Dans ce
chapitre et dans le précédent, nous avons suivi
pas à pas les progrès des monarchies barbares
établies dans la Gaule après la grande invasion
de 407; nous avons constaté que ces progrès
furent lents et graduels, qu'ils furent le fruit des
négociations et des intrigues politiques plutôt que

que Victorius, nommé gouverneur de l'Aquitaine la 14ᵉ année du règne
d'Euric, administra cette province pendant neuf ans, et qu'Euric lui
survécut de quatre ans. Il est clair que le texte a été encore altéré ici,
et que ce fut Victorius qui vécut après Euric; car ayant été nommé
gouverneur dans la 14ᵉ année du règne de ce prince, en 479, il rem-
plissait ces fonctions depuis quatre ans, lorsqu'Euric mourut; il fallut
donc qu'il survécût au roi de cinq ans pour compléter les neuf ans de
durée que Grégoire de Tours lui-même assigne à son administration.
(Greg. Tur., *Hist.*, lib. 2, c. 20.) Si l'on retranche du chiffre XXVII,
donné par Grégoire de Tours, un X ajouté sans doute par erreur de
copiste, on a pour la durée du règne d'Euric dix-sept ans accomplis,
qui, commençant en 466, finissent en 483.

de la force des armes, et qu'ils résultèrent presque toujours de concessions faites par les empereurs pour parer aux nécessités du moment dans les crises qui se renouvelaient sans cesse au sein d'une société corrompue où le pouvoir n'avait plus de racines, où le mot de patrie n'avait plus de sens. Cette série de faits établis par des témoignages authentiques prouve suffisamment qu'il n'y eut pas au Ve siècle de conquêtes générales dans le sens qu'on attache ordinairement à ce mot, mais une sorte d'infiltration de l'élément barbare dans la société romaine. C'est ainsi que nous avons vu la vaste préfecture des Gaules tomber par lambeaux, se dissoudre et s'amoindrir successivement au point d'être renfermée pour ainsi dire dans les limites du prétoire, et disparaître enfin presque sans combat, parce que son existence depuis long-temps déjà n'était plus qu'une illusion et un souvenir.

En 480, à l'époque de la mort de Nepos, dernier empereur d'Occident, les Wisigoths, élevés à l'état de puissance indépendante, occupaient, outre la péninsule Hispanique presque entière, les deux Aquitaines, la Novempopulanie, les deux Narbonnaises et les Alpes maritimes. La Viennoise, les Alpes Pennines, l'Helvétie, la Séquanie et la première Lyonnaise appartenaient aux Bourguignons, qui reconnaissaient encore la su-

zeraineté de l'Empire, mais d'une manière purement nominale. Au nord de la Loire, il s'était
opéré peu de changements depuis la mort de Valentinien. Les Francs étaient maîtres de la Germanie inférieure et de la partie des deux Belgiques située au nord de la Somme et de la forêt
des Ardennes. La Germanie supérieure était au
pouvoir des Allemands; l'Armorique obéissait
aux rois bretons, et les Saxons campaient sur les
côtes de la Manche. La partie méridionale des
deux Belgiques et les trois dernières Lyonnaises,
à l'exception des cités bretonnes, étaient les seules provinces qui fussent encore romaines. Nous
verrons dans le chapitre suivant comment elles
furent envahies à leur tour par l'élément barbare, et devinrent le noyau d'une nouvelle puissance qui devait dominer et absorber toutes les
autres.

—————

CHAPITRE VIII

La période de huit ans qui s'est écoulée de 472 à 480, c'est-à-dire, depuis la déchéance d'Anthemius jusqu'à la mort de Nepos, a vu s'opérer la révolution la plus complète que la Gaule eût encore éprouvée. Deux événements, qui marquent l'ouverture d'une ère nouvelle dans le droit public, datent de cette époque : l'un est la suppréssion de la préfecture d'Arles, centre de l'administration romaine dans l'Occident de l'Europe ; l'autre est la tendance des puissances barbares, jusque là vassales et fédérées de l'Empire, à s'ériger en monarchies indépendantes. Nous avons constaté avec soin et retracé avec quelques détails les faits qui ont amené ces catastrophes décisives, et l'on remarquera, non sans étonnement, que dans le cours de notre récit nous n'avons pas eu une seule fois occasion de nommer la nation des Francs.

Cette période est pourtant celle du règne de Childéric, *roi de France*, selon nos historiens classiques. On sait déjà que nous refusons à cette royauté le caractère de grandeur et d'indépendance qu'on a voulu lui attribuer. Mais, même en réduisant à leur juste valeur les exagérations traditionnelles de nos annales, il est permis de demander ce que fit, pendant les dix dernières années de sa vie, ce chef belliqueux des Saliens, qui avait figuré si activement dans les guerres d'Egidius. Chose surprenante! les documents contemporains ne fournissent point de réponse à cette question. Depuis l'expédition de Childéric contre les Allemands en 471, jusqu'à sa mort en 481, il est impossible de découvrir aucune trace d'une entreprise quelconque tentée par lui ou par la nation à laquelle il commandait. On a peine à croire à cette longue inaction d'un peuple guerrier, et le silence de l'histoire ne suffirait peut-être pas pour en établir la preuve, si on ne la trouvait écrite dans des pièces authentiques et officielles qui sont venues jusqu'à nous.

Plusieurs années après la mort de Childéric, lorsque son fils Clovis remporta sur les Allemands, à Tolbiac, une victoire célèbre, Théodoric, roi des Ostrogoths, alors maître de l'Italie, écrivit au jeune prince pour le complimenter et le félicita surtout d'avoir ramené sur les champs de bataille la nation des Francs qui, dans les temps antérieurs, était restée inactive [1]. Dans une autre lettre écrite, quelques années après, pour prévenir une rupture entre Clovis et Alaric, roi des Wisigoths, le même Théodoric rappela aux deux rivaux que leurs pères, c'est-à-dire Euric et Childéric, avaient vécu long-temps en paix [2]. Ce témoignage positif, d'accord avec le silence des autres documents, prouve que pendant les dernières années de sa vie, Childéric ne fit aucune guerre de quelqu'importance, ni au dedans ni au dehors de la Gaule. Il nous reste donc seulement à examiner quel fut, pendant cette période, l'état des provinces gauloises situées au nord de la Loire, depuis ce fleuve jusqu'au Rhin.

Les historiens modernes ont présenté à cet égard deux systèmes ou plutôt deux hypothèses

---

[1] *Gratulamur quod gentem Francorum priscâ ætate residem feliciter in nova prælia concitasti.* (Ep. Theod., apud Cassiod., 41, lib. 2.)

[2] *Ut gentes quæ sub parentibus vestris longâ pace floruerunt, subitâ non debeant concussione vastari.* (Ep. Theod., apud Cassiod., 4, *lib.* 3.)

contradictoïres. Les uns ont voulu que Childéric
eût conquis tout le nord de la Gaule et y eût
fondé une souveraineté indépendante [1]; les autres au contraire ont prétendu qu'il n'avait pas
même eu d'établissement fixe sur la rive gauche
du Rhin, qu'il y avait fait des incursions comme
les Germains des IIe et IIIe siècles, mais qu'il
n'avait jamais possédé réellement aucune partie
du territoire gaulois [2]. Nous avons déjà cité des
faits nombreux qui détruisent la première supposition démentie d'ailleurs par l'histoire entière
du règne de Clovis. La seconde est encore moins
soutenable, et nous l'avons également réfutée
d'avance en nous attachant à démontrer que
l'établissement fixe des Francs dans la Gaule date
au moins du commencement du IVe siècle, que
leurs chefs intervinrent dans tous les grands événements dont cette contrée fut le théâtre, enfin

---

[1] Voyez Mézeray, Velly, etc.

[2] Daniel, (Préface historique). La manière dont cet auteur cherche
à excuser son système caractérise bien les préjugés qui se sont long-
temps opposés aux progrès des études sur l'histoire de France : « Il y a
« des gens, dit-il, qui se sont imaginé que je retranchais quatre de nos
« rois de la première race, et qui ont presque regardé ce retranchement
« comme un attentat. Je n'ai point ôté à la première race les quatre rois
« dont il s'agit; mais je les fais régner dans la France au-delà du Rhin. »
Telle est la véritable source des erreurs de Daniel; il lui fallait ses quatre *rois de France*; ne pouvant les trouver dans la Gaule, il les a mis
dans la Germanie.

que Childéric y exerça une haute influence et fit plusieurs fois acte d'autorité.

Les erreurs de nos historiens proviennent de ce qu'appliquant aux royautés barbares du V° siècle les idées monarchiques du XVII°, ils n'ont pu comprendre l'existence simultanée du pouvoir des rois francs et de la souveraineté de l'Empire. Les uns, frappés des preuves irrécusables qui constatent la présence de Childéric dans la Gaule, ont vu en lui un conquérant, un monarque indépendant dont la puissance s'était substituée à celle des empereurs. Les autres, ne pouvant méconnaître les preuves non moins fortes de la persistance de l'organisation sociale et politique de l'Empire, aux mêmes lieux et dans le même temps, ont relégué contre toute évidence les Francs au-delà du Rhin. Le seul moyen de concilier tous les témoignages et d'accorder toutes les opinions, est d'admettre avec nous que Childéric, investi par Ricimer du commandement des milices impériales dans le nord de la Gaule, y exerça à ce titre, depuis la mort d'Egidius, un pouvoir très grand sans être souverain.

Tandis que des luttes sanglantes déchiraient les autres provinces, le roi des Francs maintint la paix dans les contrées où il commandait, en les protégeant d'un côté contre les Allemands, de l'autre contre les Wisigoths. Mais il ne toucha

point à l'administration intérieure des cités gauloises. Ne pouvant communiquer que difficile-
ment avec Rome et même avec la préfecture
d'Arles, ces cités continuèrent à se gouverner
par elles-mêmes dans les formes établies par les
lois de l'Empire et sous l'influence prépondérante des évêques, représentants électifs de la société chrétienne. Tel est, sous le rapport de l'ordre intérieur, l'état de choses que constatent
les lettres adressées par Sidonius de 472 à 480,
à presque tous les évêques de la Sénonaise et des
deux Belgiques. Que peut-on opposer à cet écho
fidèle des idées et des sentiments des populations gallo-romaines dans la dernière moitié du
V\ siècle? Si l'histoire de ces populations est encore si mal connue, c'est qu'on s'est obstiné à la
chercher où elle n'était pas.

Depuis l'expédition de 471, où Childéric pénétra jusqu'au centre de leur pays, il ne paraît
pas que les Allemands aient porté leurs armes
du côté de la Gaule. L'auteur d'une vie très ancienne de Saint-Loup, évêque de Troie, nous
fait connaître une de leurs incursions dans laquelle ils ravagèrent les plaines de la Champagne
et emmenèrent captifs les habitants du *vicus
Brionensis*, que l'on croit être la ville de Brienne.
Touché du malheur de son peuple, le saint évêque intervint aussitôt pour racheter les victimes

de la guerre; et son nom seul inspirait tant de respect que le chef des Allemands, Gebault, rendit sans rançon la liberté aux prisonniers [1]. Selon l'usage des écrivains religieux, l'auteur de la vie de saint Loup n'a point fixé la date de cet événement; mais la place qu'il occupe dans la narration montre qu'on doit le rapporter aux dernières années de l'illustre prélat. Il est probable que cette audacieuse invasion eut lieu vers 470, après les troubles occasionnés par les guerres d'Egidius, et lorsque les armées des Francs étaient occupées sur la Loire. Ce put être une des causes qui déterminèrent l'année suivante l'expédition de Childéric.

Nous avons vu les Wisigoths s'emparer successivement de toutes les provinces situées entre les Pyrénées et la Loire. Mais ils ne dépassèrent pas ce fleuve. Euric, absorbé par ses projets d'agrandissement dans l'Espagne et le midi de la Gaule, avait intérêt à ne point se faire de nouveaux ennemis du côté du nord. Quelques passages des lettres de Sidonius indiquent même qu'il

---

[1] *Cùm ab omnibus gentium regibus ingens illi reverentiæ exhiberetur affectus, specialiùs tamen à rege Gebaudo obedientiæ fuit honor impensus. Nam Brionenses videlicet quos Alamanorum quondàm cæpit immanitas, non cupiditate illectus, non pretio victus, sed regiâ dignitate sublimis cunctos dempsit hostili servitio.* (Vita Sancti Lupi, c. 10, ap. Bolland.)

y eut entre ce roi et les Francs un traité que ses courtisans affectèrent de présenter comme une loi imposée par une puissance supérieure, mais dont la première condition fut certainement que la limite de la Loire serait respectée [1]. Les événements postérieurs le prouvent. Le fait seul de ce traité montre que l'autorité de Childéric s'étendait sur la Sénonaise et les deux dernières Lyonnaises. Sans cela les Wisigoths n'auraient eu aucun point de contact avec les Francs, séparés d'eux par tout le territoire compris entre la Loire et la Somme.

Childéric résidait habituellement à Tournay, chef-lieu de la tribu franque, dont il tirait son origine. Il y mourut en 481, après vingt-quatre ans de règne, et âgé d'un peu plus de quarante ans ; car il n'avait pas vingt ans lorsqu'il succéda à son père, vers la fin de 456. Son tombeau fut découvert en 1653 dans cette ville, non loin de l'emplacement de la voie romaine qui y conduisait. Il est à remarquer que cette sépulture ne

---

[1] *Ipse rex inclytus modò corda terrificat gentium transmarinarum, modò de superiore cum barbaris ad Wachalim trementibus fœdus innodat.* (Sidon., *ep.* 3, *lib.* 8, ad Leonem.) Cette lettre fut écrite vers 478, au moment où Sidonius obtint d'être rappelé de l'exil qu'il subissait à Livia. Les peuples d'outre-mer dont il parle ici sont les Saxons qui infestaient les côtes de l'Aquitaine ; il désigne toujours les Francs sous le nom de Sicambres ou de Barbares du Wahal.

renfermait aucun des insignes qui caractérisent le pouvoir souverain; on n'y trouva que des monnaies d'or à l'effigie des empereurs, le sceau du chef salien avec son effigie et la légende *Childerici regis*, enfin quelques objets de parure, tels que des abeilles d'or et un petit globe de cristal que Dubos s'efforce vainement d'assimiler au globe qui faisait partie des ornements impériaux.

Lorsque Childéric mourut, son fils Clovis avait à peine atteint sa quinzième année, âge de la majorité chez les Francs. La date de sa naissance semble confirmer l'anecdote de la reine Basine; car elle coïncide avec l'époque à laquelle son père fut rétabli en 465 [1]. Appelé par la loi de succession germanique au commandement de sa nation, il se trouva en même temps investi de la dignité de maître des milices impériales devenue héréditaire dans sa famille [2].

---

[1] Nous avons vu que Childéric, banni par ses sujets, s'était réfugié auprès de Basin, roi de la Thuringe Germanique. L'épouse de ce roi s'éprit d'une passion romanesque pour le prince exilé, et dès qu'il fut de retour dans sa patrie, elle vint le retrouver, en lui disant que si elle avait connu un homme plus brave, elle aurait été le chercher au bout de la terre. L'expression de Grégoire de Tours, *virum utiliorem*, est beaucoup plus naïve et ne peut se traduire.

[2] La position des rois francs à cet égard, dans le nord de la Gaule, était, comme nous l'avons dit plus haut, la même que celle des rois bourguignons dans l'Est. Rien ne la caractérise mieux que les lettres

Deux grandes influences venaient alors de s'é-
teindre dans la Gaule. Sidonius était mort depuis quelques mois seulement et avait été précédé dans la tombe par saint Loup, évêque de
Troie, qui pendant un demi-siècle fut investi par
le respect du peuple, dans la Sénonaise et les
deux Belgiques, de la puissance morale que Sidonius exerçait au même titre dans les provinces au sud de la Loire [1]. Cet héritage de prépondérance politique et religieuse fut recueilli
dans le midi par Alcimus Avitus, évêque de
Vienne; dans le nord par l'évêque de Reims,
Remigius, que nous connaissons sous le nom de
saint Remi.

Issu d'une des plus nobles familles de la grande
cité de Reims, Remigius avait été élevé à l'épiscopat dès l'âge de vingt-deux ans [2]. Son frère

écrites par le roi bourguignon Sigismond, après la mort de son père
à l'empereur Anastase, vers 516. « Lorsque nous devenons rois de no-
» tre nation, dit-il, nous sommes par là même officiers militaires de
« l'Empire. » *Cùm gentem nostram videamur regere, non aliud nos
quam milites vestros credimus ordinari.* On ne peut mieux exprimer
l'union intime de la dignité de maître des milices avec la royauté barbare chez ces peuples. (*Aviti*, ep. 83.)

[1] Sidonius appelle saint Loup le père des pères et l'évêque des évêques, *pater patrum, episcopus episcoporum.* (Ep. 1, L. 6.) Ce grand
prélat mourut en 479.

[2] Saint Remi mourut en 533, dans la 96e année de son âge, après
avoir été évêque pendant 74 ans. Il avait donc été élevé à l'épiscopat
en 458 ou 459. (*Greg. Tur*, de Glor. Conf., c. 79. Flodoard, Hist. Eccl.
Rem., l. 1, c. 17.)

Principius était évêque de Soissons et tous deux
unis dans les mêmes sentiments, se prêtaient un
mutuel appui. Les lettres qui leur ont été adressées par Sidonius et qui paraissent avoir été écrites après son retour d'exil, c'est-à-dire de 478 à
480, montrent de quelle considération les deux
frères étaient entourés [1]. On remarquera que l'é-
lévation de Remigius au siége de Reims coïncide avec les premières années du règne de Childéric et la longue paix dont jouit le nord de la
Gaule après la mort d'Égidius ne peut s'expliquer
que par l'accord qui dut exister entre le chef de
la seule puissance militaire de ces contrées et le
guide spirituel des populations romaines. Il est
donc naturel qu'en apprenant l'avénement du fils
de Childéric, Remigius se soit empressé de lui
adresser une lettre qui nous a été heureusement
conservée et que nous citerons ici tout entière
comme un des documents qui jettent le plus de
lumière sur l'histoire de cette époque. Voici en

---

[1] *Qui pater vobis, quique qualesque vos fratres, quâ morum præro-
gativâ pontificatu maximo ambo fungamini, sollicitus cognoscere studui.*
(Sidon., *ep.* 14, *l.* 8; *ep.* 7 et 8, *l.* 9.) Dans la dernière de ces lettres,
Sidonius dit à Principius : Nous vivons dans des contrées séparées,
quoique leurs limites se touchent : *Vivimus junctis abjunctisque regio-
nibus.* De cette phrase, jointe à l'allusion que Sidonius fait plus bas au
joug étranger qu'il subissait, *sub gabaonicæ servitutis occasione*, on
doit conclure que la lettre fut écrite après que l'Aquitaine, conquise
par les Wisigoths, eut été séparée de l'Empire.

quels termes le saint prélat écrivait au jeune chef
des Francs :

« Une grande nouvelle est venue jusqu'à nous.
» On nous annonce que vous avez pris heureu-
» sement l'administration des affaires militaires.
» Il n'est pas étonnant que vous commenciez à
» être ce que vos pères ont toujours été. Ce qui
» est important, c'est que le jugement de Dieu
» ne vous abandonne pas maintenant que votre
» mérite est récompensé par votre élévation au
» comble des honneurs. Car le vulgaire dit avec
» raison que c'est par la fin qu'il faut juger les
» actions des hommes. Vous devez vous entourer
» de conseillers qui ajoutent à votre bonne répu-
» tation, vous montrer chaste et honnête dans la
» gestion de votre bénéfice, honorer les évêques
» et recourir en tout temps à leurs conseils. Si
» vous êtes d'accord avec eux, tout ira bien dans
» votre province. Protégez les citoyens, soulagez
» les affligés, secourez les veuves, nourrissez les
» orphelins afin que tous vous aiment et vous
» craignent en même temps. Que la justice sorte
» de votre bouche ; n'attendez rien des pauvres
» ni des étrangers et ne vous laissez pas aller à
» recevoir la moindre chose en présent. Que vo-
» tre prétoire soit ouvert à tous et que personne
» n'en sorte avec un cœur triste. Toutes les riches-
» ses que votre père vous a laissées, employez-les

» à racheter les captifs et à les délivrer du joug
» de la servitude. Si quelque voyageur est ame-
» né devant vous, ne lui faites pas sentir qu'il est
» étranger. Plaisantez avec les jeunes gens, trai-
» tez les affaires avec les vieillards, et, si vous
» voulez être roi, méritez d'en être jugé digne par
» la noblesse de votre conduite. »

Dans ces conseils touchants adressés par un pontife vénérable à l'enfant qui devait être un jour le grand Clovis, dans cette lettre d'une morale si douce et d'un style si simple et si paternel, chaque mot pourrait devenir l'objet d'un commentaire. Nous nous bornerons à faire remarquer que le langage de saint Remi n'est pas celui d'un sujet offrant à un nouveau souverain l'hommage de son obéissance; ses paroles sont plutôt amicales que respectueuses; c'est un père qui parle à son fils, un maître instruisant son élève. Il ne dit pas que le jeune Clovis monte sur le trône, mais seulement qu'il prend en main l'administration des affaires militaires que son père avait gérées avant lui [1]. Certes il est impossible d'indiquer plus clairement la dignité de maître des milices et de mieux constater le fait de sa transmission héréditaire.

---

[1] *Rumor ad nos magnus pervenit administrationem vos secundùm rei bellicæ suscepisse; non est novum ut cœperis esse sicut parentes tui semper fuerunt.* (Epist. Remigii episcopi ad Clodoveum.)

Le saint évêque ne s'occupe pas des rapports de Clovis avec ses sujets francs. Tous ses conseils tendent à favoriser les Romains, habitants des provinces dans lesquelles l'autorité du jeune chef va s'exercer au nom de l'Empire [1]. Les mots *cives tuos* ne sauraient désigner les Germains compatriotes de Clovis ; jamais un auteur latin n'a appliqué le nom de *citoyen* à un Barbare. Il s'agit donc des citoyens romains domiciliés dans le territoire où Childéric avait commandé et où son fils devait commander à son tour. Les mots *sacerdotibus tuis* ne peuvent s'entendre non plus des prêtres de la nation des Francs [2]. Nous prouverons ailleurs que les Germains n'avaient point de corps sacerdotal. Mais lors même qu'ils en auraient eu, il est évident que le pieux évêque de Reims n'aurait pas exhorté Clovis à honorer les prêtres païens et à suivre leurs conseils. Il voulait donc parler du clergé chrétien, et à cette époque comme dans le temps de la primitive église, le mot *sacerdos* ne s'appliquait point aux simples prêtres: c'était un titre réservé exclusivement aux évêques.

Dans les associations secrètes des premiers chrétiens, dans leurs assemblées ou *églises,* toutes

---

[1] *Cives tuos erige, afflictos releva, viduas fove, orphanos nutri.*

[2] *Sacerdotibus tuis debebis honorem deferre et ad eorum consilia semper recurrere.*

affiliées à un centre commun, l'inspecteur [1] délégué par l'église ou société-mère de Rome présidait seul les réunions, préchait seul l'Évangile, célébrait seul les saints mystères et correspondait avec l'église ou association centrale au nom de la société affiliée qu'il avait formée. Nous avons vu que le christianisme en général ne se propagea d'abord que dans les villes ; il suffisait donc d'un seul évêque ou inspecteur dans chaque cité où s'organisait une société chrétienne. De là vient que les petites villes des environs de Rome ont eu toutes des évêques dès les premiers siècles ; en Afrique où le christianisme prit aussi de bonne heure une grande extension, chaque bourg avait son évêque. Les premiers missionnaires qui portèrent l'Évangile dans les Gaules furent tous évêques et en même temps les seuls prêtres de leurs églises. Comme leurs néophytes étaient dispersés et en petit nombre, leurs diocèses ou arrondissements d'inspection embrassaient des provinces entières. Mais les rapides progrès de la religion rendirent bientôt cette organisation insuffisante. Lorsque les *églises* ou assemblées se furent mul-

---

[1] Ἐπίσκοπος en grec signifie inspecteur ; *episcopus* n'est que le mot grec latinisé. Le mot εκκλησια (en caractères latins *ecclesia*) désignait toute espèce de réunions ou d'associations ; on l'appliquait à toutes les corporations municipales ou industrielles, comme nous le voyons par la correspondance administrative de Pline avec l'empereur Trajan.

tipliées sur tous les points, les évêques se virent forcés de déléguer une partie de leurs fonctions aux anciens de chaque église, *presbyteri*, d'où est venu le mot prêtre [1]. Cependant le caractère sacerdotal n'en continua pas moins de résider essentiellement dans les évêques, et ils n'abandonnèrent de leurs attributions que celles qu'ils ne pouvaient exercer par eux-mêmes. De nos jours encore, nul n'est prêtre que ceux auxquels les évêques délèguent par le sacrement de l'Ordre, cette mission sainte ; eux seuls sont considérés comme les successeurs directs des apôtres, les vrais interprètes de la foi, et rassemblés en concile, ils représentent l'église de J.-C. contre laquelle aucune autorité ne peut prévaloir sur la terre.

Au Ve siècle, quoique le corps des prêtres fût depuis long-temps constitué, l'unité des associations chrétiennes existait encore. Chaque diocèse était réputé ne former qu'une seule église, dont tous les biens étaient administrés par l'évêque qui en répartissait les revenus suivant les besoins des localités ; la prédication n'appartenait qu'aux évêques ou aux prêtres spécialement délégués par eux. Aussi chez les écrivains du Ve siècle et mê-

---

[1] Le mot grec πρεσβύτερος (en caractères latins, *presbyter*) signifie ancien ; les assemblées des premiers chrétiens étaient présidées par le plus ancien membre, en l'absence de l'inspecteur délégué par l'église centrale.

me du VIe, le mot *sacerdos* n'est jamais appliqué qu'aux prélats, seuls assimilés aux pontifes du paganisme; les simples prêtres sont toujours désignés par le mot *presbyter*[1]. C'étaient donc *ses évêques* que saint Remi prescrivait à Clovis d'honorer et de consulter, et comme nous avons démontré ailleurs qu'il n'y eut point d'évêques avant le VIe siècle dans les contrées où les Francs s'étaient d'abord établis, il est clair que les évêques de Clovis ne pouvaient être que ceux des provinces romaines du nord de la Gaule.

De là nous devons nécessairement conclure que son autorité comme celle de son père Childéric s'étendait en droit sur ces provinces, non à titre de souverain, mais à titre d'officier de l'Empire investi du commandement militaire. C'est pourquoi, dans la phrase suivante, saint Remi se sert du mot *provincia,* toujours employé par les

---

[1] Grégoire de Tours (Hist., liv. ii, c. 23) rapporte que Sidonius mourànt désigna pour son successeur Aprunculus, évêque de Langres : *Tandem sacerdos Spiritu in se Sancto influente respondit : ecce frater meus Aprunculus vivit, et ipse erit sacerdos vester.* On voit qu'ici *sacerdos* est synonyme d'*episcopus.* Dans le même chapitre, deux prêtres, ennemis de Sidonius, sont désignés par ces mots, *duo presbyteri.* Ce rapprochement prouve bien clairement la véritable acception des deux mots. Saint Remi lui-même, dans des vers qu'il avait composés pour être gravés sur un vase de son église, ne se donne d'autre titre que celui de *sacerdos* :

Remigius Domino reddit sua vota sacerdos.

(*Vita sancti Remigii, ap. Hincmar.*)

auteurs latins pour désigner le territoire sur lequel un magistrat romain exerçait sa juridiction. » Tout ira bien dans votre province, lui dit-il, si » vous êtes d'accord avec les évêques, représen- » tants électifs des cités [1]. » La *province* de Clovis, comme chef militaire, était tout le nord de la Gaule depuis la Loire jusqu'au Rhin, et toutes ces contrées relevaient de son *prétoire* suivant l'expression de saint Remi pour les actes de juridiction que les lois de l'Empire attribuaient aux maîtres des milices [2]. « Soyez honnête et chaste dans la gestion de votre bénéfice, » disait encore le pieux évêque [3]; car c'était à titre de bénéfice militaire que les Francs et leurs chefs possédaient des établissements dans la Gaule ; là était le fondement légal de la propriété pour les uns, de l'autorité pour les autres.

La position de Clovis à son avénement étant ainsi bien déterminée *en droit,* il nous reste à examiner ce qu'elle fut réellement *en fait.*

Nous avons vu que son pouvoir avait une double origine. D'un côté il était chef héréditaire d'une tribu germanique établie dans la Gaule, de

---

[1] *Si tibi benè cum illis convenerit, provincia tua meliùs potest constare.*

[2] *Prætorium tuum omnibus pateat.* Voir pour les attributions des maîtres des milices, le Code Théod., *lib.* 7, *passim.*

[3] *Beneficium tuum castum et honestum esse debet.*

l'autre il était appelé comme possesseur d'un bénéfice militaire à un commandement dans l'Empire [1]. Au premier titre il ne devait son autorité qu'à sa naissance, aux coutumes de sa nation et à l'assentiment de ses compatriotes; comme on l'a dit des rois du moyen-âge, il ne relevait que de Dieu et de son épée. Sa puissance sous ce rapport avait une source plus indépendante, plus noble même, selon nos idées modernes, en cela tout-à-fait contraires à celles du Ve siècle; mais il est vrai de dire qu'en même temps elle était très bornée.

Les Francs établis sur la rive gauche du Rhin ne formaient point une masse compacte et un seul corps de nation. Nous avons déjà signalé la principale division qui existait entre eux, celle des Francs-Ripuaires et des Francs-Saliens. Ces deux peuples étaient essentiellement distincts, ne se gouvernaient point par les mêmes coutumes et tiraient leur origine de deux branches différentes de la race germanique, les Germains des plaines et les Germains des montagnes.

[1] Cette distinction est très bien établie dans la lettre du roi Sigismond, déjà citée plus haut : « Nous attachons plus de prix, dit ce prince, aux grades militaires que nous tenons des empereurs, qu'au pouvoir qui nous vient de nos pères. » *Illa nobis magis claritas putatur quam vestra per militiæ titulos porrigit celsitudo, cunctisque auctoribus meis semper magis ambitum est quod à principibus sumerent quàm quod à patribus attulissent.* (Aviti ep. 83.)

En 480, les Ripuaires occupaient la Germanie inférieure et la cité de Trèves, c'est-à-dire, le même territoire que la Prusse Rhénane de nos jours. La cité de Tongres qui avait conservé son indépendance les séparait des Saliens qui se partageaient eux-mêmes en trois tribus. L'une d'elles était établie dans l'ancienne cité gauloise des Morins, ou de Thérouenne; elle avait un chef particulier nommé Cararic [1]. Une autre, sous le commandement d'un chef nommé Ragnacaire, possédait la cité de Cambray et ses dépendances qui formaient la partie méridionale du territoire des Nerviens [2]. Enfin la plus puissante des trois occupait la partie septentrionale du pays des Nerviens à laquelle les Romains avaient donné le nom de Toxandrie, et la cité de Tournay qui représentait l'ancien pays des Ménapiens, c'est-à-dire toute la portion des Flandres françaises et belges comprises entre l'Escaut et la mer. Le territoire de cette tribu embrassait tout le royaume actuel de Belgi-

[1] Greg. Tur. *Hist.*, lib. 2, c. 41. Le territoire des Morins avait été divisé sous l'Empire en deux cités, celle de Boulogne et celle de Thérouenne; il est aujourd'hui représenté par les arrondissements de Boulogne, Saint-Omer, Calais et Saint-Pol (département du Pas-de-Calais).

[2] *Ibid.*, c. 42 et 27. La cité de Cambray est représentée par les arrondissements de Cambray, Douay et Avesnes (département du Nord). Je suis, dans toutes ces indications l'excellent ouvrage de M. Walkenaer sur la géographie de la Gaule.

que, à l'exception de la province de Liége qui représente la cité de Tongres. Elle avait pour capitale la ville de Tournay, résidence de Childéric, et c'était à sa tête que Clovis se trouvait placé par droit de naissance [1].

[1] Pour faire mieux comprendre ces détails géographiques, je suis forcé de résumer ici en peu de mots les révolutions successives que subit cette portion du territoire gaulois. Au temps de César, trois peuples se partageaient toute l'étendue de pays comprise entre la Meuse, le Wahal et la mer : les Atuatiques habitaient entre la Meuse et la Dyle ; les Nerviens entre la Dyle et l'Escaut ; les Ménapiens entre l'Escaut et la mer. Le territoire des Atuatiques est représenté dans les temps modernes par le pays de Liége et une portion du Limbourg ; celui des Nerviens par la partie orientale de notre département du Nord et par les provinces belges de Hainaut, Brabant et Anvers ; celui des Ménapiens par les arrondissements de Lille, Hazebrouck et Dunkerque, dans notre département du Nord, et par les provinces belges des deux Flandres. Sous le règne d'Auguste, les Atuatiques, détruits par César, furent remplacés par une colonie de Thuringiens qui fondèrent la cité de Tongres, encore existante à la fin du V⁰ siècle. Au III⁰ siècle, les Germains des contrées montagneuses de la Hesse, les Cattes et les Angrivariens de Tacite furent chassés de leur pays par les grandes commotions qui bouleversèrent l'Europe centrale, et dont nous avons essayé d'indiquer, dans notre premier volume, la marche et les causes ; ils descendirent dans les plaines de la Westphalie, et vinrent d'abord se fixer entre l'Issel et le Rhin, aux lieux où fut, dans les temps modernes, la partie orientale du duché de Clèves. De là, profitant des troubles de l'Empire, ils franchirent les limites romaines, passèrent le Rhin et envahirent la Batavie ; bientôt même ils passèrent aussi le Wahal et pénétrèrent dans la partie septentrionale du territoire des Nerviens et des Ménapiens, où les empereurs leur accordèrent des établissements sous la forme de colonies militaires ou létiques. Cependant le gouvernement romain se réserva la ligne des côtes jusqu'à l'embouchure de l'Escaut, et la plaça sous l'autorité d'un commandant particulier, le duc de la seconde Belgique. Par suite de ces

Les Francs de Tournay étaient évidemment la souche et le corps même de la nation, car ils occupaient les établissements primitifs des Saliens. Les deux autres tribus se composaient des détachements qui s'étaient répandus dans les nouvelles possessions acquises pendant le cours du V⁰ siècle.

Leurs chefs sortaient, comme Mérovée, Childéric et Clovis, de la race royale de la nation salienne ; ils étaient comme eux, suivant l'expression de Grégoire de Tours, de la souche de Clodion, *de stirpe Chlogionis* ¹. Indépendants par le

---

envahissements, le territoire des Nerviens et des Ménapiens se trouva réduit à la partie méridionale, représentée par notre département du Nord. Cette partie était, au reste, la seule qui eût été complètement défrichée et où l'on eût bâti des villes. On en forma les cités de Cambray et de Tournay ; de là vient que ces deux cités sont seules mentionnées dans la Notice des Gaules, rédigée à la fin du IV⁰ siècle, et qu'il n'y est plus question des Nerviens, des Ménapiens et des Bataves, auxquels les Francs s'étaient substitués. A la suite de la grande invasion de 407, les Francs, sortant de leur territoire, s'emparèrent des cités de Cambray, de Tournay, de Thérouenne, d'Arras et d'Amiens ; mais ils les évacuèrent, au moins en partie, lors du débarquement de l'armée romaine de la Grande-Bretagne, conduite par Constantin. Après la mort d'Honorius, Clodion s'avança de nouveau jusqu'à la Somme ; Aëtius le combattit et recouvra les cités d'Amiens et d'Arras ; mais celles de Thérouenne, de Boulogne, de Tournay et de Cambray restèrent définitivement aux Francs. Depuis cette époque jusqu'à la mort de Childéric, il n'y eut pas de changement matériel dans l'étendue de leurs possessions.

¹ Greg. Tur., *Hist.*, lib. 2, c. 9. Ainsi s'explique le nom de *Mérovingiens* donné aux successeurs de Clovis ; ce nom était la désignation

fait, ils reconnaissaient néanmoins aux Francs de Tournay, comme à leurs aînés, une sorte de suprématie qui avait déterminé Ricimer à placer dans la famille de Mérovée la dignité de maître des milices, et c'était surtout à ce dernier titre qu'ils respectaient Childéric et obéissaient à ses ordres. C'était aussi comme maître des milices que le père de Clovis avait pu réunir les Francs-Ripuaires sous son drapeau dans ses guerres contre Egidius et contre les Allemands. Sa position à cet égard était la même que celle du roi des Bourguignons, Chilpéric, que nous avons vu, comme patrice et maître des milices, exercer, vis-à-vis de ses frères et des diverses tribus de son peuple, une prépondérance incontestée.

A l'avénement de Clovis, ces liens de subordination se relâchèrent. Méprisant l'inexpérience du jeune prince, les chefs indépendants des tribus ripuaires et saliennes ne voulurent plus le reconnaître pour leur supérieur. D'ailleurs la puissance morale attachée au titre de maître des milices, avait été très affaiblie aux yeux des Barbares par la décadence de l'Empire. Le dernier empereur d'Occident, Nepos, venait de mourir, un chef barbare, Odoacre, régnait à Rome, et les

de la branche aînée de la race royale à laquelle ils appartenaient ; les descendants de Mérovée se distinguaient ainsi des autres branches que Clovis éteignit entièrement comme nous le verrons plus bas.

pouvoirs émanés de l'autorité impériale n'avaient plus qu'une force traditionnelle qui se perdait chaque jour faute de se retremper à sa source. Il est donc bien constant que Clovis, à l'époque de son avénement, n'avait sous ses ordres immédiats que les Francs de Tournay et que ses possessions territoriales ne s'étendaient pas au-delà des limites assignées à cette tribu.

Ainsi restreinte à l'égard des Barbares, son autorité comme maître des milices fut néanmoins reconnue par les populations romaines des deux Belgiques. La lettre de l'évêque Remigius et les événements postérieurs en font foi. Mais si l'influence du saint prélat fut assez puissante pour amener ce résultat, elle ne put agir avec la même efficacité sur les provinces voisines de la Seine et de la Loire. Ces provinces, plus éloignées des Francs, avaient avec eux peu de rapports, et les connaissaient plutôt comme ennemis que comme protecteurs. Le crédit de Childéric n'y était pas assez bien établi pour que le nom seul de son fils lui conciliât le respect des peuples. Cependant, comme la jeunesse de Clovis l'empêchait de rien entreprendre, tout resta tranquille pendant quelques années. Les cités voisines de la Loire avaient un grand intérêt au maintien des traités qui les protégeaient contre les Wisigoths, et ces traités avaient été conclus avec les chefs des

Francs. Euric, maître de l'Espagne, de toute la
Gaule méridionale et de la grande cité d'Arles,
où il occupait le prétoire des préfets, avait alors
atteint l'apogée de sa grandeur. La terreur de son
nom s'était partout répandue, et la Gaule trem-
blante se tenait immobile devant lui. Mais au
commencement de 484, ce prince redouté mourut, et la face des affaires changea aussitôt.

Alaric, appelé à recueillir l'héritage de la vaste
domination d'Euric, était aussi jeune que Clovis,
et par un singulier jeu de la providence, le sceptre et l'épée des deux plus puissantes monarchies
barbares de la Gaule tombaient à la fois entre
les mains de deux enfants. Cette conjoncture favorable réveilla, dans une portion de l'aristocratie gallo-romaine, des espérances trop souvent
trompées et un sentiment de nationalité presque
éteint. Nous avons vu toute la gloire et toute l'activité politique de cette aristocratie se résumer
depuis la dernière moitié du Ve siècle dans les
familles *Ecdicia* et *Syagria*, dont l'une avait donné à la Gaule son dernier empereur, l'autre son
dernier général. C'était donc là qu'elle devait naturellement chercher un chef.

On ignore la date précise de la mort d'Ecdicius, et il est possible qu'il existât encore à cette
époque; mais, le cœur brisé par les malheurs de
l'Auvergne, il s'était retiré de la scène du monde

et sa carrière, naguère si brillante, s'achevait
obscurément à la cour des rois Bourguignons,
dont la protection assurait son repos. La famille
Syagria avait, dans le fils d'Egidius, un représentant plus capable de soutenir de nouvelles
luttes. Très jeune, selon toute apparence, à la
mort de son père, ce rejeton d'une race illustre
n'avait encore joué aucun rôle actif. Son inexpérience même le mettait à l'abri du découragement qui, dans les temps de révolution, s'em-
pare des plus nobles cœurs lorsqu'ils ont fait la
triste épreuve de l'ingratitude des princes et de
la lâcheté des peuples. Comment d'ailleurs aurait-
il été insensible à l'éclat des souvenirs qui entouraient son berceau! Pouvait-il oublier qu'Egidius
avait essayé seul de relever les aigles romaines et
que s'il avait succombé dans son audacieuse
tentative, sa chute du moins n'avait pas été
sans gloire! La vacance de l'empire d'Occident
n'était peut-être qu'une chance de plus en faveur du renouvellement de cette grande entreprise. Syagrius n'avait point à craindre comme
son père d'être entravé par les intrigues de
Rome; il ne risquait point comme lui d'être jeté
hors des voies légales et flétri du nom de rebelle.
Mais d'un autre côté l'influence barbare dans la
Gaule était devenue bien autrement puissante
qu'à l'époque où Egidius avait osé l'attaquer de

front. Dans les provinces méridionales, les monarchies des Wisigoths et des Bourguignons, établies sur de larges bases, agrandies et consolidées par de récentes conquêtes, ne pouvaient être facilement ébranlées. Dans le nord au contraire, la puissance des Francs mal affermie, leur nom encore obscur, inspiraient peu de craintes. Syagrius, qui avait les malheurs de son père à venger sur le fils de Childéric, ne dut pas hésiter à porter dans ces contrées le foyer de l'insurrection.

Egidius était mort à Soissons, et, si l'on en croit les chroniqueurs, Syagrius lui-même aurait continué d'y résider [1]. Mais les lettres de Sidonius à Principius, évêque de cette ville, ne font aucune allusion au séjour d'un personnage aussi important, et d'ailleurs il est difficile de concevoir comment Childéric aurait laissé demeurer en repos si près de lui le fils de son ennemi mortel. On doit plutôt croire que Syagrius s'était retiré dans les possessions patrimoniales de sa famille, situées dans l'Auvergne et la première Lyonnaise. En 484, l'année même qui suivit la mort d'Euric, il en sortit, peut-être avec l'assentiment secret des rois bourguignons, ja-

---

[1] *Siagrius, Romanorum rex, Egidii filius, ad civitatem Suessionas quam quondàm suprà memoratus Egidius tenuerat, sedem habebat.* (Greg. Tur., *Hist.*, lib. 2, c. 27.)

loux de la puissance des Francs, et vint se jeter dans Soissons où il réussit à s'établir avec l'appui des populations gallo-romaines, qui le reconnurent pour chef depuis la Somme jusqu'à la Loire.

Quelques chroniqueurs disent que Syagrius prit le titre de roi; rien n'est moins vraisemblable, car rien n'était plus éloigné des mœurs et des idées de l'aristocratie romaine. Comme nous l'avons déjà fait remarquer plusieurs fois, ce titre n'avait point, aux yeux des Romains, la valeur que nous lui attribuons. Et ce n'était pas à cause des idées républicaines qu'on leur suppose bien à tort, mais parce que depuis l'origine de l'Empire, il avait toujours servi à désigner les chefs des nations barbares. Prendre le titre de roi, c'était en quelque sorte abdiquer la qualité de Romain à laquelle, même dans ces temps de décadence, on attachait tant de prix. Que dirait-on aujourd'hui d'un général français qui se ferait appeler sultan ou pacha? Au Ve siècle on n'aurait pas plus imaginé de donner à un Romain le nom de *roi*, qu'à un Barbare celui de *prince*, spécialement affecté aux empereurs. Frédégaire seul est dans le vrai lorsqu'il donne à Syagrius le titre de patrice [1], et ce fut certaine-

---

[1] *Siagrius Romanorum patricius.* (Fredeg., c. 15.)

ment celui qu'il dut prendre; car depuis long-
temps cette dignité, attachée d'abord comme
distinction honorifique à celle de maître des
milices, avait fini par y être substituée. Ce fut
avec le titre de patrice que Ricimer et Gondebaud commandèrent les armées impériales,
qu'Oreste et Odoacre gouvernèrent l'Italie.

Jusqu'alors la résistance des cités du Nord contre l'influence des Francs n'avait été pour ainsi
dire que passive. Maintenant elle avait un chef
dont le nom seul lui donnait un caractère agres-
sif. Mais le mouvement ne fut pas aussi général qu'on aurait pu s'y attendre. Tout concourt à
prouver que l'évêque Remigius parvint à maintenir sous l'autorité de Clovis les cités de Reims
et de Châlons, et celles de la première Belgique
que les Ripuaires n'avaient point occupées. Ainsi
le pouvoir de Syagrius ne s'étendit que sur les
cités de Soissons, d'Amiens, de Vermandois, de
Senlis et de Beauvais, dans la deuxième Belgique, et sur toutes les parties encore romaines
de la Sénonaise et des deuxième et troisième
Lyonnaises.

Il est à remarquer que ces cités étaient toutes
comprises dans l'ancienne division militaire des
Tractus Nervicanus et *Armoricanus.* Cette division, établie dans le IIIe siècle pour réunir sous
un même commandement toutes les forces desti-

nées à défendre les rivages de la Gaule contre les
invasions des pirates saxons, se partageait, comme
son nom l'indique, en deux sections principales.
Le *Tractus Armoricanus* embrassait toutes les
côtes comprises entre l'embouchure de la Loire
et celle de la Seine; le *Tractus Nervicanus*, celles qui s'étendaient de la Seine à l'Escaut[1]. Tout
le cours inférieur de la Seine et de la Loire était
en outre soumis au commandement des chefs
du *Tractus*, parce que les barques des pirates
remontaient quelquefois très avant ces deux
grands fleuves, et qu'à raison du peu de tirant d'eau
des navires anciens, les principaux chantiers et
magasins des flottes étaient établis dans des villes fort éloignées de la mer, telles que Paris et
Orléans. A la fin du Ve siècle, les Francs occupant la majeure partie du *Tractus Nervicanus*,
tout ce qui restait encore libre dans la vaste division des deux *Tractus* ne fut plus connu que

---

[a] *Notitia Imperii*, sect. 61. Le *Tractus* comprenait aussi toute la
ligne des côtes de l'Océan entre l'embouchure de la Loire et celle de la
Garonne, et à ce titre l'autorité du commandant de la division s'étendait sur les deux Aquitaines. A la fin du Ve siècle, ces provinces
étaient depuis long-temps soumises aux rois wisigoths qui avaient maintenu sur les côes la ligne défensive organisée par les Romains. Car les
pirateries des Saxons rendaient toujours cette organisation nécessaire,
comme on le voit par une lettre de Sidonius adressée à un noble romain qui commandait dans ces parages pour le roi Théodoric. (Sid.,
ep. 6, l. 8.)

sous le nom d'Armoriqúe. C'était précisément ce territoire qui composait ce qu'on a appelé le royaume de Syagrius.

Ces explications étaient nécessaires pour faire comprendre combien Procope a été exact dans l'indication des limites du territoire soumis aux Francs, à l'époque où ils commencèrent la lutte qui devait fonder leur puissance. Secrétaire de Bélisaire pendant les campagnes que fit en Italie cet illustre général, au VIe siècle, Procope put se procurer des renseignements très précis sur les nations qui prirent part à ces guerres; et comme les Francs y jouèrent un grand rôle, il dut s'informer soigneusement de tout ce qui les concernait. Son témoignage est donc très digne de confiance, et nous verrons que les documents et les faits contemporains le confirment dans tous les points essentiels.

Donnant toujours aux Francs leur ancien nom de Germains, Procope nous les montre d'abord habitant les contrées marécageuses, situées à l'embouchure du Rhin, et en effet nous avons prouvé ailleurs que les Francs occupèrent pendant près d'un siècle l'île des Bataves avant de s'établir définitivement dans l'ancien territoire des Nerviens. Passant ensuite à la description des lieux où ils dominaient à la fin du Ve siècle, il en détermine la position ainsi qu'il suit : « D'un

» côté, dit-il, ils touchent aux Armoriques qui,
» avec l'Espagne et la Gaule entière, faisaient
» autrefois partie de l'empire romain ; de l'autre
» ils ont pour voisins à l'est les Thuringiens,
» établis dans la Belgique par l'empereur Au-
» guste, au sud les Bourguignons, et plus loin
» les Allemands et les Suèves, peuples braves et
» indépendants [1]. »

Si l'on se reporte à ce que nous avons dit plus
haut des pays sur lesquels s'étendait l'autorité de
Clovis, on verra qu'effectivement ils avaient pour
limites, à l'est la cité de Tongres, puis en allant
vers le sud, la forêt des Ardennes et la chaîne
des Vosges qui séparait la deuxième Belgique de
la première Germanie, occupée par les Allemands, au midi les états des Bourguignons,
dont les frontières bordaient de ce côté celles de
la Belgique, enfin à l'ouest les cités de Meaux,
de Paris, de Soissons, de Vermandois et les autres provinces qui composaient l'ancienne divi-

---

[1] Ρῆνος ἐς τὸν ὠκεανὸν τὰς ἐκβολὰς ποιεῖται, λίμναι τε ἐνταῦθα οὗ δὴ
Γερμανοὶ τὸ παλαιὸν ᾤκουντο, οἱ νῦν Φράγγοι καλοῦνται. Τούτων ἐχόμενοι
Αρβόρυχοι ᾤκουν, οἱ σὺν πάσῃ τῇ ἄλλῃ Γαλλίᾳ καὶ μὲν καὶ Ἰσπανίᾳ Ρωμαίων κατήκοοι ἐκ παλαιοῦ ἦσαν. Μετὰ δὲ αὐτοὺς ἐς τὰ πρὸς ἀνίσχοντα
ἥλιον Θόρυγγοι βάρβαροι δόντος Αὐγούστου πρώτου βασιλέως ἱδρύσαντε.
Καὶ αὐτῶν Βουργουνζίονες οὐ πολλῷ ἄποθεν πρὸς νότον ἄνεμον τετραμ-
μένοι ᾤκουν, Σουάβοι τε ὑπὲρ Θορύγγων καὶ Αλαμανοί, ἰσχυρὰ ἔθνη (Procope, de Bell. Goth., lib. 1, c. 12.)

sion militaire des Armoriques, et qui avaient embrassé le parti de Syagrius [1].

Le passage de Procope est donc d'une parfaite exactitude, et les détails géographiques qui l'éclaircissent sont très importants ; car les erreurs de Dubos et celles de beaucoup d'autres historiens modernes ont eu leur source dans ce passage mal compris [2]. Maintenant que nous avons,

[1] Toutes les éditions imprimées de Procope portent le mot Αρβορυχοι au lieu d'Αρμορυχοι. On sait , en général , combien les noms géographiques de l'Europe occidentale sont défigurés dans les écrivains grecs du Bas-Empire. On doit donc s'étonner qu'une différence d'orthographe si minime ait décidé les commentateurs à créer tout exprès dans la Belgique, pour l'explication de ce passage de Procope, un peuple d'Arboruches ou d'Arboriques, dont jamais aucun autre auteur n'a fait mention. Les longues discussions qui ont eu lieu à ce sujet entre les savants sont d'autant plus inconcevables, que personne n'ignore l'extrême ressemblance des lettres μ et 6 dans l'écriture cursive grecque, où ces deux caractères peuvent se confondre facilement.

[2] Nous avons déjà fait remarquer plusieurs fois que, dans l'histoire du Vᵉ siècle, beaucoup d'erreurs graves sont nées de la confusion produite par l'emploi successif, et quelquefois simultané, des mêmes noms géographiques pour désigner des contrées très différentes. Ainsi il y avait, d'un côté, l'Aquitaine de César, la véritable Aquitaine, qui se composait des pays compris entre la Garonne et les Pyrénées, et, de l'autre, l'Aquitaine administrative, beaucoup plus étendue, et qui embrassait toute la Gaule centrale entre la Garonne et la Loire. De même, il y avait la véritable Armorique, l'Armorique de César, dont les limites étaient celles de la province moderne de Bretagne ; et l'Armorique administrative, le *Tractus Armoricanus*, qui renfermait dans sa vaste circonscription toutes les contrées comprises entre la Loire et la Seine. C'est pour avoir confondu ces deux Armoriques que Dubos s'est égaré et a prêté le flanc aux critiques qui ont discrédité son système.

autant qu'il était en nous, levé toutes les difficultés, expliqué toutes les équivoques et fixé la position réciproque de Clovis et de ses adversaires,
les circonstances historiques de la lutte qu'il eût
à soutenir se présenteront d'elles-mêmes sous
leur véritable jour.

La sanglante inimitié qui avait existé entre
Egidius et Childéric s'était transmise à leurs enfants. En voyant se relever si près de lui l'influence d'un nom funeste à sa famille, Clovis,
qui venait d'atteindre sa vingtième année, ne
pouvait rester dans l'inaction. Il fallait qu'il pé-
rît ou qu'il abattît ce nouveau maître des milices,
ce prétendant à un pouvoir que lui-même possédait par droit héréditaire, comme l'avait reconnu la lettre de l'évêque Remigius. Sa position
était critique; tout dépendait pour lui d'un premier succès, et la victoire devait se décider plutôt
par la valeur que par le nombre de ses soldats;
car pour se former une armée, il ne pouvait
compter que sur la tribu des Francs de Tournay. Ragnacaire, roi de Cambrai, consentit cependant à le seconder [1]. Mais Cararic, chef des
Francs de Thérouenne, et le roi des Ripuaires
refusèrent de prendre parti dans une querelle qui

---

[1] *Chlodoveus cum Ragnachario parente suo, qui et ipse regnum tenebat, super Siagrium veniens.* (Greg. Tur., *Hist.*, lib. 2, c. 27.)

semblait personnelle au fils de Childéric [1]. Il est vrai que de son côté Syagrius n'avait point de troupes régulières à lui opposer. Nous avons vu que, depuis Majorien, l'Empire n'avait plus envoyé de troupes dans la Gaule, et que l'armée d'Egidius s'était dissoute après la mort de son général. Il ne restait donc pour la défense du pays que les milices locales, c'est-à-dire les habitants armés, sous la conduite des grands propriétaires du sol. Mais ces milices n'étaient point méprisables; l'Espagne et l'Auvergne avaient montré ce qu'elles pouvaient faire.

Résolu de prévenir Syagrius et de ne pas lui laisser le temps de consolider sa puissance, Clovis lança à son rival un défi dont les formes rappellent l'esprit chevaleresque du moyen-âge; il lui demandait un rendez-vous en champ-clos, et le sommait de fixer le jour et le lieu du combat. Le général romain ne jugea pas à propos de répondre et attendit les Francs sous les murs de Soissons [2].

La route la plus directe de cette ville à Tour-

---

[1] *Quandò cum Siagrio pugnavit, Chararicus evocatus ad auxilium Chlodovei, eminùs stetit, neutram adjuvans partem, sed eventum rei expectans ut cui eveniret victoria, cum illo et hic amicitiam conligaret.* (Greg. Tur., *Hist.*, lib. 2, c. 41.)

[2] *Chlodoveus campum ut pugnaret præparari sibi deposcit.* (Greg. Tur., *Hist.*, lib. 2, c. 27.)

nay traversait le territoire des Francs de Cambray.
Rassuré de ce côté par son alliance avec Ragnacaire, Clovis sentit que rien n'était plus important pour lui que d'empêcher Syagrius de soulever la partie de la Belgique romaine contenue
jusqu'alors par l'influence de saint Remi ; il commença donc par se diriger sur Rheims, à travers
la forêt des Ardennes, et passa sous les murs de
cette cité avec sa petite armée qu'on ne peut éva-
luer à plus de 4 ou 5,000 combattants. Par respect pour le saint prélat, il avait recommandé à
ses Francs la plus sévère discipline et leur avait
défendu d'entrer dans la ville dont lui-même
s'abstint de franchir les portes. Cependant quelques soldats y pénétrèrent en cachette, et, s'étant
glissés dans l'église, y dérobèrent un vase précieux [1]. Aussitôt Remigius vint réclamer l'objet

---

[1] *Transitum faciens rex secùs civitatem Remi per viam quæ hodiè,
propter Barbarorum per eum iter, Barbarica nuncupatur, noluit eam civitatem introire ne ab exercitu suo aliquod malum ibi fieret ; sine voluntate autem ejus, pars quædam indisciplinatorum, quoniam non erat potestas temporalis civium quæ eis resisteret, eamdem civitatem intravit et
quædam ornamenta atque sacra vasa indè rapientes adsportaverunt.*
(Hincmar, *in Vitâ sancti Remigii.*) On ne peut désirer un récit plus
clair et plus circonstancié que celui d'Hincmar. Cependant les commentateurs ont trouvé moyen de l'embrouiller, et Dubos se donne une
peine infinie pour prouver qu'il s'agit ici, non de la ville même de
Reims, mais du territoire qui en dépendait. Nous savons que le mot
civitas peut avoir ces deux sens ; c'est à la raison à indiquer dans chaque cas lequel des deux doit être appliqué, et ici il ne peut y avoir de

volé; Clovis dont nous avons fait connaître les relations intimes avec le saint évêque, ne demandait pas mieux que de faire droit à ses plaintes, mais il craignait de mécontenter par trop de rigueur ses troupes encore païennes, et, selon les annalistes, il lui répondit : « Envoyez avec » moi un de vos prêtres jusqu'à Soissons; là se » fera le partage du butin, et je vous rendrai ce » qu'on vous a pris [1]. » On connaît la suite de cette anecdote du vase de Reims à laquelle je n'attacherai pas plus d'importance qu'elle n'en mérite. Elle a été le sujet de longues discussions entre les historiens et les publicistes modernes

doute; quiconque lira ce passage sans être prévenu, n'imaginera pas qu'il y soit question d'autre chose que de la ville. Le témoignage d'Hincmar est très digne de confiance. Archevêque de Reims, il écrivait, comme il le dit lui-même, d'après les titres originaux des archives de son église, les traditions du pays, et les feuillets encore subsistants d'une ancienne Vie de saint Remi, écrite par un contemporain, mais dont le manuscrit était déjà en partie détruit. Le récit de Grégoire de Tours, quoique les termes en soient plus vagues et plus obscurs, ne contredit pas formellement celui d'Hincmar. Flodoard, qui a écrit l'Histoire de l'Église de Reims au Xe siècle, parle comme Hincmar, et se sert même du mot plus explicite d'*urbs*. Enfin la circonstance si frappante du nom de *Chemin des Barbares*, donné à la chaussée que suivit Clovis, est confirmée par l'existence d'une vieille rue de la ville de Reims qui s'appelle la rue *Barbastre*, et qui est située en dehors de l'emplacement des murs de la cité antique.

[1] *Audiens rex dixit : Mitte nuncium usque Suessionas; ibi quæ adquisita sunt dividenda erunt; si mihi illud sors dederit, petitionem tuam implebo.* (Fredeg., *Hist.* c. 16.)

qui ont voulu en tirer des conséquences politiques que je crois très exagérées. A mes yeux le fait le plus remarquable qui ressort de ce récit, c'est que Clovis, en marchant sur Soissons, avait dans son armée un délégué de l'évêque de Reims, du prélat le plus révéré du nord de la Gaule, du frère de l'évêque même de la ville qu'il allait assiéger.

Ces circonstances peuvent seules expliquer le dénouement aussi prompt qu'inattendu d'une guerre qui semblait devoir faire couler des flots de sang. Dès la première bataille, Syagrius fut entièrement défait et contraint de chercher son salut dans la fuite. Il ne put même rallier au-delà de la Seine les débris de son parti; toutes les cités gauloises lui fermèrent leurs portes, et chassé de ville en ville, il se décida enfin à passer la Loire et à demander un asile aux Wisigoths [1].

En prenant ce parti désespéré, il comptait sur l'inimitié naturelle, l'antipathie de race qui existait entre les Goths et les Francs. Mais Alaric redoutait encore plus la résurrection de l'influence romaine; il ne pouvait oublier le rang éminent que tenait la famille *Syagria* dans cette généreuse aristocratie des Arvernes qui, avait effrayé les

---

[1] *Itaque inter se utrisque pugnantibus, Siagrius elisum cernens exercitum, terga vertit et ad Alaricum regem, Tholosam, cursu veloci perlabitur.* (Greg. Tur., *Hist.*, l. 2, c. 27.)

Wisigoths par sa résistance héroïque et les inquié-
tait encore par son obéissance mal assurée. Saisis-
sant avec joie l'occasion de se défaire du dernier
représentant d'une race illustre, il livra le fugitif
à Clovis qui le jeta dans un cachot et ne tarda
pas à lui ôter la vie [1]. Ainsi finit le fils d'Égidius
succombant sous le poids des haines que la gloire
de son père avait amassées sur sa tête. Clovis,
délivré du seul rival qu'il pût craindre, s'établit à
Soissons et fit de cette ville gauloise sa place d'armes et son quartier général.

La défaite et la mort de Syagrius semblaient
devoir rendre la paix au nord de la Gaule. Qui
ne croirait qu'après cette rapide victoire, Clovis
n'eut plus d'ennemis à combattre et put étendre
sa domination sans obstacles sur toutes les con-

---

[1] *Chlodoveus ad Alaricum mittit ut Siagrium redderet, alioquin noverit sibi bellum ob ejus retentionem inferri; at ille metuens ne, propter
eum, iram Francorum incurreret, ut Gothis pavere mos est, vinctum
legatis tradidit, quem Chlodoveus receptum custodiæ mancipari præcepit
regnoque ejus accepto, eum gladio clàm feriri mandavit.* (Greg. Tur.,
ibid.) Grégoire de Tours attribue ici à la peur la résolution que prit
Alaric de livrer Syagrius à Clovis ; ce motif n'est point vraisemblable ;
ce que nous avons dit de la position de Clovis montre qu'il n'était
point en mesure d'attaquer la puissante monarchie des Goths. L'historien des Francs ajoute que les Goths étaient habitués à trembler. Sidonius au contraire, écrivant au ministre d'Euric, nous montre les Francs
tremblant devant ce roi. Ce sont là de ces vanteries de l'orgueil national
que tous les peuples se renvoient mutuellement, et qui ne doivent jamais être prises au sérieux.

trées qui avaient reconnu l'autorité de son père?
C'est de cette manière que les faits sont présentés dans la plupart des histoires modernes, et cependant il n'en fut point ainsi. Les cités gallo-
romaines de la Sénonaise et des Armoriques
avaient soutenu faiblement le fils d'Égidius. Le
nom de l'illustre lieutenant de Majorien n'était
point populaire dans ces provinces où son armée
de Barbares avait commis des dévastations dont
les traces existaient encore. D'ailleurs la famille
Syagria, originaire de l'Auvergne et de la première
Lyonnaise, était étrangère au nord de la Gaule.
Entre cette région et celle du midi, la ligne de dé-
marcation tracée par le cours de la Loire établissait une scission profonde que le travail de quinze
siècles n'a pu entièrement effacer. L'aristocratie
gauloise avait ses racines dans le sol et en tirait
une force immense. Mais par cette raison même,
l'influence des familles nobles, si puissante dans
leur province, n'en dépassait point les limites. Ce
patriotisme local est un des caractères les plus
constants de la race celtique et son esprit exclu-
sif et jaloux règne encore dans nos campagnes de
l'ouest.

Les cités armoriques avaient abandonné au
premier revers un chef qui n'avait point leurs
sympathies; mais elles n'acceptaient pas pour
cela le joug des Francs. Peu intimidées par la vic-

toire de Soissons, elles se préparèrent à une vigoureuse résistance; à une querelle personnelle succédait un conflit de peuple à peuple, et la lutte commençait à devenir sérieuse au moment où Clovis pouvait la croire terminée.

La défaite de Syagrius n'avait amené que la soumission des cités belges [1]. Les Sénonais, descendants de ces conquérants célèbres qui jadis avaient abaissé l'orgueil de Rome, se montrèrent dignes de leurs ancêtres. Pendant plusieurs années ils défendirent leur territoire avec une constance inébranlable et repoussèrent toutes les attaques de l'ennemi. Malheureusement cette courageuse défense n'a point eu d'historien. Le triomphe définitif des Francs en a étouffé le souvenir. Nous ne savons point quels furent les chefs des Gaulois dans cette guerre nationale et nous ne connaissons pas le détail des événements auxquels elle donna lieu.

Les chroniqueurs n'en parlent qu'en termes généraux. Grégoire de Tours se borne à dire qu'après la défaite de Syagrius, Clovis fit encore beaucoup de guerres et remporta beaucoup de victoires jusqu'à la dixième année de son règne, c'est-à-dire

[1] Les cités belges qui avaient reconnu le pouvoir de Syagrius étaient, comme nous l'avons vu plus haut, celles de Soissons, de Vermandois, d'Amiens, de Beauvais et de Senlis; leur territoire est représenté par celui des départements de l'Aisne, de la Somme et de l'Oise.

jusqu'en 491. Il ajoute que ses soldats païens ne respectaient point les lieux saints et dévastaient les églises [1]. La lutte fut donc cruelle et acharnée; nous en trouvons la preuve dans un fait qui nous est révélé par l'auteur contemporain de la vie de sainte Geneviève.

Cet auteur nous apprend que Paris fut alors bloqué pendant cinq ans et souffrit toutes les horreurs de la famine. La sainte, émue de pitié à la vue de tant de malheureux qui mouraient d'inanition, s'embarqua sur la Seine, remonta jusqu'à Arcis-sur-Aube et même jusqu'à Troye, et obtint des magistrats de ces villes un chargement de grains qu'elle réussit à introduire dans la place assiégée [2]. Ne nous étonnons donc point des

---

[1] *Multa deindè bella victoriasque fecit..... Illo tempore, multæ ecclesiæ à Chlodovei exercitu deprædatæ sunt, quia erat ille adhùc fanaticis erroribus involutus* (Greg. Tur., *Hist.*, lib. 2, c. 27.) Le mot *fanum* signifie temple. Les premiers chrétiens n'avaient point de temples, mais seulement des lieux d'assemblée, en grec εκκλισιαι ou églises. Ils se distinguaient des païens en les appelant *fanatici*, c'est-à-dire hommes des temples, hommes fréquentant les temples. De là le mot *fanatique*, qui a pris dans nos langues modernes un sens très différent.

[2] *Tempore igitur quo obsidionem Parisius per quinos, ut aiunt, annos à Francis perpessa est, pagum ejusdem urbis Ità inedia afflixerat ut nonnulli fame interiisse dignoscantur. Factum est autem ut Genovefa in Arciacense oppidum navali evectione ad comparandam annonam proficisceretur.... Regressa igitur Parisiorum urbem, unicuique, prout opus fuit, annonam largita est* (Vita sanctæ Genovefæ, ap. Bolland., c. 35 à 40.) Les Bollandistes et tous ceux qui ont écrit d'après eux ont por-

honneurs que Paris a rendus à cette humble bergère qui le sauva de la famine devant l'armée de Clovis, après l'avoir préservé de la destruction en présence d'Attila.

La place que ce récit occupe dans la vie de sainte Geneviève, prouve qu'on doit le rapporter à ses dernières années. Son pélerinage à Saint-Martin de Tours, et sa mort, sont les deux seuls événements que son biographe raconte ensuite ; et comme elle vécut plus de 80 ans, étant née vers 423, on voit que le siége de Paris ne peut être placé qu'entre 480 et 500 [1]. Ces faits ont été dénaturés ou omis par les chroniqueurs carlovingiens et par nos historiens classiques, qui n'admettent rien au-delà de ce que ces chroniqueurs

té à dix ans la durée du siége de Paris, en mettant dans ce passage *bis quinos* au lieu de *quinos annos*. Cette dernière version était cependant donnée par un des trois manuscrits que les Bollandistes ont consultés, et eux-mêmes la mentionnent comme variante. Elle me semble devoir être adoptée ; car elle est beaucoup plus vraisemblable que la première. Les siéges de dix ans sont rares depuis la guerre de Troie, et la durée de cinq ans, comme nous l'expliquons plus bas s'accorde parfaitement avec la chronologie du règne de Clovis.

[1] D'après la chronique de Prosper, ce fut en 429 que saint Germain alla pour la première fois dans la Grande Bretagne. A son passage à Nanterre, sainte Geneviève lui fut présentée par ses parents qui l'apportèrent à l'église dans leurs bras : *A genitore suo allata* (Vie de Ste Gen., c. 4.) Elle était donc alors fort jeune et ne pouvait avoir plus de six ans ; ainsi à l'époque du siége de Paris, elle avait de soixante à soixante-dix ans.

rapportent. Les uns n'ont compté pour rien l'affir-
mation précise d'un contemporain, et ont nié que
Paris eût été assiégé; d'autres ont placé cet événement sous le règne de Childéric. Mais, outre
les raisons que nous avons tirées de l'âge de
la sainte, aucune circonstance ne donne lieu de
présumer que Childéric ait fait la guerre aux cités sénonaises; au contraire, le biographe de
sainte Géneviève nous le montre exerçant dans
Paris une autorité incontestée et y accueillant la
sainte avec bonté. Ajoutons encore un argument
qui n'est pas sans force. Lorsque sainte Géneviève
alla demander à Troye des vivres pour les Parisiens, si saint Loup eût encore existé, certainement il se serait passé entre le grand prélat et la
pieuse bergère une de ces scènes touchantes que
les écrivains ecclésiastiques du V° siècle aiment
tant à raconter. Mais dans ce voyage il n'est fait
aucune mention de saint Loup; il est donc probable qu'il avait cessé de vivre, et par conséquent
le siége de Paris fut postérieur au moins à l'année 478. Enfin les guerres de Clovis contre les
provinces de la division Armorique étant consta-
tées par le témoignage de Procope, on doit penser que le territoire de la cité de Paris en fut le
principal théâtre; car cette ville était la première
place forte que les Francs, maîtres de Soissons,
devaient rencontrer en s'avançant pour envahir
la Sénonaise.

Les cinq ans de durée assignés au siége de Paris par le manuscrit dont nous avons adopté la version, coïncident exactement avec l'intervalle rempli, selon Grégoire de Tours, par des guerres qu'il ne détaille pas, entre la défaite de Syagrius, dont il fixe la date à la cinquième année du règne de Clovis et l'expédition contre les Thuringiens entreprise dans la dixième année, c'est-à-dire entre 486 et 491. Ainsi la courageuse résistance des Parisiens à l'invasion des Francs nous semble un fait authentiquement démontré. Elle fut glorieuse pour les populations gallo-romaines cette lutte qu'elles soutinrent seules, sans chef marquant et sans secours étranger, contre le plus brave des peuples barbares Elle le fut d'autant plus qu'elle ne se termina point par leur défaite et leur soumission forcée, mais par la lassitude des deux partis que leurs pertes réciproques amenèrent à désirer également la paix.

Procope est de tous les historiens celui qui a présenté de ces événements le tableau le plus exact. Nous avons indiqué plus haut les motifs qui le rendent particulièrement digne de confiance. Son récit éclaircit et complète ceux des chroniqueurs et ne les contredit en aucun point essentiel; il sera facile de voir combien il s'accorde avec l'ensemble de notre exposition historique. « Les

» Wisigoths, dit cet auteur, ayant triomphé de
» la puissance romaine, se rendirent maîtres de
» l'Espagne et de toute la Gaule au-delà du Rhône. Les Armoricains étaient alors au service de
l'empire romain [1]. Les Germains voulurent les
soumettre et ils espéraient y réussir facilement
parce qu'ils voyaient ces populations dépour-
vues de secours et leur ancien gouvernement
renversé [2]. Mais les Armoricains en qui les Ro-
» mains avaient toujours trouvé autant de fidélité
» que de courage, montrèrent encore dans cette
» guerre leur ancienne valeur. Ne pouvant rien
» obtenir par la force, les Germains se résolurent
» à fraterniser avec eux et à leur proposer une
» alliance mutuelle à laquelle les Armoricains ac-
» cédèrent volontiers parce que les deux peuples
» étaient chrétiens, et ainsi réunis en un seul
» corps de nation ils acquirent une grande puis-
» sance [3]. »

[1] Nous avons expliqué tout à l'heure que dans Procope le nom de
Germains désigne les Francs et celui d'*Armoricains* les habitants de
l'ancienne division armorique ou du *tractus armoricanus*.

[2] Par la chute de l'empire d'Occident et la suppression de la préfecture d'Arles.

[3] Οὐϊσίγοττοι τήν Ῥωμαίων ἀρχήν βιασάμενοι, Ἰσπανίαν τε πᾶσαν καὶ
Γαλλίας τὰς ἐκτὸς Ῥοδάνου ποταμου κατηκόους σφίσιν ποιησάμενοι ἔσχον.
Ἐτύγχανον δὲ Ἀρβόρυχοι τότε Ῥωμαίων στρατιωται γεγενημένοι. Οὓς δὴ
Γερμανοὶ κατηκόους σφίσιν ἐθέλοντες, ἅτε ὁμόρους ὄντας καὶ πολιτείαν ἣν
εἶχον πάλαι καταβαλόντας, ποιήσασθαι, ἐλπίζοντο τε καὶ πανδημεὶ πολε-
μήσειοντες ἐπ'αὐτοὺς ᾔσαν. Ἀρβόρυχοι δὲ ἀρετήν τε καὶ εὔνοιαν ἐς Ρω-

Procope dit plus haut que les Francs jusqu'à cette époque étaient une nation barbare dont on faisait peu de cas [1]. En effet, nous avons vu qu'ils furent loin de jouer dans la Gaule un rôle aussi important que les Wisigoths et les Bourguignons. Leur attachement au paganisme les mettait en dehors de la société chrétiènne, et Sidonius, ne parle jamais d'eux qu'en termes de mépris [2]. Ce fut seulement après leur fusion avec les Gaulois du nord qu'ils prirent rang parmi les puissances politiques de l'Occident et occupèrent une place éminente dans le monde civilisé.

Le témoignage de Procope étant confirmé par les documents contemporains que nous avons cités, il résulte de cet ensemble de preuves que Clovis, maître de la Belgique après la défaite de Syagrius, envahit la Sénonaise, assiégea Paris inu-

---

μαίους ἐνδειξάμενοι, ἄνδρες ἀγαθοὶ ἐν τῷ δὲ τῷ πολέμῳ ἐγένοντο· καὶ ἐπεὶ βιάζεσθαι αὐτοὺς Γερμανοὶ οὐχ οἷοί τε ἦσαν, ἑταιρίζεσθαι τε ἠξίουν καὶ ἀλλήλοις κηδεσταὶ γίγνεσθαι. Ἃ δὴ Αρβόρυχοι οὔτι ἀκούσιοι ἐνεδέχοντο. Χριστιανοὶ γὰρ ἀμφότεροι ὄντες ἐτύγχανον, οὕτω τε εἰς ἕνα λαὸν συνελθόντες δυνάμεως ἐπὶ μέγα ἐχώρησαν. (Procope, de Bell. Goth., l. 1, c. 12.)

[1] Γερμανοὶ οἱ νῦν Φράγγοι καλοῦνται, Βάρβαρον ἔθνος οὐ πολλοῦ λόγου τὸ κατ'ἀρχὰς ἄξιον. (Procope, ibid.)

[2] Il les appelle les Barbares tremblant sur le Vahal : *Barbaris ad Vachalim trementibus.* (Ep. 3, l. 8.) Il les traite de nation bestiale et les compare aux sauvages tribus du Caucase et des Steppes de la Tartarie : *Quæ si quis deportaret ad paludicolas Sicambros aut ad Caucasigenas Alanos, aut ad equimulgas Gelonos, bestialium nationum corda mollirentur.* (Ep. 1, l. 4.)

tilement pendant cinq ans et se détermina enfin à entrer en négociation avec les populations gallo-romaines et par conséquent à leur accorder une trève qui permit sans doute à sainte Geneviève d'aller chercher des vivres pour la ville assiégée. Cette trève dut être conclue en 490.

Sur quelle base les négociations s'ouvrirent-elles, et quel fut le fondement de l'alliance qui mit fin à cette lutte acharnée ? Procope nous l'indique de la manière la plus précise : ce fut, dit-il, la communauté de religion. Cependant à cette époque Clovis et tous ses Francs étaient encore païens. Mais nous avons déjà dit plusieurs fois que le paganisme des germains était un simple fétichisme sans théologie dogmatique, sans organisation sacerdotale et l'on sait que cette sorte de culte primitif est toujours accompagné d'une grande tolérance et d'une facile propension à embrasser des dogmes religieux d'un ordre plus élevé. Les catholiques gaulois avaient donc moins de répugnance pour le paganisme des Francs que pour l'hérésie fanatique et persécutrice des Wisigoths et des Bourguignons. Les Francs étaient certainement païens, lorsque, même avant l'avénement de Clovis, vers 480, l'évêque de Langres Aprunculus fut déposé et proscrit par le roi bourguignon Gondebaud, comme suspect de vouloir

leur livrer sa cité [1]. Probablement ces soupçons
naissaient des rapports de cet évêque avec le prélat le plus vénéré du nord de la Gaule, avec saint
Remi, si dévoué à la famille de Childéric. La lettre même adressée par ce prélat au jeune Clovis,
à l'occasion de son avénement, ne contient-elle
pas des conseils tout chrétiens, et ne pourrait-on
pas dire que le baptême de Reims y est écrit d'a-
vance? A en juger par cette pièce authentique et
par quelques faits remarquables, tels que l'anecdote du vase de Soissons, Clovis, dès sa première
jeunesse, était bien près du christianisme. Mais
il avait à ménager les préjugés de ses soldats. Aux
yeux des Barbares, changer de religion, c'était
changer de nationalité. En recevant le baptême, en
devenant ouvertement chrétien, Clovis pouvait
craindre d'être considéré comme Romain et de
voir passer aux autres chefs ses rivaux l'influence
que sa naissance lui donnait sur ses compatriotes.
Nous verrons plus tard que ces craintes se réali-
sèrent en partie. Aussi, lorsque, sans doute par
les conseils et avec l'appui de Remigius [2], il se

---

[1] *Cùm jàm terror Francorum resonaret in his partibus, sanctus Aprunculus Lingonicæ civitatis episcopus, apud Burgundiones cæpit haberi
suspectus.* (Greg. Tur., *Hist.*, l. 2, c. 23.)

[2] Depuis son établissement à Soissons, Clovis eut toujours Remigius
auprès de lui et ne cessa de s'aider de ses conseils : *Rex denique Ludo-
vicus in civitate Suessonicá sedem suam constituens delectabatur collo-
quio et præsentiá sancti Remigii.* (Flodoard, *Hist. Rem.*, p. 69.) Pour

décida à entrer en négociation avec les cités Sénonaises, il ne promit pas encore de se faire baptiser
immédiatement et les chefs de l'insurrection gauloise se bornèrent à demander, comme garantie
de l'avenir, son mariage avec une catholique.

Nous avons vu combien les Gaulois chéris-
saient la mémoire de l'épouse du roi bourguignon Chilpéric. La mort cruelle que Gondebaud
fit subir à cette princesse accrut encore la vénération qu'elle inspirait : victime des fureurs d'un
prince barbare et arien, elle était honorée comme martyre de la foi catholique et de la cause
romaine. De toute cette malheureuse famille,
Gondebaud n'avait épargné que deux filles alors
dans l'enfance : l'aînée, Chrona, avait pris le voile
dans un couvent aussitôt qu'elle avait été en âge
de prononcer ses vœux ; Clotilde, la plus jeune,
était élevée dans un château, près de Genève où
résidait Godégisile, frère de Gondebaud et associé
à son pouvoir et à ses crimes [1]. Le souvenir des
douces vertus de l'épouse de Childéric faisait désirer à tous les catholiques gaulois de la voir
revivre dans sa fille Clotilde, unie au jeune chef
des Francs qu'on espérait amener à la vraie foi et

que l'illustre prélat pût séjourner plus facilement à Soissons, le roi lui
avait donné près de cette ville deux domaines que l'église de Reims possédait encore du temps d'Hincmar. (*Vita S. Remig. ap. Hincmar.*)

[1] Greg. Tur. *Hist.*, lib. 2, c. 28. Fredeg. *Hist.*, c. 18.

qu'on signalait déjà comme le futur régénérateur de la Gaule. Ce n'était pas seulement le vœu des Gaulois du Nord ; c'était aussi celui des nobles et du clergé dans les contrées soumises aux princes ariens. Il est hors de doute que par l'intermédiaire de saint Remi, Clovis entretenait des relations secrètes avec les prélats de ces provinces. Les lettres d'Avitus, évêque de Vienne, le plus illustre et le plus influent d'entre eux, en font foi.

Le pouvoir n'appartenait pas héréditairement aux femmes dans l'empire romain ni chez les nations barbares de race teutonique; mais nous avons vu dans plusieurs circonstances qu'on leur reconnaissait souvent le droit de le transmettre à leur époux. C'est ainsi que Placidie avait élevé Constantius au trône impérial, que Pulchérie avait fait régner Marcien, et que la main des princesses du sang de Théodose avait été recherchée par tous ceux qui ambitionnaient l'autorité suprême. Au projet de mariage de Clovis avec Clotilde, unique rejeton de la branche aînée des rois bourguignons, les catholiques rattachaient de vastes espérances. Ils y voyaient dans l'avenir leur délivrance du joug arien et la réunion de toute la Gaule sous un prince de leur foi. Mais les mêmes raisons politiques avaient éveillé la défiance de Gondebaud. Maître des destinées de la jeune princesse, il la tenait dans une sorte de captivité, l'entourait d'une active surveillance et n'aspirait qu'à éteindre dans un cloître les derniers restes du sang de Chilpéric. Comment aurait-on pu s'attendre qu'il consentît à donner à sa nièce un époux dans lequel ses sujets mécontents devaient trouver un appui et son frère assassiné un vengeur ?

Ces difficultés, en apparence insurmontables, ne découragèrent pas les partisans de Clovis. Les mœurs germaniques, favorables à la liberté des femmes, donnaient un caractère sacré au libre engagement pris par une jeune fille envers l'homme auquel elle promettait de s'unir un jour. Un anneau donné et reçu suffisait pour constater ce lien respecté par tous les peuples barbares. Dans leurs codes, les droits des fiancés étaient presque assimilés à ceux des époux, et la violation des promesses de mariage, de quelque part qu'elle vînt, était sévèrement punie [1]. Aujourd'hui même, chez les nations modernes de race teutonique, le lien des fiançailles a conservé sa force, et souvent pendant plusieurs années deux jeunes amants se gardent avant le mariage la foi

---

[1] *Lex Salica*, t. 14, 15 et 70. *Lex Burgund.*, t. 52. *Lex Alaman*, t. 52 et 53. *Lex Bajuv.*, t. 7, c. 15 et 16. *Lex Long. Rotharis*, c. 178 et 179.

qu'ils se sont publiquement promise. C'était en se fondant sur ces coutumes germaniques qu'Attila se croyait en droit de réclamer la main d'Honoria, sœur de l'empereur Valentinien, parce que la jeune princesse, dans un instant d'égarement lui avait envoyé son anneau. Les amis de Clovis pensaient donc que s'il était possible de déterminer Clotilde à recevoir l'anneau du roi des Francs, et à lui promettre la foi de mariage, on pourrait, en invoquant le lien sacré des fiançailles, arracher à Gondebaud un consentement forcé. Mais le plus difficile était d'approcher de la jeune recluse, dont toutes les démarches étaient soigneusement épiées. Aurélianus, noble romain, de la province Sénonaise, animé du généreux désir de mettre un terme aux malheurs de son pays, se chargea de cette mission périlleuse, et pour y réussir, il eut recours à la ruse.

Déguisé en mendiant, il se rendit à pied aux environs de Genève, et se mêla dans la foule des pauvres auxquels la pieuse fille de Chilpéric distribuait elle-même chaque jour d'abondantes aumônes dans la chapelle de son palais [1]. Lorsqu'elle ar-

---

[1] *Ille singulus ad instar mendici peram ad dorsum ferens, veste deformi, illis perrexit partibus, annulum Chlodovei secum portans.* (Frédég., *Hist.*, c. 18.)

riva devant Aurélien et qu'elle lui eut mis dans
la main une pièce d'or comme aux autres malheureux qui imploraient sa charité, il la retint
par un coin de son manteau, et lui fit entendre
qu'il désirait lui parler sans témoin [1].

Dans ces temps de ferveur chrétienne, les
haillons de la misère qui ne provoquent aujour-
d'hui partout qu'un sentiment de répulsion et de
mépris, étaient le moyen d'introduction le plus
assuré, même auprès des grands. Admis dans
l'appartement de la princesse, en présence seulement de ses femmes, Aurélien se fit connaître et
déclara l'objet de sa mission. Mais il rencontra
un obstacle sur lequel il n'avait pas compté.
Élevée par de saints évêques, Clotilde était
parfaitement instruite des lois de l'Église ; elle
n'ignorait pas que le premier concile d'Arles, en 314, avait défendu, sous peine d'excommunication aux filles chrétiennes d'épouser
des païens [2] ; elle répondit sur-le-champ qu'elle

---

[1] *Transacta missarum solemnia, Chrotildis juxtà consuetudinem so-*
litam cœpit eleemosynam erogare in pauperibus ; cùmque ad Aurelianum
pauperem se simulantem venisset, aureum unum in manu ejus misit. Ipse
verò osculans manum puellæ, ipsius pallium cautè retraxit ; posthæc
illa ingressa in cubiculum suum misit ancillam suam vocare peregrinum
illum. (Gesta reg. Franc., c. 11.)

[2] *Chlodoveo jubet illa dicere : Non licet christianæ pagano nubere.*
Gesta reg. Franc., c. 11.

ne pourrait donner sa main à Clovis tant qu'il n'aurait pas reçu le baptême [1]. Sans doute, pour combattre ces scrupules, Aurélien fit valoir les grands intérêts de la religion et le vœu des prélats catholiques qui peut-être avaient déjà prévenu secrètement la princesse; car elle se laissa facilement ébranler; elle consentit à recevoir de l'envoyé du roi des Francs l'anneau d'or, gage des fiançailles, et lui remit le sien en échange [2].

Aurélien, joyeux de ce succès inespéré, s'en retourna sous le même déguisement, portant dans sa besace les destinées de la Gaule et l'avenir du monde chrétien. Une circonstance bizarre manqua pourtant encore de faire tout échouer. Dans le cours de son voyage, et comme il approchait des limites de la Sénonaise, il fut obligé de marcher en compagnie d'un mendiant qu'il rencontra sur la route, et pendant la nuit cet homme lui déroba la besace qui renfermait un si inestimable trésor. Par bonheur, l'ambassadeur

---

[1] *De puellis fidelibus quæ gentilibus junguntur placuit ut aliquanto tempore à communione separentur.* (Conc. Arel., can. 11.)

[2] *Accepto annulo quem Chlodoveus rex miserat per Aurelianum... (Gesta, c. 11.) dixit ad eum : Accipe annulum hunc meum ; festinans revertere ad dominum tuum et dic ei si me vult matrimonio sociare, protinùs per legatos à patruo meo Gundobaldo postuletur ; legati qui venient, obtentá ad præsens firmitate, placitum sub celeritate instituant.* (Fredeg., c. 17.)

n'était plus qu'à quelques heures de marche d'un
de ses domaines, situé près de la frontière; il y
courut et dépêcha ses esclaves dans toutes les directions à la poursuite du mendiant. Le voleur
fut saisi et amené devant son camarade de la
veille, qui le força de rendre le précieux anneau,
et lui infligea une sévère correction [1].

Délivré enfin de toute inquiétude, Aurélien
s'empressa d'instruire Clovis de ces heureuses
nouvelles; mais le roi des Francs était alors éloigné de ces contrées. Après avoir conclu, vers la
fin de l'année 490, une trève avec les cités sénonaises, il avait porté ses armes vers le Nord, où
l'ancien patrimoine de sa nation, le territoire des
Francs de Tournay, avait beaucoup à souffrir du
voisinage des Tongriens. Conservant encore après
quatre siècles la rudesse de leurs mœurs primitives, ces colons d'Auguste maintenaient leur indépendance et luttaient à armes égales contre les
autres colonies germaniques dont ils étaient entourés. Clovis les combattit pendant toute l'an-

---

[1] *Cùm jàm prope Aurelianense territorium nec procul à domo acces-
sisset, quidam pauper mendicus quem in viâ secum itineris socium habue-
rat, cùm jàm securus Aurelianus sopore depressus esset, collegæ suo peram furatus est. Cùmque expergefactus à somno fuisset, mœrore plenus,
cursu veloci perrexit ad propria, dirigensque pueros ad inquirendum
mendicum qui peram ejus portabat. Quem adprehensum Aureliano prœ-
sentant, eumque fortiter triduò cæsum permisit ire.* (Fredeg., c. 18.)

née 491, et réussit à les dompter. La cité de Tongres subit la loi du vainqueur [1].

Au retour de cette expédition, il manda près de lui Aurélien qui avait si bien justifié sa confiance, et le chargea de se rendre à la cour de Gondebaud, mais cette fois avec les insignes et la pompe d'un ambassadeur, pour réclamer solennellement la remise de la royale fiancée [2]. Le secret du premier voyage avait été parfaitement gardé, et Gondebaud n'en avait aucun soupçon, aussi reçut-il fort mal l'ambassadeur; il le menaça de le traiter comme espion et ne vit dans ses paroles qu'un prétexte mensonger mis en avant par Clovis pour provoquer une guerre [3]. Sans se déconcerter, Aurélien persista dans ses assertions, et représenta l'anneau de Clotilde. Alors la jeune princesse fut elle-même appelée, et ne fit pas difficulté d'avouer tout ce qui s'était passé, en montrant à son tour l'anneau de Clo-

---

[1] *Decimo regni sui anno, Chlodoveus Thoringis bellum intulit eosque suis ditionibus subjugavit.* (Greg. Tur., *Hist.*, l. 2, c. 27.)

[2] *Anno insecuto, misit Chlodoveus Aurelianum legatarium suum ad Gundobadum pro sponsâ suâ Chrotilde.* (Gesta, c. 12.)

[3] *Audiens hæc Gundobadus territus in corde suo ait: Ut sciant omnes fortissimi consiliarii et amici mei Burgundiones qualem occasionem quærit rex Chlodoveus adversùm nos, quia nunquàm novit neptam meam. Et ait ad Aurelianum : Ità explorare venisti domos nostras; renuntia domino tuo quia frustrà mendacium locutus est, sponsam habere neptam meam.* (Gesta, c. 12.)

vis [1]. Troublé par cette découverte inattendue,
Gondebaud se trouva d'autant plus embarrassé
qu'il n'avait pas auprès de lui son ministre de
confiance, le plus habile de ses conseillers, le Romain Aredius, qui était allé à Constantinople porter les félicitations du roi à l'empereur Anastase,
élevé au trône le 11 avril 491, après la mort de
Zénon [2]. Les chefs bourguignons qui entouraient
Gondebaud s'écrièrent avec la loyauté des mœurs
germaniques qu'on ne pouvait refuser de rendre
une fiancée à son époux, et firent sentir au roi
les dangers d'une guerre injuste, où le sentiment
national se prononcerait contre lui [3]. Vaincu par
leurs représentations, Gondebaud céda, malgré
son dépit d'avoir été joué [4]. Les envoyés du roi

---

[1] *Contristatus valdè Gundobadus rex jussit puellam de hâc causâ in-
quirere, et illa ait: Scio, domine mi rex à missis Chlodovei mihi an-
cillæ vestræ annulum in manu positum. Et ille dixit : Simpliciter et sine
consilio hoc actum fuit.* (Gesta, c. 12.)

[2] Fredeg, c. 18. Cette circonstance fixe d'une manière précise la
date des négociations relatives au mariage de Clovis. On voit que le
premier voyage d'Aurélien dut avoir lieu au printemps de 491, et sa
seconde ambassade dans les derniers mois de cette même année ou au
commencement de 492.

[3] *Audientes hæc Burgundiones qui erant consiliarii ejus, metuentes
valdè iram Francorum et Chlodovei, consilium dederunt Gundobado di-
centes : Inquirat rex à ministris et cubiculariis suis si non fuerint aliquandò deferta munera per ingenium à legatariis Chlodovei, ut non in-
veniatur occasio super populum tuum et regnum.* (Gesta, c. 12.)

[4] *Acceptamque eam cum irâ Aureliano misso Chlodovei tradidit.*
(Ibid.)

des Francs présentèrent le sol d'or et le denier, prix symbolique de la fiancée, selon les formes de la loi Salique, et la princesse fut remise entre leurs mains [1].

Ce n'était point sans une vive répugnance que le prince bourguignon s'était laissé arracher ce consentement involontaire. Dans sa perplexité, il déplorait plus que jamais l'absence d'Aredius, lorsque ce fidèle ministre débarqua à Marseille. Instruit du grand événement qui venait de se passer, il accourt auprès de son maître : « Qu'avez-» vous fait? lui dit-il, avez-vous oublié que le » père de Clotilde et ses deux frères ont été mas-» sacrés de vos mains; que, par vos ordres, sa » mère a été précipitée dans l'eau avec une » pierre au cou? Et vous faites de votre nièce » une reine! Pouvez-vous douter que le premier » usage qu'elle fera de sa puissance ne soit de » venger ses parents? » [2]

A ces mots, Gondebaud épouvanté comprend toute l'étendue de sa faute dont il n'envisageait que vaguement les conséquences, et sur-le-champ il envoie une troupe de cavaliers à la poursuite de Clotilde. On pouvait espérer de l'atteindre. Elle était partie de Châlons dans un de ces char-

---

[1] *Legati offerentes solidum et denarium ut mos erat Francorum.* (Fredeg., c. 18.)

[2] Fredeg., c. 19.

riots pesants appelés *bastarnes*, qui, traînés par
des bœufs, conduisaient majestueusement au
temple les matrones romaines. Les cavaliers dé-
vorent l'espace; arrivés près de la frontière, ils
aperçoivent la lourde voiture, ils la devancent,
ils l'arrêtent. Mais elle était vide. Aurélien, pres-
sentant le repentir de Gondebaud, avait fait monter la princesse à cheval, et, traversant rapidement le territoire bourguignon, l'avait déposée
entre les bras de son royal époux, qui l'attendait
au village de Villiers, sur les confins de la cité de
Troyes. Au moment de quitter les états de Gondebaud, les Francs, qui escortaient Clotilde, mirent le feu aux maisons qui se trouvaient sur leur
passage: « Dieu soit béni, s'écria la princesse,
» j'ai vu commencer ma vengeance! [1] » Clovis la
conduisit à Soissons, et là des fêtes solennelles
annoncèrent à toute la Gaule cette union qui
consacrait pour la première fois l'alliance du principe catholique et de l'élément barbare [2].

---

[1] *Dixit Chrotechildis : Gratias tibi ago, Deus omnipotens, quod ini-
tium vindictæ de genitoribus et fratribus meis video* (Fredeg., c. 19.)
Si ces paroles semblent barbares, nous devons rappeler que, dans les
mœurs germaniques, venger le meurtre de ses parents était un devoir
qu'on ne pouvait négliger sans encourir l'infamie et l'exhérédation.

[2] L'Histoire du monastère de Saint-Martin de Tournay, écrite au
XIIe siècle, fixe la date du mariage de Clovis à la 12e année de son
règne, c'est-à-dire en 492. Nous avons cité plus haut les faits qui confirment cette date.

J'ai cru devoir raconter avec détail cette dramatique histoire du mariage de Clovis, parce que cet événement décida du sort de l'Europe, et que les circonstances presque romanesques dont il fut accompagné caractérisent parfaitement cette époque où l'influence des mœurs germaniques commençait à se mêler à celle du christianisme et de la civilisation romaine [1]. La première conséquence qui en résulta fut la soumission volontaire des cités sénonaises à l'autorité de Clovis, dont le pouvoir fut ainsi reconnu dans toutes les contrées situées entre le Rhin et la Seine [2]. Mais les cités armoriques comprises entre la Seine et la Loire, dans les deuxième et troisième Lyonnaises, hésitèrent encore à suivre cet exemple. Elles ne voulaient obéir qu'à un chef chrétien et ne se contentaient point des promesses qui avaient suffi aux Sénonais, ébranlés par les souffrances de cinq années de guerre. Néanmoins les dispositions de Clovis étaient si bien connues qu'il ne s'agissait pour tout le monde que d'une

---

[1] Grégoire de Tours ne parle de ces faits que très succinctement et en termes généraux. Nous en connaissons les détails par les récits de Frédégaire et de l'auteur des Gestes qui sont, comme je l'ai déjà dit, le résumé des traditions de famille de la dynastie mérovingienne. J'ai pris alternativement dans ces deux récits les circonstances qui m'ont paru les plus vraisemblables.

[2] *In illis diebus dilatavit Chlodoveus amplificans regnum suum usque Sequanam.* (Gesta, c. 14.)

question de temps. Aussi les hostilités ne furent pas reprises, et la trève continua d'être provisoirement observée entre les Francs et les Armoricains.

Dès la première nuit que Clotilde passa avec son époux, elle lui demanda deux choses qui, sans doute, avaient été les conditions tacites de son acquiescement à cet hymen. La première était qu'il se fît chrétien, la seconde qu'il vengeât sur Gondebaud le sang de Chilpéric et de sa famille[1]. Ces demandes, adressées par une jeune fiancée à l'homme auquel elle sacrifiait sa virginité et vouait son existence entière, avaient, aux yeux des Germains, un caractère sacré. C'est le *don* que, dans les épopées chevaleresques du moyen-âge, les dames requièrent de leurs chevaliers, et qui doit être octroyé à l'instant sans tenir compte des difficultés ni des périls. Clovis accéda aux vœux de Clotilde; mais il demanda du temps pour les accomplir. D'une part, la nécessité de ménager les préjugés de ses compatriotes lui commandait de différer son admission

---

[1] Gesta reg. Franc. *Cùm esset serò die illâ; quandò insimul nuptiali more accumbere deberent, illa prudentiæ suæ more conversa et confisa in dominum ait : Deinceps, domine mi rex, audi ancillam tuam loquentem et concedere digneris quod deprecor antequàm famula tua vestræ dominationi coëam. Et rex ait : Postula quod vis, et ego tibi concedam.*

publique dans le sein de l'église ; de l'autre, sa puissance n'était pas encore assez affermie pour lui permettre d'engager contre les Bourguignons une lutte inégale.

Des soins plus pressants appelaient son attention. C'était en protégeant le nord de la Gaule contre les incursions des Allemands que Childéric avait réussi à y consolider son influence. Clovis avait, de ce côté, les mêmes devoirs à remplir. Ces Barbares, toujours féroces et turbulents, avaient fait une incursion dans la Germanie in-férieure, sur le territoire des Francs-Ripuaires. Sigebert, chef des tribus franques du Rhin, appela Clovis à son secours : c'était reconnaître la suprématie du chef des Saliens, et cette raison seule devait le déterminer à donner l'assistance demandée. Il se mit donc en marche avec son armée à laquelle s'étaient jointes les milices sénonaises, conduites par le fidèle Aurélien, qu'il avait fait duc ou gouverneur de Melun [1]. Sa première rencontre avec les Allemands eut lieu à Tolbiac, aujourd'hui Zulpich, près de la limite des deux Germanies [2]. Le succès de cette célèbre ba-

---

[1] *Accepit Aurelianus castrum Milidunensium in ducatum.* (Gesta, c. 14.)

[2] L'auteur des Gestes fixe la date de cette expédition à la 15e année du règne de Clovis, c'est-à-dire en 496 : *Acta sunt hæc anno decimo quinto, Chlodoveo regnante.* (Gesta reg. Franc., c. 15.) Cette date est confirmée par tous les autres documents.

taille fut quelque temps incertain, et l'on prétend qu'au milieu même de la mêlée, Clovis fit vœu de recevoir le baptême si le dieu des chrétiens lui donnait la victoire. En effet, elle se décida en faveur des Francs. Les Allemands furent mis en déroute et virent tomber sur le champ de bataille leur roi et leurs plus braves guerriers. Profitant de l'abattement où les avait jetés cette défaite, Clovis pénétra sur leur territoire; ce peuple n'avait plus de chef, il accepta la domination du vainqueur, et la plupart des tribus allemaniques reconnurent Clovis pour souverain [1]; celles qui refusèrent de se soumettre furent poursuivies sur la rive gauche du Rhin et rejetées au-delà du Danube, dans les provinces romaines du Norique et de la Rhétie, où elles cherchèrent un asile [2]. Par suite de cette bril-

---

[1] *Alamani terga vertentes in fugam lapsi sunt, cùmque regem suum viderent interemptum, nec ullam potuerant gentem comperire quæ eis contrà Francos auxiliaret, tandem se in ditionem Chlodoveo tradunt.* (Fredeg., *Hist.*, epit., c. 21.)

[2] Théodoric, roi des Ostrogoths, alors maître de l'Italie, écrivit à Clovis pour le prier d'épargner ces fugitifs, et de ne pas les poursuivre au-delà des frontières romaines : *Estote illi remissi qui nostris finibus celantur exterriti. Memorabilis triumphus est Alamanum acerrimum sic expavisse, ut tibi eum cogas de vita munere supplicare; sufficiat illam regem cum gentis suæ superbiâ cecidisse; sufficiat innumerabilem nationem partim ferro, partim servitio subjugatam.* (Ep. Theod. ad Clod., ap. Cassiod., *lib.* 2, *c.* 41.) On a une autre lettre de Théodoric qui

lante expédition, Clovis se trouva maître de la Germanie supérieure ou de l'Alsace et de l'ancien territoire des champs décumates qui, plus tard, dans l'Empire d'Allemagne, forma le cercle de Souabe, aujourd'hui le duché de Bade et le royaume de Wurtemberg. Ces dépendances de l'Empire en avaient été séparées depuis près d'un siècle par l'invasion de 407. Clovis en forma, sous le nom de duché d'Allemanie, un gouvernement particulier qui subsista pendant toute la durée de la dynastie mérovingienne. Ainsi ses victoires reconstituaient les frontières de la Gaule telles que l'épée des Germanicus et des Constantin les avaient tracées.

Après des succès aussi éclatants et un pareil accroissement de puissance, Clovis pouvait suivre librement l'impulsion de sa conscience et les vues d'une sage politique. Sa première éducation l'avait disposé à embrasser les dogmes et la morale du christianisme; son mariage l'en rapprochait encore plus. En 496, époque de son expédition contre les Allemands, il avait eu déjà deux fils de Clotilde, et tous deux avaient été baptisés [1]. Il est possible que sur le champ de batàille de

ordonne aux habitants du Norique de fournir des bœufs aux Allemands réfugiés pour les attelages de leurs charriots, et de prendre en échange leurs bestiaux fatigués par une longue route. (*Ibid.*, l. 3, ep. 5o.)

[1] Fredeg , *Hist.*, ep., c. 20.

Tolbiac, entraîné par les exemples et les conseils des officiers romains qui combattaient à ses côtés, il ait fait vœu de ne plus différer son admission publique dans le sein de l'église. [1]. Ce qu'il y a de certain, c'est que la victoire levait les obstacles qui avaient pu jusqu'alors arrêter la libre manifestation de ses sentiments. Au retour de cette glorieuse campagne, le jour de Noël 496 [2], il se présenta aves ses soldats victorieux dans l'église de Reims pour y recevoir le baptême de la main du saint prélat qui avait été l'ami et le protecteur de sa jeunesse [3].

Ce fut un beau jour pour l'église catholique que celui où elle put faire couler l'eau sainte de

---

[1] L'auteur des *Gestes* attribue à Aurélien l'initiative de cette résolution : *Bellantibus inter se Francorum exercitu cum Alamanis, ut Chlodovei exercitus nimis corrueret, Aurilianus intuens regem ait : Domine mi rex, crede tantùmmodò Dominum cœli quem domina mea Chrotildis regina prædicat* (Gesta, c. 15.)

[2] *Cujus splendorem congruè Redemptoris nostri nativitas inchoavit, ut consequenter eo die ad salutem regenerari ex undâ vos pareat, quo natum redemptioni suæ cœli Dominum mundus accepit.* (Ep. Aviti ad Chlodov.) Cette lettre, écrite au moment même de l'événement, ne peut laisser de doute sur la véritable date du baptême de Clovis, quoique Frédégaire, Hincmar, et beaucoup d'autres auteurs après eux, aient écrit que Clovis fut baptisé la veille de Pâques. L'erreur de ces écrivains est venue de ce que, dans le moyen-âge, la fête de Noël fut longtemps nommée la Pâque d'hiver.

[3] Greg. Tur., *Hist.*, l. 2, c. 31.

la régénération chrétienne sur le front du plus
illustre des chefs barbares. Ce triomphe répa-
rait toutes ses pertes et consolait toutes ses
douleurs. *Baisse la tête doux Sicambre*, dit Saint-
Rémi au roi des Francs [1]; paroles traditionnelles
fidèlement conservées par les chroniqueurs et
travesties à dessein par les historiens modernes
qui, décidés à ne voir dans Clovis qu'un farouche conquérant, ont mis dans la bouche du saint
les mots tout opposés de *fier Sicambre*. Remarquons pourtant combien cette épithète, de doux,
mitis, s'accorde bien avec les relations filiales qui
avaient toujours existé entre le jeune héros et le
pieux évêque. Mais c'est ainsi qu'on a dénaturé
nos annales au profit des systèmes hypothétiques
enfantés dans le moyen-âge par l'ignorance des
peuples et la vanité des princes. C'est ainsi qu'on
a modifié ou rejeté arbitrairement les documents
contemporains toutes les fois qu'ils se refusaient
à entrer dans le cadre que les préjugés classiques
avaient tracé d'avance.

Trois mille guerriers francs, de la tribu de Clovis, reçurent le baptême avec lui [2]; mais, malgré

---

[1] *Mitis depone colla Sicamber, adora quod incendisti, incende quod
adorasti.* (Greg. Tur., *ibid.*) ·

[2] *De exercitu ejus baptizati sunt ampliùs tria millia.* (Greg. Tur.,
ibid.) Clovis lui-même avait réuni ses soldats et les avait exhortés à suivre son exemple : *Conveniens cum suis, priusquam ille loqueretur, præ-
currente potentiâ Dei, omnis populus pariter adclamavit: Mortales deos*

le prestige de sa gloire récente, le reste de ses soldats, probablement en·nombre à peu près égal,
resta fidèle au paganisme et le quitta pour aller se
ranger sous les drapeaux de Ragnacaire, roi de
Cambray, qui dans cette circonstance se sépara
de lui ouvertement[1]. Nous avons vu que les Francs
de Thérouenne et leur chef Cararic ne lui avaient
jamais obéi. Sigebert, roi des Ripuaires, forcé
d'implorer son secours, était devenu son allié ;
mais il demeurait païen et conservait son indépendance. Ainsi des quatre grandes fractions de la
nation des Francs, il ne restait toujours sous les
ordres du fils de Chilpéric que la tribu de Tournay, affaiblie par la défection qui suivit le baptême
de Reims. Ces faits seuls suffiraient pour prouver
que Clovis n'a pu dominer par la violence le nord
de la Gaule, encore moins dépouiller et réduire
en esclavage les populations gallo-romaines,
comme la plupart des historiens modernes l'ont
soutenu par une inexplicable aberration. Avec
toutes les forces de sa tribu secondée par celle
de Ragnacaire, il avait lutté pendant cinq ans
contre les cités sénonaises sans pouvoir les domp-

---

abigimus, pie rex, et Deum quem Remigius prædicat immortalem sequi
parati sumus.

[1] Multi Francorum de exercitu necdùm ad fidem conversi cum regis
parente Ragnacario, ultrà fluvium Sommam aliquandiù degerunt. (Vita
Sancti Remig., ap. Hincmar.)

ter, et avec ces mêmes forces, réduites de moitié, il aurait abattu les monarchies des Bourguignons et des Wisigoths, conquis la Gaule entière et asservi ses millions d'habitants! Il y a là une impossibilité matérielle contre laquelle la raison se révolte. Disons plutôt avec Procope, que Clovis, chef d'un peuple pauvre et obscur, devint réellement puissant du jour où les provinces gauloises reconnurent volontairement son pouvoir, où leurs évêques le proclamèrent l'espoir de la religion, où leur brave noblesse et leurs belliqueuses milices lui créèrent des armées, du jour enfin où la Gaule catholique l'accepta pour protecteur et pour guide.

La seule nouvelle de son baptême lui soumit les cités de la division armorique, les 2ᵉ et 3ᵉ Lyonnaises qui s'étaient tenues jusque là dans une sorte de neutralité expectante. Ainsi son autorité s'étendit sans obstacles jusqu'aux rives de la Loire [1].

[1] L'auteur des Gestes dit que Clovis, à l'époque de son mariage, étendit sa domination jusqu'à la Seine, et plus tard, c'est-à-dire à l'époque de son baptême, jusqu'à la Loire : *Sequenti tempore usque Ligere fluvio occupavit.* (Gesta reg. Franc., c. 14.) En effet, les provinces Lyonnaises paraissent n'avoir compté les années du règne de Clovis qu'à dater de son baptême. Jusque-là, malgré leurs soumissions partielles, elles ne considéraient point son autorité comme légitime. L'abbaye de Saint Jean de Réomay, située sur les confins du diocèse de Langres, possédait une charte par laquelle Clovis avait accordé sa pro-

Il existait encore dans ces contrées quelques
débris des corps de soldats sédentaires, *milites
limitanei*, qui depuis le III° siècle étaient pos-
tés le long des côtes de la Manche et de l'Océan
pour les défendre contre les pirateries des Saxons. Dans notre premier volume nous avons
donné la nomenclature de ces corps d'après la
Notice de l'Empire et nous avons prouvé que, ces
garnisons permanentes étaient de véritables colonies. Les soldats et les officiers se transmettaient

teclion à ce monastère, et dont l'authenticité me paraît avoir été soutenue victorieusement par Dubos. Cette pièce est datée de la première
année du baptême de Clovis et de la soumission de la Gaule : *Primo
nostræ susceptæ christianitatis et subjugationis Gallorum anno.* Nous
avons prouvé ailleurs que sous le nom de Gaule proprement dite, les
écrivains du V° siècle désignaient souvent la Celtique de César, c'est à-
dire les Lyonnaises. C'est donc de leur soumission qu'il s'agit ici, et la
date s'en trouve ainsi fixée d'une manière précise. Les cités de la Belgique, qui avaient soutenu Syagrius, mais qui s'étaient soumises les premières après sa défaite, dataient le regne de Clovis de l'année 492, époque de son mariage. C'est ainsi que deux manuscrits de l'histoire de
Grégoire de Tours, provenant de l'église de Saint-Pierre de Beauvais et
de l'abbaye de Corbie, fixent à la 15° année de ce règne la date de la
bataille de Vouillé qui eut lieu en 507. Enfin les autres cités de la Belgique, qui avaient reconnu le pouvoir de Clovis dès son avénement, dataient son règne de 481. Cette dernière chronologie, adoptée en général par les chroniqueurs mérovingiens, est celle qu'on trouve dans un
manuscrit de Grégoire de Tours provenant du chapitre de Cambray,
dans l'Histoire du monastère de Saint-Martin de Tournay, écrite au
XII° siècle, et dans les histoires de l'église de Reims par Flodoard et
Hincmar.

héréditairement les fonds de terre qui composaient leurs bénéfices militaires avec les obligations de service qui y étaient attachées. C'était une population armée et enrégimentée, tout à la fois agricole et guerrière comme le sont de nos jours les régiments des frontières· dans l'Illyrie autrichienne. La Vie de saint Séverin, apôtre du Norique, au Ve siècle, écrite par un contemporain, contient des renseignements précieux sur cette organisation des provinces-frontières et sur ce qui s'y passa à l'époque de la décadence et de la dissolution du gouvernement romain. On y voit que les corps sédentaires des limites, ne recevant plus ni solde, ni rations, ni récrues, n'ayant plus même de communications avec le reste de l'Empire, conservèrent cependant sur quelques points leurs anciens postes [1]; car ces postes étaient devenus leur patrie et leur propriété. Cernés de tous côtés par les Barbares, ils luttèrent isolément contre eux. Ils ne les empêchèrent point de passer plus avant et de pénétrer dans les provinces intérieures; mais ils défendirent tant qu'ils purent, dans leur propre intérêt, les places fortes et les terres que depuis deux siècles on leur

[1] *Per id tempus quo Romanum constabat imperium, multorum milites oppidorum pro custodiá limitis publicis stipendiis alebantur; qud consuetudine desinente simul militares turmæ sunt deletæ, cum limite Patavino utcunque numero perdurante.* (Sancti Sever. Vita, ap. Boll. ; c. 28.)

avait donnés à garder. Il en fut de même des
garnisons maritimes du nord de la Gaule. A la
fin du V⁰ siècle, elles existaient encore, se maintenant dans leurs postes fortifiés à côté des
Saxons établis sur le même rivage. Ces corps
suivirent l'exemple des populations gallo-romaines et se soumirent à Clovis. Ils conservèrent leur
organisation, leur discipline, leur armure, et leurs
bataillons de guerre et se rangèrent sous les drapeaux des rois francs. Un demi-siècle plus tard,
Procope vit ces débris des légions romaines, encore reconnaissables à leurs armes et à leur cos-
tume, combattre en Italie, où ils avaient suivi
les fils de Clovis; l'assertion de ce témoin oculaire ne peut être suspectée [1].

Telles furent les premières conséquences du
baptême de Clovis, évènement immense dans
l'ordre politique comme dans l'ordre religieux,
et dont l'importance historique n'a peut-être pas
été assez appréciée.

---

[1] Καὶ στρατιῶται δὲ Ρωμαίων ἕτεροι ἐς Γάλλων τὰς ἐσχατίας φυλακῆς
ἕνεκα ἐτετάχατο. Οἱ δὴ οὔτε ἐς Ρώμην ὅπως ἐπανήξουσιν ἔχοντες, οὐ μὴν
οὔτε προσχωρεῖν Ἀρειανοῖς οὖσι τοῖς πολεμίοις βουλόμενοι, σφᾶς τε αὐτοὺς
σὺν τοῖς σημείοις καὶ χώραν ἣν πάλαι Ρωμαίοις ἐφύλασσον, Ἀρβορύχοις τε
καὶ Γερμανοῖς ἔδοσαν. Ἔς τε ἀπογόνους τοὺς σφετέρους σύμπαντα παρα-
πέμψαντες διεσώσαντο τὰ πάτρια ἔθη. Ἔκ τε γὰρ τῶν καταλόγων ἐς τόδε
τοῦ χρόνου δηλοῦνται, ἐς οὓς τὸ παλαιὸν ἐστρατεύσαντο, καὶ σημεῖα τὰ
σφέτερα ἐπαγόμενοι, οὕτω δὴ ἐς μάχην καθίστανται. (Procope, de Bell.
Goth., l. 1, c. 12.)

Une considération sur laquelle on ne saurait trop insister, c'est qu'aucune nation barbare n'était entrée jusque là dans le sein de l'église orthodoxe. « Tous les Barbares sont hérétiques ou païens, disait Salvien. » Et ce mot était aussi vrai à la fin qu'au commencement du V⁰ siècle. A l'époque du baptême de Clovis, il n'y avait pas une seule province dans l'empire d'occident qui ne fût soumise à l'autorité d'un chef barbare, et pas un seul de ces chefs qui ne fût idolâtre ou Arien. L'empereur d'Orient était le seul souverain catholique du monde civilisé; encore son orthodoxie était-elle souvent suspectée à Rome. De là, pour les populations romaines, un profond sentiment de gêne et d'oppression. Leur position vis-à-vis des Vandales, des Wisigoths et des Bourguignons était la même, sous le rapport religieux, que celle des populations grecques modernes vis-à-vis des Turcs. Il ne pouvait s'opérer une fusion complète entre les deux races parce qu'aux différences d'origine, de mœurs, de langage, il se joignait une cause de division bien plus puissante encore, la différence de religion. Le baptême de Clovis levait cette barrière qui pesait d'un poids si écrasant sur la Gaule romaine. Réunis aux pieds des mêmes autels, sous la haute direction intellectuelle des mêmes pasteurs, de ces évêques dignes élus du peuple et nobles repré sentants de l'aristocratie celtique, les **Francs et les Gaulois** étaient appelés à ne former qu'une nation de frères, dans laquelle, en moins d'un siècle, la distinction des races devait presqu'entièrement s'effacer.

Ce n'était donc pas un vain titre que celui de *fils aîné de l'église*, que nos rois se faisaient gloire de porter. Car de toutes les dynasties de l'Europe, celle des rois saliens fut la première qui entra dans la grande unité chrétienne et y entraîna, après elle, tous ces peuples que les Romains confondaient sous le nom de nations, *gentes*, désignant par ce seul mot tout ce qui était en dehors de ces deux termes identiques, le christianisme et la civilisation [1].

Une révolution religieuse, étrangère à la Gaule, mais qui coïncida avec l'entrée de Clovis sur la scène politique, contribua beaucoup à rattacher les Gaulois à sa cause en réveillant leur aversion pour les princes ariens, dont on peut dire qu'ils n'avaient pas eu jusqu'alors gravement à se plaindre. Les rois bourguignons sur-

---

[1] Depuis Constantin, les auteurs latins avaient pris l'habitude de comprendre tous les Barbares sous le nom générique de nations, *gentes*, ou d'hommes des nations, *gentiles*, à l'imitation des Hébreux, qui désignaient de la même manière tous les peuples étrangers à la loi de Moïse. De là vint que le nom d'homme des nations ou gentil, *gentilis*, fut employé comme synonyme de païen et d'infidèle.

tout n'avaient jamais cessé de se montrer tolé-
rants et même de témoigner beaucoup de déférence aux évêques catholiques. Le roi des Wisigoths, Euric, mérita seul le nom de persécuteur ;
encore cette persécution eut-elle, comme nous l'a-
vons vu, plutôt le caractère de la ruse que celui
de la violence. Elle consista dans une série de
vexations administratives, de spoliations ouvertes
ou déguisées, d'interdictions gênantes à l'aide
desquelles on espérait désorganiser le clergé et
attirer insensiblement les fidèles dans les voies
de l'hérésie. Mais ce système ne réussit pas et
tomba bientôt de lui-même ; commencée à l'époque où Euric se sépara de l'Empire et proclama
son indépendance, vers 473, la persécution cessa
dès 480, quatre ans avant la mort de ce prince
qui avait reconnu le danger dans un pays tout
catholique de blesser trop fortement les sentiments de la majorité. En effet les rois ariens
n'avaient dans la Gaule de co-religionnaires que
parmi leurs sujets barbares. Obligés d'employer
des Romains dans toutes les parties de l'administration, parce qu'eux seuls pouvaient en faire
marcher les rouages compliqués, ils ne trouvaient autour d'eux que des catholiques à qui
ils pussent donner leur confiance. Léon, premier ministre d'Euric, était catholique[1], ainsi

---

[1] Sidonius, en lui envoyant les œuvres du philosophe païen Apollo-

qu'Arédius, ministre de Gondebaud, et tous les principaux fonctionnaires des deux royaumes. Avec de tels instruments, comment aurait-on pu combattre efficacement la religion dominante?

Il n'en était pas de même en Afrique où les hérétiques étaient puissants et en grand nombre parmi les populations romaines. C'étaient les hérétiques romains qui avaient suggéré à Genséric le plan insidieux de l'extinction progressive du clergé orthodoxe, plan qu'Euric essaya en vain d'imiter, mais que le roi vandale suivit pendant tout le cours de son long règne avec autant de vigueur que de persévérance. Lorsque Genséric mourut en 477, son fils Hunéric, époux de la pieuse Eudoxie, fille de l'empereur Valentinien, parut d'abord promettre à l'église des jours plus paisibles. Cédant aux prières de sa belle-sœur Placidie, veuve d'Olybrius, et aux représentations de l'empereur d'Orient [1], il permit aux catholiques de pourvoir, par de nou-

---

nius de Thyane, lui dit que cet écrivain célèbre lui ressemblait par le talent, sinon par la foi catholique : *Virum, fidei catholicæ pace præfatd, in plurimis similem tui.* (Sidon., *ep.* 3, *l.* 8.) Dans la relation des conférences de Lyon en 499, il est dit qu'Arédius, quoique catholique, favorisait les Ariens pour conserver les bonnes grâces du roi : *Sciebat illum favere Arianis, ut gratiam regis consequeretur, licet fidem nostram profiteretur.* (Coll. episc. in op. Aviti.)

[1] *Quia imperator Zenon et nobilissima Placidia scripserunt petentes.*

velles élections aux siéges épiscopaux, devenus presque tous vacants, de réparer leurs églises et de célébrer publiquement leur culte, mais sous la condition formelle que les mêmes libertés seraient accordées dans l'Empire à la secte arienne [1].

Ce n'était là qu'une tolérance précaire, et cependant elle suffit pour faire prendre à la foi catholique un essor dont les hérétiques ne tardèrent pas à s'alarmer. Le clergé arien était nombreux, fortement organisé, et avait pour chef un évêque nommé Cyrille, qui prenait le titre de patriarche. Il parvint à ranimer les ressentiments du roi contre les catholiques en lui représentant que les conditions qu'il avait lui-même posées n'avaient pas été tenues et que l'arianisme était toujours proscrit par les empereurs. Hunéric crut son honneur engagé dans cette question de réciprocité; vivement irrité de ce qu'il regardait comme un outrage, il s'abandonna sans réserve aux conseils de ces prêtres et d'après leur avis il ordonna à tous les évêques orthodoxes, qu'on appelait *Omousiens*, de se

---

[1] *Sub eo tenore ut nostræ religionis episcopi qui apud Constantinopolim sunt, liberum arbitrium habeant in ecclesiis suis christianam legem colere; nam si hoc circà eos non fuerit observatum, episcopi cum clericis suis qui in Africanis provinciis sunt, jubebuntur inter Mauros mitti.* Ce décret est rapporté textuellement par Victor Vitensis. (*De persec. Vandal.*, l. 2, c. 2.)

réunir à Carthage, le 1ᵉʳ février 484 pour y justifier les principes de leur foi dans une conférence
avec le clergé arien.

Le patriarche hérétique Cyrille présidait cette
réunion dans laquelle on n'avait cherché qu'un
prétexte pour frapper les évêques catholiques et
les rassembler tous sous la main du pouvoir afin
de les atteindre plus sûrement.

Victor nous a conservé la profession de foi
présentée par ces évêques; c'est un modèle de
discussion savante et modérée; mais elle ne pouvait rien changer à un arrêt prononcé d'avance.
Au bout de quelques jours il parut un nouvel
édit qui déclarait les catholiques convaincus de
mensonge et de rebellion, et leur faisait l'application de toutes les mesures rigoureuses prises
à différentes époques par les empereurs contre
les sectes dissidentes [1]. L'exercice du culte orthodoxe fut interdit sous les peines les plus sévères;
les évêques et les prêtres furent proscrits et déportés en masse; le clergé arien se faisait amener

---

[1] Cet édit est rapporté par Victor, l. 4, c. 2; les motifs en sont
ainsi exprimés : *Adeò in hos est necessarium ac justissimum retorqueri
quod ipsarum legum continentiâ demonstratur, quas inductis secum in
errorem imperatoribus diversorum temporum tunc contigit promulgari.* En
effet, le Code Théodosien à la main, il est facile de reconnaître que les
mesures prises par Hunéric contre les catholiques ne furent que la reproduction exacte de celles des empereurs orthodoxes contre les dissidents.

les fidèles par des soldats vandales pour les re-
baptiser de gré ou de force [1]; ceux qui résistaient
étaient emprisonnés, dépouillés de leurs biens,
exilés ou livrés aux bourreaux; et l'on vit se reproduire les souffrances et l'héroïsme des martyrs
des premiers siècles ; même avant la conférence
de Carthage, 4,976 prêtres ou diacres avaient
été envoyés en exil chez les Maures nomades,
dans les déserts au-delà de l'Atlas [2]; sur 466 évêques que l'Afrique comptait dans ses diverses
provinces, 90 périrent, 348 furent déportés en
Corse et en Sardaigne, 28 seulement réussirent
à s'échapper.

A la nouvelle de cette persécution dont il n'y
avait pas eu d'exemple depuis Dioclétien, le
monde romain qui était en même temps le

---

[1] Victor Vitensis, *de Persec. Vandal.*, l. 5, c. 13. On ne pouvait
circuler librement sans être muni d'un certificat d'arianisme semblable
au certificat de civisme qu'on exigeait en 1793 ; car toutes les tyran-
nies se ressemblent. Les soldats vandales, embusqués sur les routes,
arrêtaient tous les passants qui n'avaient point ce certificat, et les conduisaient devant les prêtres ariens qui leur versaient de l'eau sur la tête
en prononçant la formule du baptême hérétique, malgré leurs protesta-
tions et leur résistance ; il résultait de là des scènes à la fois odieuses
et grotesques. Pour effacer l'aspersion sacrilége, les uns se roulaient
dans la poussière, les autres se couvraient la tête de cendre et même
d'ordure. Une jeune fille, traînée de force au baptistère, en souilla
l'eau par un moyen très naturel, mais difficile à énoncer décemment.

[2] Victor Vitensis, *l.* 2, *c.* 8.

monde catholique s'émut tout entier [1]. En Asie
comme en Europe, à Constantinople comme à
Rome, il s'éleva un cri général d'indignation
contre les oppresseurs, de pitié pour les martyrs. Mais l'impression fut surtout des plus
vives dans la Gaule et dans l'Italie, qui de leurs
rivages pouvaient voir les misères des déportés
et où la plupart des fugitifs avaient cherché un
asile. Dans toutes les villes, les réfugiés furent
accueillis comme des frères et honorés comme des
saints. Si quelques-uns d'entre eux succombaient
aux souffrances de l'exil, on conservait leurs
dépouilles mortelles comme des reliques sacrées,
et l'église du lieu les adoptait pour patrons [2].
Plusieurs cités choisirent même pour leur évêque le proscrit qu'elles avaient caché dans leurs
murs. On multipliait les copies de l'éloquent manifeste où l'évêque Victor, un des déportés,
avait peint avec chaleur les calamités dont il avait
été lui-même témoin et victime. Ces relations

---

[1] Tous les écrivains grecs et latins de ce temps parlent avec horreur
des cruautés d'Hunéric. Deux hommes d'état, Procope et Marcellin,
affirment avoir vu dans le palais des empereurs, à Constantinople, des
réfugiés africains auxquels le roi vandale avait fait couper la langue, et
qui, par miracle, n'en parlaient pas moins bien. (Marcell. *Chron.*, *ad*
ann. 484. Procope, *de Bell. Vandal*, l. 1.)

[2] On peut voir, dans le commentaire historique mis par dom Ruinart
à la suite du récit de Victor, chap. 8 et 9, l'histoire des saints africains
honorés en Italie et dans le midi de la France.

passaient de main en main, étaient lues dans les églises et soulevaient partout une haine furieuse contre les hérétiques. Dans la Gaule, les Ariens n'étaient plus vus qu'avec horreur; on ne savait plus gré aux rois barbares de leur tolérance; on n'y voyait qu'une dissimulation hypocrite qui attendait le moment favorable pour allumer le feu de la persécution.

Ces événements se passaient précisément de 484 à 490, à l'époque des guerres de Clovis contre les cités sénonaises, et leur influence ne fut sans doute pas étrangère à l'issue pacifique de cette lutte. Dans la disposition générale des esprits, on peut juger avec quel enthousiasme fut accueillie l'espérance de la conversion du roi des Francs qui promettait à la foi catholique pour vengeur et pour appui le plus brave des peuples barbares. D'un bout de la Gaule à l'autre une correspondance active s'établit entre les évêques qui, malgré le partage du territoire gaulois entre plusieurs dominations différentes, se regardaient toujours comme enfants·d'une même patrie et membres d'une même église. Saint Rémi était le centre auquel toutes ces négociations venaient aboutir. Au sud comme au nord de la Loire tous les regards se tournaient avec anxiété vers le baptistère de Reims, et lorsque l'heureuse nouvelle, annoncée d'avance à l'impatience du clergé, fut connue dans toutes les provinces, il y eut un concert universel de joie et de félicitations.

Le pape Anastase s'empressa d'adresser au royal néophite une lettre, véritable chant de triomphe où le père des fidèles laisse entrevoir ses pensées d'avenir. « Apprenez, lui dit-il, toute la
» joie dont notre cœur paternel est rempli ; crois-
» sez en bonnes œuvres, mettez le comble à notre
» bonheur et soyez notre couronne. L'église no-
» tre mère commune se félicite d'avoir enfanté
» à Dieu un si grand roi. Continuez, glorieux et
» illustre fils, à réjouir le cœur de cette tendre
» mère ; soyez une colonne de fer pour la soute-
» nir et à son tour elle vous donnera la victoire
» sur tous vos ennemis [1]. » Dans la Gaule les principaux évêques des contrées soumises aux princes ariens n'hésitèrent pas non plus à écrire directement à Clovis pour lui exprimer leurs vives sympathies. La lettre d'Avitus, évêque de Vienne nous a été conservée [2] ; elle peint si bien ce mou-

---

[1] *Serenitati tuæ insinuare volumus ut cum audieris lætitiam patris, crescas in bonis operibus, implens gaudium nostrum, et sis corona nostra, gaudeatque mater ecclesia de tanti regis quem nuper Deo peperit pro-fectu. Lætifica ergò, gloriose et illustri fili, matrem tuam et sis illi in columnam ferream, ut det tibi in circuitu de inimicis tuis victoriam.* (Ep. Anastasii papæ.)

[2] Alcimus Ecdicius Avitus, évêque de Vienne, était fils du brave Ecdicius et petit-fils de l'empereur Avitus dont il portait le nom. Il

vement des esprits qu'elle mériterait d'être citée tout entière ; nous en rapporterons seulement quelques passages. « Votre foi est notre vic-
» toire, disait au roi des Francs ce prélat, sujet
» des princes bourguignons; la divine providence
» vous a donné pour arbitre à notre siècle et en
» choisissant pour vous, vous avez prononcé
» pour tous... La Grèce peut se vanter encore
» d'avoir un souverain catholique; mais elle n'est
» plus seule en possession de ce don précieux,
» et l'occident a aussi sa lumière [1]. »

---

avait un frère évêque de Valence, et nommé Apollinaris comme son oncle Sidonius. C'était donc la famille Ecdicia tout entière, c'est-à-dire l'élite de l'aristocratie gauloise qui complimentait Clovis par l'organe de ce prélat. Stephanus, évêque de Lyon, lui écrivait à peu près dans les mêmes termes qu'Avitus.

[1] *Vestra fides nostra victoria est.... Dùm vobis eligitis, omnibus judicatis; invenit tempori nostro arbitrum quemdam divina provisio... Gaudeat quidem Græcia habere principem legis nostræ, sed non jàm quæ tanti muneris dono sola mereatur illustrari, quod non desit et reliquo orbi claritas sua.* (Aviti ep. 41.) La fin de cette lettre, dans le texte que Sirmond en a donné, contient des expressions de respect et de dévouement bien plus fortes encore, et qui ne peuvent convenir qu'à un sujet parlant à son souverain. Mais je crois qu'une erreur de copiste a mis à la suite de la lettre d'Avitus à Clovis ces dernières phrases qui faisaient partie d'une autre lettre adressée à l'empereur d'Orient. En effet, il y est question d'un noble gaulois nommé Laurentius, dont le fils était dans les états de Gondebaud, et qui avait fait demander par l'empereur lui-même que ce fils fût renvoyé auprès de lui à Constantinople. Sirmond, et, d'après lui, Dubos, ont supposé que l'empereur s'était adressé à Clovis pour obtenir par son intermédiaire que Gonde-

Deux grandes espérances se rattachaient dans l'esprit d'Avitus au baptême de Reims. D'une part il pensait que l'exemple de Clovis agirait sur les autres rois barbares en dissipant cette sorte de respect humain qui les retenait dans les erreurs de leurs pères [1] ; dē l'autre, il voyait dans les Francs devenus chrétiens des missionnaires armés qui porteraient le flambeau de la foi chez les peuples du nord auxquels l'Évangile n'avait jamais été prêché [2]. En contact avec la civilisation romaine sur la rive gauche du Rhin, avec la barbarie germanique sur la rive droite, cette nation

baud fît droit à cette demande. Il n'est nullement vraisemblable que l'empereur, dont Gondebaud se reconnaissait sujet, ait employé la médiation d'un étranger et d'un ennemi des Bourguignons dans une affaire de cette nature. Cette supposition est d'ailleurs formellement contredite par deux lettres qui viennent ensuite, et qui, adressées à deux grands personnages de la cour d'Orient, montrent que le fils de Laurentius fut renvoyé directement à son père sans aucune intervention de Clovis. En examinant avec attention le texte de la lettre, il est facile de voir qu'à partir de la phrase : *Nulla igitur patria*, le style change et est rempli de formules consacrées par l'étiquette, qui s'appliquent parfaitement à l'empereur, mais ne peuvent convenir au roi des Francs.

[1] *Plerique saluti nocentem verecundiam præferentes, dùm parentibus in incredulitatis custodid inutilem reverentiam servant, confitentur se quodammodò nescire quid eligant. Discedat igitur ab hdc excusatione post talis faeti miraculum noxius pudor.* (Aviti ep. 41.)

[2] *Unum ergò quod vellemus augeri, ut quia Deus gentem vestram per vos ex toto suam faciet, ulterioribus quoque gentibus quas in naturali adhuc ignorantid constitutas nulla pravorum dogmatum germina corruperant, de bono thesauro vestri cordis fidei semina porrigatis.* (Ibid.)

était mieux placée qu'aucune autre pour servir
d'intermédiaire entre ces deux mondes jusque-là
séparés et ennemis. Aussi l'histoire nous montre
les prévisions du saint évêque réalisées dès le siècle suivant.

Les sentiments d'Avitus étaient ceux de tout
le clergé gaulois et après avoir entendu ce langage d'un des hommes les plus influents de l'époque, il n'est plus permis de taxer d'exagération
Grégoire de Tours, lorsqu'il dit que toute la
Gaule enviait le sort des provinces soumises aux
Francs et désirait *avec amour* de les avoir pour
maîtres [1]. Depuis le baptême de Clovis, on peut
dire qu'il y eut en sa faveur une sorte de conspiration permanente de tous les évêques des cités
occupées par les princes ariens, et si l'on songe
à la puissance morale de ces prélats dépositaires
des seules influences qui eussent survécu au naufrage de toutes les institutions, on comprendra
combien la position de ces princes était difficile et
de quels périls ils étaient environnés. Leur embarras était d'autant plus grand qu'il n'y avait
pas à proprement parler de complot matériel et
saisissable; mais un entraînement général de l'o-

---

[1] *Omnes eos amore desiderabili cupiebant regnare.* (Greg. Tur., *Hist.*,
t. 2, c. 23.) *Multi jàm tunc ex Galliis habere Francos dominos summo
desiderio cupiebant.* (Ibid., c. 36.)

pinion contre lequel venaient échouer tous les efforts de la violence.

Un évêque paraissait suspect d'attachement aux intérêts des Francs; on le déposait, on l'exilait, et aussitôt l'élection populaire lui donnait un successeur dans lequel se retrouvaient les mêmes dispositions. Ce fut ainsi que le roi des Wisigoths, Alaric, se vit forcé de proscrire successivement deux évêques de Tours, Volusianus et Verus, et les laissa mourir dans l'exil[1]. Nous avons déjà parlé d'Aprunculus, évêque de Langres, qui, pour la même cause fut déposé et emprisonné par Gondebaud, s'échappa du château de Dijon où il était détenu et se réfugia à Clermont, où il fut aussitôt élevé par les suffrages du clergé et du peuple sur le siége épiscopal, que la mort de Sidonius avait laissé vacant[2]. Deux autres prélats bourguignons, Théodorus et Proculus, bannis pour leur attachement à Clotilde, furent ac-

---

[1] *Septimus Volusianus ordinatur episcopus ex genere senatorio, vir sanctus et valdè dives, propinquus et ipse Perpetui episcopi decessoris sui. Hic pontifex suspectus habitus à Gothis quod se Francorum ditionibus subdere vellet, apud urbem Tholosam exilio condemnatus, in eo obiit. Octavus ordinatus episcopus Verus, et ipse memorata causa solo suspectus à Gothis in exilium deductus vitam finivit.* (Greg. Tur., *Hist.*, l. 10, c. 31.) D'après la chronologie des évêques de Tours, donnée par Grégoire, on voit que Volusianus dut être élu vers 492, et Verus vers 498.

[2] Greg. Tur, *Hist.*, l. 2, c. 23.

cueillis par cette princesse qui, dans la suite, récompensa leur fidélité en les plaçant tous deux sur le premier siége épiscopal des états francs, celui de Tours [1].

Vers 489, Victorius, gouverneur de l'Aquitaine, dont nous avons vu Sidonius lui-même vanter la modération, est forcé de sévir contre Eucherius, un des membres les plus distingués de la noblesse catholique de cette province [2], et le fait mourir en prison ; l'indignation du peuple éclate avec une telle violence, que Victorius, craignant pour sa vie, abandonne son gouvernement et se retire à Rome où, poursuivi par les haines populaires, il est lapidé dans la rue[3] . Peu de temps après, Quintianus, évêque de Rhodez,

---

[1] *Theodorus et Proculus jubente beatâ Chrodilde reginâ subrogantur eò quod in Burgundiâ jàm episcopi ordinati, ipsam secuti fuissent et ab hostilitate de urbibus suis expulsi fuerant.* (Greg. Tur., *Hist.*, L. 10, c. 31.)

[2] On peut juger du caractère d'Eucherius par une lettre où Sidonius le compare aux grands hommes de la république romaine, aux Brutus, aux Torquatus, et le félicite d'avoir étonné par sa bravoure les ennemis de l'Empire. (*Sidon.*, ep. 8, l. 3.)

[3] *Victorius super Eucherium senatorem calumnias devolvit, quem in carcere positum nocte extrahi jussit, ligatumque juxtà parietem antiquum, ipsum parietem super eum elidi jussit. Ipse verò, dùm nimiùm esset in amore mulierum luxuriosus, et ab Arvernis vereretur interfici, Romam aufugit ubi similem tentans luxuriam lapidibus obrutus est.* (Greg. Tur., *Hist.*, l. 2, c. 20.) Il est évident que ce fut le meurtre d'Eucherius qui souleva l'Auvergne contre Victorius, et non ce reproche banal de

est déposé par Alaric comme suspect de partialité pour les Francs ; il se réfugie en Auvergne et y reçoit un accueil fraternel de l'évêque Euphrasius, successeur d'Aprunculus [1]. Ces montagnes étaient toujours le foyer de la nationalité gauloise. Alaric s'en inquiète et mande à sa cour les principaux personnages de la province, ayant à leur tête Apollinaris, fils de Sidonius ; mais, comme il n'existait point de preuves positives contre eux, il est forcé de les renvoyer avec honneur [2]. Ainsi les princes ariens se débattaient vainement contre le torrent de l'opinion qui les entraînait malgré eux.

Ces faits nombreux, et dont on pourrait grossir encore la liste, prouvent assez quelle était la tendance des esprits dans la Gaule et quelles facilités Clovis y trouva pour l'agrandissement de sa puissance. En 497 son pouvoir était reconnu dans toutes les provinces du Nord, depuis la Loire jusqu'au Rhin, et s'étendait au-delà de ce

luxure dont les écrivains ecclésiastiques sont très prodigues, et que Grégoire de Tours applique au hasard à tous les pouvoirs déchus.

[1] Greg. Tur., *Hist.*, l. 2, c. 27.

[2] Aviti *ep.* 22 ad Apollinarem. Ce qu'il y a de curieux dans cette lettre, c'est qu'Avitus semble craindre presque autant pour lui-même que pour son parent : *Nobis diversis nuntiis dicebatur vos dominorum quibus observatis accitu, cunctos pariter evocatos; undè faciebat hoc meorum consciencia peccatorum, ut quantùm mihi pauciores remanserant, tantò plus intelligerem remanentibus timendum.*

fleuve jusqu'au Danube. Il régnait sur l'ancien territoire des Saliens par droit de naissance ; sur l'Allemanie, la première Germanie et la cité de Tongres par droit de conquête ; sur les cités romaines des deux Belgiques, des deux Lyonnaises et de la Sénonaise par la libre accession des peuples. Les chefs encore indépendants des tribus franques de Thérouenne et de Cambray étaient forcés de le respecter, et une alliance cimentée par la victoire lui rattachait les rois ripuaires, dont les états embrassaient d'un côté du Rhin la Germanie inférieure et la cité de Trèves, de l'autre les plaines de la Vestphalie jusqu'au Wéser. Appuyé sur cette large base, il tendait la main au reste de la Gaule qui l'appelait comme un libérateur. Ses hautes destinées étaient donc tracées d'avance et rien ne pouvait en arrêter le cours. Mais avant de raconter les derniers événements qui consolidèrent sa puissance, nous devons reporter nos regards en arrière sur Rome et Constantinople. Car, dans l'histoire de cette époque, on ne peut jamais perdre de vue ces deux centres du monde romain qui, malgré sa dissolution politique et le morcellement de son territoire, étaient encore pour tous les peuples civilisés une patrie commune.

Nous avons vu, qu'en 471, au moment où l'empire d'Occident succombait sous l'ascendant

est déposé par Alaric co   nt était par-
lité pour les Francs ;   joug de cette
et y reçoit un accr   s légions isau-
phrasius, succes   impunément le
tagnes étaient t   quarante ans, dis-
gauloise. Ala   s de cet empire, et au-
les princip   t la couronne. Cependant les
à leur té   s avaient à l'intant même protesté
comm   ée contre une réaction si nuisible à
con   térêts, et quoiqu'ils eussent échoué dans
ne premières tentatives, ils n'avaient jamais
 é de faire de nouveaux efforts pour ressaisir
la prépondérance qui leur échappait. La nation
gothique était encore alors la plus nombreuse de
celles qui avaient été colonisées dans l'empire
d'Orient et la seule qui pût y exercer une influence redoutable. Depuis qu'au commencement
du Ve siècle, les Wisigoths avaient été rejetés
sur l'Occident, les colonies de cette race en Orient
se composaient uniquement d'Ostrogoths. Elles
se partageaient en deux branches principales.
L'une tirait son origine des tribus qui, lors de la
première invasion des Huns en Europe et de la
destruction du royaume d'Athanaric, étaient en-
trées avec les Wisigoths sur le territoire romain et
avaient été établies en colonies militaires, vers
386 par l'empereur Théodose, dans les contrées
voisines de l'embouchure du Danube, au nord

? [1]. Les établissements de l'autre
`cents. C'était cette fraction de la
`vait trahi Athanaric en passant
` Huns, et depuis cette épo-
`ortune des conquérants tar-
`a mort d'Attila. Dans l'anarchie
`a à la dissolution de cette formidable
`ance, les Ostrogoths, attaqués de toutes
parts, poursuivis par la haine des peuples slaves
et suéviques, leurs anciens ennemis, cherchèrent
un refuge au sud de la Pannonie, entre la Save
et la Drave. Une partie de leurs tribus entra au
service de l'empire d'Occident; la masse de la
nation fut colonisée par l'empereur Marcien,
sur les confins de la Mésie supérieure.

A l'époque du meurtre d'Aspar, les colonies
du bas Danube, plus anciennement établies dans
l'Empire et plus rapprochées de la capitale, furent
les premières à se soulever. Ostrys, qui osa attaquer le palais immédiatement après la mort de
son général, appartenait à ces tribus. Cette audacieuse tentative ayant échoué par la résistance
de la garde isaurienne, Théodoric-le-Louche, chef
des Ostrogoths de la Thrace, rassembla aussitôt
toutes leurs forces et marcha sur Constantinople.

---

[1] Ces contrées formaient les provinces de la Mésie inférieure et de
la petite Scythie; c'est la Bulgarie moderne.

Mais la ville était trop bien fortifiée pour qu'il fût
possible de la prendre d'assaut, et sans une flotte
on ne pouvait couper ses communications du côté
de la mer. C'est à sa position maritime que Constantinople a dû de pouvoir braver pendant dix
siècles les attaques des peuples barbares. La défense d'une vaste capitale n'est possible qu'à cette
condition; car la facilité des arrivages par mer
peut seule mettre ces grands centres de population à l'abri de la famine, qui rend inutiles tous
les moyens de défense. Les remparts de Rome n'ont
jamais empêché qu'elle ne devînt la proie de toutes
les armées qui se sont présentées sous ses murs.

Renonçant à une entreprise impraticable,
Théodoric-le-Louche continua, pendant tout le
règne de Léon, de harceler les troupes impériales et de dévaster les campagnes de la Thrace. Il
ne cessait pourtant pas de négocier avec la cour;
mais il voulait, avant de poser les armes, qu'on
éloignât les Isaures, qu'on l'élevât lui-même à la
dignité de commandant général des milices et qu'on
lui remit les trésors d'Aspar auquel il prétendait
succéder dans ses richesses comme dans sa puissance [1]. Accepter ces conditions, c'était rétablir

---

[1] Πρῶτον Θευδέριχον τὴν κληρονομίαν ἀπολαβεῖν ἣν ἀφῆκεν αὐτῷ
Ασπαρ· δεύτερον νέμεσθαι τὴν Θράκην συγχωρηθῆναι αὐτῷ· τρίτον καὶ
στρατηλάτην γενέσθαι τῶν ταγμάτων ὅνπερ καὶ Ασπαρ ἠγήσατο. (*Malchus, de legat.*)

ce qu'on venait d'abattre avec tant de périls. Zénon, décidé à résister, sentit la nécessité d'accroître ses forces et chercha à s'assurer l'appui des Ostrogoths de la Mésie pour les opposer à leurs compatriotes. Cette branche de la nation était supérieure à l'autre par l'illustration et par le nombre; ses chefs appartenaient à la noble famille des Amales qui étaient la race royale des Ostrogoths, comme les Balths celle des Wisigoths. En les établissant dans l'Empire, Marcien, selon la coutume, leur avait demandé des ôtages, et Théodoric, fils de leur roi Théodemir, amené en cette qualité à Constantinople dès l'âge le plus tendre y avait reçu une éducation toute semblable à celle de la jeunesse patricienne [1]. Léon renvoya ce jeune prince à son père avec de magnifiques présents; Théodoric avait alors 18 ans, et en avait passé dix dans le palais des empereurs. Ce témoignage de confiance rattacha à la cause de l'Empire les Ostrogoths de la Mésie qui défendirent avec succès les frontières de leur province contre les Huns et les Bulgares [2]. Après

---

[1] Κατὰ γὰρ Βυζάντιον ὁμηρεύσας ποτὲ τοῖς ἀρίστοις τῶν διδασκάλων ἐφοίτησιν. (*Theoph. chronogr.*)

[2] *Panegyr. Ennodii.* Les Bulgares étaient originaires des Steppes, entre l'Iaïk et le Volga, et tiraient leur nom de ce dernier fleuve. Ils avaient fait partie des peuples soumis aux Huns et des armées d'Attila; nous avons signalé dans le 1er vol., p. 100, leur identité probable avec les Taïfales.

divers incidents qu'il est inutile de rapporter ici,
Léon, fortifié par le concours de la branche la
plus puissante de la nation gothique, finit par
forcer Théodoric-le-Louche de traiter à des conditions acceptables; il lui promit 2,000 livres d'or
de solde annuelle, agrandit le territoire des colonies dont il était chef et le nomma commandant des milices de Thrace [1]. C'était beaucoup
accorder sans doute; mais il n'y avait rien là au-
dessus de ce qu'obtenaient ordinairement les
chefs des grands corps de barbares fédérés.

Zénon, l'Isaurien successeur de Léon, suivit la
même politique. Dès son avènement, en 475, il
s'attacha à gagner l'affection du jeune Théodoric
l'Amale qui venait de succéder, dans le commandement des Ostrogoths de la Mésie, à son père
Théodemir. Appelé à la cour, comblé de présents et d'honneurs, le jeune prince fut adopté
par l'empereur lui-même, comme fils d'armes
selon l'usage germanique [2]. Aussi lorsque le peuple de Constantinople se souleva contre les Isaures et contre Zénon, Théodoric l'Amale resta fidèle à la cause de ce prince et combattit pour
lui [3]. Mais les Ostrogoths de la Thrace, con-
duits par Théodoric-le-Louche, soutinrent au

---

[1] *Malchus de legat.*

[2] *Jornandis*, hist. Goth., c. 57.

[3] *Theoph. Chronogr,* ; *Paneg. Enodi.*

contraire les révoltés, et même quand Zénon, vainqueur, fut rentré dans sa capitale, ils continuèrent la guerre pour leur propre compte [1]. La division de la nation gothique en deux branches fut alors le salut de l'Empire. Traitant tour à tour avec les deux chefs, et les opposant l'un à l'autre, Zénon parvint à neutraliser deux forces rivales dont l'union aurait pu le perdre. Cependant, il en résulta pendant quatre ans un état continuel de troubles et la dévastation périodique de la Thrace, de l'Illyrie et de la Macédoine. Enfin, en 481, la mort de Théodoric-le-Louche, tué par accident, délivra l'Empire d'un de ses deux ennemis. Mais Théodoric l'Amale, resté seul en devint plus redoutable; car toutes les forces de la nation gothique se trouvèrent réunies dans ses mains.

Zénon comprit l'imminence du danger et ne vit d'autre moyen de le prévenir que d'ôter au jeune chef des Ostrogoths, tout prétexte de rupture, en allant au-devant des vœux que son ambition pouvait former. Il lui donna le commandement des milices présentes [2], et plaça sous son autorité la ligne entière du Danube de-

---

[1] Malchus, *de Legationibus*, Marcellini *Chron.*

[2] Marcellini *Chron. ad. ann.* 483. Les milices présentes étaient un corps d'élite fort nombreux, espèce de garde impériale, composée de troupes de toute arme et formant la majeure partie de l'armée active.

puis les frontières de l'Empire d'Occident jusqu'à la mer Noire. Maître absolu dans ces
provinces, que représentent aujourd'hui la
Servie et la Bulgarie turques, l'heureux héritier
des Amales fixa sa résidence à Noves, au centre de son gouvernement. Bientôt après, en
484, Zénon l'éleva au consulat, *la première dignité du monde,* dit Jornandès, et lui fit dresser
une statue équestre sur la grande place de Constantinople, en face du palais impérial [1]. Théodoric ne fut pas insensible à tant de faveurs extraordinaires. Romain par son éducation et par
les habitudes de sa première jeunesse, il ne portait pas alors son ambition au-delà des honneurs
de ce qu'on appelait encore la république. Mais
son peuple murmurait. Cantonnés dans un pays
ruiné par cent ans de guerres, les Goths se plaignaient de manquer de tout, tandis que leur
chef se revêtait de la pourpre et s'asseyait sur la
chaise curule. Bientôt même Théodoric s'aperçut que, fidèle à la politique astucieuse du Bas-
Empire, Zénon travaillait sourdement à miner
sa puissance et ne le caressait que pour le perdre
plus sûrement. L'inaction du jeune roi favorisait
les plans perfides de la cour de Byzance en le
rendant suspect à ses compatriotes; il vit qu'il

---

[1] *Factus est consul ordinarius quod summum bonum primumque in
mundo decus edicitur.* (Jornandès, hist. Goth. c. 57.)

était temps d'en sortir, et, en 487, après avoir dévasté l'Illyrie et la Macédoine, il se rapprocha de Constantinople comme pour en faire le siége. La situation de Zénon devint très critique; il avait affaire cette fois à la nation entière des Ostrogoths qu'il n'était plus possible de diviser, et il n'ignorait pas combien sa capitale renfermait de mécontents prêts à se joindre à tout ennemi qui les délivrerait du joug des Isaures. Dans son anxiété, il se souvint qu'à la fin du dernier siècle, on s'était défait des Wisigoths en les rejettant sur l'Occident, et il pensa que le même expédient pourrait le débarrasser des Ostrogoths.

Depuis douze ans Odoacre gouvernait l'Italie et quoi qu'il n'eut pas méconnu en principe la suzeraineté impériale, ses relations avec la cour de Byzance étaient devenues de plus en plus hostiles [1]. En envoyant Théodoric conquérir ce vaste démembrement de l'Empire, en mettant aux prises les Barbares fédérés de l'Orient avec ceux de l'Occident, Zénon n'avait rien à perdre et tout à gagner; car, soit que l'entreprise réussît ou échouât, il se délivrait d'un voisinage dangereux. « Pourquoi, écrivit-il à Théodoric, vous acharner »à détruire un empire dont vous n'avez éprouvé

---

[1] En 481 Il s'était emparé de la Dalmatie, qui, après la mort de Népos, devait être réunie à l'empire d'Orient. (Cassiod. *Chron.*)

» que des bienfáits? Vous êtes sénateur romain;
» imposez-vous une tâche digne de ce noble titre.
» Délivrez Rome et l'Italie, opprimées par une armée
» de Barbares, par des hordes d'Erules et de Suèves,
» anciens ennemis de votre nation [1]. » Ce langage
flatta l'orgueil du jeune roi des Goths sur lequel
le grand nom de Rome n'avait rien perdu de son
prestige. Il se jetta avec joie dans une carrière de
combats et de périls au bout de laquelle appa-
raissaient, pour lui le trône des Césars d'Occident,
pour ses soldats de riches établissements dans la
fertile Italie. Cessant donc ses hostilités contre
Constantinople, il assembla ses compatriotes et
leur fît part des propositions de Zénon qu'ils
accueillirent avec enthousiasme. L'impatience du
chef étant secondée par celle des soldats, il n'attendit pas même que l'hiver fût passé et muni du
diplôme impérial qui légitimait sa future conquête, il se mit en marche dès la fin de l'année 488.

Ce ne fut pas seulement une expédition militaire; ce fut l'émigration de tout un peuple. Il ne
resta pas une seule famille d'Ostrogoths dans la
Mésie; quelques tribus gothiques de la Thrace
refusèrent seules de suivre le mouvement général.

---

[1] Ἄμεινον γὰρ οἱ εἶναι, ἄλλως τε καὶ ἐπ'ἀξίωμα βουλῆς ἥκοντι, τὸ
ῥαννον βιασαμένῳ Ρωμαίων τε καὶ Ἰταλιωτῶν ἄρχειν ἁπάντων, ἢ βασιλει
διαμαχομένῳ ἐς τοσον κινδύνον ἰέναι. (Procope, *de Bell.Goth.*, *lib.* I, *c.* 1.)

Au milieu des rangs serrés des guerriers en armes, les femmes, les enfants, les bestiaux, les charriots chargés de vivres et d'effets formaient un immense convoi[1]. Ou peut juger des difficultés d'une pareille marche dans une saison rigoureuse, à travers des déserts, des forêts, des montagnes et au milieu de populations ennemies. En traversant la province de Savie, au sud de la Pannonie, ancien séjour de ses ancêtres, Théodoric y rencontra les Gépides et les Bulgares qui s'y étaient établis depuis que les Ostrogoths l'avaient quittée. Gagnés par Odoacre, ils essayèrent de s'opposer à son passage ; mais il les dispersa après un combat acharné et franchissant les Alpes Juliennes, il descendit sur les rivages de l'Adriatique[2]. Odoacre l'attendait sur les bords du fleuve Sonzio en avant d'Aquilée sur les limites de la provinces d'Italie. Là s'engagea une bataille décisive où la fortune se déclara pour le chef des Goths, qui força son rival de se réfugier dans Vérone[3]. Dèslors le succès de l'entreprise ne parut plus douteux, et, dans la suite, Théodoric data le commencement de son règne de cette glorieuse journée du 28 mars 489[4].

---

[1] Procope, *de Bell. Goth.*, l. 1, c. 1.

[2] Procope, *de Bell. Goth.*, l. 1, c. 1, *Panegyr. Ennodii.*

[3] Cassiod. *Chron.*; *Panegyr. Ennodii.*

[4] *Ex quo, Deo propitio, Sontii fluenta transmisimus ubi primùm Italiæ nos suscepit imperium.* (Cassiod. *ep.* 18, *l.* 1.)

Cependant une seule défaite ne pouvait suffire pour abattre cette formidable armée d'Italie qui depuis près d'un demi-siècle dominait l'Occident. La guerre se prolongea avec des chances diverses pendant deux années. Théodoric s'était successivement emparé de toutes les places au nord du Pô. Le 11 août 490 une nouvelle bataille, livrée sur les bords de l'Adda, non loin de Pavie, contraignit Odoacre de se renfermer dans Ravenne [1]. Théodoric alla aussitôt l'assiéger dans ce dernier asile. Mais il avait à combattre un adversaire digne de lui ; Odoacre était un des grands capitaines de l'époque et commandait à des troupes aguerries et dévouées. Avec de tels défenseurs, Ravenne se retrouva imprenable ; les assiégeants n'avaient point de vaisseaux pour bloquer la place du côté de la mer, et du côté de la terre des marais impraticables couvraient ses remparts [2]. Interrompu par de fréquentes sorties et par des expéditions dans les contrées environnantes, le siége durait encore après trois ans, en 493, sans que rien parût annoncer un résultat décisif [3]. Les deux rivaux, las d'une guerre où ils épuisaient inutilement leurs forces, avaient appris à se connaître et à se craindre ; ils en vinrent à

[1] Cassiod. *Chron.*

[2] Procope, *de Bell. Goth.*, l. 1, c. 1.

[3] Jornandès, c. 57.

désirer de s'entendre pour partager la riche proie qu'ils ne pouvaient s'arracher tout entière, et par la médiation de l'évêque de Ravenne, un traité fut conclu en vertu duquel les deux chefs devaient régner ensemble sur l'Italie, tandis qu'une nouvelle répartition des terres serait faite entre les deux armées qui occuperaient simultanément toutes les positions militaires [1]. A ces conditions les portes de la ville furent ouvertes à Théodoric qui y fit une entrée solennelle le 5 mars 493, précédé du clergé portant les reliques des saints sur lesquelles les deux rivaux s'étaient juré amitié et confiance.

En effet, on les vit pendant quelques jours loger ensemble au palais impérial et manger à la même table avec une apparente cordialité. Mais ce partage bizarre de l'autorité suprême entre deux chefs également ambitieux et énergiques ne pouvait être qu'un piége réciproque, et il ne s'agissait que de savoir lequel des deux saurait le premier surprendre et frapper son adversaire. Dans cette lutte de dissimulation et de ruses, Théodoric eut encore l'avantage. Ayant invité Odoacre à un festin, il le poignarda de sa propre main et fit massacrer en même temps ses principaux officiers, sans épargner les femmes et les

---

[1] Procope, *de Bell. Goth.*, l. I, c. I.

enfants [1]. Privée de ses chefs par cet assassinat, l'armée d'Italie, que des combats meurtriers avaient décimée depuis cinq ans, se soumit sans résistance au vainqueur. Elle fut cantonnée dans le nord de la Péninsule; les Ruges occupèrent Pavie [2]; les Érules et les Turcilinges les forteresses du Piémont. Théodoric procéda à un nouveau partage des terres de l'Italie, c'est-à-dire du tiers des biens fonds attribué à l'armée par Odoacre, et établit ses soldats dans les bénéfices militaires que les vides occasionnés par la guerre et les proscriptions laissaient vacants [3]. Ainsi finit la longue domination de cette armée célèbre qui, pendant seize ans, sous Ricimer, et dix-huit ans, sous Odoacre, avait maîtrisé Rome et imposé ses caprices à toute une moitié du monde romain.

Malgré la soumission complète de ses ennemis, Théodoric ne jouit pas d'abord paisiblement de sa conquête. Nous avons vu que le roi des Bourguignons, Gondebaud, avait eu pendant quelques mois le commandement des armées impériales, après la mort de son oncle Ricimer, et en avait été dépouillé par les intrigues d'O-

---

[1] Procope, *de Bell. Goth.*, l. 1, c. 1; Cassiod. *Chron.*

[2] *Vita Sancti Epiphanis.* Ce corps de Ruges fut licencié deux ans après, et renvoyé au-delà du Danube.

[3] *Vita Sancti Epiph.*; Procope, *de Bell. Goth.*, l. 1, c. 1.

reste. Depuis ce temps, il n'avait fait aucune
tentative pour recouvrer son influence perdue.
Il redoutait trop Odoacre pour oser l'attaquer en
face, et lorsque Théodoric vint disputer à cet
heureux soldat sa domination usurpée, il resta
spectateur de ce duel entre deux grands guerriers, observant les chances de la lutte et épiant
le moment d'y intervenir avec avantage. La mort
d'Odoacre parut enfin lui offrir l'occasion qu'il
attendait. Il pensa que l'armée d'Italie, privée de
son général, accueillerait avec joie un chef autrefois connu d'elle et verrait dans les Bourguignons
des alliés et des sauveurs. Dans cette confiance, il
passa les Alpes et envahit la Ligurie. Mais son
nom que ne recommandait aucun souvenir de
gloire, ne rallia aucune sympathie. Les soldats
d'Odoacre étaient las de combattre, et sachant ce
qu'il en coûtait pour résister à Théodoric, ils se
souciaient peu de recommencer la lutte dans l'intérêt des Bourguignons. Gondebaud, ne trouvant
aucun appui dans un pays où il croyait se présenter en libérateur, se retira dès qu'il apprit que
Théodoric marchait contre lui avec toutes ses forces, et repassa les monts sans avoir obtenu d'autre
résultat que de ravager les plaines de la Ligurie
et d'emmener comme esclaves un grand nombre
d'habitants inoffensifs que le pieux évêque de
Pavie, saint Épiphane, par ses sollicitations et son

or rendit bientôt après à la liberté [1]. Théodoric
ne jugea pas prudent de poursuivre les envahisseurs au-delà des limites de son territoire, et remettant à un autre temps sa vengeance, il s'occupa de consolider sa puissance désormais incontestée.

Son gouvernement en Italie fut tout-à-fait

[1] *Cùm Liguria Burgundionum incursione quateretur gereretque bellum
de vicinitate furtivum, subitò præsentis imperii tanquàm solis ortus fama
radiavit. Expugnatum se hostis suâ præsumptione congemuit. Quoties se
optavit de finibus suis non exire Burgundio ne principe nostro pugnaret
adverso! cujus licet præsentiam relevatus evaserit, felicitatem tamen præ-
cipitatus incurrit.* (Cassiod. *ep.* 28, *l.* 12.) Cette expédition n'a pu avoir
lieu qu'en 494 ; car la lettre ci-dessus, écrite par Cassiodore, annonçait aux Liguriens que pour soulager la famine, suite ordinaire de l'invasion, Théodoric avait ordonné de vendre à bas prix les grains amassés
dans les magasins de l'armée ; or, Cassiodore, qu'Odoacre avait élevé à
la dignité de *comte des largesses,* ne devint ministre de Théodoric au
plus tôt qu'en 494, après avoir contribué à déterminer la soumission
de la Calabre et de la Sicile au nouveau gouvernement. L'année suivante, 495, saint Épiphane passa dans la Gaule pour racheter les prisonniers que Gondebaud avait emmenés, et mourut deux ans après, suivant l'auteur de sa vie, au mois de janvier 497. La date de l'expédition
me semble donc bien fixée. Les intrigues de la cour d'Orient peuvent
n'y avoir pas été étrangères. Zénon, mort en 491, avait eu pour successeur Anastase, dont l'avénement fut une sorte de révolution ; car il
fut élu en haine des Isaures dont il abattit l'influence et qu'il chassa de
Constantinople. Aussi sa politique fut en tout contraire à celle de son
prédécesseur, notamment à l'égard de Théodoric envers lequel il se
montra toujours fort hostile, malgré les lettres respectueuses que ce roi
lui écrivait ou lui faisait écrire par le sénat de Rome. Il est probable
que l'expédition d'Italie fut concertée avec Anastase, à qui nous avons
vu que Gondebaud avait envoyé un ambassadeur dès la fin de 491.

romain [1]. Élevé à la cour de Byzance, initié dès
sa jeunesse à tous les secrets de la subtile diplomatie de l'Orient, il se montra le politique le plus
habile de son siècle. L'objet constant de ses préoccupations fut de restaurer l'empire d'Occident
et de devenir le successeur réel des Césars. C'est
la pensée qui perce dans tous ses actes; il affecte
toujours de se mettre en opposition avec les autres rois barbares; s'il conquiert une province,
il la félicite d'être rentrée dans l'unité romaine ;
si ses possessions sont attaquées, c'est la barbarie
qui envahit de nouveau le monde romain. Procope dit qu'il se contenta du titre de roi [2]; c'est
en effet ainsi que la postérité l'a désigné et de
son vivant même le préjugé qui excluait les Barbares du trône impérial était encore si puissant
qu'il ne put passer pour empereur aux yeux de
ses contemporains. Mais ses actes officiels démentent la modestie qu'on lui prête. Il fut le premier
des rois barbares qui osa prendre le titre de *princeps*, attribué exclusivement aux empereurs. Le
mot d'empire revient à chaque instant dans les

---

[1] Των μὲν τοι κατηκόων των αὑτοῦ προύστη σύμπαντα περιβαλλόμενος
ὅσα των φύσει βασιλέων ἥρμοσται. (Procope, *de Bello Goth.*, l. I, c. 1.)

[2] Καὶ βασιλέως μὲν τοῦ Ῥωμαίων, οὔτε τοῦ σχήματος, οὔτε τοῦ ὀνόμα-
τος ἐπιβατεῦσαι ἠξίωσεν, ἀλλὰ Ρὴξ τε διαβίου καλούμενος. Οὕτω γὰρ σφῶν
τοὺς ἡγεμόνας οἱ Βάρβαροι καλεῖν νενομίκασι. (Procope, *de Bello Goth.*,
lib. I, c. 1.)

lettres écrites en son nom, et ses états y sont presque toujours qualifiés d'empire et non de royaume [1]. Cette qualification au reste était fondée; aux yeux des Romains, Théodoric était l'administrateur de l'empire d'Occident comme Ricimer et Odoacre l'avaient été à des époques d'interrègne. Suivant les principes du droit public de ce temps, c'était un roi, mais un roi gouvernant un empire, et c'est à ce titre que la supériorité qu'il affectait sur les autres rois barbares pouvait se justifier dans l'opinion des peuples. Il résidait habituellement à Ravenne; mais en l'an 500, on le vit faire une entrée solennelle à Rome, prendre place au sénat, haranguer le peuple, lui jeter de l'or, et imiter toutes les cérémonies qui se pratiquaient à l'avénement des empereurs. Le premier des rois barbares, il mit son monogramme sur les monnaies qu'il frappa; mais il laissa subsister au revers l'effigie de l'empereur d'Orient [2]. Les inscriptions des monuments élevés sous son règne portent le nom de Zénon Auguste avant celui du roi très glorieux Théodoric, et dans sa correspon-

---

[1] *Cassiod.*, ep. 16, l. 3; 28, l. 12 *et passim.* Ces lettres de Cassiodore ne sont autre chose que la correspondance officielle de Théodoric, dont il était le principal ministre. Elles donnent les notions les plus justes et les plus authentiques sur le gouvernement de ce prince. Tous les détails de ce gouvernement nous sont connus; ils mériteraient une étude approfondie qui ne peut trouver ici sa place.

[2] Lelewel, Numismatique du moyen-âge.

dance officielle avec la cour de Byzance, son langage fut toujours celui d'un vassal envers son
suzerain [1]. Il rétablit l'usage de désigner, d'accord avec cette cour, un consul pour l'Occident; [2]
mais ses mésintelligences avec Anastase firent
que cet arrangement ne fut pas toujours exactement observé [3].

Dans les détails de l'administration intérieure,
il eut peu à innover; car, sous Odoacre même,
rien n'avait été changé dans l'organisation du
gouvernement romain. Les lois, les impôts, les
priviléges des diverses classes, la hiérarchie des
pouvoirs, des dignités et des fonctions, les corps
militaires, les charges même de cour et de palais,
tout avait été maintenu dans l'état que la Notice

[1] En 511, le sénat de Rome écrivait à Anastase : « Invincible empereur, si la soumission aux ordres des souverains est ce qui leur plaît
davantage, vous seriez satisfait de la joie avec laquelle nous avons reçu
vos oracles sacrés. Nous y avons été engagés par notre seigneur, l'invincible roi Théodoric, votre fils, qui nous a ordonné de vous obéir. »

[2] *Cassiod.*, lib. 2, ep. 1. Théodoric reconnaît dans cette lettre que
l'autorité de l'empereur d'Orient s'étendait sur les deux Empires : *Vos
qui utriusque reipublicæ bonis indiscretd potestis gratid delectari.*

[3] Il n'y eut qu'un seul consul en 496 et 497, après l'avénement
d'Anastase. Festus Niger, envoyé de Théodoric, fut alors obligé de
quitter la cour de Byzance. Nous avons expliqué comment ce prince,
porté au pouvoir par la faction opposée aux Isaures, se trouvait naturellement hostile à Théodoric, qui avait toujours soutenu le parti isaurien. La guerre des Isaures contre Anastase dura sept ans, et ne fut terminée qu'en 498.

de l'Empire nous décrit un siècle auparavant. Odoacre nommait aux emplois, levait les impôts, rendait des décrets, gouvernait en un mot comme avaient fait les fils de Théodose et leurs successeurs. Théodoric fit de même et si son gouvernement différa de celui du soldat parvenu qu'il avait renversé, ce fut dans l'esprit plutôt que dans les formes. Ainsi il se montra dans l'exercice de son autorité plus intelligent, plus ferme, plus impartial [1]; il releva le sénat qu'Odoacre avait humilié, donna sa confiance aux patriciens les plus distingués et sembla s'étudier comme Majorien à faire renaître au moins les apparences extérieures des anciennes institutions de Rome [2]. Sous ce régime réparateur, l'Italie acheva d'effacer les traces de ses malheurs passés; les villes sortirent de leurs ruines, les marais furent défrichés [3], les champs redevinrent féconds et cette contrée qui pendant 5oo ans n'avait subsisté que des moissons étrangères et que la famine dévorait depuis près d'un siècle, jouit bientôt d'une telle abondance qu'elle put à son tour exporter ses pro-

---

[1] Δικαιοσύνης τε γὰρ ὑπερφυῶς ἐπεμελήσατο καὶ τοὺς νόμους ἐν τῷ βεβαίῳ διεσώσατο. (Procope, *de Bell. Goth., lib.* 1, *c.* 1.)

[2] *Universæ reipublicæ nostræ infatigabilem curam desideramus impendere, et, Deo favente, ad statum pristinum studemus cuncta revocare.* (Cassiod., *ep.* 31, *l.* 3.)

[3] Cassiod., *ep.* 21, 33, 35, *l.* 2; 9, 10, 30, 31, 51, *l* 3.

duits et rendre aux provinces voisines les ressources qu'elle en avait tirées[1].

A l'extérieur sa conduite ne fut pas moins habile. On peut le proclamer l'inventeur du système des alliances de famille qui a été la base de la politique internationale de l'Europe pendant tout le moyen-âge. Ses états embrassaient toute la partie européenne de l'ancien diocèse d'Italie, c'est-à-dire l'Italie proprement dite, la Sicile, la Dalmatie, la Pannonie, le Norique et la Rhétie. Les ennemis qu'il pouvait avoir à craindre étaient, du côté de la mer, les Vandales; du côté des Alpes, les Bourguignons; sur le Danube les nations indépendantes de la Germanie. De ces ennemis, les Vandales étaient les plus dangereux; l'Italie, victime de leurs déprédations pendant près d'un demi-siècle, respirait à peine depuis la paix conclue avec eux par Odoacre. Théodoric s'empressa de renouveler ces traités, et pour les rendre plus durables, il donna en 496 sa sœur Amalfride en mariage au roi Vandale Trasamund[2]. Un de ses premiers soins d'ailleurs avait été de créer une flotte pour protéger les côtes de la péninsule contre les attaques des pirates africains et les velléités agressives de la cour d'Orient[3].

---

[1] Cassiod., ep. 34, l. 1; 42, l. 3, 5, 7, l. 4.

[2] Jornandès, Hist. Goth., c. 5.

[3] Cassiod., ep. 16, 17, 18, 19, 20, l. 5. Ces lettres furent écrites

Sur les Alpes et sur le Danube, les négociations ne suffirent pas ; il lui fallut d'abord acheter sa sécurité par des victoires. Il avait à peine
achevé d'abattre les résistances intérieures du
parti d'Odoacre lorsqu'il eut à repousser l'expédition de Gondebaud , dont nous avons raconté l'issue aussi prompte qu'insignifiante. A la
même époque, les Barbares du Danube firent,
dans le nord de l'Italie, une invasion combinée
sans doute avec celle des Bourguignons. Les nations qui bordaient alors la ligne de ce fleuve
étaient, au nord de la Pannonie, les Ruges, puis,
en allant vers l'ouest les débris des tribus suéviques réunies en deux confédérations principales,
celle des Bavarois, dans le voisinage du Norique,
celle des Allemands au nord de la Rhétie et sur
les deux rives du Rhin, dans la Souabe et la Germanie supérieure [1]. Théodoric battit tous ces

en 496 ; le double but que nous signalons y est clairement indiqué :
Non habet quod nobis Græcus imputet aut Afer insultet.

[1] La Vie de Saint Séverin, apôtre du Norique, donne les notions
les plus exactes sur les peuples barbares voisins du Danube. Elle n'en
indique pas d'autres que ceux que nous nommons ici. Jornandès con-
serve aux Allemands l'ancien nom de Suèves, et décrit très fidèlement
leur position géographique : *Regio illa Suevorum ab oriente Baiobaros
habet, ab occidente Frances, à meridie Burgundiones, à septentrione
Thoringos.* (Hist. Goth., *c.* 55.) C'est le cercle impérial de Souabe au
moyen-âge.

peuples et les força de respecter les frontières romaines. Pour mieux les contenir, il rechercha l'alliance des nations qui habitaient la Thuringe ou les montagnes de la Germanie centrale. Ces nations étaient alors un mélange de Varnes, d'Hérules, et de quelques restes des anciennes tribus germaniques portant plus spécialement le nom de Thuringiens qu'on appliquait en général à toute cette masse de populations hétérogènes. Trois rois commandaient avec une autorité égale aux trois fractions dont elle se composait. Théodoric adopta un de ces princes, le chef des Hérules, pour son fils d'armes, et fit épouser au chef des Thuringiens une de ses nièces [1]. En se les attachant ainsi par les liens les plus intimes, il eut en eux comme un corps de réserve placé derrière les Ruges et les Suèves et prêt à les accabler au premier mouvement qu'ils voudraient tenter. Quant aux Gépides établis dans l'intérieur de la Pannonie, il les força d'abandonner la ville de Sirmium, les réduisit à la condition de fédérés et les employa dans ses armées; il réussit même à les soumettre aux lois et à les faire vivre en bonne intelligence avec les populations romaines [2].

Du côté de la Gaule, aussitôt après la retraite

---

[1] Cassiod., *l.* 4, *ep.* 1 *et* 2 ; *ep. ad reges Thoringiæ*, 3, *l.* 3.

[2] Cassiod., *ep.* 23, 24, *l.* 3, 11, *l.* 5.

de Gondebaud, il avait fortifié tous les passages des Alpes; mais il comprit que ces obstacles matériels ne seraient qu'une garantie précaire de sécurité pour l'avenir, s'il ne se ménageait là aussi des alliances capables de contrebalancer les forces de ses adversaires. Déjà à cette époque le nom de Clovis commençait à grandir avec sa puissance. Le coup d'œil exercé de Théodoric devina les hautes destinées promises à cette gloire naissante, et vit dans le fils de Childéric l'ennemi naturel et implacable des Bourguignons. Il reconnut que c'était le meilleur appui qu'il pût chercher au-delà des Alpes, et pour se l'assurer, il n'hésita pas à demander pour lui-même la main d'une sœur de Clovis, nommée Audelfède. Ce mariage dut être conclu en 495; il fut postérieur à l'invasion de Gondebaud et précéda la guerre de Clovis contre les Allemands, puisque Théodoric, lui écrivant pour le féliciter de sa victoire, lui parle des liens de famille qui existaient déjà entre eux[1].

---

[1] *Gloriosâ vestræ virtutis affinitate gratulamur*.... *Jure gratiæ merentur evadere quos ad parentum vestrorum defensionem respicitis confugisse.* (Cassiod., ep. 41, l. 2.) Les termes de cette lettre montrent quelle liaison intime existait alors entre Théodoric et Clovis: *Vestra salus nostra gloria est, et toties regnum Italiæ proficere judicamus, quoties de vobis læta cognoscimus.* Il termine en annonçant l'envoi d'un habile musicien que le roi des Francs lui avait demandé. La lettre 40, l. 2, nous apprend que le savant Boëce fut chargé du choix de cet artiste.

La fille des rois francs fut la première femme légitime de Théodoric ; mais avant d'appeler une princesse à partager son trône et son lit, il avait eu deux filles d'une concubine. En 498, il maria l'aînée, Theudigote, au jeune roi des Wisigoths Alaric [1]. Par là, il cernait de toutes parts les états bourguignons, il préparait la fusion des deux branches de la race gothique, et il se flattait de tenir la Gaule dans sa dépendance en s'attachant par le lien des affections domestiques deux des trois grandes monarchies qui se partageaient le territoire gaulois. Certes, la savante diplomatie des temps modernes n'offre point de combinaison plus habile que celle de ce vaste réseau d'alliances qui réunissait tous les principaux chefs des nations barbares en une même famille, sous l'influence prépondérante du maître de Rome, du successeur de fait des empereurs d'Occident. Par ce système, Théodoric devint le pivot autour duquel se déroulèrent tous les événements. Rien ne se fit en Europe sans qu'il y intervînt d'une manière plus ou moins directe, et c'est pourquoi nous avons dû tant insister sur l'origine et le véritable caractère de sa puissance.

Le premier essai de ses forces au dehors fut

[1] Jornandès, *Hist. Goth.*, c. 58.

dirigé contre les Bourguignons. Il avait à prendre sur eux une revanche pour laquelle il pouvait compter sur l'active coopération de Clovis. Maître paisible d'un royaume qui s'étendait du Wéser à la Loire, appuyé par l'influence catholique, allié du souverain de l'Italie, le roi des Francs était maintenant en mesure d'accomplir la seconde promesse qu'il avait faite à Clotilde et de venger sur Gondebaud le meurtre de Chilpéric. Mais si la position qu'il avait prise comme chef du parti catholique dans la Gaule lui donnait une force immense, elle exigeait aussi de grands ménagements. Sa popularité reposait sur la confiance que lui accordaient les évêques, et pour la conserver il était obligé de se conformer à leurs conseils et d'y subordonner ses vues politiques. Saint Remi surtout, auteur de sa conversion et qui s'était porté son garant vis-à-vis de tout l'épiscopat gaulois, avait droit à l'obéissance filiale du royal néophyte, qui n'entreprenait rien sans l'avoir consulté. Or les évêques et saint Remi à leur tête étaient beaucoup moins préoccupés des intérêts temporels des princes que de la sécurité de l'Église et des progrès de la religion. Ce qu'ils voulaient avant tout, c'était d'être gouvernés par des souverains catholiques, et pour atteindre ce but, deux moyens se présentaient à eux : l'un de renverser les princes ariens, l'autre de les ramener à la vraie foi. La charité chrétienne et l'esprit de l'Évangile qui recommande la soumission aux pouvoirs de fait, ordonnaient de commencer par tenter ce dernier moyen. Telle fut aussi la ligne de conduite que suivirent les évêques.

En 499, après trois années de négociations et d'intrigues secrètes, les prélats catholiques de la Bourgogne, sur l'invitation qui leur en fut faite ouvertement par saint Remi, profitèrent de la fête de Saint-Just, qui les réunissait à Lyon, pour proposer à Gondebaud d'ouvrir une conférence entre eux et les évêques ariens [1]. Gondebaud résidait alors dans une maison royale près de cette ville, sur les bords de la Saône. La proposition des évêques l'embarrassa, et il l'accueillit avec un dépit mal dissimulé; d'une part, il était attaché à la foi de ses pères et de sa nation; de l'autre, il n'ignorait pas les menées des prélats catholiques et leurs relations avec Clovis. Aussi ce fut la première pensée qui lui vint à l'esprit : « Pourquoi, leur dit-il brusquement,

---

[1] *Providente Domino ecclesiæ suæ et inspirante pro salute totius gentis cor domini Remigii qui ubique altaria destruebat idolorum et veram fidem potenter cum multitudine signorum amplificabat, factum est ut episcopi plures, non contradicente rege, congregarentur si fieri posset ut Ariani, qui religionem christianam scindebant, ad unitatem possent reverti.* (Collatio episcoporum, ap. Av.)

» ne commencez-vous pas par désarmer le roi
» des Francs qui m'a déclaré la guerre, et qui
» cherche partout des ennemis pour me perdre?
» La véritable foi est-elle là où se trouvent l'avi-
» dité du bien d'autrui et la soif du sang des
» peuples? Que Clovis montre donc sa foi par
» ses œuvres [1]. »

Avitus, évêque de Vienne, dont nous avons
cité la correspondance avec Clovis et saint Remi,
dirigeait toute cette affaire, et portait la parole
au nom de ses collègues [2]; sa réponse fut très
adroite : « Nous ignorons, dit-il, dans quelles in-
» tentions et par quel motif Clovis agit comme
» vous le dites ; mais nous savons par l'Écriture
» que l'abandon de la loi de Dieu amène souvent
» la destruction des royaumes. Revenez avec
» votre peuple à la loi du Seigneur, et vous

---

[1] *Coll. episc.*

[2] Etienne, évêque de Lyon, avait convoqué l'assemblée et en était
le président de droit. Mais Avitus y dominait par l'ascendant de ses talents et de sa haute naissance, quoiqu'il fût un des plus jeunes : *Avitus
cui, licet non esset senior nec dignitate, nec ætate, plurimùm deferebe-
tur.* (Coll. ep.) On trouve dans le Recueil de Cassiodore, *ep.* 22, *l.* 2, une
lettre de Théodoric qui autorise les fils d'Ecdicius à quitter Rome où
ils achevaient leurs études, et à retourner dans leur patrie pour assister
aux obsèques de leur père. Cette lettre a été écrite au plus tôt en 494,
et donne la date exacte de la mort d'Ecdicius. Ses fils, Avitus et Apollinaris, ne devaient pas avoir alors plus de vingt-cinq ans ; mais le nom
de leur père était si respecté, qu'ils furent presqu'immédiatement élus
évêques, l'un de Vienne, l'autre de Valence.

» n'aurez rien à craindre sur vos frontières. Si
» vous avez la paix avec le Ciel, vous l'au-
» rez aussi avec les hommes, et jamais vos en-
» nemis ne prévaudront contre vous [1]. » C'é-
tait indiquer clairement que la question de la
guerre avec les Francs était une question religieuse et que le corps épiscopal garantissait aux
Bourguignons catholiques la paix qu'on refusait
aux Bourguignons ariens.

En résumé, la discussion entre le roi et les
évêques, se réduisait à ceci. Gondebaud disait
aux évêques : obtenez que Clovis désarme et je
verrai si je dois me convertir. Les évêques lui
répondaient : convertissez-vous et Clovis désar-
mera. Chacun persistant dans ces prétentions
opposées, il était difficile d'arriver à s'entendre.
Cependant Gondebaud, comprenant tout le danger de sa position, ne crut pas pouvoir se refuser à ouvrir la conférence. Elle eut lieu à Lyon;
mais comme les ariens ne l'avaient acceptée qu'a-
vec beaucoup de répugnance, elle fut courte et
sans résultat. Gondebaud refusa nettement de
changer de relígion et se contenta de dire en
secret aux évêques Étienne et Avitus, de prier
pour lui [2]. Les principaux membres de la no-

---

[1] *Coll. ep.*

[2] *Rex qui jàm surrexerat, accipiens per manus dominum Stephanum*

blesse romaine s'étaient joints aux évêques pour
donner plus de solennité à cette discussion publique. Mais le ministre Aredius, quoique catholique lui-même, craignant pour les intérêts de
son maître l'effet d'une manifestation de ce genre
sur l'opinion, fit tout ce qu'il put pour l'empêcher ou l'entraver [1]. Une circonstance heureuse
entretenait seule les espérances des catholiques
et les rattachait à la dynastie des princes bourguignons. Sigismond, fils de Gondebaud, avait
dès-lors adhéré publiquement aux doctrines de
l'église orthodoxe; Avitus, son maître et son
ami, avait toute sa confiance. Aussitôt après la
conférence, l'illustre prélat s'empressa de lui
écrire pour lui en faire connaître la fâcheuse issue, en lui déclarant que l'espoir des fidèles avait
été encore une fois trompé, mais n'était pas cependant perdu pour toujours [2].

Quoiqu'il en soit, après un tel dénouement,
l'épiscopat n'avait plus de prétexte pour arrêter
les projets hostiles de Clovis, et le résultat de la

---

et dominum *Avitum, duxit eos usque ad cubiculum suum, et cùm in-
traret, amplexus est eos dicens ut orarent pro eo.* (Coll. ep.)

[1] *Cùm episcopi ingrederentur, invenerunt Aredium qui eis persuadere
volebat ut regrederentur; dicebat enim quod tales rixæ exasperabant
animos multitudinis, et quod non poterat aliquid boni ex eis provenire.*
(Coll. episc.)

[2] *Aviti ep. 21.*

conférence prévu sans doute par ceux qui l'avaient provoquée, servait merveilleusement à disposer les esprits en faveur du roi des Francs..[1] Lui-même, de son côté, avait mis à profit ces délais pour chercher partout des appuis à sa cause et des ennemis à son adversaire. Depuis long-temps il était convenu avec son beau-frère Théodoric qu'ils attaqueraient simultanément les états des Bourguignons, l'un par le nord, l'autre par le midi, et qu'ils se partageraient les provinces conquises. Le rusé souverain de l'Italie avait fait même ajouter au traité une clause en vertu de laquelle celui des deux qui arriverait trop tard pour participer activement à l'expédition, pourrait, en payant une somme pour les frais de la guerre, prendre sa part des conquêtes que son allié aurait fait seul[2]. La liaison intime que le mariage d'Alaric avait établie entre les deux branches de la race gothique lui garantissait en outre la neutralité des Wisigoths. Mais les alliés sur lesquels Clovis comptait le plus étaient ceux qu'il avait su se ménager parmi les sujets et dans la famille même de Gondebaud. Nous avons vu qu'à l'époque où

---

[1] Le récit de la conférence, rédigé par Avitus, reçut à dessein une grande publicité, et fut lu avidement dans toute la Gaule ; les passages que nous en avons extraits prouvent suffisamment dans quel esprit il était conçu.

[2] Procope, *de Bell. Goth.*, l. 1, c. 12.

ce prince alluma la guerre civile contre son frère
Chilpéric, un autre de ses frères, nommé Godégisile, l'avait soutenu dans cette lutte impie et
l'avait aidé à exterminer jusqu'aux derniers restes
du sang des deux aînés de leur race, Chilpéric et
Gundemar. Après la victoire, les deux complices
s'étaient partagé les profits de leurs crimes, et
Gondebaud avait abandonné à Godégisile la partie orientale des états bourguignons qui comprenait l'Helvétie et la Séquanie ou l'ancienne division du *tractus Sequanicus*. Godégisile avait fixé
sa résidence à Genève et y exerçait toutes les pré-
rogatives de la souveraineté [1]; cependant il était
resté vis-à-vis de Gondebaud dans la position
subalterne où il avait été vis-à-vis de Chilpéric.
On voit dans toutes les circonstances que Gondebaud, investi de la dignité de patrice, se regardait comme le chef suprême de la nation, et
était considéré comme tel par la cour d'Orient
et les autres rois barbares : seul il agissait au dehors et réglait les grands intérêts de l'Etat; Godégisile n'était par le fait que son premier sujet, et
le sentiment de cette infériorité devait aigrir le

[1] Il y battait monnaie, comme on le voit par l'édit de Gondebaud,
qui, après la mort de Godégisile, prohiba la circulation des sols frappés
à Genève. Mais ces monnaies, comme toutes celles frappées dans la
Gaule par les rois barbares au Vᵉ siècle, portaient le nom et l'effigie des
empereurs; c'étaient de simples contrefaçons des monnaies impériales.

cœur d'un ambitieux qui, déjà, n'avait pas reculé devant un double fratricide. Pour rester seul maître de la monarchie des Bourguignons, il ne lui restait plus qu'à se défaire de Gondebaud. Il fut donc disposé à prêter l'oreille aux offres de Clovis, qui lui promettait de le mettre en possession de l'héritage du dernier de ses frères[1].

Cette négociation fut conduite avec tant de secret que Gondebaud, tout attentif qu'il était à surveiller les menées de Clovis, comme le prouve sa réponse aux évêques, ne put en avoir aucun soupçon. Lorsqu'au printemps de l'année 500, la guerre fut enfin déclarée, et que l'armée des Francs entra sur son territoire, il appela avec confiance Godégisile à venir combattre à ses côtés pour la défense commune[2]. Les deux armées se rencontrèrent près de Dijon; une bataille sanglante s'engagea, et pendant une partie de la journée la fortune sembla indécise. Mais vers le

---

[1] *Audiens Godegisilus Chlodovei regis victorias, misit ad eum legationem occultè dicens : Si mihi ad persequendum fratrem meum præbueris auxilium ut eum bello interficere aut de regno ejicere possim, tributum tibi quale tu ipse velis injungere, annis singulis dissolvam. Quod ille libenter accipiens, auxilium ei, ubicunque necessitas posceret, repromisit.* (Greg. Tur., *Hist.*, l. 2, c. 32.)

[2] *Gundobadus ignorans dolum fratris, misit ad eum dicens : Veni in adjutorium meum quia Franci se commoverunt contrà nos, ideòque simus unanimes adversùs gentem inimicam nobis. At ille : Vadam, inquit, cum exercitu meo et tibi auxilium præbebo.* (Greg. Tur., *Hist.*, l. 2, c. 32.)

soir Godégisile passa tout-à-coup du côté des
Francs, entraînant avec lui la plupart des soldats
bourguignons. Dès-lors la mêlée ne fut plus
qu'une déroute [1]. Abandonné des siens, Gondebaud ne songea qu'à fuir et courut sans s'arrêter jusqu'aux dernières limites de son royaume,
où il trouva un asile dans la forteresse d'Avignon [2]. tandis que Clovis et Godégisile occupaient sans résistance Lyon et Vienne, et prenaient possession des provinces qui dépendaient
de ces deux grandes villes.

La marche de ces événements avait été si rapide qu'ils étaient accomplis avant que Théodoric eût fait passer les Alpes à son armée. Il paraît
même qu'il avait à dessein retardé la marche de
ses troupes pour laisser les Francs et les Bourguignons s'épuiser dans une lutte qu'il croyait
devoir être longue, et intervenir avec plus d'a-
vantage lorsque les deux partis seraient également affaiblis. Trompé dans ses calculs par l'im-
pétuosité de Clovis, il n'en réclama pas moins
l'exécution de la clause qu'il avait fait insérer

---

[1] *Moventes simul hi tres exercitus (Chlodovei, Gundobadi et Godegi-*
silli) ad castrum cui nomen Divione pervenerunt ; confligentesque super
Oscaram fluvium, Godegisilus Chlodoveo conjungitur ac uterque exerci-
tus Gundobadi populum atterit. (Greg. Tur., *Hist.*, l. 2, c. 32.)

[2] Procope, *de Bell. Goth.*, l. 1, c. 12. Greg. Tur., *Hist.*, l. 2,
c. 32.

dans le traité d'alliance, et en payant au roi des Francs la somme convenue, il se fit donner une part des états de Gondebaud, suivant le témoignage de Procope, qui admire, dans cette politique, le digne élève de la cour de Bysance [1].

Cependant au moment même où ses ennemis se partageaient ses dépouilles, Gondebaud résistait à toutes les forces des Francs qui l'assiégeaient dans Avignon ; Clovis ravageait les campagnes, arrachait les vignes, coupait les oliviers, mais ne pouvait s'emparer de la ville ni des autres places fortes semées dans cette contrée montagneuse et d'un difficile accès [2]. La prolongation de cette résistance rendait la position des assiégés très critique ; car la complication d'une foule d'intérêts divers pouvait d'un moment à l'autre faire naître des combinaisons nouvelles. Clovis représentant des idées catholiques, avait vaincu Gondebaud avec l'aide de Godégisile qui, loin d'être plus rapproché du catholicisme que son frère, était au contraire le type le plus prononcé des influences ariennes et barbares. En effet, la contrée soumise au gouvernement immédiat de ce prince était celle où la nation des Bourguignons s'était fixée

---

[1] Procope, *de Bell. Goth.*, l. 1, c. 1.

[2] *Depopularis agros, prata depascis, vineas desecas, oliveta succidis omnesque regionis fructus evertis ; interim et illi nocere nihil prævales.* (Greg. Tur., *Hist.*, l. 2, c. 32.)

dès l'origine, dans un pays dépeuplé, et où par conséquent elle n'était presque point mélangée de population romaine. Gondebaud s'était réservé la Viennoise et la Lyonnaise, provinces riches et populeuses, mais qui ayant été seulement occupées par des détachements de l'armée bourguignonne en vertu d'ordres impériaux, étaient restées entièrement romaines dans leurs mœurs, dans leur religion, dans tout ce qui constitue la nationalité d'un peuple. Godégisile avait donc pour lui la majorité des guerriers bourguignons, et ils le suivirent dans le camp de Clovis. Trahi par eux, Gondebaud n'aurait pu être soutenu que par les milices gauloises; mais ces milices étaient sous l'influence des évêques et de la noblesse catholique dont l'issue des conférences de Lyon lui avait aliéné les sympathies. A force d'hésitations et de duplicité, il avait mécontenté à la fois le parti arien et barbare dont son frère s'était fait le chef, et le parti romain et catholique qui s'était jeté dans les bras de Clovis. Mais lorsque la victoire eut mis le pouvoir aux mains de Godégisile, lorsque cet arien fanatique et grossier siégea en maître dans les palais de Vienne et de Lyon, les catholiques commencèrent à se repentir de ce qu'ils avaient fait. Comme tout le monde, ils avaient été surpris par la rapidité des événements. Ils voulaient donner une leçon à

Gondebaud, l'affaiblir pour le dominer plus facilement ; mais quand ils le virent si promptement abattu, ils se souvinrent qu'il avait toujours été tolérant pour eux, qu'il ne s'agissait que d'une question de temps pour avoir un souverain de leur foi dans son fils Sigismond, et ils reconnurent avec effroi que la révolution qu'ils avaient secondée, au moins par leur indifférence, s'était accomplie contre eux. Il en résulta un revirement subit dans leurs dispositions. Avitus, fuyant sa ville épiscopale, où Godégisile avait intronisé un évêque arien, s'était enfermé avec Gondebaud dans Avignon [1]. Guidés par lui, les évêques commencèrent à supplier Clovis d'épargner un ennemi qui ne pouvait plus lui nuire, et de ne pas pousser jusqu'au bout sa vengeance.

Le roi des Francs lui-même n'était pas tranquille sur l'avenir ; il s'était engagé témérairement dans un pays ennemi, à plus de cent lieues de ses frontières. Il avait derrière lui Godégisile qui ne lui inspirait aucune confiance, et devant lui Théodoric qui, jaloux de ses succès, pouvait saisir cette occasion pour l'accabler. L'habile

---

[1] Dubos suppose avec beaucoup de vraisemblance que ce fut dans cette circonstance critique qu'Avitus écrivit à Aurélien, le dévoué serviteur de Clovis, le négociateur du mariage de Clotilde, une lettre où il exprime en termes énigmatiques ses craintes et ses espérances. (*Aviti ep.* 34.)

dès l'origine, dans un p‥
conséquent elle n'étai‥
de population romai‥
la Viennoise et la J‥
populeuses, ma‥
pées par des ‥
gnonne en ‥
tées entiè‥
dans leu‥
natior
pou'
et

‥rit tout
‥ituation
‥s le camp
difficultés
ait fait et
‥n persistant
‥euse [1]. En même
‥ue Gondebaud, le paie‑
‥ et il ajouta que son mai‑
a se convertir à la foi ortho‑
adopter toutes les mesures qu'on lui
‥derait dans l'intérêt des catholiques et des
‥umains. L'honneur était sauvé par ces conces‑
sions qui d'ailleurs ôtaient à Clovis sa principale
force en rattachant à la cause de Gondebaud les
populations romaines. Il se hâta donc de signer
un traité de paix et de regagner ses états, laissant
Godégisile se défendre, comme il pourrait, con‑
tre son frère, avec l'aide de quelques Francs ariens
qui restèrent volontairement à sa solde.

Aussitôt que Gondebaud se vit délivré de ce
redoutable ennemi, il reprit courage, et songea
à recouvrer tout ce qu'il avait perdu. Sa posi‑
tion n'était pas aussi désespérée qu'elle avait pu
le paraître d'abord. Sa déroute avait été l'effet
d'une surprise; mais, après le premier étonne‑

---

[1] Greg. Tur., *Hist.*, l. 2, c. 32.

'ait revenu à l'appréciation exacte
'ntérêts. Les principaux chefs
'aient avec le roi vaincu dans
's profitèrent des circon-
les promesses que nous
..r, et lorsqu'ils les eu-
..ocratie romaine vint à leur
..e toutes parts sous les étendards
..aud. Alors il sortit de sa retraite et
..ns perdre de temps assiéger Vienne où son
irère s'était établi [1].

Godégisile avait si peu de confiance dans la population romaine, qu'à l'approche de Gondebaud,
il chassa tous les habitants de cette grande cité
et y resta seul avec la garnison et quelques ariens.
Mais cette précaution même le perdit; un des
habitants expulsés indiqua aux assiégeants un
passage souterrain qui leur donna entrée dans la
ville. Surpris par cette attaque imprévue, obligés de faire face à la foi aux ennemis du dehors
et à ceux du dedans, les Bourguignons n'essayèrent pas même de résister, et le combat ne fut
qu'un massacre. Godégisile et l'évêque arien
furent égorgés dans la cathédrale où ils avaient
cherché un asile. Les Francs qui étaient restés

---

[1] *Post hæc, resumptis viribus, contrà fratrem suum Godegisilum
exercitum commovit eumque apud Viennam civitatem inclusum obsedit.*
(Greg. Tur., *Hist.*, l. 2, c. 33.)

à son service se défendirent seuls avec une valeur opiniâtre; réfugiés dans une tour, ils se préparaient à vendre chèrement leur vie; mais Gondebaud, qui voulait ménager Clovis, leur accorda une capitulation honorable et les fit conduire de l'autre côté du Rhône sur les terres des Wisigoths [1].

Une réaction générale et immédiate suivit cette catastrophe; toutes les provinces rentrèrent spontanément sous l'autorité de Gondebaud qui se trouva cette fois seul maître du pouvoir par l'extinction de toutes les branches collatérales de sa famille [2]. Les principaux chefs de la nation bourguignonne avaient secondé la trahison de Godégisile; il les fit tous périr dans les supplices [3]. Ainsi se termina dans l'espace d'une année cette série de révolutions si extraordinaires et si rapides dont le résultat définitif fut la défaite et l'abaissement du parti barbare et arien.

---

[1] Greg. Tur., *Hist.*, l. 2, c. 33.

[2] *Gundobadus regionem omnem quæ nunc Burgundia dicitur in suo dominio restauravit* (Greg. Tur., *Hist.*, l. 2. c. 33). Dubos a voulu conclure de ce passage que Clovis et Théodoric n'avaient conservé, à la suite de cette guerre, aucune partie des états bourguignons. Il me semble que rien n'autorise à donner cette extension aux paroles de Grégoire de Tours.

[3] *Eo anno Gundobagaudus, resumptis viribus, Viennam cum exercitu circumdedit, captdque civitate fratrem suum interfecit, pluresque seniores burgundiones qui cum eo senserant multis exquisitisque tormentis morte damnavit.* (Marii Aventic. *Chron.*, ad ann. 500.)

Gondebaud, à la fin de cette guerre, recouvra-t-il ses états dans toute leur intégrité ? Fut-il obligé d'en céder quelques portions à Clovis et à Théodoric? C'est une question très controversée et fort difficile à résoudre. Le témoignage de Procope et même celui de Grégoire de Tours semblent constater que les deux princes alliés ne se retirèrent pas sans avoir obtenu quelques cessions de territoire [1]. Plusieurs historiens modernes se fondant sur un passage de Grégoire de Tours, où il est dit que les Bourguignons, avant la guerre, possédaient la province Marseillaise, ont pensé que le roi des Ostrogoths prit alors sur eux l'ancienne province romaine, composée des cités d'Arles et de Marseille, de la deuxième Narbonnaise et des Alpes maritimes. Mais les événements postérieurs démentent cette supposition; car sept ans plus tard, dans les guerres de Clovis contre Alaric, on retrouve les Wisigoths maîtres de cette province qu'Euric avait enlevée à l'Empire, vers 480. On ne saurait d'ailleurs indi-

---

[1] Grégoire de Tours dit que Godégisile avait promis à Clovis une partie de son royaume : *Godegisilus, promissâ Chlodovæo aliqud parte regni sui, cum pace discessit* (Greg. Tur., *Hist.*, l. 2, c. 32). Procope félicite Théodoric d'avoir, en épargnant le sang de ses sujets, acquis pour un peu d'or la moitié des états de l'ennemi (*de Bell. Goth., lib. 1, c. 12*). Il y a là une exagération évidente qui s'explique par le peu de connaissance qu'avaient les écrivains orientaux de la géographie de la Gaule.

quer, de 480 à 500, une circonstance dans laquelle les Bourguignons aient pu s'agrandir de ce côté, puisqu'il n'y eut pas de guerre entre eux et les Wisigoths. Procope dit formellement que la domination de ces derniers s'étendait jusqu'aux Alpes [1], et lorsqu'il parle de la fuite de Gondebaud, il nous montre ce prince, réfugié dans Avignon, aux extrémités de son royaume [2]; or s'il eût possédé l'ancienne province d'Arles, Avignon eût été encore loin de ses frontières. Il est probable que ce fut cette ville même d'Avignon que Théodoric se fit céder; nous avons une lettre par laquelle il prescrit au commandant qu'il y envoyait de ménager les habitants [3], et en 506 l'évêque d'Avignon assista au concile d'Agde, où étaient réunis tous les prélats des provinces soumises, dans la Gaule, à la domination des Goths. Quant à Clovis, s'il acquit quelque chose, ce dut être d'un côté la cité de Bâle, détachée de l'Helvétie et enclavée dans ses nouvelles conquêtes de l'Allemanie [4], de l'autre le Nivernais qui avait toujours

---

[1] Γαλλίαν Ούϊσίγοττοι ίσχον μέχρις Άλπεων. (Procope, de Bell. Goth., lib. 1, c. 12.)

[2] Φράγγοι τρεψάμενοι τοὺς πολεμίους, ἰς τὰ ἔσχατα χώρας ἃς τότε ᾤχουν ἐξήλασαν. (Ibid.)

[3] Cassiod ; l. 3, epist. 38.

[4] Dubos indique, comme preuve de l'acquisition de la cité de Bâle par Clovis, la présence de l'évêque de Bâle au concile d'Orléans en 511. Aucune des éditions de ce concile ne donne la signature d'un évêque de Bâle. Adelphius, cité par Dubos, était évêque de Poitiers. Mais il est

fait partie du territoire des Eduens ou de la première Lyonnaise, et fut alors érigé pour la première fois en un diocèse particulier dépendant
de la province Sénonaise soumise aux Francs [1].
Cependant, comme le premier évêque authentique de Nevers, Tauricianus, assista au concile
d'Epaone, convoqué par Sigismond, roi des Bour
guignons, en 517, il faut croire que Clovis resti-
tua cette province à Gondebaud, lorsqu'il s'al-
lia avec lui contre les Wisigoths en 507.

Quoiqu'il en soit, il est certain que Gondebaud ne fit pas de grandes pertes territoriales;
mais après son rétablissement il ne put oublier
les promesses qu'un danger pressant lui avait arrachées; car les nécessités de sa position étaient
toujours les mêmes, et il ne pouvait se maintenir
qu'avec l'aide du parti qui l'avait relevé. Dès
l'année suivante 501, il promulgua un code de
lois destiné à remplacer les vieux usages germaniques qui seuls avaient régi jusque-là le peuple
bourguignon [2]. Ce code était une grande inno-

également certain qu'il n'y eut point d'évêque de Bâle au concile d'E-
paone, et l'on peut en conclure que cette cité ne faisait plus partie des
états bourguignons, car ce concile fut très complet.

[1] *Post Chlodovæanos triumphos distracta ab Eduis regio Nivernensi-
bus attributa est, et in civitatem erecta.* (Gallia Christiana, *tom. XII*,
p. 625.)

[2] La loi des Bourguignons porte dans son préambule la date de la
deuxième année du règne de Gondebaud. On ne peut cependant la re-

vation, car c'était la première fois qu'on essayait
d'assujétir des Barbares à une législation régulière. Son préambule montre qu'il avait surtout
pour but de réprimer la vénalité et les actes ar-
bitraires des comtes et des juges, les abus de
toute sorte commis par les hommes puissants,
les exactions du fisc et les exigences des béné-
ficiers barbares [1]. Il réglait les rapports des Bourguignons, hôtes de l'Empire, avec les populations
gallo-romaines de la manière la plus favorable
à ces dernières [2]. Il abolissait le trait le plus sail-

porter ni à l'époque de la mort du père de ce prince, ni à celle où il
commença à régner de fait après son retour d'Italie, en 474. Grégoire
de Tours dit positivement que cette loi fut promulguée à Lyon après le
rétablissement de Gondebaud et la mort de Godégisile. Le titre relatif
au duel judiciaire confirme cette assertion ; il est daté de Lyon, le 5 des
calendes de juin (27 mai), sous le consulat d'Avienus. Deux consuls
portant les noms de Rufius Magnus Festus Avienus, se sont succédé
en 501 et 502 ; le dernier est distingué par l'épithète de *junior*. La
deuxième année du règne de Gondebaud tombait donc en 502, et par
conséquent il datait son règne de la fin de l'année 500, époque à laquelle il commença à régner seul, après l'extinction de toutes les branches collatérales de sa famille.

1 *Ea primùm habito consilio comitum nostrorum studuimus ordinare,
ut integritas et æquitas judicandi à se omnia præmia vel corruptiones
excludat.... Nec fiscus noster aliquid ampliùs præsumat quàm quod de
solâ inlatione mulctæ legibus legitur constitutum.* (Lex Burg., *præamb.*)

2 *Lex Burgund.*, t. 13, 22, 54, 55. Dans le titre 10 se trouve énoncé
le grand principe de l'égalité des deux races : *Burgundio et Romanus unâ
conditione teneantur.*

lant des coutumes germaniques, l'usage qui permettait de racheter tous les crimes par une indemnité ou *composition* payée à l'offensé ou à sa famille, et y substituait un système de pénalité analogue à celui des lois romaines [1]. Rien n'était plus contraire aux idées et aux mœurs des Barbares, rien ne pouvait altérer plus profondément leur nationalité; mais aussi rien n'était plus nécessaire pour le rétablissement de la sécurité publique sans cesse troublée par l'impunité de fait dont jouissaient les grands coupables. Malheureusement l'effet de cette mesure fut presqu'entièrement détruit par l'introduction du duel judiciaire. C'était déjà beaucoup que d'avoir soumis ces fiers Teutons à l'ignominie du supplice. Gondebaud, qui conservait au fond du cœur les sentiments et les préjugés de sa race ne crut pas au moins pouvoir leur refuser le droit de mourir les armes à la main, et de se soustraire par le combat à la perfidie des faux témoins et à la fourberie des procédures [2]. Les principaux

[1] *Si quis hominem ingenuum ex populo nostro cujuslibet nationis occidere damnabili ausu aut temeritate præsumpserit, non aliter admissum crimen quàm sanguinis sui effusione componat.* (Lex Burgund., t. 2.)

[2] *Multos in populo nostro pervicacione causantium et cupiditatis instinctu ità cognoscimus depravari ut de rebus incertis sacramenta plerùmque offerre non dubitent et de cognitis jugiter perjurare. Cujus sceleris consuetudinem submoventes, præsenti lege decernimus ut...* etc. (Lex Burgund., t. 45.)

membres de l'aristocratie romaine furent consultés pour la rédaction de ce code; l'évêque
Avitus y prit une grande part et s'opposa, inutilement, il est vrai, à l'introduction du duel judiciaire [1]. Lorsque la loi fut rédigée, Gondebaud
en fit donner lecture dans une assemblée générale
des chefs bourguignons. Aucun Romain n'y fut
appelé ; car cette législation n'était point faite
pour eux ; ils ne reconnaissaient d'autre loi que
le Code Théodosien et les décrets des empereurs [2].
Les noms de tous les chefs présents furent inscrits à la suite du préambule de la loi ; c'était un
engagement qu'on leur faisait prendre pour eux
et leurs descendants d'observer fidèlement cette
espèce de transaction légale entre les intérêts et

[1] Agobard, évêque de Lyon, dans le mémoire qu'il présenta à Louis-
le-Débonnaire pour demander l'abrogation du duel judiciaire, rapporte
la discussion qui eut lieu à ce sujet entre Avitus et Gondebaud. Il n'a
pu le faire que d'après les traditions et les documents conservés dans
l'église de Lyon où la loi fut délibérée et promulguée, comme on le voit
par la date mise à la suite du titre 45.

[2] Le préambule même de la loi énonce formellement ce principe :
*Inter Romanos verò, interdicto simili conditione venalitatis crimine, si-
cut à parentibus nostris statutum est, romanis legibus præcipimus judi-
cari.* Il y a néanmoins dans la loi des Bourguignons quelques dispositions applicables aux Romains, mais toujours d'une manière incidente.
Vers la même époque, les jurisconsultes de la cour de Gondebaud ré-
digèrent, à l'usage de ses sujets romains, un abrégé du Code Théodosien, publié par Cujas, sous le faux titre de *Papiani Responsum.*

les mœurs de deux races unies sans être confondues, des Romains et des Barbares[1].

L'aristocratie romaine et les évêques ne se contentèrent pas des garanties législatives qu'ils venaient d'obtenir[2]. Ils insistèrent pour que Gondebaud tînt la seconde promesse qu'il avait faite et rentrât dans le sein de l'église catholique. Le roi se soumit encore, du moins extérieurement, à ces exigences, et l'évêque Avitus se chargea de l'instruire dans la foi orthodoxe. Jaloux de la haute considération que saint Rémi s'était acquise par le baptême de Clovis, il espérait obtenir la même gloire en convertissant à son tour le chef d'une des grandes monarchies de la Gaule. Mais le vieux Gondebaud, rusé politique, arien entêté, n'était pas un cathécumène aussi

---

[1] *Constitutionis verò nostræ seriem placuit etiam adjectâ comitum suscriptione firmari, ut definitio quæ ex tractatu nostro et communi omnium voluntate conscripta est, etiam per posteros custodita, perpetuæ pactionis teneat firmitatem.* (Lex Burgund., *preamb.*, *in fine.*) Vient ensuite cette indication : *Nomina eorum qui leges vel sequentia constituta et illa quæ in priori paginâ continentur signaturi sunt vel in posterum cum prole, Deo auspice, servaturi.* Les noms qui suivent, au nombre de trente-deux, appartiennent tous à l'idiôme teutonique. Or, la loi elle-même nous apprend que le nombre des comtes romains était égal à celui des comtes barbares; c'est donc à dessein que ces derniers furent seuls appelés à signer la loi.

[2] Grégoire de Tours lui-même a reconnu que le code de Gondebaud avait été rédigé dans l'intérêt des Romains : *Burgundionibus leges mitiores instituit ne Romanos opprimerent.* (Hist., *l.* 2, *c.* 33.)

docile que le jeune roi des Francs. Nous avons
toutes les lettres qu'Avitus lui écrivit dans cette
occasion; chacune d'elles est un traité complet
sur quelque point théologique en réponse aux
difficultés que Gondebaud soulevait pour gagner
du temps [1]. Elles montrent que ce prince, comme
presque tous les autres rois barbares de cette
époque, ne manquait pas d'instruction; mais
elles prouvent également son peu de sincérité;
car il est évident que ces scrupules théologiques
n'étaient mis en avant que pour différer sa conversion et ne provenaient pas d'un désir réel de
s'éclairer. Les prêtres ariens, dont il était entouré, lui suggéraient sans cesse des objections
nouvelles. Aussi Avitus qui devait avoir l'air de
croire à la bonne foi de son disciple, finit par le
sommer d'éloigner de lui ces artisans de mensonges qui retardaient l'accomplissement de ses

---

[1] *Aviti Epist.* 1, 2, 3, 4, 5, 19, 20, 28, add. 1. Dans ces lettres,
Avitus, par le désir sans doute de gagner le cœur de son néophyte,
pousse quelquefois la flatterie jusqu'à la bassesse; dans la lettre 5, il
ose féliciter Gondebaud du meurtre de ses frères : *Flebatis quondam
pietate ineffabili funera germanorum ; sequebatur fletum publicum uni-
versitatis afflictio, et occulto divinitatis intuitu, instrumentum mæsti-
tiæ parabatur ad gaudium. Minuebat regni felicitas numerum regalium
personarum et hoc solum servabatur mundo quod sufficiebat imperio.*
Cette phrase mensongère était une sorte d'excuse de l'attachement que
le parti catholique avait montré pour Chilpéric et Gondemar.

promesses solennelles [1]. Mais Gondebaud n'en
continua pas moins jusqu'à sa mort, arrivée en
516, cette espèce de comédie, promettant toujours de recevoir le baptême catholique et ne s'y
décidant jamais. On dit, et Avitus fut bien aise
de le laisser croire, qu'il s'était fait baptiser secrètement ; cette supposition est peu vraisemblable [2].

Du reste les tendances de son gouvernement
furent toutes favorables à l'église orthodoxe, et
les catholiques s'en contentèrent parce qu'ils
trouvèrent une garantie suffisante dans les sentiments de son fils Sigismond, qui prit dès lors une
part active aux affaires. Ce jeune prince fut associé à la couronne et fixa sa résidence à Genève,
son père lui ayant confié l'administration des
provinces qui formaient l'apanage de Godégisile .[3] L'éducation n'avait laissé dans son ame

---

[1] *Vos divinâ vestrâque promissione fretus obsecro ne diutiùs sacerdotes·
vestri dicantur qui Sancto Spiritui contradicunt, ne ad perfectionem vestram aliquatenùs differendam persistant blasphemare, quod audiatis qui·
nolunt sentire quod creditis, ne tolerando imperitorum versutias et inep-
tias callidorum, suspendamini à professione, cùm jàm in confessione te-
neamini.* (Aviti Epist. 1.)

[2] Grégoire de Tours dit qu'il avait demandé à Avitus d'être baptisé
secrètement, mais que le saint évêque s'y étant refusé, il avait per-
sisté dans son erreur jusqu'à la fin de sa vie : *Usque ad exitum vitœ
suœ in hâc insaniâ perduravit nec publicè æqualitatem Trinitatis voluit
confiteri* (Greg. Tur., *Hist.*, l. 2, c. 34.)

[3] *Gundebadi filius Sigismundus apud Genavensem urbem jussu pa-*

presqu'aucune trace de l'origine barbare; c'était, par les sentiments et les mœurs, un véritable Romain[1]. Soumis aux conseils d'Avitus, qui rédigeait toute sa correspondance, il était en relation habituelle avec la cour d'Orient et servait d'intermédiaire entre cette cour et son père; il fit même un voyage à Constantinople pour resserrer ces liens déjà si intimes[2]; les fragments de ses lettres que nous avons cités, prouvent qu'il admettait dans sa plus grande extension le principe de la suzeraineté impériale[3]. Après le rétablissement de la paix, Théodoric, qui cherchait partout à étendre ses alliances et commençait à se défier de

___

tris sublimatur in regnum. (Fred. Epitom., c. 34.) Le témoignage de Frédégaire est confirmé par plusieurs lettres d'Avitus adressées à Sigismond pendant son séjour à Genève. (*Aviti Ep.* 29 et 30.)

[1] La reine Caritenes, mère de Sigismond, était catholique et très pieuse; elle mourut à l'âge de 50 ans, en 506, et fut enterrée dans la basilique de Saint-Michel à Lyon, où l'on a retrouvé son tombeau dont l'inscription constate qu'elle avait élevé ses enfants dans la foi orthodoxe :

Praeclaram sobolem dolceeque gavisa nepotes
Ad veram doctos sollicitare fidem.

[2] *Aviti Epist.* 7. Cette lettre est adressée au patriarche de Constantinople : elle commence ainsi : *Dùm domnus meus, filius vester, patricius Sigismundus gloriosissimum principem officio legationis expetiit, nobis quoque deferendi ad vos famulatus aditum dupliciter sanctâ opportunitate prospexit.*

[3] *Aviti Epist.* 42, 43, 44, 69, 83, 84. La dernière partie de la lettre 41, adressée à Clovis, me paraît aussi un fragment détaché d'une lettre destinée à l'empereur d'Orient.

Clovis, fit épouser à Sigismond la seconde de ses filles naturelles [1], attirant ainsi les princes bourguignons, naguère ses ennemis, dans ce réseau de parentés royales où il voulait enlacer tous les chefs des nations barbares, mais que les événements ne tardèrent pas à briser.

Gondebaud datait son règne de la première année du VIe siècle comme d'une ère nouvelle, et en effet, à dater de cette époque, la monarchie des Bourguignons entra dans des voies toutes différentes de celles qu'elle avait suivies jusqu'alors. Echappée à l'influence arienne, elle se rattacha à la fédération catholique dont Clovis était le chef, et il en résulta un changement subit dans les relations politiques des puissances barbares. Clovis s'était allié aux nations gothiques pour abattre Gondebaud, son ennemi personnel, et tirer de lui la vengeance qu'il avait promise à Clotilde. Mais Gondebaud, rallié maintenant à la cause catholique, remis en possession du pouvoir par l'influence des évêques et protégé par eux ne pouvait plus être en butte aux coups du fils aîné de l'église, du défenseur de la foi orthodoxe. Les Wisigoths seuls dans la Gaule soutenaient encore

---

[1] Jornandès, *Hist Goth.*, c. 58. Fredeg., *Epitom.*, c. 34. Théodoric écrivit vers le même temps à Gondebaud une lettre très amicale en lui envoyant deux horloges, l'une solaire, l'autre hydraulique, dont le savant Boece avait dirigé la construction. (*Cassiod.*, ep. 45 et 46, l. 1.)

la cause de l'arianisme. C'étaient désormais les seuls adversaires que Clovis eût à combattre pour continuer le rôle qu'il s'était donné et conserver la popularité qui faisait toute sa puissance, et, dans cette nouvelle lutte, Gondebaud devenait son allié naturel.

Nous avons déjà signalé les difficultés de tout genre qui assiégeaient les princes ariens au milieu des populations catholiques de la Gaule. Ces difficultés devinrent beaucoup plus graves pour les Wisigoths lorsqu'ils restèrent seuls en opposition manifeste avec les sentiments et les croyances de ces populations. Jusqu'alors ils n'avaient eu à craindre que l'influence des Francs; mais à partir de l'an 500, celle des Bourguignons leur fut presqu'aussi redoutable. Saint Césaire, évêque d'Arles, était, parmi les prélats soumis au gouvernement d'Alaric, le premier par la dignité de son siége, ancienne capitale de la Gaule, et par la vénération qu'inspiraient son mérite et ses vertus. En 503 ce pontife révéré fut accusé de vouloir livrer sa cité aux Bourguignons. Alaric le fit enlever de sa ville épiscopale et l'exila à Bordeaux [1].

---

[1] Saint Césaire fut élu évêque d'Arles en 502. Son biographe, qui était un de ses disciples, témoin oculaire des faits, dit qu'il fut dénoncé presqu'aussitôt après son élection : *Tranquillitatem ejus sancti viri post paucos dies æmulas diaboli perturbavit adversitas.* (Vita Sancti Cæsarii, *apud* Boll., c. 16.) On ne peut donc fixer la date de son exil au-

Nous avons dit plus haut que le même roi s'était vu forcé de proscrire successivement deux évêques de Tours, et Quintianus, évêque de Rodez, comme suspects d'intelligences avec les Francs. Ainsi la lutte du seul pouvoir hérétique de la Gaule contre l'épiscopat catholique, appuyé par l'opinion populaire, se reproduisait sous toutes les formes; Alaric se sentait entouré d'ennemis intérieurs contre lesquels il portait au hasard des coups mal assurés, et ses deux puissants voisins, Clovis et Gondebaud, étaient mieux obéis que lui-même au cœur de ses états.

Effrayé de cette situation, il pensa qu'un rapprochement avec le roi des Francs naguère son allié pourrait encore le sauver, et de deux périls, choisissant le moindre, il résolut de se jeter dans les bras de Clovis. Une entrevue sollicitée par lui eut lieu entre les deux rois sur l'extrême limite de leurs états, dans l'île de la Loire qui est en

---

delà des premiers mois de l'année 5o3. L'accusation portée par Licinianus, un des Notaires ou secrétaires de l'évêque, paraissait d'autant plus vraisemblable, que saint Césaire était originaire de Châlons sur-Saône, dans les états bourguignons ou dans la *Gaule*, nom qu'on donnait alors aux Lyonnaises, à la Celtique de César : *Quidam de notariis beati viri Licinianus suggessit per auricularios Alarico regi quod beatissimus Cæsarius, qui de Galliis habebat originem, totis viribus affectaret territorium et civitatem Arelatensem Burgundionum ditionibus subjugare.* (Ibid.)

face d'Amboise [1]. Clovis y parut avec tout l'ascendant que lui donnaient ses victoires et le sentiment de sa supériorité. En consentant au renouvellement de l'alliance, il en dicta les conditions qui se résumèrent dans une satisfaction
complète accordée aux Romains et aux catholiques. Alaric subit à son tour les exigences auxquelles Gondebaud s'était soumis. Son père, Euric, après avoir renié ouvertement la suzeraineté
de l'Empire, s'était empressé d'exercer le droit le
plus caractéristique de l'autorité souveraine, celui de faire des lois [2]. Alaric en promulgua de
nouvelles et réunit toutes ces dispositions en un
code à l'usage de ses sujets barbares. Ce code a
été le fondement de la loi des Wisigoths ; mais il
ne nous est point parvenu sous sa première forme. La rédaction que nous possédons est postérieure de deux cents ans et renferme les consti-
tutions des rois goths d'Espagne jusqu'à la fin du

---

[1] Greg. Tur., *Hist.*, l. 2, c. 35. Grégoire de Tours place cette entrevue après la guerre de Clovis contre les Bourguignons ; elle fut donc
postérieure à l'année 5oo ; d'un côté, on ne peut supposer que l'alliance ait été renouvelée au moment même où Alaric persécutait les évêques catholiques ; et nous avons vu que saint Césaire fut exilé en 5o3.
L'entrevue ne put donc avoir lieu qu'en 5o4 ou 5o5, et, selon toute
apparence, au commencement de cette dernière année.

[2] *Modò per promotæ limitem sortis , ut populos sub armis, sic fræ-
nat arma sub legibus* (Sidonii *ep.* 3, *l.* 8). Cette phrase de Sidonius prouve
qu'Euric ne fit des lois qu'après avoir étendu les limites de son territoire, *limitem sortis*, aux dépens de l'Empire, de 475 à 484.

VIe siècle. Les chapitres ajoutés à la loi par ces princes portent leurs noms ; mais il en est un grand nombre d'autres qui ne sont distingués que par le titre d'anciens, *antiqua.* Ces chapitres *anciens,* selon toute apparence, sont les restes de la rédaction primitive du temps d'Alaric. Il est facile d'y reconnaître une tendance analogue à celle du code de Gondebaud, et même on y retrouve des dispositions qui semblent copiées sur la législation bourguignonne, notamment dans les chapitres 8, 9 et 16, t. 3, l. 10, sur le partage des terres entre les Romains et les Wisigoths, dans le chapitre 5, t. 4, l. 7 qui punit de mort le juge prévaricateur, dans le chapitre 5, t. 1, du même livre qui défend aux comtes de juger seuls. Enfin dans le chapitre 8, t. 2, l. 2, qui interdit devant les tribunaux le patronage des hommes puissants. Le principe de la composition germanique n'y est pas aussi formellement aboli que dans la loi des Bourguignons; mais il est sensiblement affaibli et modifié. Dans beaucoup de cas, la loi abandonne le coupable à la vengeance de l'offensé [1] ; dans d'autres elle prononce la peine du fouet, soit d'une manière absolue, soit en l'associant à la composition. L'homi-

---

[1] *Lex Wisigothorum.* l. 3, t. 4, *de adulteriis.*

[2] *Lex Wisig.,* l. 8, t. 1, c. 3 et 6.

cide y est puni de mort [1]. Enfin on pourrait en extraire une foule de prescriptions qui ont pour but de réprimer les actes de violence et les abus de pouvoir, et de garantir la sécurité des personnes et des propriétés [2].

En même temps Alaric fit rédiger pour ses sujets romains un abrégé du Code Théodosien, qui est connu sous le titre de *Breviarium Aniani*. La lettre - circulaire adressée aux comtes pour la mise à exécution de ce dernier code nous a été heureusement conservée. Elle nous apprend qu'il fut rédigé par le jurisconsulte Anianus, sous la direction du comte Goïaric, et soumis à l'approbation d'une assemblée composée d'évêques et de députés des cités gauloises. On y trouve les dispositions les plus étendues pour l'administration de la justice suivant les lois romaines et pour le maintien de l'organisation municipale des cités et des priviléges de la curie. La date de la promulgation est du 5 février, la 22ᵉ année du règne d'Alaric (5o6). Cette date fixe l'époque de tout ce travail législatif et confirme les inductions historiques que nous en avons tirées.

Les populations romaines trouvaient dans cette

---

[1] *Lex Wisig.*, l. 3, t. 5.

[2] *Lex Wisig.*, l. 2, t. 5, c. 9; l. 3, t. 3, c. 1 et 5; l. 5, t. 2, c. 1; t. 4, c. 3; l. 8, t. 1, c. 2, 3, 9. Le chap. 3, t. 1, l. 5, défend l'aliénation des biens ecclésiastiques.

nouvelle législation la garantie de leurs droits civils. Mais il fallait en outre rassurer les consciences, calmer les irritations religieuses, et ce fut là surtout qu'Alaric eut de pénibles concessions à faire. Sur la demande de Clovis, les évêques proscrits furent rappelés d'exil et rétablis avec honneur sur leurs siéges, et des châtiments rigoureux furent infligés à leurs accusateurs [1]. Cette amnistie n'était que le prélude de la mesure qui devait achever de rendre à l'église catholique sa puissance et sa liberté d'action. Au mois de septembre 5o6, tous les évêques des provinces gauloises soumises aux Wisigoths, furent autorisés à se réunir en concile général dans la ville d'Agde [2]. Saint Césaire, à peine revenu d'exil,

---

[1] Le rappel des évêques exilés est prouvé par leur présence au concile d'Agde en 5o6. Le biographe de saint Césaire dit que ce prélat fut prié de reprendre possession de son siége, et que son accusateur fut condamné à être lapidé, mais que le saint évêque empêcha l'exécution de la sentence : *Post hæc poscit nefarius princeps quatenùs sanctus antistes ad pristinam reverteretur ecclesiam, seque civitati pariter præsentaret et clero ; accusatorem verò ejus præcepit lapidari.* (Vita Sancti Cas., l. I, c. 18.) La condamnation des accusateurs à mort était l'application du chapitre 5, t. I, l. 7, de la loi des Wisigoths, qui punissait le calomniateur de la peine à laquelle sa délation exposait l'accusé innocent. Saint Césaire fit une entrée triomphante à Arles ; le clergé et tous les fidèles avaient été au-devant de lui avec la croix et les cierges.

[2] Aucun évêque espagnol n'assistait à ce concile, ce qui prouve bien qu'Alaric n'y avait vu qu'une mesure politique commandée par l'état de la Gaule. Sur la réclamation des évêques, il promit de convoquer pour

présida cette assemblée qui se renferma stricte-
ment dans ses attributions légitimes en ne s'occupant que de questions de discipline ecclésiastique, mais dont le retentissement n'en dut pas
moins être grand dans ces contrées où les souvenirs de la persécution étaient encore récents,
où, depuis un demi-siècle, l'église opprimée n'a-
vait pu réunir ses pasteurs et faire entendre sa
voix aux fidèles.

Après avoir tant accordé aux intérêts et aux
sentiments des populations romaines, Alaric put
croire qu'il avait, comme Gondebaud, effacé
leurs griefs et conquis leurs sympathies. Mais sa
position à leur égard était bien différente. Il n'a-
vait pas, comme le roi bourguignon, reçu le baptême du malheur; il n'avait pas été forcé, comme
lui, de se jeter dans les bras des catholiques et
de combattre avec eux son propre frère et sa
propre nation; il n'avait pas surtout un héritier
orthodoxe et un illustre évêque pour répondant.
Il avait poussé la tolérance aussi loin qu'il est possible de le faire; mais ce n'est pas la tolérance
que veulent les religions et les partis; c'est une
entière communauté de sentiments et de princi-

l'année suivante, à Toulouse, un concile auquel les prélats d'Espagne
seraient appelés. Mais la guerre empêcha la réalisation de cette promesse. (*Epist. sancti Cæsarii ad Ruricium episc. Lemovic.*)

pes; il faut partager leurs affections et leurs haines; leur dévouement n'est qu'à ce prix. Alaric d'ailleurs avait mécontenté les peuples par des exactious financières; pour fournir aux dépenses d'une administration prodigue, il avait altéré les monnaies et il frappait des sols d'or à un titre si bas, que les états voisins avaient été forcés d'en interdire la circulation [1]. Néanmoins comme cette mesure spoliatrice était pour lui une nécessité, il n'avait fait sur cet article aucune concession, et même il avait inséré, dans sa nouvelle loi, des peines sévères contre ceux qui refuseraient ces monnaies décriées [2]. Un gouvernement qui se montrait ainsi tout à la fois violent et faible, ne pouvait échapper à l'aversion de ses sujets et au mépris de ses voisins.

Les prélats réunis au concile d'Agde n'avaient exprimé dans leur langage officiel que de la re-

---

[1] *Lex Burgund.*, add. 2, art. 6. Par cet article Gondebaud autorise à refuser en paiement les monnaies frappées à Genève et à Valence par Godégisiles, et celles des Goths, altérées du temps d'Alaric, *solidos Gothium qui à tempore Alarici regis adærati sunt.* La monnaie d'Alaric était devenue dans la Gaule le type des faux alliages. Sidonius, écrivant à son frère Apollinaire pour le prier de lui faire graver un sceau, lui recommande de ne pas employer un or pareil à celui des monnaies d'Alaric : *Mixturam illam quam nuper rex Getarum, securæ præsagam ruinæ, monetis publicis adulterium firmantem mandaverat.* (Aviti *ep.* 78.)

[2] Lex Wisig., l. 7, t. 6, c. 5. *Ne aureum solidum integri ponderis nemo recuset.*

connaissance et du dévouement pour leur souverain [1]. Mais il est permis de croire que tous ces
hommes, mécontents du passé et inquiets de l'a-
venir, durent en secret se communiquer leurs
craintes, s'exalter par des confidences mutuelles
et concerter leurs moyens de résistance [2]. De là
une fermentation sourde qui, épiée et déuon-
cée par les Ariens, réveilla des défiances réciproques. Alaric, d'autant plus facile à irriter qu'il
croyait avoir fait plus d'avances, s'aperçut qu'il
s'était trompé en essayant de ramener par la
douceur des ennemis irréconciliables, et secouant
une pénible contrainte, il revint sur-le-champ à
l'esprit persécuteur de sa secte et de sa nation.
Le concile était à peine séparé que l'évêque Quintianus fut déposé de nouveau, et l'évêque Verus
renvoyé dans l'exil où il devait mourir [3]. Ainsi

---

[1] *Cùm in nomine Domini, ex permissu Domini nostri gloriosissimi,
magnificentissimi piissimique regis, in civitate Agathensi sancta synodus
convenisset, ibique flexis in terram genibus, pro regno ejus, pro longævi-
tate, pro populo Dominum deprecaremur, ut qui nobis congregationis
permiserat potestatem, regnum ejus Dominus felicitate extenderet.* (Conc.
Agath., *præfat.*)

[2] La Vie de Saint Césaire dépeint très bien la conduite des évêques :
Pendant qu'il était exilé à Bordeaux, dit son biographe, il prêchait le
peuple, et lui recommandait de rendre à César ce qui est à César, et
d'obéir aux puissances, mais en même temps de mépriser dans le prince
la dépravation de l'hérésie arienne : *Et despectui habere in principe
Ariani dogmatis pravitatem* (Vita Sancti Cæss., *l.* 1, c. 17). Certes ce
n'était pas le moyen d'attacher le peuple au prince.

[3] Verus, qui avait assisté par délégué au concile d'Agde, mourut en

le fruit de tant de concessions était perdu, et la question se trouvait replacée sur le même terrain qu'avant l'entrevue d'Amboise.

Clovis observait toutes ces réactions avec une sollicitude intéressée. Depuis long-temps il épiait l'occasion d'entamer la monarchie des Wisigoths ; ses préparatifs étaient faits, et il s'était entendu avec Gondebaud pour que ce vaste royaume fût attaqué à la fois sur la Loire et sur le Rhône. Provoqué par les plaintes des évêques, il jugea que le moment était venu. Au printemps de l'année 507, il déclara brusquement la guerre et en proclama le caractère religieux : « Je ne puis » souffrir, dit-il à ses Francs rassemblés au champ » de Mars, que ces Ariens oppriment les plus bel- » les provinces de la Gaule. Marchons avec l'aide » de Dieu et arrachons-leur cette proie[1]. » Aussi-

exil trois ans après, et fut remplacé par Licinius, élu sous l'influence de Clovis, alors maître de la Touraine. Grégoire de Tours dit que Clovis mourut la 11ᵉ année de l'épiscopat de Licinius ; c'est une erreur de copiste semblable à celle que nous avons signalée dans le texte du même auteur pour la date de la mort d'Euric ; car Verus ayant assisté au concile d'Agde en 506, Licinius ne pouvait être évêque depuis onze ans en 511, époque de la mort de Clovis. Verus, ayant été élu en 498, comme il résulte du calcul donné par Grégoire de Tours lui-même pour la chronologie des évêques depuis saint Martin, et ayant eu onze ans d'épiscopat, dut mourir en 509. Licinius était donc évêque depuis deux ans à la mort de Clovis.

1 *Valdè molestè fero quod hi Ariani partem teneant Galliarum. Eamus cum Dei adjutorio et iis superatis redigamus terram in ditionem nostram.* (Greg. Tur., *Hist.*, l. 2, c. 37.)

tôt l'armée s'ébranla et atteignit en peu de jours les rives de la Loire.

Alaric ne s'attendait pas à une attaque aussi subite. Il n'eut pas même le temps de mettre en défense les passages de la Loire, et abandonnant la Touraine qui se prononça sur-le-champ pour Clovis, il concentra son armée entre le Clain et la Vienne, en avant de Poitiers, pour couvrir au moins les frontières de l'Aquitaine. Dès qu'il avait pu soupçonner les projets hostiles du roi des Francs, il s'était adressé à Théodoric pour lui demander des secours [1]. Mais cet habile politique, élevé dans les habitudes de ruse et de temporisation de la cour d'Orient, ne se pressa pas de courir aux armes. Quelqu'intérêt qu'il eût à prévenir la ruine des Wisigoths dont la cause était si intimement unie à la sienne, il redoutait par-dessus tout d'engager au-delà des monts une guerre qui présentait des chances désavantageuses et qui détruisait son système favori des alliances de famille. C'était le cas d'essayer quelle pouvait être l'efficacité réelle de ce système et Théodoric ne manqua point d'en tenter l'expérience.

Il écrivit à la fois à tous les rois qu'il croyait s'être attachés par les liens du sang. En promettant son appui à Alaric, il lui recommandait de

---

[1] Procope, de Bell. Goth., l. 1, c. 12.

temporiser, de ne point donner le signal des hostilités, d'accepter tous les moyens de transaction et de ne rien faire de décisif avant l'issue des négociations qui allaient être ouvertes en sa faveur [1]. A Clovis, il s'offrait pour arbitre, le suppliant de ne point engager témérairement une lutte dont les conséquences pouvaient être terribles et de s'en rapporter, dans une querelle avec un parent, au jugement du chef de la famille [2]. Il exhortait Gondebaud à se joindre à lui pour arrêter la guerre par leur médiation commune, lui représentant qu'il convenait à leur dignité et à leur âge de s'interposer entre deux jeunes imprudents qui troublaient la paix générale et de recourir même à la force pour empêcher un conflit funeste [3]. Enfin il cherchait à attirer également, dans cette ligue pacifique, les rois de la Thuringe, et les disposait, en cas de besoin, à

[1] *Sustinete donec ad Francorum regem legatos nostros dirigere debeamus. utilitem vestram amicorum debeant amputare judicia; facillimè transigitis si non per arma vestros animos irritetis.* (Cassiod., ep. 1, l. 3, ad Alaric.)

[2] *A parentibus quod quæritur, electis judicibus expetatur. Absit ille conflictus ubi unus de vobis deleri poterit inclinatus. Jura patris vobis interminor et amantis. Ille nos et amicos nostros patietur adversos qui talia monita crediderit esse temnenda.* (Ibid., ep. 4 ad Chlodov.)

[3] *Nostrum est regios juvenes objectâ ratione moderari; vereantur senes quamvis sint ætate ferventes. Decet enim nos aspera verba dicere ne affines nostri ad extremum debeant pervenire.* (Ibid., ep. 2 ad Gund.)

faire une diversion contre le territoire germanique des Francs [1].

Dans toutes ces lettres, Théodoric revient sans cesse sur les affections de parenté qu'il supposait avoir créées chez tous ces princes par des mariages politiques. Il s'était évidemment flatté, comme nous l'avons dit plus haut, de réunir tous les rois barbares en une seule famille dont il se réservait d'être le chef et le guide [2]. Ces illusions ne tardèrent pas à se dissiper devant la réalité des faits. Alaric, pour son malheur, suivit seul les conseils qui lui étaient donnés. Les Thuringiens ne remuèrent pas; la défaite des Allemands était trop récente pour qu'on osât braver en Germanie le vainqueur de Tolbiac. Quant à Clovis, il était trop avancé pour reculer, et Gondebaud avait pris avec lui des engagements qui ne pouvaient se rompre. Préoccupé de ses combinaisons diplomatiques, Théodoric n'appréciait

---

[1] *Legatos vestros unà cum meis et fratris nostri Gundibadi regis ad Francorum regem Luduin destinate, ut aut se de Wisigothorum conflictu consideratâ æquitate suspendat aut omnium patiatur incursum* (Ibid., *ep.* 3). C'était une ancienne politique des Wisigoths, que de chercher dans les Thuringiens des alliés contre les Francs. Théodoric rappelle dans cette lettre leurs liaisons avec Euric et les présents qu'ils en avaient reçus.

[2] *Sociantur proximitate domini ut nationes divisæ simili debeant voluntate gloriari, et quasi per alveos quosdam concordiæ adunata se possint gentium vota conjungere.* (Ep. ad Chlodov.)

pas assez l'importance du mouvement religieux
de la Gaule. Il ne voyait pas que dans cette croisade contre les dominations ariennes, Avitus et
saint Remi étaient la tête du parti catholique dont
Clovis et Gondebaud étaient l'épée. Tandis que ses
ambassadeurs couraient dans toutes les directions
pour prévenir une rupture déjà accomplie, Clovis franchissait la Loire à Amboise et, sans même
passer à Tours dont il était sûr, s'avançait rapidement sur Loches, par la route qui, au XVIIIe
siècle, conduisait encore de Paris à Poitiers [1].

Dans cette marche, Clovis n'oublia pas combien il importait au succès de ses desseins de conserver à cette guerre le caractère d'une guerre
de religion. Regardant la Touraine protégée par
le tombeau de saint Martin, comme une terre sacrée, il défendit d'y prendre autre chose que de
l'herbe pour les chevaux, et un soldat qui crut
pouvoir se permettre d'interpréter largement cet
ordre en dérobant quelques bottes de foin, fut à
l'instant puni de mort [2]. En général il avait été
prescrit à l'armée de respecter partout les églises
et les couvents ainsi que les terres, fermes et pos-

---

[1] Greg Tur., *Hist.*, l. 2, c. 37. Clovis se contenta d'envoyer à
Tours deux affidés pour consulter les *sorts des saints* dans l'église de
Saint-Martin. Comme on devait s'y attendre, ils lui rapportèrent une
promesse de victoire.

[2] Greg. Tur , *Hist.*, l. 2, c. 37.

sessions qui en dépendaient, les serfs qui y
étaient attachés, les clercs et leurs familles. Une
simple attestation, qu'un évêque signait de son
anneau, suffisait pour faire rendre les biens enlevés ou pour mettre en liberté les captifs. Clovis
priait seulement les évêques, au nom de ses soldats, de ne pas permettre qu'on abusât de leur signature pour étendre cette immunité à ceux qui
n'y avaient point droit [1]. Ce n'était donc pas en
conquérant et en ennemi qu'il se présentait aux
habitants catholiques de ces provinces; c'était
en libérateur et en frère.

Alaric cependant restait immobile derrière la
Vienne; il avait fait rompre les ponts, enlever
les bateaux, et se croyait suffisamment protégé
par le débordement de cette rivière que les pluies
du printemps avaient grossie. Mais Clovis ayant
découvert un gué qui fut indiqué, dit-on, for-
tuitement par une biche, fit passer son armée
sur l'autre rive. Dès qu'Alaric en fut averti, fidèle aux prudents conseils de son beau-père, il

---

[1] *Denuntiante famâ quid actum fuerit vel præceptum omni exercitui nostro priùsquàm in patriam Gothorum ingrederemur, beatitudinem ves-tram præterire non potuit. In primo quoque de ministerio ecclesiarum om-nium præcipimus ut nullus ad subripiendum in aliquo conaretur, etc...* (Lettre circulaire de Clovis aux évêques des provinces gothiques.) On peut dire que nous avons dans cette lettre le texte même de l'ordre du jour de l'armée des Francs, et l'on y voit écrit partout le respect des personnes et des propriétés.

se retira pour éviter une action décisive, passa le Clain près de Poitiers et prit la route d'Angoulême par la rive gauche de cette rivière. Ignorant ce mouvement rétrograde, Clovis, après avoir traversé la Vienne, croyait avoir l'ennemi devant lui, et comme la journée était avancée, il résolut de s'arrêter au lieu même où il avait effectué son passage et d'y établir son camp pour se préparer au combat du lendemain. Mais pendant la nuit, des feux allumés par les catholiques de Poitiers sur la tour de l'église de Saint-Hilaire lui apprirent que cette ville était évacuée, et que les Wisigoths se retiraient en toute hâte vers le Midi [1]. Aussitôt, craignant de laisser échapper l'occasion de livrer une bataille qu'il appelait de tous ses vœux, il se mit en marche sans même attendre le jour, et laissant de côté la ville qu'il savait être déjà au pouvoir de ses partisans, il s'avança directement vers le Clain, franchit cette rivière et atteignit l'arrière-garde d'Alaric, dans les plaines de Vouillé, à trois lieues au sud de Poitiers.

Il aurait été peut-être encore temps pour Alaric d'éviter la rencontre de son redoutable enne-

---

[1] Grég. Tur., *Hist.*, l. 2, c. 37. Grégoire de Tours attribue l'apparition de ces feux à un miracle; il était naturel, dit-il, que saint Hilaire vint en aide à ceux qui attaquaient les défenseurs de l'hérésie qu'il avait combattue lui-même.

mi, et, en pressant sa marche, de conserver
l'avance qu'il avait sur les Francs. Mais ses troupes découragées et mécontentes se mutinèrent
et refusèrent d'obéir. Le plan de campagne que
Théodoric lui avait tracé pouvait paraître sage
aux yeux de la politique; mais il annonçait une
défiance injurieuse de la valeur des Wisigoths [1].
Depuis la mort d'Euric, cette nation n'avait point
paru sur les champs de bataille; après vingt-
deux ans de paix, leur jeune roi se montrait
pour la première fois à leur tête, et c'était pour
se retirer sans combattre. Les fiers descendants
des vainqueurs d'Attila ne purent souffrir une
telle humiliation. Ils s'arrêtèrent malgré leurs
chefs, et demandèrent à grands cris le combat. [2]
Ce fut au milieu de ce désordre que les bannières de Clovis parurent tout-à-coup derrière eux.
Surprise dans cet état d'anarchie, au milieu de
la confusion d'une retraite précipitée, l'armée
d'Alaric était vaincue d'avance; elle voulut au
moins vendre cher la victoire. La mêlée fut san-

---

[1] Théodoric exprime très positivement cette défiance dans sa lettre
à Alaric : *Quia populorum ferocia corda longâ pace molliescunt, cavete
subitò in aleam mittere quos constat tantis temporibus exercitia non habere.* (Cassiod., *ep. 1, l. 3.*)

[2] Καὶ τελευτῶντες, εἰς Ἀλάριχον πολλὰ ὕβριζον, αὐτόν τε διὰ τὸ τῶν
πολεμίων δέος κακίζοντες καὶ τοῦ κηδεστοῦ τὴν μέλλησιν ὀνειδίζοντες.....
Διὸ δὴ καὶ Ἀλάριχος ἠνάγκαστο τοῖς πολεμίοις διὰ μάχης ἰέναι. (Procope,
de Bello Goth., lib. 1, c. 12)

glante mais courte; car le jour devait être avancé lorsqu'elle s'engagea. Alaric avait senti que, pour se relever dans l'opinion de ses compatriotes, il devait payer de sa personne; il s'élança au premier rang et tomba frappé d'un coup mortel [1]. Dès-lors ses troupes se débandèrent et la déroute fut complète. On remarqua dans le combat la valeur des milices gauloises de l'Auvergne, commandées par Apollinaris, fils de Sidonius; la plupart de leurs nobles chefs restèrent sur le champ de bataille [2].

La défaite de Vouillé, et surtout la mort d'Alaric avaient désorganisé l'armée des Wisigoths. Les chefs se réfugièrent à Narbonne, et là s'as-

---

[1] Greg. Tur., *Hist.*, l. 2, c. 37. Selon cet historien, Clovis aurait été sur le point d'éprouver le même sort; atteint de deux coups de lance, il n'aurait dû son salut qu'à la solidité de son armure et à la vitesse de son cheval.

[2] *Maximus ibi tunc Arvernorum populus qui cum Apollinare venerat, et primi qui erant ex senatoribus corruerunt* (Greg. Tur., *ibid.*) Le fils de Sidonius s'était rattaché franchement au gouvernement des Wisigoths. En 489, lorsque le duc Victorius, ami de son père, fut forcé de quitter l'Auvergne et de se réfugier à Rome, il le suivit dans cette ville, fut témoin de sa mort violente et faillit partager son sort; mais il fut seulement déporté à Milan, d'où il réussit à s'échapper et à regagner son pays (Greg. Tur., *de Glor. Mart.*, c. 45). Cette époque étant celle où Théodoric et Odoacre se disputaient la possession de l'Italie, il est probable que Victorius et Apollinaris furent considérés comme agents des Goths. Nous avons vu que plus tard Apollinaris devint un moment suspect à Alaric; mais sa conduite à la bataille de Vouillé prouve qu'il le servait fidèlement.

semblèrent en conseil pour délibérer sur les
moyens de sauver leur patrie en danger. Alaric
ne laissait qu'un fils en bas-âge, et cet enfant,
dans les circonstances critiques où l'on se trouvait, ne pouvait porter le poids du sceptre. Il fallait le bras d'un guerrier pour relever une nation
abattue ; tous les chefs s'accordèrent à élever au
rang suprême un fils naturel d'Alaric, nommé
Gésalic, et le déclarèrent roi[1]. Ce choix devait
leur aliéner les sympathies de Théodoric, puisqu'ils dépouillaient du trône le fils de sa fille ;
mais dans les grandes crises le caractère national
reprend le dessus. Les Wisigoths haïssaient dans
Théodoric un roi à demi romain, et ne conservaient d'Alaric que des souvenirs de mépris. En
proclamant un chef indépendant, ils crurent retrouver leur ancien courage et ramener la victoire sous leurs drapeaux.

Pendant qu'ils réorganisaient leurs forces aux
pieds des Pyrénées, en s'appuyant sur l'Espagne
qui leur restait tout entière, Clovis, n'ayant plus
d'ennemis devant lui, prenait paisiblement possession des provinces qui lui étaient ouvertes. Il

---

[1] *Anno XVII imperii Anastasii* (507), *Gesalicus superioris regis filius ex concubinâ creatus, Narbonæ princeps efficitur.* (Isidore de Séville). Οὐϊσιγόθων τε οἱ περίοντες Γισέλιχον, νόθον Ἀλαρίχου υἱὸν, ἄρχοντα
σφίσιν ἀνεῖπον, Ἀμαλαρίχου της του Θευδερίχου θυγατρὸς παιδὸς ἔτι κο-
μιδῇ ὄντος. (Procope, *de Bello Goth.*, *lib.* I, *c.* 12.)

divisa son armée en deux corps; l'un, sous la
conduite de son fils Théodoric, fut dirigé par les
montagnes du Limousin sur Rhodez et Albi,
pour occuper la première Aquitaine, jusqu'aux
confins des états bourguignons [1]. L'autre, sous
ses ordres immédiats, s'avança directement vers
la Garonne pour envahir la deuxième Aquitaine
et la Novempopulanie. En passant, il s'empara de
la grande cité de Bordeaux et de la forteresse de
Blaye, déjà mentionnée dans la notice de l'Empire, à la fin du IV° siècle. Dans toute cette marche ses soldats continuèrent d'observer la plus
exacte discipline et furent accueillis comme des
libérateurs par les populations romaines. Clovis
ne s'arrêta d'ailleurs nulle part et laissa derrière
lui les places fortes qu'il ne put prendre. Il avait
hâte d'achever la ruine des Wisigoths dans leur
capitale et au cœur même de leur puissance.

Mais, quelque rapide qu'eût été sa marche, les
vaincus avaient eu le temps de rallier leurs guerriers et de reconstituer leur gouvernement. Leur
nouveau roi, Gésalic, n'ayant pas assez de troupes
pour tenir la campagne, s'était retiré avec tous
les trésors de l'état dans la forteresse de Carcas-

[1] *Chlodoveus filium suum Theodoricum per Albigensem ac Rutenam civitatem ad Arvernos dirigit, qui abiens, urbes illas à finibus Gotho-rum usque Burgundionum terminum patris sui ditionibus subjugavit.* (Greg. Tur., *Hist.*, l. 2, c. 87.)

sonne où il se préparait à une vigoureuse défense. Ces trésors étaient un des principaux motifs de la promptitude avec laquelle Clovis s'avançait vers le midi. Nous avons vu, depuis la prise de Rome par le grand Alaric, quelle idée on se faisait généralement de la richesse des Wisigoths. Il courait à ce sujet dans le peuple des récits dignes des contes orientaux et qui enflammaient la cupidité de toutes les nations barbares[1]. La renommée des trésors des Wisigoths avait contribué à attirer les Huns dans la Gaule et était sans doute pour beaucoup dans l'ardeur avec laquelle les Francs se portaient à cette guerre. Clovis, sans s'arrêter à Toulouse, marcha donc immédiatement sur Carcassonne, afin de poursuivre l'ennemi dans son dernier asile et de saisir ces richesses, objet de tant d'envie[2]. Mais là, il rencontra une résistance qui arrêta le cours de ses succès, et ne pouvant emporter la place d'assaut, il fut forcé de la bloquer et de commencer un siége en règle. Laissons-le devant cette place, qui fut, comme Avignon, l'écueil de sa

---

[1] Procope dit qu'on voyait dans ce trésor le mobilier du roi Salomon et les vases d'or enrichis de pierreries que Titus avait enlevés au temple de Jérusalem.

[2] Le siége de Carcassonne suivit de si près la bataille de Vouillé, que Procope a confondu ces deux événements, et placé près de Carcassonne le combat où périt Alaric. (*De Bell. Goth.*, c. 12.)

fortune, et après avoir suivi les brillantes opérations de l'armée qui agissait sur la Loire, voyons quelles furent les conséquences de l'attaque dirigée en même temps sur le Rhône.

Fidèle à ses engagements avec Clovis, Gondebaud, dès le moment où la güerre fut déclarée, fit entrer une armée dans la province d'Arles. « Allez, disait Avitus à Sigismond partant pour
» cette espèce de croisade, marchez avec le Christ
» pour guide ; soyez heureux, et revenez vain-
» queur; gravez votre foi sur le fer de vos lances,
» promettez à vos soldats l'assistance divine et
» forcez Dieu lui-même par vos prières à vous
» venir en aide [1]. »

L'expédition commencée sous ces pieux auspices rencontra d'abord peu de résistance. Dernière conquête d'Euric, la province d'Arles avait souffert plus qu'aucune autre des persécutions religieuses. Lors même que le tyran eût accordé un peu de tolérance au reste de ses états, il continua de faire peser durement son joug sur ces contrées où il sentait que le voisinage de l'Italie rendait sa puissance précaire. Presque tous les évêques furent proscrits et beaucoup d'entre

---

[1] *Quia jàm duce Christo processeratis... quod superest, egressi felices, ite sospites, redite victores. Fidem vestram telis inscrite, provisionem divinam promittendo admonete, auxilia cœli precibus exigite, jacula vestra votis armate.* (Aviti *Epist.* 40.)

eux n'étaient pas encore remplacés en 5o6, car leurs signatures manquent au concile d'Agde[1]. Secondés par les sympathies de la population, que des intrigues secrètes préparaient depuis cinq années à une réaction politique, les Bourguignons s'emparèrent de la plupart des villes-frontières de la deuxième Narbonnaise et des Alpes maritimes, puis laissant derrière eux Avignon, qu'ils ne purent prendre, ils vinrent mettre le siége devant Arles.

Cette grande cité qui passait encore alors pour la capitale de la Gaule est située sur la rive gauche du Rhône en face de l'île de la Camargue au lieu où le fleuve se partage en deux bras et forme, comme le Nil, un delta en approchant de son embouchure; des ponts de bois longs et étroits unissaient en cet endroit les deux rives et servaient de communication entre les deux Narbonnaises. Les Bourguignons investirent la ville sur la rive gauche et démolirent toutes les maisons

---

[1] La deuxième Narbonnaise n'envoya à ce concile que deux évêques, ceux de Fréjus et d'Antibes; les Alpes Maritimes également deux, ceux de Digne et de Senez. Dans la plupart des autres diocèses, la succession épiscopale avait été violemment interrompue depuis la fin du V⁰ siècle, et fut reprise seulement lorsque ces contrées passèrent dans la suite sous la domination des Francs et des Bourguignons. Aix et Marseille, ces deux grandes villes, capitales du Midi après Arles, n'étaient point représentées au concile. On sait positivement que les derniers évêques d'Apt et de Toulon avaient été proscrits par Euric. (*Gallia Christiana*, t. I et III.)

qui pouvaient gêner leurs approches sans épargner même un monastère que saint Césaire avait récemment fondé[1]. Théodoric, descendant des Cévennes avec son corps d'armée, après avoir pris possession de toute la 1re Aquitaine au nom de son père, vint combiner ses opérations avec celles de ses alliés et s'établit sur la rive gauche. Il fit plusieurs tentatives pour forcer le passage des ponts ; mais les Goths, commandés par un brave officier nommé Tulum, repoussèrent toutes ces attaques[2]. Alors les deux armées assiégeantes établirent un peu plus bas sur le fleuve un pont de bateaux par lequel elles purent communiquer ensemble et intercepter la navigation d'où les assiégés tiraient toutes leurs ressources[3].

Cette manœuvre jeta la terreur dans la ville ; la famine s'y fit bientôt sentir et sa nombreuse po-

[1] *Vita Sancti Cæsarii apud Bolland.*, l. 1, c. 19. La Vie de Saint Césaire fut écrite à la prière de sa sœur par un de ses disciples témoin oculaire de tous les faits.

[2] Ce fait est rappelé par Théodoric lui-même dans une lettre adressée au sénat romain pour lui annoncer l'élévation de Tulum à la dignité de patrice : *Arelate est civitas suprà undas Rhodani constituta, quæ in orientis prospectum, tabulatum pontem per nuncupati fluminis dorsa transmittit ; hunc et hostibus capere et nostris defendere necessarium fuit; quapropter excitata sunt Gothorum Francorumque validissima tempestate certamina.* (Cassiod., ep. 10, l. 8.)

[3] *Cùm ex utráque ripâ drumonem qui hostium obsidione injectus fuerat, Gothi Dei nutu erigere non valerent.* (Vita Sancti Cæsarii.)

pulation, irritée par la souffrance, se mit à crier à la trahison.

Centre du commerce de la Gaule avec la Méditerranée et l'Orient, Arles était habitée par des négociants de toutes les nations et de toutes les sectes. On y voyait une multitude de juifs qui dès-lors commençaient à prendre dans les relations commerciales le rôle si actif qu'ils remplirent pendant tout le moyen-âge. Dans cette foule composée d'éléments hétérogènes, rapprochés seulement par l'amour du gain, les sentiments religieux avaient peu d'empire. La voix de l'égoïsme et des intérêts matériels était seule écoutée. Les habitants craignaient avant tout le pillage qui devait suivre nécessairement la prise de la ville, et c'est pourquoi ils secondaient avec zèle la courageuse résistance de la garnison. Toutes ces sectes dissidentes avaient d'ailleurs un lien commun dans leur haine contre les catholiques et surtout contre le clergé dont elles redoutaient l'ardent prosélytisme. Il n'est donc pas étonnant que toutes les défiances, toutes les colères se soient portées sur saint Césaire, déjà suspect d'attachement aux Bourguignons ses compatriotes. Une circonstance malheureuse vint confirmer les accusations de ses ennemis. Un jeune clerc, son parent, attaché à sa personne se fit descendre pendant la nuit du haut des remparts et passa dans le camp ennemi. Le biographe de saint Césaire assure que le pieux évêque était étranger à cette démarche imprudente, et qu'il en éprouva un vif chagrin. Mais on conviendra qu'il était difficile de le croire pur de toute complicité, et dès que le fait fut connu dans la ville, une explosion générale d'indignation y éclata. Soldats, habitants, juifs, païens, hérétiques, tous crièrent que l'évêque trahissait et qu'il fallait le jeter dans le Rhône. On arrache le prélat de son logement, situé suivant l'usage dans l'enceinte de la basilique, et on le conduit à la prison du prétoire où il est étroitement resserré sous bonne garde. La populace arienne se précipite dans les lieux saints; un Goth se couche insolemment dans le lit même de l'évêque et est, dit-on, frappé de mort par la vengeance divine. Les juifs se montrèrent les plus acharnés dans cette émeute impie ; mais ils ne devaient pas tarder eux-mêmes à se trouver en butte à ces fureurs populaires auxquelles ils applaudissaient[1].

Cette race cosmopolite, sans foyers et sans patrie, étrangère au milieu des chrétiens qu'elle haïssait et dont elle était détestée, était dès-lors ce qu'elle fut pendant tout le moyen-âge, toujours prête à passer d'un drapeau sous un autre

---

[1] *Vita Sancti Cæsarii.*

et à trâhir le souvérain sous le sceptre duquel le hasard l'avait jetée. La situation d'Arles semblait désespérée; tous les efforts qu'on avait faits pour rompre le pont de bateaux avaient été inutiles ; les vivres n'arrivaient plus, et l'on ne voyait venir aucun secours. Les juifs pensèrent que la ville ne pouvait tarder à se rendre et résolurent de prendre les devants pour s'assurer des garanties contre le pillage qu'ils craignaient plus que personne parce qu'ils étaient les plus riches. Les Wisigoths, qui composaient la garnison, étaient peu nombreux et la défense d'une enceinte aussi vaste n'était possible qu'avec le concours des habitants. Chaque corporation, chaque corps de métier était appelé à son tour à monter la garde sur les remparts. Ainsi le récit d'un témoin oculaire nous montre l'organisation des gardes bourgeoises du moyen-âge déjà en vigueur au commencement du VI° siècle. Une nuit que les juifs étaient de garde, un d'eux lança du haut des murailles une lettre attachée à une pierre, dans laquelle il désignait aux ennemis la partie du rempart où sa nation était postée, leur promettant, s'ils donnaient l'assaut de ce côté, de leur livrer la place pourvu qu'ils assurassent aux juifs la conservation de leurs richesses et de leur liberté.

Par hasard les assiégeants avaient cette nuit-là

fait reculer leurs postes à une certaine distance des murailles. La lettre resta sur le terrain ; le lendemain matin elle fut aperçue, ramassée par un soldat et lue publiquement dans la ville. Aussitôt les défiances populaires prirent une direction nouvelle; les juifs en devinrent seuls l'objet; l'auteur de la lettre et ses complices furent punis d'un supplice infamant, et comme on se souvint qu'ils avaient été les plus ardents délateurs de l'évêque saint Césaire, on regarda leur trahison comme une preuve de l'innocence de celui qu'ils avaient accusé. D'ailleurs le découragement gagnait tous les cœurs; on prévoyait la nécessité d'une capitulation et l'évêque pouvait seul être médiateur entre la ville et les assiégeants. On le tira donc de prison et on le reconduisit à son palais; mais pour ménager les préventions des ariens, on tint d'abord sa délivrance secrète et pendant long-temps les catholiques ignorèrent s'il était vivant [1].

Le siége d'Arles avait commencé à peu près en même temps que celui de Carcassonne et toute la guerre s'était concentrée autour de ces deux places qui arrêtaient à la fois les deux armées envahissantes. Leur résistance prolongée donna enfin le temps à Théodoric d'intervenir dans

---

[1] *Vita Sancti Cæsarii.*

cette grande crise. Plein de confiance dans l'effet
de ses ruses diplomatiques, il se flattait encore
d'empêcher la guerre d'éclater, lorsqu'il apprit
les rapides succès de Clovis et vit avec stupeur
la puissante monarchie des Wisigoths resserrée,
en moins d'un mois, dans l'étroite enceinte de
deux villes. C'était la seconde fois que l'impé-
tuosité du roi des Francs déjouait ses calculs;
pris au dépourvu par les événements, il se hâta
de faire ses préparatifs pour entrer en campagne,
mais l'ordre de départ de ses troupes, que nous
avons encore, prouve qu'elles ne furent convoquées que pour le 24 juin, et par conséquent son
armée ne put passer les Alpes qu'à la fin de
juillet[1].

L'approche seule de cette armée répandit la
terreur dans le camp des Bourguignons. Leur
malheureuse expédition en Italie leur avait appris
à craindre les soldats de Théodoric, et la vigoureuse défense des assiégés avait lassé leur courage. Ils se retirèrent précipitamment vers la Durance; mais l'armée des Goths les suivit dans leur
retraite et leur fit éprouver des pertes considérables; car elle ramena dans Arles un si grand nombre de prisonniers que les places de la ville et les

---

[1] *Universis Gothis, indicat se per Nandium Sajonem illos admonen-
dos curasse ut ad espeditionem gallicanam VIII cal. jul. rebus omnibus necessariis sufficienter instructi properent.* (Cassiod. *ep.* 24, *l.* 1.)

parvis de l'église en étaient encombrés [1]. Dans
cette occasion saint Césaire ne craignit pas de
montrer encore ouvertement ses sympathies; il
épuisa les magasins de l'église et vendit jusqu'aux vases sacrés pour nourrir et racheter les
captifs francs et bourguignons [2]. La liberté avec
laquelle il secourut ainsi les ennemis des Goths
prouve au reste combien les ordres de Théodoric étaient conciliants et généreux. Lorsque ses
armées entrèrent dans la Gaule, cet habile politique avait prescrit à tous ses officiers de ménager les habitants, de rendre les esclaves fugitifs

---

[1] *Porrò Arelatem Gothis cum innumerd captivorum turbâ revertenti-
bus, replentur sacræ basilicæ, replentur ecclesiæ domus infidelium multitudine* (Vita Sancti Cæsarii). La plupart des soldats de Gondebaud, et
même une partie de ceux de Clovis étaient ariens, ce qui révèle encore
mieux les motifs politiques de la conduite de saint Césaire.

[2] Aux églises cathédrales étaient alors joints de grands bâtiments, de
vastes cloîtres, où demeuraient avec l'évêque tous les clercs attachés
à sa personne et à son service, où des écoles s'ouvraient pour la jeunesse, des asiles pour les proscrits, où l'on nourrissait les indigents,
les veuves, les orphelins inscrits sur les matricules de l'église. Des magasins renfermés dans la même enceinte, et remplis au moyen des revenus en nature que produisaient les biens ecclésiastiques, fournissaient
à la nourriture de toute cette population pieuse. Saint Césaire avait
vidé ces greniers pour alimenter les prisonniers bourguignons. Le cel-
lerier vint le prévenir que s'il n'arrêtait pas ses distributions, le lendemain il n'y aurait plus de pain pour les commensaux de l'église : Don-
nez toujours, dit le saint, la providence y pourvoira. En effet, il pria
toute la nuit, et le jour suivant arrivèrent par le Rhône des bateaux
chargés de grains, que lui envoyait Gondebaud instruit des prodiges de
sa charité. (*Vita Sancti Cæsarii*, l. 2, c. 7.)

à leurs maîtres et de respecter les consciences,
les personnes et les propriétés. « Nous n'attachons
» pas moins de prix, disait-il, à la moralité qu'au
» succès de nos armes. Que d'autres rois mettent
» leur gloire à dépouiller et ruiner les villes
» prises ; nous voulons, avec l'aide de Dieu, vain-
» cre de telle sorte que nos nouveaux sujets re-
» grettent de n'avoir pas eu plutôt le bonheur
» de nous appartenir [1]. »

Pendant que ces événements se passaient sur la
rive gauche du Rhône, la retraite honteuse des
Bourguignons rendait sur la rive droite la position des Francs très critique. Le corps d'armée
commandé par le fils de Clovis fut forcé de se
replier sur les Cévennes. Maîtres des passages du
fleuve, les soldats de Théodoric pouvaient d'un
moment à l'autre surprendre le roi lui-même,
occupé depuis trois mois à assiéger inutilement
Carcassonne. Clovis se trouvait dans la situation
où il s'était vu sept ans auparavant sous les murs
d'Avignon. Devant lui une place forte qu'il ne pouvait prendre et une armée prête à l'attaquer ; derrière lui cent lieues de pays ennemi qu'il avait

---

[1] *Non minor nobis cura est rerum moralium quam potest esse bello-
rum... Aliorum fortè regum prælia captarum civitatum prædas appe-
tunt aut ruinas ; nobis propositum est, Deo juvante, sic vincere, ut sub-
jecti doleant nostrum dominium tardiùs acquisisse.* (Cassiod., ep. 43,
l. 3.)

traversé sans assurer ses communications. Dans ces circonstances une bataille perdue le mettait à la discrétion du vainqueur. Il est impossible de ne pas être frappé de la ressemblance du système stratégique de Clovis avec celui de Napoléon. Comme le grand conquérant des temps modernes, le roi des Francs surprenait ses ennemis par la rapidité de ses marches, les écrasait dans un engagement décisif, et s'avançait droit vers les capitales ou vers le point où se trouvaient concentrées les dernières forces de ses adversaires, négligeant les places de second ordre, ne calculant ni les obstacles, ni les chances malheureuses, regardant toujours en avant et jamais en arrière. Ce système a l'avantage de réaliser promptement de grands résultats; il est admirable tant qu'on avance; mais il devient funeste dès qu'on s'arrête ou qu'on recule. Clovis n'attendit pas qu'un désastre vînt le faire repentir de sa témérité. Il s'empressa de lever le siége de Carcassonne et de se retirer sur Bordeaux [1].

---

[1] Θευδερίχου σὺν τῷ Γότθων στρατῷ ἥκοντος, δείσαντες Γερμανοὶ τὴν πολιορχίαν διέλυσαν (Procope. *de Bello Goth.*, l. 1, c. 12). Procope dit que Théodoric fit enlever de Carcassonne et porter à Ravenne le fameux trésor des Wisigoths. Grégoire de Tours, de son côté, dit que Clovis prit ce même trésor à Toulouse, et le fit conduire à Paris. Pour prouver la fausseté de ces rumeurs populaires, il suffit de rappeler qu'Alaric avait été forcé par la pénurie de ses finances d'altérer le titre des monnaies.

L'apparition des drapeaux de Théodoric sur le théâtre de la guerre avait suffi presque sans combat pour éloigner les deux armées qui paraissaient devoir effacer dans la Gaule jusqu'aux dernières traces de la puissance des Goths. Satisfait de ce résultat, il ne dépassa point la limite du Rhône. La révolution qui s'était opérée chez les Wisigoths, et qui excluait du trône son petit-fils, ne lui permettait pas d'aller plus loin sans se compromettre avec l'usurpateur Gésalic. Profitant de sa victoire dans son propre intérêt, il fit occuper en son nom par ses troupes la ville et la province d'Arles. Les cités situées au nord de la Durance restèrent seules au pouvoir des Bourguignons. Théodoric prit cette rivière pour limite et la garnit d'une ligne de forteresses [1]. Fier d'avoir rangé sous sa domination ce territoire qui avait été le dernier asile de la puissance impériale au-delà des Alpes, il s'empressa de l'organiser suivant les principes tout romains de son gouvernement. Il nomma un préfet et un vicaire des Gaules, ressuscitant pour la dernière fois le fantôme de ce pouvoir auquel obéissait jadis toute l'Europe occidentale [2]. Il félicita les habitants d'avoir été arrachés

---

[1] Cassiod., ep. 41, l. 3. Cette lettre prescrit des mesures pour le ravitaillement des forts de la Durance.

[2] En comptant sur la force morale que pourrait lui donner la résurrection de la préfecture des Gaules, Théodoric ne s'était pas tout-à-fait

à la barbarie et rendus à la liberté romaine [1];
joignant d'ailleurs les faits aux paroles, il proté-
gea les catholiques, respecta l'influence des évêques [2], prit toutes les mesures nécessaires pour
que le pays ne souffrît pas de la présence de ses
troupes [3], et s'appliqua, par des dégrèvements
d'impôts et des bienfaits de toute nature, à gagner l'affection de ses nouveaux sujets [4].

trompé. On voit par une lettre d'Avitus au préfet Liberius, qu'à cette
dignité était encore attachée une idée de prééminence souveraine :
« Votre heureuse arrivée, lui dit l'évêque de Vienne, a déjà soulagé
« les malheurs des Gaules ; mais quoique nous profitions des bienfaits
« que vous répandez sur la province, la soif que j'ai de vos lettres n'a
« point encore été satisfaite ; vous ne manquez pourtant point d'occa-
« sions de transmettre vos ordres à ceux qui sont prêts à vous obéir. »
(Aviti *epist.* 32.)

[1] *Libenter parendum est romanæ consuetudini cui estis post longa
tempora restituti ; quia gratus ibi regressus est ubi provectum vestros
constat habuisse majores ; atque ideò in antiquam libertatem Deo præ-
stante revocati,. vestimini moribus togatis, exuite barbariem.* (Cassiod.
ep. 17, *l.* 3, *universis provincialibus Galliarum.*)

[2] Saint Césaire, toujours suspect, non sans raison, aux habitants
d'Arles, fut mandé à Ravenne ; mais ce fut pour y être accueilli avec
le respect dû à ses vertus ; de là il alla à Rome où le sénat le reçut
avec la même vénération, et il revint dans son diocèse apportant à ses
compatriotes une remise d'impôts. (*Vita sancti Cæsar., l.* 1, *c.* 26.)

[3] Cassiod., *ep.* 42, *l.* 3. *Universis provincialibus in Galliâ constitutis Theodoricus renuntiat se misisse ex Italiâ bellicas expensas militibus
ne Galliæ nimis gravarentur.*

[4] Il se montra surtout bienveillant pour les habitants d'Arles, en reconnaissance de la courageuse défense de leur ville. Il leur accorda des
secours pour réparer leurs murailles, et leur fit remise de quatre années

L'année suivante, la guerre continua sans
beaucoup d'activité entre les Wisigoths et les
Francs toujours alliés aux Bourguignons. Les
détails en sont peu connus, parce que les Francs
n'eurent plus d'avantages marquants et que les
chroniqueurs mérovingiens ont en général passé
sous silence tout ce qui n'était pas à la gloire de
leur nation. Clovis, après avoir passé l'hiver à
Bordeaux, songea à s'assurer la possession des
contrées qu'il avait plutôt parcourues que soumises, et à y détruire tous les foyers de résistance. La ville d'Angoulême ne s'était point encore rendue ; il avait passé sous les murs de cette
place l'année précédente sans s'y arrêter, pour
ne point retarder sa marche ; il y revint et la prit
d'assaut, après avoir fait écrouler un pan de mur,
dont la chute fut attribuée à un miracle par les
catholiques, qui regardaient toujours la cause
des Francs comme la cause de Dieu [1].

---

d'impôts. (Cass., *ep.* 32 et 44, *l.* 3.) Il confirma les priviléges de la
ville de Marseille, et recommanda particulièrement les intérêts des habitants au comte chargé d'y commander. (Cass., *ep.* 34, *l.* 3, 26, *l.* 4.)

[1] *Chlodoveus apud Burdegalensem urbem hyemem agens, Ecolismam
venit, cui Dominus tantam gratiam tribuit ut in ejus contemplatione
muri spontè corruerent.* (Greg. Tur., *Hist.*, l. 2, c. 37.) Les vies des
saints font connaître quelques autres circonstances de cette guerre.
Ainsi, nous savons par la Vie de Saint Licerius que les Wisigoths tentèrent inutilement de prendre la ville de Couserans ; et par la Vie de
Saint Avit, jeune noble romain du Périgord, que la noblesse catholique
de l'Aquitaine s'était rangée dès-lors sous les drapeaux de Clovis.

En 509, les Wisigoths, qui avaient eu le temps de réparer leurs pertes, reprirent l'offensive. Suivant la chronique de Marius, un de leurs généraux, nommé Mammon, ravagea une partie des Gaules[1], et comme nous avons vu que dans le langage de l'époque, on doit entendre ordinairement par ce mot les provinces comprises dans l'ancienne Celtique de César, nous devons en conclure qu'ils rentrèrent dans l'Aquitaine, et y obtinrent des succès. Mais ce retour de fortune ne se soutint pas long-temps; sur la fin de l'année, l'armée de Gondebaud s'empara de Narbonne. Gésalic vaincu, se réfugia de l'autre côté des Pyrénées, à Barcelonne, où les Wisigoths le déposèrent et le forcèrent de chercher un asile en Afrique, à la cour du roi des Vandales[2]. Com-

---

[1] *Hoc consule, Mammo dux Gothorum partem Galliæ deprædavit* (Marii Aventic. *Chron.*, ad ann. 509.)

[2] *Cùm civitas Narbonensis à Gundebado Burgundionum rege direpta fuisset, Gesalicus cum magno suo dedecore et magnd suorum clade ad Barcinonam se contulit, ibi moratus quousque regni fascibus, à Theodorico, fugæ ignominid privaretur. Indè profectus ad Africam, Vandalorum suffragia poscit quo in regnum posset restitui.* (Isidore de Séville, *Hist.*) Théodoric écrivit au roi des Vandales, son beau-frère, pour se plaindre de l'asile donné à l'usurpateur. Ce roi abandonna aussitôt Gésalic, qui, tentant de rentrer en Espagne, fut pris et tué par les officiers de Théodoric. Sa déposition doit avoir eu lieu en 410, puisqu'il fut élu au mois de mai 507, et déposé la quatrième année de son règne, suivant Isidore de Séville, dont le récit indique qu'il régna encore quelque temps en Espagne après avoir été chassé de la Gaule.

prenant alors tout le tort qu'ils avaient fait à leur cause en s'aliénant l'appui de Théodoric, ils implorèrent la protection du maître de l'Italie, et lui offrirent de le reconnaître comme tuteur de leur jeune roi Amalaric.

Dès-lors la face des affaires changea. Théodoric, depuis la délivrance d'Arles, s'était contenté de défendre sa conquête, sans prendre aucune part active à la guerre. D'un côté, sa position fausse envers Gésalic l'empêchait d'agir dans la Gaule. De l'autre, le soin de sa propre sûreté le retenait en Italie, car l'empereur Anastase, profitant de ses embarras, avait envoyé, en 508, dans l'Adriatique, une flotte avec des troupes de débarquement qui dévastèrent les côtes de la Calabre. Mais ayant échoué dans une attaque contre Tarente, ces troupes se rembarquèrent, et la flotte rentra dans les ports d'Orient, sans avoir rien fait autre chose que des actes de piraterie indignes d'un grand empire[1]. Il est probable que cette agression d'Anastase était concertée avec les rois des Francs et des Bourguignons, et l'hostilité de la cour de Byzance contre Théodoric durait encore en 509; car cette année, comme la précédente, les deux cours ne s'accordèrent pas pour la désignation des consuls, et les fastes de Rome

---

[1] Marcellin *Chron.*, ad ann. 508.

ne portèrent en 509 et 510 que les noms de ceux qui avaient été désignés par Théodoric pour l'Occident ; mais la paix dut se faire à la fin de 509, car, en 510, il y eut deux consuls désignés pour l'année suivante 511[1]. Ainsi Théodoric, libre d'agir, et désormais personnellement intéressé à défendre les possessions des Wisigoths dans la Gaule, put au commencement de l'année 510 disposer de toutes ses forces pour intervenir efficacement dans le conflit. Ses troupes, commandées par le comte Hibba, entrèrent dans la Narbonnaise et défirent les Francs et leurs alliés dans une grande bataille, où, suivant Jornandès, ils perdirent 30,000 hommes[1]. Cette victoire amena immédiatement la conclusion de la paix, que Théodoric, toujours modéré, accorda à des conditions qui concilièrent tous les intérêts.

---

[1] Les consuls étaient toujours désignés un an d'avance. Par conséquent les années où il y a eu mésintelligence entre les cours de Rome et de Constantinople ne sont pas celles où les fastes n'indiquent qu'un consul, mais celles qui précèdent immédiatement. Ainsi, les fastes n'indiquent qu'un consul en 509 et 510 ; cela prouve qu'il n'y avait pas eu accord en 508 et 509 pour en désigner deux.

[2] *Non minus trophæum de Francis per Hibbam suum comitem in Galliis acquisivit, plus triginta millibus Francorum in præliis cæsis.* (Jornandès, *Hist. Goth.*, c. 58.) Il est à remarquer qu'à cette époque Théodoric ne fit jamais la guerre en personne dans la Gaule. La bataille dont parle Jornandès dut avoir lieu au commencement de l'année 410. Cette date est déterminée par celle de la déposition de Gésalic.

Par le traité qui intervint alors, la Novempopulanie et les deux Aquitaines furent définitivement acquises à Clovis. Théodoric resta en possession de la province d'Arles jusqu'à la Durance; les Bourguignons gardèrent les cités au
nord de cette rivière, à l'exception d'Avignon [1].
La monarchie des Wisigoths fut réduite à l'Espagne et à la première Narbonnaise. La royauté
du jeune Amalaric y fut reconnue nominative-
ment; mais Théodoric, tuteur de son petit-fils,
resta seul chef réel des deux branches de la race
gothique [2]. En Espagne comme en Italie il fut
appelé roi, et son règne, daté de l'an 510 dans
les états wisigoths [3], n'y fut pas moins absolu
jusqu'à sa mort que dans l'empire arraché à
Odoacre, en 493, par son épée victorieuse.

Quoique la campagne de 510 se fût terminée
pour Clovis par une défaite et qu'il n'eût pas complétement atteint son but qui était de ne laisser
aucune partie de la Gaule au pouvoir des Goths,

---

[1] Les cités alors acquises par les Bourguignons furent, dans les Alpes Maritimes, Embrun et Chorges ; dans la deuxième Narbonnaise,
Apt, Gap et Sisteron. Les Evêques de ces villes assistèrent au concile
convoqué par Sigismond à Epaone, en 517.

[2] Γισελίχου δὲ ἐκποδὼν γενομένου, ἐς τὸν θυγατριδοῦν Ἀμαλάριχον τὴν
Οὐισιγόθων ἀρχὴν ἤνεγκεν · ὃν δὴ αὐτὸς ἐπετρόπευε παιδὸς ἔτι ὄντος.
(Procope, de Bell. Goth., l. 1. c. 12.)

[3] Le concile de Tarragonne, tenu en 516, est daté de la 6e année
du règne de Théodoric : anno sexto Theodorici regis, consule Petro.

on ne saurait nier cependant qu'il n'eût acquis
dans cette guerre un immense accroissement de
gloire et de puissance. L'empereur Anastase, son
allié dans la lutte qu'il venait de soutenir avec
tant d'éclat, l'avait en 509, au plus fort des hostilités, désigné consul pour l'année suivante. Li ·
bre enfin par la conclusion de la paix de quitter
ces provinces méridionales où s'étaient agitées
pendant trois ans les destinées de la Gaule, il se
rendit à Tours, vers le milieu de l'année 510,
pour inaugurer son consulat dans le sanctuaire le
plus vénéré des catholiques gaulois, en présence
du tombeau' de saint Martin. Revêtu des ornements consulaires que l'empereur lui avait envoyés, il fit dans cette ville une entrée solennelle,
jetant des pièces d'or au peuple, suivant l'usage
des consuls romains, et alla de la basilique de
Saint-Martin à la cathédrale remercier le Ciel des
victoires qu'il lui avait accordées sur les hérétiques[1]. Il fit alors à toutes les églises de ses états
des donations considérables tant en argent qu'en
biens-fonds pris sur les terres du domaine public[2].

_____

[1] *Igitur ab Anastasio imperatore codicillos de consulatu accepit et in
basilicâ Sancti Martini tunicâ blatea indutus est et Chlamyde, imponens
vertici diadema. Tunc ascenso equo, aurum argentumque in itinere illo
quod inter portam atrii et ecclesiam civitatis est, præsentibus populis, propriâ manu spargens erogavit, et ab eâ die tanquàm consul et Augustus
est appellatus.* (Greg. Tur., l. 2, c. 38.)

[2] Les donations de Clovis aux églises furent si nombreuses, que le

La basilique de Saint-Martin eut la plus grande
part à ses libéralités; il lui donna jusqu'à son
cheval de bataille. On prétend même que fatigué
des exigences du clergé, il laissa échapper un mot
qui suffirait seul à peindre sa situation. « Les
» saints, dit-il, servent bien leurs amis; mais ils
» font payer cher leurs services [1].»

On a beaucoup disputé sur le consulat de Clovis et plusieurs historiens ont nié le fait lui-même
comme invraisemblable. En effet si l'on adopte
le système de nos écrivains classiques, si l'on as-
simile Clovis aux Crochus, aux Attila, aux chefs
des bandes germaniques des IIe et IIIe siècles,
si on le fait partir des bords du Rhin, poussé par
une rage aveugle, pour dévaster la Gaule et exterminer ou asservir ses habitants, cet événement,
comme la plupart des faits les mieux constatés
de l'histoire du Ve siècle, deviendra inexplicable. Mais si l'on se rappelle la position du fils
de Childéric dans la Gaule, telle que nous l'a-
vons définie d'après les témoignages authentiques
et officiels des contemporains, on ne trouvera

concile d'Orléans en fit l'objet d'un canon spécial : *De oblationibus vel
agris quos dominus noster rex ecclesiis suo munere conferre dignatus est.*
Ces dons étaient pris sur les immenses possessions du fisc et du domaine
impérial, dont les rois barbares s'étaient emparés dans toutes les pro.
vinces qu'ils occupaient.

[1] *Beatus Martinus bonus est in auxilio, sed carus in negotio.* (Gesta
reg. Franc., c. 17.)

rien d'étonnant à ce que le défenseur de la foi,
le chef d'une des plus puissantes nations fédérées
de l'Empire ait été élevé au consulat, comme
l'avaient été avant lui les Francs Bauton et Mérobaude, le Vandale Stilichon, le Suève Ricimer
et le roi des Goths Théodoric. Les historiens du
siècle de Louis XIV, voulant absolument faire de
Clovis un monarque semblable à leur auguste
maître, ne pouvaient souffrir qu'il eût manqué,
selon eux, à *l'honneur de sa couronne* en acceptant un titre d'un souverain étranger. Nous croyons inutile de réfuter cet anachronisme après
avoir employé deux volumes à prouver par une
série de faits incontestables que les rois barbares
n'étaient point étrangers dans l'Empire, que tous
reconnaissaient la suprématie de la cour impériale et ambitionnaient les honneurs émanés
d'elle, qu'enfin le titre de roi était considéré comme inférieur à ceux des dignités romaines et surtout au consulat que l'écrivain goth Jornandé
proclamait encore à la fin du VI° siècle, la pre-
mièré dignité du monde [1].

---

[1] Le titre de *roi* dans le sens que nous lui donnons, c'est-à-dire ex-
primant l'idée d'une souveraineté indépendante, est rendu en grec par
le mot βασιλευς. Mais les auteurs du Bas-Empire n'appliquent jamais
le titre de βασιλευς aux rois barbares; ils le réservent pour les empereurs. A l'égard des chefs des nations barbares, ils se servent du mot
latin *rex* comme d'une dénomination spécialement affectée à ces chefs :
Ρὴξ τε διεβίω καλούμενος, οὕτω γὰρ σφων τοὺς ἡγεμόνας οἱ Βάρβαροι
καλεῖν νενομίχασι. (Procope, *de Bell. Goth.*, *l.* 1, *c.* 12.)

Grégoire de Tours écrivait dans le siècle même où Clovis avait vécu; il était évêque de la ville où le roi des Francs avait inauguré son consulat et il décrit cette cérémonie dans les formes consacrées par les usages de l'Empire. La tradition d'un fait aussi marquant pouvait-elle donc être perdue soixante ans après, dans le lieu même où il s'était passé? Ou bien soupçonnera-t-on le savant prélat, issu d'une de ces nobles familles gallo-romaines qui attachaient tant de prix aux titres de leurs ancêtres, de s'être trompé sur la valeur d'une dignité qu'il connaissait parfaitement et dont l'éclat ne laissait point de prise à l'incertitude ou à l'ignorance? Tous les chroniqueurs qui sont venus après lui, à l'exception de Frédégaire, ont répété son récit sans hésitation, et si je les cite, c'est seulement pour prouver que la vérité du fait était universellement reconnue [1].

La seule raison valable qu'on ait objectée contre le consulat de Clovis est l'absence de son nom sur les tables des fastes consulaires. L'ob-

---

[1] *Gesta Reg. Franc.*, c. 17; *Roricon*, l. 4; *Aimo*, l. 1, c. 22. Aimoin cite le préambule du décret impérial duquel il résulterait que Clovis aurait été décoré du titre de patrice: *Quod complacuerit sibi et senatoribus eum esse amicum imperatorum et patricium romanorum*. Il est probable en effet que Clovis fut revêtu de ce titre inhérent au commandement des milices, et dont les rois bourguignons furent investis héréditairement depuis la dernière moitié du Ve siècle.

jection serait même péremptoire si nous avions
ces tables complètes. Mais nous ne possédons
que celles de Rome; les fastes de Constantinople
ne sont pas venus jusqu'à nous. Or, nous avons
vu que la cour d'Orient et celle d'Occident désignaient chacune un consul : les noms des deux
consuls étaient portés en même temps sur les tables lorsque l'accord régnait entre les deux empires[1]; mais lorsqu'ils étaient en guerre, chaque
cour n'inscrivait aux fastes que le nom du consul
qu'elle avait nommé. Ainsi en 509 et 510 les fastes
de Rome ne portèrent que les noms des consuls
désignés par Théodoric, Importunus et Boëthius[2].
Nous ignorons pendant ces deux années quels
furent les consuls désignés par Anastase, et s'il
est évident qu'il ne dut pas renoncer à exercer
son droit, put-il en faire un meilleur usage que
d'élever au consulat le seul rival capable de con-

---

[1] Il arrivait souvent alors que, dans chaque empire, les actes publics
ne portaient qu'un seul nom, même lorsqu'il y avait deux consuls; ainsi
le décret de Gondebaud sur l'institution des combats judiciaires, en 501,
ne porte que le nom du consul d'Occident, Avienus, quoique dans cette
année le consul d'Orient, Pompeius, eût été également inscrit aux fastes
de Rome.

[2] Importunus était un sénateur de Rome; nous avons une lettre de
Théodoric qui lui confère la dignité de patrice après son consulat. (Cassiod., *ep.* 5, *l.* 3.) Le nom de Boèce est trop connu pour qu'il soit besoin
d'explication à son égard; on sait qu'il était un des principaux ministres
de Théodoric.

trebalancer la puissance de Théodoric, l'ennemi
déclaré des Goths, que lui-même combattait par
mer, en les faisant attaquer au-delà des Alpes par
les Francs et les Bourguignons?

Le consulat de Clovis me paraît donc un fait
avéré. Mais d'un autre côté je crois que certains
auteurs ont donné à ce fait trop d'importance en
le considérant comme la seule source légitime
de l'autorité du roi des Francs dans la Gaule et
comme la base de la monarchie qu'il y fonda.
Investi héréditairement de la dignité de maître
des milices, Clovis, dès son avénement, vit son
autorité reconnue à ce titre dans une partie de
la Gaule romaine. Ses victoires et surtout
l'influence catholique dont il devint après son
baptême le représentant et le champion armé,
attirèrent à lui le reste des populations gauloises. Le titre de consul dut ajouter autant de
force que d'éclat à sa puissance en l'élevant au
premier rang dans la hiérarchie des illustrations
romaines; mais cette dignité temporaire et depuis longtemps purement honorifique ne pouvait servir seule de fondement à une domination
effective et durable. Les Gaulois révéraient dans
Clovis le vainqueur de Tolbiac et le défenseur de
la foi. La cour de Byzance voyait en lui un chef
barbare gouvernant, comme patrice et maître des
milices, une portion du territoire de l'Empire, et

tous ces titres se confondaient dans l'esprit des peuples pour concilier à son autorité leur obéissance volontaire. La cérémonie consulaire de Tours contribua à assurer ce résultat ; car elle fut aux yeux des peuples le signe visible de la sanction impériale donnée au pouvoir du roi des Francs. C'est ce qui se manifesta particulièrement dans la soumission des chefs bretons de l'Armorique, que tout concourt à rapprocher de cette époque.

Ces chefs, tout en conservant leur indépendance de fait, n'avaient jamais méconnu en principe la suzeraineté des empereurs, et, à part les hostilités passagères suscitées par l'usurpation de Grallon et réprimées par Aëtius, ils s'étaient montrés pendant tout le V⁰ siècle les fidèles soutiens de Rome et de la cause catholique. Audren en 451, Erech, appelé par les Latins Riochame, en 469, avaient combattu sous les drapeaux de l'Empire contre les Huns et contre les Wisigoths.

Eusebius et son frère Budic, fils ou frères de Riochame, commandaient du temps de Clovis aux Bretons-Armoricains [1]. Retrouvant dans le

---

[1] La généalogie des chefs bretons, donnée par Geoffroy de Montmouth, fait de Budic un fils d'Audren, et par conséquent un frère de Riochame. Dom Morice (Histoire de Bretagne, t. I, p. 680) suppose qu'Eusebius était fils de Riochame, qu'il mourut sans enfants mâles, et qu'il eut pour successeur son oncle Budic, qui avait vécu jusqu'alors

vainqueur des Goths, dans le consul romain un véritable représentant de la puissance impériale, ils reconnurent sa suprématie comme ils avaient reconnu celle d'Aëtius et d'Egidius. Mais ils n'en restèrent pas moins libres dans les limites de leur territoire, et cet état de' vassalité indépendante, souvent troublé par des révoltes et des guerres, se maintint pendant toute la durée de la dynastie mérovingienne.

A la vérité, depuis le règne de Clovis, les chroniqueurs gaulois cessèrent de donner aux chefs bretons le titre de roi et ne leur accordèrent plus que celui de comte. Mais cela ne changeait rien au pouvoir réel de ces chefs à l'égard de leurs compatriotes [1]. Ce titre de *roi*, devenu

dans la Grande-Bretagne, à la cour du célèbre roi des Bretons insulaires, Arthur, dont il paraît avoir épousé la sœur. Plusieurs circonstances du règne d'Eusebius sont connues par la Vie de Saint Melanius, évêque de Rennes, contemporain de Clovis, et l'un des prélats assistants au concile d'Orléans en 511. Cette vie, écrite au VI° siècle, paraît très authentique et digne de confiance.

[1] Hoël, fils de Budic, est appelé dans les chroniques bretonnes Rio-Hoël ou Riowal. Les mots *rio* ou *reith*, traduction de *rex*, entrent souvent dans la composition des noms propres des chefs bretons, après comme avant Clovis. Gregoire de Tours lui-même se sert du mot de royaume en parlant des états bretons ; mais il ajoute qu'ils furent toujours, depuis Clovis, sous la suzeraineté des rois francs : *Chanao regnum fratris integrum accepit ; namque semper Britanni sub Francorum potestate post obitum regis Chlodovei fuerunt et comites non reges appellati sunt.* (Greg. Tur., *Hist.*, l. 4, c. 4.) Cependant, l'épitaphe de Childebert, citée par Aimoin, compte au nombre des princes soumis à

si auguste dans l'Europe moderne, était dédaigné par les successeurs de César, qui l'abandonnaient aux chefs des nations sujettes ou fédérées de l'Empire. Mais les princes mérovingiens, qui eux-mêmes n'en avaient point d'autres, ne voulurent plus l'attribuer aux puissances subalternes. Ainsi les rois bretons ne furent plus pour eux que des comtes, de même qu'ils ne virent plus que des ducs dans les chefs des peuples germaniques, des Allemands, par exemple, qui avaient toujours été appelés rois par les Romains.

La plupart des historiens ont supposé que Clovis avait dompté par la force des armes l'Armorique bretonne. On ne trouve dans les documents contemporains aucune trace d'une guerre contre les Bretons, et il serait difficile d'assigner une époque où l'on pût la placer. Le seul témoignage historique sur lequel cette supposition se fonde est un passage de Grégoire de Tours qui rapporte que du temps de Clovis, la ville de Nantes assiégée par une armée de Barbares, dut sa délivrance à l'intervention miraculeuse des saints martyrs Rogatien et Donatien [1]. Le fait pa-

ce monarque le roi des Bretons *Britonum rex*; et Frédégaire donne le titre de roi au chef breton Judicaël, contemporain de Dagobert : *Judicaël rex Britannorum.* (Frédég. Chron., c. 78.)

[1] *Cùm Nannetica civitas, tempore Chlodovechi regis, barbaricâ val-*

raît vrai en lui-même; mais il ne prouve rien de ce qu'on a voulu en conclure; car Nantes n'appartenait pas alors aux chefs bretons et ne leur avait jamais appartenu [1]. Il serait possible, quoique fort peu probable, que cette cité romaine, seule parmi celles de la 3me Lyonnaise, eût tenté de résister aux armes de Clovis. Mais comment admettre que Grégoire de Tours, qui montre partout le roi des Francs protégé du ciel et favorisé par des miracles, eût attribué à l'intervention divine un échec éprouvé par le défenseur de la cause catholique? Lorsqu'on s'est pénétré de l'esprit de cette époque, on n'a pas besoin d'autre preuve pour être convaincu que ce n'étaient point les soldats de Clovis qui assiégeaient Nantes. L'invasion dont parle Grégoire de Tours ne peut être imputée qu'aux Saxons, à ces pirates du nord qui pendant le cours du Ve siècle exercèrent sur les côtes de la Manche et de l'Océan des ravages semblables à ceux qui ont rendu plus tard le nom des Normands si redoutable. La ville de Nantes, qui devait être détruite par eux au

---

laretur obsidione, et jàm sexaginta dies in hâc ærumna fluxissent, medid nocte apparuerunt populo viri cum albis vestibus à basilicd beatorum martyrum egredi... ac protinùs omnis phalanga hostilis immenso pavore territa, ità subito impetu à loco discessit ut factâ luce nullus ex his reperiri potuerit. (Greg. Tur., *de Glor. Mart.*, l. 1, c. 60.)

[1] Voir, sur les limites des états bretons, les *Eclaircissements*, à la fin du volume.

IXe siècle, eut alors le bonheur de les voir s'éloigner de ses murs et il est naturel qu'échappée au ·fer de ces farouches païens, elle ait attribué sa délivrance inespérée à un miracle de la bonté divine.

Si l'on en croit les chroniques bretonnes, la levée du siége de Nantes aurait été due au roi des Bretons-Armoricains, Budic. Son prédécesseur Eusebius était mort au moment où les Saxons envahissaient l'Armorique, et l'on peut croire qu'il avait été massacré par ces Barbares [1]. Budic passa de la Grande Bretagne sur le continent, attaqua les pirates, commandés par un chef nommé Marchill, le même que Grégoire de Tours appelle Chillon, les vainquit et les força de se rembarquer après en avoir fait un grand carnage [2]. La coïncidence des deux récits ne per-

[1] Eusebius paraît être mort en odeur de sainteté. On conservait dans l'église de Saint-Frambourg, à Senlis, une châsse contenant ses ossements et ceux de sainte Landouenne, sa femme, reine des Armoriques. Ces restes précieux pouvaient avoir été transportés dans l'église de Senlis, voisine du château royal de Compiègne, pour les soustraire à la fureur des pirates saxons. (Dom Morice, Histoire de Bretagne, t. I, p. 682.)

[2] *Budic rediens ab Alamaniâ interfecit Marchill, et paternam consulatum recuperavit.* (Cartulaire de l'église de Quimper.) Le mot *mar* ou *mer* est un adjectif qui entre dans la composition de beaucoup de noms tudesques, et qui signifie *grand* ou puissant. Reste donc le nom de *Chill*, qui est le même que *Will*, *Guill* ou Guillaume, le ch, le w et le g étant également employés pour exprimer le son aspiré dans les

met pas de révoquer en doute la réalité de ces
faits, qui durent se passer de 507 à 509, pendant
les guerres de Clovis contre les Goths. Au reste
Budic ne tarda pas à expier sa victoire. Peu
de temps après la mort de Clovis, vers l'année 512, les pirates du nord revinrent en force
sur les côtes de l'Armorique, dévastèrent le pays
et s'y établirent en maîtres [1]. Budic périt en les

---

noms germaniques. Il est à remarquer que ce nom de *Guill* appartient
spécialement aux Teutons du Nord; il ne devint commun en France
qu'après l'établissement des Normands. Le mot *Alamania* ne peut être
qu'une erreur de copiste; il ne se trouve point dans le cartulaire de
Landevenech, où le fait est rapporté à peu près dans les mêmes termes,
et tous les autres documents, notamment la Vie de Sainte Oudocée, constatent que Budic vint de la Grande-Bretagne.

[1] Cette invasion n'eut lieu qu'après la mort de Clovis; car si l'Armorique bretonne avait été au pouvoir des pirates du Nord, et livrée à
leurs ravages, l'évêque de Vannes n'aurait pu assister paisiblement, en
511, au concile d'Orléans. Quelques historiens ont supposé que les
Frisons agissaient par les ordres et dans l'intérêt de Clovis, et qu'ils firent pour lui la conquête des provinces Armoricaines. Cette supposition
est contraire à toute vraisemblance historique. Les relations intimes de
Clovis avec les évêques de Rennes et de Vannes suffisent pour la démentir. D'ailleurs, les Frisons n'étaient nullement soumis à Clovis; ils restèrent indépendants et ennemis des Francs pendant toute la durée de la
dynastie Mérovingienne. Ces peuples, comme tous ceux qui habitaient
les côtes de la mer du Nord jusqu'à la Baltique, ne cessèrent jamais,
pendant les premiers siècles de l'ère chrétienne, et probablement dans
les temps antérieurs, d'exercer leurs pirateries sur les rivages de la Grande-Bretagne, de la Gaule et de l'Espagne. Clovis dut maintenir contre
eux le système défensif établi par les empereurs, et continué par les
rois wisigoths. Ils profitèrent des guerres qui occupaient toutes ses for-

combattant, et son fils Hoël ou Riowal fut forcé de se réfugier dans la Grande-Bretagne. Il en revint l'année suivante, et avec les secours que lui avaient donnés les Bretons insulaires il réussit à exterminer les pirates et reprit possession de ces provinces, qu'il gouverna comme ses prédécesseurs sous la suzeraineté à peu près nominale des fils de Clovis [1].

Ces attaques continuelles des Saxons furent la véritable cause de la faiblesse des Bretons-Armoricains, du peu d'influence qu'ils exercèrent sur les affaires de la Gaule, et par suite, de l'obscurité qui a couvert leur nom et leur histoire. Ils n'avaient pas trop de toutes leurs forces pour défendre les côtes de leur pays et pour secourir leurs frères de la Grande-Bretagne, engagés dans une lutte encore plus désastreuse contre les mêmes ennemis. De là vint qu'ils ne purent profiter des troubles de la Gaule pour s'étendre sur le continent. Si pendant l'usurpation de Grallon,

---

ces dans la Gaule méridionale pour envahir l'Armorique, et recommencèrent ces invasions lorsque sa mort et le partage de ses états entre ses fils leur offrirent de nouveau une occasion favorable.

[1] *Hic Riowalus à transmarinis Britannis veniens cum multitudine navium, possedit totam minorem Britanniam, tempore Clotarii regis Francorum.* (Vita Sancti Vinnoci.) *Anno 513, venerunt transmarini Britanni in Armoricam.* (Chronique du Mont-Saint-Michel.) Hoël reconnut la suzeraineté du roi Clotaire, auquel il alla rendre hommage en personne après avoir chassé les Saxons.

ils occupèrent Rennes et menacèrent Tours, les
descendants légitimes de Conan, rappelés au pouvoir, paraissent être rentrés dans leurs anciennes
limites ; car Rennes suivit à la fin du Ve siècle le
sort des autres cités romaines de la troisième
Lyonnaise. Du temps de Clovis, le territoire des
chefs bretons était toujours borné aux cités des
Vénètes, des Corisopites, des Osismiens et des Curiosolites, représentés par les départements du
Morbihan, du Finistère et des Côtes-du-Nord [1].
Les faits historiques démontrent de la manière la
plus authentique que ces limites restèrent les
mêmes pendant toute la durée de la dynastie mérovingienne. Au commencement du VIe siècle, il
n'y avait encore sur les états bretons qu'un évêché régulièrement constitué, celui de Vannes, leur
capitale [2]. Melanius, évêque de Rennes, connu
sous le nom de saint Mélaine, était alors le prélat
le plus vénéré de toute l'Armorique. Clovis l'ap-

---

[1] Il faut y joindre l'arrondissement de Saint-Malo, dépendant de
l'ancienne cité des Curiosolites, et peut-être une partie des arrondissements de Châteaubriand et d'Ancenis, représentant le territoire où
Aëtius avait établi sa colonie d'Alains détruite par les Bretons en 452.

[2] L'évêque de Vannes, dans les subscriptions du concile de Tours,
en 461, est appelé évêque des Bretons ; *Mansuetus episcopus Britannorum.* Son successeur, Paternus, fut ordonné en 465 par Perpetuus, évêque de Tours, qui tint à cette occasion un concile à Vannes ; l'évêque
de Vannes est encore le seul évêque breton qui ait assisté au concile
d'Orléans en 511.

pela auprès de lui, lui donna sa confiance et en fit son intermédiaire auprès des chefs bretons [1] ; originaire de Vannes, il exerçait sur ces chefs une influence dont l'auteur de sa vie rapporte des preuves frappantes, et leur soumission volontaire à la suzeraineté du roi des Francs fut sans doute en partie son ouvrage.

L'ouest et le midi de la Gaule étant ainsi pacifiés, Clovis quitta Tours et vint fixer sa résidence à Paris, dans l'ancien palais des Césars. Toute son attention se portait alors vers le nord où il lui restait beaucoup à faire pour établir solidement son autorité. Chose étonnante ! maître absolu des deux tiers de la Gaule, il n'exerçait encore sur ses compatriotes qu'un pouvoir précaire et borné. La tribu de Tournay, affaiblie par la désertion des païens obstinés était toujours la seule fraction de la race franque qui lui fût soumise, la seule où il eût pu propager la religion chrétienne et fonder un évêché [2]. Depuis la vic-

---

[1] *His virtutibus pollens sanctus Melanius Chlodoveo regi Francorum fit cognitus et ejus præcipuus efficitur consiliarius.* (Vita Sancti Melanii ap. Bolland.) Saint Mélaine assista au concile d'Orléans, où il tint un rang distingué.

[2] L'évêché de Tournay fut fondé, selon l'opinion la plus probable, en 502. (*Gallia Christ.*, t. III.) Eleutherius en fut le premier évêque ; il était issu d'une famille gallo-romaine originaire de Tournay, et qui avait quitté cette ville lorsqu'elle fut occupée par Clodion. Saint Remi l'envoya, avec la protection de Clovis, prêcher le christianisme dans son ancienne patrie.

toire de Tolbiac, les Ripuaires étaient ses alliés ; mais ils conservaient toute leur indépendance et leur attachement au paganisme élevait entre eux et lui une insurmontable barrière. Leur roi, Sigebert, blessé au genou dans cette célèbre bataille, ne pouvait plus faire la guerre par lui-même ; mais un corps auxiliaire, conduit par son fils Chlodéric, avait suivi le drapeau de Clovis dans toutes ses expéditions [1]. Lorsque la guerre des Wisigoths fut terminée au printemps de l'année 510, ces troupes reprirent le chemin de leur patrie. Le fils de Sigebert s'était distingué à la bataille de Vouillé ; depuis trois ans, combattant à côté du plus grand capitaine de l'époque, il n'avait pu s'empêcher de subir cette fascination qu'exercent les hommes illustres sur tout ce qui les entoure, cet ascendant de la gloire qui commande le dévouement. Il est même probable que les Leudes [1] qui l'accompagnaient avaient perdu

---

[1] *Chlodoveus habebat in adjutorium suum filium Sigiberti, nomine Chlodericum ; hic Sigibertus pugnans contrà Alamanos apud Tolbiacense oppidum, percussus in geniculum claudicabat.* (Greg. Tur., *Hist.*, l. 2, c. 37.)

[1] Ce mot de *leudes* est si connu maintenant qu'on peut l'employer sans commentaire ; on sait qu'il désigne les guerriers qui chez les Germains s'attachaient à la fortune d'un chef et lui vouaient leurs services. Nous avons déjà dit que le radical tudesque *leut* ou *leud* signifie *homme*. Ainsi les leudes d'un chef barbare étaient ses hommes ou ses gens, locution usitée pendant tout le moyen-âge et jusque dans le siècle dernier,

comme lui dans le contact des milices gauloises la rudesse primitive de leurs mœurs et de leurs sentiments nationaux. Clovis avait remarqué ces dispositions et les entretenait soigneusement. En se séparant du jeune prince à Paris, il lui insinua combien il était regrettable que son père s'obstinât à retenir la nation ripuaire dans les liens de la vieille barbarie, que si la mort faisait disparaître cet obstacle, si le sceptre était remis à des mains plus jeunes et plus intelligentes, alors une liaison intime pourrait s'établir entre les deux branches de la race franque qui marcheraient de concert vers les hautes destinées auxquelles l'avenir les appelait [1]. Ces insinuations ne furent que trop bien comprises. A peine de retour dans son pays, Chlodéric rejoignit son père qui chassait sur la rive droite du Rhin, dans les immenses forêts de la Wesphalie, le surprit dans ces solitudes et le fit assassiner; puis accourant à Cologne, il s'empara du trésor et fut proclamé roi par ses compagnons d'armes. Aussitôt il écrivit à Clovis pour lui annoncer cette heureuse révolution et lui offrir une part de ses richesses comme gage de l'étroite amitié qui allait s'établir entre eux [2].

[1] *Ecce pater tuus senuit et pede debili claudicat; si ille moriretur, rectè tibi cum amicitiá nostrá regnum illius redderetur.* (Greg. Tur., Hist., l. 2, c. 40.)

[2] Greg. Tur., *ibid.*

L'imprudent jeune homme n'avait pas sondé toutes les profondeurs de la politique de Clovis. Ce n'étaient pas des amis, c'étaient des sujets qu'il fallait au roi des Saliens. La réunion de la Gaule et de la Germanie, sous un même sceptre et sous une même foi, tel était le vaste plan que lui avaient tracé les évêques et dans lequel l'intérêt de son ambition se confondait avec celui de l'église. L'exécution en avait été commencée par l'abaissement des puissances ariennes. Il ne manquait plus à son accomplissement que la soumission des peuples païens, et l'assujétissement des Ripuaires en était la première condition. Le crime de Chlodéric lui offrait dans ce but une occasion trop favorable pour qu'il ne s'empressât pas d'en profiter. En acceptant l'amitié d'un parricide, il se serait chargé lui-même de la complicité de cet odieux forfait; il aurait compromis sa popularité religieuse et la puissance d'opinion qui l'avait soutenu jusqu'alors. En se posant au contraire comme vengeur de l'humanité outragée, il recueillait sans péril le fruit du crime qu'il avait inspiré, si non conseillé lui-même. Aussi n'hésita-t-il pas à prendre ce dernier parti.

Cependant, dissimulant encore, il envoya deux de ses principaux officiers à Cologne, sous prétexte de recevoir le tribut que Chlodéric lui offrait et de conclure avec lui un traité d'alliance. Mais

ils avaient reçu secrètement une mission sanglante et ils l'exécutèrent avec autant d'adresse
que d'audace. Tandis que le jeune prince, enfermé seul avec eux sans défiance, était occupé
à leur montrer son trésor, l'un d'eux le frappa
d'un coup de hache par derrière et vengea ainsi
par un nouveau crime les mânes d'un père lâchement assassiné [1]. Après ce coup hardi, les agents
de Clovis disparurent et réussirent à s'éloigner
sans être poursuivis. Cependant cette catastrophe
imprévue avait jeté le trouble parmi les Ripuaires; privés de leurs chefs, divisés entre eux, ils
coururent confusément aux armes. Bientôt la
voix publique dénonça la main invisible qui avait
armé le fils contre le père pour les perdre l'un
par l'autre. Les Ripuaires virent le piége dans
lequel ils étaient tombés, l'hypocrite duplicité de
Clovis leur apparut dans toute son horreur, et
sous l'impression de ces sentiments un soulèvement général éclata. Les cités romaines de la
première Belgique dont les relations étaient fréquentes avec les Ripuaires, possesseurs de Trèves leur ancienne métropole, s'y trouvèrent elles-
même entraînées [2].

---

[1] Greg. Tur., *Hist.*, l. 2, c. 40.

[2] Dans le récit de Grégoire de Tours, il semblerait que Clovis arriva
à Cologne immédiatement après le meurtre de Chlodéric, et prit paisiblement possession des états de Sigebert. Mais les documents contempo-

Cette révolte ébranlait la puissance de Clovis par sa base, et jamais il n'avait été exposé à un danger si grand. Il le conjura par cette promptitude de résolution qui semble avoir été le trait saillant de son caractère et à laquelle il dut ses plus beaux succès. On était au commencement de l'année 511. Il n'attendit pas que l'hiver fût passé et entrant immédiatement en campagne, il se présenta devant Verdun qui était la place la plus avancée de la première Belgique, sur la route de Reims à Trèves. La ville fut aussitôt investie et tout se disposa pour donner l'assaut [1]. Les habitants ne s'attendaient point à une attaque si subite ; effrayés de leur isolement, ils essayèrent à peine de se défendre et ne songèrent qu'à implorer la clémence du héros de Tolbiac. Mais leur évêque était mort de douleur et d'effroi en voyant arriver l'armée des Francs sous les murs

rains nous apprennent qu'il éclata dans l'intervalle une révolte des provinces de l'Est, que Grégoire de Tours passe sous silence, comme il fait ordinairement quand il s'agit d'événements défavorables à son héros.

[1] *Chlodovæus inter ceteros reges emicuit, utpote quem ornabat virtus invicta, sed ideò invicta quia erat ei mens Deo devota. Sed cùm auspicia ejus regni multimodis urgerentur incursibus, sicut se habent multorum voluntates quæ cupidæ sunt mutationum, inter ceteros, cives Viridunensis oppidi defectionem atque perduellionem contrà eum dicuntur meditati. Sed idem præfatus rex, ratus non esse in talibus rebus procrastinandum, viribus undèquàque coactis, cum validá manu militari ad eamdem urbem venit injuriæ gratiá ulciscendæ.* (Vita Sancti Maximini.)

de sa ville épiscopale, et les prélats étaient si bien alors les organes naturels des populations, qu'elles ne savaient qui prendre pour intercesseur lorsque leur premier pasteur n'était plus là pour les protéger [1]. Un saint prêtre, nommé Euspicius, se dévoua pour le salut commun; il alla se jeter aux genoux de Clovis et obtint de lui que la ville serait épargnée. Le roi des Francs y fit une entrée pacifique; d'après le vœu des habitants, il aurait voulu qu'Euspicius fût élevé sur-le-champ à la dignité épiscopale; mais la modestie du saint s'y étant refusée, il l'emmena avec lui, selon son usage constant de se faire accompagner dans ses expéditions par les représentants les plus vénérés de l'église catholique [2].

A la nouvelle de la reddition de Verdun, les autres villes de la première Belgique s'empressè-

[1] *Quo in tempore episcopus ejusdem civitatis nomine Firminus diem clausit ultimum; obsessi verò cùm, ut dixi, clausi tenerentur viribusque diffiderent, et mortuo episcopo nullus putaretur aptus reperiri qui preces populi convenienter allegeret coràm principe irâ fervente, omnes in unam coïere sententiam ut sanctum virum Euspicium nomine, ad principem miserorum civium postulationem lacrymasque depositurum mitterent.* (Vita Sancti Maximini.)

[2] *Quibus biduò indulgens et recreatum exercitum post laborem ibidem ad alia paria negocia curanda ducere volens, tertia die sanctum Euspicium suis aspectibus evocari voluit, et ut·urbi cujus subventor fuerat episcopali dignitate et honore præesset admonuit. Cùmque rex hoc ab eo obtinere nequisset, jussit ut sibi comes fieret quousque ad Aurelianensem urbem deveniret.* (Vita Sancti Maximini.) Voir aux *éclaircissements* à la fin du volume.

rent d'ouvrir leurs portes. Les Ripuaires eux-
mêmes, réduits à leurs propres forces et ne pouvant compter sur ceux de leurs guerriers qui
avaient suivi dans la Gaule le drapeau des Saliens,
n'osèrent soutenir la guerre qu'ils avaient allumée. Clovis entra sans résistance à Cologne, il y
assembla le peuple, et prenant la parole, il rappela le crime de Chlodéric, protesta cependant
de la douleur que lui avait causée la mort de
son jeune parent, repoussa avec horreur le soupçon d'avoir provoqué ce meurtre dont les auteurs,
disait-il, lui étaient inconnus, et représenta enfin
aux Ripuaires qu'ayant perdu le dernier de leurs
chefs, il ne leur restait plus d'autre moyen de
salut que de se placer sous sa protection. Appuyées par une armée victorieuse, ces paroles ne
trouvèrent point de contradicteurs, et Clovis, élevé sur un bouclier, fut proclamé roi par les sujets de Sigebert [1]. Ainsi le paganisme tombait
vaincu par lui, comme l'hérésie et la vieille barbarie des Cattes et des Bructères courbait la tête
sous le joug que la Gaule avait accepté. Néanmoins son triomphe n'était pas encore complet.
Les hommes de sa race et de son sang, les chefs
de ces tribus saliques qui lui devaient par droit
de naissance, dévouement et fidélité, persistaient

---

[1] Greg. Tur., *Hist.*, l. 2, c. 40.

seuls encore à méconnaître sa légitime suprématie. Clovis avait long-temps dédaigné ce reste d'opposition confiné dans quelques cantons au nord de la Belgique; il pensa que le moment était venu d'en finir avec ses derniers ennemis.

Quittant donc les bords du Rhin, il ramena son armée victorieuse à travers la cité de Tongres, dans l'ancien territoire des Saliens, et le seul bruit de son approche fit trembler les chefs rebelles [1]. Cararic, qui commandait aux Francs de Thérouenne, s'était prononcé contre lui dès son avènement et lui avait toujours refusé obéissance. Ragnacaire, chef de la tribu de Cambray, l'avait secondé dans sa première guerre contre Syagrius, mais s'était séparé de lui après le baptême de Reims et avait donné asile aux païens obstinés qui avaient mieux aimé alors changer de drapeau que de religion. De pareilles injures ne pouvaient rester impunies; les deux chefs le sentirent et ne

[1] Grégoire de Tours dit positivement que l'expédition de Clovis contre les chefs saliens eut lieu aussitôt après les événements de Cologne : *Post hæc ad Chararicum regem dirigit.* Cependant il lui fait dire dans l'assemblée des Ripuaires qu'il naviguait sur l'Escaut au moment ou Chlodéric avait commis son parricide : *Dùm super fluvium Scaldem navigarem.* L'Escaut servait de limite entre le territoire des Francs de Tournay et celui des Francs de Thérouenne. Clovis avait donc fait à la fin de l'année 510 un voyage dans ces contrées pour sonder les dispositions des peuples et préparer la révolution qu'il méditait.

tentèrent pas même une conciliation impossible.
Mais la résistance ne l'était pas moins dans cette
lutte inégale où la trahison vint au secours du
plus fort. De sourdes menées avaient préparé la
défection dans les rangs des tribus dissidentes.
Cararic fut livré sans combat [1]; Ragnacaire, trahi par son propre frère, abandonné par ses Leudes, vit se tourner contre lui sur le champ de
bataille les armes qui devaient le défendre. Tous
deux tombèrent entre les mains du vainqueur.
« Malheureux, dit Clovis à Ragnacaire, que ses
» propres soldats amenaient devant lui chargé de
» liens , est-ce ainsi que tu deshonores notre
» sang? Un Salien se laisser enchaîner! ne valait-
» il pas mieux mourir?... » et aussitôt d'un coup
de hache, il abattit lui-même la tête du captif,
puis se tournant vers Ricaire, frère du chef vaincu et prisonnier comme lui. « Et toi, lui dit-il,
» si tu avais mieux défendu ton frère, il n'aurait
» pas subi ce déshonneur! » Et la hache sanglante
se levant de nouveau, retomba sur la tête du
traître [2].

Cararic et ses fils furent d'abord traités avec
plus de douceur; Clovis s'était contenté de leur
faire couper les cheveux en signe de dégradation,

---

[1] *Chararicum superventum dolis cepit cum filio.* (Greg. Tur., *Hist.*,
l. 2, c. 41.)

[2] Greg. Tur., *Hist.*, l. 2, c. 42.

et, suivant l'usage du Bas-Empire, leur avait fait prendre l'engagement d'entrer dans les ordres sacrés. Mais peu de temps après, Cararic laissa échapper ou on lui prêta ces paroles indiscrètes : « à quoi sert de couper le feuillage d'un arbre » encore vert ? il repoussera bientôt. » Clovis comprit la menace cachée sous ce langage figuré si familier aux Barbares, et l'arrêt de mort du père et du fils fut immédiatement prononcé[1]. Un dernier frère de ces princes existait encore ; il se nommait Rignomer et avait été transporté au Mans ; Clovis l'y fit massacrer[2]. « Je suis bien » malheureux! disait-il après tous ces meurtres, » je n'ai plus de parents ; tous se sont levés contre » tre moi et tous ont péri. N'existerait-il pas » encore quelque membre de ma famille qui » pût consoler mes vieux jours[3]. » Ces plaintes hypocrites, selon les chroniqueurs qui admirent ici la *sagesse* de leur héros, n'étaient qu'un moyen de s'assurer s'il ne lui était échappé aucune des

---

[1] Greg. Tur., *Hist.*, l. 2, c. 41.

[2] *Quorum frater Rignomeris nomine apud Cinomannis civitatem ex jussu Chlodovei interfectus est* (Greg. Tur., *Hist.*, l. 2, c. 41). La plupart des historiens ont conclu de ce passage qu'il existait un royaume franc dans la cité du Mans ; j'ai déjà exprimé plus haut mes doutes à ce sujet. Grégoire de Tours dit que Rignomer fut tué au Mans ; mais il ne dit pas qu'il y ait régné. Sa phrase ne peut servir de fondement à la conclusion qu'on en a tirée, et que je crois décidément fausse.

[3] Greg. Tur., *Hist.*, l. 2, c. 42.

victimes condamnées d'avance par sa politique impitoyable. Mais ses intentions avaient été bien remplies; toutes les branches de la race royale des Francs étaient éteintes. Les fils de Mérovée restaient seuls pour donner leur nom à la plus illustre des monarchies élevées sur les ruines de l'empire romain.

Avant d'aller plus loin, on ne peut s'empêcher de remarquer le contraste de ces dernières actions de Clovis avec sa conduite dans les affaires de la Gaule. D'un côté une politique habile, patiente, modérée, empreinte de la science diplomatique du Bas-Empire et subordonnée dans ses vues ambitieuses aux grands intérêts de la religion; de l'autre une avidité brutale, des ruses grossières, des vengeances féroces, la barbarie enfin dans toute sa rudesse primitive. C'est que dans cette dernière lutte contre la Germanie païenne, Clovis était livré à lui-même; ses guides habituels avaient lâché le frein qui retenait cette nature sauvage, et dépouillant la toge du consul romain, il avait ressaisi la hache du chef de tribu. Préoccupés du désir ardent de faire entrer, de gré ou de force, les peuples germaniques dans le sein du christianisme et de la civilisation, les évêques ne voyaient que la grandeur du but et fermaient les yeux sur le choix des moyens. Grégoire de Tours, à la fin du VIe siècle, applaudissait encore à ces crimes qui avaient ouvert au nord de l'Europe les voies de la régénération chrétienne [1].

Après ces expéditions qui servirent moins à accroître sa gloire qu'à consolider sa puissance, Clovis vint à Orléans où il avait convoqué en concile général tous les évêques des provinces soumises à sa domination. Nous avons la date précise de la clôture de ce concile; il se sépara le 8 juillet 511 [2], et il est probable qu'il avait été assemblé dès les premiers jours du mois de juin. Ainsi l'hiver et le printemps de cette année avaient suffi au roi guerrier pour terminer les opérations militaires dont nous venons de tracer le rapide tableau.

Le concile d'Orléans fut un triomphe pour l'église catholique, car un de ses principaux objets était de régler les conséquences des victoires récentes de la foi orthodoxe et de partager les dépouilles de l'arianisme vaincu. Les évêques des provinces nouvellement conquises sur les Wisigoths y assistaient en grand nombre, et la présidence fut déférée à Cyprien, évêque de Bordeaux,

---

[1] *Prosternebat enim quotidiè Deus hostes ejus sub manu ipsius et augebat regnum ejus, eò quod ambulabat recto corde coràm eo et faceret quæ placita erant in oculis ejus.* Greg. Tur., *Hist.*, l. 2, c. 40.

[2] *Concilium aurelianense Clodovei Francorum regis evocatione celebratum sub die* vi *idas julias, Felice consule, anno Christi* DXI, *Symmachi papæ Clodovei ejus regis* XXX. La date des conciles est toujours celle de la clôture, parce qu'elle précède les suscriptions des évêques.

métropolitain de la 2ᵉ Aquitaine. On remarque
avec étonnement que saint Remi n'y parut pas et
que son nom n'y fut pas même mentionné. La
révolte des provinces de l'est à peine calmée put
le retenir dans son diocèse sur les confins des
deux Belgiques où son influence avait toujours
été le plus ferme appui du pouvoir de Clovis.

L'absence des évêques des cités gasconnes et
pyrénéennes de Dax, Aire, Béarn, Oloron, Com-
ming et Bigorre, semble constater que cette partie de la Novempopulanie résistait encore aux
armes des Francs. En effet les guerres des premiers rois mérovingiens nous montrent ces peuples montagnards conservant une indépendance
dont Charlemagne lui-même ne put abattre les
derniers restes.

L'église devait tout à Clovis et ses pasteurs assemblés ne pouvaient lui faire entendre d'autre
langage que celui de la reconnaissance et du dévouement. Avant de se séparer, voici dans quels
termes ils lui firent connaître le résultat de leurs
délibérations.

« A leur seigneur et maître, le fils de l'église
» catholique, Clovis, roi très glorieux, tous les
» évêques assemblés en concile par ses ordres.

» Votre sollicitude pour l'honneur de la reli-
» gion catholique et la propagation de sa foi
» glorieuse est telle, qu'inspiré par le véritable

» esprit du sacerdoce, vous avez voulu réunir
» les évêques pour traiter avec eux des mesu-
» res nécessaires au bien de l'église. Selon votre
» volonté, nous avons répondu aux questions
» sur lesquelles vous nous avez consultés et
» aux articles qui nous ont été présentés par
» vous, afin que, si votre jugement approuve
» ce que nous avons décidé, les sentences por-
» tées par une assemblée si vénérable soient for-
» tifiées dans l'avenir par l'assentiment d'un si
» grand roi [1]. »

Pour apprécier la portée de ces témoignages
de confiance et de respect, qu'on se rappelle ce
que nous avons dit tant de fois de la puissance
morale des évêques. A toutes les preuves que
nous en avons données, nous n'en ajouterons
plus qu'une seule. Presque tous les évêques de
la Gaule, au Ve siècle, ont été mis au rang des
saints et honorés comme tels d'un culte public,
et l'on sait que la voix du peuple décernait alors
les palmes de la canonisation. Quel était donc
sur l'esprit de leurs contemporains l'influence
de ces hommes dont les paroles étaient écoutées
comme des oracles pendant leur vie et auxquels
on élevait des autels après leur mort ! Dans
quel lieu, dans quel temps trouvera-t-on des as-

---

[1] Concil. Aurel., *epist. ad Chlodoveum regem.*

semblées représentatives composées de pareils
éléments et qui aient dominé à ce point par la
seule force de la persuasion, les opinions et les
consciences ! C'est là pourtant ce que Montesquieu appelle les flatteries de quelques prélats
courtisans ! Il y avait un abîme entre les idées
philosophiques du XVIIIᵉ siècle et l'esprit religieux du Vᵉ ¹.

Une partie des évêques qui souscrivirent à l'a-
dresse que nous venons de citer avait assisté
cinq ans auparavant au concile d'Agde.

Leur langage envers Alaric était alors aussi celui de la soumission, mais d'une soumission dé-
fiante et forcée, et en se séparant ils laissèrent
échapper ces paroles mélancoliques où perçaient
leurs craintes pour l'avenir : « Puisqu'après avoir
» pris ces décisions salutaires, il nous est permis
» de nous retirer en paix, remercions Dieu d'abord
» et le seigneur notre roi, et prions la divine
» clémence de faire en sorte que nous puissions
» long-temps encore agir et enseigner ainsi pour
» l'honneur de la religion » ². Quel contraste en-

---

¹ « Que veut dire M. l'abbé Dubos, avec les déclamations de tous ces
» évêques, qui, dans le désordre, la confusion, les ravages de la conquête,
» cherchent à flatter le vainqueur ? Que suppose la flatterie ? que la fai-
» blesse de celui qui est obligé de flatter. » (Esprit des Lois, l. 30,
c. 24.)

² *Et quia in nomine Domini, omnibus salubriter constitutis, synodus
cum pace dimittitur, gratias Deo primitùs et domno nostro regi agamus,*

tre ces tristes adieux et les sentiments manifestés
par l'assemblée d'Orléans! Mais la différence entre les deux conciles n'apparaît pas seulement
dans l'expression ; on la retrouve dans le fond
des choses. Sous la domination des Wisigoths
l'église était entièrement séparée de l'état, comme il arrive toujours quand l'état cesse d'être
croyant. Aussi l'assemblée d'Agde se garde-t-elle
de rien décider qui puisse toucher aux lois civiles ou aux droits politiques. Toutes les questions qu'elle traite sont des questions-de conscience ; c'est l'église renfermée dans le sanctuaire et s'efforçant de rétablir sa discipline intérieure sans autre puissance que la réprobation
morale, sans autre arme que l'excommunication.
D'un autre côté, dans ce cercle restreint, son indépendance est entière ; ses arrêts sont absolus,
et elle ne les soumet point à l'approbation du
roi. Comment en effet, un prince hérétique aurait-il prétendu imposer à l'église orthodoxe ses
jugements sur des points de foi, de liturgie ou de
discipline ecclésiastique ? Le roi et le concile
sont donc étrangers l'un à l'autre ; ce sont deux
ennemis qui ont signé une trève et qui s'observent
avec défiance.

Dans l'assemblée d'Orléans, au contraire, une

orantes divinam clementiam ut hæc eadem facere et docere per multos
annos in honorem Domini possimus. (Concil. Agath.. in fine.)

union intime, cimentée par la reconnaissance et
par la communauté des sentiments et des principes, rattache le clergé catholique au roi des
Francs, qui s'honore du titre de fils de l'église.
Le trône et l'autel ne sont plus séparés; les
deux pouvoirs marchent d'accord vers un même
but et règlent de concert les intérêts moraux et
les intérêts matériels des peuples. Le roi enri-
chit l'église par ses libéralités; en lui donnant
de vastes domaines, il l'établit sur l'inébranlable
base de la propriété foncière [1], et pour lui conserver plus sûrement les biens qu'il lui prodigue,
il déclare par une exception unique qu'ils ne se-
ront point sujets à la prescription [2]. Il respecte
le droit d'asile et veut que le criminel et le proscrit deviennent inviolables dès qu'ils ont touché
le seuil des lieux saints [3]; il confirme le privilége
des clercs de n'être jugés que par leurs supérieurs
ecclésiastiques et soustrait leurs personnes à l'action des tribunaux, comme leurs possessions à
celle du fisc. Mais en retour de si larges conces-

---

[1] *De oblationibus vel agris quos domnus noster rex ecclesiis suo munere conferre dignatus est, vel adhuc non habentibus Deo inspirante con-
tulerit, ipsorum agrorum vel clericorum immunitate concessâ.* (Can. 5.)

[2] *Ut in terris ecclesiæ præscriptio locum non habeat* (Can. 23.)

[3] *De homicidis, adulteris et furibus, si ad ecclesiam confugerint, id
constituimus observandum, quod ecclesiastici canones decreverunt et lex
romana constituit, ut ab ecclesiæ atriis vel domo episcopi eos abstrahi
omninò non liceat* (Can. 1.)

cessions, on comprend qu'il a droit d'exiger des garanties, et le clergé s'empresse de les lui offrir. Ainsi le concile décide qu'aucun homme libre ne sera admis aux ordres sacrés sans l'autorisation du roi, aucun esclave sans le consentement de son maître, restriction naturelle, puisque l'ordination rompait toutes les chaînes sociales [1] ; des mesures sont prises pour atténuer les abus du droit d'asile et les désordres qui en résultaient trop souvent [2] ; il est interdit aux évêques d'excommunier ceux qui plaident contre eux, et aux clercs d'aborder le roi sans une lettre de leur évêque [3] ; enfin l'assemblée soumet toutes ses décisions à l'approbation du monarque, et ne les regarde comme valides qu'autant qu'elles auront reçu la sanction royale.

Parmi les canons de discipline ecclésiastique, plusieurs ont pour objet de régler l'administra-

---

[1] *De ordinationibus clericorum id observandum esse decrevimus ut nullus secularium ad clericatûs officium præsumatur, nisi aut cum regis jussione, aut cum judicis voluntate* (Can. 4.) Les fils de prêtres ou de diacres étaient seuls exemptés de cette condition ; nous avons vu plus haut que la plupart des prêtres et même des évêques étaient des hommes mariés et pères de famille, mais qui s'engageaient à la continence en entrant dans les ordres. Quant aux esclaves, l'évêque qui ordonnait un serf sans le consentement de son maître, était tenu de payer une indemnité double de la valeur de l'esclave. (Can. 8.)

[2] Can. 1, 2 et 3.

[3] Can. 6 et 7.

tion des biens de l'église dont les évêques étaient
seuls chargés ; on fixe la part qui doit revenir au
clergé inférieur, aux écoles, aux pauvres, aux in-
firmes [1]. Beaucoup d'églises avaient été envahies
par les ariens dans les provinces soumises aux
Wisigoths ; quelques prélats, dans l'ardeur de leur
zèle, voulaient que ces temples souillés fussent
détruits ; le concile, plus sage, ordonna qu'ils seraient purifiés et rendus au culte orthodoxe. Le
même système d'indulgence permit aux prêtres
qui s'étaient laissés entraîner à l'hérésie, de reprendre leurs fonctions sacerdotales avec le consentement de leurs évêques [2]. Mais on remit en
vigueur contre les hérétiques obstinés les décrets
par lesquels les empereurs avaient frappé les sectes dissidentes. On eut au reste peu d'occasions
d'appliquer ces mesures de rigueur ; les populations des provinces délivrées par Clovis du joug
des ariens étaient toutes catholiques, et les Wisigoths, seuls attachés à l'hérésie, s'étaient partout
retirés devant les armées du roi des Francs. Il
n'en resta pas une famille dans les villes qui lui
furent cédées. Ce fait est un de ceux qui prouvent que les Barbares étaient en petit nombre,

---

[1] Can. 5, 14, 15, 16, 17. Le canon 5 décide que l'évêque coupable
de mauvaise gestion sera en premier lieu réprimandé publiquement par
ses confrères, et, en cas de récidive, excommunié.

[2] *De clericis ab hæresi conversis et de basilicis Gothorum.* (CAN. 10.)

même dans les contrées où ils dominaient, qu'étrangère au fond des populations leur nationalité n'avait pas de racines dans le sol, et que par
conséquent on a beaucoup exagéré leur influence sur la constitution des peuples au moyen-
âge et dans l'Europe moderne.

Après la clôture du concile d'Orléans, Clovis,
de retour à Paris, s'occupa sérieusement de propager le christianisme parmi les tribus franques
récemment assujéties à son autorité. Vedastus,
prêtre originaire d'Aquitaine, qui, à l'époque de
son baptême l'avait instruit des vérités de la religion, fut sacré évêque à Reims [1], et entreprit

---

[1] *Cùm beatus Remigius sanctum Vedastum venerationis cultu attollere
niteretur, fuit consilii ut Atrabatum urbi eum pontificem faceret; quo
Francorum gentem ad baptismi gratiam paulatim docendo ac de indus-
trid monendo attrahere curaret.* (Vita Sancti Vedasti.) Saint Vedast résidait à Toul lorsque Clovis passa par cette ville au retour de sa glorieuse expédition contre les Allemands ; l'évêque Ursus présenta le
saint prêtre au roi comme un théologien capable de l'instruire des dogmes du christianisme. Saint Vedast suivit son auguste disciple à Reims
et s'y fixa près de saint Remi. Ainsi Clovis confia l'instruction chrétienne de ses compatriotes au missionnaire dont il avait reçu lui-même
les premiers enseignements de la foi. Dans une note du Ier volume, j'ai
suivi l'opinion de MM. de Sainte-Marthe qui pensent que saint Vedast était Franc d'origine ; mais d'autres auteurs disent qu'il était originaire d'Aquitaine, et cette dernière version me semble plus probable.
Avant le baptême de Clovis, il n'était guère possible de trouver parmi
les Francs un prêtre chrétien, et surtout un catéchiste habile, tandis
qu'il est naturel de croire à la réunion de ces qualités dans saint Vedast,
prêtre aquitain, réfugié dans le nord de la Gaule pour fuir les persécu-

la tâche difficile de convertir les Francs de Ragnacaire dont le royaume se composait des cités de Cambray et d'Arras [1]. Antimundus, disciple de saint Remi, fut envoyé dans les états de Cararic, qui embrassaient tout l'ancien pays des Morins ou les cités de Thérouenne et de Boulogne [2]. Ainsi les trois fractions de la race salique eurent chacune leur évêque chargé de les arracher au paganisme et à la barbarie.

Ce fut probablement à la même époque et pour compléter cette œuvre de régénération sociale que Clovis fit rédiger pour la première fois en latin la loi salique. En effet, comment aurait-il pu entreprendre d'assujétir les Saliens à une législation uniforme lorsque plus des deux tiers

tions des Wisigoths. Les savants auteurs de la *Gallia Christiana* supposent que saint Vedast fut ordonné évêque vers l'an 500. Il était impossible que Clovis donnât à cette époque un évêque aux sujets de Ragnacaire, qui ne reconnaissaient point son autorité et qui rejetaient le christianisme. Les Francs de Cambray n'ayant été soumis qu'au commencement de l'année 511, et Clovis étant mort à la fin de cette même année, la date de la fondation de l'évêché se trouve ainsi fixée d'une manière invariable.

[1] Le diocèse de saint Vedast comprenait les cités d'Arras et de Cambray, qui n'ont été séparées en deux évêchés qu'à la fin du XI° siècle. (*Gallia Christiana*, t. III.)

[2] Le diocèse des Morins a conservé toute son étendue jusqu'à la destruction de la ville de Thérouenne par Charles-Quint, en 1553. Ce fut à la suite de cette catastrophe qu'on créa les deux évêchés de Boulogne et de Saint Omer, qui reproduisaient à peu près l'ancienne division des deux cités romaines.

de la nation lui refusaient obéissance ? Avant de
donner des lois à un peuple, il faut être assuré
de sa soumission, et Clovis n'acheva de soumettre
les tribus saliennes que dans les premiers mois
de l'année 511. Cette considération suffit pour
déterminer la date de la rédaction de la loi.

Cependant une tradition admise par les chroniqueurs assigne à la loi salique une origine
beaucoup plus ancienne et la fait remonter jusqu'au prétendu règne de Pharamond [1], c'est-à-
dire jusqu'à un temps voisin de l'établissement
définitif des Francs dans la Gaule, au commencement du Ve siècle. Je ne crois point que cette
tradition doive être entièrement rejetée ; mais
il faut distinguer entre les conventions orales qui
fixèrent les dispositions jusqu'alors incertaines
et variables des coutumes germaniques, et la rédaction de ces coutumes en langue latine sous la
forme régulière d'un code de lois.

Lorsque les tribus germaines, dispersées par
les invasions et les guerres qui avaient bouleversé le centre de l'Europe au IVe siècle, se trouvèrent, au commencement du Ve, réunies en corps

---

[1] *Franci elegerunt Faramundum filium ipsius Marchomiri, et leva-
verunt eum super se regem crinitum. Tunc et legem habere cœperunt quam
consiliarii eorum priores gentiles his nominibus Wisogast, Wisowast,
Arogast, Solegast in villabus Germaniæ, id sunt Bodecheim, Salecheim
et Widecheim tractaverunt.* (**Gesta Reg. Franc.**, *c.* 4)

de nation sur le sol gaulois, elles ne tardèrent
pas à éprouver les fâcheux effets de la confusion
produite par l'assemblage de tant d'éléments hétérogènes. Dans leurs émigrations successives,
chaque famille, chaque tribu avait apporté avec
elle les usages de ses pères, et dans les relations
qui s'établirent entre elles, chacune voulait faire prédominer sa coutume particulière et refusait d'en reconnaître d'autres. Un arbitrage général pouvait seul mettre un terme à cette anarchie. La nation était alors partagée en quatre
grandes fractions qui nommèrent chacune un délégué parmi les chefs et les anciens du peuple, et
les quatre vénérables vieillards, réunis en conférence dans ces conseils qu'on appelait *Mall* ou
Malberg, parce qu'ils se tenaient ordinairement
sur un lieu élevé, déterminèrent, parmi les anciennes coutumes , celles qui devaient avoir
force de loi et auxquelles tous devaient obéir en
vertu d'un pacte unanime qu'on nomma le pacte
de la loi salique [1].

Les mêmes causes produisirent des effets semblables au XII°siècle, lorsque des pélerins armés,
sortis de toutes les contrées de l'Europe, se trou-
verent réunis au pied du tombeau du Christ dans
Jérusalem reconquise sur les infidèles. Ces guerriers, venus de tant de pays divers ne connais-

---

[1] *Pactus Legis Salicæ, prolog.* Edit. Herold.

saient que les usages qui servaient de loi dans leurs provinces ou dans leurs châtellenies. Cependant ils ne pouvaient vivre réunis sans une règle commune, et il fallait une législation uniforme pour donner quelque consistance au royaume fondé par l'épée victorieuse de Godefroy de Bouillon. De là résulta la nécessité de fixer d'un commun accord les coutumes auxquelles tous devaient obéir, et des assises de Jérusalem sortit la première rédaction écrite du droit coutumier au moyen-âge, de même que les assemblées du *malberg* des Saliens fixèrent pour la première fois les coutumes germaniques par des formules d'une application générale.

Chez un peuple barbare qui n'a ni industrie, ni commerce, ni organisation stable de la propriété foncière, et qui ne connaît point l'usage de l'écriture, les relations sociales sont peu compliquées, les transactions rares et simples. Dans cet état de choses, le droit civil ne peut recevoir qu'un très faible développement ; le droit pénal lui-même n'existe pas dans le sens que nous attachons à ce mot ; car la société n'est pas encore constituée de manière à pouvoir appliquer dans son propre intérêt un châtiment public à tout acte qui viole les lois qu'elle s'est données. Le premier besoin des hommes réunis en agglomérations plus ou moins nombreuses est d'arrêter le

cours des guerres individuelles qui font de chaque famille un camp isolé, et ne leur permettent
pas de s'unir dans cette communauté d'intentions
et d'efforts sans laquelle aucune association ne
peut subsister. Pour atteindre ce but, tous les
peuples barbares ont recours au même moyen.
Dès qu'un membre de la nation est lèsé par un
acte de dol ou de violence, la société entière in-
tervient; voulant prévenir la vengeance de l'offensé, elle se présente à lui comme arbitre, fixe la
satisfaction à laquelle il a droit, et force le coupable à la donner. Le réglement de ces satisfac-
tions légales, que dans la rédaction latine des lois
germaniques on appela *compositions*, est presque
le seul objet des législations primitives. Le taux
des compositions variait d'un lieu à l'autre, dans
les bourgades ou *pagi* de l'ancienne Germanie.
Les tribus ou familles réunies dans les colonies de
la Belgique et originaires de différents points du
sol germanique avaient chacune leur tarif qu'elles
voulaient maintenir, et l'on conçoit quelles difficultés devaient en résulter dans l'application. Les
formules du *Malberg*, arrêtées d'un commun accord par les délégués de toutes les tribus, firent
cesser cette diversité en établissant pour les compositions un tarif uniforme, et l'assemblage de
ces formules constitua la loi salique.

Les formules malbergiennes ne furent pas écri-

tes, car les Germains n'eurent jamais d'écriture
à eux; ils n'inventèrent point des signes spéciaux
pour représenter à l'œil les sons de leur langue
nationale. Lorsqu'ils voulurent écrire cette langue,
ce qui ne commença guère qu'à l'époque carlovingienne, ils se servirent des caractères latins
qu'ils adaptèrent tant bien que mal aux diverses
nuances de leur prononciation; ce sont ces caractères qui servent aujourd'hui même à écrire la
langue allemande dans laquelle ils ont une toute
autre valeur que dans la nôtre. Mais au commencement du VIe siècle, aucune tentative de ce genre
n'avait encore été faite, et les idiomes tudesques
n'avaient jamais été écrits. N'étant donc point
fixées par l'écriture, les formules du *Malberg* durent être très courtes pour se graver plus facilement dans la mémoire, et leur promulgation fut
accompagnée d'un *bardit* ou chant national que
Clovis fit traduire pour le mettre à la tête de sa
rédaction latine de la loi. Ce chant, comme presque tous ceux des peuples barbares, n'est qu'un
hymne en l'honneur de la nation : le voici tel
qu'on le trouve dans le plus ancien texte de la
loi salique, celui d'Hérold, le seul qui nous ait
conservé la rédaction primitive[1].« Gloire à l'il-
» lustre nation des Francs, fondée par Dieu

---

[1] La priorité du texte d'Hérold a été contestée. Voir à ce sujet les
Éclaircissements, à la fin du volume.

» même, brave dans la guerre, fidèle aux traités
» dans la paix, habile dans les conseils, noble et
» saine de corps, brillante de beauté et de blan-
» cheur, audacieuse, agile et rude au combat[1].
» (Convertie récemment à la foi catholique, pure
» d'hérésie! Lorsqu'elle était encore dans la bar-
» barie, cherchant la science par l'inspiration de
» Dieu, désirant la justice selon le caractère de ses
» mœurs, et observant la piété, les chefs qui la
» gouvernaient alors dictèrent la loi salique.)
» Dans un grand nombre on en choisit quatre
» qui portaient les noms de Wisogast, Bodogast,
» Salogast et Windogast, dans les lieux nommés
» Saloghève, Bodoghève et Windoghève, lesquels,
» se rassemblant dans trois *malls* consécutifs, dis-
» cutèrent avec soin toutes les causes de discor-
» des, et traitant chaque cas en particulier, pro-
» noncèrent leur jugement de la manière sui-
» vante[2].» Venait ensuite la série des formules qui
appliquaient à tous les délits la composition due

[1] Je traduis ainsi, à l'exemple de M. Guizot, le mot *aspera*, qui n'est
que la traduction latine du mot tudesque *vrang*, véritable étymologie
du nom des Francs, et dont le sens répond à celui des mots latins *asper*
et *ferox*. On sait que le V allemand a le son du F français.

[2] Le chant national qui fut le premier prologue de la loi Salique,
me paraît s'arrêter ici; j'ai mis entre parenthèses les passages qui semblent avoir été ajoutés par Clovis, et qu'on reconnaît aux allusions
chrétiennes qui s'y trouvent; le mot *pure d'hérésie* surtout est caractéristique de l'époque. La suite du prologue, tel qu'il est inséré dans le
texte d'Hérold, à partir des mots *at ubi Deo favente*, appartient évidemment à un temps postérieur; il y est fait mention des modifications ap-

par le coupable, suivant le tarif arrêté par les délégués de la nation.

Telle est la forme poétique et traditionnelle sous laquelle les coutumes des Francs avaient passé de bouche en bouche et s'étaient maintenues respectées dans les conseils des gravions ou chefs de tribus jusqu'à la fin du Ve siècle. Mais cette législation imparfaite ne pouvait suffire à la nation salienne dont les destinées s'étaient agrandies jusqu'à dominer la Gaule entière. Le vaste développement de la puissance de Clovis avait mis les Francs en contact avec les populations romaines, et il fallait bien que ces dernières eussent connaissance des lois qui devaient régir leurs rapports avec ces Barbares appelés à vivre au milieu d'elles. Il fallait régler les cas nouveaux qui résultaient de ces rapports et que les décisions des malbergs n'avaient pu prévoir; il fallait enfin donner à l'ensemble de ces décisions une forme plus régulière, plus stable, plus analogue aux habitudes de la jurisprudence et aux besoins de la civilisation. Tels furent les motifs qui déterminèrent Clovis à faire traduire en latin les formules malbergiennes et à les rédiger en forme de code avec les modifications que le temps et les circonstances avaient rendues nécessaires.

portées à la loi par Childebert et Clotaire, dont nous citerons plus bas les décrets, qui sont de la fin du VIe siècle. Voir les *Éclaircissements.*

En étudiant cette rédaction primitive dans le texte d'Hérold, qui nous l'a conservée, on peut y reconnaître la manière dont le travail s'exécuta. Les vieux gravions francs dictaient aux clercs gaulois la formule malbergienne dans l'énergique brièveté de la phrase tudesque. Les clercs l'écrivaient, comme écrirait de nos jours un Français à qui l'on dicterait de l'allemand et qui n'aurait aucune connaissance de cette langue, c'est-à-dire en cherchant parmi les caractères romains ceux qui leur paraissaient rendre de la manière la plus approximative les sons incompris qui arrivaient à leurs oreilles [1]. Ensuite ils traduisaient cette formule en latin et la développaient d'après les explications qui leur étaient données par les juges barbares. Deux exemples suffiront pour éclaircir ma pensée et faire comprendre l'idée que l'on peut se former de ce travail législatif. Dans la loi salique (texte d'Hérold) à l'art. 5, tit. 20, *de Vulneribus*, la formule malbergienne est exprimée par ces deux mots: *Aude a fenus* (allemand moderne *haupt geoffnet*) tête ouverte. Voici maintenant la traduction ou plutôt la paraphrase des rédacteurs gaulois: *si quis hominem ità plagaverit ut cerebrum appareat et tria ossa desuper cerebro exierint, M DCCC denar. qui faciunt solidos XLV culpabilis*

---

[1] C'est ainsi qu'au XVIe siècle, on écrivit en France, pour le mot allemand *eidgenossen*, huguenot, et, pour le mot *landsknecht*, lansquenet.

judicetur. L'art. 6 du même titre fixe la composition pour des coups qui ont fait couler le sang. La formule malbergienne n'a qu'un mot : *friodblitto* (allemand moderne *verblutet*), ensanglanté. Dans la rédaction latine ce mot unique est ainsi développé : *si quis hominem plagaverit intrà costas aut in ventrem, ità ut vulnus ad interanea pervenerit et sanguis semper currat et non sanat,* M D *den. qui faciunt solidos* LXII *culpabilis judicetur.* C'est une chose curieuse que ce laconisme de la loi sauvage mis en regard des définitions verbeuses des jurisconsultes gallo-romains.

D'après ce mode de rédaction, il est facile de concevoir que le caractère de la loi salique dut rester entièrement germanique puisque le texte latin n'était que la reproduction et la paraphrase des vieilles formules du *Malberg.* Clovis ajouta seulement quelques dispositions nouvelles commandées par les circonstances, telles que les compositions dues pour le meurtre des Romains, et la plupart des articles relatifs aux esclaves [1]. Il retrancha les usages inhérents au paganisme et ceux qui entretenaient la férocité des mœurs ; mais il laissa subsister tout le fond de la loi et elle conserva si bien l'empreinte de son origine que le Traité des mœurs des Germains, écrit par

----

[1] Dans le texte d'Hérold, ces articles ne portent point de formules malbergiennes.

Tacite, quatre siècles auparavant, semble en être
le commentaire et l'analyse fidèle. C'est ce qui
établit une différence immense entre cette loi et
les codes des Bourguignons et des Wisigoths,
qui furent rédigés en entier par des jurisconsultes romains, dans le but de compléter la fusion
des races et d'effacer autant qu'il était possible
les dernières traces de la nationalité barbare.

La différence de ces trois législations s'explique par la position des peuples pour qui elles
furent faites. Au commencement du VIᵉ siècle,
les Goths et les Bourguignons étaient convertis
depuis près de 150 ans au christianisme sous la
forme arienne et occupaient depuis plus d'un
demi-siècle, en vertu de concessions impériales,
les provinces les plus riches, les mieux cultivées
et les plus populeuses de la Gaule. Il n'y avait pas
dans ces contrées assez de terres vagues et incultes pour former aux Barbares fédérés des domaines létiques sans toucher aux propriétés des
anciens habitants. Il fallut donc les établir à titre
d'hôtes, *hospitii jure*, sur les terres du fisc et sur
celles des grands propriétaires avec lesquels ils
partagèrent le sol. De là entre les deux races un
contact journalier, une communauté d'intérêts,
une sorte de frottement continuel qui favorisaient
l'assimilation des Barbares avec leurs hôtes, mais
qui en même temps faisait vivement sentir les

pénibles conséquences du rapprochement de deux natures antipathiques, la nature sauvage et la nature policée. Introduit violemment au sein de la civilisation, l'élément barbare y portait le désordre ; une réforme radicale des coutumes germaniques pouvait seule rétablir l'harmonie et prévenir la dissolution de l'état social. Ainsi lorsqu'Alaric et Gondebaud proscrivirent les principes fondamentaux des coutumes germaniques, ces concessions ne furent pas seulement un sacrifice fait à des embarras passagers ; elles étaient commandées par une nécessité impérieuse et inévitable.

Rien de semblable n'existait à cette époque chez les Francs. Etablis dès leurs premières émigrations à l'extrémité de la Gaule dans une contrée inculte et déserte, au milieu de forêts et de marécages que les romains n'avaient pas défrichés, ils avaient pu continuer sans obstacles le genre de vie qu'ils menaient de l'autre côté du Rhin et n'avaient eu que peu de contact avec la civilisation. Le petit nombre de familles romaines qui résidaient sur le territoire occupé par eux, s'en était éloigné à leur approche [1], et le paganisme, auquel ils étaient demeurés fidèles, les rendait étrangers au monde chrétien. Cet état de

---

[1] Nous avons vu qu'Eleutherius, créé par Clovis évêque de Tournay, appartenait à une de ces familles qui avaient quitté la Belgique à mesure que les Francs s'y avançaient.

choses était resté le même pendant toute la durée du Ve siècle, et les événements du règne de Clovis y apportèrent peu de changements. Parmi les Saliens, la tribu des Francs de Tournay avait seule combattu sous ses drapeaux. Le reste de la nation s'était séparé de lui et avait refusé de le suivre dans les nouvelles voies qu'il lui ouvrait. Ainsi le roi des Francs, dominateur de la Gaule, consul romain, défenseur de la cause catholique, s'était élevé aux plus hautes destinées, et la condition de ses compatriotes n'avait point changé avec celle de leur chef.

Clovis assujettit la Gaule ; mais il n'y eut point d'émigration du peuple salien dans l'intérieur des provinces gauloises. Le fait n'a pas besoin d'être prouvé pour les tribus de Ragnacaire et de Cararic ; elles ne suivirent certainement pas la fortune de Clovis auquel elles faisaient la guerre. Quant aux Francs de Tournay', le témoignage de Grégoire de Tours nous les montre encore concentrés à la fin du VIe siècle sur le territoire de cette cité, et pendant les guerres civiles de cette époque, c'est là que Frédégonde va deux fois leur demander asile [1].

Hâtons-nous néanmoins de dire que beaucoup de Francs passèrent individuellement dans la Gaule ; les uns furent investis de commande-

[1] Grég. Tur., *Hist.*, *l.* 10, c. 27.

ments, de dignités, de fonctions de tous genres,
dans l'intérieur des provinces; d'autres obtinrent
des bénéfices territoriaux pris sur les domaines
du fisc, et acquirent des propriétés foncières par
des mariages ou d'autres circonstances personnelles; il y en eut surtout beaucoup qui se fixèrent autour des résidences royales et qui vinrent
chercher les faveurs de la fortune dans les palais des princes mérovingiens; mais la masse du
peuple resta dans la même position qu'elle occupait avant Clovis au nord de la Belgique.

Si l'on reconnaît avec nous que les Francs
n'émigrèrent pas dans l'intérieur de la Gaule, il
sera inutile de nous arrêter à prouver qu'ils n'en
partagèrent pas les terres avec les habitants.
Tout ce que nous avons dit du règne de Clovis, de sa politique, de ses moyens d'action, des
causes qui développèrent sa puissance exclut jusqu'à la possibilité d'une pareille hypothèse. Une
preuve négative, mais qui n'en est pas moins
irréfragable, complètera notre démonstration.
Toutes les fois qu'on touche à la propriété, on
ébranle les fondements de l'ordre social. De
semblables révolutions ne peuvent passer ina-
perçues. Leurs conséquences s'étendent à l'infini
et se font sentir jusque dans un lointain avenir;
elles produisent surtout une vive impression sur

les contemporains puisqu'elles déplacent les fortunes et remuent tous les intérêts. Aussi les événements qui ont bouleversé la propriété foncière ont toujours été ceux sur lesquels l'histoire
nous a transmis les documents les plus exacts et
les plus nombreux. Nous connaissons parfaitement l'époque précise de tous les partages de terres opérés entre les Barbares et les populations
romaines sur le sol de l'Empire. Nous savons dans
quelles proportions, suivant quel mode, dans
quelles circonstances les Bourguignons, les
Goths, les Vandales, les soldats d'Odoacre se sont
établis propriétaires aux dépens des anciens possesseurs. Les preuves de ces faits sont partout,
dans l'histoire, dans les lois, dans les actes officiels, dans tous les écrits du temps. Certainement
si quelque chose de semblable s'était passé
dans les provinces soumises aux Francs, les mêmes sources nous donneraient à leur égard les
mêmes lumières. Mais elles se taisent et il est impossible d'en extraire un seul document d'où
l'on puisse inférer que les Francs aient partagé
les terres avec les habitants du pays. La loi salique, les décrets des rois mérovingiens, les chartes,
les chroniques, ne présentent pas le moindre vestige de ce grand déplacement de la propriété.
Quel témoignage plus irréfutable que ce silence
universel, surtout lorsqu'il vient à l'appui de tout

un ensemble de preuves positives tirées des faits historiques et de la marche des événements[1].

En résumé, nous croyons avoir démontré que la nation salienne, sous Clovis, ne se transporta point dans l'intérieur de la Gaule, qu'elle n'envahit point les propriétés des Romains, qu'elle ne se mêla pas avec eux. Les conditions de son existence ne furent donc point changées et par conséquent il n'y eut pas de réforme radicale à opérer dans ses lois et ses coutumes. Il suffit d'en effacer ce qu'elles renfermaient de manifestement contraire à la morale et aux dogmes du christianisme. Dans la suite, lorsque les Francs se répandirent individuellement dans la Gaule et que leurs relations avec les populations romaines se multiplièrent, les rois Mérovingiens se virent forcés d'adopter des dispositions analogues à celles des codes d'Alaric et de Gondebaud. A la fin du VI° siècle, l'expérience n'avait que trop fait recon-

---

[1] Cette objection n'a pas échappé à Montesquieu ; mais il la résout avec cette légèreté dont l'auteur des Lettres Persannes n'a donné que trop de preuves : « On ne trouve, dit-il, dans les lois Salique et Ripuaire aucune trace d'un tel partage de terres ; les Francs avaient conquis ; ils prirent ce qu'ils voulurent, et ne firent de réglements qu'entre eux. » Où sont même ces prétendus réglements qu'ils auraient faits entre eux ? Mably, copiste de Montesquieu, amplifie cette hypothèse et en fait mieux sentir encore l'invraisemblance : « Le silence de nos lois et de Grégoire de Tours sur un fait si important permet de conjecturer que les Francs se répandirent sans ordre dans les provinces qu'ils avaient subjuguées, et s'emparèrent sans règle d'une partie des possessions des Gaulois. Terres, maisons, esclaves, troupeaux, chacun

naître l'inefficacité du système des compositions germaniques pour maintenir l'ordre dans une société civilisée. En 593, dans le traité que Childebert, roi d'Austrasie, fit avec Frédégonde et son jeune fils Clotaire, pour le partage des provinces, après la mort de leur oncle Gontran, roi de Bourgogne, il fut stipulé que pour arrêter le débordement des crimes qui désolaient la Gaule, la peine de mort serait désormais appliquée aux actes de violence et de brigandage [1]. Deux ans plus tard, en 595 les deux rois firent chacun un décret pour l'exécution de ce traité. Le décret de Childebert punit de mort le rapt, le vol et l'homicide [2]; il appliqua la même peine aux prévarications des juges et réprima leurs exactions [3]. A de nombreuses précautions prises contre les excès de la force brutale et les abus du pouvoir, il ajouta la suppression de quelques usages germaniques, tels que la *chrenecruda* qui obligeait tous les parents

---

» prit ce qui se trouvait à sa bienséance, et se fit des domaines plus ou
» moins considérables, suivant son avarice, ses forces ou le crédit
» qu'il avait dans la nation. » (*Observations sur l'Histoire de France*,
l. 1, c. 2.)

[1] *Pactus pro tenore pacis dominorum Childeberti et Clotarii regum.*
Art. Ier : Quia multorum insaniæ convaluerunt, malis pro immunitate scelerum digna reddantur. Id ergò decretum est ut apud quemcunque, post interdictum, latrocinius comprobatur, vitæ incurrat periculum.

[2] *Decretio Childeberti regis*, art. 4, 5, 7, 8. Il est juste, dit l'art. 5, que celui qui a su tuer injustement apprenne à mourir justement.

[3] *Ibid.*, art. 7. *Si judex comprehensum latronem convictus fuerit relaxasse, vitam suam amittat.*

d'un condamné insolvable à répondre pour lui, sur leurs propres biens du paiement des compositions [1], et les *farfalia* ou conjurations qui autorisaient les accusés à se présenter devant le juge accompagnés d'une nombreuse suite de parents et d'amis, tous armés, ce qui occasionnait souvent des luttes sanglantes dans l'enceinte même du *mallberg* [2]. Le décret de Clotaire contient des dispositions analogues qu'il confirma et développa plus tard dans un concile général tenu à Paris en 615 [3]. Mais cette nouvelle législation qui renversait tout le système des coutumes germaniques éprouva de la part des Francs une

[1] *Ibid.*, art. 15. *De chrenecrudd lex quam paganorum tempore observabant deinceps numquàm valeat.*

[2] *Ibid.*, art. 6. *De farfaliis ità convenit ut quicunque in mallo convenerit farfalium minare, sine dubio suum vidrigildum componat.* Le *vidrigildus* ou wehr-geld était la plus haute composition, celle du meurtre. *Farfalius*, en tudesque *verfallen; irruere, adsalire,* selon Eckard. En Islande, où les vieilles coutumes de la race tudesque s'étaient toutes conservées, cet usage ne fut aboli qu'à la fin du XIe siècle : *Olim partes litigantes cum asseclarum grege armati ad tribunal procedebant... Historiæ plenæ sunt perturbationum judiciorum ob pugnas partium et amicorum numerosæque clientelæ vi et armis, non jure litem dirimere conantium* (Gragas, Codex Islandicus.)

[3] Les art. 4 et 5 du décret punissent de mort le voleur et même le receleur. L'art. 11 applique la même peine à celui qui aurait accepté la *composition* du voleur. C'était défendre, sous peine de la vie, l'observation de la loi germanique. L'art. 18 de l'édit rendu dans le concile de 615 punit de mort le rapt et le viol. L'art. 11 confirme toutes ces mesures rigoureuses par cette déclaration générale : *Ut pax et disciplina in regno nostro sit, Christo propitiante, perpetua, rebellio vel insolentia malorum hominum severissimè reprimatur.*

telle résistance qu'elle ne put être rigoureusement exécutée. L'anarchie introduite dans le VIIᵉ siècle par l'affaiblissement du pouvoir royal et la domination de l'aristocratie franque la firent bientôt tomber en désuétude ¹. Lorsque Charlemagne entreprit la tâche immense de réorganiser l'ordre social dans son vaste empire, la loi salique avait repris le caractère germanique dans toute son intégrité, et le texte promulgué par le grand empereur reproduit la rédaction de Clovis, dont il ne diffère que par les formes du style et par quelques modifications peu importantes ².

Si Clovis se contenta de régulariser les coutumes germaniques sans les réformer, il ne toucha pas non plus aux lois romaines comme l'avaient fait Alaric, et Gondebaud. Cependant on ne peut douter que, sous son gouvernement et sous celui de ses successeurs, le droit romain n'ait continué

---

¹ Il est à remaquer que la révolution politique par laquelle l'aristocratie franque imposa aux derniers rois Mérovingiens l'autorité des maires du palais, suivit de près ces changements dans la législation nationale.

² Nous avons vu que l'usage de la *Chrenecruda* avait été formellement aboli par le décret de Childebert. Le texte d'Hérold, qui paraît avoir été écrit vers ce temps, mentionne cette abolition à la suite du titre relatif à cet usage. (*Lex Sal.*, ed. Herold, t. 61.) Le texte carlovingien, au contraire, reproduit le titre de la *chrenecruda* intégralement et comme une loi en vigueur. Il reproduit-également tout le système des *compositions*.

à régir les populations gauloises. Les preuves de ce fait abondent dans les actes, dans les formules, dans les témoignages historiques. Nous avons vu qu'un des canons du concile d'Orléans assemblé par Clovis lui-même recommande l'observation de la loi romaine en ce qui concerne le droit d'asile. L'article 4 d'un décret rendu par Clotaire 1er en 560, déclare en termes exprès que les Romains ne doivent être jugés que d'après la loi romaine[1]. Le dernier article de ce décret est encore plus explicite : « Nous recommandons à » tous les juges, dit le roi, d'observer exactement » ces prescriptions et de ne juger que d'après ce » que contient le présent décret selon la série » des lois romaines, ou d'après les coutumes » qu'un ancien droit a établies pour quelques » nations »[2]. Il résulte de ce passage, d'abord, que les rois Mérovingiens considéraient leurs édits comme la continuation des décrets impériaux, et en second lieu, qu'ils regardaient la loi romaine comme le droit commun du royaume et

---

[1] *Inter Romanos negotia causarum romanis legibus præcipimus terminari.*

[2] *Provideat strenuitas universorum judicum ut præceptionem hanc sub omni observatione custodiant, nec quicquàm aliud agere aut judicare quàm ut hæc præceptio secundum legum romanarum seriem continet, vel secus quarumdam gentium juxtà antiqui juris constitutionem olim vixisse dinoscitur, sub aliquid temeritate præsumant.* (Chlotarii regis Constitutio generalis, art 11, *in fine.*)

les coutumes germaniques comme des excep-
tions.

Les rois Bourguignons et Wisigoths ayant régné pendant un demi-siècle sur les provinces méridionales de la Gaule et étant devenus dans les
derniers temps indépendants de l'Empire, s'étaient
érigés en législateurs et avaient fait des lois applicables à leurs sujets romains. Il fallut refondre ces
lois avec les décrets des empereurs afin de fixer
la jurisprudence d'une manière stable ; telle fut
l'origine du bréviaire d'Anian et de la compilation
de Gondebaud, connue sous le nom de *Papiani
Responsum*. Clovis et les rois francs qui le précé-
dèrent ne se trouvèrent point dans la même position. Childéric avait exercé une haute influence,
comme chef militaire sur les cités romaines du
nord de la Gaule ; mais il ne les gouverna pas et
jamais il ne prétendit leur donner des lois. Clovis lui-même, en faisant accepter volontairement son autorité par les Gaulois, avait dû
respecter leurs droits, leurs franchises et la législation en vigueur parmi eux. Or cette législation était le code Théodosien qu'il laissa subsister intégralement et qui continua sous les rois
Mérovingiens d'être la règle des jugements en
ce qui concernait les populations gauloises. Ce
code est la *série des lois romaines* dont parle le
décret de Clotaire ; il s'en trouve de nombreuses

applications dans les recueils de formules rédigés
à l'époque mérovingienne [1]; on l'étudiait comme
la base de la jurisprudence pratique, et Grégoire de Tours nous apprend que de son temps, à
la fin du VIe siècle, cette étude était une partie
essentielle de l'éducation de la jeunesse noble [2].

Les travaux d'organisation religieuse et politique que nous venons d'analyser occupèrent les
derniers mois de l'existence de Clovis. Il semblait
que la Providence eût marqué le terme de sa
glorieuse carrière au moment où il aurait achevé de constituer l'empire des Francs et de poser
les bases de cette vaste puissance qui devait faire
entrer la Germanie païenne dans le sein de la civilisation catholiqne et réunir un jour toute l'Europe occidentale sous un même sceptre et sous
une même foi. Plusieurs historiens ont avancé
que Clovis mourut après deux ans d'une maladie de langueur [3]. Ce fait qui ne repose que sur
un passage de la Vie de saint Séverin, premier abbé d'Agaune, est matériellement inexact. L'au-

---

[1] Les formules publiées par Sirmond, et qui paraissent être les plus
anciennes de toutes, portent le titre de Formules selon la loi romaine,
Formulæ veteres secundùm legem romanam.

[2] *Andarehius benè institutus emicuit; nam de operibus Virgilii, legis Theodosianæ libris arteque calculi adplenè eruditus est.* (Greg. Tur.,
Hist., l. 2, c. 41.)

[3] Clovis, chagrin de ces pertes et malade d'une longue fièvre, dit
Mézeray.

teur de cette Vie dit que le pieux anachorète fut
appelé auprès de Clovis, malade depuis deux ans,
pour lui rendre la santé. Mais il place ce fait à la
25ᵉ année du règne de ce prince, c'est-à-dire en
506. Ce serait donc en 505 et en 506 qu'il faudrait admettre les deux années de maladies, si
on les admet; et en effet, nous n'avons eu à signaler dans ces deux ans qu'une seule action importante, l'entrevue de Clovis et d'Alaric à Amboise. A toute autre époque de sa vie, il serait
impossible de trouver place pour deux ans d'inaction ; car les événements mémorables s'y pres-
sent tellement qu'on a peine à leur assigner leur
rang chronologique. Clovis, comme César, comme Napoléon, comme tous les grands hommes,
avait pour qualité dominante une prodigieuse
activité; l'histoire se fatigue à le suivre, et,
dans cette existence si bien remplie, les dernières
années semblent être encore les plus fécondes.
Tout ce que nous savons de sa fin, c'est qu'il
mourut à Paris au mois de novembre 511, à
peine âgé de 45 ans [1]. Son corps fut enseveli
dans l'église des Saints-Apôtres, bâtie par lui pour
l'accomplissement d'un vœu qu'il avait fait en

---

[1] L'anniversaire de Clovis se célébrait le 25 novembre dans l'église
de Sainte Geneviève. Grégoire de Tours dit qu'il mourut la cinquième
année après la bataille de Vouillé, c'est-à-dire en 511, cette bataille
ayant eu lieu en avril ou mai 507. (Greg. Tur., *Hist.*, l. 2, c. 43.)

partant pour la guerre sainte contre les Wisigoths, en 507[1]. Il avait élevé cette basilique sur le
sommet de la colline qui dominait du côté du sud
la nouvelle capitale de la Gaule et l'ancien palais
des Césars devenu celui des fils de Mérovée. A
peu près vers le même temps, sainte Geneviève
termina aussi son existence séculaire dont tous
les instants avaient été marqués par des vertus et
des bienfaits. La reconnaissance des Parisiens
voulut que le corps de leur humble patronne re-
posât sous les voûtes qui abritaient le tombeau
du grand roi. Dans la suite même, le peuple aima
mieux se souvenir de la pieuse bergère qui avait
sauvé Paris que du héros qui l'avait conquis, et le
nom de sainte Geneviève que porta jusqu'à nos
jours la basilique de Clovis, a presque fait oublier
celui de son illustre fondateur.

[1] L'auteur des Gestes des Francs dit que Clovis fonda cette église
par le conseil de Clotilde, et qu'il en marqua l'emplacement en lançant
sa hache d'armes sur le terrain : *Tunc Crotildis regina consilium dedit
regi dicens : Sed tu audi ancillam tuam et faciamus ecclesiam in honorem principis apostolorum. Tunc rex projecit à se in directum bipen-
nem suam dicens : Fiatur ecclesia beatorum apostolorum.* (Gesta Reg.
Franc., c. 17.) Il paraît, d'après la Vie de Sainte Geneviève, que la
basilique fut terminée par Clotilde : *Basilica quæ post discessum Chlo-
dovæi, studio Chrotechildis reginæ, celsum extulit ædificata fastigium.*
(Vita Sanctæ Genov., c. 54.)

CONCLUSION.

MA tâche est finie, et j'ai même dépassé les limites que j'avais d'abord fixées à l'étendue de mon travail. La richesse du sujet, l'abondance des preuves, la multitude des faits à éclaircir, des erreurs à combattre, des vérités à remettre en lumière, m'ont entraîné au-delà de mes premières prévisions, et si la grandeur du but n'était pas hors de proportion avec la faiblesse des moyens, je pourrais dire que j'ai été amené à faire l'histoire de la Gaule au Ve siècle.

Une connaissance approfondie de cette histoire est en effet indispensable pour comprendre l'état de la société dans les siècles suivants : c'est faute d'avoir suffisamment apprécié l'importance de cette étude préliminaire que la plupart des systèmes par lesquels on a cherché à expliquer nos origines ont péché par leurs bases.

Nos historiens et surtout nos publicistes ont en général admis l'opinion trop long-temps accréditée que l'époque de l'invasion des Barbares et de la chute de l'empire romain ne présentait qu'un inextricable cahos, et qu'il était impossible d'y trouver autre chose qu'incertitude et ténèbres avant la constitution définitive des monarchies européennes. Laissant donc derrière eux cette période de bouleversement, ils ont pris pour point de départ la formation des sociétés modernes, et ont construit leurs systèmes *à priori* sur des hypothèses plus ou moins ingénieuses ou d'après des documents appartenant à des temps postérieurs à l'époque de transition dont il s'agissait de définir le caractère et les résultats. De là cette division absolue de l'histoire ancienne et de l'histoire moderne, que l'on supposait séparées par un abîme dont chacun comblait à son gré le vide imaginaire; de là ces idées vagues de conquête, d'invasion, de destruction universelle des hommes et des choses de l'ancien monde, qui serait rentré dans le néant pour faire place à une création nouvelle.

Pour résumer ces idées, prenons-les dans leur plus haute expression; empruntons les magnifiques paroles jetées par M. de Chateaubriand

comme la conclusion de ses *Etudes historiques* sur les derniers temps de l'Empire : « Quand la pous-
» sière qui s'élevait sous les pieds de tant d'ar-
» mées, qui sortait de l'écroulement de tant de
» monuments, fut tombée, dit l'illustre écrivain;
» quand les tourbillons de fumée qui s'échap-
» paient de tant de villes en flammes furent dissi-
» pés; quand la mort eut fait taire les gémisse-
» ments de tant de victimes; quand le bruit de la
» chute du colosse romain eut cessé, alors on
» aperçut une croix et autour de cette croix un
» monde nouveau. Quelques prêtres, l'Evangile à
» la main, assis sur des ruines, ressuscitaient la
» société au milieu des tombeaux, comme Jesus-
» Christ rendit la vie aux enfants qui avaient cru
» en lui [1]. »

Cet admirable tableau présente sous le jour le plus éclatant la double hypothèse qui a servi de fondement aux systèmes classiques sur les origines de notre histoire : d'un côté la destruction

---

[1] Châteaubriand, Etudes historiques, t. II, p. 341, éd. de 1841. Si les idées de destruction sont exagérées dans ce passage, il énonce du moins une grande vérité, en montrant l'influence du christianisme supérieure à celle de la barbarie dans la formation du monde moderne. N'oublions point la part que M. de Châteaubriand a prise à la régénération de notre histoire. C'est lui qui a trouvé, pour caractériser le Bas-Empire, l'expression d'*Empire romain barbare*, qui est à elle seule tout un système. C'est encore lui qui a dit que si l'on voulait une histoire moderne, elle ne devait pas commencer à Clovis mais à Constantin.

totale du monde ancien, de l'autre la création
d'un monde nouveau sorti du cahos et des ruines.
Il est permis aujourd'hui de déclarer ces deux hypothèses également fausses. Mais quoiqu'elles aient
été fortement ébranlées par les travaux des grands
historiens de notre siècle, elles exercent encore
sur les esprits cette influence qui s'attache aux
préjugés passés à l'état d'axiômes. Pour achever
de les déraciner, il faut creuser jusqu'à leur base;
il faut dissiper ces tourbillons de poussière et
de fumée qui, suivant la belle image de M. de
Châteaubriand, ont caché à tous les regards la
chute du colosse romain. C'est là ce que l'on a
commencé à faire de nos jours, c'est là le but
auquel tend la science contemporaine; c'est là
l'œuvre à laquelle nous avons essayé d'apporter
le contingent de nos faibles efforts.

Prenant à sa naissance le Ve siècle, époque de
la fin de l'Empire à Rome, et de la première formation des monarchies barbares dans l'Europe
occidentale, nous avons tenté de suivre pas à
pas, année par année, mois par mois, presque
jour par jour, les événements de cette période;
nous nous sommes imposé la loi de remonter
toujours aux sources et de n'avancer aucune assertion qui ne fût appuyée par quelque texte
contemporain des faits que nous avions à constater; nous avons pesé la valeur de chaque té-

moignage, discuté l'authenticité de chaque preuve; dans notre amour pour la vérité, nous aurions voulu pouvoir imiter les patientes investigations du magistrat et les formes rigoureuses
de l'instruction judiciaire.

Cette tâche était sans doute au-dessus de nos
forces; mais si le talent nous a fait défaut pour
la mise en œuvre, ce ne sont pas du moins les
matériaux qui nous ont manqué. Le Ve siècle,
cette prétendue époque de ténèbres et de cahos,
était un temps de corruption raffinée, d'administration compliquée, d'intrigues diplomatiques, de luttes intellectuelles. Comme toutes les
sociétés vieillies, le Bas-Empire écrivait beaucoup; il nous a laissé plus de documents, plus
de mémoires, plus de pièces officielles qu'aucune période antérieure de l'histoire ancienne,
et presque autant que les époques les mieux
connues de l'histoire moderne.

Je suis loin d'avoir pu faire usage de toutes
ces richesses; pour tout citer et tout dire, il
m'aurait fallu les in-folios des Bénédictins. J'ai
du moins essayé de rassembler dans ce volume
les traits les plus saillants, les documents les plus
utiles; j'ai tâché surtout de rendre aux textes
leur véritable sens souvent dénaturé pour les faire
entrer de force dans le cadre tracé d'avance par
les préjugés de l'école. Or, je le demande, à tra-

vers cet ensemble de faits étayés de preuves authentiques, à travers ces témoignages des contemporains décrivant eux-mêmes les événements qui
se passaient sous leurs yeux, qu'avons-nous vu ?
Avons-nous aperçu quelque part ces bouleversements, ces ruines, cette extermination des peuples, cet asservissement des races dont les leçons
de l'école classique avaient frappé notre imagination ? Sans doute le Ve siècle fut un temps de calamités désastreuses pour l'Europe occidentale ;
mais, contre l'opinion commune, les souffrances
des peuples furent plus grandes au commencement de cette période, lorsque l'Empire était encore debout, que dans les dernières années,
quand les monarchies barbares se constituèrent
définitivement. Au total les désastres de cette
époque ne surpassèrent point ceux qu'éprouva
la Gaule au IIIe siècle, lors des grandes invasions allemaniques et de la guerre des tyrans,
ni même ceux de la France du XVe siècle, livrée
aux dévastations des bandes anglaises et aux fureurs de la jacquerie. D'ailleurs, ce ne sont pas
seulement les conséquences matérielles des événements qu'il faut considérer ; il faut apprécier
leurs causes et leur caractère spécial, et c'est
surtout ce caractère que l'école classique a méconnu.

Elle nous parlait de catastrophes subites et

violentes; elle nous montrait le monde romain réduit en poussière par la force brutale de la conquête. Et au lieu de cela, nous avons vu ce monde, usé par l'excès même de la civilisation, tourmenté par les partis politiques et les sectes religieuses, s'affaisser par degrés sous le poids des vices intérieurs qui le rongeaient depuis sa naissance. Nous avons vu les Barbares intervenir comme auxiliaires des sectes et des partis qui déchiraient l'Empire, s'établir dans ses provinces moins par les armes et la violence que par des transactions et des intrigues, s'associer à ses destinées, et précipiter sa chute en agissant non comme une force extérieure dont le choc écrase et brise, mais comme un levain étranger qu'on introduit dans un corps qui fermente pour en hâter la décomposition. A la fin du Ve siècle ce travail de dissolution et de rénovation sociale était loin d'avoir atteint son terme; il se continua pendant tout le moyen-âge, et l'on pourrait en suivre les traces presque jusqu'à nos jours, tant il est vrai qu'il n'y a point de table rase dans les annales du genre humain, que dans l'histoire, comme dans la nature, rien ne se détruit, rien ne disparaît, mais que tout se modifie et se transforme par des progrès lents et presqu'insensibles.

Depuis cent ans, deux systèmes sont en présence sur les origines de notre histoire, et l'on pourrait dire qu'ils se sont personnifiés dans les deux hommes qui, au commencement du XVIIIe siècle, ont posé nettement pour la première fois les questions à débattre. Les noms de Boulainvilliers et de Dubos sont encore invoqués chaque jour dans nos discussions historiques comme l'expression la plus complète de deux écoles rivales. Voyons donc de quel point ces deux écoles sont parties et où elles sont arrivées.

Boulainvilliers avait adopté le principe de la destruction du monde antique dans toute son étendue et n'avait reculé devant aucune de ses conséquences. Selon lui, « les *Français*[1], con-
» quérants des Gaules, y avaient établi leur gou-
» vernement tout-à-fait à part de la nation sub-
» juguée qui, réduite en servitude, privée de
» tout droit politique et même du droit de pro-
» priété, avait été destinée par les conquérants
» au travail et à la culture de la terre. Les Gau-
» lois étaient devenus sujets, les Français maîtres
» et seigneurs; depuis la conquête, les Français
» originaires avaient été seuls nobles et seuls ca-
» pables de l'être; la conquête était le seul fon-
» dement de l'état dans lequel vivaient les diver-

---

[1] Les écrivains de cette école désignent ordinairement les Francs sous le nom de *Français*. C'est une conséquence de leur système qui faisait sortir toute la nation française de la conquête franque.

» ses classes de la nation [1]. » Quelqu'exagérées, quelqu'absurdes même que nous paraissent aujourd'hui ces doctrines, elles n'avaient alors rien qui pût choquer les esprits. Léguées par l'ignorance du moyen-âge à la science du XVIIe siècle, elles étaient devenues une sorte de thème officiel adopté sans examen par les historiens comme par les légistes. Long-temps avant Boulainvilliers, Loyseau avait dit : « Pour le regard de nos » *Français* quand ils conquestèrent les Gaules, » c'est chose certaine qu'ils se firent seigneurs » des personnes et des biens d'icelle, j'entends » seigneurs parfaits, tant en la seigneurie poli- » tique qu'en la propriété ou seigneurie privée; » quant aux personnes, ils firent les naturels du » pays serfs. [2] »

Lorsqu'on s'est pénétré de la lecture des textes contemporains du Ve siècle, lorsqu'on a analysé comme nous venons de le faire les événements de cette époque, on a peine à concevoir comment l'histoire d'une grande nation a pu être ainsi faussée et dénaturée à son début. Ce-

---

[1] J'ai emprunté en partie cette analyse, ainsi que la plupart des citations qui suivent, aux excellentes *Considérations sur l'Histoire de France,* mises par M. Thierry en tête de ses *Récits Mérovingiens.* Quand il s'agit de juger sévèrement des noms célèbres, je me sens plus à l'aise en abritant ma faiblesse sous cette grande renommée.

[2] Loyseau, Traité des Seigneuries.

pendant ces doctrines ont été jusqu'à nos jours les seules généralement admises comme fondement de notre droit politique, les seules qui aient servi de base à l'enseignement public des universités, et c'est pourquoi nous avons appelé *classique* l'école qui les a développées et soutenues. Dubos le premier osa les attaquer de front. Dans un ouvrage remarquable par une immense érudition et par une admirable sagacité, il fit sortir l'histoire du cahos des chroniques carlovingiennes et la replaça sur le seul terrain où elle pût rencontrer la vérité, sur celui des témoignages contemporains. A l'aide de cette méthode, il prouva facilement la fausseté du système de la conquête violente et spoliatrice, de la substitution d'une race à une autre; il montra que les Gaulois n'avaient été ni asservis ni dépouillés, que les Francs s'étaient rendus maîtres de la Gaule par des traités plutôt que par la force des armes; il révéla la persistance de la société ancienne sous la domination des Barbares, enfin il proclama la puissance des opinions religieuses, seule explication possible des événements du V⁰ siècle.

A l'apparition de ces grandes vérités, qui ne croirait que la lumière dût se faire, et le règne des ténèbres cesser pour toujours ? Qui ne croirait que la science, servie alors par tant de génies éminents, dût marcher aussitôt d'un pas ferme dans la nouvelle voie qui lui était ouverte ? Et pourtant de nombreux obstacles la retinrent long-temps encore dans les langes de l'école classique. Il ne suffit pas que la vérité se montre, il faut qu'elle se fasse accepter, et les esprits, au commencement du XVIIIe siècle, étaient mal préparés pour accueillir les révélations historiques de Dubos. Lui-même, sous certains rapports, nuisit à sa propre cause. Il donna prise sur lui par un style lourd et diffus, par des erreurs de détails, par des vices de composition et surtout par l'absurde invention de sa république Armoricaine qu'il s'obstina à défendre quoiqu'elle ne fût pas nécessaire à la démonstration de ses doctrines. Ses ennemis s'emparèrent de ces armes et un soulèvement général éclata contre son livre. Le système de la conquête officiellement adopté depuis la renaissance des lettres avait rattaché à son existence non-seulement des opinions et des vanités, mais des intérêts et des passions. Les prétentions de castes, de corporations, de nationalités, s'étaient casées dans ce système; elles se crurent attaquées par les arguments qui le renversaient. « Le livre de M. l'abbé Dubos, dit » Montesquieu, semble être une conjuration » contre la noblesse [1]. Sa thèse, ajoute-t-il ail-

---

[1] Cette imputation de Montesquieu est à tous égards mal fondée.

» leurs, était injurieuse au sang de nos premières
» familles et aux trois grandes maisons qui ont
» successivement régné sur nous [1]. »

Maintenant, si l'on se rappelle que Fréret fut
mis à la Bastille pour avoir commencé à lever le
voile que Dubos a déchiré, et que la crainte d'of-
fenser la majesté royale porta seule le père Daniel à maintenir, contre sa propre conviction, les
quatre premiers règnes mérovingiens, on comprendra les difficultés de toute nature contre lesquelles avaient à lutter les defenseurs de la vérité historique.

L'esprit philosophique du XVIIIe siècle vint
encore au secours de leurs adversaires. L'intérêt
qui domine et peut seul expliquer les dernières
révolutions du monde romain est l'intérêt religieux. Mais comment cette immense influence des
idées catholiques aurait-elle pu être comprise
par une société vouée à l'athéisme? Les vies des
saints, les lettres des évêques, les actes des conciles, ces vénérables monuments de l'histoire du

On ne remarque dans le livre de Dubos aucun but politique, aucun
sentiment hostile contre une classe quelconque de la nation; il cherche
la vérité historique et rien de plus. Son système d'ailleurs n'était point
défavorable à la noblesse; il la servait au contraire en donnant pour
origine à ses priviléges une possession immémoriale, au lieu du fait
brutal de la conquête. Après l'expérience de la révolution, M. de
Montlosier ne s'y est pas trompé.

[1] Montesquieu, Esprit des Loix, l. 3o, c. 10 et 25.

Vᵉ siècle étaient pour elle des objets de raillerie et non d'étude ; elle méprisait l'admirable éloquence des Jérôme, des Salvien, des Victor, et toute cette grande littérature chrétienne qui, même de nos jours, n'est pas encore assez connue et appréciée. « Tous ces écrits froids, secs, insipides » et durs, s'écrie Montesquieu, en parlant des » monuments de notre histoire, il faut les lire, » il faut les dévorer comme la fable dit que Sa-» turne dévorait les pierres [1]. » Tel était le dégoût du XVIIIᵉ siècle pour les textes originaux sur lesquels repose tout ce que nous savons de notre passé.

Ce fut avec ce dédain aristocratique, avec cette affectation de légèreté que l'auteur de l'*Esprit des lois* entreprit de réfuter en quelques pages l'immense travail de l'*Histoire critique de la monarchie française*. Il répondit à la forte et méthodique argumentation du savant par le persifflage de l'homme du monde, et les salons proclamèrent que Montesquieu avait tué Dubos. Mais les Bénédictins, les hommes de la *véritable science*, couvrirent le vaincu de leur estime, et lui vouèrent un culte secret qui ne laissa point prescrire les droits de la vérité. « L'histoire

---

[1] Montesquieu, Esprit des Loix, l. 30, c. 11.

» critique de l'établissement de la monarchie
» française, dit M. de Châteaubriand, est un
» ouvrage solide, souvent attaqué, jamais ren-
» versé, pas même par Montesquieu, qui d'ail-
» leurs a su peu de choses sur les Francs. On
» vole l'abbé Dubos, sans avouer le larcin ; il
» serait plus loyal d'en convenir [1].»

Néanmoins il est constant que Dubos resta
plus d'un demi-siècle sous le coup de l'anathème
fulminé contre son livre par un des plus grands
génies de l'époque. Ce qui peint bien quel était
alors l'état des esprits, c'est que la solidité de son
érudition fut pour lui une cause de défaveur.
Montesquieu lui reproche l'emploi de ces textes
que lui-même répugnait tant à lire, et se fait contre sa doctrine un argument de l'abondance des
preuves dont elle était étayée : « Si le système de
» M. l'abbé Dubos, dit-il, avait eu de bons fon-
» dements, il n'aurait pas été obligé de faire
» trois mortels volumes pour le prouver; il aurait
» trouvé tout dans son sujet, et la *raison* elle-
» même se serait chargée de placer cette vérité
» dans la chaîne des autres vérités [2].» Ainsi commençait à surgir cette souveraineté de la raison
qui plus tard, dans un autre ordre d'idées, exerça

[1] Etudes historiques, préface, p. 38.
[2] Esprit des loix, l. 30, c. 23.

une si terrible omnipotence, moyen commode de se dispenser tantôt de preuves et de logique, tantôt de justice et d'humanité.

Après Montesquieu vint Mably. Le système de l'assujétissement par la conquête trouva en lui un fougueux avocat. Dans ses invectives contre Dubos, il imita l'aigreur de Montesquieu, mais non sa verve spirituelle. Personne n'abusa plus que lui de la phraséologie philosophique alors à la mode. Pour atténuer ce qu'il y avait d'invraisemblable dans l'anéantissement d'un grand peuple devant une poignée de Barbares, il expliqua la soumission des populations gallo-romaines aux Francs par leur dégradation morale.

« L'avarice des empereurs, disait-il, et l'in-
» solence de leurs officiers avaient accoutumé
» les Gaulois aux injustices, aux affronts et à la
» patience. Ils ne sentaient point l'avilissement
» où la domination des *Français* les jetait, com-
» me l'aurait senti un peuple libre. Le titre de
» citoyen romain qu'ils portaient n'appartenait
» depuis long-temps qu'à des esclaves [1]. »

Mably reconnaissait cependant que sous les rois mérovingiens, les Gaulois avaient été libres de s'élever au niveau des Francs, ou, suivant son expression, de se *naturaliser français*, et

---

[1] Observations sur l'Histoire de France, l. 1, c. 2.

cela par un moyen bien simple ; en déclarant devant le prince qu'ils renonçaient à la loi romaine pour vivre sous la loi salique. Il n'en fallait pas plus, selon lui, pour *de sujet devenir citoyen* [1]. « Mais, ajoute-t-il, malgré tant d'avanta-
» ges attachés à la qualité de *français*, la plupart
» des pères de familles gaulois ne s'incorporèrent
» pas à la nation *française* et continuèrent à être
» sujets. On ne concevrait pas cette indifférence
» à profiter de la faveur de leurs maîtres, si on
» ne faisait attention que la liberté que tout Gau-
» lois avait de devenir *Français* lavait la honte et
» le reproche de ne l'être pas. Le long despotis-
» me des empereurs, en affaissant les esprits, les
» avait accoutumés à ne pas même désirer d'être
» libres [2]. » Il est curieux de voir dans ce passage à quel point les chefs de l'école classique ont poussé la déraison pour soutenir un système impossible. Au reste, ces phrases *creusement sonores* [3], suivant l'expression d'un illustre écrivain, étaient dans le goût et les idées du temps ; elles excitèrent un enthousiasme général, et l'Académie des Inscriptions mit elle-même au concours

---

[1] Boulainvilliers et Loyseau faisaient les Gaulois serfs ; Mably ne les fait plus que sujets, c'est-à-dire privés de tous droits politiques ; il y a déjà là un progrès.

[2] Observations sur l'histoire de France, l. 1, c. 2.

[3] A. Thierry, Considérations sur l'histoire de France, c. 3, p. 94.

l'éloge de Mably. « L'approbation expresse ou
» tacite, dit M. Thierry, que donnèrent à ces
» *niaiseries emphatiques* des hommes tels que
» MM. de Bréquigny, du Theil, Gaillard et Da-
» cier, montre à quel point la *véritable science*
» était alors timide et indécise [1]. »

En effet, une nouvelle cause d'erreur était
venue se joindre à toutes celles qui avaient arrêté jusque-là les progrès de la vérité. Le système classique de l'asservissement par la conquête
mettait en présence sur le sol de la France deux
races ennemies, les vainqueurs et les vaincus,
les spoliateurs et les spoliés. Tous les pauvres,
tous les hommes des classes inférieures étaient
les Gaulois, les anciens et légitimes possesseurs
du sol. Les nobles et les riches étaient les Francs,
les conquérants, les usurpateurs. Il ne s'agissait
donc plus que de reprendre la guerre au point
où Clovis l'avait laissée ; en dépouillant ceux qui
possédaient, les prolétaires ne faisaient que recouvrer leur bien. Ce n'était plus la lutte éternelle de celui qui n'a pas contre celui qui a ; c'é-
tait une querelle de peuple à peuple qu'on achevait de vider après 1,400 ans. Une telle doctrine
semblait créée exprès pour favoriser l'efferves-
cence révolutionnaire qui se développa à la fin

---

[1] Considérations sur l'Histoire de France, c. 3, p. 105.

du XVIII° siècle. Aussi fut-elle adoptée comme
un article de foi par le parti qui poussait alors à
une rénovation sociale, et l'erreur historique,
mise en 1730 sous la protection de la majesté
royale et de l'orgueil nobiliaire ne put être attaquée en 1789 qu'au risque de passer pour ennemie de la liberté et des droits de la nation[1].
La théorie de l'asservissement par la conquête
continua donc de servir de base à l'enseignement
et devint le thème banal de toutes les dissertations politiques. On a fait de la polémique de
parti avec les Francs et les Gaulois jusqu'en 1830,
et les idées fausses ainsi répandues dans les
masses n'ont pas été sans influence sur la marche
des événements. « Ces chimères historiques, dit
» avec raison M. Thierry, ont contribué à pré-
» parer l'ordre social qui règne de nos jours et
» à faire de nous ce que nous sommes[2]. »

L'ignorance du moyen-âge et la difficulté d'é-
tudier les textes originaux, avant l'usage de l'imprimerie et la multiplication des livres, furent les
premières causes de la falsification de notre his-

---

[1] « Les principes de Mably ont été adoptés par tous ceux qui n'ont
» point l'ame servile, les bons citoyens, tous les Français qui aiment
» encore la patrie. » (Eloge de Mably, par l'abbé Brizard., p. 33.)

[2] Considérations sur l'histoire de France, c. 3, p. 97. M. Thierry
applique spécialement cette phrase aux hypothèses de Mably sur les
états généraux des deux premières races; mais elle est également applicable à toutes les erreurs de la même école.

toire à son origine. Plus tard, lorsque les textes furent mieux connus, l'erreur se soutint en dépit d'eux par une prescription acquise, et surtout par la coalition des intérêts de caste et de parti qui s'y rattachèrent successivement.

« Telle était, dit M. Thierry, l'ornière où le » courant de l'opinion publique avait fait entrer » l'histoire de France, ornière qui se creusait » de plus en plus [1]. »

Il fallut qu'une révolution sans exemple eût passé sur l'ancienne société française, et en eût balayé jusqu'aux derniers débris pour qu'il pût être permis à la vérité de reparaître, et c'est de nos jours seulement que l'on commence à trouver des continuateurs de Dubos.

M. de Montlosier fut le premier qui, au commencement de notre siècle, eut le courage de reprendre cette thèse abandonnée, et de proclamer ces grandes vérités, que la conquête n'était *point le seul fondement du régime féodal; que les distinctions sociales qui existaient dans les populations gallo-romaines s'étaient perpétuées sous les rois francs; que la noblesse du moyen-âge représentait le corps des hommes libres, la roture, les serfs et les tributaires de toutes les races.* Mais trop de passions politiques se mêlaient à

___
[1] Considérations sur l'Histoire de France, c. 3, p. 129.

son livre pour qu'il pût se faire entendre d'un public hostile. Les esprits prévenus ne cèdent qu'au langage froid et consciencieux d'une érudition impartiale.

Ce fut de la probe et studieuse Allemagne que nous vint le premier signal de la régénération de notre histoire. La société ancienne avait péri, disait-on, dans le gouffre de la conquête; il ne restait du monde romain que des serfs ou des cadavres. Cependant un savant professeur allemand, M. de Savigny, entreprend de prouver que dans ce prétendu naufrage universel quelque chose avait survécu. Qu'était-ce donc? Rien que le droit romain, c'est-à-dire la législation tout entière, la constitution de la propriété et de la famille, les droits publics et privés, enfin toute l'organisation civile de l'ancien monde.

« On croyait généralement, dit M. Guizot, » que le droit romain était tombé avec l'Empire » pour ressusciter au XIIe siècle, par la décou-» verte d'un manuscrit des Pandectes, trouvé à » Amalfi [1]. » M. de Savigny prouva que les lois romaines n'avaient jamais cessé d'être appliquées même à l'époque que l'on représentait comme une rénovation complète de l'ordre social; et il le prouva d'une manière si claire, si manifeste,

[1] Histoire de la civilisation en France, xie leçon, p. 314.

que personne ne songea plus à contester la vérité qu'il révélait ; on voulut à peine croire qu'on eût jamais pensé autrement. « Le livre de
» M. de Savigny, dit encore M. Guizot, met hors
» de doute la perpétuité du droit romain du Ve
» au XIIe siècle, et résout ainsi pleinement le
» problème que l'auteur s'est proposé. Maintenant qu'il est résolu, on s'étonne que ce pro-
» blême se soit jamais élevé et qu'on ait jamais
» pu douter de la permanence du droit ro-
» main [1]. »

Voilà donc déjà la perpétuité de la législation mise *hors de doute*, et ce seul fait suffisait pour renverser par sa base le système de l'école classique. Car si une société nouvelle s'était substituée à l'ancienne, si les Francs s'étaient rendus *maîtres parfaits*, comme dit Loyseau, des personnes et des propriétés, s'ils avaient fait tous les Gaulois serfs, certainement cette population asservie n'aurait pas conservé ses lois; elle n'en aurait plus connu d'autres que le caprice des vainqueurs; et c'est là en effet l'opinion plus ou moins explicite de tous les écrivains de cette école.

Une fois ce premier pas fait, il était impossible qu'on s'arrêtât, et l'on ne tarda pas à aller

---

[1] Histoire de la Civilisation en France, p. 320.

plus loin. Les lois civiles ont un caractère de stabilité qui leur est propre et qui explique jusqu'à un certain point leur conservation au milieu des plus grands bouleversements. Mais il est d'autres institutions d'une nature essentiellement variable et qui périssent presque toujours avec les pouvoirs dont elles émanent ; ce sont les institutions administratives. Pour les changer il n'est pas besoin de briser la société, il suffit de renverser le gouvernement. Comment donc auraient-elles échappé à l'action destructive de la conquête ? Aussi était-ce un des axiômes de l'école classique, que l'organisation municipale, base du système administratif des Romains, n'avait pas laissé de traces, qu'il n'était resté sur le sol de la Gaule que des serfs et des seigneurs, et que les corporations municipales furent ressuscitées seulement au XIIe siècle par les ordonnances de Louis-le-Gros.

« Prétendre, disait Mably, que quelques vil-
» les ont pu conserver leur liberté pendant les
» troubles qui ont donné naissance au gouver-
» nement féodal, c'est avancer la plus grande des
» absurdités [1]. »

Malgré cet anathème fulminé d'avance, un homme plutôt poète qu'historien, un membre

---

[1] Observations sur l'histoire de France, t. III, c. 7, preuves.

de l'Académie française, M. Raynouard, s'avisa, en 1828, de démontrer que les villes de la Gaule n'avaient jamais perdu entièrement leurs franchises, que l'administration municipale des Romains n'avait point cessé d'y être en vigueur, et qu'elle s'était conservée à travers le moyen-âge jusqu'à l'établissement des communes. L'objet principal de ce livre n'était pas même de réhabiliter la vérité historique. C'était le temps des dernières luttes de l'opinion libérale contre la restauration; on réclamait avec chaleur les libertés municipales; M. Raynouard voulut fournir des armes aux combattants et prouver, comme on disait alors, que la liberté était ancienne et le despotisme nouveau. Quoi qu'il en soit, sa démonstration fut si évidente et si complète que là aussi tout le monde regarda le problème comme résolu. M. Thierry, qui n'est point favorable à M. Raynouard, et qui juge sévèrement son ouvrage, reconnaît qu'au fond il a pleinement atteint son but. « Ce livre présente, dit-il, une » véritable surabondance de preuves en ce qui » regarde la durée et la continuité de l'organi- » sation municipale et quoique faible de criti- » que, il en dit assez là-dessus pour éteindre » toute controverse [1]. »

---

[1] Considérations sur l'histoire de France, c. 4, p. 206.

Quelle est donc la force de cette cause qui supplée à la faiblesse de ses défenseurs, et qui, sur tous les points où l'on a essayé sérieusement de la faire prévaloir, a produit une telle masse de lumières que le doute n'a plus été possible ? Comment se fait-il que tous ceux qui ont combattu le système de la destruction du monde ancien par la conquête aient eu tellement raison qu'ils aient mis les questions traitées par eux hors de toute controverse, tandis que la cause contraire a écrasé sous le poids de l'erreur les plus grands génies du XVIIIᵉ siècle ? Et moi aussi dans mes études obscures et solitaires, en m'efforçant de rétablir les faits historiques du Vᵉ siècle, dénaturés par l'école classique, je pourrais dire que les preuves surabondent et que, pour être mise comme les autres *hors de toute controverse*, ma thèse n'aurait peut-être besoin que d'un autre défenseur.

Soyons de bonne foi. Qu'est-ce que tous ces travaux de l'école contemporaine si ce n'est la résurrection du système de Dubos, moins les erreurs de détail qui l'ont discrédité ? M. Thierry l'a déclaré lui-même : « On peut dire sans exa-
» gération que la belle doctrine de M. de Savi-
» gny sur la perpétuité du droit romain se trouve
» en germe dans l'*histoire critique de l'établisse-*

» *ment de la monarchie française* [1]. » Mais ne peut-on pas en dire autant de l'ouvrage de M. Raynouard, de celui de M. de Montlosier, de tous ceux qui ont été écrits dans le même sens? Et quel est aujourd'hui le livre sérieux qui ne soit pas écrit dans ce sens, qui ne concoure pas ouvertement ou implicitement au triomphe des mêmes doctrines? Qui voudrait maintenant reproduire les extravagances de Boulainvilliers, les naïves absurdités de Loyseau, et les sophismes de Mably? C'est pour cela que je n'ai pas craint d'appeler Dubos, malgré ses fautes, le meilleur des historiens modernes, parce que, le premier, il est sorti des voies de l'erreur, et nous a montré à tous le chemin qui devait conduire à la vérité. « La science historique de nos jours, dit » encore M. Thierry, comprend tout; elle est » curieuse de tout; elle admet tout dans la me- » sure de son importance véritable; mais elle » apparaît dans son ensemble comme une réha- » bilitation de l'élément romain de notre histoi- » re [2]. Le mouvement de réaction continue, » ajoute-t'il plus loin, non point en faveur de Du- » bos, mais en faveur de la vérité révélée à la » fois et compromise par sa thèse extravagante [3]. »

---

[1] Considérations sur l'histoire de France, c. 2, p. 72.

[2] *Ibidem*, c. 4, p. 204.

[3] *Ibidem*, p. 205.

Laissons-là les noms propres; ils ont peu d'importance dans l'état de la question. Constatons seulement que c'est la *vérité révélée par Dubos* que tous les travaux de l'école moderne tendent à remettre en lumière. J'ai essayé de contribuer à rétablir cette vérité dans le domaine des événements historiques. Si je ne suis pas trop effrayé de ma faiblesse, j'essaierai plus tard d'en suivre la démonstration dans le domaine des institutions et des lois en m'appuyant sur l'ouvrage capital de M. Pardessus, manuel désormais indispensable pour tous ceux qui voudront aborder ce genre d'études.

Dès à présent voici le résumé des propositions que je crois pouvoir déduire des faits rassemblés dans ce livre. Ces faits qui s'enchaînent tous et s'appuient réciproquement par une série de preuves incontestables, me paraissent démontrer :

Que la chute de l'Empire romain n'a pas été l'effet d'une catastrophe subite et violente, mais d'une dissolution lente et progressive dont le germe existait dans les vices intérieurs de l'organisation politique et de la constitution sociale de cet empire ;

Que les Barbares ne se sont point établis dans l'Empire par la force brutale et instantanée de la conquête. Tous leurs établissements ont été fondés sur des traités avec les empereurs. Ils n'ont pas déchiré l'Empire; ils s'y sont incorporés;

Que la domination des Francs fut particulièrement acceptée et désirée par la Gaule. Clovis, comme roi barbare, ne pouvait disposer que des forces d'une seule tribu salienne, et avait toutes les autres pour ennemies. Il n'a donc pas exterminé ou subjugué les Gaulois par les armes des Francs; il s'est au contraire servi des milices gauloises pour soumettre les Francs à son autorité. Il a dominé dans la Gaule non comme conquérant, mais comme chef de parti, et du parti le plus puissant de tous alors, du parti catholique;

Que les Gaulois n'ont été ni asservis ni dépouillés par les Francs. Les classes privilégiées et propriétaires ont conservé leurs propriétés et leurs priviléges ; les classes anciennement asservies et tributaires sont restées dans la servitude;

Que la législation romaine, le régime municipal des villes et même en grande partie, l'organisation politique et administrative de l'Empire ont subsisté avec peu de modifications jusqu'au milieu du VIIᵉ siècle [1]. Si de grands changements se sont opérés plus tard, ce n'est pas ici le lieu d'en examiner la nature et les causes.

---

[1] M. de Châteaubriand va plus loin : « Je vois, dit-il , la société romaine subsister presque tout entière , dominée par quelques Barbares , jusque vers la fin de la seconde race. » *Etudes historiques*, préface , p. 93.

Maintenant est-ce là tout ? et en supposant ces propositions démontrées, seraient-elles sur nos origines le dernier mot de la science historique ? Je ne le pense pas. De même qu'on a cru que la conquête barbare avait entièrement détruit la société romaine, on a cru aussi que la conquête romaine avait effacé jusqu'aux dernières traces de la société gauloise. Cet hypothèse d'une entière destruction ne me paraît pas plus admissible dans un cas que dans l'autre. Sans doute l'influence de la conquête romaine a été plus grande sur notre sol que celle de la conquête barbare parce que dans le rapprochement de deux peuples à des degrés de civilisation différents, c'est toujours l'état social le plus avancé qui l'emporte. Mais à moins qu'une race d'hommes ne soit déplacée ou exterminée comme l'ont été dans les temps modernes les tribus indigènes de l'Amérique, le fond de la nationalité subsiste toujours et ne peut s'anéantir. Il me semble donc que l'élément gaulois, compté pour rien jusqu'à présent, doit tenir une place plus grande qu'on ne le pense communément dans la formation de la société française moderne. Dans l'étude de nos origines on s'est d'abord arrêté à l'écorce superficielle, à celle de la conquête barbare. En creusant davantage on a retrouvé la société romaine presqu'intacte. Pénétrons encore plus avant. Peut-être sous cette double enveloppe, trouverons-nous la société gauloise qui, après s'être perpétuée en silence sous le gouvernement des Romains et sous le joug des Barbares, a reparu à la surface comme élément principal au moyen-âge, lorsque les couches successives qui la recouvraient ont été emportées par le vent des révolutions, des invasions et des guerres. Peut-être arriverons-nous à cette conclusion que la fin du XVIIIe siècle a vu s'opérer plus de changements, sur le vieux sol de la Gaule, que les deux mille ans qui l'avaient précédée.

De nos jours, des destinées nouvelles ont été ouvertes au genre humain et tout semble marcher à une régénération et à une assimilation universelles. Trois grands ressorts matériels, la poudre à canon, l'imprimerie et la vapeur ont changé la face du monde. Mais dans les siècles antérieurs deux faits principaux dominent toute l'histoire, la perpétuité des races, la persistance des sociétés anciennes sous les formes diverses qui les recouvrent. C'est la voie où est entrée l'école historique moderne. C'est dans cette voie seule que les efforts peuvent être fructueux. Là est la vérité, là est l'avenir de la science.

FIN.

ÉCLAIRCISSEMENTS [1].

Origine des dénominations de Ripuaires et de Saliens [2].

———◆———

Dans le Ier volume j'ai rapporté, sans les discuter, les opinions les plus accréditées sur l'origine des dénominations de *Ripuaires* et de *Saliens* appliquées aux deux fractions principales de la confédération des Francs. Je crois devoir revenir sur ce sujet; car sous ces questions étymologiques en apparence si futiles, se cachent souvent des résultats d'une haute importance. Les fausses étymologies sont une des sources les plus fécondes des erreurs historiques.

Constatons d'abord un fait qui domine toute cette discussion, c'est que les dénominations de *Ripuaires* et de *Saliens* ont pris naissance dans la Gaule et qu'elles n'ont jamais été appli-

---

[1] Je place ici, sous ce titre, quelques dissertations sur des points contestés, que je n'aurais pu discuter suffisamment dans le texte sans interrompre l'ordre des idées.

[2] Voyez tom. Ier, pages 83 à 87.

quées qu'aux tribus franques colonisées sur la rive gauche du
Rhin. Il serait impossible de citer aucun passage d'un auteur
du Bas-Empire où elles soient employées pour désigner les tribus indépendantes de la rive droite. Lorsqu'il s'agit de ces habitants libres de la vieille Germanie, les écrivains latins les désignent, tantôt par le nom collectif de Francs, tantôt par leurs
anciens noms de tribus, Chamaves, Bructères, Cattes, Angrivariens, noms qui n'avaient point changé depuis Tacite. Les dénominations de *Ripuaires* et de *Saliens* n'apparaissent dans
l'histoire qu'après la constitution définitive des colonies franques dans la Gaule; elles ne se rattachent qu'à l'existence de
ces colonies et par conséquent tout système qui aura pour objet de leur chercher une origine germanique sera par cela seul
radicalement faux.

Personne n'a pu méconnaître le caractère entièrement romain de la dénomination de *Ripuaires* [1]. Elle n'appartenait pas
même spécialement aux colonies franques de la Germanie inférieure; c'était la désignation générale de toutes les troupes
employées à la garde des frontières européennes de l'Empire.
Nous avons déjà dit que ces frontières étaient tracées par le
cours des deux plus grands fleuves de l'Europe, le Danube et
le Rhin. La ligne de circonvallation que protégeait cet immense
fossé naturel était appelée par les romains *ripa* ou la rive; les
provinces adjacentes portaient le nom de Ripuaires, *Ripariæ*
ou *Ripenses*. Il y avait ainsi, sur le cours du Danube, la Dacie
ripuaire, la Pannonie ripuaire, le Norique ripuaire [2]. Le même
nom était appliqué aux corps de troupes stationnés sur la ligne
des fleuves ou la rive, *ripa*. La chaîne des postes fortifiés, occu-

---

[1] *Ripuarios à ripâ Rheni sic vocatos et primum à Romanis ad defen-*
sionem limitis adversùs Germanos constitutos fuisse nullus dubitat (Præf.
Eccardi ad leg. Ripuar.)

[2] *Notitia Imperii*, sect. 31, 56, 57 et 58.

pés par les légions ripuaires, *legiones ripariensces*, commençait
à l'embouchure du Danube dans les provinces de Scythie et de
Mésie [1] (Bessarabie et Bulgarie modernes), et se continuait
jusqu'au lac de Constance où une flotte stationnaire maintenait
la communication entre le Danube et le Rhin [2]. Il y avait même dans chaque province deux *rives*, c'est-à-dire deux lignes
de forteresses dont la seconde servait de réserve à la première; la Notice de l'Empire mentionne dans la Rhétie une légion
détachée à la première rive, *primæ ripæ* [3].

Si donc l'on avait donné le nom de *Ripuaires* aux lètes
francs cantonnés dans la Germanie inférieure comme aux lé-
gionnaires stationnés dans la Mésie et la Pannonie, c'est
qu'ils faisaient partie comme eux de la ligne défensive organisée pour couvrir les rives du Danube et du Rhin. Il n'y aurait
pas besoin d'autres preuves pour démontrer que les Francs
n'étaient point des conquérants envahisseurs de la Gaule rhénane, mais des colons militaires établis pour la défendre.

Au temps où la Notice de l'Empire fut rédigée, c'est-à-dire
à la fin du IVe siècle, les troupes romaines avaient abandonné
déjà depuis depuis long-temps le cours inférieur du Rhin. Leur
poste le plus avancé vers le nord était Andernach, au-dessous
de Coblentz, et toutes les garnisons depuis ce poste jusqu'à
Strasbourg étaient sous les ordres du commandant supérieur
ou duc de la première Germanie qui résidait à Mayence [4]. Dans

---

[1] *Notitia Imperii*, sect. 28 et 29.

[2] Lorsque la puissance romaine était à l'apogée de sa grandeur, au
IIe siècle, on avait construit une ligne de fortifications qui joignait le
Danube au Necker et renfermait ainsi dans l'Empire les contrées qui
formèrent au moyen-âge le cercle de Souabe, aujourd'hui le duché de
Bade et le royaume de Wurtemberg. Mais, à la fin du IVe siècle, il y
avait long-temps que cette ligne était détruite et reportée entre Constance et Bâle.

[3] *Præfectus legionis tertiæ italicæ deputatæ ripæ primæ.* (Not. Imp.
sect. 59.)

[4] *Notitia Imperii*, sect. 94.

la deuxième Germanie ou Germanie inférieure, la notice n'indique
aucun commandant militaire, aucun poste, aucun emplacement
de troupes, à l'exception d'un corps de lètes cantonné à Tongres [1]. On doit en conclure que les Francs ripuaires occupaient
dès lors tout le territoire de la cité de Cologne et la *rive*
du Rhin depuis Andernach jusqu'à l'Yssel. C'est là qu'on retrouve au moyen-âge le *pagus ripuarius* dans les duchés de
Clèves, Gueldre et Juliers [2].

Passons maintenant aux Francs Saliens. Nous avons dit que
leur nom est mentionné pour la première fois par Ammien Marcellin qui en racontant les expéditions de Julien dans les Gaules parle des combats que ce prince eut à livrer contre les
Francs que l'on était dans l'usage d'appeler Saliens, *Francos
quos consuetudo Salios appellavit*. La tournure de la phrase indique que cet usage était alors assez récent ; car lorsqu'une
dénomination est anciennement connue et usitée, on l'emploie
sans commentaires. Ces Francs d'ailleurs ne venaient point de
la Germanie ; c'étaient des lètes ou fédérés établis dans la
Toxandrie et qui avaient profité des troubles de la Gaule pour
venir piller les provinces intérieures.

Nous avons expliqué à plusieurs reprises l'origine de ces établissements. Nous avons montré que les Germains des contrées
voisines du Weser et des montagnes où ce fleuve prend sa
source, étaient plus exposés que les autres aux attaques des
peuples Saxons auxquels ils touchaient immédiatement ; que
dès le Ier siècle de notre ère, ces attaques avaient forcé les
Angrivariens de descendre sur les bords de l'Yssel d'où ils
avaient essayé de passer dans la Batavie en demandant aux Ro-

---

[1] *Notitia Imperii*, sect. 65.

[2] Eccard, dans la préface de la loi des Ripuaires, cite plusieurs textes
des VIIIe, IXe et Xe siècles qui déterminent de la manière la plus
précise la position du *pagus Ripuarius*.

mains des terres pour s'y fixer. Au commencement du IIIᵉ siècle, lorsque l'Europe centrale fut agitée par des invasions et des guerres dont nous avons indiqué les causes, la nation presque entière des Cattes émigra dans la même direction et se répandit sur les bords de l'Yssel et du Rhin inférieur. C'est là depuis l'Yssel jusqu'au Mein, que la table de Peutinger rédigée vers la fin du IIIᵉ siècle, marque l'emplacement de la confédération des Francs ou la France, *Francia*. Ce que les Angrivariens n'avaient pu faire du temps de Néron, les Francs l'exécutèrent à la faveur des désordres de l'empire. L'usurpateur Carausius qui avait pris la pourpre impériale dans la Grande-Bretagne et dont l'autorité s'étendait sur le nord de la Gaule où lui-même était né [1], introduisit les Francs de l'Yssel comme auxiliaires dans la Batavie. De là ils franchirent le Wahal et se répandirent dans la Toxandrie ou dans la partie septentrionale du territoire des Nerviens et des Ménapiens. Constance Chlore après avoir abattu les successeurs de Carausius dans la Grande-Bretagne, tourna ses armes contre les Francs; mais il ne les expulsa pas des contrées qu'ils avaient occupées ; il se contenta d'obtenir leur soumission et de les organiser en colonies létiques. C'est donc du temps de Constance Chlore et de son fils Constantin que date la constitution définitive des colonies franques de la 2ᵉ Belgique qui prirent le nom de Saliennes. C'est aussi probablement à la même époque qu'il faut faire remonter l'abandon du cours inférieur du Rhin par les troupes romaines, abandon constaté par la Notice de l'Empire.

La même Notice nous montre que les Romains avaient également abandonné non seulement la ligne de l'Yssel, mais même celle du Wahal. A la fin du IVᵉ siècle leurs garnisons s'étaient retirées derrière la Sambre et l'Escaut. Les postes militaires indi-

[1] Carausius était originaire du pays des Ménapiens ou de la Flandre moderne.

qués par la Notice de l'Empire au nord de la 2ᵉ Belgique, sont un corps de lètes bataves à Arras et un de lètes nerviens à Famars, des cavaliers Dalmates à Merk près Gravelines, une flotte sur la Sambre et un corps de Nerviens dans un port de la côte qu'on suppose avoir été situé entre Ostende et Nieuport [1]. C'étaient donc bien la Sambre et l'Escaut qui formaient la ligne des frontières. La Notice n'indique pas une seule garnison au nord de ces deux fleuves. Ainsi, depuis la Sambre jusqu'à l'Yssel tout était occupé dès le IVᵉ siècle par les Francs qu'Ammien Marcellin appelle *Saliens*.

Cette dénomination comme celle de *Ripuaires* n'ayant jamais été appliquée aux tribus indépendantes de la Germanie, l'hypothèse assez accréditée qui fait venir le nom des *Saliens* de celui de la rivière de Saale en Wesphalie, tombe d'elle-même. Une autre supposition fait dériver ce nom du mot *Sal,* qui dans tous les dialectes tudesques signifie une maison, une habitation et spécialement le manoir, l'habitation principale, chef-lieu d'une famille. Un excellent mémoire de M. Guérard, inséré dans la bibliothèque de l'école des Chartes, me paraît avoir démontré jusqu'à l'évidence que la terre *salique* n'était autre chose que le champ attaché au manoir et qui, ne pouvant en être séparé, ne devait pas entrer dans le partage des filles [2]. Mais je ne crois pas qu'on puisse conclure de là que les Francs Saliens aient tiré leur nom de cet usage, qui leur était commun avec d'autres peuples de la Germanie. D'ailleurs, n'oublions pas que ce nom de *Saliens* leur avait été donné dans la Gaule par les Romains ; or, les Romains étaient fort ignorants des coutumes germaniques ; ils n'auraient pas été cher-

---

[1] *Notit. Imp.* sect. 62 et 65.

[2] M. Pardessus pense que le nom de terre *salique* est synonime d'*alleu*, ou propriété héréditaire : je crois que ces deux opinions peuvent se concilier ; mais ce n'est pas ici le lieu de traiter cette question.

cher la désignation d'une colonie de Germains expatriés dans un usage qui ne leur était pas même spécial et qui n'intéressait en rien les étrangers. N'est-il pas plus naturel de penser qu'on désigna les Francs de la Belgique par le nom de la contrée d'où ils étaient partis pour s'établir sur le territoire romain? Cette contrée, comme nous l'avons dit, était la rive droite de l'Yssel qu'ils habitèrent pendant près d'un siècle avant d'entrer dans la Batavie. Le nom latin de l'Yssel était *Isala* [1]. Il est donc probable qu'on nomma les Francs des colonies de la Belgique, Francs de l'Yssel (*Franci Salii*) par opposition aux Francs du Rhin qui avaient formé les colonies ripuaires de la Germanie inférieure. Je ne donne cette opinion que comme une conjecture, mais elle me paraît avoir plus de vraisemblance que celles qui ont été proposées jusqu'ici sur le même sujet.

En relisant quelques passages de mon 1er volume, je vois qu'on pourrait croire que j'ai entendu appliquer les dénominations de *Saliens* et de *Ripuaires* à des tribus de la Germanie transrhénane ; ce serait une erreur. Mais je ne crois pas m'être trompé en désignant les Germains des montagnes, les Cattes et les Agrivariens de Tacite, comme la souche des Francs-Saliens, et les Germains des plaines, les Bructères et les Chamaves, comme la souche des Francs-Ripuaires. Cette indication me semble confirmée par les faits historiques retracés dans cette

---

[1] Ce nom ne se trouve pas dans les auteurs des premiers siècles. Les Romains avaient canalisé la branche du Rhin qui se joint à l'Yssel, et l'appelaient le canal de Drusus : *Fossa Drusi*. Ils avaient donné le nom de *Navalia* à l'Yssel, après sa jonction avec le Rhin jusqu'à son embouchure dans le lac *Flevum*, dont les extensions successives ont formé le Zuyderzée. C'était par cette voie que leurs flottes communiquaient avec la mer du Nord, en passant devant le *Flevum castellum*, forteresse construite sur l'île de Vlieland. Mais toutes ces dénominations étrangères n'ont pas fait perdre à l'Yssel son vrai nom germanique, qui s'est conservé jusqu'à nos jours.

note et sur lesquels il est inutile de revenir. Je dois aussi m'accuser d'avoir indiqué, avec Dubos et Valois, la petite rivière d'Alve, dans les Ardennes, comme limite des Francs de la Belgique. C'est bien de l'Elbe que Claudien et Sidoine ont voulu parler dans leurs panégyriques. J'avais reculé devant l'extravagance de cette hyperbole; mais quand on est familiarisé avec la poésie du Bas-Empire, on ne s'étonne plus de rien.

Encore un mot sur le nom même de *Franc*, désignation générique de la confédération des tribus germaines comprises entre le Rhin et le Weser. Il me semble hors de doute que ce nom n'est autre chose que l'adjectif tudesque *Wrang*, usité jusqu'à nos jours sous cette forme dans les Pays-Bas et dont le sens répond à celui des mots latins *asper* et *ferox*. La nation Salienne, dans le prologue de sa loi, prend, comme nous l'avons vu, la qualification d'*aspera*, et les chroniqueurs, conservant le souvenir de cette originé à travers les fables que la tradition y avait mêlées, ont aussi traduit le mot *Franc* par le latin *ferus*[1]. Cette dénomination s'explique assez par les circonstances qui la firent naître. Au IIIe siècle, l'Europe centrale avait été bouleversée par l'invasion gothique et dévastée par les armées de l'empereur Maximien qui la traversèrent dans toute sa largeur, depuis le Rhin jusqu'au Danube, en portant partout le fer et la flamme. Lorsqu'après ces affreux désastres, quelques débris des tribus germaines commencèrent à relever le drapeau de l'indépendance au milieu de leurs forêts désertes et de leurs villages en cendres, ces hommes que le malheur n'avait pas abattus s'appelèrent eux-mêmes les *durs*, *Wrangen*, en latin *Franci*. Tous ceux qui répondirent à leur cri de guerre adoptè-

---

[1] *Tunc appellavit eos Valentinianus imperator Francos, atticá lingud, quod in latinum interpretatur sermonem, hoc est feros* (Gesta reg. franc., c. 2). Chifflet et Wendelin ont conjecturé avec quelque raison qu'il faut lire *atuaticá lingud*.

rent avec enthousiasme le même nom, et bientôt cette confédération embrassa la Germanie tout entière; depuis le Rhin jusqu'au Weser, il n'y eut plus que des *Francs*. Nous avons rapporté dans le 1er volume les preuves de l'identité des Francs avec les Germains de Tacite; elles sont si évidentes qu'on a peine à concevoir que cette question ait pu soulever tant de doutes et de controvers : [1]. De nos jours même quelques auteurs ont confondu l'adjectif *Wrang, asper,* avec le mot *Warg* qui dans les langues germaniques signifiait un proscrit, un bandit, et ils en ont conclu que les Francs étaient un ramas d'hommes bannis de leurs tribus et mis par leurs crimes hors la loi des nations. Nous expliquerons tout-à-l'heure avec plus de détail ce que c'était qu'un *Wargus;* il nous suffira de rappeler ici que chez tous les peuples germaniques, les crimes s'expiaient par une indemnité que le coupable payait aux parents de la victime ; si le coupable ne pouvait ou ne voulait pas donner cette satisfaction légale, il était mis hors la loi, livré à la vengeance des offensés et forcé de se cacher ou de fuir. Ces proscrits formaient souvent des bandes considérables qui allaient chercher fortune loin de leur patrie. Les pirates normands ou saxons, qui commettaient tant de déprédations sur les côtes de l'Europe occidentale, étaient pour la plupart des *Wargi*. Dans l'Europe orientale on les appelait *Waregues;* il y avait un corps de Warégues dans la garde des empereurs grecs, et ce furent des Warégues à la solde de la république de Novogorod qui fondèrent l'empire de Russie. Mais rien n'autorise à confondre les mots *Wrang* et *Warg* qui ont deux sens très différents [2], et

---

[1] Rappelons seulement le passage si décisif de Procope : Γερμανοί οἱ νῦν Φράγγοι καλοῦνται, et celui de saint Jérôme : *Germania nunc Francia vocitatur.*

[2] Warg, wrag, wrack, exul, prædo, latro. Anglo Saxon *wracca* à recken, wrecken, pellere. Wrang, trux, ferox, acerbus à *wringen* stringere, torquere. (Wachter. Glossarium germanicum.)

d'ailleurs l'aspect sous lequel tous les faits historiques présentent les Francs ne permet pas de leur appliquer cette hypothèse. Une confédération qui possédait un territoire presqu'égal au quart de l'Europe centrale et qui embrassait toutes les tribus de race germanique, ne peut être assimilée à une bande d'aventuriers. Si l'amour-propre national a cherché mal à propos à relever l'illustration des Francs par des origines fabuleuses, ne réduisons pas maintenant leur existence à des proportions incompatibles avec le rôle qu'ils ont joué dans l'histoire. Avec moins de naïveté que les chroniqueurs du moyen-âge, nous serions aussi loin qu'eux du bon sens et de la vérité.

II

Limites du territoire des Bretons-Armoricains au V⁰ siècle[1].

Les idées fausses généralement répandues sur les faits qui concernent les Bretons insulaires et armoricains pendant le Vᵉ siècle, ont été une source féconde d'erreurs dans l'histoire générale de cette époque. Deux causes ont surtout contribué à fausser les annales de ces peuples comme celles de presque toutes les nations modernes à leur origine. D'une part les exagérations du patriotisme local ont dénaturé les documents contemporains pour donner plus d'importance et de grandeur aux souvenirs du pays; de l'autre un scepticisme systématique, produit par la réaction des esprits éclairés contre les écarts de l'enthousiasme provincial, a tout nié, tout rejeté, même les faits les plus avérés, les témoignages les plus dignes de foi. De ces deux causes d'erreurs, la dernière est peut-être celle qui a le plus nui

[1] Voir tome II, p. 538.

aux progrès de la vérité. Sans doute il faut lire avec défiance nos histoires particulières; car leurs auteurs semblent presque toujours avoir adopté pour devise cette épigraphe de l'histoire de Provence d'Honoré Bouche: *de l'excellence de notre province par-dessus toutes les autres provinces du royaume.* Mais en même temps cet amour de leur pays les portait à ne rien négliger pour mettre en lumière tout ce qui s'y était passé de remarquable et l'on pouvait être sûr que leur zèle infatigable ne laissait rien échapper. Ces annales des localités sont des mines inépuisables de faits instructifs; seulement il faut savoir dégager le métal précieux de l'alliage qui l'obscurcit. Le dédain du XVIII° siècle pour les faits de détail et les monuments locaux, sa prédilection exclusive pour les faits généraux si faciles à transformer en théories, ont porté un coup funeste à la science historique. L'enthousiasme égare, mais il vivifie; le scepticisme tue.

Ces exagérations en sens contraires se font particulièrement remarquer dans la question qui nous occupe. Le patriotisme des écrivains bretons, pour rehausser l'importance, ou ce qu'on appelait autrefois la noblesse de leur province, a démesurément étendu le territoire des Armoricains indépendants au V° siècle. Non contents d'y comprendre toute l'Armorique de César ou la Bretagne actuelle, plusieurs d'entre eux se sont appuyés sur des passages largement interprétés de Procope et de Zosyme et sur la présence de Riochame dans le Berry pour créer une monarchie ou république armoricaine qui aurait embrassé tout le nord de la Gaule entre la Loire et la Seine et même tout le centre depuis l'Océan jusqu'aux montagnes de l'Auvergne. D'un autre côté les historiens sceptiques se sont obstinés, malgré les témoignages des chroniques bretonnes confirmés par leur accord avec les récits des écrivains latins, à nier l'établissement des Bretons dans l'Armorique au V° siècle, et ont ainsi rendu inexplicables plusieurs des événements les

mieux constatés de cette époque. Tâchons, entre ces écueils,
de découvrir la vérité.

Nous avons déjà expliqué l'erreur qui a entraîné Dubos et
beaucoup d'autres écrivains à confondre l'Armorique de César
avec l'Armorique administrative ou le *tractus Armoricanus*, et
nous avons fait voir que le récit de Procope s'appliquait aux
cités gallo-romaines comprises dans le *tractus* dont les Bretons
armoricains n'occupaient qu'une faible partie [1]. Nous avons
aussi raconté en détail l'expédition de Riochame dans le Berry ;
nous avons montré le caractère transitoire de cette occupation
militaire et les causes qui l'avaient amenée [2]. En même temps
nous avons développé dans plusieurs parties de cet ouvrage les
preuves de l'établissement des Bretons dans l'Armorique, en
vertu d'une concession de l'usurpateur Maxime et nous avons
suivi les traces du gouvernement indépendant de leurs chefs
ou rois jusqu'au temps de Clovis [3]. Nous croyons inutile d'insister de nouveau sur tous ces points. Il nous reste seulement
à démontrer que les états des chefs bretons n'embrassaient pas
toute l'Armorique de César et que les cités de Rennes et de
Nantes n'y étaient pas comprises.

Un auteur très ancien, cité par Usserius, dit que le territoire
donné par Maxime, vers la fin du IV⁰ siècle, aux lètes bretons
et à leur chef Conan, s'étendait depuis la plage marécageuse
qui est au-dessus du mont de Jupiter (aujourd'hui le mont
Saint-Michel), jusqu'à la ville de *Cantiguine* et au cap occiden-
tal, c'est-à-dire au cap Finisterre [4]. On a voulu que la ville de

---

[1] T. II, p. 379 à 384, et 395 à 397.

[2] T. II, p. 220 à 225.

[3] Dans un ouvrage récent, M. de Courson a accumulé les preuves
du fait principal, celui de l'établissement des lètes bretons dans l'Armorique par Maxime, de manière à mettre cette question hors de controverse.

[4] *Maximus dedit Britannis multas regiones à stagno quod est super*

Cantiguine fût Nantes dont le nom latin était *Condivicum*. Cette hypothèse ne repose que sur une ressemblance de nom très peu concluante; car le radical *Cond* ou *Cand* se retrouve fréquemment dans les noms gaulois des lieux situés à l'embouchure des rivières et peut s'appliquer à toute localité placée dans une situation semblable. D'ailleurs, la phrase de Ninnius indique que sa ville de Cantiguine devait être entre le mont Saint-Michel et le cap Finisterre puisqu'il nomme le cap en dernier. Ce sont ces deux points extrêmes qui marquent les limites du territoire concédé aux chefs bretons, en sorte que ce territoire aurait embrassé tous les rivages armoricains de la Manche et serait représenté aujourd'hui par le département des Côtes-du-Nord, plus une partie des arrondissements de Brest et de Morlaix.

Dans cette région qui prit le nom de *Létavia* [1], ou pays des lètes, se trouvait entièrement comprise l'ancienne cité gauloise des Curiosolites, comprenant les petits peuples connus sous les noms de *Biducesii* et *Ambiliates* [2]. De là vient que la Notice des Gaules, rédigée à la fin du IVe siècle, ne parle point de cette cité et ne nomme que celles des Osismiens, des Corisopites et des Vénètes [3].

verticem montis Jovis usque ad civitatem Cantiguine et usque ad terminum occidentalem. (Ninnius, apud Usserium). Ninnius vivait dans le VIIe siècle.

[1] Ce nom s'écrivait en gallois *Lyddaw*; on a voulu y trouver une étymologie celtique; il semble plus naturel d'y voir la forme gallique du mot latin *Litavia*.

[2] Les *Biducesii* occupaient le diocèse de Saint-Brieuc, dont l'ancien nom était Bidué. Les *Ambiliates*, probablement les mêmes que les *Ambibari*, de César, habitaient l'ancien diocèse de Tréguier (arrondissements de Guingamp et de Lannion).

[3] Du temps de César, les *Osismii* possédaient tout le département du Finisterre; sous l'Empire, on forma de la partie méridionale de ce dé-

La Notice de l'Empire, qui date de la même époque, n'indique aucun poste militaire depuis Alet, près du Mont-Saint-Michel, jusqu'à la cité des Osismiens [1]. Cette lacune dans les garnisons romaines sur une côte exposée aux ravages des pirates saxons ne peut s'expliquer qu'en admettant l'occupation du pays par les lètes bretons. Il est à remarquer que cette interruption des lignes romaines correspond exactement avec les limites que Ninnius assigne aux concessions de Maxime. .

Lors du soulèvement de l'Armorique contre Honorius, après la mort de l'usurpateur Constantin, les cités des Osismiens, des Corisopites et des Vénètes, se donnèrent aux chefs bretons qui fixèrent leur résidence à Vannes, la ville la plus considérable de ces contrées. Elles leur ont toujours appartenu depuis, et les historiens de la Bretagne citent des faits qui établissent cette possession à diverses époques du Ve siècle; mais ils ne rapportent aucune preuve positive d'une autorité quelconque exercée par les chefs bretons sur Nantes et sur Rennes. Ces chefs n'eurent jamais d'autre capitale que Vannes. Dans la Vie de saint Melaine, Eusebius, contemporain de Clovis, est appelé le roi de Vannes, *rex Venetensis*; si les Bretons avaient possédé Nantes et Rennes, certainement leurs rois auraient abandonné Vannes et auraient pris pour leur capitale une de ces deux grandes villes; alors la flotte de Riochame aurait eu Nantes pour point de départ et ne serait pas venue de l'Océan dans la Loire pour débarquer des troupes dans le Berry.

Sous les successeurs de Clovis, les limites des Bretons restent les mêmes. Vannes est toujours la résidence de leurs princes; ils font des incursions continuelles sur les territoires de Nantes et de Rennes, ce qui prouve que ces pays ne leur ap-

partement (arrondissements de Quimper et de Quimperlé) une cité particulière, celle des Corisopites.

[1] *Notitia Imperii*, sect. 6[1].

partenaient pas, et c'est sur les frontières de ces deux cités, représentées par les départements d'Ille-et-Vilaine et de la Loire-Inférieure, que leurs armées se choquent avec celles des Francs [1]. A la fin du VIe siècle, Grégoire de Tours fait dire au chef breton Waroch : *Nous reconnaissons que ces cités appartiennent aux enfants de Clotaire* [2]. Ces mêmes limites sont encore invoquées au IXe siècle, dans une lettre adressée à Nominoë, chef des Bretons, par les évêques assemblés au quatrième concile de Tours [3]. Enfin, l'on peut dire que cette distinction entre l'Armorique bretonne et l'Armorique romaine concentrée dans les cités de Nantes et de Rennes a subsisté jusqu'à nos jours. C'est dans l'ancien territoire des Bretons dans la Bretagne occidentale ou Basse-Bretagne, dans la *Bretagne bretonnante*, comme on l'appelait au moyen-âge, que la langue, les mœurs et le caractère de la race celtique se sont conservés dans toute leur pureté. On parle français à Rennes et à Nantes; on parle breton à Vannes et à Quimper. En jetant les yeux sur une carte, les noms de lieux français ou romans dans les départements d'Ille-et-Vilaine et de la Loire-Inférieure, celtiques dans les départemonts du Morbihan, du Finisterre et des Côtes-du-Nord, suffiraient pour marquer encore aujourd'hui la ligne séparative des deux races.

L'histoire ecclésiastique vient à l'appui des inductions tirées de l'histoire civile ; car le christianisme et la civilisation romaine

---

[1] *Britanni irruentes in terminum Nanneticum prædas egerunt.* (Greg. Tur., *Hist.*, l. 9.) *Dùm Britanni circà urbem Nanneticam et Redonicam valdè sævirent.* (Ibid., *l.* 10, c. 9.)

[2] *Scimus nos civitates istas Chlotarii regis filiis redhiberi.* (Greg. Tur., *Hist.*, l. 9, c 18.)

[3] *Nec ignoras quod certi fines ab exordio dominationis Francorum fuerint quos ipsi vindicaverunt sibi et certi quos petentibus concesserunt Britannis.* (Lupi abb. Ferrar., *ep.* 84.)

marchant toujours de concert depuis le IV° siècle, leurs limites
sont communes, et là où la croix s'arrête, le monde romain finit. Lorsque les Bretons s'établirent sur les côtes de l'Armorique,
le christianisme, comme la langue et la civilisation des Romains,
avait fait peu de progrès dans ces contrées. Il n'y avait d'évêchés, c'est-à-dire d'églises chrétiennes organisées que dans les
cités romaines de Nantes et de Rennes. Le christianisme était,
au contraire, florissant dans la Bretagne insulaire; les Bretons
le répandirent dans le territoire qu'ils occupaient; mais ils s'y
propagea lentement et à la fin du V° siècle, l'Armorique, dernier asile des superstitions druidiques, était encore presque
toute païenne [1]. Saint Melaine, que des habitants du pays de
Vannes imploraient pour la guérison d'un malade, leur dit :
« Vous êtes païens, et vous demandez des miracles! » A quoi
les habitants répondirent : « Faites le miracle et nous nous
» convertirons. » Ainsi, du temps même de Clovis, les Bretons d'origine insulaire étaient à peu près les seuls chrétiens
de l'Armorique occidentale. De là vient qu'ils n'eurent long-
temps qu'un évêque de leur nation, qu'on appelait l'évêque
des Bretons. Ce prélat ne prit pas d'autre titre au concile de
Tours, en 461 [2], ce qui suffirait pour prouver qu'il n'y avait
pas encore alors d'église locale organisée dans cette partie de
la Gaule. L'évêque des Bretons, attaché non au sol, mais aux
hommes de sa race, suivait la cour, comme on eut dit au siècle dernier, et habitait la ville où résidaient les successeurs de
Conan.

Depuis le milieu du V° siècle, Vannes ayant toujours été la
capitale des rois bretons, leur évêque s'y fixa; il figura avec le

---

[1] *Erant enim tunc temporis Venetenses penè omnes gentiles.* (Vita
Sancti Melanii ap. Bolland.)

[2] *Mansuetus episcopus Britannorum interfui et subscripsi.* (Conc.
Turon.)

titre d'évêque de Vannes, au concile d'Orléans, en 511, et il fut le seul prélat breton qui y parut avec les évêques de Rennes et de Nantes [1]. Vannes peut ainsi réclamer à bon droit la priorité sur les autres siéges épiscopaux de l'Armorique bretonne. Cependant les traditions populaires présentent Grallon comme le fondateur de l'évêché de Quimper, et cela s'explique facilement, car Grallon, comte de Cornouailles, avant d'être roi, paraît avoir habité Quimper, où sa mémoire s'est conservée, mêlée à beaucoup de fables, et l'évêque des Bretons dut y résider ·avec lui [2]; mais la succession authentique et régulière des évêques de Quimper ne commence qu'au VI⁹ siècle.

La date de la fondation des autres évêchés est connue. Celui de Saint-Malo ou d'Alet fut établi par le roi Hoël, vers 540; ceux de Tréguier et de Saint-Brieux par Nominoë, au IX⁹ siècle. Paulus Aurelius, sorti de la Bretagne insulaire au commencement du VI⁹ siècle, alla prêcher le christianisme, avec l'appui des rois francs, sur les côtes du Finistère, dépeuplées par les ravages des pirates du nord et y fonda l'évêché de Saint-Pol-de-Léon. Ce pays était encore alors livré à l'idolâtrie, car il y abattit

---

[1] Il est probable que l'évêque des Bretons prit le titre d'évêque de Vannes à dater du concile tenu dans cette ville en 465 par l'archevêque de Tours pour sacrer le successeur de Mansuetus.

[2] Dans les traditions populaires de la Cornouailles, le nom de saint Corentin, premier évêque de Quimper, est allié à celui du roi Grallon, son contemporain. Rien n'empêche de croire, avec quelques historiens bretons, que ce prélat est le même que Chariaton, qui assista au Concile d'Angers en 453. (*Concilia Galliæ*, t. I.) D'autres traditions attribuent à Conan la création de l'évêché de Dol, ce qui semble prouver que l'évêque des Bretons, comme les chefs de ce peuple, résida d'abord dans la Litavie, ou les Côtes-du-Nord, puis dans la Cornouailles, et en fin dans le pays de Vannes.

les monuments du culte druidique [1]. A la même époque, la province de Dol eut pour premier évêque saint Sanson, archevêque d'Yorck qui, chassé de sa patrie par les Saxons, se réfugia dans cette partie de l'Armorique et continua d'y porter le *pallium*, insigne des métropolitains, ce qui donna lieu à ses successeurs de prétendre au titre d'archevêque et de disputer la suprématie sur les églises bretonnes à l'évêque de Tours, ancien métropolitain de la troisième Lyonnaise. Cette église de Dol était si bien une *mission* du clergé insulaire que saint Teliave, successeur de Sanson, fut choisi par un concile assemblé dans la Grande-Bretagne [2]. Cette île toujours si chrétienne malgré ses malheurs, envoyait de temps à autre des détachements de missionnaires dans ses colonies du continent. Saint Léonor, sacré évêque par les prélats bretons, monta sur un vaisseau, vers 520, avec 72 disciples, sans compter les frères servants, et débarqua sur la côte de Tréguier, où, aidé de ses compagnons, il défricha une forêt [3]. Ne semble-t-il pas voir une de ces pieuses associations de prêtres qui, chaque année, quittent l'Europe pour aller porter dans les déserts du Nouveau-Monde les lumières de la foi et de la civilisation. Ces évêques-missionnaires, comme aujourd'hui les vicaires apostoliques de l'Inde, recevaient le caractère épiscopal sans être attachés spécialement à un siége. Pour les distinguer des évêques séden-

---

[1] *Destructa sunt igitur templa idolorum, quia per totam Britanniam Paulo doctore effulsit claritas operum bonorum.* (Vita Sancti Pauli Leonensis.)

[2] *In loco verò Samsonis Dolensis archipræsulis destinatur Theliavus illustris presbyter Landaviæ, annuente Hoëlo rege Armoricorum Britanorum.* (Concilia Magnæ Brit., t. *I.*) Ce concile fut assemblé en 516 pour le couronnement du roi Arthur.

[3] *Leonorus divinâ dispositione factus episcopus, cum 72 discipulis et aliis servitio fratrum deputatis, navem ascendit et in Galliam transivit ubi cum fratribus suis sylvam complanavit.* (Vita Sancti Leonori.)

taires ou évêques des cités *episcopi civitatum*, on les appelait évêques régionnaires ou chorévêques, mot grec qui a le même sens que le mot latin (χωρης επισκοποι). Les évêques qui, aux IVᵉ et Vᵉ siècles, allaient évangéliser les nations païennes de la Germanie et du nord de la Belgique, étaient des missionnaires de ce genre[1]. Il en vint à plusieurs reprises pendant le Vᵉ siècle dans l'Armorique, et cela explique comment il put s'y trouver en certaines circonstances plusieurs évêques bretons. Ces missionnaires ont beaucoup embrouillé l'histoire ecclésiastique parce que leur présence accidentelle dans des contrées où il y eut plus tard des évêchés régulièrement fondés, donna lieu aux villes épiscopales de prétendre à une antiquité qu'elles regardaient comme un titre de noblesse. Pour le dire en passant, ces prétentions n'ont pas été moins nuisibles à la vérité historique que les vanités princières et les rivalités nationales. L'impartialité de notre siècle qui n'a plus rien à demander au passé doit dissiper ces illusions. Elle nous autorise à conclure que le christianisme et la civilisation romaine restèrent concentrés jusqu'au VIᵉ siècle dans les cités de Nantes et de Rennes, tandis que les autres parties de l'Armorique étaient livrées au paganisme et séparées de l'Empire, et que pendant tout le Vᵉ siècle, les états des rois bretons ne dépassèrent point les limites des trois départements qui forment l'extrémité occidentale de la péninsule armoricaine.

---

[1] L'évêque Aravatius, que Grégoire de Tours cite comme ayant habité le pays de Tongres, était un évêque-missionnaire. Car la succession authentique des évêques de cette cité ne commence qu'au VIᵉ siècle. L'existence des prélats portés avant cette époque sur les listes du diocèse de Tongres n'est pas justifiée, ou leurs noms sont les mêmes que ceux des évêques de Cologne dont l'autorité s'étendait sur toute la 2ᵉ Germanie. On pourrait citer beaucoup d'exemples du même genre.

III

Chronologie des dernières années de Clovis [1].

Je ne puis me dispenser de développer les preuves sur lesquelles je base la chronologie des dernières années du règne
de Clovis, car il règne à cet égard une grande incertitude chez
la plupart des historiens classiques.

La guerre de Clovis contre les Wisigoths, dont j'ai retracé par
ordre et avec détail les principales circonstances, fut terminée
vers le milieu de l'année 510. Ce fait est constaté par le témoignage d'Isidore de Séville qui dit que Gésalic fut déposé la
quatrième année de son règne. Or, ce fils naturel d'Alaric avait
été proclamé roi des Wisigoths au printemps de l'année 507
et par conséquent la quatrième année de son règne commençait à la même époque de l'an 510. D'un autre côté la suite de
la chronique d'Isidore et le récit plus détaillé de Procope nous
apprennent qu'immédiatement après la déposition de Gésalic,
Théodoric fit reconnaître son autorité par les deux branches
de la race gothique et conclut avec Clovis un traité par lequel
il lui abandonnait la majeure partie des possessions des Wisigoths dans la Gaule. Ainsi, la date de la déposition de Gésalic
marque celle de la conclusion de la paix, et l'on n'en saurait
douter quand on voit, dans l'année suivante 511, Clovis, maître paisible des deux Aquitaines, convoquer un concile général
auquel tous les évêques des provinces conquises sur Alaric,
furent appelés.

Suivons maintenant l'ordre du récit de Grégoire de Tours.
Aussitôt après la paix, cet historien nous montre Clovis venant

[1] Voir tome II, p. 549.

prendre solennellement à Tours les ornements consulaires que l'empereur Anastase lui avait décernés. Les premiers événements qu'il raconte ensuite sont le meurtre de Sigebert par son fils Chlodéric au retour de la guerre des Wisigoths et la prise de possession de la royauté des Ripuaires par ce fils parricide. Donc, ces événements durent se passer dans les derniers mois de l'année 510, et l'on ne peut placer ailleurs que dans l'hiver de 510 à 511 les négociations de Clovis avec Chlodéric, l'assassinat de ce prince par les envoyés du roi des Francs et la révolution qui en fut la suite. Pendant ces sanglantes tragédies, Clovis, suivant les paroles que Grégoire de Tours met dans sa bouche, visitait sur les rives de l'Escaut les anciens établissements des Saliens.

Jusqu'ici Grégoire de Tours nous a servi de guide; mais pour ce qui concerne le soulèvement des provinces de l'est, nous n'avons d'autre garant que l'auteur de la Vie contemporaine et très authentique de Saint Maximinus ou de Saint Mesmin, premier abbé de Micy. Malheureusement cet auteur, comme tous les écrivains ecclésiastiques n'indique point la date des faits qu'il raconte et la plupart des commentateurs ayant reporté ces faits à une époque antérieure à celle que je leur assigne, je suis obligé d'entrer dans le détail des circonstances qui justifient mon opinion.

Maximinus était neveu du vénérable prêtre Euspicius qui, après la mort de l'évêque de Verdun, osa se présenter devant Clovis pour négocier la capitulation de cette ville. Nous avons vu que Clovis voulut nommer Euspicius évêque de la cité qu'il avait préservée des malheurs de la guerre, mais que la modestie du saint prêtre se refusa à cet honneur et qu'alors le roi désira l'emmener à sa suite dans les autres expéditions qu'il méditait. Euspicius n'osa se refuser à un désir qui était un ordre; mais à raison de son grand âge, il demanda la permission de se faire accompagner par son neveu Maximinus. Tous deux

suivirent l'armée des Francs, dans la campagne qu'elle fit immédiatement après la prise de Verdun, pour remédier à des
désordres semblables, dit le pieux biographe, *ad alia similia
negocia curanda.* Ces mots marquent assez la connexion qui
existait entre la révolte de Verdun et les *autres affaires* qui appelaient Clovis dans le nord. Cette connexion d'ailleurs est
exprimée plus clairement encore dans la Chronique de Verdun,
rédigée au XIIᵉ siècle par Hugues, abbé de Flavigny ; il y est dit
positivement que les cités de l'est, et entre autres celle de Verdun, se révoltèrent indignées de la fourberie criminelle par
laquelle Clovis, à la fois complice et vengeur d'un parricide,
avait éteint la famille des rois Ripuaires pour préparer l'assujétissement de leur peuple [1]. Ainsi, le siége de Verdun doit
se placer entre la mort de Chlodéric et l'arrivée de Clovis à Cologne, où Grégoire de Tours nous le montre haranguant les Ripuaires et les contraignant à reconnaître son autorité. De là,
sans perdre de temps, le roi des Francs marche vers la Belgique, *post hæc ad Cararicum dirigit*, dit notre historien, et les
chefs des tribus saliennes dissidentes tombent entre ses mains
presque sans combat.

Tous ces événements ne peuvent trouver place qu'au printemps de l'année 511. Car nous avons indiqué ceux qui remplirent l'automne de 510 et l'hiver suivant ; et quant aux der-

---

[1] *Clodoveus ad eumdem locum (Agrippinam) venit et quasi qui esset innoxius à sanguine parentum suorum, populo satisfecit et in regem
constitutus est. Quod quarumdam civitatum habitatores indignè ferentes,
contrà eum, si fuisset possibile, nisi sunt rebellare ; inter quos cives Vir-
dunensis oppidi defectionem et duellionem contrà eum dicuntur meditati.* (Chronic. Virdun. Hugonis abb. Flaviniacensis.) Il est évident que
l'ordre des faits est ici interverti, et que la rébellion ne suivit pas, mais
précéda l'arrivée de Clovis à Cologne ; elle n'aurait pu éclater en présence du roi et de son armée.

niers mois de l'année 511, nous avons vu que Clovis assista en juillet à la clôture du concile d'Orléans, et mourut en novembre. Un document authentique achèvera de donner à ces inductions chronologiques le caractère d'une certitude légale.

Clovis, après les guerres qui suivirent la prise de Verdun, arriva, toujours accompagné d'Euspicius et de son neveu, dans la ville d'Orléans où il fit don au saint prêtre du domaine de Micy et d'autres possessions fiscales entre la Loire et le Loiret. Euspicius y fonda une abbaye dont son neveu fut après lui le premier abbé et qui en a retenu le nom de Saint-Maximin ou Saint-Mesmin que porte encore aujourd'hui la petite ville élevée autour de ce monastère. On a deux chartes de fondation de l'abbaye de Micy ou de Saint-Mesmin. L'une a été insérée dans les pièces justificatives du t. VIII de la *Gallia Christiana*. Elle est très longue, très verbeuse et contient le dénombrement exact de tous les droits et de toutes les propriétés de l'abbaye; mais il est facile de reconnaître qu'elle n'a rien des formes ni du style en usage dans le V° siècle et que c'est un document fabriqué à une époque bien plus récente. La mention qui y est faite des *missi dominici*, fonctionnaires créés par Charlemagne, suffirait pour prouver qu'elle fut rédigée après l'avénement de la dynastie Carlovingienne; l'on y trouve une foule de locutions, de formules, d'allusions à des dignités et à des coutumes féodales qui ne permettent pas de la faire remonter au-delà du IX° siècle [1]. L'autre charte a été recueillie dans le

---

[1] Je citerai seulement le préambule de cette charte; il suffit pour justifier le caractère que je lui assigne : *In nomine Sanctæ et Individuæ Trinitatis, Clodoveus..... Quicumque regiæ dignitatis culmine efferri desiderat, meritò eum præ oculis semper habere debet cujus gratiâ præfertur. Noverit igitur omnium sanctæ Dei ecclesiæ fidelium et nostrorum tàm præsentium quàm futurorum solertia, quia nos res ecclesiasticas plus quàm omnes vitæ nostræ tutari atque augmentari gaude-*

Spicilegium d'Achéry, t. i, p. 307, et dans les *annales de l'ordre de saint Benoist*, liv. i, chap. 83. Son caractère antique apparaît au premier coup d'œil; le style en est noble, la latinité encore pure, la forme dramatique, l'expression brève et concise. Ce n'est point une pièce de procédure, l'œuvre d'un tabellion travaillant dans l'intérêt d'un monastère: c'est le langage d'un pieux souverain déposant ses dons sur l'autel, en présence des premiers pasteurs de l'église; c'est l'esprit religieux du V° siècle dans toute sa ferveur, et non l'esprit fiscal et formaliste des temps de la féodalité.

Les abbayes très anciennes avaient souvent ainsi deux actes de fondation, l'un court, expressif, empreint d'un caractère d'actualité qui frappe dès l'abord, l'autre verbeux, diffus, évidemment fait après coup pour réparer les omissions du premier, et établir d'une manière conforme aux idées juridiques du moyen-âge tout le détail des droits du monastère comme propriétaire et comme seigneur. L'abbaye de Pont-Levoy n'avait pas moins de trois actes de ce genre dont la dimension allait toujours en croissant. Ce n'était point là, à proprement parler, des faux, puisque les moines gardaient l'original à côté de ces copies amplifiées. Dans ces temps on n'attachait point aux preuves écrites l'importance que nous leur donnons. La transmission de la propriété résultait de l'accomplissement de formes symboliques prescrites par les lois ou les coutumes, et

---

mus. Undè cunctis nostris fidelibus, omnibus videlicet episcopis, abbatibus, comitibus, missis, vicedominis, vicecomitibus, vicariis, tolenariis, centenariis villicis, seu cunctis, ut diximus, vero corde fidelibus, notum fieri volumus quia nos, Deo providente, benignè seu annuente clementiâ, beatissimos viros Euspicium ac nepotem ejus Maximinum religione monasticâ Deique gratiâ conspicuos à civitate Viridunis adduximus Aurelianis nostrumque eis fundum concessimus nomine Miciacum.

de déclarations orales faites en présence de témoins. L'acte écrit n'était regardé que comme une simple note ou *memorandum* ayant pour objet de conserver le souvenir du fait qui avait constitué le droit. C'est même ce qu'exprime ordinairement le préambule des chartes. Or, il pouvait paraître assez indifférent que ces notes fussent écrites au moment même où le fait se consommait, ou qu'elles fussent rédigées plus tard avec des énonciations plus ou moins détaillées. Il ne faut donc pas prendre dans un sens absolu les accusations de faux si multipliées contre les chartes du moyen-âge, et dont les bénédictins eux-mêmes ont quelquefois abusé. Mais lorsqu'il se présente deux actes dont l'un n'est que la reproduction amplifiée de l'autre, il est presque certain que le plus court est le plus ancien; car, en fait de titres, l'intérêt privé ne retranche pas; il ajoute. En appliquant ces principes aux deux chartes de fondation de l'abbaye de Micy, on reconnaîtra sans peine que celle qui a été insérée dans la *Gallia christiana* n'est qu'une copie amplifiée de la véritable charte originale qui est celle du *Spicilegium* et des *Annales de saint Benoist*. Voici le texte de cette dernière pièce, intéressante à tant d'égards, la seule charte de Clovis, dit M. de Châteaubriand, dont l'authenticité soit unanimement reconnue [1].

« Clovis, roi des Francs, homme illustre, à toi Euspice,
» vénérable vieillard, et à ton cher Maximin, afin que vous
» puissiez, vous et ceux qui vous succèderont dans votre sainte
» vocation, obtenir par vos prières la divine miséricorde pour

---

[1] En citant cette opinion, *Etudes historiques, préface, page* 29, je ne partage point le scepticisme qui rejette les autres chartes de Clovis; je n'admets point surtout la raison qu'en donne l'illustre écrivain, qui s'étonne que Clovis comprît la langue latine. Certainement Clovis, comme Théodoric, comme Gondebaud, comme Alaric, comme tous les rois barbares établis dans l'Empire, parlait latin et écrivait en latin; on sait qu'un de ses petits-fils faisait des vers dans cette langue.

» notre salut, celui de notre épouse bien aimée et de nos fils,
» nous accordons le domaine de Micy et tout ce qui appartient
» à notre fisc entre le lit des deux fleuves; nous vous en trans-
» mettons la propriété sans exception par la sainte confarréa-
» tion et l'anneau, et nous vous en assurons la possession cor-
» porelle, sans redevance, péage ou exaction d'aucune espèce,
» soit entre la Loire et le Loiret, soit en dehors, avec les chê-
» nes, les saules et les deux moulins. Toi donc, Eusèbe[1],
» saint évêque de la religion catholique, protége la vieillesse
» d'Euspice, favorise Maximin, fais en sorte qu'eux et leurs
» possessions soient à l'abri de toute chicane et de toute in-
» jure dans ton diocèse[2]; car on ne doit pas nuire à ceux que
» défend l'affection royale. Protégez-les aussi, vous tous,
» saints évêques de la religion catholique[3]! Et vous, Euspice
» et Maximin, cessez d'être étrangers parmi les Francs, et que
» votre patrie soit désormais la terre que nous vous donnons
» au nom de la Trinité sainte, indivisible, égale et consub-
» stantielle !

    » Qu'il soit fait ainsi que moi, Clovis, j'ai voulu. Moi, Eusèbe,
» évêque, j'ai confirmé cet acte[4]. »

Dans cet énergique langage, sous la forme saisissante de
cette espèce d'allocution solennelle, qui ne reconnaîtrait la
grandeur et la piété de Clovis? Tout dans cette pièce porte la
double empreinte du caractère de l'homme et de l'époque. Le

---

[1] Eusebius, évêque d'Orléans, assista au concile de 511 ; on ignore
l'époque précise de son élection.

[2] *In tuá parochiâ*; au Ve siècle, comme nous l'avons dit, chaque diocèse était encore censé ne former qu'une seule et même église.

[3] *Idem agite, ó vos omnes sancti catholicæ religionis episcopi !*

[4] *Itá fiat ut ego Clodovæus volui. Eusebius episcopus confirmavi.*
Ces mots semblent être les subscriptions de l'acte ; il est possible qu'ils
fussent autographes dans l'original.

cachet du V⁰ siècle est surtout marqué dans l'invocation à la *Trinité indivisible, égale et consubstantielle.* Ces mots sont tout le fond de la querelle religieuse des catholiques et des ariens, de cette querelle pour laquelle Clovis avait combattu toute sa vie. Remarquons encore que le roi ne s'adresse pas seulement à Eusèbe, évêque d'Orléans; il interpelle aussi tous les évêques catholiques pour leur recommander ses protégés. Cette interpellation directe et inusitée ne peut s'expliquer que par la présence d'une nombreuse réunion d'évêques à Orléans; or, l'histoire n'en signale pas d'autre, pendant le règne de Clovis, que le concile de 511, tenu dans cette ville. Ce fut donc au sein même de ce concile, dans l'église cathédrale d'Orléans, en présence de tous les prélats de la Gaule franque, que Clovis proclama par ces nobles paroles son affection et sa reconnaissance pour un saint vieillard qui lui avait rendu le plus éminent des services. Car, en déterminant les habitants de Verdun à donner le premier exemple d'une soumission qui entraîna les autres villes de l'est, Euspicius avait tranché la question d'où dépendaient peut-être le sort du roi. des Francs et l'avenir de sa monarchie.

S'il est ainsi prouvé que le domaine de Micy fut donné à Euspicius pendant la tenue du concile d'Orléans, comme l'auteur de la Vie de saint Maximin place cette donation immédiatement après le siége de Verdun et les expéditions militaires qui le suivirent, il en résulte que ces événements eurent lieu dans les premiers mois de l'année 511, et que l'ordre chronologique des faits est incontestablement tel que je l'ai présenté. Il ne me reste plus qu'à discuter les raisons sur lesquelles de savants commentateurs se sont fondés pour assigner à ces faits une date différente.

Les auteurs des *Annales de Saint Benoît* placent le siége de Verdun en 498 sans en donner aucune preuve. Les auteurs de la *Gallia Christiana* le transportent en 502; voici les motifs.

qu'ils allèguent. Saint Viton fut évêque de Verdun après ce Firminus qui mourut pendant le siége; il fonda près de sa ville épiscopale une abbaye qui a conservé son nom. Or, d'après le nécrologe de cette abbaye, saint Viton aurait été élu en 502 et serait mort en 529. Rien ne porte à contester la dernière date; quant à la première, on sait combien les altérations de chiffres sont communes dans les anciens manuscrits, surtout par l'addition ou la suppression du signe X. Nous avons cité deux exemples aussi frappants qu'incontestables de semblables altérations dans le texte de Grégoire de Tours. L'un est la date de la mort d'Euric, indiquée à la XXVII⁰ année du règne de ce prince au lieu de la XVII⁰; l'autre est la date de la mort de Clovis, placée à la XI⁰ année de l'épiscopat de Licinius au lieu de la II⁰. Il est donc très probable que dans le texte du nécrologe de saint Victor, une erreur de copiste aura fait lire 502 au lieu de 512 qui dut être la véritable époque de l'élection de ce prélat; car Firminus étant mort en 511, et l'évêché de Verdun ayant été d'abord offert à Euspicius, qui le refusa, l'élection dut être remise à l'année suivante; d'ailleurs il n'y eut point d'évêque de Verdun au concile d'Orléans, ce qui confirme la vacance de ce siége pendant l'année 511. Remarquons, enfin, qu'en 502 comme en 498, l'histoire ne mentionne aucune expédition militaire de Clovis dans le Nord. Il serait donc impossible de faire coïncider à cette époque les récits du biographe de saint Maximin avec ceux des historiens des Francs, tandis qu'à la date de 511, tous les témoignages sont parfaitement d'accord; ils s'expliquent et se confirment les uns par les autres. Un chiffre erroné dans un nécrologe ne peut être opposé à une pareille série de preuves appuyées sur l'acte authentique de la fondation de l'abbaye de Micy, et sur les assertions positives de la chronique de Verdun.

IV

Patronage et libéralité de Clovis envers l'église catholique [1].

J'AI rapporté dans différentes parties du chapitre VIII des preuves multipliées de la libéralité de Clovis envers l'église, et de l'espèce de protectorat exercé par lui, dans toutes les provinces gauloises, en faveur du catholicisme. Mais comme je n'ai pas craint de dire qu'il régna sur la Gaule moins comme conquérant que comme chef du parti catholique, je crois devoir rassembler encore ici un certain nombre de faits qui n'ont pu se placer dans mon texte et qui justifient mes assertions. J'y trouverai d'ailleurs l'occasion d'éclaircir quelques points d'histoire qui ne sont pas sans importance.

J'ai expliqué les causes de la réaction politique et religieuse qui, au commencement du VI⁰ siècle, porta Gondebaud à se rattacher à la cause du catholicisme, et à s'allier avec Clovis pour abattre la seule puissance arienne qui existât encore dans la Gaule, celle des Goths. A l'époque où cette alliance fut conclue, c'est-à-dire vers la fin de l'année 506, Clovis et Gondebaud eurent une entrevue sur les bords de la rivière de Cure, limite de leurs états, puisqu'elle séparait la Sénonaise de la Première Lyonnaise et le diocèse d'Auxerre de celui d'Autun [2]. Dans cette occasion, Clovis n'oublia pas son rôle habi-

---

[1] Voyez tom. II, pag. 560, chap. VIII, *passim.*

[2] *Eodem tempore quo se ad fluvium Quorandam, pacis mediante concordiâ, duorum regum gentis Burgundionum et Francorum est conjuncta potentia.* (Vita Sancti Eptadii.) On a supposé que cette entrevue eut lieu en 500 ; cela ne peut être, car la paix fut alors conclue entre Clovis et Gondebaud sous les murs mêmes d'Avignon ; la retraite de l'armée des Francs en fut la conséquence.

tuel de patronage à l'égard des évêques, moyen puissant d'influence qu'il étendait jusque sur les états de ses voisins. L'évêché d'Auxerre était vacant ; il demanda à Gondebaud la permission d'élever à ce siége un saint personnage de la cité d'Autun, nommé Eptadius. Le roi des Bourguignons s'y opposa d'abord ; ce zèle pieux, qui allait chercher un de ses sujets pour le mettre à la tête d'une cité limitrophe de son royaume, lui paraissait suspect ; mais les événements l'avaient placé dans la dépendance de Clovis, et ne lui permettaient plus de rien refuser ; il finit par donner son consentement. Aussitôt l'élection se fit ; le clergé, la noblesse, le peuple des villes et des campagnes réunirent leurs suffrages sur Eptadius ; Clovis s'en était assuré d'avance ; mais l'humilité du saint trompa les vues du politique. Effrayé du fardeau de la dignité épiscopale, Eptadius s'enfuit et alla se cacher dans les forêts du Morvan pour se soustraire à l'honneur qu'on voulait lui imposer. Theodosius, qui assista au concile d'Orléans en 511, fut nommé à sa place.

Depuis ce temps, Eptadius mena une vie solitaire, et ne sortit de sa retraite que pour des actes de charité. L'œuvre à laquelle le clergé se portait alors avec le plus d'ardeur, était le rachat des captifs que les chances de la guerre réduisaient de la condition d'hommes libres à celle d'esclaves. On ne saurait calculer quelle a été l'influence de ces religieux efforts pour retarder l'envahissement de l'esclavage, que le droit des gens, reconnu dans toute l'antiquité, tendait sans cesse à accroître. En parlant du zèle d'Eptadius pour cette belle œuvre de la charité chrétienne, ses biographes nous font connaître une circonstance nouvelle de la guerre des Bourguignons contre les Wisigoths.

Les opérations militaires de Gondebaud ne se bornèrent pas à la grande expédition dirigée contre la province d'Arles. Dès le commencement de la guerre, il lança des corps détachés dans les provinces de la Deuxième Aquitaine qui touchaient à ses frontières. D'après un passage de la Vie de saint Eptadius, il semblerait que le but de ces incursions était de pousser à la révolte les populations gauloises. Un de ces partis pénétra jusqu'à la ville forte d'*Idunum* [1], dans le territoire de la cité de Limoges, s'en empara et emmena la garnison prisonnière. Eptadius obtint la liberté des captifs en s'adressant à Sigismond, l'espoir et l'appui des catholiques de la Bourgogne. Cet événement paraît avoir une connexion évidente avec ce que raconte Grégoire de Tours d'un autre parti bourguignon, qui s'enfonça dans les montagnes d'Auvergne et surprit la ville de Brioude. Là, ces soldats ariens, oubliant que leur roi combattait pour la cause catholique, pillèrent le sanctuaire de Saint-Julien et emportèrent les vases sacrés [2]. Cette conduite, si différente de celle que Clovis prescrivait à son armée, souleva les habitants du pays. Un noble romain, Hellidius, accourut du Velay, à la tête d'un rassemblement de paysans, et poursuivit les pillards dont il fit un grand carnage. Ceux qui échappèrent offrirent à Gondebaud ce qui restait de leur butin; mais le roi, comprenant combien cet attentat était impolitique, s'empressa de renvoyer les vases sacrés à l'église de Brioude, en y joignant une somme d'argent pour remplacer ce qui était perdu. Grégoire de Tours attribue cette résolution aux conseils de la reine. Mais comme la pieuse épouse de Gondebaud mourut au mois de septembre 506, il faut supposer qu'il a voulu parler de la reine, femme de Sigismond, ou que ces hostilités avaient précédé la déclaration de guerre de 507. En effet, il ne serait pas impossible que dans l'entrevue de Clovis et de Gondebaud, que nous venons de faire connaître et dont aucun historien

[1] Probablement la petite ville de Dun, chef-lieu de canton dans l'arrondissement de Guéret (Creuse).

[2] Greg. Tu., *de Gloria Martyrum*, l. 2, c. 7 et 8.

n'a parlé, il eût été convenu de sonder l'esprit des peuples de l'Aquitaine par ces tentatives faciles à désavouer, et dans lesquelles on employait des habitants mêmes du pays [1]. L'effet produit par ces agressions cauteleuses expliquerait l'irritation d'Alaric après le concile d'Agde, et la résolution qu'il prit de ne plus ménager les évêques suspects d'intelligence avec les Francs et les Bourguignons.

Quoi qu'il en soit, il est certain que la guerre ne fut déclarée publiquement qu'au printemps de l'année 507. Clovis, comme nous l'avons vu, partit alors de Paris avec son armée, et passa d'abord à Chartres, où il prit avec lui l'évêque saint Solemne, qui voulut, au début de cette sainte expédition, l'accompagner jusqu'aux limites de son diocèse. De Chartres, l'armée se dirigea vers la Loire, et le roi s'étant arrêté à Blois, l'évêque lui présenta un pieux solitaire, saint Deodatus ou saint Dié, qui habitait une cabane couverte de feuillages sur les bords du fleuve [2]. Clovis donna à l'ermite un terrain d'une assez grande étendue autour de sa cellule, et vingt-six livres

---

[1] *Castrum provinciæ Lemovicinæ Idunum jussu regis Burgundionum à Romanis effractum est.* (Vita Sancti Eptadii.) On voit que dans cette expédition Gondebaud n'avait employé que des Gaulois.

[2] *Vita Sancti Deodati abbatis*, ap. Bolland., 24 avril. Les vies des saints citées ici ont été insérées par extraits dans le tome III de la collection des historiens de France ; mais je les ai toutes vérifiées sur les textes des Bollandistes et des autres recueils originaux. Les Bollandistes ont publié deux textes différents de la vie de saint Dié ; le premier dit que Clovis entendit parler des vertus du saint en passant à Vendôme, l'autre qu'il le vit à Blois. Le premier texte semble indiquer que l'armée se dirigea sur la Loire par Vendôme et Amboise, le second qu'elle passa le fleuve à Blois. J'ai suivi la première de ces versions, chap. VIII, page 503, parce qu'elle est plus généralement adoptée. Cependant la seconde me paraît plus vraisemblable. La route directe de Paris à Poitiers passait encore, au commencement du XVIIIe siècle, par Chartres, Blois, Montrichard et Loches ; ce fut sans doute celle que suivit Clovis, pressé de joindre l'ennemi.

d'or pour bâtir une église et fournir aux besoins des nombreux
disciples qui venaient se former sous sa direction aux vertus
ascétiques ; ce fut l'origine du village de Saint-Dié, situé sur
la Loire, à peu de distance de Blois. Saint Solemne se sépara
du roi dans cette ville, et se rendit à Tours pour y visiter le
tombeau de saint Martin ; mais il mourut des fatigues du voyage au château de Maillé, et son corps fut rapporté en grande
pompe dans son diocèse [1].

Nous avons cité la lettre-circulaire par laquelle Clovis, dès
le début de la guerre, fit connaître aux évêques du royaume
d'Alaric les mesures prises par lui pour assurer aux personnes
et aux propriétés des catholiques une protection efficace. Mais
il était difficile de maintenir, dans une armée de Barbares,
une discipline parfaitement exacte, surtout le lendemain d'une
victoire. Après la bataille de Vouillé, un parti de soldats
francs, ayant remonté la Sèvre, arriva près d'un monastère
gouverné par un prêtre originaire de la Narbonnaise et nommé Maxentius ou saint Maixent. Les soldats voulurent piller
l'abbaye et menacèrent de tuer l'abbé qui s'opposait à leurs
violences. Instruit de ces désordres, Clovis accourut aussitôt,
et se jeta aux pieds du saint abbé en implorant son pardon pour
lui et pour ses soldats ; il fit plus : en expiation de l'offense, il
combla le monastère de présents et lui donna un domaine fiscal appelé Milon [2]. Long-temps après, on montrait encore dans
l'église de l'abbaye, qui a donné naissance à la ville de saint
Maixent, la place où s'étaient posés les genoux du roi vainqueur
prosterné devant un humble moine. C'est là certes un beau
commentaire en action de la lettre aux évêques, que nous
avons appelée l'ordre du jour de l'armée des Francs.

[1] Vie de Saint Solemne, ancien patron de la cathédrale de Blois.

[2] *Vita Sancti Maxentii.* Cette Vie fut écrite par un auteur contemporain.

Des traits de ce genre font comprendre l'appui que Clovis trouva dans les populations et la promptitude avec laquelle il envahit, après sa première victoire, toutes les provinces d'Alaric, jusqu'à ce qu'arrêté sous les murs de Carcassonne, il vit échouer sa fortune devant cette place imprenable. Néanmoins pendant toute la durée de la guerre, les deux Aquitaines et la cité de Toulouse restèrent en sa possession; la première Narbonnaise, entre l'Aude et le Rhône, fut toujours le théâtre des hostilités. En 509, l'évêque de Toulouse, Héraclius, qui avait assisté au concile d'Agde, vint à mourir. Les malheurs de la guerre et les persécutions avaient dispersé le clergé de la Narbonnaise. Quelques prélats, réfugiés dans le pays d'Arzat, au milieu des Cévennes, investirent de la dignité épiscopale un prêtre aquitain nommé Germerius, à peine âgé de 30 ans, mais déjà célèbre par ses talents et sa sainteté : «Vas, lui dirent-ils, élu de Dieu, et soit le digne successeur de saint Saturnin [1].»

---

[1] Le pays d'Arsat ou d'Arzac (*pagus Arisitensis*) est situé entre Milhau et Uzès; son nom s'est conservé dans celui de la commune de Saint-Martin-de-Larzac (arrondissement de Milhau). Ce petit pays, qui comprenait quinze paroisses, ayant servi de refuge à quelques évêques des provinces gothiques, resta sous leur juridiction; mais il fut ensuite réclamé par les évêques de Rodez : *quem primum Gothi quidem tenuerunt nunc verò Ruthenensis episcopus vindicat.* (Greg. Tur., *Hist.*, l. 5, c. 5.) On ne peut pas dire qu'il ait jamais été régulièrement constitué en évêché, car les évêques d'Arzat n'ont figuré dans aucun concile. Les commentateurs ont pensé que Germerius avait été fait évêque d'Arzat; le texte dit seulement qu'il fut sacré dans ce pays, *in civitate Arisitinâ episcopali munere inunctus.* Mais il est clair que les évêques le destinaient à l'évêché de Toulouse, puisqu'ils lui dirent qu'il serait successeur de saint Saturnin : *post Saturninum eris episcopus.* (Vita Sancti Germerii, *ap. Bolland.*, 16 *mai.*) La Vie de saint Germer passe pour avoir été écrite par un de ses amis et compagnons d'études.

Aussitôt après sa consécration, Germerius prit le chemin de
sa ville épiscopale qui était pour lui une seconde patrie; car
il avait fait ses études dans les écoles de Toulouse, seuls établissements d'instruction publique qui existassent encore dans
la Gaule. Pendant ce voyage, il passa dans une ville du midi
où Clovis résidait alors et que l'historien ne nomme pas. Étonné
né de l'affluence du peuple qui se pressait sur les pas du saint
évêque, le roi le fit appeler et, ayant su qui il était, l'admit à
sa table. «Demande tout ce que tu voudras, lui dit-il, mes trésors sont à toi; mes serviteurs sont à tes ordres. — Seigneur
roi, répondit Germerius, je n'ai pas besoin de vos richesses;
donnez-moi seulement autant de terre que mon manteau peut
en couvrir près de la basilique de Saint-Saturnin, pour me faire
une sépulture sous la garde du saint martyr; car je ne veux
d'autre protecteur que Dieu dans la cité de Toulouse.» Touché
de la noble fierté de ces paroles, Clovis voulut vaincre à force
de bienfaits l'indépendance du prêtre chrétien : « Eh bien, re-
prit-il, je te donne pour la sépulture des morts autant de terrain
que sept paires de bœufs pourront en labourer dans un jour,
et pour toi le domaine des ducs dont les dépendances embras-
sent une étendue de six milles.» A ces donations immobilières
dont il fit rédiger immédiatement la charte authentique, il
joignit des dons considérables en numéraire, en vases d'or et
d'argent, en ornements tissus d'or et de soie. Enfin, dé-
tachant une mèche de ses cheveux et la remettant entre les
mains du saint, il se recommanda à lui dans la forme usitée
pour les actes de recommandation par lesquels les citoyens
pauvres se plaçaient sous la protection des hommes puissants, et il engagea tous les seigneurs qui l'entouraient à
suivre son exemple [1]. Ainsi Clovis se déclarait le *client* des

---

[1] La formule 26 de Bignon indique que les hommes libres qui se
faisaient esclaves de leurs créanciers se livraient aussi par les cheveux :
per comam capitis mei tradere me feci.

prélats catholiques; appréciant leur puissance morale, il ne croyait pas acheter trop cher, au prix de ses trésors, la bienveillance du chef spirituel d'une cité que le sort des armes avait mise entre ses mains. L'année suivante, le traité qui termina la guerre replaça Toulouse sous la domination des Goths; mais les sages principes de conduite adoptés par Théodoric à l'égard de l'église doivent faire penser qu'il ne révoqua point les bienfaits du roi des Francs.

Retournons maintenant avec Clovis dans le nord de la Gaule; nous y retrouverons entre l'église et lui le même échange de protection et de dévouement. Les exemples suivants prouveront que sa libéralité ne se ralentit jamais.

Un de ces ardents missionnaires que la Grande-Bretagne lançait de temps à autre sur le continent, débarqua au commencement du VI⁰ siècle sur les côtes de l'Armorique. Il se nommait Fridolin et était né en Irlande [1]. Ayant appris qu'une partie de la Gaule était encore sous l'influence de l'hérésie d'Arius, il passa la Loire et parcourut l'Aquitaine, prêchant partout en l'honneur du dogme de la trinité. Son enthousiasme religieux le conduisit à Poitiers, près du tombeau de saint Hilaire, ce grand ennemi de l'arianisme. Frappé du délabrement de cette basilique qui tombait en ruines comme toutes les églises catholiques des provinces soumises aux Wisigoths, il annonça qu'une vision surnaturelle lui avait prescrit de restaurer les voûtes qui abritaient le corps du saint docteur et de placer dans le sanctuaire ses restes précieux. Tous les cœurs s'échauffèrent à ces paroles; mais les ressources manquaient au zèle des habitants de Poitiers. L'évêque Adelfius proposa de solliciter l'assentiment et l'appui du roi des Francs, et partit pour la résidence de Clovis avec Fridolin, tous deux

---

[1] *Vita Sancti Fridolini*, ap. Bolland., 6 mars.

voyageant de compagnie, l'évêque à cheval, le pélerin à pied. Clovis les reçut avec les plus grandes démonstrations de respect; il fit asseoir à sa table l'humble missionnaire, et lui offrit à boire de sa propre main dans une coupe de cristal enrichie de pierreries. S'étant ensuite informé du but de leur voyage, il leur donna pour accomplir leurs pieuses intentions une somme d'argent considérable à laquelle les leudes et les seigneurs de la cour s'empressèrent de joindre leurs offrandes personnelles.

Fridolin retourna donc à Poitiers chargé de richesses, qui furent employées à la restauration projetée. Mais cette ame exaltée ne pouvait se contenter d'un succès aussi facile. Bientôt une nouvelle révélation lui ordonna de prendre une portion des reliques de saint Hilaire, et de les porter dans une île inconnue, sur les frontières de la sauvage Allemanie. On lui accorda quelques ossements du saint, et, chargé de ce précieux fardeau, il se remit en route, toujours à pied, toujours pauvre et toujours prêchant la doctrine orthodoxe aux hérétiques et aux païens. Se dirigeant vers le Nord, il revit en passant Clovis, qui lui donna de nouveaux secours dont il se servit pour bâtir, chemin faisant, des chapelles en l'honneur de son saint patron, sur les bords de la Moselle, dans les Vosges et à Strasbourg. Enfin il remonta le Rhin jusqu'à sa source, et ce fut seulement à Coire, dans la Rhétie, que l'évêque du pays lui indiqua, dans les environs de Bâle, une île qui lui parut convenir à ses vues. Il s'y rendit aussitôt et commença à examiner le terrain et à marquer l'emplacement de l'édifice qu'il voulait élever. Mais les habitants, idolâtres, se souciant peu d'un pareil voisinage, le poursuivirent et le chassèrent à coups de fouets. Sans se décourager, il revint porter ses plaintes à Clovis. Le roi manifesta une vive indignation de ce qui s'était passé; il fit à Fridolin une donation en forme de l'île, qui fut reconnue pour une ancienne dépendance du domaine royal ou du fisc; il fournit aux dépenses de l'établissement religieux que le pieux missionnaire voulait y créer, et prit sous sa protection spéciale ce monastère qui a donné naissance à la ville de Seckingen.

Nous trouvons ici la confirmation d'un fait historique assez important. L'île du Rhin dans laquelle fut bâtie l'abbaye de Seckingen a toujours fait partie du diocèse et par conséquent de la cité de Bâle. Les commentateurs en avaient même conclu que le roi qui fit cette donation à Fridolin devait être Sigismond, roi de Bourgogne. Mais le texte de la Vie du saint repousse cette hypothèse; car il y est dit positivement que Fridolin s'adressa dans cette occasion au même roi qui l'avait aidé à réparer l'église de Poitiers, *ad præfatum regem,* et ce roi ne pouvait être évidemment que Clovis. Je vois au contraire dans cette circonstance une preuve de ce que j'ai dit plus haut de la cession de la cité de Bâle à Clovis par Gondebaud, après les événements de l'année 500. J'ai déjà fait remarquer que l'absence de l'évêque de Bâle au concile d'Épaône autorise cette conjecture, qui acquiert ainsi un haut degré de vraisemblance.

Tous ces actes de générosité du roi des Francs envers saint Fridolin n'ont pu avoir lieu qu'après la conquête du royaume des Wisigoths; car ce fut seulement alors que Clovis devint maître de l'Aquitaine, et put s'occuper efficacement de réparer les maux que le gouvernement des ariens avait faits à l'église. C'est antérieurement à cette époque, c'est-à-dire de 500 à 506, qu'on doit placer la découverte du corps de saint Regulus, premier prédicateur du christianisme à Senlis [1]. Lorsque l'évêque de cette ville, assisté de plusieurs prélats, procéda à l'ouverture du tombeau, Clovis assista à cette cérémonie avec toute sa cour. Il voulut avoir une dent du saint qu'il

---

[1] *Vita Sancti Reguli*, ap. Bolland., 3o mars.

fit enchâsser d'or et de pierreries, et donna une châsse d'or pour recevoir les reliques. Ensuite il fit construire, pour loger la châsse, une magnifique église à laquelle il donna des vases et des ornements de la plus grande richesse et un domaine sur les bords de la Marne pour fournir aux frais du culte et à l'entretien de l'édifice.

En voilà assez, trop peut-être, pour prouver que la libéralité de Clovis envers l'Église s'étendit sur toutes les parties de la Gaule. Remarquons seulement encore que toutes ces donations étaient prises sur les terres du fisc ou du domaine impérial, vaste gouffre où la misère publique, les exactions, les confiscations avaient fait tomber, dans les derniers temps du Bas-Empire, la plus grande partie de la propriété foncière. Toutes les Vies des saints que nous avons citées disent expressément que les domaines concédés aux églises dépendaient du fisc, *de fisco*. A Toulouse, le domaine des ducs, donné à saint Germer était sans doute la villa où résidaient les commandants romains. Avant de faire un don en règle de l'île de Seckingen à Fridolin, Clovis s'assura qu'elle appartenait au fisc : *nam ad regalem potestatem ab antiquis temporibus ipse locus pertinere non ambigebatur.* Enfin, si la charte en faveur du monastère de Saint-Jean-de-Réomay accorde à l'abbé toute l'étendue de terre qu'il pourra parcourir dans un jour, étant monté sur son âne, elle ajoute la réserve formelle que les terres parcourues dépendront du fisc : *quidquid de fiscis nostris circuisset* [1]. La

---

[1] *Præceptum Chlodovei pro monasterio Reomaensi.* J'ai déjà parlé (page 419) de cette charte curieuse sous plus d'un rapport. Le monastère de Réomay, situé dans le pays de Tonnerre, dépendait du diocèse de Langres, et par conséquent de la première Lyonnaise et des états de Gondebaud. Cependant, aussitôt après le baptême de Clovis, l'abbé s'empressa de se mettre sous la protection, ou, pour parler plus exactement, sous le patronage du roi des Francs, *sub emunitate et mundi-*

même condition doit être sous-entendue dans une donation semblable faite à saint Remi, aux environs de Soissons, des terres qu'il pourrait parcourir pendant le sommeil du roi [1]. Ainsi, en supposant cette dernière tradition vraie, on n'est pas fondé à en conclure, comme l'a fait M. de Châteaubriand, que Clovis disposait arbitrairement des propriétés des Gaulois pour enrichir les églises. Les immenses donations faites à saint Remi ne doivent pas être oubliées dans la liste des pieuses libéralités du royal néophyte. L'église de Reims conservait encore du temps d'Hincmar ces riches possessions, prix de l'eau sainte versée sur le front du vainqueur de Tolbiac.

La reconnaissance du clergé égala, comme nous l'avons dit, les bienfaits du roi des Francs ; sa cause fut toujours considérée comme celle du catholicisme, et ses intérêts parurent tellement identifiés à ceux de l'Église, que les évêques regardèrent comme un triomphe de la foi l'assujétissement des tribus dissidentes des Ripuaires et des Saliens, malgré les moyens odieux par lesquels ce grand résultat avait été obtenu. Cependant la conscience des peuples ne s'y méprit pas; la révolte des provinces de l'Est, après le meurtre de Chlodéric, fut une sorte de protestation de l'opinion publique contre la trahison mise au service du progrès social et religieux ; et ce cri de l'indignation populaire ne fut pas tout-à-fait sans écho dans les rangs du clergé.

burdio. Clovis accepta avec joie cette clientelle d'une abbaye placée sur son extrême-frontière, et lui donna des biens considérables dans le territoire d'Auxerre dont elle était voisine. C'est un trait de plus à l'appui de ce que nous avons dit du protectorat qu'il cherchait à étendre sur toutes les églises catholiques de la Gaule. Cette charte est datée de Reims , 28 décembre 496, trois jours seulement après le baptême du roi, auquel assistait sans doute l'abbé de Réomay.

[1] *Vita Sancti Remigii*, ap. Hincmar.

[2] Etudes historiques, tome 3, page 62, édit. in-8°.

Après les scènes de perfidie et de violence qui lui avaient li-vré les états de Ragnacaire et de Cararic, Clovis vint à Tour-nay où siégeait comme évêque saint Eleuthère, envoyé dans cette ville peu de temps après le baptême de Rheims, pour répandre le christianisme dans l'ancien patrimoine des Saliens [1]. A peine arrivé, le roi se rendit à l'église pour remercier Dieu de ses victoires; le saint prélat l'attendait sur le seuil: « Sei-gneur roi, lui dit-il, je sais pourquoi vous venez à moi.» Étonné de ces paroles, Clovis protesta qu'il n'avait rien de particulier à dire à l'évêque: « Ne parlez pas ainsi, ô mon roi, reprit saint Éleuthère, vous avez péché et vous n'osez l'avouer [2].» Alors le vainqueur s'émut, ses yeux se mouillèrent de larmes, il avoua qu'il se sentait coupable et pria le pieux évêque de célébrer la messe pour lui et d'implorer du ciel le pardon de ses cri-mes. Éleuthère se mit en prière et y resta toute la nuit, arrosant le sol de ses pleurs. Le lendemain, pendant qu'il célébrait la messe, et au moment où il se préparait à recevoir l'hostie sainte, une lumière éclatante se répandit dans l'église et un ange lui apparut: « Eleuthère, lui dit-il, serviteur de Dieu, tes prières sont exaucées; » et en même temps il lui remit un écrit où était tracé d'une main divine le pardon accordé aux fautes royales, qu'il n'était pas permis de révéler [3]. Absous par la clé-

---

[1] J'ai dit plus haut que saint Éleuthère était issu d'une famille ro-maine chassée de Tournay par les Francs. La Vie du saint attribue cette expulsion des chrétiens à un tribun de l'Escaut dont le pouvoir s'étendait sur la cité de Tournay: *Tribunus scaldiniensis qui et Torna-censi pago præerat.* Comme aucun fonctionnaire de l'Empire n'a pu persécuter le christianisme au Ve siècle, on doit penser que ces mots désignent le chef ou gravion franc qui commandait dans le district de Tournay.

[2] *Peccasti nec audes, domine rex, confiteri.* (Vita Sancti Eleutherii ap. Bolland., 20 février.)

[3] *Ipsique dedit quod commiserat rex, quod non licet publicè fari,*

mence céleste, le roi rendit grâces à Dieu et au saint évêque
et fit des dons considérables à l'église de Tournay.

Hâtons-nous de dire qu'il faut faire dans ces récits la part
de l'exaltation religieuse, et que, même aux yeux de l'Église
romaine, tout n'est pas article de foi dans les Vies des saints.
Mais le fond même des événements ne peut avoir été altéré
dans ces pieuses biographies presque toujours écrites par un
contemporain, par un témoin oculaire peu d'années après la
mort du héros chrétien qu'elles célébraient. « Je crois bien
» que c'est une fausseté, » dit, en parlant de la Vie de
saint Germer, Montesquieu, toujours sceptique, surtout à
l'égard des documents religieux; « mais c'est une fausseté
» très ancienne; le fond de la vie et les mensonges se rap-
» portent aux mœurs et aux lois du temps, et ce sont ces
» mœurs et ces lois que l'on cherche ici [1]. » Oui, sans doute,
quand dans ces traditions antiques on ne verrait que des fic-
tions, elles seraient encore la peinture la plus fidèle de l'époque qui les vit naître. Les courageuses remontrances d'Éleuthère à Clovis, le repentir public du prince, son absolution me
paraissent autant de faits certains. Mais n'est-ce pas une admirable peinture des sentiments populaires que cette touchante
fiction de l'ange apportant du ciel le pardon de ces crimes politiques que Dieu seul pouvait absoudre et qu'aucune bouche
n'osait condamner sur la terre? Ajoutons qu'il existait des témoins matériels irrécusables des libéralités de Clovis : c'étaient

(Vita Sancti Eleuth.) On a placé, je ne sais sur quel fondement, ce
voyage de Clovis à Tournay en 499. Il me semble que cette scène de
repentir dans un lieu si rapproché du théâtre des plus grands crimes
dont Clovis ait chargé sa mémoire, indique assez la connexion qui doit
exister entre son voyage à Tournay et ces événements qui appartiennent
à l'année 511.

[1] Esprit des Loix, liv. 30, ch. 21.

les biens donnés par lui aux églises, qui les possédaient encore plusieurs siècles après, sans en avoir jamais oublié l'origine. Enfin lors même qu'on s'obstinerait à révoquer en doute ces traditions si nombreuses et si unanimes, je dirais que leur existence seule montre quelle impression avaient laissée dans l'esprit des peuples la piété du roi des Francs et ses relations filiales avec l'Église. Après toutes les preuves historiques que nous avons rassemblées, il n'en faut pas davantage pour dé_montrer qu'il n'y a rien d'exagéré dans le rôle que nous avons assigné à Clovis comme chef et protecteur du catholicisme dans la Gaule.

 V

Ordre chronologique des diverses rédactions de la loi salique.

J'aurais voulu pouvoir me dispenser de traiter dès à présent ces questions. Je serai forcé d'y revenir dans la seconde partie de mes études et je ne peux leur donner ici tous les développements qu'elles comportent. Cependant, ayant été amené à parler historiquement des diverses rédactions de la loi salique, je me trouve dans la nécessité de justifier ce que j'ai dit sur l'origine de cette loi et ses modifications successives.

On n'avait publié jusqu'à nos jours qu'un petit nombre de textes de la loi salique; encore ces publications étaient-elles pour la plupart incomplètes et peu fidèles. M. Pardessus, dans un ouvrage récent, qui est un immense service rendu à la science, a réuni tous les manuscrits connus de cette loi[1]. Des recher-

---

[1] Loi salique, ou Recueil contenant les anciennes rédactions de cette loi, par M. Pardessus, membre de l'Institut. Paris, imprimerie Royale, 1843, un vol. in-4°.

ches opérées par ses soins dans toutes les bibliothèques de
l'Europe lui en ont fait découvrir 65 auxquels il faut joindre
le texte publié par Hérold et dont l'original n'a pu être retrouvé, ce qui porte à 66 le nombre des textes connus de la
loi salique. Ce nombre ne sera probablement pas dépassé; car
il est difficile de croire qu'aucun document de quelque valeur
ait échappé aux investigations persévérantes du savant académicien. Ne pouvant reproduire intégralement les 66 textes, ce
qui aurait donné lieu à des répétitions inutiles, M. Pardessus
les a partagés en huit classes ou familles, et a choisi comme
type de chacune d'elles un manuscrit qu'il a publié tout entier
en y rattachant les variantes fournies par ceux qui s'en rap-
prochaient le plus. La huitième et dernière famille est de beaucoup la plus nombreuse; elle se compose de tous les manuscrits à texte purement latin au nombre de 50. Les 16 manuscrits dont le texte est mêlé de formules malbergiennes forment
les sept premières familles.

Les différences qui ont déterminé le partage de ces 16 textes
en sept classes sont peu importantes. « Les deux premières fa-
» milles, dit M. Guérard, dont j'emprunte l'analyse, diffèrent
» entre elles non par le nombre et par l'ordre des titres, mais
» par plusieurs paragraphes qui sont particuliers à chacune
» et par une assez grande quantité de variantes; elles ne sont
» représentées chacune que par un manuscrit. La troisième
» qui comprend deux manuscrits, contient plus de paragra-
» phes que les précédentes quoique le nombre et l'ordre des
» titres y soient les mêmes; la loi dans ces trois familles est
» divisée en 65 titres. La quatrième diffère de la troisième par
» la forme seulement; les neuf manuscrits qu'elle rassemble
» divisent la loi en cent titres quoique le texte ne contienne
» rien de plus que les textes précédents [1]. »

[1] Journal des Savants, octobre 1843, page 628.

Les dernières familles s'éloignent davantage du type primitif; les cinquième et sixième sont représentées chacune par un seul manuscrit; le nombre des titres est porté dans l'une à 93, dans l'autre à 83; ces titres supplémentaires n'existent pas dans les premières classes. La septième est formée par le seul texte d'Hérold, divisé en 80 titres dont 67 répondent à ceux des premières familles et les suivants aux titres supplémentaires des cinquième et sixième, à l'exception de deux qui ne se rencontrent pas ailleurs.

On voit par cette analyse que les 13 manuscrits qui composent les quatre premières familles ne diffèrent entre eux que par la forme ou par des variantes peu nombreuses. Quant aux trois textes qui forment les cinquième, sixième et septième familles, ils reproduisent à peu près identiquement les titres contenus dans les premiers manuscrits; seulement ils y ajoutent un certain nombre de titres supplémentaires. Tous ces textes d'ailleurs sont parsemés de formules malbergiennes; tous se ressemblent par l'incorrection du style et par un caractère de barbarie germanique qui les fait reconnaître au premier coup d'œil. Les 50 manuscrits qui composent la huitième famille se distinguent au contraire de ceux des sept premières par des différences très graves et très apparentes; dans tous, le texte est purement latin et d'une latinité assez correcte; il n'y reste aucune trace de gloses malbergiennes; la loi y est divisée en 70 titres dont la rédaction s'éloigne beaucoup de celle des textes malbergiens, soit dans les formes du style, soit dans le fond même des dispositions; enfin les nombreux manuscrits de cette famille ont un tel caractère d'uniformité que M. Pardessus a pu les rattacher à un type commun avec beaucoup moins de variantes qu'on n'en remarque dans les sept premières divisions. De là, il est permis de conclure que les 66 textes de la loi salique recueillis par M. Pardessus, ne forment en réalité que deux grandes classes, dont la première se com-

pose des 16 manuscrits à formules malbergiennes, et la deuxième
des 50 manuscrits à texte purement latin.

Cela posé, si nous cherchons laquelle de ces deux classes est,
dans l'ordre chronologique, antérieure à l'autre, la réponse à
cette question ne semblera pas pouvoir être douteuse; car elle
est écrite en tête des manuscrits eux-mêmes. Sur ceux de la
première classe on lit: *Lex salica antiqua, antiquissima, vetustior;* sur ceux de la deuxième: *lex recentior, emendata, refor-
mata.* « Quels sont, parmi les textes, dit M. Pardessus, ceux
» qu'on doit considérer comme les plus anciens? Evidemment,
» ce ne sont pas ceux qui portent pour titre: *lex salica à Ca-
» rolo magno emendata;* d'abord parce qu'une correction sup-
» pose nécessairement l'existence d'un texte antérieur; en se-
» cond lieu, parce que la date de cette rédaction, qui à la
» vérité varie entre 768 et 798, est connue et nomme Charle-
» magne. Il faut donc, pour ce qui concerne cette recherche,
» mettre de côté tous les manuscrits, toutes les éditions de la
lex emendata [1]. » A ces raisons péremptoires, j'ajouterai encore
quelques considérations. Le petit nombre des manuscrits à formules malbergiennes serait à lui seul une preuve de leur antiquité; car, surtout en fait de lois, les plus nouvelles abro-
geant celles qui les ont précédées, on cesse de copier les anciennes pour s'attacher aux nouvelles rédactions, et les premières deviennent nécessairement les plus rares. C'est d'ailleurs
dans les manuscrits malbergiens qu'on trouve les textes qui ne
présentent aucun vestige du christianisme, et ce n'est certainement pas après Charlemagne, à l'époque la plus religieuse du
moyen-âge que les traces de l'influence chrétienne auraient été
effacées. Enfin, si l'on voulait maintenir l'antériorité des textes
purement latins, comme leur intitulé même et toutes les par-
ticularités de leur rédaction indiquent qu'ils appartiennent au

---

[1] Loi Salique, page 418.

temps de Charlemagne , il faudrait supposer que la loi salique n'aurait jamais été écrite avant cette époque, ce qui est contraire à tous les témoignages historiques.

« On a demandé, dit M. Pardessus, s'il n'aurait pas existé
» une rédaction de la loi salique dans l'ancienne langue des
» Francs, dont nos textes seraient la traduction; je serais porté
» à le croire [1]. »

Cette opinion est précisément celle que j'ai soutenue plus haut. Seulement je pense que la rédaction primitive de la loi en langue francque n'était autre chose qu'un tarif des compositions en usage dans les assemblées du *malberg*. J'ai donné des exemples de la manière dont les scribes gaulois avaient pu traduire et développer les courtes formules de ce tarif qui n'avait jamais été écrit et dont les gloses malbergiennes me paraissent être la reproduction littérale. On conçoit que ce travail a pu être fait de plusieurs manières différentes , et de là les nombreuses variantes des textes malbergiens, dont pas un, comme l'a dit avec raison M. Guérard, ne peut être considéré comme officiel [2], puisqu'ils ne seraient tous que des gloses ou traductions latines du tarif traditionnel des tribunaux francs. Lorsque Charlemagne , en révisant la loi, en eut donné une rédaction nouvelle à laquelle il attacha le caractère d'uniformité et de régularité qu'il s'efforçait d'imprimer à tous les actes de son gouvernement , les formules malbergiennes devinrent inutiles. Ce n'était pas que la connaissance de la langue latine fût plus répandue à cette époque que dans les deux siècles précédents; au contraire, elle l'était peut-être moins ; car l'empire de

---

[1] Loi Salique, page 416.

[2] « En présence de tant de textes, si l'on demandait quel est celui
« qu'on peut considérer comme officiel, il faudrait, je crois, répondre
« qu'il n'y en a pas un seul. » Journal des Savants , octobre 1843,
page 631.

Charlemagne était dans son ensemble plus germanique que le royaume de Clovis. Mais la nouvelle rédaction n'était plus simplement une glose de la jurisprudence du *malberg*; elle s'y était entièment substituée et par conséquent les dernières traces de cette jurisprudence devaient disparaître.

« Les rédacteurs de Charlemagne, dit M. Pardessus, supprimèrent les mots barbares qui formaient double emploi avec leurs équivalents latins, et traduisirent ceux qui étaient restés sans équivalents [1]. » Ainsi furent supprimées les formules malbergiennes, et le texte presque uniforme et purement latin de la *lex emendata* remplaça les textes variables et demi-barbares de la *lex vetustior*.

Le système qui donne à la loi de Charlemagne la priorité sur les textes malbergiens ne peut être regardé que comme un paradoxe. Néanmoins, ce paradoxe a eu beaucoup de partisans et a été soutenu avec talent par un auteur allemand, M. Wiarda, dont les arguments souvent reproduits ne doivent pas rester sans réponse; car on peut y trouver précisément la confirmation de l'opinion contre laquelle ils sont dirigés.

« Selon M. Wiarda, dit M. Guizot, dont j'emprunte l'analyse, deux articles semblent surtout indiquer que le texte mêlé de mots germaniques n'est pas plus ancien que l'autre : 1° Le titre 64, intitulé *de Chrenecrudà*, se trouve également dans les deux textes; mais le texte purement latin le donne comme une disposition en vigueur, tandis que le texte avec les gloses ajoute : dans le temps actuel, ceci ne s'applique plus; 2° Au titre 58, par. 1er, le texte avec les gloses porte : Selon l'antique loi, quiconque aura dépouillé un corps enseveli sera banni; cette loi, qualifiée ici d'antique, se trouve dans le texte purement latin sans aucune observation [2]. »

[1] Loi Salique, page 419.
[2] Histoire de la civilisation en France, t. 1er, p. 265.

Ces deux remarques de l'auteur allemand s'appliquent évidemment au texte publié par Hérold; les numéros des titres qu'il indique sont ceux de ce texte, et ses citations en sont littéralement extraites. En effet, à l'époque où il écrivait, en 1808, on ne connaissait guère d'autres types des textes malbergiens que celui d'Hérold; car les éditions d'Eckard et de Schiller étaient trop inexactes et trop incomplètes, comme l'a reconnu M. Pardessus, pour qu'on pût en faire la base d'une discussion méthodique. Tel était même encore, on peut le dire, l'état de nos connaissances, il y a quelques mois, avant l'apparition de l'ouvrage de M. Pardessus, auquel cette branche de la science doit le progrès le plus réel qu'elle ait fait depuis les grands érudits du XVIIe siècle [1]. Ne connaissant point ce travail capital à l'époque où mon chapitre VIII a été imprimé, j'ai présenté, suivant l'opinion générale, le texte d'Hérold comme le plus ancien de tous et le seul qui nous eût conservé la rédaction primitive de la loi. Cette idée était fausse en la prenant dans ce sens restreint; mais elle était vraie en l'appliquant à la totalité des textes malbergiens.

Sur sept familles de ces textes publiés par M. Pardessus, les trois premières, que le savant académicien regarde avec raison comme les plus anciennes, et même les cinquième et sixième qui semblent plus récentes ne portent point aux titres de la *chrenccruda* et de la spoliation des tombeaux les mentions dont M. Wiarda s'est prévalu dans l'intérêt de son système. La quatrième porte simplement, en tête du titre de la *chrenecruda*, cette addition : *quod paganorum tempus observa-*

---

[1] M. Feuerbach avait publié en Allemagne, dès 1831, un nouveau texte malbergien, celui de Munich, 6e famille de M. Pardessus ; mais cette publication, peu connue en France, s'appliquait à un texte très incorrect et dont la rédaction, selon toute apparence, est postérieure à celle du texte d'Hérold.

bant. Le septième texte, celui d'Hérold, mentionne seul dans le corps de la loi l'abolition de ce titre, et ce texte est également le seul qui porte au titre *de corporibus expoliatis* la glose *antiquâ lege.* Ainsi l'argumentation de M. Wiarda ne s'applique qu'à un seul des textes malbergiens et est repoussée par tous les autres. Il n'en faut pas davantage pour lui ôter, en thèse générale, toute sa valeur; il ne reste qu'à examiner celle qu'elle peut conserver relativement au texte unique auquel elle est applicable.

La solution de cette question se trouve dans les faits historiques que j'ai exposés au chapitre VIII. Nous y avons vu que l'usage de la *chrenecruda* avait été aboli en 593, en vertu du pacte conclu entre les rois Childebert et Clotaire pour le rétablissement de la paix publique. Cette coutume germanique rendait tous les parents d'un condamné responsables du paiement de la composition. Les deux rois ayant, par suite du pacte dont nous venons de parler, interdit les *farfalia,* c'est-à-dire les réunions des parents armés qui accompagnaient l'accusé au *malberg* pour l'aider à soutenir sa cause, on dut les décharger de la responsabilité des condamnations puisqu'on ne leur permettait plus d'intervenir dans la défense [1]. C'était d'ailleurs une conséquence du système politique des princes mérovingiens qui cherchaient à détruire, dans l'intérêt de l'ordre social le droit naturel de paix et de guerre entre les familles, base des coutumes germaniques. Mais, par les raisons que nous avons indiquées plus haut [2], ces réformes ne purent

---

[1] Il ne faut pas confondre les *farfalia* ou l'intervention armée des parents et des amis de l'accusé, avec le système des co-jureurs dont le nombre était fixé par la loi, et qui garantissaient sous serment son innocence. Ce dernier mode de procéder n'a jamais été aboli, et l'on en trouve des traces à toutes les époques du moyen-âge.

[2] Pages 581 et 582.

prendre racine chez les Francs, et l'usage de la *chrenecruda*
fut officiellement rétabli dans la rédaction de Charlemagne. Il
résulte de là que le texte qui mentionne l'abolition de cet
usage est antérieur à l'époque carlovingienne, mais postérieur
aux décrets de Childebert et de Clotaire, c'est-à-dire qu'il a
été rédigé entre le commencement du VII⁸ siècle et la fin
du VIII⁸.

Les mêmes considérations s'appliquent à la glose *antiquâ
lege* insérée au titre 58, *de corporibus expoliatis.* Pour comprendre ce titre, il faut se reporter aux principes fondamentaux du droit pénal chez les peuples de la Germanie. D'après
ces principes, le crime ne donnait pas lieu à un châtiment légal infligé par les pouvoirs sociaux. Un crime commis était regardé comme une déclaration de guerre entre deux familles.
Pour prévenir les effets de cette guerre, le pouvoir social représenté par l'assemblée du *malberg* fixait le montant de l'indemnité par laquelle le coupable devait acheter la paix de l'offensé ou de ses parents. Cette indemnité s'appelait *composition;*
lorsqu'elle avait été payée, tout était fini; le traité de paix
que la société entière prenait sous sa garantie ne pouvait plus
être rompu, et si l'offensé refusait de s'y soumettre, il risquait d'être condamné à indemniser à son tour le coupable
racheté contre lequel il aurait voulu poursuivre sa vengeance.
Si au contraire le coupable ne pouvait ou ne voulait point
payer la composition, et si aucun de ses parents ne la payait
pour lui, il était déclaré *wargus* ou proscrit. Nous avons déjà
parlé des effets de cette espèce de mise hors la loi qui rappelle
l'interdiction du feu et de l'eau chez les Romains. Exclu de la
société des hommes, le proscrit était livré aux vengeances de
ses ennemis; il était loisible à chacun de le tuer comme un
animal immonde; sa femme même et son enfant ne pouvaient
l'accueillir sous un toît ou lui donner un morceau de pain

sans encourir une peine sévère [1]. Cette existence du *wargus*
ne peut être comparée, dans les temps modernes, qu'à celle
des bandits ou contumaces de la Corse, ou à celle des proscrits de 1793, errant dans les bois de la Vendée.

Les inconvénients qui devaient résulter d'un pareil état de
choses se faisaient peu sentir dans l'ancienne Germanie. Les
Wargi se réfugiaient dans les immenses forêts qui couvraient
le pays au-delà du Rhin; ils quittaient leur tribu pour passer
dans une autre, se vouaient au service des chefs de guerre ou
allaient chercher des aventures dans les contrées les plus loin-
taines. D'ailleurs aucune infamie ne s'attachait à leur position
de proscrit; ils se faisaient même honneur de leur nom de *warg*
ou *varaigue*, et souvent ils l'anoblissaient par des exploits et
des conquêtes. Mais lorsque les peuples germaniques se fixèrent dans l'intérieur de l'Empire et continuèrent à y vivre suivant leurs coutumes nationales, l'existence vagabonde des
wargi, dans les provinces riches et populeuses des la Gaule,
ne tarda pas à produire des désordres intolérables. Ces proscrits, réunis en bandes nombreuses, infestaient les routes,
pillaient les habitations, dépouillaient les voyageurs ou les
enlevaient pour les vendre comme esclaves et portaient partout le trouble et la terreur. Sidonius, dans une lettre adressée au célèbre évêque de Troye, saint Loup; a dépeint les
excès commis par les *wargi* bourguignons dans la première
Lyonnaise [2].

---

[1] *Quicumque et aut panem aut hospitale, sive uxor sua, sive proxima
dederit, solid.* xv *culpabilis judicetur.* (Lex Sal., *éd. Herold, t.* 58.)

[2] La lettre de Sidonius avait pour objet de réclamer l'appui de saint
Loup, pour obtenir la liberté d'une femme que les *wargi* bourguignons
avaient enlevée et vendue comme esclave, aux foires déjà célèbres de la
ville de Troye; cette femme avait été enlevée sur un grand chemin et
une partie des voyageurs qui l'accompagnaient avaient été massacrés:

Ce furent ces désordres qui portèrent les sujets gaulois de Gondebaud à réclamer de ce prince la promulgation d'un code applicable aux Bourguignons pour substituer les peines afflictives au système des compositions germaniques, et forcer ainsi les hommes de race barbare à entrer dans les conditions de la vie civilisée [1]. Les mêmes causes produisirent les mêmes maux dans les provinces soumises aux Francs, et déterminèrent à la fin du VI⁰ siècle les rois Childebert et Clotaire à se concerter pour rétablir la sécurité publique en faisant cesser, par l'application de la peine de mort, l'état de guerre que les coutumes germaniques entretenaient au sein de la société. C'étaient des *wargi*, c'est-à-dire des proscrits ou des contumaces, ces brigands, ces *latrones* dont il est tant question dans les décrets des deux rois, contre lesquels tout habitant était tenu de prêter main-forte, et que les communes ou *centaines* devaient poursuivre à outrance sous peine d'être responsables des crimes commis par eux [2]. Lorsqu'un bandit, *latro*, était pris, on l'exécutait sur-le-champ, sans jugement, *in loco pendatur*. En effet, ces proscrits, ces *wargi* n'avaient-ils pas été déjà jugés, et ceux qui s'associaient à eux ne méritaient-ils pas de partager leur châtiment? Cependant si le *wargus* était un homme d'une classe élevée, un Franc investi des droits civils et politiques des hommes libres de sa nation, *Francus*, on devait le conduire devant le roi qui se réservait de prononcer sur son sort [3]. Ces décrets, uniquement dirigés contre la barbarie des

---

feminam quam fortè wargorum, hoc enim nomine indigenas latrunculos nuncupant, superventus abstraxerat. (Sidon. epist. 4. l. 6.)

[1] Voir ci-dessus, pages 481 et suivantes.

[2] *Decret. Childeberti*, art. 9 et 21.

[3] *Similiter et ità bannivimus ut unusquisque judex criminosum latronem ut audierit, ad casum suam ambulet et ipsum ligare faciat, ità ut si Francus fuerit ad nostram præsentiam dirigatur, et si debilior persona fuerit, in loco pendatur.* (Decret. Childeb., *art.* 8.) Les publicistes

coutumes germaniques, ne parlent point des Romains; la pénalité sévère des lois impériales offrait contre eux des moyens
de répression assez efficaces.

Revenons maintenant au titre 58 de la loi salique. La règle
générale qui accordait à tous les criminels la faculté d'acheter
la paix par une indemnité pécuniaire, n'était pas sans exception; il y avait des forfaits tellement odieux que ceux qui s'en
rendaient coupables n'étaient point admis à composition; on
les mettait sur-le-champ hors la loi, et on les déclarait *wargi*
ou proscrits. La spoliation sacrilège des tombeaux était un de
ces crimes exceptionnels que rien ne pouvait racheter. Le titre
58 prononce donc que celui qui aura dépouillé un cadavre
enseveli sera proscrit, *wargus sit*. Mais le texte d'Hérold, rédigé après les décrets de Clotaire et de Childebert, ajoute :
antiquâ lege, d'après l'ancienne loi; car, d'après la loi nouvelle, la punition du *wargus* n'était plus abandonnée aux chances des vengeances personnelles; s'il était pris, on le pendait
sur place, *in loco pendatur*.

Je ne crois pas que Charlemagne ait rétabli le système des
wargi incompatible avec l'ordre public dans une société civilisée. Mais venant après un temps d'anarchie dans lequel les
décrets des rois mérovingiens avaient cessé d'être observés, il

ont beaucoup disputé sur cet article; la plupart ont pensé que le mot
Francus s'appliquait à tous les hommes de race franque, les mots *debilior persona* aux Romains. Ils n'ont pas fait attention qu'il aurait été
matériellement impossible de conduire devant le roi tout homme de
race franque coupable d'un crime; il est évident qu'il s'agit ici des hommes d'un rang élevé, comme l'a reconnu M. Pardessus. Les mots *debilior persona* sont empruntés au droit romain; on les trouve souvent
employés dans le Code Théodosien pour désigner les personnes d'un
rang inférieur, et ce sens est le seul qu'on puisse leur donner ici; car
il ne pouvait être question des Romains dans ce décret, uniquement
destiné à réformer les coutumes barbares.

reproduisit dans sa nouvelle rédaction les anciennes dispositions de la loi, sauf à les modifier dans la pratique par ses capitulaires, comme il le fit dans la suite à mesure qu'il en reconnut la nécessité. Les auteurs de cette rédaction en effacèrent
les formules malbergiennes et les gloses qui rappelaient les
changements successifs de la législation telles que celles des
titres 61 et 58 du texte d'Hérold, parce que la loi nouvelle
était un texte officiel qui ne devait se référer à aucun autre,
et qui remplaçait toutes les rédactions anciennes. Ainsi la présence de ces gloses dans le texte d'Hérold, loin d'appuyer
l'opinion de M. Wiarda, concourt à justifier la nôtre et à prouver la priorité de ce texte sur ceux de la *lex emendata* ou de la
rédaction de Charlemagne.

Les préfaces ou prologues qu'on trouve dans presque tous
les manuscrits en tête de la loi salique nous aideront à fixer
d'une manière plus précise l'ordre chronologique que nous
avons commencé à établir. L'esprit de scepticisme a cherché
à détruire l'autorité de ces documents. On a remarqué qu'un
grand nombre de manuscrits n'ont point de préface; que,
dans ceux qui en ont, elles sont fort différentes les unes des
autres, qu'elles paraissent composées de parties incohérentes
et contradictoires. La plupart de ces objections pourraient
s'appliquer au texte même de la loi; on sait combien, dans
les manuscrits de la loi salique, il y a de parties incomplètes,
combien ils diffèrent entre eux par l'ordonnance, le style et le
fond même de la rédaction. Ce défaut d'uniformité est la conséquence inévitable de la reproduction des documents par le
travail des copistes; si le code civil, au lieu d'être multiplié
par l'imprimerie, avait été répandu par des copies faites à la
main, il présenterait déjà presqu'autant de variantes que les
lois des Francs. On conçoit d'ailleurs que dans les préfaces
qui ne faisaient point partie intégrante de la loi, la négligence

ou le caprice des copistes se soit donné encore plus de licence.

Laissons donc ces critiques de détail qui ne prouvent rien et abordons le fond de la question. Ce serait une erreur de croire qu'il n'y ait eu qu'une préface de la loi salique. A chaque révision de cette loi on y ajoutait un nouveau prologue pour faire connaître l'objet de la réforme opérée et l'autorité dont elle émanait. Ainsi il y a eu plusieurs préfaces ou plutôt des additions successives au prologue primitif qui est celui que nous avons traduit plus haut. Les manuscrits, suivant l'époque à laquelle ils ont été rédigés, portent une préface ou une autre, et quelquefois même n'en portent pas du tout; car ces documents n'étaient point indispensablement liés au texte légal. N'a-t-on pas fait de nos jours des éditions de la charte de 1814 sans le préambule? Parmi les manuscrits malbergiens, le texte d'Hérold est celui qui donne les préfaces de la manière la plus complète. C'est le long préambule de ce texte que nous allons traduire en essayant de distinguer les parties qui se rapportent aux différentes révisions de la loi.

Nous avons déjà donné, page 569, la traduction de la première partie, c'est-à-dire du *bardit* ou chant national qui accompagna la promulgation orale du pacte salique ou tarif malbergien, base de la rédaction latine; nous avons indiqué dans ce précieux document les interpolations qui nous ont paru devoir être attribuées à Clovis, et nous nous sommes arrêtés aux mots *at ubi dco favente*, qui nous ont semblé commencer un nouveau prologue. On voudra bien se reporter à ce morceau qu'il est inutile de reproduire ici; nous continuons de suivre le préambule d'Hérold en y marquant les divisions chronologiques qui paraissent indiquées par le texte lui-même [1].

---

[1] Je crois inutile d'insérer en note le texte latin qui se trouve partout.

DEUXIÈME PARTIE.

« Mais, lorsque avec la faveur de Dieu, Clovis, roi des
» Francs, roi chevelu, beau et illustre, eut reçu le baptême
» catholique, tout ce qui dans le *pacte* n'était pas convenable,
» fut éclairci et corrigé par les rois illustres Clovis, Childebert
» et Clotaire, et l'on promulgua en conséquence le décret
» suivant. »

» Vive le Christ, qui aime les Francs! Qu'il garde leur
» royaume, qu'il remplisse leurs chefs des lumières de sa
» grâce, qu'il protége l'armée, qu'il affermisse la foi, que par
» la piété de nos souverains, le Seigneur Jésus-Christ nous ac-
» corde les joies de la paix et des siècles de bonheur. Car,
» c'est cette nation qui, faible en nombre, mais forte par son
» courage, a secoué en combattant le dur joug des Romains [1],
» et, après avoir reçu le baptême, a somptueusement orné
» d'or et de pierreries les corps des saints martyrs que les
» Romains avaient brûlés par le feu, mutilés par le fer ou fait
» déchirer par les bêtes féroces. »

Cette partie de la préface se rapporte évidemment à la révision du pacte salique par Clovis et ses premiers successeurs.
Nous avons les décrets de Childebert et de Clotaire I, dont il
est ici question. Le premier, attribué à l'année 554, abolit les
restes du paganisme, ordonne la destruction des idoles, et interdit tous les actes sacriléges. Le second, que l'on croit être
de l'année 560, réprime les prévarications des juges, donne
des garanties aux populations romaines et corrige divers abus
inhérents aux mœurs barbares. C'était ainsi que s'opéraient les

---

[1] Cette phrase est remarquable; elle suffirait pour prouver que les
Francs, avant de devenir maîtres de la Gaule, avaient été sujets de
l'Empire.

révisions de la loi salique, non en changeant le texte lui-même, mais en modifiant ses dispositions par des décrets qui étaient considérés comme des additions à la loi. Seulement ces modifications étaient quelquefois indiquées par des paragraphes interpolés dans le texte; nous en avons cité des exemples.

On remarquera, à partir des mots *Vive le Christ*, le chant national substitué par les fils de Clovis au *bardit* primitif des Francs. Il est facile d'y reconnaître le caractère de l'époque. L'esprit religieux qui devait dominer tout le moyen-âge y remplace déjà le sauvage orgueil des Germains, et pourtant cet orgueil perce encore dans la comparaison des honneurs rendus aux martyrs par les Francs convertis, avec les persécutions que les Romains avaient fait subir aux premiers confesseurs de la foi. A la suite de ce second prologue on trouve dans le texte d'Hérold une longue et savante dissertation sur les *inventeurs des loix*, copiée textuellement dans le livre des origines d'Isidore de Séville, qui écrivait au commencement du VII° siècle. Cette pièce d'érudition qui n'a aucun rapport avec ce qui précède ni avec ce qui suit est une interpolation faite par les jurisconsultes gallo-romains qui furent chargés, comme nous le verrons tout-à-l'heure, de la dernière révision de la loi. Laissons de côté ce hors-d'œuvre qui ne nous apprendrait rien, et suivons notre analyse.

TROISIÈME PARTIE.

« Théodoric, roi des Francs, étant à Châlons, choisit des
» hommes sages parmi ceux qui dans son royaume étaient les
» mieux instruits des anciennes lois, et leur ordonna d'écrire
» sous sa dictée les lois des Francs, des Allemands, des Bava-
» rois et de tous les peuples soumis à sa puissance, suivant les
» coutumes de chacun. Il ajouta ce qu'il y avait à ajouter, re-
» trancha ce qui était désordonné ou incorrect et changea se-

» lon la loi des chrétiens ce qui était selon les usages des
» païens.

» Et ce que le roi Théodoric, à cause de l'ancienneté des
» coutumes païennes, n'avait pu amender, le roi Childebert
» entreprit de le corriger, et le roi Clotaire l'acheva.

» Ensuite le roi très glorieux, Dagobert, fit faire une nou-
» velle rédaction de tous ces travaux par les hommes illustres,
» Claudius, Chadoin, Domagnus et Agilulf. Il améliora tou-
» tes les anciennes lois et fit remettre à chaque nation sa
» loi écrite. Or, les lois sont faites pour que la malice hu-
» maine soit réprimée par la crainte qu'elles inspirent, que
» l'innocence soit en sûreté au milieu des méchants, que les
» criminels redoutent les supplices, et que la faculté de nuire
» leur soit ôtée.

» Ceci fut décrété par le roi, les princes et tout le peuple
» chrétien qui habite dans le royaume des Mérovingiens. »

· Cette dernière partie du prologue semble avoir été composée pour le royaume d'Austrasie ou France orientale; car il
n'y est fait mention que des rois qui ont régné sur cette partie
de l'empire franc[1]. Le 1er paragraphe indique une révision de
la loi des Francs faite par Théodoric, fils de Clovis et premier
roi d'Austrasie, à peu près à l'époque où les décrets de Childebert et de Clotaire 1er opéraient une réforme semblable
dans la Neustrie. Ce paragraphe est mis ordinairement dans
les manuscrits en tête des lois des Allemands et des Bavarois,
dont Théodoric fut le premier rédacteur. Le reste de la préface a été évidemment rédigé sous le règne de Dagobert, vers
630. Le texte d'Hérold s'arrête là et nous donne ainsi sa date

---

[1] Théodoric Ier, roi d'Austrasie, de 511 à 534; Childebert, roi
d'Austrasie, de 593 à 596; Clotaire seul, maître de tout l'empire des
Francs, de 613 à 628; Dagobert, roi d'Austrasie du vivant de son père
Clotaire, et ensuite maître de tout l'empire des Francs, de 628 à 638.

précise. Le préambule entier tel qu'il se trouve dans ce texte
est une compilation qui paraît être l'œuvre des quatre commissaires que Dagobert chargea de réviser la loi salique et celle
de tous les peuples soumis à sa domination. Ainsi le manuscrit de l'abbaye de Fulde, copié par Hérold, contenait probablement le texte de cette dernière révision et avait été écrit
dans le royaume d'Austrasie suivant la remarque que nous en
avons faite ci-dessus. Il est à regretter que ce manuscrit n'ait
pu être retrouvé. On sait que l'abbaye de Fulde fut saccagée
par les protestants dans la guerre de trente ans, et que les précieux trésors bibliographiques qu'elle possédait furent alors
dispersés. L'original du texte d'Hérold pourrait encore exister
en Suède, où d'autres manuscrits de la loi salique, enlevés dans
les abbayes d'Allemagne par les soldats de Gustave, ont été
recueillis par la reine Christine qui les a légués à la bibliothèque du Vatican [1]. Quoiqu'il en soit, l'absence du manuscrit
original ne semble pas être une raison de contester l'authenticité de cette édition qui, même après le travail de M. Pardessus, offre encore le plus complet et le plus correct des
textes malbergiens.

On a supposé qu'Hérold, au lieu de copier un texte unique,
avait fait une compilation arbitraire de plusieurs manuscrits.
Cette supposition n'est nullement vraisemblable. D'abord l'édition d'Hérold contient des articles qui ne se trouvent dans
aucun des manuscrits connus; en second lieu elle est la plus
riche de toutes en formules malbergiennes, et si elle avait été
composée arbitrairement de passages pris à différentes sources,
au lieu d'y multiplier ces formules, l'auteur en aurait plutôt réduit le nombre; car elles étaient loin alors d'attirer l'attention,
et aujourd'hui même leur importance n'est pas bien comprise.

[1] Ces manuscrits, au nombre de sept, sont décrits dans l'ouvrage de
M. Pardessus, préface, pages 48 à 61.

Il a été objecté aussi que l'édition d'Hérold contient, avec la loi salique et celles des Ripuaires, des Bavarois et des Allemands, les lois des Frisons et des Saxons, qui ne furent rédigées que du temps de Charlemagne et des capitulaires des rois de la 2ᵐᵉ race. Cette objection est facile à résoudre. Les divers textes de la loi salique se rencontrent en général dans des manuscrits qu'on appelait livres légaux, *libri legales*, et qui contenaient toutes les lois en vigueur dans la monarchie des Francs, à peu près comme de nos jours les livres où sont réunis nos cinq codes. Ces livres légaux ou recueils de lois sont plus ou moins complets; souvent on y trouve, avec les codes des peuples barbares, y compris ceux des Bourguignons et des Wisigoths, l'extrait du code Théodosien connu sous le nom de bréviaire d'Anian et les capitulaires de Charlemagne. Quelquefois même, dans les livres légaux écrits à l'époque carlovingienne, on rencontre des textes malbergiens de la loi salique dont la rédaction, comme nous croyons l'avoir prouvé, appartient au règne des Mérovingiens [1]. C'est une preuve entre bien d'autres qu'après la mort de Charlemagne, l'uniformité qu'il avait tenté d'établir dans le gouvernement et la législation de son vaste empire ne put subsister. Les Francs, surtout dans les contrées germaniques, restèrent attachés à la loi mérovingienne, à la vieille loi, *antiqua lex*, comme ils l'appelaient, et continuèrent de s'en servir, quoique Charlemagne y eût substitué la rédaction officielle de la *lex emendata*. L'âge des manuscrits ne prouve donc rien pour la date historique des textes qu'ils reproduisent, et c'est dans ces textes mêmes

---

[1] « Dans plusieurs manuscrits *malbergiens*, dit M. Pardessus, notamment dans celui de Montpellier, on trouve des capitulaires de 8o3 et des années suivantes. On peut croire, ajoute le savant académicien, qu'on en faisait usage dans quelques parties du royaume, même après la révision de Charlemagne. » (Loi Salique, page 115.)

qu'il faut chercher la preuve de leur ancienneté relative.
D'après ces principes, s'il s'agissait d'assigner un ordre chronologique aux diverses familles des textes malbergiens recueillis par M. Pardessus, je croirais que la 1re famille représente,
suivant l'opinion du savant académicien, la rédaction primitive ou traduction latine faite par ordre de Clovis; que les va-
riantes qu'on remarque dans les 2me, 3me et 4me familles ré-
sultent des réformes opérées soit par les premiers successeurs
de Clovis, Childebert Ier, Clotaire Ier et Théodoric, soit par
Childebert II et Clotaire II, dans les dernières années du
VIme siècle; enfin, que la 7me famille (texte d'Hérold) représente la révision de Dagobert. Quant aux manuscrits de Munich
et de Wolfenbutel, qui composent les 5me et 6me familles, je
crois qu'ils appartiennent à l'époque anarchique qui commença
dans la dernière moitié du VIIe siècle et finit à l'avénement des
Pepin. Ces manuscrits portent des indications chronologiques
qui se réfèrent à cette époque[1], et les nombreuses variantes des
textes, le désordre de la rédaction, la barbarie du style con-
viennent bien à ces temps de désorganisation sociale.

Lorsque Charlemagne voulut tirer la législation de ce cahos,
il jugea inutile de reproduire, en tête de sa rédaction nouvelle,
la compilation faite par les commissaires de Dagobert de toutes
les préfaces composées pour chaque révision de la loi. Il se
borna à faire rédiger nn court préambule qui rappelait la première origine de la législation des Francs. Ce préambule, qu'on
trouve en tête de presque tous les manuscrits de la *lex emendata*, est ainsi conçu :

« Il fut arrêté et convenu entre les Francs et leurs chefs
» que pour maintenir la paix entre eux, on devait faire dis-

---

[1] Le manuscrit de Wolfenbutel contient une petite chronologie des
rois francs, qui s'arrête à Childéric, dernier roi de la dynastie mérovingienne.

» paraître tout ce qui entretenait les vieilles animosités. Déjà
» supérieurs aux nations voisines par leur force et leur cou-
» rage, ils voulurent les surpasser aussi par les lois et fixer un
» terme aux actions criminelles suivant la nature de chaque
» cause. En conséquence ils choisirent parmi eux, dans un
» grand nombre, quatre hommes nommés Wisogast, Bodo-
» gast, Salogast et Widogast, dans les villes de Saleheim, Bo-
» doheim et Windeheim,. situées au-delà du Rhin ; lesquels s'é-
» tant assemblés dans trois malls consécutifs, et ayant discuté
» avec soin toutes les causes d'actions judiciaires, décidèrent
» que chaque cas serait jugé de la manière suivante.

« L'an de Notre Seigneur 598, Indict VI, le seigneur Char-
» les, illustre roi des Francs, a ordonné d'écrire ce livre du
» traité la loi salique[1]. »

Dans ce préambule bien raisonné et d'une latinité assez pure,
on reconnaît l'influence d'un prince éclairé et le travail lucide
et consciencieux des jurisconsultes qui écrivaient par ses ordres. Les faits relatifs à la rédaction primitive de la loi salique
y sont présentés avec assez d'exactitude. Mais l'élan national
des premiers prologues a disparu ; la poésie des vieilles traditions germaniques s'est effacée avec les souvenirs qui s'y rattachaient, et l'on sent que la monarchie franque est déjà bien
loin de son point de départ. Le prologue de Charlemagne ne
nous apprend rien de nouveau ; c'est dans ceux des textes mérovingiens qu'il faut aller chercher l'histoire de la législation
des Francs et l'origine de notre droit public.

---

[1] *Libellum tractatus legis Salicæ.* Dans la rédaction de Charlemagne,
la loi Salique cesse d'être appelée *pacte.* C'est qu'en effet le texte latin
cessa alors d'être une simple glose du *pacte* primitif et traditionnel des
Saliens ; il devint à son tour texte officiel et légal ; la rédaction carlovingienne est probablement la seule qui ait eu ce caractère.

En résumé il me semble démontré que tous les textes de la loi salique connus jusqu'à ce jour et rassemblés dans l'important ouvrage de M. Pardessus se partagent naturellement en deux grandes classes : 1° les textes mérovingiens à formules malbergiennes composant au nombre de seize les sept premières familles ou divisions établies par le savant académicien ; 2° les textes carlovingiens purement latins ou de la *lex emendata*, formant au nombre de cinquante la huitième famille. La priorité des textes de la première classe sur ceux de la deuxième est si évidente, qu'il paraît difficile qu'elle puisse être long-temps encore un sujet de discussion entre les érudits. Là se borne quant à présent ce que j'avais besoin de prouver pour justifier les conséquences historiques que j'ai tirées de la comparaison de ces textes.

VI

Du lieu où la loi Salique fut promulguée pour la première fois.

Nous avons exposé les raisons historiques qui nous portent à penser que la loi salique prit naissance dans la Belgique, qu'elle fut le résultat d'un pacte conclu entre les délégués des tribus germaniques colonisées dans cette partie de la Gaule, et que le but de ce pacte était de rétablir la paix publique en faisant cesser les désordres produits par la diversité des coutumes particulières à chaque tribu. A ces raisons développées plus haut, nous joindrons une dernière considération. Si l'on admet, comme nous croyons l'avoir prouvé, que le nom de Saliens ne fut jamais appliqué aux tribus indépendantes de la rive droite du Rhin, qu'il prit son origine dans la Gaule et n'appartint qu'aux Germains colonisés d'abord sur l'Issel et ensuite sur le Wahal, on sera forcé de reconnaître que la loi des Saliens, la loi salique ne put naître dans la Germanie, et qu'elle dut être promulguée pour la première fois dans le territoire des colonies franques établies entre le Wahal et l'Escaut.

Les noms de lieux indiqués dans la partie du prologue que nous considérons comme primitive sont d'un faible secours pour la solution de cette question. Les savants allemands ont fait de grands efforts pour retrouver ces lieux dans l'ancienne Germanie et ont émis à ce sujet beaucoup d'hypothèses contradictoires. En général les noms tudesques, tant de lieux que de personnes, sont peu variés, et les mêmes radicaux s'y représentent fréquemment. Il n'est donc pas difficile de découvrir, dans diverses parties de l'Allemagne moderne, des dénominations géographiques qui offrent quelque analogie avec les noms cités dans le prologue de la loi salique; mais il est tout aussi aisé de les retrouver sur la rive gauche que sur la rive droite du Rhin. Wendelin, chanoine de Tournay, dans un mémoire intitulé : *de natali solo legis salicœ*, a indiqué, dans la Belgique, les lieux nommés Zehlen, Wintershoven et Bogenhoven qui présentent au moins autant de ressemblance avec le Salogheve, le Windoheve et le Bodogheve de la loi salique qu'aucun des endroits signalés par d'autres savants en Franconie, en Thuringe ou dans les environs de Maïence.

Conringius et Gundlingius ont placé les lieux cités dans le prologue de la loi salique, l'un entre Maïence et Oppenheim, l'autre près de Worms. Eckard et Leibnitz s'accordent à placer le Salogheve et le Bodogheve sur les bords de la Sale, en Westphalie, et de la Bode, en Thuringe; quant au Windogheve ou Wisogheve, Leibnitz le place sur les bords du Weser, Eckard sur ceux de l'Unstrut. Freher marque cette position près de Weinheim, Heinneccius près de Winsheim ou de Weisenbourg.

Heinneccius place en outre le Bodogheve près de Francfort sur le Mein dans un canton qui au moyen-âge portait le nom de Badenegewe. Tous ces auteurs se réfutent réciproquement par d'excellentes raisons; mais ils ne peuvent étayer les opinions qu'ils soutiennent que sur des conjectures plus ou moins vraisemblables.

A la vérité la préface qui précède la rédaction de Charlemagne dit expressément que les lieux mentionnés dans le prologue primitif étaient situés au-delà du Rhin. Mais nous avons déjà fait observer qu'on ne peut attribuer à cette préface aucune autorité sous le rapport historique ; car elle a été écrite près de 400 ans après l'époque probable à laquelle le pacte salique fut conclu pour la première fois. Le temps où Charlemagne fit réviser la loi des Saliens, était celui où l'on composait des chroniques qui faisaient venir les Francs de la Pannonie et donnaient Priam pour chef à la famille de leurs rois. Ce n'est point là qu'il faut aller chercher la vérité sur les origines de notre histoire.

Il y a une remarque curieuse à faire sur la préface de Charlemagne. C'est que les rédacteurs, en copiant presque textuellement le prologue primitif, ont mis avant la désignation des noms de lieux les mots *in villis* à la place d'*in locis* [1]. L'erreur est évidente; car il n'y avait point de villes dans la première patrie des Francs, soit sur la rive droite du Rhin, soit sur la rive gauche. C'était un des traits les plus caractéristiques des mœurs des Germains que l'usage de ne point rassembler leurs habitations dans une enceinte commune. Les noms de lieux cités dans le prologue ne désignent pas trois villes, mais trois cantons, trois circonscriptions territoriales entre lesquelles

---

[1] *In locis quibus nomen Salagheve, Bodogheve, et Windogheve.* (Lex vetustior, edit. Hérold.) *In villis quæ ultrà Rhenum sunt, Salsheim, Bodoheim et Windeheim.* (Lex emendata, edit. Lidenbrog.)

était divisée toute l'étendue du pays habité par les Saliens. C'est ce qu'exprimait en langue tudesque le mot *gau* ou *gheve;* ce mot répondait au *pagus* des Gaulois. Aussi les rédacteurs de Charlemagne ont substitué à la terminaison flamande *gheve*, qui se trouve dans le texte mérovingien d'Hérold, la terminaison *heim*, qui a un sens beaucoup plus restreint et qui appartient à l'idiome de la Germanie centrale ou à ce qu'on appelait le haut allemand. Cette substitution était la conséquence de l'opinion émise par eux, que les noms de lieux s'appliquaient à des villes et que ces villes étaient situées sur la rive droite du Rhin.

Les recherches géographiques qu'on pourrait faire aujourd'hui pour découvrir l'emplacement des lieux cités dans la loi salique seraient, je crois, tout-à-fait inutiles. Il me semble démontré par les raisons développées ci-dessus que cette loi prit naissance dans la Belgique. Mais rappelons-nous que la partie septentrionale du territoire des Nerviens et des Ménapiens, occupée par les tribus saliennes, n'avait été ni défrichée, ni colonisée par les Romains ; il n'y avait dans cette contrée point de villes et presque point de culture. « Le terri- » toire des Ménapiens, dit M. Walkenaër, fut presque un désert » pendant toute la durée de l'Empire[1]. » Dans les dernières années du IVe siècle, saint Victrice, évêque de Rouen, alla prêcher l'Évangile chez les Nerviens. Ce pays, dit l'auteur de sa Vie, n'était alors qu'un désert habité par des brigands, mot par lequel il a voulu sans doute désigner les Francs qui, suivant leur coutume, vivaient dispersés dans des villages isolés au milieu des bois. Ce ne fut guère que sous la dynastie carlovingienne que ces contrées commencèrent enfin à être peuplées et civilisées. Les villes les plus anciennes de la Belgique en gé-

---

[1] Walkenaër, Géographie des Gaules, tome Ier, page 467.

néral ne remontent pas plus haut. Dans les temps postérieurs, les travaux exécutés pour assainir un sol marécageux ont tout changé jusqu'à la nature physique et à l'aspect géographique du pays. Des marais inhabitables sont devenus des plaines fertiles; les fleuves et les rivières ont pris un autre cours; ici les eaux ont envahi le sol; ailleurs des terres nouvelles sont sorties du sein de la mer. Comment donc se flatter de reconnaître les anciens noms de lieux là où tous les noms sont nouveaux, là où les lieux anciens eux-mêmes n'existent plus? Les savants ne peuvent déterminer avec précision l'emplacement du petit nombre de stations que les Romains avaient sur la Sambre et l'Escaut. Sera-t-il plus facile de retrouver les villages de bois des Saliens?

On peut cependant proposer encore une hypothèse qui concilierait toutes les opinions. Nous avons vu que la nation salienne s'était formée des débris de plusieurs tribus germaniques expulsées de leur première patrie par les invasions des Thuringiens et des Saxons. Or, les contrées arrosées par le Weser, la Bode et la Sale furent précisément le théâtre de ces envahissements. Au V° siècle, les peuples saxons occupaient les deux rives du Weser qui, dans les temps antérieurs leur avait servi de limite, et les Thuringiens avaient entièrement chassé les Francs ou Germains du Hartz, où la tribu germanique des Cattes s'étendait du temps de Tacite.

Il est donc possible que les Germains émigrés, ne pouvant dans leur dispersion reprendre leurs anciens noms de peuples, se soient désignés entre eux par les noms des contrées dont ils étaient sortis, et qu'ainsi il y ait eu dans les colonies franques de la Belgique trois sections formées par les émigrés de la Sale, les émigrés de la Bode et les émigrés du Weser. Si l'on adopte cette supposition, que je suis loin de présenter comme un fait avéré, nous pourrions placer dans la Belgique l'origine de la loi salique, sans être obligé de repousser l'opinion d'Eckard

et de Leibnitz, qui ont cru reconnaître les noms de ces trois
fleuves ou rivières dans le prologue de la loi.

Il ne nous reste plus qu'une dernière observation à faire.
Tous les manuscrits de la loi salique nomment quatre délégués; mais la plupart n'indiquent que trois noms de lieux, et
dans ceux qui en indiquent quatre il y en a deux *Windogheve*
et *Wisogheve*, qui sont si semblables qu'on peut aisément les
confondre. A l'avénement de Clovis, nous trouvons la nation
salienne partagée en trois grandes fractions. Cette division exi-
stait-elle déjà au commencement du V° siècle, époque probable de la première rédaction du pacte salique? L'accord de
presque tous les manuscrits à ne désigner que trois *pagi* ou
sections territoriales dans le pays des Saliens rend cette supposition vraisemblable; mais il n'y a dans tout cela rien d'assez certain pour autoriser autre chose que des conjectures.
J'ai voulu seulement prouver que les considérations géographiques qu'on peut tirer des noms de lieux cités dans le prologue sont trop vagues pour être valablement opposées aux
raisons historiques qui démontrent que ce fut dans la Belgique
et sur le sol gaulois que la loi elle-même prit naissance.

TABLEAUX.

LA géographie est l'auxiliaire indispensable de l'histoire. Ces deux sciences sont même si étroitement unies que les erreurs géographiques deviennent une source féconde d'erreurs historiques, et que l'historien à son tour, en s'égarant dans une fausse voie, y entraîne après lui le géographe. Dans le cours de cet ouvrage, nous avons eu plus d'une occasion de constater cette influence réciproque, et souvent la discussion d'un point de topographie nous a fourni l'explication d'événements dénaturés par l'indication trompeuse des lieux qui en furent le théâtre. En effet, si les deux sciences doivent se prêter un mutuel appui, c'est surtout à cette grande époque du V° siècle où toutes les races européennes se fondent et se renouvellent, où les déplacements des peuples sont si fréquents, les changements des circonscriptions territoriales si multipliés et si rapides que la carte semble être devenue mobile et qu'il faut s'arrêter à chaque pas pour reconnaître un terrain dont l'aspect varie comme celui des flots de la mer au milieu des tempêtes.

Le complément le plus utile de mon livre aurait été un atlas chronologique présentant dans une série de cartes l'image de la Gaule et de l'Europe occidentale, toujours la même quant à la configuration du sol, mais sans cesse modifiée dans ses divisions politiques. Manquant des ressources nécessaires pour exécuter un pareil travail, j'ai du moins essayé de résumer à chaque période importante les changements géographiques opérés par les événements que je venais de décrire. Mais comme ces résumés isolés et partiels n'offrent pas à l'esprit un ensemble facile à saisir, j'ai pensé qu'en réunissant leurs résultats sous forme de tableaux, je donnerais une idée plus nette des révolutions subies par nos contrées et de la manière dont la puissance romaine s'y est graduellement amoindrie.

Pour retracer dans leur ordre chronologique ces modifications successives, il me fallait un point de départ, et il m'était naturellement indiqué. Je ne pouvais en choisir d'autre que l'état de la Gaule à l'instant suprême où commença la dislocation générale de l'empire romain, c'est-à-dire à la fin du IV° siècle, époque de la mort du grand Théodose et de l'avénement de ses fils. Heureusement les grands travaux de statistique entrepris alors pour régler le partage du monde entre Honorius et Arcadius nous ont laissé les documents officiels les plus complets et les plus exacts sur l'organisation du gouvernement impérial et sur les circonscriptions administratives de toutes les contrées qui en dépendaient. La puissance romaine, comme si elle eût senti approcher sa fin, dressait ainsi l'inventaire de l'immense succession que les Barbares allaient se partager.

Tous les renseignements dont je pouvais avoir besoin pour l'objet spécial de mes études se trouvent contenus dans la *Notice des dignités de l'Empire* ou dans la *Notice géographique des Gaules*. La Notice de l'Empire est un véritable *Almanach Royal* de la fin du IV° siècle et justifie ce mot d'un homme de sens, que l'Almanach Royal est un des livres qui contiennent le plus de vérités utiles. C'est un manuel qu'on doit feuilleter et méditer sans cesse, lorsqu'on étudie l'histoire de ces temps; la réalité des faits, souvent tronquée ou déguisée dans les récits des historiens, se montre là matériellement et sans voile. La parfaite coïncidence qui existe entre la Notice des Gaules et celle de l'Empire montre d'ailleurs que ces deux documents ont été rédigés à la même époque et probablement dans le même but.

J'ai eu occasion d'indiquer dans mon premier volume les raisons qui prouvent incontestablement que la Notice de l'Empire fut écrite dans les premières années qui suivirent l'avénement d'Arcadius et d'Honorius, c'est-à-dire en 395 ou 396 [1]. Elle ne saurait être postérieure à l'an 400 puisqu'elle nous montre encore intact l'empire d'Occident dont la dislocation commença dès-lors par l'invasion d'Alaric en Italie. D'un autre côté, elle fait mention d'un fonctionnaire chargé d'administrer les biens confisqués du comte Gildon, et par conséquent elle doit être postérieure à la rébellion et à la mise hors la loi de ce gouverneur d'Afrique, que Théodose se préparait à combattre lorsqu'il mourut, en 395. La date se trouve ainsi déjà circonscrite dans une limite de cinq ans qui peut être réduite à deux, en considérant que les légions employées à l'expédition d'Afrique en 397, et dont Claudien donne la liste, étaient encore dans les garnisons de l'Italie et de la Gaule lorsque la Notice de l'Empire fut rédigée.

Par là nous arrivons aux années 395 et 396, époque d'un changement de règne et d'un partage qui donnent l'explication naturelle de ce vaste recensement administratif.

Cette solution chronologique une fois admise, il en résulte

---

[1] Tom 1er, pag. 299, note 1.

que la Notice des Gaules, contemporaine de celle de l'Empire,
représente exactement, à l'ouverture du V⁰ siècle, l'état de
cette grande province sous la domination impériale, et nous
offre par conséquent le point de départ que nous cherchions.
Déjà à la fin du premier volume, j'ai placé un tableau des provinces gauloises d'après la Notice. Mais, en poursuivant mon
travail, je me suis aperçu que ce tableau, ne faisant connaître
que les grandes circonscriptions, était insuffisant pour l'éclair-
cissement des détails historiques dans lesquels j'ai été obligé
d'entrer. Je me suis donc décidé à donner ici un nouveau tableau de la division de la Gaule en *provinces* et en *cités*. Les
provinces étaient des divisions administratives établies par les
Romains; j'en ai indiqué l'origine [1]. Les cités représentaient
les territoires des anciens peuples gaulois avant la conquête,
sauf les changements que le temps et la politique romaine
avaient fait subir aux délimitations primitives.

Chaque cité était en outre divisée en cantons ou *pagi*,
dont la Notice ne parle pas. Personne ne s'est occupé jusqu'à
présent de refaire la liste des *pagi* de la Gaule et d'en fixer
les limites. M. Guérard a donné, pour une seule localité, un
excellent exemple de la manière dont il faudrait procéder à
ce travail; mais il n'a point eu d'imitateurs.

Avant 1789, il aurait été facile de réussir dans cette entreprise. Les circonscriptions ecclésiastiques et seigneuriales, les
coutumes, les vieilles dénominations et mille autres débris du
passé permettaient de reconstruire avec certitude la carte dé-
taillée de l'ancienne Gaule. Maintenant tout ce passé n'existe
plus que dans des souvenirs traditionnels qui se perdent chaque jour; ce n'est que sur les lieux mêmes et par des recherches faites avec soin dans chacun de nos départements qu'on

___

[1] Voir l'appendice du tableau à la fin du tome 1ᵉʳ.

pourrait encore retrouver ces notions éparses et fixer ces traditions fugitives. Dans peu d'années les hommes qui ont vu l'état de choses antérieur à 1789 auront cessé de vivre; tout ce qui n'aura pas été écrit sera perdu pour toujours, et la résurrection géographique de l'ancienne Gaule, déjà très difficile aujourd'hui, aura cessé d'être possible. Cet objet mériterait d'attirer l'attention du gouvernement et de l'Académie, qui pourraient seuls centraliser les recherches locales et leur donner une direction efficace. Ce qu'il y a de certain, c'est que dans l'état actuel de nos connaissances, il est impossible de pousser la géographie de la Gaule plus loin que la division en cités. Ce travail même présente encore des difficultés très graves. Le nouveau tableau que je donne ici sous le n° 1, m'a coûté des peines infinies dont on me tiendra sans doute peu de compte. J'y ai corrigé quelques erreurs qui m'étaient échappées dans celui du premier volume; mais il doit en rester encore beaucoup, et je ne puis considérer ce que j'ai fait que comme une ébauche ou un cadre qu'il serait à désirer de voir remplir par les hommes éminents dans la science. La nécessité de mettre des bornes à l'étendue matérielle de mon livre m'a forcé de m'arrêter aux cantons dans la colonne où j'indique les divisions territoriales modernes comme point de comparaison avec les divisions anciennes. Pour être parfaitement exact, il aurait fallu descendre jusqu'aux communes. Mais on voudra bien se rappeler que je ne fais pas un traité de géographie; je n'emprunte à cette science que ce qui est nécessaire pour éclaircir les faits historiques et sous ce rapport les indications que je donne pourront sembler suffisantes.

Le second tableau n'a pas besoin de commentaire, ou plutôt mon ouvrage entier lui sert de développement. Prenant pour point de départ la division politique et administrative décrite d'après la Notice dans le premier tableau, il fait connaître, à trois grandes époques du V° siècle, les changements

opérés sur le sol de la Gaule par les envahissements progressifs
des Barbares et le partage du pays entre eux et l'administration romaine.

Le troisième et dernier tableau a pour objet de fixer l'état
de la Gaule au commencement du VIe siècle, après les conquêtes de Clovis. A cette époque la nécessité de rasseoir l'ordre
social ébranlé porta les souverains qui se partageaient le sol
gaulois à convoquer trois conciles ou plutôt trois grandes assemblées nationales où les évêques, organes naturels des cités,
vinrent poser, de concert avec les maîtres du territoire, les bases du nouvel ordre de choses qui allait s'établir sur les ruines
de la puissance impériale. La liste des cités ou diocèses représentés dans chacun de ces conciles détermine, de la manière la plus exacte, les limites territoriales des trois dominations entre lesquelles la Gaule était alors divisée, celle des
Francs, celle des Wisigoths et celle des Bourguignons. Cependant plusieurs historiens ont pensé que les subscriptions des
conciles ne pouvaient remplir ce but parce qu'elles n'étaient
pas assez complètes. J'ai essayé de prévenir cette objection en
recherchant les causes qui avaient pu empêcher les cités omi-
ses dans les subscriptions d'être représentées à ces assemblées
générales. Ce tableau aura ainsi l'avantage de permettre aux
lecteurs d'embrasser du même coup d'œil l'état politique et
l'état religieux de la Gaule dans un temps où les questions religieuses dominaient tous les intérêts. Il sera facile, par cette
simple inspection, d'apprécier l'importance des services rendus à l'église par les rois mérovingiens.

Au commencement du VIe siècle, dix-sept cités de la Gaule
méridionale manquaient d'évêques; la succession épiscopale y
avait été violemment interrompue par les persécutions ariennes. Toute l'Europe centrale, au-delà du Rhin, était livrée
au paganisme. L'organisation ecclésiastique de la société chrétienne avait été brisée dans la première Germanie par les

Allemands, dans la deuxième Germanie et le nord de la Belgique par les Francs-Saliens et les Ripuaires, sur les côtes de la Manche par les Saxons. L'Armorique bretonne n'avait qu'un seul évêque, représentant du christianisme insulaire. Même dans la partie romaine des deux Belgiques, plusieurs cités n'avaient jamais été régulièrement organisées en diocèse. La moitié du VIᵉ siècle n'était pas encore écoulée, et déjà, sous la protection des fils de Clovis, la religion avait comblé toutes ces lacunes et réparé toutes ces pertes. Partout les siéges abattus s'étaient relevés. L'église catholique triomphante avait chassé les ariens des positions usurpées par eux, et pas un seul coin de terre dans la Gaule n'échappait à son influence. Au-delà du Rhin, ses apôtres portaient la lumière de l'Évangile jusqu'au sein des vieilles forêts de la Germanie et les peuples Teutons qui, après une lutte de 500 ans, avaient renversé la puissance romaine, subissaient sans murmure le joug de la croix.

Telle fut l'œuvre des premiers rois de la dynastie mérovingienne. Ce fut ainsi qu'ils méritèrent le titre de fils aîné de l'Église, décerné au chef de leur race par la chrétienté reconnaissante, et ainsi furent justifiées les espérances du saint évêque Avitus, qui voyait dans le baptême de Clovis la régénération de l'Europe. Si l'on se rappelle ce que nous avons dit tant de fois, ce que tous les faits historiques démontrent, qu'alors comme aujourd'hui, christianisme et civilisation étaient deux termes identiques, on reconnaîtra que peu de races royales ont servi plus utilement la religion et l'humanité.

Quelques mots résumeront le but que nous nous sommes proposé dans cet ouvrage et dans les tableaux qui le terminent et le complètent.

Nous avons voulu essayer de montrer l'histoire de la Gaule au Vᵉ siècle sous son véritable jour. Notre premier tableau représente l'état du pays à l'ouverture de cette grande période.

Le dernier fait connaître la nouvelle constitution politique qui en marque la fin. Le second indique les positions intermédiaires par lesquelles il fallut passer pour arriver de la vaste et puissante organisation du gouvernement impérial à l'entière destruction de la puissance romaine et à l'établissement définitif des monarchies barbares.

ABRÉVIATIONS DU TABLEAU N° 1.

D., département; A., arrondissement; C., canton; P., partie; Prov., province.

I

TABLEAU DE LA GAULE IMPÉRIALE DIVISÉE EN PROVINCES ET CITÉS.

PROVINCES ET CITÉS ROMAINES.		TERRITOIRE DES CITÉS RAPPORTÉ AUX DIVISIONS TERRITORIALES ACTUELLES.
ANCIENNE PROVINCE ROMAINE.		
Narbonensis Prima.		
Civitates.	Cités	
Narbonensium metropol.	Narbonne.	D de l'Aude et des Pyrénées-Orientales ; A. de Saint-Pons (Hérault).
Tolosatium.	Toulouse.	D. de la Haute-Garonne et de l'Arriége, moins les A. de Saint-Gaudens et Saint-Girons ; A. de Castel-Sarrasin et C. de Montauban (Tarn-et-Garonne) ; A. de Lombez (Gers).
Beterrensium.	Béziers.	A. de Béziers et Montpellier (Hérault).
Nemausensium.	Nimes.	A. de Nimes ; Alais et le Vigan (Gard).
Lutevensium.	Lodève.	A. de Lodève (Hérault).
Castrum Ucetiense.	Uzès.	A. d'Uzès (Gard).

PROVINCES ET CITÉS ROMAINES.		TERRITOIRE DES CITÉS RAPPORTÉ AUX DIVISIONS TERRITORIALES ACTUELLES.
Civitates.	Cités.	
Narbonensis Secunda.		
Aquensium Metropolis.	Aix.	C. d'Aix, Peyrols, Trets, Lambesc et Gardanne (A. d'Aix, Bouches-du-Rhône); C. de Saint-Maximin, Roquebrasane, Brignolles et Barjols (A. de Brignolles, Var); C. de Cadenet et p. du C. de Pertuis (A. d'Apt, Vaucluse); p. des C. de Reillane et Manosque (A. de Forcalquier, Basses-Alpes).
Aptensium.	Apt.	C. d'Apt, Bonnieux et Gordes (A. d'Apt, Vaucluse); p. des C. de Banon et Reillane (A. de Forcalquier, Basses-Alpes)
Reïensium.	Riez.	C. de Riez, Moustier, Valensolle, Mézel et les Mées (A. de Digne, Basses-Alpes); C. de Taverues et Ginasservis (A. de Brignolles, Var); p. du C. d'Anps (A. de Draguignan, Var).
Foro-Juliensium.	Fréjus.	A. de Draguignan; C. de Besse et Cotignac, et p. du C. de Barjols (A. de Brignolles, Var).
Vappincensium.	Gap.	A. de Gap (Hautes-Alpes); C. de Volonne et de Lamotte (A. de Sisteron, Basses-Alpes).
Segesteriorum.	Sisteron.	C. de Sisteron et Noyers (A. de Sisteron); C. de Forcalquier, Saint Etienne, Peyrols, et p. du C. de Manosque (A. de Forcalquier, B. Alpes).
Antipolitana.	Antibes.	C. d'Antibes, le Bar, Cannes, Grasse, Saint-Auban et Saint-Vallier (A. de Grasse, Var).

Alpes Maritimæ.

Ebroduncnsium Metrop.	Embrun.	A. d'Embrun (Hautes-Alpes); A. de Barcelonnette; C. de Seyne (A. de Digne) et de Turriers (A. de Sisteron, Basses-Alpes).
Diniensium.	Digne.	C. de Digne, Barrême et la Javie (A. de Digne, Basses-Alpes).
Rigomagensium.	—— a.	
Sallinensium.	Castellane.	C. de Castellane, Colmar et Saint-André (A. de Castellane, Basses-Alpes).
Sanitiensium.	Senez.	C. de Senez (A. de Castellane, Basses-Alpes).
Glannativa.	Glandèves.	C. d'Entrevaux et d'Annot (A. de Castellane, Basses-Alpes); district de Puget-Theniers (États Sardes).
Cemelenensium.	Cimiers.	Comté de Nice (États Sardes).
Ventiensium.	Vence.	C. de Vence et Conségonles (A. de Grasse, Var).

Alpes Penninæ et Graiæ.

Centronum.	Tarantaise.	Prov. de Tarantaise (États Sardes).
Vallensium.	Valais.	C. du Valais (Suisse).

Viennensis.

Viennensium metropolis.	Vienne.	A. de Vienne, la Tour-du-Pin et Saint-Marcellin (Isère).
Genavensium.	Genève.	C. de Genève (Suisse); prov. de Génevois, Faucigny et Chablai (États Sardes,.
Albensium.	Alpes en Vivarais.	D. de l'Ardèche.
Gratianopolitana.	Grenoble.	A. de Grenoble (Isère); prov. de Savoie (États Sardes).

PROVINCES ET CITÉS ROMAINES.		TERRITOIRE DES CITÉS RAPPORTÉ AUX DIVISIONS TERRITORIALES ACTUELLES.
Viennensis (suite).		
Civitates.	Cités.	
Deensium.	Die.	A. de Die (Drôme).
Valentinorum.	Valence.	A. de Valence, C. de Montélimart, Dieulefit et Maraanne (A. de Montélimart, Drôme).
Tricastinorum.	St-Paul-Trois Chât.	C. de Pierrelatte, Châteauneuf et Grignan (A. de Montélimart, Drôme).
Vasiensium.	Vaison.	C. de Vaison, Valréas, Beaumes et Malaucène (A. d'Orange et de Carpentras Vaucluse). à de Nyons (Drôme).
Arausicorum.	Orange.	C. d'Orange, Bollene et Caderouse (A. d'Orange, Vaucluse).
Cabellicorum.	Cavaillon.	C. de Lisle et Cavaillon (A. d'Avignon, Vaucluse).
Avennicorum.	Avignon.	C. d'Avignon et Bedarrides (A. d'Avignon, Vaucluse).
Arelatensis [3]		
Arelatensium.	Arles.	A. d'Arles; C. d'Istres, Martigues, Salon et Berre (A. d'Aix, Bouches-du-Rhône).
Massiliensium.	Marseille.	A. de Marseille et de Toulon (Bouches-du-Rhône); C. du Bausset (Var).

AQUITAINE DE CÉSAR.

Novempopulania.

Blusatium metropolis.	Eauste.	A. de Condom et Mirande (Gers).
Aquensium.	Dax.	D. des Landes.
Lactoratium.	Lectoure.	A. de Lectoure (Gers).
Convenarum.	Comminges.	A. de Saint-Gaudens (Haute-Garonne).
Conserannorum.	Couserans.	A. de Saint Girons (Arriége).
Boatium.	Buch.	C de la Teste (Gironde).
Benarnensium.	Béarn.	A. de Pau et Orthez (Basses-Pyrénées).
Vasatica.	Bazas.	A. de Bazas (Gironde).
Bigorra.	Bigorre.	D. des Hautes-Pyrénées.
Oloronensium.	Oloron.	A. de Bayonne, Oloron, et Mauléon (Basses-Pyrénées).
Ausciorum.	Auch.	A. d'Auch (Gers).

CELTIQUE DE CÉSAR.

Lugdunensis Prima.

Lugdunensium Metropol.	Lyon.	A. de Lyon, C. de Villefranche, Anse, Belleville, Buis-d'Oingt et Tarare (A. de Villefranche, Rhône); A. de Montbrison et Saint-Etienne; C. de Saint-Germain-Laval, Saint-Haon-le-Châtel, Saint-Just, Néronde, la Pacaudière (A. de Roanne, Loire).

PROVINCES ET CITÉS ROMAINES.		TERRITOIRE DES CITÉS RAPPORTÉ AUX DIVISIONS TERRITORIALES ACTUELLES.
Civitates.	Cités.	
Lugdunensis Prima (suite).		
Eduorum.	Autun.	A. d'Autun et Charolles (Saône et-Loire); A. de Semur et Beaune (Côte d'Or), A. d'Avallon (Yonne); C de Chevagnes, Donpierre et Neuilly-le-Réal (A. de Moulins, Allier); A. de Nevers, Clamecy et Château-Chinon (Nièvre).
Lingonum.	Langres.	A. de Langres et Chaumont (Haute-Marne); A. de Dijon et Châtillon-sur-Seine (Côte d'Or); A. de Bar-sur-Aube et Bar-sur Seine (Aube); A. de Tonnerre (Yonne).
Castrum Cabilonense.	Châlons.	A. de Châlons et Louhans; C. de Tournus et Saint Gengoult (A. de Mâcon Saône-et Loire).
Castrum Matisconense.	Mâcon.	A. de Mâcon (Saône-et-Loire); C. de Beaujeu, Saint-Nizier, Thizy et Monsols (A. de Villefranche, Rhône) ; C. de Charlieu, Perreux. Saint-Symphorien et Belmont (A. de Roanne, Loire).
Lugdunensis Secunda.		
Rotomagensium Metrop.	Rouen.	D. de la Seine-Inférieure; A. des Andelys et de Pont-Andemer (Eure); C. de Magny et Limay (A. de Mantes) ; de Pontoise et Marines (A. de Pontoise, Seine-et-Oise); C. de Chaumont (Oise).
Bajocassium.	Bayeux.	A. de Bayeux, Caen et Vire (Calvados).

Abrincatum.	Avranches.	A. d'Avranches et de Mortain (Manche).
Ebroicarum.	Evreux.	A. d'Evreux et Louviers (Eure); C. de l'Aigle (Orne).
Sagiorum.	Séez.	A. d'Alençon, Argentan, Domfront et Mortagne (Orne); A. de Falaise (Calvados).
Lexoviorum.	Lisieux.	A. de Lisieux et Pont-l'Évêque (Calvados); A. de Bernay (Eure); C. de Gacé et le Merlerant (Orne).
Constantia.	Coutances.	A. de Coutances, Cherbourg et Valogne (Manche).

Lugdunensis Tertia.

Turonensium Metropolis.	Tours.	D. d'Indre-et-Loire.
Cenomannorum.	Le Mans.	D. de la Sarthe; A. de Laval et Châteaugontier (Mayenne). C. de Montoire et Savigny (Loir-et-Cher).
Redonum.	Rennes.	D. d'Ille-et-Vilaine.
Andecavorum.	Angers.	D. de Maine et-Loire.
Namnetum.	Nantes.	D. de la Loire-Inférieure.
Corisopitium.	Quimper.	A. de Quimper, Quimperlé et Châteaulin (Finistère).
Venetum.	Vannes.	D. du Morbihan.
Osismiorum.	Saint-Pol de Léon.	A. de Brest et de Morlaix (Finistère).
Diablintum.	Jublains.	A. de Mayenne (Mayenne).
Curiosolitum 4.	Corseult.	D. des Côtes-du-Nord.

Lugdunensis Quarta.

Senonum Metropolis.	Sens.	A. de Sens et Joigny (Yonne); A. de Provins et Fontainebleau (Seine-et-Marne); A. de Montargis (Loiret).

PROVINCES ET CITÉS ROMAINES.		TERRITOIRE DES CITÉS RAPPORTÉ AUX DIVISIONS TERRITORIALES ACTUELLES.
Lugdunensis Quarta (suite).		
Civitates.	Cités.	
Autissiodorum.	Auxerre.	A. d'Auxerre (Yonne); A. de Cosne (Nièvre); C. de Briare et Bunny (Loiret).
Tricassium.	Troye.	A. de Troye, Nogent-sur-Seine et Arcis-sur-Aube (Aube); C. de Sezanne, Anglure et Esternay (Marne).
Aurelianorum.	Orleans.	A. d'Orléans, Gien et Pithiviers (Loiret); A. d'Etampes (Seine-et-'Q); A. de Romorantin (Loir-et-Cher).
Carnutensium.	Chartres.	D. d'Eure-et-Loir; A. de Blois et Vendôme (Loir-et-Cher); A. de Houilet; C. de Poissy et Melan (A. de Versailles); C. de Mantes, Bonnières et Ghdan (A. de Mantes, Seine-et-Oise).
Parisiorum.	Paris.	D. de la Seine; C. de Versailles, Argenteuil, Marly, Palaiseau, Saint-Germain et Sèvres (A. de Versailles); d'Ecouen, Gonesse, Luzarches et Montmorency (A. de Pontoise); A. de Corbeil (Seine-et-Oise); C. de Lagny et Brie-Comte Robert (Seine-et-Marne).
Meldorum [5].	Meaux.	A. de Meaux, Coulommiers et Melan (Seine-et-Marne).
Aquitania Prima.		
Biturigum metropolis.	Bourges.	D. du Cher et de l'Indre; A. de Montluçon; C. de Moulins, Larcy et Bourbon-l'Archambault (A. de Moulins, Allier).

Arvernorum.	Clermont.	D. du Puy-de-Dôme et du Cantal; A. de Brionde (Haute-Loire); A. de Gannat et de la Palisse; C. de Souvigny et du Montet; (A. de Moulins, Allier).
Ruternorum.	Rhodez.	D. de l'Aveyron.
Albiensium 6.	Albi.	D. du Tarn.
Cadurcorum.	Cahors.	D. du Lot; A. de Moissac et de Montauban, moins le C. de Montauban (Tarn-et-Garonne).
Lemovicum.	Limoges.	D. de la Haute-Vienne, de la Creuse et de la Corrèze; A. de Confolens (Charente), de Nontron (Dordogne).
Gabalum.	Gévaudan.	D. de la Lozére.
Vellavorum.	Velay.	A. du Puy et d'Issingeaux (Haute-Loire).

Aquitania Secunda.

Burdigalensium Metrop.	Bordeaux.	D. de la Gironde, moins l'A. de Basas et le C. de la Teste.
Agennensium.	Agen.	D. de Lot-et-Garonne.
Eccolismensium.	Angoulême.	A. d'Angoulême (Charente).
Santonum.	Saintes.	D. de la Charente-Inférieure; A. de Cognac et de Barbezieux (Charente).
Pictavorum.	Poitiers.	D. de la Vienne, des Deux-Sèvres et de la Vendée; A. de Ruffe (Charente).
Petrocoriorum,	Périgueux.	A. de Périgueux, Sarlat et Bergerac (Dordogne).

PROVINCES ET CITÉS ROMAINES.		TERRITOIRE DES CITÉS RAPPORTÉ AUX DIVISIONS TERRITORIALES ACTUELLES.
BELGIQUE DE CÉSAR.		
Belgica Prima.		
Civitates.	Cités.	
Treverorum Metropolis.	Trèves.	Prov. de Trèves (Prusse Rhénane); grand-duché de Luxembourg.
Mediomatricorum.	Metz.	D. de la Moselle: A. de Château-Salins et Sarrebourg (Meurthe).
Leucorum.	Toul.	A. de Nancy, Toul et Lunéville (Meurthe); D. des Vosges.
Verodunensium.	Verdun.	D. de la Meuse.
Belgica Secunda.		
Remorum Metropolis.	Reims.	A. de Reims; C. d'Épernay, Avize et Montmort (A. d'Epernay); C. de Suippes (A. de Châlons); C. de Sainte-Menehould et Ville-sur-Tourbe (A. de Sainte-Menehould, Marne); D. des Ardennes
Suessionum.	Soissons.	A. de Soissons et Château-Thierry (Aisne); C. de Dormans et Montmirail (A. d'Epernay, Marne); C. d'Attichy et Crespy (Oise).
Catelaunorum.	Châlons-sur-Marne.	A. de Châlons et de Vitry; C. de Dommartin (A. de Sainte-Menehould); C. de la Fère (A. d'Epernay (Marne); A. de Vassy (Haute-Marne).
Veromanduorum.	Vermandois	A. de Saint-Quentin et C. de Chauny (A. de Laon, Aisne); A. de Péronne (Somme); C. de Noyon et Lessigny (Oise).

Atrebatum.	Arras.	A. d'Arras et Béthune (Pas-de-Calais); A. de Douai (Nord).
Camaracensium.	Cambray.	A. de Cambray et Avesne (Nord); districts de Mons et Ath (Belgique).
Turnacensium.	Tournay.	A. de Lille, Hazebrouck et Dunkerque (Nord); districts de Tournay, Courtray, et Menin (Belgique).
Sylvanectum.	Senlis.	A. de Senlis (Oise).
Bellovacorum.	Beauvais.	A. de Beauvais et Clermont; C. d'Estrées, Guiscard, Ressons, Ribecourt et Compiègne (A. de Compiègne, Oise); C. de Lille-Adam (Seine-et-Oise).
Ambianensium.	Amiens.	D. de la Somme, moins l'A. de Péronne.
Morinorum.	Thérouenne.	A. de Saint-Omer (Pas-de-Calais).
Bononensium.	Boulogne.	A. de Boulogne Montreuil et Saint-Pol (Pas-de-Calais).
Menapiorum ?		Prov. de Flandre orientale et occidentale, Zélande et Anvers (Belgique).
Nerviorum.		Prov. de Hainaut, Namur, Brabant méridional et septentrional (Belgique).
Batavorum.		Royaume de Hollande jusqu'à l'Yssel.

PROVINCES FRONTIÈRES.

Tractus Sequanicus.

Vesontiensium Metropol.	Besançon.	D. du Doubs et du Jura.
Portus Abucini.	Port-sur-Saône.	D. de la Haute-Saône.

PROVINCES ET CITÉS ROMAINES.		TERRITOIRE DES CITÉS RAPPORTÉ AUX DIVISIONS TERRITORIALES ACTUELLES.
Civitates.	Cités.	
Tractus Sequanicus (suite).		
Noïodunum.	Nyon.	P. sud du C. de Vaud (Suisse); A. de Gex, Nantua et Belley (Ain).
Aventicus.	Avanche.	C. de Fribourg et Berne (Suisse).
Basiliensium.	Bâle.	C. de Bâle et Soleure (Suisse); A. d'Altkirch et Belfort (Haut-Rhin).
Castrum Vendonisense.	Windisch.	C. de Zurich, Argovie et Lucerne (Suisse).
Castrum Ebroduuense.	Yverdun.	P. nord du C. de Vaud et C. de Neufchâtel (Suisse).
Castrum Bauracense 8.	Augst.	Ancienne capitale des Rauraques remplacée par Bâle.
Germania Prima.		
Moguntiacensis Metrop.	Mayence.	Hesse Rhénane; prov. de Coblentz (Prusse).
Wangionum.	Worms.	P. nord du cercle du Rhin (Bavière Rhénane).
Nemetum.	Spire.	P. sud du cercle du Rhin (Bavière Rhénane).
Argentoratensium.	Strasbourg.	D. du Bas-Rhin; A. de Colmar (Haut-Rhin).
Germania Secunda.		
Agrippinensium Metrop.	Cologne.	Prov. de Cologne, Aix-la-Chapelle, Berg et Clèves (Prusse Rhénane).
Tungrorum.	Tongres.	Prov. de Liége et de Limbourg, et P. de la prov. de Namur (Belgique).

OBSERVATIONS.

1 Honoré Bouche, dans son *Histoire de Provence*, a donné la liste des paroisses comprises dans chacun des évêchés de la province ; je me suis servi de cette liste pour établir la délimitation très compliquée des cités de la deuxième Narbonnaise et des Alpes Maritimes : il serait à désirer qu'on eût des renseignements aussi complets sur tous les anciens évêchés de la France.

2 Il règne beaucoup d'incertitude sur la situation de l'ancienne cité des *Rigomagenses*. L'opinion la plus générale la place à Chorges, chef-lieu de canton, près d'Embrun (Hautes-Alpes). En effet, des monuments trouvés sur les lieux mêmes ne permettent pas de douter que cette localité n'ait été jadis la capitale du peuple des *Caturiges*; mais au Ve siècle, elle avait été remplacée par Embrun, ville dont l'importance s'était accrue jusqu'à devenir la métropole de la province des Alpes-Maritimes. On a d'anciennes médailles au type marseillais, portant les lettres *Rigom*. qu'il est naturel de regarder comme les initiales du nom des *Rigomagenses*. (De la Saussaye, Numismatique de la Gaule Narbonnaise.) Néanmoins quelques savants ont pensé que ces lettres pouvaient être l'abrégé du nom des *Caturiges* ou *Caturigomagenses*, dont on aurait supprimé les premières syllabes. Cette opinion ne me paraît pas soutenable ; lorsqu'on veut abréger un mot, ce sont les dernières lettres qu'on supprime, et non pas les premières, qui sont toujours caractéristiques du sens. Je crois qu'il serait impossible de citer en numismatique un seul exemple d'une abréviation prise ainsi à rebours. L'inscription antique trouvée à Chorges porte l'abréviation régulière *Civitas Catur.* ce qui me semble décisif. Je regarde donc comme évident que le peuple des *Rigomagenses* n'a rien de commun avec les *Caturiges*, dont la capitale était Chorges remplacée par Embrun. Quant à la position de ce peuple, il est à remarquer que dans tous les manuscrits de la Notice, son nom est placé à côté de celui des *Salinenses* ou *Sollinenses* (Saillon, près Castellane). Cette circonstance paraît donner beaucoup de force à l'opinion d'Adrien Valois,

qui place les *Rigomagenses* à *Rie* ou à *Rogon*, dans l'arrondissement de Castellane, près de Senez. Je crois que l'un de ces deux endroits aurait été autrefois la capitale du territoire représenté par l'évêché de Senez, et que les médailles portant les lettres *Rigom.* ont été frappées par le peuple qui occupait ce territoire ; plus tard, le chef-lieu a passé à Saillon ou Castellane, à cause de l'importance de ses fontaines salées , et enfin à Senez, qui devint le siège du diocèse. La Notice mentionne ces trois capitales à la suite l'une de l'autre, quoiqu'au commencement du Ve siècle la ville de *Rigomagus* fût, selon toute apparence, déjà détruite, de même qu'elle nomme l'ancienne *Augusta Rauracorum* à côté de Bâle qui l'avait remplacée. Pour donner à cette conjecture la force de l'évidence, il faudrait qu'on eût découvert à Rie ou à Rogon quelque monument ancien ; mais elle me paraît plus vraisemblable qu'aucune de celles qui ont été mises en avant jusqu'ici. Je crois surtout que la présence du nom des *Rigomagenses* dans la Notice exclut toute recherche qui serait faite pour découvrir la provenance des médailles portant ce nom hors des limites de la province gauloise des Alpes Maritimes. Je m'étais moi-même conformé à l'opinion la plus générale en citant dans mon texte la cité de Chorges à côté de celle d'Embrun ; c'est une erreur qui doit être rectifiée.

[3] A la fin du IVe siècle, époque de la rédaction de la Notice, les cités d'Arles et de Marseille dépendaient de la province de Vienne. Cependant Arles était déjà la résidence du vicaire des dix-sept provinces gauloises, c'est-à-dire la capitale particulière de la Gaule ; car Trèves était la capitale de toute la préfecture des *Gaules*, qui embrassait les îles Britanniques, l'Espagne et même le Maroc. Aussi la ville d'Arles réclama au concile de Turin, en 401, le rang de métropole et le partage de la province Viennoise avec Vienne, son ancien chef-lieu. Ces prétentions triomphèrent, et le concile décida que chacune des deux métropoles aurait sous sa juridiction les cités qui en étaient les plus voisines. L'importance d'Arles s'accrut encore lorsqu'après la ruine de Trèves, elle devint chef-lieu de la préfecture des Gaules ; en conséquence, le pape Léon, vers le milieu du Ve siècle, lui donna toutes les cités de la Viennoise, à l'exception de celles de Valence, Genève et Grenoble, qui restèrent sous

la dépendance de Vienne. Ce partage fut un sujet perpétuel de contestation entre les deux métropoles ; mais, au commencement du VI° siècle, on en revint à peu près à la division établie par Léon. La province Viennoise, ainsi scindée dans l'ordre ecclésiastique, le fut aussi dans l'ordre politique, lorsque la ville d'Arles fut de venue la résidence des préfets. On forma alors des cités d'Arles et de Marseille une subdivision qui, toujours annexée à la seconde Narbonnaise et aux Alpes Maritimes, composa avec ces deux provinces une circonscription particulière représentée par la Provence moderne, et dernière possession de l'Empire dans les Gaules. Lorsque les textes contemporains de la fin du V° siècle parlent de la province d'Arles, cela doit s'entendre de cette circonscription tout entière, c'est-à-dire de notre Provence, et c'est pour le faire mieux comprendre que j'ai séparé les cités d'Arles et de Marseille du reste de la Viennoise, occupé dès le milieu du V° siècle par les Bourguignons.

4 La cité des Curiosolites n'est point mentionnée dans la Notice, j'ai expliqué que cette omission provenait de ce que le territoire de cette cité était, dès la fin du IV° siècle, occupé par les Bretons.

5 Plusieurs savants ont placé dans la Belgique un second peuple de *Meldi*, dont il serait impossible de trouver aucune trace ailleurs que dans un passage de César, où ce grand capitaine dit qu'étant arrivé à Wissant (*Itius Portus*), pour embarquer les troupes destinées à conquérir la Grande-Bretagne, il trouva que quarante vaisseaux, qu'il avait fait construire chez les *Meldi*, avaient été arrêtés par les vents contraires et forcés de retourner à leur point de départ, tandis que le reste de la flotte était au rendez-vous, bien équipée et prête à partir. (César, *de Bell. Gall.*, l. 5, c. 5.) Je ne vois pas que ce passage nécessite en aucune manière la création de deux peuples de *Meldi*. On sait que sous l'Empire, Paris fut l'entrepôt et la station principale des flottes destinées à garder l'embouchure de la Seine et les côtes de la Manche ; mais Paris n'acquit cette importance qu'aux III° et IV° siècles, lorsque les troubles de la Gaule forcèrent les commandants militaires de transporter leur quartier-général dans cette ville pour le rapprocher du centre. Du temps de César, Melun, (*Melodunum*), ville des *Meldi*, située un peu plus haut sur le même

fleuve, était le principal entrepôt de la navigation de la Seine ; ce
fut là que Labienus alla chercher cinquante navires (*L naves*) pour
assiéger Paris. (César, *de Bell. Gall.*, l. 7.) Il est donc naturel que
César y ait fait construire des vaisseaux, et très naturel encore que
ces vaisseaux, qui avaient à franchir l'embouchure de la Seine et à
traverser la Manche pour arriver au rendez-vous de l'expédition, ne
s'y soient pas trouvés à temps, tandis que les navires équipés sur les
côtes mêmes de la Picardie et de la Flandre, y furent à point nommé. Cela ne se comprendrait pas, au contraire, si les *Meldi* avaient
été un peuple de la Belgique. On n'a point assez remarqué que les
vaisseaux des anciens tiraient très peu d'eau, et que par conséquent
ils avaient intérêt à établir leurs chantiers de construction le plus
haut possible sur le cours des fleuves, afin de se rapprocher des
forêts de l'intérieur. Comme d'ailleurs le peuple des *Meldi* n'a été
créé en Belgique que pour l'explication de ce passage de César, et
qu'on ne trouve aucun autre indice de son existence, je crois qu'il
faut le rayer de la carte, avec les Arboryches et autres nations ima-
ginaires inventées par les commentateurs pour expliquer des passages
mal compris.

⁶ Pendant le cours du Vᵉ siècle, la cité d'Alby a été réunie à la
première Narbonnaise, où elle compléta le nombre de sept cités, ce
qui a fait donner à cette province le nom de Septimanie ; par la même cause, le nombre des cités de la première Aquitaine se trouvant
réduit à sept, on trouve aussi cette province désignée sous le nom de
Sept Cités, *Septem Civitates Aquitaniæ.*

⁷ La remarque que nous avons faite sur la cité des Curiosolites
s'applique à celles des Ménapiens, des Nerviens et des Bataves ; elles
ne sont pas non plus mentionnées dans la Notice, parce que, dès la
fin du IVᵉ siècle, elles étaient occupées par les Francs-Saliens. A la
même époque, la plus grande partie du territoire de la cité de Cologne était aussi occupée par les Ripuaires ; mais cette cité n'a pas été
omise dans la Notice, parce que les fonctionnaires romains résidaient encore au chef-lieu.

⁸ La mention faite ici de l'ancienne capitale des Rauraques,
Augusta Rauracorum, ruinée dès le IIIᵉ siècle, est un double em-

ploi évident avec **Bâle**, qui l'avait remplacée comme chef-lieu du territoire qui forma le diocèse de ce nom. Il est possible cependant qu'à l'époque où la Notice fut rédigée, l'ancienne ville, réduite à l'état de château (*castrum*) fût encore le centre d'une petite circonscription militaire au-delà du Rhin. Nous remarquerons à cette occasion que la récapitulation de la Notice indique seulement cent quinze cités, et qu'elle en nomme cent vingt. Je crois que les cinq cités qui ne figuraient que pour mémoire étaient celles des *Rigomagenses* (Alpes Maritimes), *Boates* (Novempopulanie), *Portus Abucini*, *Castrum Ebrodunense* et *Castrum Rauracense* (division séquanique). Les *Rigomagenses*, les *Boates* et le *Castrum Rauracense* étaient d'anciens chefs-lieux ruinés ou dont le territoire avait été réuni aux cités voisines ; le *Portus Abucini* et le *Castrum Ebrodunense* étaient de simples stations pour les flottes de l'intérieur, l'une sur la Saône, l'autre sur les lacs de la Suisse. Aucune de ces cinq localités n'a jamais formé de diocèse. Il n'en est pas de même des *Castra Ucciense, Matisconense, Cabilonense* et *Vindonisense*, démembrements alors récents des grandes cités de Nîmes, Autun et Avanche, mais qui ont subsisté sous forme de diocèses jusqu'à nos jours.

II

TABLEAU DU PARTAGE DE LA GAULE ENTRE L'ADMINISTRATION ROMAINE ET LES BARBARES FÉDÉRÉS, A TROIS ÉPOQUES DU Ve SIÈCLE.

ÉPOQUE DE LA MORT D'HONORIUS EN 423.

ADMINISTRATION ROMAINE.

1re Narbonnaise, moins la cité de Toulouse.

2e Narbonnaise; Province d'Arles; Alpes maritimes; Alpes pennines; Viennoise.

1re Aquitaine, 2e Aquitaine; 1re Lyonnaise, 2e Lyonnaise, moins une partie des cités de Lisieux et de Bayeux; cités de Tours, Le Mans, Angers, Rennes, Nantes et Jublins dans la 3e Lyonnaise; Sénonaise; cités de Metz, Toul et Verdun dans la 1re Belgique; cités de Reims,

BARBARES FÉDÉRÉS.

WISIGOTHS.

Cité de Toulouse dans la 1re Narbonnaise; Novempopulanie.

BOURGUIGNONS.

Tractus Sequanicus, division séquanique ou Séquanie et Helvétie.

ALLEMANDS.

1re Germanie.

FRANCS-RIPUAIRES.

Cité de Cologne dans la 2e Germanie; cité de Trèves dans la 1re Belgique.

ÉPOQUE DE LA MORT D'ÉGIDIUS EN 465.

FRANCS SALIENS.

Batavie et partie septentrionale du territoire des Nerviens et des Ménapiens.

BRETONS ARMORICAINS.

Cité des Coriosolites, des Osismiens, des Corisopites et des Vénètes dans la 3e Lyonnaise.

SAXONS.

Partie des cités de Bayeux et de Lisieux.

Soissons, Châlons-sur-Marne, Vermandois, Senlis, Beauvais, Amiens, Thérouenne, Boulogne, Arras, Cambray dans la 2e Belgique; cité de Tongres dans la 2e Germanie.

ADMINISTRATION ROMAINE.

Province d'Arles; 2e Narbonnaise; Alpes maritimes; 1re Aquitaine, moins la cité d'Albi; 2e Lyonnaise, moins une partie des cités de Bayeux et de Lisieux; Sénonaise; cités de Metz, Toul et Verdun dans la 1re Belgique; cités

BARBARES FÉDÉRÉS.

WISIGOTHS.

1re Narbonnaise; Novempopulanie; 2e Aquitaine; cité d'Albi dans la 1re Aquitaine; cité de Tours dans la 3e Lyonnaise.

BOURGUIGNONS.

Séquanie, Helvétie, Viennoise, Alpes pennines, 1re Lyonnaise.

BARBARES FÉDÉRÉS.

ALLEMANDS.

1re Germanie.

FRANCS-RIPUAIRES.

Cité de Cologne dans la 1re Germanie; cité de Trèves dans la 1re Belgique.

FRANCS-SALIENS.

Batavie, territoire des Nerviens et des Ménapiens; cités de Tournay, Cambray, Arras, Théronenne et Boulogne dans la 2e Belgique.

BRETONS-ARMORICAINS.

Cités des Coriosolites, des Osismiens, des Coriopites et des Vénètes dans la 3e Lyonnaise.

SAXONS

Partie des cités de Bayeux et Lisieux dans la 2e Lyonnaise; isles de la Loire et partie de la cité d'Angers dans la 3e Lyonnaise.

ADMINISTRATION ROMAINE.

de Reims, Soissons, Châlons-sur-Marne, Vermandois, Senlis, Beauvais, Amiens dans la 2e Belgique; cité de Tongres dans la 2e Germanie.

ÉPOQUE DE L'AVÉNEMENT DE CLOVIS, EN 481.

CITÉS ROMAINES RELEVANT NOMINALEMENT DE L'EMPIRE.	DOMINATIONS BARBARES.
Cités du parti de Clovis. Metz, Toul et Verdun dans la 1re Belgique; Reims, Châlons-sur-Marne, Amiens dans la 2e Belgique. *Cités du parti de Siagrius.* Soissons, Vermandois, Beauvais, Senlis dans la 2e Belgique; Paris, Troyes, Sens, Auxerre, Chartres, Orléans dans la Sénonaise. *Cités Neutres.* Angers, Le Mans, Rennes, Nantes dans la 3e Lyonnaise; Rouen, Evreux, Sées, colonies militaires de la	**FRANCS-SALIENS.** *Royaume de Clovis.* Batavie, territoire des Nerviens et des Ménapiens, cité de Tournay. *Royaume de Ragnacaire.* Cités de Cambray et d'Arras. *Royaume de Cararic.* Cités de Thérouenne et Boulogne. **FRANCS-RIPUAIRES.** Cité de Cologne dans la 2e Germanie; cité de Trèves dans la 1re Belgique. **ALLEMANDS.** 1re Germanie.

que les populations romaines dans ces cités eussent conservé une sorte d'indépendance, ce qu'on peut attribuer à la protection des garnisons sédentaires ou *milites limitanei* que la Notice de l'Empire y indique en grand nombre et qui se maintinrent jusqu'au temps de Clovis, comme nous croyons l'avoir prouvé d'après le témoignage de Procope. En examinant l'emplacement de toutes les garnisons mentionnées dans la Notice, il est facile de reconnaître que celles qui gardaient les côtes de la Manche, depuis l'embouchure de la Seine jusqu'aux limites de l'Armorique bretonne, sont les seules qui aient pu subsister jusqu'à la fin du Ve siècle. Toutes les autres contrées militaires de la Gaule avaient alors été depuis long-temps envahies par les diverses nations des barbares fédérés.

III

TABLEAU DES TROIS GRANDS CONCILES NATIONAUX TENUS DANS LA GAULE AU COMMENCEMENT DU VIe SIÈCLE.

CITÉS.	NOMS DES ÉVÊQUES.	OBSERVATIONS.
		CONCILE D'AGDE EN 506 (ROYAUME DES WISIGOTHS).
Première Narbonnaise.		
Narbonne.	Caprarius.	
Toulouse.	Héraclianus.	
Agde.	Sophronius.	Ce diocèse est compris par la Notice dans la cité de Béziers.
Nîmes.	Sedatus.	
Béziers.		En 461, l'évêque de Béziers, Hermès, fut chassé par les ariens. Depuis ce temps il n'y eut plus d'évêque à Béziers, jusqu'au concile de Tolède, en 589; il est à remarquer que cette ville arienne fut plus tard un des principaux foyers de l'hérésie albigeoise.
Lodève.	Maternus.	
Uzès.	Probatius.	
Deuxième Narbonnaise.		
Aix		On ne connaît point d'évêque à Aix, depuis Basilius, auquel Sidonius écrivit la lettre 6, liv. 7, sur les persécutions d'Euric, en 473, jusqu'à Maximus, qui assista au concile d'Orange, en 524.

CITÉS.	NOMS DES ÉVÊQUES.	OBSERVATIONS.
Apt.		Léontius, évêque d'Apt, fut exilé par Euric, vers 480; il n'eut point de successeur jusqu'à Praetextatus, qui assista au concile d'Epaone, en 317.
Riez.		Point d'évêque connu depuis Faustus, qui vivait encore en 480, jusqu'à Contumeliosus, qui assista au concile d'Orange, en 524.
Fréjus. Gap.	Victorinus.	Point d'évêque connu depuis Constantinus, en 451, jusqu'à Constantius, qui assista au concile d'Epaone, en 517.
Sisteron.		Point d'évêque authentique depuis Chrysaphius, en 452, jusqu'à Valerius, qui assista au concile d'Epaone, en 517. On a placé à tort en 509 un évêque Jean Ier, par confusion avec un prélat du même nom qui vivait du temps de Charlemagne.
Antibes.	Agraecius.	•
Alpes maritimes.		
Embrun.	Pentadius.	Point d'évêque authentique avant Catalinus, qui assista au concile d'Epaone, en 517, et fut chassé de la ville par les ariens, en voulant faire exécuter les décrets de ce concile.
Digne. Castellane.		Cette cité n'eut jamais d'évêque et fut réunie à Senez, dans le cours du Ve siècle.

		Observation
Rigomagus. Senez. Glandèves.	Marcellus.	Même observation.
		Point d'évêque connu depuis Fraternus, en 451, jusqu'à Claudius, qui assista au concile d'Orléans, en 541.
Gimiers.		Point d'évêque connu depuis Valerianus, en 439, jusqu'à Magnus, qui assista au concile d'Orléans, en 549.
Vence.		Point d'évêque connu depuis Veranus, en 451, jusqu'à Deuterius, qui assista au concile d'Orléans, en 541.
Province d'Arles.		
Arles.	Cæsarius.	Célèbre sous le nom de saint Césaire; il fut président du concile.
Avignon. Marseille.	Julianus.	Saint Honorat, évêque de Marseille, mourut vers 495; on ne lui connaît point de successeur authentique jusqu'à Théodore, en 575; cependant un évêque de Marseille assistait aux conférences de Lyon, en 499; mais le texte n'indique que la dernière syllabe de son nom, *ius*, ce qui ferait penser que, selon l'opinion de quelques auteurs, Gennadius succéda à saint Honorat; on attribue à Marseille l'évêque Emeterius, dont le nom se trouve sans indication de diocèse dans les souscriptions du concile d'Arles, en 554. Ne pourrait-on pas lui attribuer également l'évêque Pappolus, dont le nom se trouve aussi sans indication de diocèse dans les souscriptions du concile d'Agde?
Toulon.		Ce diocèse, qui se composait de l'arrondissement de Toulon, est compris par la Notice dans la cité de Marseille; l'évêque Gratianus, martyrisé par Euric, vers 480, n'eut point de successeur jusqu'au concile d'Orange, en 524.

CITÉS.	NOMS DES ÉVÊQUES.	OBSERVATIONS.
Novempopulanie.		
Eause.	Clarus.	
Dax.	Gratianus.	
Lectoure.	Vigilius.	
Comminges.	Suavis.	
Couserans.	Glycerius.	on Licerius, connu sous le nom de saint Lizier.
Buch.		Cette petite cité n'eut jamais d'évêque et fut réunie à Bordeaux dans le Ve siècle.
Béarn.	Galactorius.	
Aire.	Marcellus.	
Bazas.	Sextilius.	
Bigorre.	Aper.	Le territoire de cet évêché était compris par la Notice dans la cité de Dax.
Oloron.	Gratus.	
Auch.	Nicetius.	
Première Aquitaine.		
Bourges.	Tetradius.	
Clermont.	Eufrasius.	

Rhodez.	Quintianus.	
Albi.	Sabinus.	
Cahors.	Boëtius.	
Limoges.	Ruricius.	Cet évêque, alors fort âgé, s'excusa par une lettre adressée à saint Césaire, évêque d'Arles, de ne pouvoir assister au concile, à cause de ses infirmités; il s'était trouvé en exil à Bordeaux avec saint Césaire.
Gévaudan. Vélai.	Leonicus.	Grégoire de Tours nomme un évêque du Puy, qui vivait vers 590, l'existence des évêques portés sur le catalogue de ce diocèse avant cette époque n'est point authentiquement prouvée.
Deuxième Aquitaine.		
Bordeaux. Agen.	Cyprianus.	Point d'évêque connu depuis Dulcidius au commencement du Ve siècle, jusqu'à Bebianus qui assista au concile d'Orléans, en 549.
Angoulême. Saintes. Poitiers. Périgueux.	Chronopius.	Il y avait à Angoulême un évêque arien, que Clovis chassa, et qu'il remplaça par un de ses chapelains; il est probable qu'il en fut de même dans les diocèses de Saintes et de Poitiers, où la succession des évêques catholiques se trouve interrompue depuis le milieu du Ve siècle jusqu'au concile d'Orléans, en 511.

CITÉS.	NOMS DES ÉVÊQUES.	OBSERVATIONS.
		CONCILE D'ORLÉANS EN 511 (ROYAUME DE CLOVIS).
Deuxième Lyonnaise.		
Rouen.	Gildardus.	Point d'évêque connu depuis Marvæus, qu'on suppose avoir existé vers 450, jusqu'à saint Vigor, disciple de saint Vedast, envoyé par lui pour prêcher le christianisme dans ce pays, et qui commença par y mener une vie errante dans les forêts. La religion chrétienne s'y était donc éteinte depuis l'établissement des Saxons.
Bayeux.		
Avranches.	Nepos.	
Evreux.	Maurusius.	
Séez.	Litaredus.	
Lisieux.		Même observation que pour Bayeux ; le premier évêque authentique au Ve siècle fut un Franc, nommé Theudobaude , qui assista aux conciles de 538, 541 et 549.
Coutances.	Leontianus.	
Troisième Lyonnaise.		
Tours.	Licinius.	
Le Mans.	Principius.	
Rennes.	Melanius.	Connu sous le nom de saint Melaine.
Angers.	Eustochius.	

Cités	Évêques	
Nantes. Vannes. Corisopites. Osismiens.	Epiphanius. Modestus.	Ces trois cités, occupées par les Bretons, n'eurent pas d'évêque avant le VIe siècle; nous croyons avoir démontré plus haut qu'il n'y eût au Ve siècle qu'un seul évêque des Bretons, celui de Vannes.
Curiosolites. Diablintes.		Cette petite cité n'eut jamais d'évêque; elle était comprise dans le diocèse du Mans.
Sénonaise.		
Sens.	Theodosius. Camelianus.	Héraclius, évêque de Sens, qui assista au baptême de Clovis, fut remplacé au commencement du VIe siècle par son frère Paulus; il est probable que cette vacance eut lieu à l'époque du concile d'Orléans, où l'on ne voit point d'évêque de Sens.
Auxerre. Troyes.	Eusebius. Adventinus. Heraclius.	Succéda très jeune à saint Loup, en 479; Sidonius écrivit à cette occasion une lettre de félicitation à son père; il l'appelle Himerianus.
Orléans. Chartres. Paris.		Il n'est pas bien sûr que cet Heraclius n'ait pas été confondu avec l'évêque de Sens, du même nom.
Meaux.		Point d'évêque authentique avant Medoveus, en 549.

CITÉS.	NOMS DES ÉVÊQUES.	OBSERVATIONS.
Première Belgique.		
Trèves.		Le dernier évêque authentique de Trèves fut Félix, élu en 386, excommunié au concile de Turin, en 398, comme adhérent à l'hérésie des ithaciens ; les catalogues citent plusieurs noms d'évêques dans le cours du Ve siècle; mais ils ne donnent aucune preuve de leur existence, un bien ces noms sont ceux des évêques de Metz qui sans doute étendaient leur sollicitude sur cette ancienne métropole, envahie par les Barbares; saint Sever, apôtre de la première Germanie, porté sur les catalogues de Trèves, ne fut qu'un évêque missionnaire, et l'on peut en dire autant de l'évêque Jamblicus, nommé dans la lettre d'Auspicius, évêque de Toul, au comte ripuaire Arbogaste. Le premier évêque authentique de Trèves, après l'interruption, fut saint Fibicius, qui vivait sous Théodoric, fils de Clovis, et est mentionné dans la Vie de saint Goar, comme ayant autorisé l'érection d'une église.
Metz		Le dernier évêque authentique de Metz au Ve siècle fut saint Auctor, qui vivait vers 450; cette ville fut détruite de fond en comble par Attila, en 452; la succession épiscopale fut interrompue depuis cette époque jusqu'à Hesperius, qui assista au concile de Clermont, en 535.
Toul.		Les catalogues de Toul nomment après Ursus, qui vivait à l'époque du baptême de Clovis, Aper, élu vers 500, et Albaulus, élu vers 508; la révolte de ces provinces à peine calmée put empêcher l'évêque d'assister au concile d'Orléans.

Verdun.		L'évêque Firminus était mort au printemps de 511, pendant le siège de la ville.
Deuxième Belgique.		
Reims.	Remigius.	Nous avons indiqué les causes qui empêchèrent saint Remi d'assister au concile d'Orléans.
Soissons.	Lupus.	Neveu de saint Remi.
Châlons.		Point d'évêque authentique depuis Amandus, qui assista au concile de Tours, en 461, jusqu'à Elasius, qui vivait sous Sigebert, à la fin du VIe siècle; il est cependant peu probable que la succession épiscopale ait été interrompue dans cette cité; la révolte des provinces de l'Est put empêcher l'évêque d'assister au concile d'Orléans.
Vermandois.		
Arras.	Sofronius.	L'évêché d'Arras et de Cambray ne put être fondé, comme nous l'avons expliqué plus haut, qu'après le concile d'Orléans.
Cambray.		
Tournay.		Eleutherius fut envoyé comme évêque à Tournay, en 497; l'état de trouble de ces contrées qui furent le théâtre de la guerre dans les premiers mois de 511, explique son absence du concile.
Senlis.	Livinius.	Le premier évêque authentique de Beauvais est Marinus, qui vivait du temps de Dagobert, au VIIe siècle.
Beauvais.		
Therouenne.		L'évêché de Therouenne et Boulogne ne put être fondé, comme celui de Cambray, qu'après le concile d'Orléans.
Boulogne.		

CITÉS.	NOMS DES ÉVÊQUES.	OBSERVATIONS.
Première et deuxième Germanie.		Ces provinces n'envoyèrent aucun évêque au concile d'Orléans; nous avons expliqué comment la succession épiscopale y fut interrompue depuis la grande invasion de 406 jusqu'au rétablissement de l'Eglise, sous les premiers rois mérovingiens.
Première Aquitaine.		
Bourges.	Tetradius.	
Clermont.	Eufrasius.	
Rhodez.	Quintianus.	
Albi.	Boëtius.	Cette cité était restée dans la possession des Wisigoths.
Cahors.		Ruricius absent pour cause d'infirmité.
Limoges.		Cette cité était restée dans la possession des Wisigoths.
Gévaudan.		
Vélai.		N'avait point d'évêque.
Deuxième Aquitaine.		
Bordeaux.	Cyprianus.	Cet évêque fut président du concile.
Agen.		N'avait point d'évêque.
Angoulême.	Lupicinus.	Cet évêque et les deux suivants avaient été élus par la protection de Clovis, après la conquête de l'Aquitaine.
Saintes.	Petrus.	
Poitiers.	Adelphius.	
Périgueux.	Chronopius.	

CONCILE D'EPAONE EN 517 (ROYAUME DES BOURGUIGNONS).

Novempopulanie.

Eause.	Leontius.
Bazas.	Sextilius.
Auch.	Nicetius.

Les cités pyrénéennes de Dax, Aire, Lectoure, Comminge, Conserans, Béarn et Bigorre, ne furent point représentées au concile d'Orléans; on doit croire qu'elles avaient été cédées aux Wisigoths ou qu'elles se maintenaient indépendantes entre les deux royaumes.

Première Lyonnaise.

Lyon.	Viventiolus.
Autun.	Pragmatius.
Langres.	Gregorius.
Châlous-sur-Saône.	Silvester.
Mâcon.	
Nevers.	Tauricianus.

Le premier évêque authentique de Mâcon est Placidus, qui assista au concile d'Orléans, en 538.

Cet évêché, démembrement de la cité d'Autun, avait été fondé sous les auspices de Clovis, après les événements de l'an 500.

Séquanie.

Besançon.	Claudius.
Portus-Abucini.	
Nyon.	Salutaris.
Avanche.	

Cette petite cité, qui n'eut jamais d'évêque, était comprise dans le diocèse de Besançon.

Cette cité n'avait point d'évêque; elle dépendait du diocèse d'A-vanche.

CITÉS.	NOMS DES ÉVÊQUES.	OBSERVATIONS.
Bâle.	Bubulcus.	Cette cité avait été probablement cédée à Clovis.
Windisch.		
Iverdun.		Cette petite cité, qui n'eut jamais d'évêque, dépendait du diocèse d'Avanche.
Aug⸱t.		Cette ancienne capitale des Rauraques était alors détruite et remplacée par Bâle.
Alpes pennines.		
Tarantaise.	Sanctus.	
Valais.	Constantinus.	
Viennoise.		
Vienne.	Avitus.	Cet illustre évêque fut président du concile.
Genève.	Maximus.	
Alps en Vivarais.	Venantius.	
Grenoble.	Victurius.	
Die.	Saecularius.	
Valence.	Appollinaris.	
Orange.	Florentius.	

Cavaillon.	Philagrius.	
St.-Paul-trois-Châteaux.	Florentius.	
Vaison.	Gemellus.	Ce diocèse est compris par la Notice dans la cité de Vaison.
Carpentras.	Julianus.	Cette cité, avec celles de Marseille, Toulon et Avignon, appartenait aux Ostrogoths.
Arles.		

Deuxième Narbonnaise.

Sisteron.	Valerius.	
Gap.	Constantius.	Les autres cités de cette province appartenaient aux Ostrogoths.
Apt.	Praetextatus.	

Alpes maritimes.

| Embrun. | Catulinus. | Les autres cités de cette province appartenaient aux Ostrogoths. |

TABLE

DES CHAPITRES

CONTENUS DANS LE DEUXIÈME VOLUME

———•••———

———•••———

ERRATA

DU TOME DEUXIÈME.

———

Page 41, ligne 31, habitée ;	*lisez :* habite.
-- *ibid.* -- *ibid.* Valconne ;	*id.* Vasconne.
-- 48, -- 2, envoyé ;	*id.* envoyes.
-- 65, -- 26, Valentina ;	*id.* Valentinæ.
-- 96, -- 9, membum ;	*id.* membrum.
-- 111, -- 24, ait ;	*id.* avait.
-- 124, -- 22, soutient ;	*id.* soutien.
-- 128, -- 32, ex ;	*id.* et
-- 144, -- 8, près ;	*id.* plus.
-- 154, -- 30, ast ;	*id.* est.
-- 159, -- 23, et ;	*id.* ex.
-- 220, -- 26, Arthémius ;	*id.* Anthémius.
-- 215, -- 21, paternel ;	*id.* maternel.
-- 215, -- 21, en imposaient ;	*id.* imposaient.
-- 228, -- 15, Arvennes ;	*id.* Arvernes.
-- *ibid.* -- 26, Ligurins ;	*id.* Ligerim.
-- 234, -- 3, par ;	*id.* sur.
-- *ibid.* -- 24, obside ;	*id.* obsides.
-- 236, -- 18, interompte ;	*id.* interempto.
-- 242, -- 24, Childerico ;	*id.* Chilperico.
-- *ibid.* -- 27, Childerico ;	*id.* Chilperico.
-- *ibid.* -- 28, Childerico ;	*id.* Chilpérico.
-- 222, -- 15, soutenir ;	*id.* contenir.
-- 276, -- 27, nulla ;	*id.* nullæ.
-- 278, -- 22, Agracius ;	*id.* Agræcius.
-- 305, -- 24, peiculosæ ;	*id.* periculosæ.
-- 311, -- 6, en imposer,	*id.* imposer.
-- 394, -- 1, n'ont ;	*id.* ont.

-- 414,	--	14, gauche ;	id.	droite.
--.422,	--	1, donnés ;	id.	données.
. - 432,	--	5, néophite ;	id.	néophyte.
-- 443,	--	1, Zénon ;	id.	Léon.
-- 473,	--	14, assiégés ;	id.	assiégeants.
-- 490,	--	27, æmulas ;	id.	æmula.
-- 492,	--	22, d'un côté ;	id.	d'un autre côté.
-- 493,	--	1, VIᵉ ;	id.	VIIᵉ.
-- 497,	--	22, Sidonius ;	id.	Avitus.
-- 501,	--	20, utilitem ;	id.	ut litem.
-- 511,	--	26, inscrite ;	id.	inserite.
-- 513,	--	7, gauche ;	id.	droite.
-- 525,	--	27, 410 ;	id.	510.
-- 527,	--	28, 410 ;	id.	510.
-- 549,	--	21, allegerat ;	id.	allegaret.
-- 556,	--	10, Comming ;	id	Comminges.
-- 582,	--	20, remaquer ;	id.	remarquer.
-- 585,	--	25, Andarehius ;	id.	Andarchius.
-- 594,	--	20, XVᵉ ;	id.	XIVᵉ.
-- 606,	--	6, ennemie ;	id.	ennemi.
-- 625,	--	20, Agrivariens ;	id.	Angrivariens.
-- 626,	--	21, Maximien ;	id.	Maximin.
-- 633,	--	25, départemonts ;	id.	départements.
-- 649,	--	1, deuxième ;	id.	première.
--.697,	--	1, Eauste ;	id.	Eause.
-- 712,	--	2, 1ʳᵃ Germanie ;	id.	2ᵐᵃ Germanie.
-- 715,	--	14, Amérique ;	id.	Armorique.

Lightning Source UK Ltd.
Milton Keynes UK
UKHW012016240219
337804UK00006B/444/P